Die Rechtsgrundsätze

des

Königlich Preußischen

Oberverwaltungsgerichts.

Begründet von K. Parey.

Vierte, gänzlich neu bearbeitete und bis zur Gegenwart ergänzte Auflage,

herausgegeben

von

Fr. Kunze,
weil. Wirkl. Geheimer Oberregierungsrat,

und

Dr. G. Kautz,
Präsident des Kaiserl. Kanalamts in Kiel

Ergänzungsband 1907/08.

Berlin 1909.
J. Guttentag, Verlagsbuchhandlung,
G. m. b. H.

Vorwort.

Am 8. September 1908 ist mein Mitherausgeber, Herr Wirkl. Geheimer Oberregierungsrat Fritz Kunze, durch einen sanften Tod aus dieser Zeitlichkeit abberufen worden, nachdem es ihm noch beschieden gewesen war, seinen Anteil am Ergänzungsbande 1907/8 im Wesentlichen fertigzustellen.

Ich habe an ihm einen wohlwollenden Gönner und Freund, einen vortrefflichen Mitarbeiter verloren, dessen hervorragende Geistesgaben unserem Werke den Erfolg sicherten, den es zu unserer Freude in Theorie und Praxis gefunden hat. Sein ungewöhnlich umfangreiches Wissen und Können auf allen verwaltungsrechtlichen Gebieten, seine Schärfe des Urteils und seine Klarheit des Ausdrucks sind, wie seinen anderen schriftstellerischen Arbeiten, so namentlich den „Rechtsgrundsätzen" zugute gekommen.

Das Andenken des Verewigten wird bei mir und bei allen Freunden unseres Werkes allezeit in Ehren gehalten werden.

Im vorliegenden Ergänzungsbande sind die Entscheidungen aus Bd. 47 bis 51 der offiziellen Sammlung, die bis zum 1. Oktober 1908 im Preußischen Verwaltungsblatt abgedruckten und zahlreiche ungedruckte Entscheidungen wichtigeren Inhaltes wiedergegeben. Die Entscheidungen in Kommunalsteuer- und in Staatssteuerangelegenheiten sind auch diesmal einem besonderen Ergänzungsbande vorbehalten worden, der sich an den ein Werk für sich bildenden Band 3 der 4. Auflage des Hauptwerkes anschließt.

Auf klare, scharfe Systematisierung, leichtverständliche Darstellung und, wo erforderlich, ausgiebige Beigebung von Tatbeständen und Gründen zu den Rechtsgrundsätzen ist auch in diesem Bande besonderer Wert gelegt worden.

Kiel, im März 1909

Dr. G. Kautz.

Inhaltsverzeichnis.

Zweite Abteilung.

Kultus, Schule, Personenstand, Staatsangehörigkeit, Fürsorgeerziehung.

Dritte Abteilung.

Polizeiliche Angelegenheiten.

Seite

Vierte Abteilung.

Anderweitige Zuständigkeiten der Verwaltungsgerichte.

Fünfte Abteilung.

Verzeichnis der Abkürzungen.

(Nachtrag zu den im ersten Hauptbande S. X ff. und im Ergänzungsbande 1905/06, S. XI enthaltenen Verzeichnissen.)

ArmenpflG. = Gesetz über die Verpflichtung zur Armenpflege v. 31. XII. 42 (GS. **43** 8).

VollstrO. = Verordnung wegen exekutivischer Beitreibung der direkten und indirekten Steuern und anderer öffentlicher Abgaben und Gefälle, Kosten usw. vom 30. VII. 53 (GS. 909).

Erste Abteilung.
Angelegenheiten der Kommunalverbände.

I.
Provinzialverbände.

Gesetzliche Grundlagen (nebst Materialien): Wanderarbeitsstättengesetz v. 29. VI. 07 (GS. 205). VhdlAH. 1907: Drucks. Nr. 29, 188, 207, 209, 211, 321, 329; StenB. 399, 4848, 4931; HH. 1907: Drucks. Nr. 99, 188 zu 1; StenB. 328. Anw. v. 29. IX. 06 (MBl. 277) zur Ausführung des Kreis- und Provinzial-Abgabengesetzes v. 23. IV. 06 (GS. 159). G. v. 17. V. 07 (RGBl. 201), betr. Aenderungen des Reichsbeamtengesetzes v. 31. III. 73 (RGBl. 61). VhdlRT.: Drucks. Nr. 333, 440; StenB. 228 1198, 1594, 1604, 1642. Beamtenhinterbliebenengesetz v. 17.V. 07 (RGBl. 208). VhdlRT.: Drucks. Nr. 332, 441; StenB. 228 1198, 1605, 1642. Militärhinterbliebenengesetz v. 17. V. 07 (RGBl. 214). VhdlRT.: Drucks. Nr. 334, 442; StenB. 228 1198, 1605, 1642. G. v. 27. V. 07 (GS. 95), betr. Abänderungen des Pensionsgesetzes v. 27. III. 72 (GS. 268) und der Gesetze v. 31. III. 82 (GS. 133), 20. III. 90 (GS. 43) u. 25. IV. 96 (GS. 87). VhdlAH. 1907: Drucks. Nr. 166, zu 166, 221, zu 221, 225, 230, 232, 236, 239, 241, 246; StenB. 3103, 4366, 4462; HH. 1907: Drucks. Nr. 29, 40, 42, 69, 80; StenB. 35, 50, 276. AusfBest. dazu v. 20. VIII. 07 (MBl. 253): G. v. 27. V. 07 (GS. 99) wegen Abänderungen des G., betr. Fürsorge für die Witwen und Waisen der unmittelbaren Staatsbeamten v. 20. V. 82 (GS. 298) und des G. v. 1. VI. 07 (GS. 169). VhdlAH. 1907: Drucks. Nr. 166, zu 166, 221, zu 221, 228, 233; StenB. 3103, 4366, 4367, 4403, 4462/63; HH. 1907: Drucks. Nr. 29, 40, 41, 42; StenB. 35, 50, 55.

Literatur: Arndt: Die Verfassungsurkunde für den preuß. Staat[6] (Berlin 1907). — Derselbe: Das Reichsbeamtengesetz v. 31. März 1873 in der Fassung der Bek. v. 18. Mai 1907 (Berlin 1908). — Bazille: Unsere Reichsverfassung und deutsche Landesverfassungen (Stuttgart 1907). — Bornhak: Grundriß des Verwaltungsrechts in Preußen und dem Deutschen Reiche (Leipzig 1906). — Derselbe: Grundriß des deutschen Staatsrechts (Leipzig 1907). — Görres: Das Reichsbeamtengesetz, Beamtenunfallfürsorgegesetz und Beamtenhinterbliebenengesetz[16] (Berlin 1908). — Illing-Kautz: Handbuch für preußische Verwaltungsbeamte[9] 3 (Berlin 1907). Desgl. 4 (Berlin 1908). — Laband: Deutsches Reichsstaatsrecht (Tübingen 1907). — Rauchalles: Die deutsche Reichsverfassung (Ansbach 1907). — v. Rönne-Zorn: Das Staatsrecht der preußischen Monarchie[5] 2 (Leipzig 1907). — Schubart: Die Verfassung und Verwaltung des Deutschen Reichs und Preußischen Staates[21] (Breslau 1908). — Stier-Somlo: Jahrbuch des Verwaltungsrechts, 1. Jahrg. (Berlin 1907).

Bartels: Das Verfahren vor den Verwaltungsgerichten, unter besonderer Berücksichtigung der Rechtsmittel gegen die Heranziehung zu den Gemeinde-, Provinzial- und Schulabgaben, nebst Zuständigkeitstabelle (Berlin 1907). — Brüning: Das Kreis- und Provinzialabgabengesetz v. 23. April 1906 (Hannover 1907. — Ebert-v. Kampe: Zusammenstellung der für die Provinzialverwaltung von Hannover geltenden Gesetze usw.[2] (Hannover 1907). — Freund: Kreis- und Provinzialabgabengesetz v. 23. April 1906 (Berlin 1907). — Petsch: Verfassung und Verwaltung Hinterpommerns im 17. Jahrh. bis zur Einverleibung in den preuß. Staat (Leipzig 1907). — Schmidt: Kreis- und Provinzialabgabengesetz v. 23. April 1906 (Berlin 1907).

B. Vertretung und Verwaltung der Provinzialverbände.

1. Der Provinziallandtag.

b) Wahlverfahren und Rechtsmittel.

Nr. 1. Entsch. v. 20. Sept. 1907 (OVG. 51 1) II A 1/07.

HohenzAmtsLandesO. v. 9. X. 1900 (GS. 323) §§ 24 Abs. 3, 83.

Gegen einen Beschluß des Kommunallandtags der Hohenzollernschen Lande, wodurch die Wahl eines Landtagsmitglieds für gültig erklärt worden ist, steht die Klage im VerwStreitVerf. nur demjenigen, der gegen die Gültigkeit der Wahl Einspruch erhoben hatte, aber nicht den Mitgliedern des Landtags als solchen zu. Ist die Wahl vom Landtage für ungültig erklärt worden, so kann hiergegen nur der Gewählte selbst Klage erheben.

Wem die Klage gegeben ist, sagt das Gesetz nicht. Daraus aber folgt nicht, daß der Kreis der Klageberechtigten unbegrenzt und daß eine sogenannte Popularklage gegeben sei. Vielmehr unterliegt es keinem Zweifel, daß klageberechtigt nur die „Beteiligten“ sein sollen. Zu den Beteiligten aber können die Landtagsmitglieder als solche nicht gerechnet werden. Sie haben bei der Beschlußfassung über die Gültigkeit der Wahlen ihre Stimme abzugeben. Ist das geschehen und der Wille der Mehrheit festgestellt, so hat die Minderheit sich dem zu fügen. Seinen persönlichen Standpunkt hat jedes Mitglied durch seine Abstimmung kundgegeben. Wenn dieser von der Mehrheit nicht geteilt wird, so kann es im öffentlichen Interesse liegen, daß gegen den Beschluß vorgegangen werde, aber ein subjektives, des Rechtsschutzes bedürftiges Interesse der bei der Abstimmung unterlegenen Mitglieder besteht nicht. Das öffentliche Interesse ist nicht von den Landtagsmitgliedern, sondern von dem Königlichen Kommissarius wahrzunehmen, dem durch § 83 AmtsLandesO. die Befugnis gegeben ist, ungesetzliche Beschlüsse des Kommunallandtags zu beanstanden. Wollte das Gesetz auch den Landtagsmitgliedern das Recht geben, dem Beschlusse der Mehrheit des Landtags im Wege der Klage entgegenzutreten, so hätte diese Absicht in dem Gesetz irgendwie zum Ausdrucke kommen müssen. Das ist nicht geschehen und deshalb muß angenommen werden, daß die Klage nur demjenigen gegeben sein soll, dessen Wahl für ungültig erklärt worden ist, bei dem also ein subjektives, des verwaltungsrichterlichen Schutzes bedürfendes Interesse vorliegt, und demjenigen, der fruchtlos Einspruch erhoben hat.

II.

Kreise.

Gesetzliche Grundlagen: vgl. oben unter I (Provinzialverbände).
Literatur: desgl.

B. Rechte und Pflichten der Kreisangehörigen.

2. Verpflichtung zu Kreisabgaben.

b) Verteilung der Kreisabgaben.

Nr. 1. Entsch. v. 14. April 1908 (PrVerwBl. 29 731) II C 72/08.

KrProvAbgG. § 7.

§ 7 Abs. 2 KrProvAbgG. sagt ausdrücklich:

„Als Maßstab der Verteilung der Kreissteuern auf die Gemeinden dient das Soll der vom Staate veranlagten Realsteuern, wie es in Gemeinden nach den Vorschriften des Kommunalabgabengesetzes der Gemeindebesteuerung zugrunde zu legen ist."

Da die Gemeinde für die Gemeindebesteuerung nicht zugleich Steuergläubigerin und -schuldnerin sein kann, so unterliegen die in ihrem Eigentum stehenden und in ihrem Bezirke belegenen Grundstücke nicht der Gemeindebesteuerung. Sie ist daher nach der angeführten Vorschrift des KrProvAbgG. für diese Liegenschaften auch dem Kreise gegenüber nicht steuerpflichtig.

k) Kreishundesteuer.

Nr. 1. Entsch. v. 17. März 1905 (OVG. 47 38) VIII C 85/04.

KrProvAbgG. §§ 6, 19.

Zum Zustandekommen einer gültigen Kreishundesteuerordnung ist erforderlich:

a) ein Beschluß des Kreistages,
b) die Genehmigung dieses Beschlusses durch den Bezirksausschuß.

Beschluß und Genehmigung setzen naturgemäß Willensübereinstimmung über das, was Rechtens sein soll, voraus. Von einer solchen kann aber nicht die Rede sein, wenn keine Uebereinstimmung der beteiligten Stellen über alle wesentlichen Punkte besteht. Als wesentlich muß dabei jeder Punkt gelten, ohne den, sowie er beschlossen worden ist, der Beschließende nach vernünftigem Ermessen die ganze Ordnung nicht gewollt haben würde. Hier war es für den finanziellen Erfolg und für die vorbeugende polizeiliche Wirkung der Hundesteuerordnung von größter Bedeutung, ob — wie der Bezirksausschuß beabsichtigte — alle zur Bewachung und zum Gewerbe unentbehrlichen Hunde steuerfrei bleiben, oder ob — wie dies der Kreistag beschlossen hatte — Steuerfreiheit nur in wesentlich beschränkterem Umfange bestehen soll. Mangels einer Uebereinstimmung in allen wesentlichen Punkten ist die vom Kreistage beschlossene, aber vom Bezirksausschuß in der vorliegenden Gestalt nicht genehmigte HundesteuerO. überhaupt nicht in Kraft getreten.

n) Schankkonzessionssteuer.

Nr. 1. Entsch. v. 9. April 1908 (PrVerwBl. 29 708) VII C 67/08.

ReichsGewO. §§ 1, 7, 33; KrProvAbgG. § 6.

1. Im § 1 ReichsGewO. ist das Prinzip der Gewerbefreiheit aufgestellt, das demnächst durch § 33 aaO. für den Betrieb der Gastwirtschaft, Schankwirtschaft und des Kleinhandels mit Branntwein gewissen Einschränkungen unterworfen wird (Konzessionserteilung). Im § 7[6] aaO. sind, vorbehaltlich der an den Staat und an die Gemeinde zu entrichtenden Gewerbesteuern, alle Abgaben aufgehoben, die für den Betrieb eines Gewerbes entrichtet werden müssen. Anderseits ist im § 6[2] KrProvAbgG. v. 23. IV. 06 den Kreisen die Befugnis beigelegt, mittelst Erlasses von Steuerordnungen die Erlangung der Erlaubnis zum ständigen Betriebe der Gastwirtschaft, Schankwirtschaft oder des Kleinhandels mit Branntwein oder Spiritus mit einer Steuer zu belegen. Zutreffend wird in der angefochtenen Entscheidung ausgeführt, daß § 6[2] aaO. keineswegs mit den im vorstehenden bezeichneten Bestimmungen der GewO. im Widerspruche stehe. Zuzugeben ist allerdings, daß es sich im § 6[2] aaO. um keine Gewerbesteuer handelt. Denn Gewerbesteuer ist eine Steuer, die an den Betrieb des Gewerbes geknüpft ist und als Realsteuer von diesem Betrieb als solchen erhoben wird, während hier eine persönliche, von dem Erwerber der Erlaubnis zum Gewerbebetriebe für diese Erlaubnis einmal zu entrichtende Steuer in Frage steht. Unzutreffend ist es jedoch, wenn der Kläger meint, daß die im § 6[2] aaO. für zulässig erklärte Besteuerung der Erlaubniserteilung die Auflegung einer im § 7[6] GewO. für unzulässig erklärten Abgabe für den Betrieb des Gewerbes darstelle. Wie in der Rechtsprechung allgemein anerkannt ist, sind Abgaben der letzteren Art solche, die den Preis für die Befugnis zum Gewerbebetriebe bilden, derart, daß zwischen der Zulassung zum Betriebe und der Entrichtung der Abgabe ein Gegenseitigkeitsverhältnis besteht, so daß der Beginn oder der Fortbetrieb des Gewerbes von der Entrichtung der Abgabe abhängig ist. Im § 6[2] aaO. aber wird die Besteuerung der Erlangung der Erlaubnis für zulässig erklärt, ohne daß diese Erlangung oder die Ausübung des Betriebes von der Leistung der Abgabe abhängig gemacht wird, und ohne daß diese Leistung den Preis für die Erlaubniserteilung bildet. Danach qualifiziert sich die hier in Rede stehende Steuer als eine indirekte, auf den Eintritt eines bestimmten Ereignisses gelegte Steuer, ähnlich wie die Grunderwerbsteuer, und es ergibt sich aus den vorstehenden Ausführungen, daß es sich um eine Steuer handelt, deren Zulässigkeit vom Standpunkte der Reichsgesetzgebung aus nicht bezweifelt werden kann.

2. Unzutreffend ist es auch, wenn der Kläger auszuführen sucht, daß die SteuerO. v. 18. VII. 06 auf ihn deshalb nicht anwendbar sei, weil er bereits vor deren Erlaß die beschränkte Schankkonzession besessen habe und weil diese nach dem Erlaß der Steuerordnung nur auf den Ausschank von Branntwein und Spiritus ausgedehnt worden sei. Nach § 33 ReichsGewO. bedarf derjenige, der Schankwirtschaft betreiben will, dazu der Erlaubnis. Wie allgemein anerkannt ist, darf diese Erlaubnis auf den Vertrieb gewisser Getränke beschränkt, und es dürfen bei Erteilung der Erlaubnis gewisse Getränke vom Vertriebe ausgenommen werden. Will der Unternehmer demnächst Schankwirtschaft mit Getränken betreiben, hinsichtlich deren er die Erlaubnis noch nicht besitzt, so bedarf er dazu einer neuen Erlaubnis, die man, von wirtschaftlichen Gesichtspunkten aus, als Erweiterung der ersten Erlaubnis bezeichnen mag, die aber rechtlich nichts anderes ist, als wiederum die Erteilung der Erlaubnis zum Betriebe der Schankwirtschaft — mit den dabei in Betracht kommenden Getränken. Wenn also der Kläger, nachdem er früher die „beschränkte Schankkonzession" bereits erhalten hatte, später, nachdem die Steuerordnung in Kraft

getreten war, die Erlaubnis zum Betriebe der Schankwirtschaft mit Branntwein und Spiritus erhielt, so unterlag die Erlangung dieser neuen Erlaubnis der Besteuerung.

E. Der Kreistag.

2. Aktives Wahlrecht.

a) Im Wahlverbande der größeren ländlichen Grundbesitzer.

Nr. 1. Entsch. v. 29. Jan. 1907 (OVG. 50 1) II C 499/06.

HannKrO. §§ 42, 54, 60; HNKrO. § 43 Abs. 4.

1. Nach § 42 HannKrO. gehören zum Wahlverbande der größeren ländlichen Grundbesitzer unter den dort vorgesehenen Bedingungen nicht bloß physische, sondern auch juristische Personen. Die Gemeinden sind juristische Personen, und, wenn sie auch nach §§ 54 und 60 aaO. zum Wahlverbande der Landgemeinden oder der Städte gehören, so ist dadurch doch ihre Zugehörigkeit zu dem Wahlverbande der Großgrundbesitzer nicht ohne weiteres ausgeschlossen. Denn die Kreisordnung bestimmt nicht, daß Gemeinden nur einem Wahlverband angehören dürfen und daß sie von dem Wahlverbande der Großgrundbesitzer ausgeschlossen sein sollen, weil sie zu dem Wahlverbande der Landgemeinden oder der Städte gehören. Eine derartige Ausnahmestellung könnte ihnen nur durch ausdrückliche Gesetzesbestimmung zugewiesen werden, und das ist hier nicht geschehen. Die HannKrO. enthält die Bestimmung in HNKrO. § 43 Abs. 4 nicht, und eine entsprechende Anwendung verbietet sich bei der rechtlichen Natur jener Bestimmung als einer Ausnahmebestimmung. Auch die KrO. für die östlichen Provinzen und die SchleswHolstKrO. enthalten die Bestimmung der HNKrO. nicht. Dagegen findet sie sich in den KrO. für Westfalen und Rheinprovinz. Diese Verschiedenheit ist eine gewollte. Der Rechtszustand sollte nicht in allen Provinzen der gleiche sein, sondern die doppelte Vertretung der Gemeinden im Kreistage sollte nur da ausgeschlossen sein, wo die besonderen Verhältnisse dies erwünscht erscheinen ließen.

2. Zu dem Wahlverbande der Großgrundbesitzer gehören nach § 42 HannKrO. von den Gesellschaften nur Aktiengesellschaften und Kommanditgesellschaften auf Aktien, nicht aber die Gesellschaften mit beschränkter Haftung.

4. Wahlverfahren.

a) Allgemeines.

Nr. 1. Entsch. v. 28. April 1905 (OVG. 47 24) II B 1/05.

KrO. § 104.

Die nach § 104 KrO. durch Vereinigung des Magistrats und der Stadtverordnetenversammlung zu bildende Wahlversammlung ist mit diesen Kollegien selbst nicht identisch. Wenn aber nicht die Kollegien als solche zu einer gemeinschaftlichen Sitzung zusammentreten, sondern nur eine aus den Mitgliedern der beiden Kollegien als Wahlberechtigten zusammengesetzte, an sich aber selbständige und einheitliche Versammlung gebildet wird, so ist nicht einzusehen, warum erst jedes Kollegium für sich zusammentreten und dann seine Vereinigung mit dem anderen aussprechen müßte, oder aus welchem sonstigen Grunde der in jeder anderen Beziehung bedeutungslos gewordene Kollegialverband noch gerade bei der Einberufung eine Rolle spielen und für ihre Form bestimmend sein sollte. Vielmehr ist es durchaus sachgemäß, daß die Wahlversammlung durch ihren Vorsitzenden, den Bürgermeister, berufen wird.

Nr. 2. Entsch. v. 6. Dez. 1907 (OVG. 51 3) II B. 40/07.

KrO. §§ 103, 105.

Die Innehaltung der im § 1 des Wahlreglements vorgeschriebenen achttägigen Frist für die Bezeichnung des Wahllokals bei der Berufung der Wähler zur Wahl eines Kreistagsabgeordneten ist ein wesentliches Erfordernis für die Gültigkeit der Wahl. Ist dieses Erfordernis nicht erfüllt, so muß die Wahl für ungültig erklärt werden. Der Wahlort muß gemäß § 103 KrO. vom Kreisausschuß bestimmt sein.

c) Rechtsmittel.

Nr. 1. Entsch. v. 6. Dez. 1907 (OVG. 51 3) II B 40/07.

KrO. § 113.

Einsprüche gegen das zum Zwecke der Wahl der Kreistagsabgeordneten stattgehabte Wahlverfahren können auch dann nur bei dem Landrat angebracht werden, wenn dieser sich bei der Wahlhandlung durch einen Amtsvorsteher hat vertreten lassen.

Im § 113 KrO. ist vorgeschrieben, daß der Einspruch bei dem Vorsitzenden des Wahlvorstandes zu erheben ist, und im § 2 des der KrO. beigefügten Wahlreglements ist bestimmt, daß der Wahlvorstand bestehen soll aus dem nach den bestehenden Vorschriften zur Leitung der Wahlhandlung berufenen Beamten als Vorsitzenden und einer Anzahl von Beisitzern. Das Gesetz beruft in seinem § 103 als Vorsitzenden den Landrat und überläßt es diesem, sich bei der Wahlhandlung vertreten zu lassen. Von dieser Befugnis hatte der Landrat hier Gebrauch gemacht und den Amtsvorsteher L. mit der Leitung der Wahlhandlung beauftragt. Nach Beendigung der Wahlhandlung hatte deren Leitung und somit die dem Amtsvorsteher übertragene Stellvertretung ihr Ende erreicht. Nunmehr begannen wieder die von dem Landrate selbst wahrzunehmenden Obliegenheiten, deren Erledigung das Gesetz ihm als dem zum Vorsitzenden des Wahlvorstandes berufenen und nur mit der Befugnis zur Uebertragung des Vorsitzes für die Wahlhandlung ausgestatteten Beamten zugewiesen hat. Mit der Wahrnehmung dieser Obliegenheiten hat der Landrat den Amtsvorsteher L. weder betraut noch durfte er ihn hiermit betrauen. Der Landrat selbst hatte demnach die mit dem Vorsitze des Wahlvorstandes verbundenen Obliegenheiten wahrzunehmen, die sich daraus ergeben, daß die von den dazu Berechtigten etwa beabsichtigten Einsprüche gegen das Wahlverfahren bei dem Vorsitzenden des Wahlvorstandes zu erheben sind.

G. Zwangsetatisierungen.

Nr. 1. Entsch. v. 3. Nov. 1905 (OVG. 48 5) I A 34/05.

KrO. §§ 67, 75, 76, 118, 136, 137, 164, 177, 180; ZustG. §§ 5, 24, 53, 94, 154; LGemO. §§ 120 Abs. 7, 139.

Die Portokosten derjenigen Postsendungen, die vom Landrat als Vorsitzenden des Kreisausschusses bei Wahrnehmung der Aufsicht des Staates über die Verwaltung der Angelegenheiten der Amtsverbände, Landgemeinden und Gutsbezirke, sowie über die Geschäftsführung der ländlichen Standesbeamten und der Amtsvorsteher abgeschickt werden, gehören nicht zu den durch die Geschäftsverwaltung des Kreisausschusses verursachten Kosten und sind deshalb nicht von dem Kreise, sondern als Kosten der landrätlichen Verwaltung vom Staate zu tragen.

Nach § 177 KrO. wird die Aufsicht der Staates über die Verwaltung der Angelegenheiten der Landkreise in erster Instanz von dem Regierungspräsidenten geübt. Zu diesen Angelegenheiten gehört auch die Bereitstellung der für die Geschäftsführung der Kommunalverwaltung des Kreises erforderlichen Kosten, darunter auch der für diese Verwaltung erwachsenden Portoausgaben. Der Regierungspräsident ist hiernach zuständig, die Aufbringung der Portokosten, deren Uebernahme der Kreis abgelehnt hat, als eine diesem gesetzlich obliegende Leistung festzustellen. Da es für diese Feststellung an einem förmlich geregelten Verfahren mit einer auch den Verwaltungsrichter bindenden Entscheidung fehlt, so unterliegt sie in dem gegen die Zwangsetatisierungsverfügung eröffneten Verwaltungsstreitverfahren der Nachprüfung auf ihre Rechtmäßigkeit. Hierbei ist davon auszugehen, daß die Frage, ob die durch die Handhabung des staatlichen Aufsichtsrechts erwachsenden Portokosten dem Staate zur Last fallen, an sich nicht der Entscheidung im Verwaltungsstreitverfahren überwiesen ist und daß demzufolge an sich auch kein Raum für eine Entscheidung darüber besteht, ob der Landrat in Ausübung seiner Zuständigkeit als Vorsitzender des Kreisausschusses eine Kgl. Behörde oder ein einzeln stehender Kgl. Beamter im Sinne des Beschl. des Staatsministeriums v. 7. II. 94 (MBl. 37), betr. die Aversionierung des Portos, ist. Die Entscheidung hat vielmehr nur die Frage zum Gegenstand, ob die streitigen Portokosten dem Kreise zur Last fallen, und für den Erfolg der Klage genügt die Feststellung, daß es nicht der Fall ist. Da aber diese Entscheidung nicht ohne die Feststellung getroffen werden kann, wem die Aufbringung der Portokosten in Wahrheit obliegt, und da es sich hierbei nur darum handelt, ob der Kreis oder der Staat der Zahlungspflichtige ist, so müssen sich die Erörterungen nach beiden Richtungen hin erstrecken.

Für die Pflicht des Kreises kommt als maßgebende Vorschrift § 164 KrO. in Betracht, wo bestimmt ist, daß die Kosten, die die Geschäftsverwaltung des Kreisausschusses verursacht, dem Kreise unter Verwendung seiner eigenen Einnahmen und der vom Staate zu überweisenden Beiträge zur Last fallen. Die Frage stellt sich also dahin, ob die Wahrnehmung der Aufsichtsbefugnisse, die dem Landrat als Vorsitzenden des Kreisausschusses gesetzlich zugewiesen sind, zur Geschäftsverwaltung des Kreisausschusses gehört. Dabei bleibt zu beachten, daß § 164 sich nicht bloß auf die dem Kreisausschuß als Kollegium übertragenen Geschäfte bezieht, sondern auch diejenigen Geschäfte umfaßt, die dem Vorsitzenden des Ausschusses als solchem zugewiesen sind. Das gilt nicht nur für die Fälle, in denen der Vorsitzende namens der Behörde Verfügungen zu erlassen und Bescheide zu erteilen hat (§§ 64, 117 LVG.), sondern auch von denjenigen, in denen dem Vorsitzenden eine selbständige Zuständigkeit eingeräumt ist. Hiernach würde, wenn die Aufsichtführung dem Vorsitzenden des Kreisausschusses als solchem, dessen Person durch den Inhaber des Landratsamtes bestimmt wird, oder dem Landrat als selbständigem Organe der Kreiskommunalverwaltung übertragen wäre, kein Zweifel darüber bestehen, daß die Kosten dieser Geschäftsführung unter § 164 KrO. fallen. Anders verhält es sich dagegen dann, wenn die Aufsichtführung dem Landrat als Organ der unmittelbaren staatlichen Verwaltung im Kreise gebührt, weil für die Kosten dieser Verwaltung mangels gegenteiliger gesetzlicher Bestimmungen nicht der Kreis, sondern der Staat aufzukommen hat.

Aus der (näher dargelegten) Entwickelungsgeschichte der gesetzlichen Bestimmungen geht zunächst so viel mit Sicherheit hervor, daß mit dem Erlasse des ZustG. die Aufsichtführung, die bis dahin dem Kreisausschuß als solchem zustand, diesem entzogen wurde, daß das Kollegium des Kreisausschusses fortan daran nicht weiter beteiligt sein sollte. Ist das aber der Fall und dem Landrat als Einzelbeamten an Stelle des Kreisausschusses die Aufsichtführung übertragen worden, so kann nicht angenommen werden, der Gesetzgeber habe damit den Landrat neben dem Kreisausschusse zu einem selbständigen Organe des Kreises machen und als solches mit jener Zuständigkeit betrauen wollen. Das würde mit der ganzen Stellung, die in der neueren Gesetzgebung auf dem Gebiete der inneren Verwaltung, insbesondere im § 76 KrO., dem Landrate zugewiesen ist, nicht übereinstimmen und in sich widerspruchsvoll sein, da nicht jemand als Vorsitzender eines Kollegiums Obliegenheiten haben kann, die völlig außerhalb des Geschäftskreises dieses Kollegiums liegen. An letzterer Erwägung muß weiter die Annahme scheitern, daß es sich bei den erörterten Zuständigkeiten lediglich um präsidiale Befugnisse des Vorsitzenden des Kreisausschusses handle. Im übrigen handelt es sich bei den oben erwähnten Dienstverrichtungen des Vorsitzenden durchweg um Geschäfte, die sich im Rahmen und auf der Grundlage einer Zuständigkeit der Kollegialbehörde als solcher vollziehen, wie denn auch, soweit dabei Rechtsbehelfe überhaupt in Frage kommen, die Anrufung des Kollegiums vorgesehen ist. Hier hat aber jede irgendwie geartete Zuständigkeit des Kollegiums ausgeschlossen werden sollen, und auch die Auffassung, als sei der Landrat vermöge des Zusatzes befugt, einzelne Mitglieder des Kreisausschusses zur Mitwirkung bei Wahrnehmung der laufenden Aufsicht heranzuziehen, ist später verlassen worden. Nicht minder fällt ins Gewicht, daß die Vorsitzenden als solche an der Unabhängigkeit des Kollegiums teilnehmen, die nicht nur für das Verwaltungsstreitverfahren gilt, daß diese aber mit einer sachgemäßen Handhabung der Aufsicht im Verhältnisse zu den höheren Aufsichtsbehörden, zumal in Ermangelung näherer gesetzlicher Regelung der entsprechenden Rechte und Pflichten, schwer vereinbar ist. Endlich bleibt zu beachten, daß für die Zuweisung der Aufsicht an den Landrat als Vorsitzenden des Kreisausschusses immer die Erwägung geltend gemacht worden ist, dies entspreche dem Grundsatze des § 3 LVG., wonach die Geschäfte der allgemeinen Landesverwaltung, soweit sie nicht anderen Behörden überwiesen sind, im Kreise vom Landrat als Organ der Staatsregierung (§ 76 KrO.) geführt werden. Wenn also die Absicht bestand, die Aufsichtführung dem Grundsatze des § 3 LVG. entsprechend dem Landrat als solchem unter Ausschluß jeder irgendwie gearteten Zuständigkeit des Kreisausschusses zuzuweisen, so kann dies nicht dahin verstanden werden, die Zuweisung habe an den durch den Inhaber des Landratsamts bestimmten Vorsitzenden des Kreisausschusses erfolgen sollen. Der Zusatz „als Vorsitzender des Kreisausschusses" muß mithin eine andere Bedeutung haben. Und da ein Vorsitzender ohne präsidiale Befugnisse nicht denkbar ist, so kann der Sinn der Zuständigkeitsbestimmung nur der sein, daß der **Landrat als solcher Träger der Aufsichtsbefugnis** sein soll. Die Bedeutung des Zusatzes beschränkt sich dann in der Tat **auf die Regelung der Vertretung des Landrats**, wie dies insbesondere in der Begründung des jetzt geltenden Zuständigkeitsgesetzes und bei dessen Beratung verschiedentlich betont wird. Nach § 136 KrO. wählt der Kreisausschuß den Stellvertreter im Vorsitze für den Fall, daß die Vertretung des Landrats als solchen auf den Kreissekretär übergeht, und dieser Stellvertreter hat dann gegebenenfalls daneben den Landrat in den Geschäften der Aufsichtführung zu vertreten. Diese Bestimmung tritt, zumal bei Berücksichtigung des Umstandes, daß die Wahl des Stellvertreters auch ohne besondere Veranlassung auf einen gewissen Zeitraum erfolgen kann, dem § 75 KrO. zur Seite, wo vorgesehen ist, daß der Kreistag die zur Vertretung des Landrats berufenen Kreisdeputierten zu wählen hat. Daß die Kreisdeputierten, abgesehen vom Falle des § 118 KrO., eines besonderen Kommissoriums für den einzelnen Fall bedürfen, macht keinen Unterschied; denn auch für den vom Kreisausschusse gewählten Vertreter liegt ein solches Kommissorium zum mindesten darin, daß die zuständige Behörde eintretendenfalls die Vertretung durch den Kreissekretär genehmigt. Wenn für den Kreissekretär als Vertreter im Gegensatze zu dem Kreisdeputierten nicht außerdem noch eine besondere Bestätigung vorbehalten ist, so erscheint das schon wegen der Zugehörigkeit des letzteren zum Kreisausschuß erklärlich. So wenig nun dadurch, daß der zur allgemeinen Vertretung des Landrats berufene Kreisdeputierte nach gesetzlicher Vorschrift aus der Wahl eines Selbstverwaltungsorgans des Kreises hervorgeht, die gesamte landrätliche Verwaltung zur Kreiskommunalverwaltung im Sinne von §§ 76, 164 KrO. wird, ebensowenig kann die dem Landrate zugewiesene Aufsichtführung allein deshalb zu dieser Verwaltung gerechnet werden, weil der hierfür berufene besondere Stellvertreter durch die Wahl des Kreisausschusses bestimmt wird.

Nach alledem ist anzunehmen, daß die fragliche Aufsichtführung zur Geschäftsverwaltung des Kreisausschusses, auch im weitesten Sinne des Wortes, nicht gehört, und zwar nicht nur deshalb, weil es sich dabei um ein staatliches Geschäft handelt, sondern auch vor allem darum, weil dieses staatliche Geschäft nicht dem Kreisausschuß oder seinem Vorsitzenden oder einem sonstigen Organe der Kreisverwaltung übertragen, sondern dem Landrat als solchem unter besonderer Regelung seiner Vertretung vorbehalten worden ist.

Gehört die Aufsichtführung überall nicht zur Geschäftsverwaltung des Kreisausschusses, so kann sie dazu auch nicht im Sinne des § 164 KrO. gerechnet werden; daher hat der Kreis für die durch sie erwachsenden Kosten nicht aufzukommen. Diese fallen vielmehr demjenigen zur Last, der die Kosten der landrätlichen Verwaltung im Sinne von § 3 LVG. zu tragen hat. Das ist der Staat, der hinsichtlich der Portokosten die Deckung im Wege der Aversionierung bewirkt. Die Aufsichtführung ist keine Diensttätigkeit einer besonderen Behörde neben dem Landrat als solchem, sondern bildet nur ein einzelnes Geschäftsgebiet der allgemeinen Landesverwaltung, die der Landrat im Kreise zu führen hat. Daraus erklärt es sich auch, daß der Laudrat als Vorsitzender des Kreisausschusses keine besondere staatliche Dienstaufwandsentschädigung für diese Geschäfte bezieht. Sollten die Kosten dieser Geschäftsführung gleichwohl dem Kreise zur Last gelegt werden, so hätte das im Gesetze besonders ausgesprochen werden müssen. Bei dem Mangel einer dahingehenden Bestimmung bildet die Aufbringung derartiger Kosten, einschließlich der Portokosten, keine dem Kreise gesetzlich obliegende Leistung.

III.

Amtsbezirke in den Provinzen Ost- und Westpreußen, Brandenburg, Pommern, Sachsen, Schlesien und Schleswig-Holstein.

Literatur: v. Rohr: Anleitung für die Obliegenheiten des Amtsvorstehers im Bereich der KrO. v. 13. Dez. 72 (Berlin 1907).
Vgl. im übrigen oben unter I (Provinzialverbände).

B. Organe der Amtsbezirke und ihre Befugnisse.

1. Amtsvorsteher.

Nr. 1. Entsch. v. 22. Dez. 1905 (PrVerwBl. 28 203).

Der § 34 ReichsViehSG. legt dem Besitzer eines der Tollwut verdächtigen Hundes die Verpflichtung auf, ihn unschädlich zu machen und überläßt es seiner Wahl, den Hund entweder sofort zu töten, oder ihn in einem sicheren Behältnisse bis zu polizeilichem Einschreiten einzusperren. Dieser Verpflichtung des Besitzers entspricht das Recht und die Pflicht der Ortspolizeibehörde (§ 2 Preuß. G., betr. die Ausführung der Reichsgesetze über die Abwehr und Unterdrückung von Viehseuchen, v. 12. III. 81/18. VI. 94), einen Besitzer, der der gesetzlichen Auflage nicht nachkommt, dazu im Wege der polizeilichen Verfügung anzuhalten.

Die zur Erreichung des Zweckes erforderliche Verfügung kann in der Form eines an den Besitzer gerichteten Gebotes ergehen, sie kann aber auch in der Anwendung unmittelbaren Zwanges liegen. In einem Falle, wie dem vorliegenden, wo der Besitzer des Hundes unbekannt war, sich alsbald auch nicht ermitteln ließ, war die Anwendung des unmittelbaren Zwanges der allein gewiesene Weg. Nur selbsttätig durch eigenes Handeln konnte die Behörde das Ziel, den Hund unschädlich zu machen, erreichen. Dabei war es ihrem pflichtmäßigen Ermessen überlassen, ob sie die Einsperrung des Hundes oder seine Tötung anordnen wollte. Daß der beklagte Amtsvorsteher, der die Ortspolizei in B. verwaltete, bei der Wahl, ob der Hund einzusperren oder zu töten sei, sich für das letztere entschied, kann ihm daher nicht zum Vorwurfe gereichen und zwar um so weniger, als nicht erhellt, daß ihm zum Einsperren ein sicheres Behältnis zu Gebote stand, der Behörde auch nicht zugemutet werden kann, die möglicherweise mit Gefährdung von Menschen verbundene Einsperrung eines fremden Hundes herbeizuführen. Die Tatsache, daß bereits der Dienstjunge To. von dem Hunde gebissen war, stand der Tötung auch nicht entgegen. Denn die Vorschrift, wonach in einem solchen Falle der Hund einzusperren sei, wendet sich an den Besitzer des Hundes, beschränkt aber nicht die Behörde in der Freiheit ihrer Entschließung.

Hiernach hängt die Entscheidung von der Beantwortung der Frage ab, ob der Amtsvorsteher nach den ihm bekannten Umständen und ohne Fahrlässigkeit zu der Ueberzeugung gelangen durfte, daß der Hund des Klägers der Tollwut verdächtig sei. Wird die Frage bejaht, so steht damit fest, daß er nicht widerrechtlich gehandelt hat, ohne daß es einer Untersuchung darüber bedarf, ob der Hund in der Tat an Tollwut erkrankt war oder nicht. Die Bejahung der Frage kann nicht zweifelhaft sein. Der Hund war stark abgemagert, trieb sich ohne Aufsicht umher, hatte einen Menschen gebissen und zeigte, nachdem er eingefangen war, Beißsucht. Alles dies sind Erscheinungen, die nach dem Gutachten des Departementstierarztes die Annahme rechtfertigten, der Hund sei der Seuche verdächtig. Dieses Gutachten ist der Beurteilung zugrunde zu legen, und zwar um so mehr, als der im Konfliktsbeschluß erwähnte MErl. v. 27. X. 97, in dem den Regierungspräsidenten empfohlen wird, die Gendarmen anzuweisen, herrenlos umherschweifende Hunde „ohne weiteres" zu erschießen, offenbar auf der Ansicht beruht, daß schon allein die Tatsache, daß ein Hund herrenlos umherschweift, den Seuchenverdacht zu begründen geeignet ist. Eine Ansicht, die besondere Bedeutung für sich in Anspruch nehmen kann, da sie von dem Minister ausgeht, von dem das Veterinärwesen ressortiert. Der Amtsvorsteher, der seine Besorgnis, der Hund wäre toll, dem Zeugen T. gegenüber kundgab, bevor er ihm den Auftrag zu seiner Erschießung erteilte, hatte sonach für diese Annahme hinlänglichen Grund. Hat er sich bei dieser Annahme geirrt, so folgt daraus doch nicht, daß er seine Amtsbefugnisse überschritten hat.

Nr. 2. Entsch. v. 2. April 1906 (PrVerwBl. 27 789) IV 512.

KrO. § 57.

Die dem Stellvertreter eines Amtsvorstehers durch Kreisausschußbeschluß allgemein erteilte Ermächtigung, in Fällen, wo der

Amtsvorsteher persönlich beteiligt ist, diesen zu vertreten, legitimiert ihn nur für solche Vertretung, wo er selbst (der Vertreter) nicht persönlich beteiligt ist.

Mit Recht hat der Bezirksausschuß angenommen, daß eine allgemeine Anordnung, wie sie der Kreisausschuß in dem erwähnten Beschlusse getroffen hat, dem § 57 Abs. 5 KrO. nicht widerspricht. Der Vorderrichter verneint freilich, daß bei dem Gutsinspektor H. eine solche Beteiligung vorliege, weil ein Gutsinspektor nur die Pflicht habe, bei der Bewirtschaftung des Gutes den Vermögensvorteil des Gutsbesitzers zu wahren, und „zu einer weitergehenden vermögensrechtlichen Vertretung nicht befugt" sei. Dieser Auffassung kann nicht beigetreten werden. Wenn in dem Urteil des erkennenden Gerichts v. 3. II. 02 ein Amtsvorsteher, der Generalbevollmächtigter des Gutsbesitzers war, für persönlich beteiligt erachtet wurde (OVG. 41 251), so ist damit nicht der Begriff der persönlichen Beteiligung auf Fälle einer „derartig ausgedehnten Vertretungsmacht" beschränkt worden. Vielmehr ist wiederholt ausgesprochen worden, daß eine persönliche Beteiligung auch dann vorliegt, wenn das Verhältnis des Amtsvorstehers zu den unmittelbar Beteiligten derartig ist, daß von ihm eine unbefangene Erledigung der Amtsgeschäfte nicht erwartet werden darf, seine persönliche Befangenheit möglich ist. Ein solches Verhältnis liegt auch bei einem Gutsinspektor vor, wenn die Wegebaulast zwischen seinem Gutsherrn und der Gemeinde streitig ist. Bei der Abhängigkeit, in welcher der Inspektor zu dem unmittelbar beteiligten Dienstherrn steht, erscheint seine Unbefangenheit nicht voll gesichert.

Nr. 3. Entsch. v. 7. Okt. 1907 (PrVerwBl. 29 435) IV B 38/07.

KrO. § 57 Abs. 5; LVG. § 59.

Im § 57 Abs. 5 KrO., wo festgesetzt ist, daß der Kreisausschuß statt des persönlich beteiligten Amtsvorstehers dessen Stellvertreter oder einen der benachbarten Amtsvorsteher bzw. Bürgermeister mit der Erledigung des betr. Amtsgeschäfts zu betrauen habe, ist eine Ausnahme für den Fall einer Beteiligung des Kreisausschusses selbst nicht zugelassen. Der § 59 LVG. bestimmt allerdings, daß, wenn bei einer Angelegenheit, welche zur Zuständigkeit des Kreisausschusses gehört, die betreffende Kreiskorporation als solche beteiligt ist, für das Beschlußverfahren von dem Regierungspräsidenten ein anderer Kreisausschuß mit der Beschlußfassung beauftragt wird. Allein dieser Tatbestand lag hier nicht vor. Die Angelegenheit, um welche es sich handelte, war lediglich die Beauftragung eines anderen Amtsvorstehers wegen der persönlichen Beteiligung des örtlich zuständigen Amtsvorstehers, nicht die Wegeunterhaltung, deren Ausführung herbeigeführt werden sollte. Diese bildete nur den Ausgangspunkt und Anlaß zu der Beauftragung und ist von der letzteren, der Angelegenheit im Sinne des § 59, verschieden. An der Beauftragung war der Kreisausschuß in keiner Weise beteiligt. Die Beteiligung des Kreiskommunalverbandes und des Kreisausschusses an der Frage nach der Pflicht zur Wegeunterhaltung, die demnächst deren Beteiligung auch an dem wegen des Vorgehens des beauftragten Amtsvorstehers anhängig gemachten Verwaltungsstreitverfahren zur Folge gehabt hat, ist somit unerheblich.

V.

Landbürgermeistereien in der Rheinprovinz.

Literatur: vgl. oben unter I (Provinzialverbände).

Nr. 1. Entsch. v. 8. Dez. 1905 (OVG. 48 138) I C 11/05.

RhGemO. §§ 54, 76, 85, 103.

Nach § 103 Abs. 2 RhGemO. sind die für jede Bürgermeisterei zu bestellenden Beigeordneten bestimmt, einzelne Amtsgeschäfte, die ihnen der Bürgermeister aufträgt, zu besorgen und den Bürgermeister in Behinderungsfällen sowie während der Erledigung des Amtes zu vertreten. Da wegen Leitung der Wahlen der Gemeindeverordneten keine Ausnahme gemacht ist, muß angenommen werden, daß den Beigeordneten auch die Leitung einer solchen Wahl von dem Bürgermeister übertragen werden darf. Wenn im § 54 RhGemO. bestimmt ist, daß sich der Bürgermeister bei Leitung der Wahl durch den Gemeindevorsteher vertreten lassen kann, so folgt daraus nicht, daß eine Vertretung durch den Beigeordneten ausgeschlossen ist. Nach § 76 aaO. ist der Gemeindevorsteher das Organ des Bürgermeisters für die dem Bürgermeister nach § 85 ebenda obliegende Verwaltung der Gemeindeangelegenheiten. Zur selbständigen Ausführung der Geschäfte der Gemeindeverwaltung ist also der Gemeindevorsteher im allgemeinen nicht berufen. Daher hat die Bestimmung, wonach sich der Bürgermeister bei Leitung der Gemeindeverordnetenwahlen durch den Gemeindevorsteher vertreten lassen kann, die Bedeutung, daß dem Gemeindevorsteher, obwohl er sonst nur Organ des Bürgermeisters ist, die selbständige Leitung der Wahlen übertragen werden darf, ebenso wie der Bürgermeister nach § 63 GemO. dem Gemeindevorsteher den Vorsitz im Gemeinderat übertragen kann. Dadurch wird weder die Stellung des Beigeordneten, noch die Befugnis des Bürgermeisters, dem Beigeordneten einzelne Amtsgeschäfte, darunter die Leitung der Wahlen, zu übertragen, berührt. Vertritt der Beigeordnete den Bürgermeister in Behinderungsfällen oder während der Erledigung des Amtes, so hat er auch das Recht, an Stelle des Bürgermeisters die Gemeindeverordnetenwahlen zu leiten; nach § 103 RhGemO. kann aber das Vertretungsrecht der Beigeordneten in bezug auf einzelne Amtsgeschäfte ohne Einschränkung auch durch einen Auftrag des Bürgermeisters entstehen. Dürfte sich der Bürgermeister bei den Gemeindeverordnetenwahlen nur durch den Gemeindevorsteher vertreten lassen, so würde der Bürgermeister, falls sich der Gemeindevorsteher nach seiner Persönlichkeit zur Leitung der Wahl nicht eignet, immer genötigt sein, selbst die Wahl zu leiten, und die vom Gesetzgeber beabsichtigte Entlastung durch den Beigeordneten hier nicht eintreten können.

Nr. 2. Entsch. v. 8. März 1907 (PrVerwBl. 28 892) I 346.

1. Verschieden von den Aufwendungen, die die Herstellung einer Wasserleitung erfordert, sind die Ausgaben für solche Vorarbeiten, die zu dem Zwecke vorgenommen werden, zu ermitteln, ob die Voraussetzungen vorliegen, unter denen die Errichtung der Anlage polizeilich angeordnet werden kann. Jene Kosten fallen demjenigen zur Last, der zur Herstellung eines polizeimäßigen Zustandes in der Außenwelt verbunden ist; diese Kosten sind Unkosten des inneren polizeilichen Dienstbetriebes und von demjenigen aufzubringen, der überhaupt die Betriebskosten der Polizeiverwaltung zu tragen hat. In den Bürgermeistereien der Rheinprovinz sind die Kosten des polizeilichen Dienstbetriebes, wie sich aus §§ 107 f.,

113 RhGemO. in Verbindung mit § 28 RhKrO. ergibt, von dem Bürgermeisterei-Kommunalverbande zu beschaffen.

2. Die Ortspolizeibehörde — der Bürgermeister — ist zu Maßregeln im Interesse der Feuersicherheit und aus Rücksichten für die allgemeine Gesundheit zuständig. Werden die für ihre Entschließung erforderlichen Gelder nicht von der Bürgermeisterei bereitgestellt, so kann die Verpflichtung dazu von der vorgesetzten Polizei- und Kommunalaufsichtsbehörde ausgesprochen werden. Das ist durch die Verfügung des Landrats geschehen. Da die Klägerin die Bewilligung der Mittel gleichwohl verweigerte, so waren damit auch die Voraussetzungen für den Erlaß der angefochtenen Zwangsetatisierungsverfügung erfüllt.

Nr. 3. Entsch. v. 10. Dez. 1907 (PrVerwBl. 29 536) I B 29/06.

ZustG. § 35.

Für die Beantwortung der Frage, wem im Geltungsgebiet der RhGemO. v. 23. VII. 45 in einem zusammengesetzten Polizeibezirk, wie die Bürgermeisterei ein solcher ist, die Kosten eines behördlicherseits erforderten Kanalisationsprojektes zur Last fallen, ist nach dem Zwecke zu unterscheiden, dem das Projekt dienen soll. Wird seine Aufstellung als die unmittelbare Grundlage der Kanalisation und als erster Teil der Ausführung der Anlage gedacht, so liegt die Beschaffung der betreffenden Gemeinde ob, und diese ist zur Erfüllung ihrer Verpflichtung durch die Ortspolizeibehörde mittels polizeilicher Verfügung anzuhalten. Handelt es sich dagegen bei dem Projekte um Vorarbeiten, deren die Polizeibehörde zu der Entschließung bedarf, ob und in welchem Umfange sie der Gemeinde die Einrichtung einer Kanalisation aufgeben soll, so hat die Polizei das Projekt ihrerseits zu beschaffen, und dann sind die Mittel für diese Vorarbeiten von der Bürgermeisterei, der die unmittelbaren Kosten der örtlichen Polizeiverwaltung als Kosten des Dienstbetriebes des Bürgermeisters zur Last fallen, der Polizeibehörde bereit zu stellen. Unterläßt die Bürgermeisterei dies, so hat die Polizei- und Kommunalaufsichtsbehörde die Feststellung der Leistung zu bewirken, die alsdann die Grundlage der Zwangsetatisierung bildet. Hier liegt ein Fall der letzteren Art vor, denn die Beschaffung des Projektes wird von der Aufsichtsbehörde verlangt, um die Ortspolizeibehörde in den Stand zu setzen, sich über die behufs Sanierung der Entwässerungsverhältnisse der Gemeinde M. etwa erforderlichen Anordnungen schlüssig zu machen. Der Träger der unmittelbaren Polizeikosten hat die für derartige Vergewisserungen erforderlichen Mittel zur Verfügung zu stellen, sobald die Polizei bzw. die Aufsichtsbehörde entsprechende Ermittelungen für geboten erachtet. Einwendungen gegen die Notwendigkeit oder Zweckmäßigkeit der jeweiligen Aufwendung sind im Wege der gegen die Feststellung der Leistung zugelassenen Beschwerde bei den Aufsichtsbehörden geltend zu machen, können aber nicht mit der gegen die Zwangsetatisierungsverfügung eröffneten Klage zum Austrage gebracht werden, denn die sachliche Zuständigkeit des Verwaltungsrichters beschränkt sich, soweit die Feststellung der Leistung seiner Nachprüfung überhaupt unterstellt ist, auf diejenige der Rechtmäßigkeit der Anforderung. Die hiernach für die Rechtsverfolgung bestehende Schranke kann nicht mit der Deduktion umgangen werden, daß die Klägerin nur zur Deckung notwendiger Polizeikosten verpflichtet und mangels der in Abrede gestellten Notwendigkeit die streitige Anforderung rechtswidrig sei. Die Frage der Notwendigkeit oder Zweckmäßigkeit der geforderten Aufwendung ist der Entscheidung durch den Verwaltungsrichter entzogen. Soweit es für die Verpflichtung der Klägerin darauf ankommt, hat sie durch die Feststellung der Leistung seitens der zuständigen Behörden ihre im gegenwärtigen Verfahren nicht weiter anfechtbare Beantwortung zu Ungunsten der Klägerin gefunden.

VI.

Armenverbände.

Gesetzliche Unterlagen (nebst Materialien): G. betr. die Aenderung des G. über den Unterstützungswohnsitz v. 30. V. 1908 (RGBl. 377). VhdlRT. 1907/8: Drucks. Nr. 349, 841, 901; StenB. 229 2280, 232 4882—4899, 5033.

Literatur: Brunn: Die Rechtsprechung des Bundesamts für Heimatwesen (Berlin 1908). — Eger: Das Reichsgesetz über den Unterstützungswohnsitz[5] (Breslau 1908). — Krech: Entscheidungen des Bundesamts für das Heimatwesen. 38. Heft (Berlin 1906); 39. Heft (Berlin 1907). — Krech: Die Reichsgesetze über den Unterstützungswohnsitz, in der Fassung der Nov. v. 12. März 1894, die Freizügigkeit und den Erwerb und Verlust der Bundes- und Staatsangehörigkeit[6] (Berlin 1907). — Wohlers-Krech: Das Reichsgesetz über den Unterstützungswohnsitz[10] (Berlin 1907).

A. Landarmenverbände.

Nr. 1. Entsch. v. 20. Juni 1905 (OVG. 47 6) II A 5/04.

G., betr. die Ausführung des BundesG. über den Unterstützungswohnsitz, v. 8. III. 71 (GS. 130) § 1; G. v. 11. VII. 91 (GS. 300) betr. Abänderung der §§ 31, 65, 68 des G. v. 8. III. 71 Art. 1.

1. Die Kosten der Anstaltspflege für mittellose gemeingefährliche Geisteskranke sind auch dann Kosten der öffentlichen Armenpflege, wenn die Unterbringung der Kranken in der Anstalt nicht in ihrem eigenen Interesse, sondern im Interesse der öffentlichen Ordnung und Sicherheit erforderlich ist.

Hilfsbedürftig ist diejenige Person, die nicht hinreichende Kräfte besitzt, um sich und ihren arbeitsunfähigen Angehörigen den notdürftigen Lebensunterhalt zu verschaffen, und solchen weder aus eigenen Mitteln bestreiten kann, noch von einem Dritten erhält. „Hinreichende Kräfte" fehlen auch denjenigen Personen, die zwar genügende körperliche Stärke besitzen, aber infolge eines geistigen Fehlers außerstande sind, mit ihnen sich den Lebensunterhalt zu erwerben. Als ein derartiger geistiger Fehler muß auch eine Geisteskrankheit gelten, die den von ihr Befallenen gemeingefährlich macht. Ein Mensch, dessen krankhafte, verbrecherische Neigungen ihn der bürgerlichen Gesellschaft so gefährlich machen, daß sie ihm in ihrer Mitte nicht die Freiheit, die für die Beteiligung an dem Erwerbsleben notwendig ist, lassen darf, kann unmöglich als in dieser Gesellschaft erwerbsfähig gelten. Deshalb ist — von Ausnahmefällen abgesehen — ein Geisteskranker erwerbsunfähig, der wegen seiner Krankheit in Haft gehalten werden muß, und von diesem Gesichtspunkt aus erscheint S., dessen Unterhalt weder aus seinen Mitteln noch aus denen Dritter bestritten werden kann, hilfsbedürftig, weil er aus sicherheitspolizeilichen Gründen festgehalten werden muß. Aber auch in der Freiheit würde S. infolge seiner Geisteskrankheit erwerbsunfähig sein. Die Anstaltsärzte bekunden zwar, daß er körperlich ganz gesund und stark, auch gutmütig und lenksam sei, und sie erklären ihn deswegen für erwerbsfähig. Aber die Erwerbsfähigkeit hängt nicht lediglich von den Eigenschaften ab, auf die das ärztliche Gutachten sich bezieht. Für sie kommen Umstände in Betracht, die, wie zB. die Lage des Arbeitsmarktes, nicht Gegenstand einer Beurteilung durch Aerzte sind. Darum kann die Frage der Erwerbsfähigkeit nur auf Grund praktischer Erfahrung unter Zuhilfenahme des ärztlichen Gutachtens entschieden werden. Nun steht fest, daß S. an einem unheilbaren Schwachsinne leidet, der sich unter anderem in einem unwiderstehlichen Hange zu Diebstählen und unberechtigtem Jagen äußert. Ein derartiger Mensch wird zu ehrlicher Arbeit nur da angenommen werden, wo man seine üblen Eigenschaften nicht kennt, und er ist überall seiner

Entlassung gewiß, sobald seine Krankheit bekannt geworden ist. S. kann also trotz seiner körperlichen Stärke sich seinen Lebensunterhalt nicht selbst verdienen und ist, da auch sonstige Mittel fehlen, hilfsbedürftig im Sinne der Armengesetzgebung, insbesondere im Sinne des durch die Nov. v. 11. VII. 91 geschaffenen § 31 AGUWG. v. 8. III. 71.

2. Der gemäß § 1 AG. v. 8. III. 71 zuständige Armenverband darf bei der Gewährung von Obdach, Lebensunterhalt und Pflege in Krankheitsfällen nicht diejenige Verpflichtung außer acht lassen, die überall und für jeden besteht und die dahin geht, daß niemand durch seine Einrichtungen unbefugterweise Dritte oder gar die öffentliche Ordnung und Sicherheit gefährden darf. Diese allgemeine Verpflichtung schließt es aus, daß — zB. — ein nach § 1 aaO. pflichtiger Armenverband etwa auf Grund des Abs. 2 ohne besondere Vorsichtsmaßregeln einen Cholerakranken in sein Krankenhaus, einen vom Aussatz Befallenen in sein Armenhaus aufnimmt. Keineswegs ist der Armenverband dabei der notwendigen oder gar befohlenen Vorsichtsmaßregeln deshalb überhoben und von den durch sie entstehenden Mehrkosten befreit, weil sie nicht gerade durch die Rücksicht auf das Leben und die Gesundheit des Hilfsbedürftigen geboten sind. Ebensowenig wird er deswegen, weil solche nötig sind, seiner Unterstützungspflicht ledig. Was der Armenverband zu gewähren hat, muß er in einer Weise gewähren, wie es sich mit den berechtigten Interessen Dritter und mit der öffentlichen Ordnung und Sicherheit verträgt. Daher ist „erforderlich" im Sinne des Abs. 1 nicht nur diejenige Krankenpflege, die genügen würde, wenn der Kranke von den bestehenden Verhältnissen losgelöst wäre oder wenn diese Verhältnisse, wie das Bestehen einer bürgerlichen Gesellschaft, deren Mitglied auch der Arme bleibt, als nicht vorhanden gedacht würden, sondern diejenige, die durch das Bestehen jener Verhältnisse, durch die Rücksicht auf die berechtigten Interessen der bürgerlichen Gesellschaft bedingt wird. Die Wahrnehmung dieser Interessen nach gewisser Richtung hin, insbesondere der Schutz der öffentlichen Ordnung und Sicherheit, ist Aufgabe der Polizei; die Lage, die durch deren berechtigte Anforderungen geschaffen wird, muß auch der Unterstützungspflichtige gegen sich gelten lassen. Ihnen kann sich ein Armenverband auch dann nicht entziehen, wenn er die ihm obliegende Fürsorge nach Abs. 2 aaO. selbst übernimmt. Nicht minder aber sind von ihm die Interessen der Allgemeinheit und etwaige Anordnungen der zu ihrer Wahrung berufenen Behörden zu berücksichtigen, wenn die Fürsorge für einen Armen außerhalb einer Anstalt erfolgt. Wie jeder andere das mit der Einrichtung seiner Wohnung und mit der sonstigen Lebenshaltung seiner selbst und seiner Angehörigen tun muß, so muß es auch der Arme und derjenige, der für ihn zu sorgen hat; die dazu erforderlichen Mittel muß der Armenverband gewähren. Er wird von dieser Verpflichtung nicht ohne weiteres frei, wenn infolge ungewöhnlicher Umstände die Lebenshaltung des Armen in einer Weise eingerichtet werden muß, die von der gewöhnlichen abweicht. Als eine solche infolge ungewöhnlicher Umstände notwendige Einrichtung einer eigenartigen Lebenshaltung für den Armen stellt sich auch seine Unterbringung in einer Anstalt dar, selbst wenn sie nicht sowohl wegen der Fürsorge für sein Leben und seine Gesundheit, als vielmehr deswegen nötig wird, weil eine Lebenshaltung gewöhnlicher Art die öffentliche Ordnung oder Sicherheit stören oder gefährden würde. Der häufigste Fall dieser Art ist die Unterbringung eines durch Geisteskrankheit gemeingefährlichen Armen in einer Irrenanstalt. Auch die durch sie entstehenden Kosten stellen sich von dem hier eingenommenen Standpunkte der natürlichen Anschauung aus dar als Kosten des notwendigen Obdachs, des unentbehrlichen Lebensunterhaltes und der erforderlichen Pflege in einem Krankheitsfalle.

3. Waren nun auch die Armenverbände schon nach § 1 G. v. 8. III. 71 verpflichtet, nötigenfalls die Kosten der Anstaltspflege eines unheilbaren und wegen seiner Gemeingefährlichkeit nicht anders als in einem Irrenhause zu haltenden Geisteskranken zu tragen, so gab doch jenes Gesetz vor seiner Ergänzung durch die Nov. v. 11. VII. 91 keine Handhabe, um einen Armenverband zu der Einrichtung derartiger Anstalten und zur Aufnahme von Geisteskranken in sie zu zwingen. (Eine etwa durch ältere Bestimmungen, wie die Dotationsgesetze, begründete Verpflichtung der Armenverbände oder Provinzen soll vorläufig außer Betracht bleiben.) Der § 1 Abs. 2 des Gesetzes gab nur den Armenverbänden das Recht, die Unterbringung in einem Arbeits- oder Krankenhause eintreten zu lassen, in dem Sinne, daß der Unterstützungsbedürftige sich die Unterbringung gefallen lassen, ein Ersatzpflichtiger die entstandenen Kosten als Kosten der Armenpflege anerkennen mußte. Ferner gestattete der § 31 den Landarmenverbänden, die Kosten der Fürsorge für Geisteskranke usw. mit den dort getroffenen Maßgaben unmittelbar zu übernehmen. Im übrigen lag die Frage, ob die Festhaltung des Geisteskranken, und ob sie gerade in der Form der Anstaltspflege eintreten sollte, nicht auf dem Gebiete des Armenrechts, sondern im wesentlichen auf dem der Ordnungs- und Sicherheitspolizei. Wurde sie von polizeilichen Erwägungen aus bejaht, so hatte dies nur die oben erwähnte mittelbare Wirkung für die Kostenlast der Armenverbände. In dieser Hinsicht hat die Nov. v. 11. VII. 91 eine wesentliche Aenderung herbeigeführt, indem sie den § 31 durch eine Reihe von Vorschriften ersetzte, die als §§ 31, 31a—31e dem Gesetze einverleibt wurden. Durch den ersten Absatz des neuen § 31 ist die Frage, ob Anstaltspflege einzutreten hat — unbeschadet der Befugnis der Polizei, die Unterbringung aus sicherheitspolizeilichen oder sonstigen Gründen zu fordern — auch zu einer Frage des Armenrechts geworden. Die Aufnahme der im § 31 bezeichneten Hilfsbedürftigen in Anstalten kann jetzt von ihnen selbst, ihren Vertretern, den Ortsarmenverbänden und den zuständigen Aufsichtsbehörden gegenüber den Landarmenverbänden beansprucht werden, unabhängig davon, ob die Polizei oder eine sonstige Behörde aus Gründen, welche nicht gerade dem Armenrecht angehören, die Unterbringung fordert.

Der Kläger meint nun, daß für die streitige Frage, ob der Landarmenverband der Rheinprovinz die Aufnahme und die weitere Verpflegung des S. ablehnen durfte, lediglich die Nov. v. 11. VII. 91 in Betracht komme, und daß die Novelle infolge der Einschränkung, die in den Worten liegt „soweit dieselben der Anstaltspflege bedürfen", eine Verpflichtung zur Aufnahme und Verpflegung hilfsbedürftiger Geisteskranken für die Landarmenverbände nur dann begründe, wenn die Anstaltspflege „des Kranken selbst wegen" d. h. mit Rücksicht auf sein Leben oder seine Gesundheit notwendig sei. Wäre dies zutreffend, anderseits aber auch das richtig, was vorher über die Befugnis der Polizei, eine Anstaltspflege anzuordnen, und über die daraus für die Armenverbände entstehenden Folgen gesagt ist, so würde folgender Rechtszustand durch die Gesetze von 1870/71 und 1891 geschaffen sein. Ist die Unterbringung „wegen des Kranken selbst" erforderlich, so würde der Landarmenverband sich zu der Aufnahme verstehen und die Kosten in der von dem § 31a bestimmten Weise zwischen dem Landarmenverbande, dem Ortsarmenverbande und dem Kreisverbande verteilt werden müssen. Wird dagegen von der Polizei, deren Aufgaben hinsichtlich der öffentlichen Gesundheitspflege, Ordnung und Sicherheit selbstverständlich durch die rein armenrechtliche Vorschrift des § 31 nicht berührt werden können, die Unterbringung im öffentlichen Interesse verlangt, so würde der Landarmenverband (von einer anderweit begründeten Verpflichtung dazu immer noch abgesehen) seine Anstalt nicht zur Verfügung zu stellen brauchen, und die Kosten einer trotzdem erlangten Anstaltspflege würden dem unterstützungspflichtigen Ortsarmenverband allein zur Last fallen. Aber der Provinzialausschuß geht weiter. Er erblickt in der Vorschrift der § 31 ff. eine erschöpfende Regelung der sog. geschlossenen Armenpflege dahin, daß die Armenverbände in dem dort näher bestimmten Zusammenwirken miteinander und mit den Kreisen für Anstaltspflege dann, aber auch nur dann, zu sorgen und deren Kosten zu tragen haben, wenn ein unterstützungsbedürftiger Geisteskranker der Anstaltspflege wegen seines Lebens oder seiner Gesundheit bedarf. Daraus wird dann weiter gefolgert, daß eine aus sicherheitspolizeilichen Gründen nötige Anstaltspflege von den Landarmenverbänden abgelehnt werden darf, und daß ihre Kosten der Polizeiverwaltung zur Last fallen. Hiernach würde die Novelle auch eine die Verpflichtung der Armenverbände zur Kostentragung einschränkende Abänderung des alten Rechtszustandes, wie er oben dargestellt worden ist, enthalten. Der Kläger nimmt dagegen an, daß auch früher die gedachte Verpflichtung nicht bestanden habe. Hierin irrt er. Die Kosten der Unterbringung eines unheilbaren mittellosen Geisteskranken in einer Irrenanstalt, die nicht etwa für besondere Zwecke der Polizei, aber vorwiegend auch nicht mit Rücksicht auf das persönliche Bedürfnis des Kranken, sondern zu dem Zwecke, dem Kranken das Dasein ohne Gefährdung der öffentlichen Ordnung und Sicherheit zu ermöglichen, also im Sinne des Klägers nicht aus armenrechtlichen, sondern aus polizeilichen Rücksichten erfolgte, sind in Preußen stets nicht als Polizeikosten, sondern als Kosten der Armenpflege behandelt worden. Auch das G. v. 8. III. 71 sieht sie (deshalb) als solche an, und die zu ihm ergangene Nov. v. 11. VII. 91 will keinen Gegensatz zwischen einer „um des Kranken selbst willen" und einer aus sicherheitspolizeilichen Gründen notwendigen Anstaltspflege aufstellen, sondern beabsichtigt, von der bisherigen Auffassung ausgehend, mit ihrem § 31 Abs. 1 auch die Fälle der erwähnten Art zu treffen. Als derartige Fälle kommen nur diejenigen in Betracht, wo die Anstaltspflege gefordert wird als eine besondere mit Rücksicht auf die öffentliche Ordnung und Sicherheit notwendige Art der Lebenshaltung des Kranken, jedoch nicht solche Fälle, wo die staatliche Behörde aus anderen Gründen, etwa als vorläufige Sicherheitsmaßregel oder für besondere Zwecke, als Beobachtung, strafrechtliche Verhaftung des Kranken, die Unterbringung in der Anstalt anordnet, namentlich nicht die Fälle, in denen der Kranke der Anstalt nicht als ein nach dem Armenrechte zu haltender Pflegling überwiesen, sondern in ihr zur Verfügung einer Polizei- oder Gerichtsbehörde gehalten werden soll.

Die Ausführungsgesetze zum UWG. sind entstanden unter der Herrschaft von Grundsätzen, nach denen die Kosten der Anstaltspflege von Geisteskranken als solche der armenrechtlichen Fürsorge auch dann gelten, wenn für die Unterbringung des Kranken vorwiegend nicht die Rücksicht auf den Kranken selbst, sondern die Rücksicht auf die Sicherheit Dritter oder auf die öffentliche Ordnung bestimmend gewesen waren. Die Ausführungsgesetze selbst stehen auf dem Boden dieser Anschauung und gestatten nicht, den gedachten Unterschied in Fällen zu machen, in denen die Unterbringung in der Anstalt nicht für besondere andere Zwecke, sondern zu dem Zwecke einer mit der öffentlichen Ordnung und Sicherheit verträglichen Erhaltung des Kranken nötig geworden ist. Durch die Nov. v. 11. VII. 91 haben die Landarmenverbände allgemein die armenrechtliche Verpflichtung erhalten, auch gemeingefährliche Geisteskranke aufzunehmen, während die entstehenden Kosten als Kosten der Armenlast nach Vorschrift der §§ 31 ff. zu behandeln sind. Auf Grund der Dotationsgesetze besteht außerdem eine nicht armenrechtliche (auch auf bemittelte Personen sich erstreckende) Verpflichtung der dotierten Kommunalverbände, das Unterkommen in

Anstalten für gemeingefährliche Geisteskranke, wegen deren es die zuständigen Behörden verlangen, zu ermöglichen.

Daß die Kosten einer durch die Polizei oder eine Strafvollstreckungsbehörde veranlaßten Unterbringung von Geisteskranken in Irrenanstalten nicht unter allen Umständen Armenpflegekosten zu bilden brauchen, ist stets anerkannt worden (vgl. zB. MErl. v. 26. X. 58, MBl. 237 — und v. 8. III. 66 — das. 89). Sie sind aber dann Armenpflegekosten, wenn die Anstaltspflege sich nur als eine besondere Form der Lebenshaltung des Kranken darstellt.

Nr. 2. Entsch. v. 22. Nov. 1907 (PrVerwBl. 29 663) I B 25/06.

1. Gegenstand des Verfahrens ist die Ueberlassung eines Anteils an der vom Landarmenverbande anläßlich der Unterbringung der geisteskranken Marie B. für seine nicht anderweit erstattungsfähigen Aufwendungen in Anspruch genommenen Invalidenrente. Dieserhalb kann der Landarmenverband nicht vom Kreise im Wege des Verwaltungsstreitverfahrens belangt werden, denn es besteht keine gesetzliche Vorschrift, die solches ermöglichte, und das genannte Verfahren findet nach § 7 LVG. nur in den besonders gesetzlich vorgesehenen Fällen statt. Nach §§ 49f. InvVG. in der Fassung v. 13. VII. 99 haben Gemeinden und Armenverbände, die einen Hilfsbedürftigen für einen Zeitraum unterstützt haben, für welchen diesem ein Rentenanspruch zustand oder noch zusteht, Anspruch auf Ueberweisung der Rente, der im Streitfalle im Wege des Verwaltungsstreitverfahrens nach Maßgabe der Vd. v. 23. VIII. 99 (GS. 166) geltend zu machen ist. In den Fällen der §§ 31ff. G. v. 11. VII. 91 steht der Versicherungsanstalt und dem Rentenberechtigten gegenüber niemals dem Kreise, sondern immer nur den beteiligten Armenverbänden, und zwar bei Insuffizienz der Rente dem Landarmenverbande allein, ein Ueberweisungsanspruch zu. Die Frage, ob und wie die Rente zwischen dem Landarmenverbande, dem Ortsarmenverbande und dem Kreise zu verrechnen sei, ist nicht im Verfahren aus §§ 49f. InvVG., sondern nur in einem Streite entweder zwischen dem Landarmenverbande und dem Ortsarmenverbande oder zwischen dem Kreise und dem Ortsarmenverbande zum Austrage zu bringen. Zwischen dem Kreise und dem Landarmenverbande ist dagegen hierüber eine Auseinandersetzung jedenfalls im Wege des Verwaltungsstreitverfahrens mangels einer entsprechenden gesetzlichen Bestimmung nicht gegeben.

2. Scheitert danach an der Unzulässigkeit des Verwaltungsstreitverfahrens der in der Klage geltend gemachte Anspruch, soweit er vom Kreise aus eigenem Rechte erhoben ist, so vermag auch die Hereinziehung des Ortsarmenverbandes der Berufung nicht zum Erfolge zu verhelfen. Allerdings ist zum Zwecke der Auseinandersetzung über die Verrechnung der Rente zwischen den beteiligten Armenverbänden das Verwaltungsstreitverfahren eröffnet, aber nur auf der Grundlage des UWG. v. 6. VI. 70 (BGBl. 360) und des dazu ergangenen PrAG. v. 8. III. 71/11. VII. 91 (GS. 130/300). Demzufolge findet gemäß § 41 des ersteren und § 57 des letzteren Gesetzes gegen die Entscheidung des Bezirksausschusses lediglich die Berufung an das Bundesamt für das Heimatswesen statt.

B. Ortsarmenverbände.

1. Begriff und Pflichten der Ortsarmenverbände.

Nr. 1. Entsch. v. 18. Jan. 1906 (PrVerwBl. 28 220) III 101.

Die Unterbringung eines mittellosen Idioten behufs Heilversuchs in einer Anstalt ist, auch wenn sicherheitspolizeiliche Gründe den ersten Anstoß gegeben haben, ein Akt der Armenpflege. Denn sie ist auch im eigenen Interesse des Idioten, dem Mittel nicht zu Gebote stehen, erfolgt.

Nr. 2. Entsch. v. 11. Febr. 1908 (PrVerwBl. 29 765) I A 62/06

BGB. §§ 1666, 1838; UWG. § 8; AGUWG. §§ 1, 63; FEG. § 1.

Ein Beschluß des Vormundschaftsgerichts gemäß § 1666 BGB., durch welchen die Unterbringung eines Kindes in einer geeigneten Familie oder in einer Anstalt zum Zwecke der Erziehung angeordnet wird, ist seinem Inhalte nach nichts anderes als die Anordnung einer Zwangserziehung. Ein solcher Beschluß ist für den Armenverband nicht verbindlich und vermag insbesondere eine sonst nicht vorhandene Hilfsbedürftigkeit nicht zu begründen. Die Leistungen des Armenverbandes beschränken sich auf die Gewährung von Obdach, Unterhalt und Krankenpflege; dagegen wird der Armenverband durch kein Gesetz verpflichtet, erziehungsbedürftige Kinder auf seine Kosten zu erziehen oder erziehen zu lassen.

Der § 1666 BGB. lautet in seinem ersten, hier allein in Betracht kommenden Absatze:

Wird das geistige oder leibliche Wohl des Kindes dadurch gefährdet, daß der Vater das Recht der Sorge für die Person des Kindes mißbraucht, das Kind vernachlässigt oder sich eines ehrlosen oder unsittlichen Verhaltens schuldig macht, so hat das Vormundschaftsgericht die zur Abwendung der Gefahr erforderlichen Maßregeln zu treffen. Das Vormundschaftsgericht kann insbesondere anordnen, daß das Kind zum Zwecke der Erziehung in einer geeigneten Familie oder in einer Erziehungsanstalt oder einer Besserungsanstalt untergebracht wird.

Voraussetzung für das Einschreiten des Vormundschaftsgerichts bildet hiernach die Befürchtung, daß das Kind durch die Schuld des Vaters der geistigen oder leiblichen Verwahrlosung ausgesetzt sei. Unter den Maßregeln, die, um die Verwahrlosung des Kindes zu verhüten, ergriffen werden können, erscheint als die schärfste die Anordnung, daß es zum Zwecke der Erziehung in einer geeigneten Familie oder in einer Erziehungs- oder Besserungsanstalt unterzubringen sei. Können die Kosten, die durch eine solche Unterbringung entstehen, aus dem Vermögen des Kindes oder seiner Unterhaltungspflichtigen bestritten werden, oder werden die Mittel hierfür im Wege freier Liebestätigkeit aufgebracht, so ist die Durchführung der Anordnung in finanzieller Beziehung gesichert. Anders verhält es sich, wenn weder das Kind und seine Unterhaltungspflichtigen das erforderliche Vermögen besitzen, noch auch die Aufwendungen von anderer Seite freiwillig übernommen werden. Das BGB. enthält keine Bestimmung darüber, auf welche Weise in einem solchen Falle die Mittel zu beschaffen seien.

Eine Aufbringung der Mittel im Wege der öffentlichen Armenunterstützung ist nicht angängig. Der Beschluß eines Vormundschaftsgerichts, wodurch die Unterbringung eines Kindes in einer geeigneten Familie oder einer Anstalt zum Zwecke der Erziehung angeordnet wird, ist für den Armenverband nicht verbindlich. Zunächst nicht insoweit, als er die Art der Unterbringung bestimmt. Denn die Entschließung darüber, in welcher Weise ein Hilfsbedürftiger zu unterstützen ist, steht innerhalb der durch die Gesetze gezogenen Schranken und unbeschadet einer anderweiten Bestimmung durch die Beschwerdeinstanz ausschließlich dem Ortsarmenverbande zu (§ 8 UWG.; §§ 1, 63 AGUWG.; § 41 ZustG.). Das Vormundschaftsgericht ist aber weder ein Organ der Armenpflege, noch auch gegenüber dem Armenverbande Beschwerdeinstanz; ebensowenig ist der Armenverband ausführendes Organ des Vormundschaftsgerichts oder des von diesem bestellten Pflegers. Die Anordnung des Vormundschaftsgerichts bewegt sich auf familienrechtlichem Gebiete. Die Verfügungsgewalt des Armenverbandes über ein hilfsbedürftiges Kind entspringt dagegen nicht dem Familienrechte, sondern findet in dem hiervon unabhängigen Armenrechte ihre selbständige Stütze. Die Unterbringung eines Kindes in einer geeigneten Familie usw. kann daher dem Armenverbande weder von dem Vormundschaftsgerichte noch von dem Pfleger aufgegeben werden. Ebensowenig vermag auch die Anordnung des Vormundschaftsgerichts eine sonst nicht vorhandene Hilfsbedürftigkeit des Kindes zu begründen. Das Bundesamt für das Heimatwesen ist freilich, wiewohl es ebenfalls anerkennt, daß die Anordnung des Vormundschaftsgerichts über die anderweite Unterbringung des Kindes für den Armenverband nicht verbindlich sei, der Ansicht, daß der Armenverband jene Anordnung, soweit sie die Trennung des Kindes von den Eltern zur Folge hat, gegen sich gelten lassen müsse, mit andern Worten, daß der Armenverband, unbeschadet des Rechts, seinerseits über Art und Maß der Unterstützung zu befinden, verpflichtet sei, für das von den Eltern getrennte Kind zu sorgen, wenn es weder selbst Vermögen besitzt, noch auch die Eltern imstande sind, es außerhalb des Hauses zu unterhalten. Dem steht jedoch entgegen, daß die Frage, ob eine Hilfsbedürftigkeit vorliegt, nach Lage der tatsächlichen Verhältnisse zu beurteilen ist. Gewiß sind Fälle denkbar, daß ein Kind, das zufolge einer Anordnung des Vormundschaftsgerichts von seinen Eltern getrennt ist, damit in einen Zustand von Hilfsbedürftigkeit versetzt wird, wie etwa ein verirrtes oder von seinen Eltern verlassenes Kind. Aber einer solchen Tatsache steht der Armenverband nicht anders gegenüber wie jedem andern Falle von Hilfsbedürftigkeit; durch das Vorhandensein eines Unterhaltungspflichtigen, der gegenwärtig fähig und bereit ist, sich seiner Pflicht zu unterziehen, wird er der armenrechtlichen Fürsorge überhoben. Die dem Gebiete des Familienrechts angehörende Anordnung des Vormundschaftsgerichts steht ihm nicht entgegen. Denn Recht und Pflicht des Armenverbandes haben ihren Boden lediglich im Armenrecht, das eine Fürsorge für tatsächlich nicht hilfsbedürftige, von den Eltern durch gerichtliche Anordnung getrennte Kinder nicht kennt.

Die Anordnung des Vormundschaftsgerichts erschöpft sich nun aber nicht in der Wirkung, daß das Kind von den Eltern getrennt wird; sie fordert positiv, daß das Kind anderweit untergebracht werde. Erfolgt eine solche Forderung ausgesprochenermaßen zum Zwecke der Erziehung, so erstrebt sie einen Zweck, zu dessen Erfüllung der Armenverband nicht berufen ist. Seine Leistungen beschränken sich auf die Gewährung von Obdach, Unterhalt und Krankenpflege. Reichen diese Leistungen nicht aus, um den vom Standpunkte des Vormundschaftsgerichts in bezug auf die Sorge für die Person des Kindes zu stellenden Anforderungen zu genügen, so ist er doch nicht verbunden, ein mehreres zu tun, auch nicht in der Weise, daß er im Verein mit dem Erziehungsberechtigten die Erziehung des Kindes zu sichern hätte. Der Armenverband wird durch kein Gesetz verpflichtet, erziehungsbedürftige Kinder auf seine Kosten zu erziehen oder erziehen zu lassen. Allerdings mag es im einzelnen Falle schwierig sein, die Grenze für die Verpflichtung des Armenverbandes zu ziehen. So mag auf ihn unter Umständen zurückgegriffen werden können, wenn ein Kind sich im übrigen in geordneter Pflege, und Erziehung befindet und es sich nur darum handelt, seinen Unterhalt an dieser Stelle zu sichern. Wo aber die Sorge für eine geordnete Erziehung im Vordergrunde steht, da hat der Armenverband nicht einzutreten.

Hier fällt vielmehr, soweit es sich um Kinder unter 18 Jahren handelt, die Aufgabe den im FEG. v. 2. VII. 00 bezeichneten Kommunalverbänden zu, die verpflichtet sind, sobald das Vormundschaftsgericht die Fürsorgeerziehung anordnet, das Kind zum Zwecke der Erziehung in einer geeigneten Familie, in einer Erziehungs- oder Besserungsanstalt unterzubringen.

Ein Beschluß des Vormundschaftsgerichts gemäß § 1666 BGB., wonach ein Kind zum Zwecke der Erziehung in einer geeigneten Familie usw. unterzubringen sei, ist seinem Inhalte nach nichts anderes als die Anordnung der Zwangserziehung. Dem BGB. ist freilich diese Bezeichnung fremd. Aber sie findet sich in seinem EinfG., und indem dieses die Bundesstaaten für zuständig erklärt, die Zwangserziehung auch außer den Fällen der §§ 1666, 1838 einzuführen, läßt es erkennen, daß in der Gesetzessprache der Reichsgesetzgebung eine Anordnung über die anderweite Unterbringung eines Kindes zum Zwecke der Erziehung unter den Begriff der Zwangserziehung fällt, wie denn auch bei der Beratung des BGB. dieser Ausdruck gewählt ist.

Nichts anderes aber als eine Zwangserziehung ist die Fürsorgeerziehung im Sinne des G. v. 2. VII. 00.

Wenn daher im Eingange der ABestFEG. v. 18. XII. 00 (MBl. 01 27) gesagt ist, daß die Fürsorgeerziehung nur da zur Anwendung kommen solle, wo alle anderen zur Verfügung stehenden Maßregeln, eine geordnete Erziehung herbeizuführen, versagten, so ist das ein Grundsatz, der gleichmäßig für die Zwangserziehung im Sinne des § 1666 gilt. Das G. v. 2. VII. 00 verfolgt auch ausgesprochen den Zweck, der vormundschaftsgerichtlichen Anordnung über Unterbringung eines Kindes zum Zwecke der Erziehung in einer geeigneten Familie oder in einer Anstalt in allen den Fällen auf öffentliche Kosten zur Verwirklichung zu verhelfen, wo es dazu an privaten Mitteln gebricht.

Die Einleitung der Fürsorgeerziehung und ein Beschluß, durch den die anderweite Unterbringung eines Kindes zum Zwecke der Erziehung in einer geeigneten Familie oder in einer Anstalt gemäß § 1616 BGB. angeordnet wird, haben auch die gleichen Voraussetzungen, wenn von der auf Zweckmäßigkeitsgründen beruhenden Festsetzung der Altersgrenze im Preußischen Gesetze abgesehen wird. Nach diesem Gesetze ist freilich laut § 1¹ die Ueberweisung zur Fürsorgeerziehung nur zulässig, „wenn die Voraussetzungen des § 1666 oder des § 1838 BGB. vorliegen und die Fürsorgeerziehung erforderlich ist, um die Verwahrlosung des Minderjährigen zu verhüten“. Indessen mit der zweiten Bedingung wird, soweit es sich um eine Beschlußfassung auf Grund der Voraussetzungen des § 1666 handelt, nicht ein weitergehendes Erfordernis aufgestellt. Denn die Anordnung jeder Zwangserziehung setzt voraus, daß ohne sie der Verwahrlosung des Kindes nicht vorgebeugt werden kann. Wenn das FEG. gleichwohl die Bedingung, nachdem das Wort „sittlich“ gestrichen ist, beibehalten hat, so erklärt sich das daraus, daß es außer den Fällen des § 1666 auch die des § 1838 BGB. betrifft. Nach letzterer Vorschrift ist gegenüber einem elternlosen Minderjährigen die Anordnung, ihn zum Zwecke der Erziehung in einer geeigneten Familie oder in einer Erziehungs- oder Besserungsanstalt unterzubringen, zulässig, auch wenn eine Gefährdung seines leiblichen oder geistigen Wohls nicht zu befürchten ist. Ohne Beibehaltung jener Bedingung hätte daher jeder elternlose Minderjährige unter 18 Jahren, auch ohne daß er der Verwahrlosung ausgesetzt ist, der Fürsorgeerziehung überwiesen werden können, was nicht in der Absicht des Gesetzes lag.

3. Gesamtarmenverbände.

Nr. 1. Bescheid v. 15. Mai 1906 (PrVerwBl. 28 692) I 302

AGUWG. v. 8. III. 71 (GS 130) §§ 8 ff., 32; ZustG § 44.

Nach § 44 ZustG. findet gegen die Veranlagung oder Heranziehung zur Teilnahme an den Lasten der Armenpflege in Gutsbezirken und Gesamtarmenverbänden der Einspruch mit nachfolgender Klage im Verwaltungsstreitverfahren statt. Daher ist die Frage, welche Verbände als „Gesamtverbände" im Sinne der vorstehenden Gesetzesvorschrift anzusehen sind, nach der Begriffsbestimmung des Gesamtarmenverbandes im § 9 AGUWG v. 8. III. 71 zu beantworten. Nach dem Eingange dieser Vorschrift aber sind als „Gesamtverbände" nur die einen einheitlichen Ortsarmenverband bildenden Verbände von Gutsbezirken und Gemeinden zu verstehen. Daß diese Begriffsbestimmung auf den Nebenanlageverband der Börde R. zutreffe, daß die zum Verbande gehörigen Gemeinden einen einheitlichen Ortsarmenverband bildeten, behauptet der Kläger selbst nicht, er hat vielmehr die Feststellung des Vorderrichters, daß der bezeichnete Verband nur die Bestreitung einzelner besonderer Zweige der öffentlichen Armenpflege zu seiner Aufgabe gemacht hat, und deshalb unter die Bestimmung im § 32 des angeführten LandesG. fällt, wonach die in einzelnen Landesteilen bereits bestehenden Verbände von Gemeinden und Gutsbezirken zur Bestreitung der Kosten einzelner besonderer Zweige der öffentlichen Armenpflege (außerordentliche Armenlast) als solche aufrecht erhalten bleiben, gar nicht angefochten, sondern nur aus dem Schlußsatze des § 32 die Folgerung abgeleitet, daß auch diese Verbände als Gesamtarmenverbände im Sinne des § 44 ZustG. anzusehen seien. Dem war nicht beizutreten. Diese Vorschrift geht nicht dahin, daß alle von den Gesamtarmenverbänden geltenden gesetzlichen Vorschriften auch auf die Verbände des § 32 Anwendung zu finden haben, sondern lautet: „Bezüglich der Verwaltung der Angelegenheiten derselben kommen die §§ 9 f., 13—15 gleichmäßig zur Anwendung." Damit ist weder gesagt, daß die bezeichneten Verbände „Gesamtarmenverbände" im Sinne des Gesetzes sind, noch, daß sie ihnen in allen rechtlichen Beziehungen gleichstehen, vielmehr sind nur einzelne bestimmt bezeichnete gesetzliche Vorschriften als für die Verwaltung ihrer Angelegenheiten maßgebend erklärt. Daher könnte die Anwendbarkeit des § 44 ZustG. aus der Schlußvorschrift des § 32 G. v. 8. III. 71 nur dann abgeleitet werden, wenn er sich als eine auf die Verwaltung der Angelegenheiten der Gesamtarmenverbände bezügliche, die Bestimmungen in §§ 9 f. u. 13—15 jenes Gesetzes abändernde, an ihre Stelle tretende Vorschrift kennzeichnete. Diese Voraussetzung war zu verneinen.

Nr. 2. Entsch. v. 6. März 1906 (OVG. 48 48) I C 14/05.

ZustG. § 44.

1. Auf Grund der Vd. der vormaligen Landgräfl. Hess. Landesregierung zu Homburg v. 30. IV. 23 u. 25. I. 25 (Arch. der Landgräfl. Hess. G. u. Vd. 1816—1866 S. 52 u. S. 61 f.) sowie der Bek. derselben Behörde v. 9. XII. 59 (Landgräfl. Hess. Amts- und IntelligenzBl für das Amt Homburg v 1859 Nr. 50) wurden drei Bürger zu einer an das Amts- und Versorgungshaus zu Homburg zu entrichtenden Hundetaxe herangezogen. Sie klagten gegen die Amtsarmenkommission zu H., wurden jedoch wegen Unzulässigkeit des Verwaltungsstreitverfahrens abgewiesen.

2. Ohne Bedeutung für die Entscheidung über die Zulässigkeit des Verwaltungsstreitverfahrens ist der Streit der Parteien darüber, ob die Pflicht zur Entrichtung der streitigen Hundetaxe nur den Einwohnern des vormaligen

Landgräfl. Hess. Amtes Homburg obliegt. Auch wenn dies anzunehmen wäre, so würde daraus doch nicht folgen, daß diese Pflicht in der Mitgliedschaft eines aus den Stadt- und Landgemeinden des vormaligen Amtes bestehenden Gesamtarmenverbandes im Sinne der §§ 9ff. AGUWG. v. 8. III. 71, wurzelt. Glieder eines Gesamtarmenverbandes sind nicht die einzelnen Angehörigen der zum Gesamtarmenverbande vereinigten Gemeinden und Gutsbezirke, sondern diese selbst. Wäre also der § 44 ZustG. nur auf solche Pflichten anwendbar, die aus der Mitgliedschaft eines Gesamtarmenverbandes hergeleitet werden, so kann er auf die streitige Abgabe selbst dann nicht angewendet werden, wenn diese als eine für einen Gesamtarmenverband erforderte anzusehen ist; denn sie wird nicht wegen einer wirklichen oder vermeintlichen Mitgliedschaft, sondern aus einem davon verschiedenen Rechtsgrunde gefordert. Der beschränkten Auslegung, die der Vorderrichter der angeführten Gesetzesvorschrift gibt, war indes nicht beizutreten. Wenn man auch bei der Fassung der Vorschrift zunächst an die Umlagen gedacht haben mag, die die Gesamtarmenverbände von ihren Gliedern, den zum Verbande gehörigen Gemeinden und Gutsbezirken, erheben, so ist sie doch eine allgemeine, die ihre Anwendung auf jede Veranlagung oder Heranziehung zu den Lasten der von einem Gesamtarmenverbande geübten öffentlichen Armenpflege zuläßt, sofern diese nur auf einer öffentlich-rechtlichen Grundlage beruht. Daher würde anzunehmen sein, daß den Klägern der Rechtsbehelf des § 44 ZustG. zustehe, wenn die von ihnen erforderte Hundetaxe sich als eine für einen Gesamtarmenverband erforderte Abgabe darstellte. An dieser Voraussetzung fehlt es aber.

3. Die streitige Hundetaxe ist nach der Bek. v. 30. IV. 23 „zum Vorteile des Arbeitshauses“ zu entrichten und nach Nr. 3 Vo. v. 25. I. 25 an die „Arbeitshauskasse“ von den mit der Einziehung beauftragten Ortsbürgermeistern abzuliefern. Nach der späteren Vo. v. 9. XII. 59 soll sie an das Armen- und Versorgungshaus zu Homburg, das als die bisher bezugsberechtigte Anstalt bezeichnet wird, abgeführt werden. Mag nun auch diese Anstalt nur zur Aufnahme und Versorgung solcher Personen aus dem Gebiete des vormaligen Landgräfl. Hess. Amtes Homburg bestimmt sein, die im armenrechtlichen Sinne hilfsbedürftig sind und bei Versagung der Aufnahme der öffentlichen Armenpflege anheimfallen würden, so folgt daraus doch keineswegs, daß die zum Vorteile der Anstalt erhobene Abgabe als ein Beitrag zur Teilnahme an den Lasten der öffentlichen Armenpflege in einem Gesamtarmenverband anzusehen sei; dies würde vielmehr nur dann zutreffen, wenn das „bezugsberechtigte Armen- und Versorgungshaus“ nur den Charakter einer von einem Gesamtarmenverband unterhaltenen Anstalt ohne selbständige Rechtspersönlichkeit hätte, da dann die Bezeichnung der „Anstalt“ als des Bezugsberechtigten nur auf eine ungenaue Benennung des öffentlich-rechtlichen Verbandes, der zur Erhebung der Abgabe berechtigt sein solle, zurückgeführt werden könnte. Daß ein solcher Tatbestand vorliege, ist nicht ersichtlich. Vielmehr gehört es zu denjenigen Stiftungen und Anstalten, die eigene juristische Persönlichkeit haben. Bildet aber die streitige Abgabe eine eigene Einnahme einer mit besonderer Rechtspersönlichkeit versehenen Anstalt, so kann sie als eine für einen Gesamtarmenverband erhobene Abgabe selbst dann nicht betrachtet werden, wenn die Gemeinden des vormaligen Landgräfl. Hess. Amtes Homburg einen solchen bilden sollten.

4. Beihilfen der Kreise an die Ortsarmenverbände.

Nr. 1. Entsch. v. 30. Mai 1905 (PrVerwBl. 27 556) I 624.

UWG. § 30; G. v. 11. VII. 91 (GS. 300) § 31c.

Erhält ein Ortsarmenverband auf die Anstaltspflegekosten, welche er unter Beihilfe des Kreises für einen hilfsbedürftigen Geisteskranken an den Landarmenverband gezahlt hat, von einem Drittverpflichteten Ersatz, so hat auf diesen Ersatz der Kreis nach dem Verhältnisse Anspruch, in welchem die von ihm gewährte Beihilfe zu der eigenen Leistung des Ortsarmenverbandes steht. Der Kreis kann diesen Anspruch im Wege des Verwaltungsstreitverfahrens verfolgen, während der Landarmenverband, falls er seinerseits auf die Zahlung des Drittverpflichteten an den Ortsarmenverband Anspruch erhöbe, dies nur vor dem ordentlichen Richter tun könnte. Auf die in Rede stehende Ersatzforderung des Kreises finden die Verjährungsvorschriften des § 30a UWG. keine Anwendung.

Diese Vorschrift bezieht sich nur auf Erstattungsansprüche, die auf Grund jenes Gesetzes erhoben werden, also nur auf Ansprüche eines Armenverbandes gegen einen anderen Armenverband, aber weder auf Ansprüche eines keinen Armenverband bildenden Kreisverbandes noch auf Ansprüche gegen einen solchen Kreisverband. Wenn im § 31c PrG. v. 11. VII. 91 Streitigkeiten zwischen den Ortsarmenverbänden und den zur Beihilfe verpflichteten Kreisen dem Verwaltungsstreitverfahren zugewiesen sind, und dann (in Abs. 2) gesagt ist: „Im übrigen behält es bei den Bestimmungen des UWG. v. 6. VI. 70 sein Bewenden", so sind hiermit diese Bestimmungen keineswegs auf die in dem PrG. v. 11. VII. 91 behandelten Verpflichtungen und Ansprüche übertragen worden, auf die sie nach dem Inhalte dieser Verpflichtungen und Ansprüche keine Anwendung finden. Vielmehr ist nur ausgedrückt worden, daß die Ansprüche der Armenverbände gegeneinander, auch soweit sie sich auf das erwähnte preußische Gesetz stützen, in dem armenrechtlichen Streitverfahren des bezeichneten Reichsgesetzes zu verfolgen sind. Für die Verjährung des hier vom Kläger erhobenen Anspruchs gilt hiernach nicht die zweijährige Frist des § 30a ReichsG., sondern die dreißigjährige des § 195 BGB.

VII.

Stadtgemeinden.

Literatur: v. Kaufmann: Die Kommunalfinanzen (Großbritannien, Frankreich, Preußen), 2 Bde. (Organisation, Aufgaben und Ausgaben der Kommunalkörperschaften. Die Deckungsmittel des Bedarfs) (Leipzig 1907). — Kappelmann: Die Städteordnung für die sechs östlichen Provinzen v. 30. V. 53[2] (Berlin 1908). — Lindemann: Die deutsche Städteverwaltung[2] (Stuttgart 1907). — Preuß: Die Entwicklung des deutschen Städtewesens. 1. Bd. Entwicklungsgeschichte der deutschen Städteverfassung (Leipzig 1907).
Im übrigen vgl. oben unter I (Provinzialverbände).

A. Begriff und Umfang der Stadtbezirke, Bezirksveränderungen.

Nr. 1. Entsch. v. 14. Febr. 1905 (PrVerwBl. 27 643) I 187.

Zwischen der Stadtgemeinde Baruth und der Landgemeinde Klasdorf bestand Streit über die kommunale Eigenschaft eines im Grundbuche von Baruth eingetragenen Grundstücks, der zugunsten der Stadtgemeinde aus folgenden Gründen entschieden wurde.

1. Die Behauptung der Klägerin, daß das Grundstück seiner Lage nach zu dem städtischen Bezirk gehöre, ist freilich unerheblich. Denn die Lage ist für die rechtliche Frage nach der kommunalen Zugehörigkeit nicht entscheidend. Erheblich ist dagegen ihre Behauptung, daß das Grundstück vom Baruther Besitz stamme, also in älterer Zeit zum städtischen Gebiete gehört habe. Der hierfür unter Berufung auf die Grundakten angetretene Beweis läßt sich nicht aus dem Grunde abschneiden, weil das Grundbuch nur zur Beurkundung von privatrechtlichen Verhältnissen bestimmt ist. Diese Erwägung würde zutreffend sein, wenn die Klägerin lediglich auf die Tatsache, daß das Grundstück im Grundbuche von Baruth eingetragen sei, seine Zugehörigkeit zu der Stadt gründen wollte; ein solcher Beweis wäre allerdings bedeutungslos. Aber die Behauptung der Klägerin bewegt sich nach einer anderen Richtung und es ist nicht ausgeschlossen, daß die Grundakten Aufzeichnungen enthalten, die über die kommunale Eigenschaft des Grundstücks Aufschluß geben können.

Aus dem Inhalt der Grundakten ergibt sich, daß das streitige Grundstück bis zu seinem Erwerbe durch den Müller V. einen Bestandteil des V.schen Bürgergutes bildete. Dieses Bürgergut aber war beitragspflichtig zu den städtischen Abgaben. Diese Last ruhte nicht nur auf dem Hausgrundstück in der Stadtlage, sondern auch auf den dazu gehörigen, der landwirtschaftlichen Nutzung dienenden Ländereien. Daher wurde bei der Abtrennung der Wiese auch diese mit einem Teile der städtischen Abgaben belegt. Der Umstand, daß das V.sche Besitztum im ganzen Umfange der Stadt zu Beiträgen verhaftet war, beweist, daß es auch in ganzem Umfange, also mit Einschluß der Wiese, in kommunaler Beziehung zum Stadtgebiete gehörte.

Die Beklagte nimmt an, daß die Wiese ehemals der Herrschaft Baruth gehört habe, da ihr Besitzer wegen abgelöster, früher der Herrschaft Baruth zu leistender Dienste rentenpflichtig sei. Die Annahme mag zutreffend sein; sie erfährt auch eine Bestätigung dadurch, daß das V.sche Besitztum mit Gefällen und Diensten an die Herrschaft beschwert war und daß ein Teil der Gefälle und Dienste bei der Abgabenverteilung dem Wiesengrundstück zugewiesen ist. Aber die Zugehörigkeit zu dem herrschaftlichen Lande ist schon in alter Zeit gelöst worden.

Gehörte aber das streitige Wiesengrundstück bis zu seinem Erwerbe durch den Müller V. als Bestandteil des Bürgerguts zu der Stadtgemeinde, so hat es diese Zugehörigkeit auch nach der Abtrennung von dem Hauptgute behalten. Denn ein Akt der Staatshoheit, durch den das Grundstück mit einem Gutsbezirke oder mit einem anderen Gemeindebezirke, insbesondere mit dem Bezirke der Landgemeinde Klasdorf, vereinigt wäre, ist nicht nachgewiesen.

2. Die Beklagte hat geltend gemacht, daß ihr die Steuern von dem Grundstücke zugeschrieben seien und daß die Gemeinde Baruth niemals Steuern von dem Grundstücke erhoben habe. Der Umstand, daß die Klägerin nach ihrer eigenen Erklärung seit langen Jahren keine Steuern von dem Grundstücke erhoben hat, beweist nur, daß sie von ihrem Besteuerungsrechte keinen Gebrauch gemacht. Diese Unterlassung aber vermag, selbst wenn ihr die Annahme, daß das Grundstück nicht zu dem Stadtbezirke gehöre, zugrunde gelegen hat, keine Aenderung in seinem kommunalen Verhältnisse zu bewirken. Die Behauptung, daß die Steuern von dem Grundstücke der Gemeinde Klasdorf zugeschrieben seien, läßt sich nur dahin verstehen, daß daß Grundstück in die Grundsteuermutterrolle der Gemeinde Klasdorf aufgenommen ist. Diese Tatsache gestattet indessen nur den Schluß, daß man bei der Aufstellung des Katasters von der Annahme ausgegangen ist, daß das Grundstück zu dem Gemeindebezirk Klasdorf gehört, nicht aber, daß diese Annahme der Rechtslage entsprach. Denn

wenn auch die für eine Gemeinde angelegte Grundsteuermutterrolle die dem Gemeindebezirke angehörigen Liegenschaften umfassen sollte (§ 10 Abs. 3 VO. v. 12. XII. 64; GS. 673), so ist doch die Aufnahme eines Grundstücks in die Grundsteuermutterrolle einer Gemeinde für die Zugehörigkeit des Grundstücks zu der Gemeinde nicht entscheidend. Hat die Katasterbehörde sich, indem sie ein Grundstück als zugehörig zu einer bestimmten Gemeinde bezeichnete, dabei im Irrtum befunden, so kann dieser irrtümlichen Bezeichnung nicht die Kraft eines organisatorischen, das kommunale Verhältnis anderweit begründenden Aktes beikommen; vielmehr ist der Irrtum, sobald er sich herausstellt, im Wege der Fortschreibung zu beseitigen (§§ 3, 20 aaO., §§ 9, 27, G. v. 8. II. 67 — GS. 185).

Nr. 2. Entsch. v. 18. Jan. 1907 (PrVerwBl. 28 804) II 112.

Wenn eine Gemeinde (in der Mark Brandenburg) vor dem Inkrafttreten dieser StO. v. 30. V. 53 zu den dort im § 1 Abs. 2 erwähnten „Flecken", in denen weder eine der früheren Städteordnungen gegolten noch die ländliche Gemeindeverfassung bestanden hatte, nicht gerechnet werden kann und auch nach dem Inkrafttreten der StO. v. 1853 weder eine Anhörung des Provinziallandtags erfolgt, noch eine Bestimmung des Königs über die dortigen Gemeindeverhältnisse, wie sie im Abs. 2 des § 1 vorgesehen worden, ergangen ist, so kann diese StO. dort nur dann Geltung haben, wenn die Voraussetzung ihres § 1 Abs. 1 vorliegt, also wenn in der Gemeinde vor Erlaß der StO. v. 1853 „eine der beiden Städteordnungen v. 19. XI. 1808 und v. 17. III. 31 gegolten hat". Wollte man annehmen, daß dies nur dann der Fall gewesen ist, wenn dort eine dieser beiden Städteordnungen vor dem Jahre 1853 bereits „eingeführt" war, so würde es an jener Voraussetzung fehlen. Schon aus der KabO. v. 17. III. 31 wegen Einführung der Städteordnung (GS. 9) ergibt sich aber, daß die Verleihung der Städteordnung an eine Stadt nicht gleichbedeutend ist mit ihrer Einführung. Durch diese KabO. ist die revidierte Städteordnung den zum provinzialständischen Verbande der Mark Brandenburg und des Markgrafentums Niederlausitz gehörenden Städten, in denen die StO. v. 1808 nicht eingeführt war, vom Könige „verliehen" worden, gleichzeitig aber der Minister des Innern beauftragt worden, „wegen Einführung in die vorbemerkten Städte das Erforderliche zu verfügen". Es ist hiernach unter „Verleihung der Städteordnung" die gesetzliche Unterwerfung des Orts unter das für Städte geltende Gemeinderecht zu verstehen, während die „Einführung der Städteordnung" die Herstellung derjenigen organisatorischen Einrichtungen und die Ordnung ihrer Tätigkeit zum Gegenstande hat, welche durch jenes Recht vorgeschrieben sind.

Wenn der § 1 Abs. 1 StO. v. 1853 das Stadtrecht denjenigen Gemeinden zuspricht, in welchen die StO. v. 1831 „gegolten" hat, so trifft er hiermit nicht nur diejenigen Ortschaften, in denen jene StO. „eingeführt", sondern auch diejenigen, denen sie vom Könige „verliehen" worden war, ohne daß ihre „Einführung" dort schon stattgefunden hatte. Auch diese Ortschaften besaßen bereits Stadtrecht, als die StO. v. 1853 Gesetzeskraft erlangte. Zu ihnen gehört Clötze (der fr. Ort). Es unterliegt daher keinem begründeten Bedenken, im vorliegenden Falle davon auszugehen, daß die StO. v. 1853 gegenwärtig dort Geltung hat. Ist dies aber der Fall, so gelten dort auch alle ihre Einzelbestimmungen, namentlich der § 15. Dieser gab der damaligen Regierung (an deren Stelle jetzt gemäß § 12^1 ZustG. der Bezirksausschuß getreten ist) das Recht, bei Stadtgemeinden, welche mehrere „Ortschaften" enthalten, nach Verhältnis der Einwohnerzahl zu bestimmen, wieviel Mitglieder der Stadtverordnetenversammlung „aus jeder einzelnen Ortschaft“ zu wählen sind. Die Voraussetzung für eine solche Bestimmung, daß nämlich die Gemeinde Clötze mehrere Ortschaften enthält, lag sowohl im Jahre 1854 vor, wie sie auch noch heute besteht. Diese rein tatsächliche Voraussetzung wäre auch nicht beseitigt worden, wenn die StO. v. 1831 dort „eingeführt“ worden wäre. Denn unter „Ortschaften“ im Sinne des § 15 sind nicht rechtlich selbständige Gemeinden zu verstehen, sondern tatsächlich für sich bestehende, unter einem besonderen Namen zusammengefaßte Wohnplätze, deren Unterscheidung innerhalb einer Gemeinde häufig auf der geschichtlichen Entwickelung der betr. Gemeinde, namentlich auf ihrer Zusammensetzung aus mehreren, früher selbständigen Gemeinden oder ihrer Vergrößerung durch Teile anderer Gemeinden beruht. Die Regierungsverfügung v. 5. VII. 54 ist also zu Recht ergangen, woraus sich ergibt, daß bis auf weiteres je die Hälfte der Stadtverordneten aus Alt- und Neu-Clötze gewählt werden muß.

Nr. 3. Entsch. v. 3. April 1906 (OVG. 48 21) VIII B 58/05.

Der Geltungsbereich der für den einzelnen Polizeibezirk erlassenen Polizeiverordnungen beschränkt sich nicht lediglich auf das zur Zeit ihrer Verkündung dem Bezirk angehörende Gebiet, sondern ist durch die jeweilige Begrenzung des Bezirkes gegeben. Anders verhält es sich nur, wenn die Polizeiverordnung nicht bezweckt hat, einheitliches Recht für den Bezirk zu schaffen, sondern ein Sonderrecht für einzelne Teile einzuführen, oder besonders geartete Verhältnisse in einer Weise zu regeln, daß ihre Ausdehnung auf einen Gebietszuwachs als ausgeschlossen gelten muß.

Die Begrenzung des Staatsgebiets, für welches die Staatsgesetze gegeben werden, wird bei deren Erlaß als dauernd angesehen und vorausgesetzt; Staatsgesetze können nur durch ein von der gesetzgebenden Gewalt selbst erlassenes Gesetz geändert werden (Art. 1 f., 78 ReichsVerf., Art. 1 f. PrVUrk.). Nur innerhalb dieses Gebiets soll das erlassene Gesetz auf die Rechtslage wirken. Dem Gesetze steht daher das geschlossene Staatsgebiet gegenüber, das einer Abänderung nur durch den Gesetzgeber fähig ist. Die für einen bestimmten Bezirk zB. eine Stadtgemeinde erlassene Polizeiverordnung hat dagegen die örtliche Begrenzung ihrer Anwendbarkeit nicht in einem Gebiete, das durch das zum Erlasse der Polizeiverordnung berufene Organ kraft seines Verordnungsrechts abgeändert werden könnte, sondern sie findet die Grenzen ihrer örtlichen Wirksamkeit in der Anlehnung an einen kommunalen oder einen sonstigen staatsorganisatorisch abgegrenzten Bezirk, dessen Grenzveränderungen besonderen gesetzlichen Vorschriften folgen, aber nicht von dem Träger des Polizeiverordnungsrechts als solchem bewirkt werden. Demnach liegt es in dem Wesen einer für einen bestimmten Bezirk einheitlich erlassenen Polizeiverordnung, daß sie sich ohne weiteres auf einen jenem Bezirk im gesetzlichen Wege zugefügten räumlichen Teil ausdehnt. Beim Erlaß einer solchen Polizeiverordnung ist mithin nicht wie beim Erlaß eines Staatsgesetzes vorausgesetzt, daß die Begrenzung des Geltungsbereichs dauernd sei und in der Macht des gesetzgebenden Organs liege, sondern sie soll für einen nach Maßgabe der Gesetze über Kommunal- oder Bezirksveränderungen veränderlichen Bezirk gelten. Daher verlieren die für eine Gemeinde erlassenen Ortspolizeiverordnungen ihre Geltung von selbst, sobald im geordneten gesetzlichen Wege der Gemeinde ihre Selbständigkeit genommen wird und sie als Gemeinde zu bestehen aufhört. Ein solcher Vorgang vollzieht sich bei der Eingemeindung. Die bisherige Gemeinde kann daher nicht mehr unter ihren bisherigen Ortspolizeiverordnungen stehen. Träte sie nicht ohne weiteres in dem gleichen Augenblick unter die für die aufnehmende Gemeinde einheitlich erlassenen Ortspolizeiverordnungen, so würde für den der aufnehmenden Gemeinde einverleibten Ortsteil auf dem Gebiete der polizeilichen Ordnung zunächst eine Lücke entstehen, die allein von der Polizei auf Grund der ihr nach § 10 II 17 ALR. zustehenden allgemeinen Befugnis ausgefüllt werden könnte. Damit wäre ein Zustand eingetreten, der — im Widerspruche mit den Absichten sowohl der zum Erlasse der Polizeiverordnungen, wie der zur Eingemeindung berufenen Organe — zu den größten Unzuträglichkeiten führen müßte.

Eine Eingemeindung kann nun so geschehen, daß die einzuverleibende Gemeinde oder der einzuverleibende Ortsteil derart als Teil in der aufnehmenden Gemeinde aufgeht, daß jede Besonderheit aufhört und in allen rechtlichen Beziehungen ohne Unterschied das eingemeindete Gebiet dem alten Gebiete der aufnehmenden Gemeinde gleichgestellt wird. Sie kann aber auch dergestalt geschehen, daß in einer oder der anderen Hinsicht dem eingemeindeten Gebiete seine Eigenart gewahrt bleibt, indem zB. die Fortgeltung einer Polizeiverordnung bis auf weiteres oder bis zu einem bestimmten Zeitpunkte für den eingemeindeten Teil vorbehalten bleibt. Ist ein solcher Vorbehalt in der Anordnung der Eingemeindung gemacht, dann ist die Rechtslage so zu beurteilen, als ob insoweit die Wirkungen der Eingemeindung nicht erfolgt seien, sondern es beim alten verbleibe. Die etwa vorbehaltene Polizeiverordnung hört in dem eingemeindeten Teile zu gelten nicht auf, und insoweit kann sich deshalb auch das Polizeirecht der aufnehmenden Gemeinde nicht ausdehnen; denn die Stelle, auf die es sich ausdehnen sollte, ist besetzt. Dauert aber vermöge des Vorbehalts die Polizeiverordnung fort, so ist kein Raum für einen Akt da, der sie erst in Wirksamkeit setzen sollte. Eine Bekanntmachung mag nützlich sein. Aber die dauernde Rechtswirksamkeit der vorbehaltenen Polizeiverordnung kann nicht von der Bekanntmachung abhängig sein, ganz abgesehen davon, daß eine Neu- oder Wiedereinführung der vorbehaltenen Polizeiverordnung, wenn sie denkbar wäre, nicht durch eine Bekanntmachung, sondern nur auf polizeiverordnungsmäßigem Wege stattfinden könnte. Der Eingemeindung pflegt ein Eingemeindungsvertrag der beteiligten Gemeinden voraufzugehen. Die Eingemeindung erfolgt dann durch den Eingemeindungsakt — sei es das Gesetz oder eine Ordre oder ein Beschluß — in der Regel „gemäß dem Eingemeindungsvertrage", das heißt, die Abmachungen des Vertrags werden zu Bestandteilen des Eingemeindungsakts selbst gemacht.

B. Ortsrecht; Bürgerrecht; Bürgerrechtsgeld.

Nr. 1. Entsch. v. 9. Dez. 1904 (OVG. 47 41) II B 24/04.

StO. § 3; BGB. § 7.

1. **Einwohner des Stadtbezirkes im Sinne des § 3 StO. ist nur, wer seinen bürgerlichen Wohnsitz (BGB. § 7) im Stadtbezirke hat. Die Begriffsbestimmung des Wohnsitzes aus dem EinkStG. und dem ReichsG. v. 13. V. 70 (BGBl. 119) ist auf den steuerlichen Wohnsitz beschränkt und kommt daher hier nicht in Betracht.**

2. **Der Wohnsitz an einem Orte kann trotz der Erklärung, ihn dort beibehalten zu wollen, und trotz des Besitzes von Wohnräumen daselbst verloren gehen.** Der Generaldirektor S. hatte in B. bis zum Sommer des Jahres 1902 eine große Wohnung mit seiner Familie inne, bezog dann aber ein Haus in der benachbarten Gemeinde Sch. Am 1. VII. 02

meldete er seine Angehörigen als nach Sch. verzogen polizeilich ab, erklärte hierbei aber, daß er für seine Person B. „als Nebenwohnsitz" beibehalten wolle. Er benutzte dort weiterhin ein Arbeitszimmer, ein Sprechzimmer und ein Schlafzimmer und übte daselbst eine umfangreiche Tätigkeit in dienstlichen und öffentlichen Angelegenheiten aus, während er im übrigen fortan in Sch. mit der Familie zusammen wohnte und lebte. Nun bildet zwar der Besitz einer Wohnung nicht die unerläßliche Voraussetzung für das Beibehalten eines Wohnsitzes, und in dem Aufgeben der Wohnung liegt nicht stets der Wille, eine Niederlassung aufzugeben. S. hätte also auch, ohne Wohnräume in B. zu behalten, den Willen haben können, die Niederlassung nicht aufzugeben. Hier aber zeigen die für das künftige Wohnen getroffenen Einrichtungen in Verbindung mit der von S. wegen seiner Angehörigen abgegebenen Erklärung, daß sein Wille, in B. eine Niederlassung zu haben, in das Gegenteil verwandelt war. Die Niederlassung in B. blieb nach ihrem Umfang und Zwecke auf den bloßen Geschäftsbetrieb und die öffentliche Tätigkeit des S. beschränkt. Und wenn er auch fernerweit andere Beziehungen in B. unterhalten hat, so geschah dies doch nur von dem neuen Heime Sch. aus, wohin er den Mittelpunkt seiner gesamten Lebenshaltung verlegt hatte. Steht aber tatsächlich fest, daß die Benutzung der drei Räume in B. auf den Betrieb bestimmter Geschäfte beschränkt war, so können derartige Räume eine Niederlassung im Sinne des Gesetzes nicht darstellen, und eine andere Niederlassung wollte S. in B. nicht haben. Deshalb ist die Erklärung des S., außer dem neuen Wohnsitze Sch. auch einen zweiten Wohnsitz („Nebenwohnsitz") in B. fernerhin haben zu wollen, ohne rechtliche Wirkung. Sie widersprach den Tatsachen, die den Willen dartun, die bisherige Niederlassung aufzugeben.

Nr. 2. Entsch. v. 29. Mai 1906 (PrVerwBl. 27 873) II 11/81.
LGemO. §§ 40 f.; StO. § 5.

Der in einer Gemeinde begonnene, nach Ablauf eines Jahres zum Erwerbe des Bürger- und Wahlrechts führende Wohnsitz braucht bei Vereinigung dieser mit einer anderen Gemeinde nicht neu begonnen zu werden; der in jener anderen Gemeinde früher bestandene Wohnsitz bleibt aber bei Berechnung des einjährigen Zeitraums unberücksichtigt.

Der Kläger ist am 1. X. 04 aus der Stadt K. verzogen und hat mit seinem Wegzuge das Bürgerrecht daselbst verloren. In der Landgemeinde M., seinem neuen Wohnsitze, hat er gemäß § 40^{1} und § 41^{3} LGemO. zu der Zeit, als diese Gemeinde mit der Stadt K. vereinigt wurde, das Gemeinderecht noch nicht erworben. Bis dahin waren die beiden genannten Gemeinden völlig voneinander getrennt, und die Dauer des Wohnsitzes in der einen von ihnen konnte für die Erwerbung des Rechtes zur Teilnahme an den Gemeindewahlen in der andern nicht in Anrechnung kommen. Daraus folgt, daß bis zum letzten Tage vor der Vereinigung der Kläger weder in der einen noch in der anderen dieses Recht besaß. In der Landgemeinde M. hatte er bis dahin nur die Hälfte des einjährigen Zeitraumes, der für den Erwerb des Rechtes vorgeschrieben ist, vollendet, er war also dort von dem Zeitpunkte des Erwerbes nur noch um ein halbes Jahr entfernt. Als die Vereinigung sich vollzogen hatte, konnte er mit Recht diesen Umstand geltend machen und demgemäß beanspruchen, daß in dem nunmehr gemeinsamen Gemeindebezirke sein zum Erwerbe des Wahl- und Bürgerrechts führender Wohnsitz nur fortgesetzt und nicht von neuem begonnen werde. Dagegen ist er nicht berechtigt zu fordern, daß sein früheres, durch Wegzug erloschenes Bürgerrecht in K. wieder auflebe, oder daß die Dauer seines früheren Wohnsitzes dortselbst, der unstreitig schon einmal zum Erwerbe des später wieder verlorenen Bürgerrechts geführt hatte, auf die Erwerbsfrist des § 5 StO. von neuem angerechnet würde.

Nr. 3. Entsch. v. 1. Mai 1906 (OVG. 48 31) II B 9/05.

Auf dem Gebiete des Kommunalabgabenwesens ist angenommen, daß der Gemeindevorstand den von ihm erlassenen Bescheid durch einen anderen ersetzen kann. Aber diese Auffassung hat darin ihren Grund, daß hier nicht nur der Gegenstand der Beschlußfassung — die einzelne Kommunalabgabe – der Verfügung der Beteiligten unterliegt, die darüber auch in einer den Verwaltungsrichter bindenden Weise durch Zurücknahme der Heranziehung oder durch Anerkenntnis ihrer Richtigkeit Bestimmung treffen können, sondern daß auch der Gemeindevorstand, wenn er einen Einspruchsbescheid erteilt, gleichsam in eigener Sache einen vorläufigen Bescheid gibt. Die Statusangelegenheiten des öffentlichen Rechtes sind dagegen der freien Verfügung der Beteiligten entzogen. Ueber sie hat die Gemeindevertretung zu beschließen und gegen ihren Beschluß steht nicht nur der beteiligten Privatperson, sondern auch dem Gemeindevorstande die Klage zu Ein solcher Beschluß trägt im Gegensatze zu dem sich als Verwaltungsakt darstellenden Bescheide des Gemeindevorstandes den Charakter einer eigentlichen Entscheidung an sich, die von dem Organe, das sie getroffen hat, nicht mehr abgeändert werden kann, sondern nur der Anfechtung mittels der vom Gesetze zugelassenen Rechtsbehelfe unterliegt.

Im vorliegenden Fall war jemand durch Beschluß des Bürgerschaftlichen Kollegiums auf erfolgten Einspruch hin der ersten Bürgerklasse zugewiesen. Das Kollegium hob aber diesen Beschluß wieder auf und wies ihn der zweiten Bürgerklasse zu. Die Klage gegen den letzteren Beschluß wurde für begründet erachtet.

Nr. 4. Entsch. v. 20 März 1906 (OVG 49 1) II B 18/05.

ZustG. § 10, GemVerfG für die Stadt Frankfurt a. M v 25. III 67 (GS. 401)

1. § 10[1] ZustG. überträgt der Gemeindevertretung die Beschlußfassung auf Beschwerden und Einsprüche „betreffend den Besitz oder den Verlust des Bürgerrechts, insbesondere . . ." Sein Wortlaut spricht also zweifellos dafür, daß die vorgesehenen Rechtsbehelfe nicht bloß dann gegeben sein sollen, wenn der Bürger in einem bestimmten Falle an der Ausübung eines aus dem Bürgerrechte fließenden besonderen Rechtes gehindert, sondern auch, wenn ihm überhaupt der Besitz des Bürgerrechts von der Behörde streitig gemacht wird. Eine Beschränkung der Rechtsbehelfe auf die ersteren Fälle würde auch jeder inneren Begründung entbehren. Denn jeder Bürger hat ein Interesse daran, daß von der Obrigkeit der Stadt seine Stellung in der Gemeinde anerkannt und über diese Stellung Klarheit geschaffen wird. Die Befugnis, eine wirklich eingetretene Rechtsverletzung durch die Rechtsbehelfe des § 10 aaO. beseitigen zu lassen, würde wenig Bedeutung haben, weil die Beseitigung in der Regel erst zu einer Zeit eintreten würde, wo der Beschwerdeführer nicht mehr die Möglichkeit hat, sein Recht in dem streitigen Falle auszuüben. Die Kläger waren also nicht behindert, eine Klage auf Anerkennung ihres Bürgerrechts zu erheben.

2. Das Bürgerrecht ist in Frankfurt a. M. nicht von der Versteuerung eines Einkommens von mindestens 1200 ℳ, sondern von dem Bezuge dieses Einkommens abhängig. Der Bezug eines Einkommens von 1200 ℳ ist etwas ganz anderes als die Besteuerung eines solchen. Wollte das Gesetz den Erwerb des Bürgerrechts von der Besteuerung eines Einkommens von 1200 ℳ abhängig machen, so hätte es nahe gelegen, nach Art der StO. und der HNLGemO. den Steuersatz maßgebend sein zu lassen. Daß das Frankfurter Gesetz mit einer selbständigen Ermittelung rechnet, ergibt auch der letzte Satz des § 13, nach welchem das Einkommen der Ehefrau usw. dem Ehemann angerechnet werden soll.

Nr. 5. Entsch. v. 12. Nov. 1907 (OVG. 51 11) II B 33/07.

StO. §§ 5, 7.

Das Bürgerrecht geht für einen Bürger nicht erst dann verloren, wenn er die Gemeindeabgaben ein Jahr lang nicht gezahlt hat, sondern sobald er diese Abgaben im letzten Jahre nicht sämtlich entrichtet hat. Das in dem Bürgerrecht enthaltene Wahlrecht besteht daher für denjenigen nicht mehr, der sich am Wahltage mit der Zahlung eines im Laufe des letzten Jahres fällig gewordenen Abgabenbetrags im Rückstande befindet, mag es sich auch nur um die Zahlung eines vor dem Wahltage fälligen Vierteljahresbetrages handeln.

Nr. 6. Entsch. v. 16. Jan. 1906 (OVG. 48 34) II C 308/04.

G., betr. das städtische Einzugs-, Bürgerrechts- und Einkaufsgeld, v. 14. V. 60 (GS. 237) §§ 2, 9.

Die „Verbindlichkeit" zur Zahlung des Bürgerrechtsgeldes entsteht dort, wo ein solches auf Grund des § 2 G. v. 14. V. 60 „bei Erwerb des Bürgerrechts" noch erhoben wird, in dem Zeitpunkt, in welchem alle Voraussetzungen des Bürgerrechts in der Person des Pflichtigen erfüllt sind und somit der Erwerb dieses Rechts sich vollzieht. Von diesem Zeitpunkt ab hat der Steuergläubiger die Berechtigung, zur Heranziehung zu schreiten (die Abgabe „zur Hebung zu stellen"). Daß der Lauf der Verjährungsfrist mit diesem Zeitpunkt und nicht erst mit der Heranziehung des Pflichtigen beginnt, ergibt sich aus der Vorschrift des § 9 aaO., daß „die nicht zur Hebung gestellten Bürgerrechtsgelder" in zwei Jahren verjähren sollen. Letztere Bestimmung ist hiernach dahin zu verstehen, daß den Magistraten nur gestattet sein soll, innerhalb zweier Jahre nach Ablauf desjenigen Jahres, in welchem das Bürgerrecht erworben worden ist, die Abgabe einzufordern. Einem derart bestimmten Anfangspunkte der Verjährungsfrist gegenüber ist es verfehlt, wenn der Beklagte den Beginn der Frist auf den Zeitpunkt verlegen will, zu dem er „sich bewußt" geworden, daß in der Person des Pflichtigen alle Voraussetzungen des Bürgerrechts erfüllt waren und daß der Pflichtige das Bürgerrecht und er, der Beklagte, das Recht zur Heranziehung erworben habe.

Nr. 7. Entsch. v. 20. April 1906 (PrVerwBl. 27 854) II 866.

KommAbgG. § 87.

Ist statutarisch die Zahlung des Bürgereinkaufsgeldes an den Eintritt des Genusses einer Bürgernutzung geknüpft und bezüglich des Einkaufsgeldes Verjährung auf Grund des § 87 KommAbgG. eingetreten, so kann die Fortdauer des Genusses nicht mehr von der Zahlung des Einkaufsgeldes abhängig gemacht werden.

Nr. 8. Entsch. v. 27. April 1906 (OVG. 49 17) II C 118/05.

G., betr. das städtische Einzugs-, Bürgerrechts- und Einkaufsgeld, v. 14. V. 60 (GS. 237) §§ 5 3, 7 Abs. 2.

Die dem G. v. 14. V. 60 entsprechende Vorschrift des Ortsstatuts, die die Lehrer von der Zahlung des Bürgerrechtsgeldes für befreit erklärt, bezieht sich nur auf die an öffentlichen Schulen angestellten Lehrer; denn nur bei ihnen trifft der die Befreiung rechtfertigende Grund zu, daß sie gemäß dienstlicher Verpflichtung ihren Wohnsitz in der betreffenden Stadt nehmen müssen. Auch spricht hierfür die im Gesetz und in dem Statut ausgesprochene Gleichstellung der Lehrer mit den Staatsbeamten und der Umstand, daß auch sonstige Vorrechte in bezug auf die Verpflichtung zu Gemeindelasten nur den an öffentlichen Schulen angestellten Lehrern zugebilligt sind.

Nr. 9. Entsch. v. 11. Dez. 1906 (PrVerwBl. 28 692) II 2399.

Die Befreiung vom Bürgerrechtsgelde steht nur denjenigen Staatsbeamten zu, die gemäß dienstlicher Verpflichtung ihren Wohnsitz in der Stadt nehmen. Dieser Fall lag nicht vor, als der Kläger, der nach dem Verkaufe seines Gutes aufgehört hatte, Standesbeamter oder Standesbeamtenstellvertreter zu sein, seinen Wohnsitz nach der Stadt N. verlegte. Es ist durch keine Vorschrift, namentlich auch nicht durch das G. v. 6. II. 75 angeordnet, daß Personen, die von der höheren Verwaltungsbehörde zu Standesbeamten ernannt werden, an einem bestimmten Orte ihren Wohnsitz nehmen oder beibehalten müssen. Auch ist vom Oberpräsidenten in seiner Eigenschaft als höhere Verwaltungsbehörde im Sinne des erwähnten Gesetzes weder bei Einrichtung der Standesamtsbezirke T. und Z., noch bei Erklärung des Einverständnisses mit der Weiterführung der Geschäfte durch den Kläger für den Bezirk T. und bei der gleichzeitigen Ernennung des Klägers zum Standesbeamten in dem Bezirk Z. die Anordnung getroffen worden, daß der Kläger als Standesbeamter dieser Bezirke seinen Wohnsitz in der Stadt N. zu nehmen habe, solange er das Amt eines Standesbeamten oder eines Stellvertreters wahrnehmen würde.

Nr. 10. Entsch. v. 12. März 1907 (OVG. 50 69) II B 36/06.

Vd., betr. die Regelung der Staatsdienerverhältnisse in den neu erworbenen Landesteilen, v. 23. IX. 67 (GS. 1619) § 1; HannStO. v. 24. VI. 58 (HannGS. I 141) §§ 22, 28.

1. Die Befreiung der Beamten von der Zahlung von Bürgergewinngeld in der Provinz Hannover kann auf § 1 Vd., betr. die Regelung der Staatsdienerverhältnisse in den neu erworbenen Landesteilen, v. 23. IX. 67, nicht gestützt werden. Nach dieser Bestimmung finden nur diejenigen in den älteren Provinzen geltenden Vorschriften auf die Beamten in den neuen Provinzen Anwendung, die die Rechte der Beamten gegenüber dem Staate oder gegenüber der Korporation betreffen, in deren Dienste sie stehen, aber nicht diejenigen Vorschriften, die sich auf Rechte der Beamten gegenüber anderen Korporationen, insbesondere auf die Steuervorrechte der Beamten in ihren Wohnsitzgemeinden beziehen.

2. Das Bürgergewinngeld ist keine Steuer, sondern eine für die Gewinnung des Bürgerrechts zu entrichtende Gebühr. Für die Verpflichtung zu seiner Zahlung sind auch hinsichtlich der Beamten die Bestimmungen der §§ 22 und 28 HannStO. und des für die einzelne Stadt erlassenen Ortsstatuts maßgebend.

C. Stadtverordnetenversammlung.

1. Wahlangelegenheiten.

a) Aktives Wahlrecht.

Nr. 1. Entsch. v. 3. Jan. 1908 (PrVerwBl. 29 730) II B 8/07.

G. wegen Aufhebung direkter Staatssteuern v. 14. VII. 93 (GS. 119) § 5; StO. § 8.

Der § 8 StO. hat durch § 5 G. v. 14. VII. 93 wegen Aufhebung direkter Staatssteuern nur insofern eine Abänderung erfahren, als für die Entstehung des Wahlrechts der Forensen und der Aktiengesellschaften nicht mehr die zu entrichtenden, sondern die veranlagten Steuern den Maßstab geben sollen. Im übrigen ist die Bedeutung des § 8 unverändert geblieben. Der jetzige Rechtszustand ist also der, daß physische auswärts wohnende und juristische Personen an den städtischen Wahlen teilzunehmen berechtigt sein sollen, wenn sie seit einem Jahre sowohl zu den direkten Staats-, als zu den Gemeindeabgaben höher veranlagt sind, als einer der drei höchstbesteuerten Einwohner. Auch für die letzteren gelten die veranlagten, nicht die von ihnen entrichteten Steuern.

Nr. 2. Entsch. v. 14. Jan. 1908 (OVG. 51 12) II B 11/07.

StO. §§ 5, 13, 17, 19ff.; ALR. I 1 § 24.

1. Weiblichen Personen steht im Geltungsgebiete der StO. für die östlichen Provinzen weder das volle Bürgerrecht noch das Recht zur Teilnahme an den Wahlen zu.

2. Die Klägerin beruft sich zur Begründung ihres Anspruchs zunächst auf § 24 I 1 ALR., welcher lautet:

„Die Rechte beider Geschlechter sind einander gleich, soweit nicht durch besondere Gesetze oder rechtsgültige Willenserklärungen Ausnahmen bestimmt werden."

Die Klägerin folgert hieraus, daß die Bestimmungen der §§ 5, 13, 19ff. StO., in denen von „selbständigen Preußen" oder „stimmfähigen Bürgern", und zwar ohne ausdrückliche Beschränkung auf das männliche Geschlecht, die Rede ist, auch auf selbständige Frauen bezogen werden müßten. Hierin kann ihr nicht beigetreten werden. Richtig ist, daß nach dem allgemeinen Sprachgebrauch und dem der preußischen Gesetzgebung unter Ausdrücken, die sich ihrer sprachlichen Form nach auf Personen männlichen Geschlechts beziehen, bisweilen auch Personen weiblichen Geschlechts mitverstanden werden, daß also der Ausdruck „jeder Preuße" im § 5 StO. nicht unter allen Umständen ausschließlich auf Männer bezogen werden muß. Ob der § 24 I 1 ALR. sich nur auf Privatrechte oder auch auf öffentlich-rechtliche Befugnisse bezieht, kann dahingestellt bleiben, wenn die StO. selbst darüber bestimmt, ob das Bürgerrecht nur Männern, oder ob es auch Frauen zustehen kann; denn jedenfalls kommt jene Vorschrift des ALR. nach ihrem Wortlaute nur insoweit in Betracht, als nicht in einzelnen Gesetzen Ausnahmen bestimmt werden. Es fragt sich daher, ob die erwähnte StO. hinsichtlich des Bürgerrechts eine solche Ausnahme enthält, insbesondere ob der in ihrem § 5 gebrauchte Ausdruck „jeder Preuße" nur Personen männlichen Geschlechts bezeichnet und daher auf Frauen nicht bezogen werden darf. Die Entscheidung hierüber hängt bei dem Mangel einer ausdrücklichen Erklärung des Gesetzes davon ab, ob nach der Entwickelung des Bürgerrechts in den preußischen Städten und der Entstehungsgeschichte der StO. sowie nach der Gesamtheit ihrer Bestimmungen anzunehmen ist, daß das Bürgerrecht, zu dessen Bestandteilen nach § 5 auch das Stimmrecht bei den Wahlen für die Stadtverordnetenversammlung gehört, an beide Geschlechter erteilt werden sollte oder ob ein entgegengesetzter Wille des Gesetzgebers erkennbar ist. Aus der Entstehungsgeschichte läßt sich der Anspruch der Klägerin nicht begründen. (Folgt eingehende Begründung.)

3. Aber auch aus dem Inhalte der StO., insbesondere aus dem § 17 Abs. 2, ist trotz des Mangels einer ausdrücklichen Vorschrift zu entnehmen, daß dieses Gesetz sich als Bürger nur Männer gedacht hat. An jener Stelle ist vorgeschrieben, daß Vater und Sohn sowie Brüder nicht zugleich Mitglieder der Stadtverordnetenversammlung sein dürfen. Von Mutter und Tochter sowie von Schwestern ist dort nicht die Rede, während sich eine solche Bestimmung nicht hätte umgehen lassen, wenn die Möglichkeit einer Wahl von

Frauen vom Gesetze zugelassen worden wäre. Die Klägerin sucht diesem Einwande dadurch zu begegnen, daß sie ihren Anspruch auf die Erlangung des aktiven Wahlrechts beschränkt. Sie übersieht dabei aber, daß eine grundsätzliche Trennung des aktiven vom passiven Wahlrechte nach den Bestimmungen des Gesetzes unmöglich ist. Nach § 5 StO. besteht das Bürgerrecht, wie erwähnt, in dem Rechte zur Teilnahme an den Wahlen sowie in der Befähigung zur Uebernahme unbesoldeter Aemter in der Gemeindeverwaltung und zur Gemeindevertretung. Das Recht zur Teilnahme an den Wahlen hat zwar nur derjenige, der das Bürgerrecht besitzt. Wer aber das Bürgerrecht besitzt, hat (mit den durch § 17 bestimmten Ausnahmen) auch die Befähigung zur Gemeindevertretung, d. h. das Recht, zum Stadtverordneten gewählt zu werden. Der aus § 17 Abs. 2 sich ergebende Grund für die Annahme, daß die StO. das Bürgerrecht nur Männern zugänglich mache, trifft das Bürgerrecht in seinem ganzen gesetzlichen Umfange, da ein Bürgerrecht, das grundsätzlich auf das aktive Wahlrecht beschränkt wäre, der StO. unbekannt ist.

4. Schließlich glaubt die Klägerin zur Rechtfertigung ihres Anspruchs noch auf zweierlei hinweisen zu können, nämlich darauf, daß es allgemeine Uebung sei, bei Feststellung und Abgrenzung der nach § 13 StO. aufzustellenden Abteilungslisten die Steuern der selbständigen weiblichen Steuerzahler mit in Rechnung zu stellen, und ferner darauf, daß vielfach unbesoldete städtische Aemter auch Frauen übertragen würden. Wenn wirklich in einzelnen oder auch in zahlreichen Städten die Abteilungslisten unter Verletzung der Vorschriften des § 13 StO. aufgestellt werden sollten, so könnte dies eine Unrichtigkeit der Listen, niemals aber die Bildung eines Gewohnheitsrechts zur Folge haben, wonach den Frauen ein Wahlrecht zusteht. Was die Verwaltung von Gemeindeämtern durch Frauen betrifft, so mag die Behauptung der Klägerin richtig sein, daß Frauen häufig als Schullehrerinnen sowie in der Armen-, Kranken- und Waisenpflege beschäftigt werden. Alle diese Beschäftigungen sind aber entweder schon an sich nicht als unbesoldete Gemeindeämter im Sinne des § 5 StO. anzusehen, d. h. als solche, zu deren Uebernahme nur Bürger berechtigt sind, oder sie sind, wie die Aemter der Armenkommissionsmitglieder, durch besondere Gesetze (vgl. § 3 AGUWG. v. 8. III. 71) ausnahmsweise auch anderen als den im Besitze des Bürgerrechts befindlichen Gemeindeangehörigen zugänglich gemacht. Ein etwa bestehender Mißbrauch bei der Uebertragung anderer unbesoldeter Gemeindeämter auf Frauen würde selbstverständlich rechtliche Folgen zugunsten der Frauen nicht haben können.

b) Wählbarkeit.

Nr. 1. Entsch. v. 26. Febr. 1907 (OVG. 50 14) II B 43/06.

RhStO. § 16[a]; G. über die Vermögensverwaltung in den kath. Kirchengemeinden v. 20. VI. 75 (GS. 241) §§ 7, 10.

Als Kirchendiener, die nach der RhStO. nicht Stadtverordnete sein können, sind in den katholischen Pfarrgemeinden auch die dem Kirchenvorstande nicht angehörigen, von ihm angestellten Rendanten und Rechnungsführer anzusehen, dagegen nicht die Kirchenvorsteher, welchen in dieser ihrer Eigenschaft die Kassenverwaltung und Rechnungsführung vom Kirchenvorstand übertragen worden ist.

Der § 10 Abs. 1 G. über die Vermögensverwaltung in den kath. Kirchengemeinden v. 20. VI. 75 bestimmt als Regel, daß die Kassenverwaltung und Rechnungsführung einem vom Kirchenvorstande gewählten Kirchenvorsteher übertragen werden soll. Der Abs. 2 sieht als Ausnahme die Anstellung eines dem Kirchenvorstande nicht angehörigen, „besonderen Rendanten oder Rechnungsführers" vor. Voraussetzung für die Amtstätigkeit eines solchen besonderen Rendanten ist eine förmliche Anstellung. Eine solche ist hier aber nicht erfolgt. Nach der Auskunft des Kirchenvorstandes ist der Kläger, der damals bereits Kirchenvorsteher war, zunächst zum Kirchenrendanten gewählt worden. Dieser Beschluß ist später dahin erweitert worden, daß der Kläger jenes Amt so lange behalten solle, als er Mitglied des Kirchenvorstandes sei. Schon die Einschränkung auf die Dauer der Mitgliedschaft im Kirchenvorstande läßt die Annahme gerechtfertigt erscheinen, daß nach der Absicht der Wählenden das Amt dem Kläger eben in seiner Eigenschaft als Kirchenvorsteher ganz im Sinne der erwähnten Vorschrift im Abs. 1 des § 10 übertragen werden und mit dem Wegfalle dieser Eigenschaft auch der Auftrag zur Führung der Kassenverwaltung erlöschen sollte. Die Bestimmung im § 7 des erwähnten Gesetzes, wonach das Amt der Kirchenvorsteher ein Ehrenamt ist, stand der Gewährung einer Entschädigung an den Kläger in der Weise, wie sie erfolgt ist, nicht entgegen, weil dort die Bewilligung einer „angemessenen Entschädigung" an Kirchenvorsteher „für außergewöhnliche Mühwaltungen" ausdrücklich vorgesehen ist. Wenn also dem Kläger für die Führung der Kassengeschäfte, die nach der Auskunft des Kirchenvorstandes die tägliche Offenhaltung eines Bureaus in den Vormittagsstunden erfordern und bei einem Jahresumsatze von reichlich 30000 *M* offenbar nicht unbeträchtlich sind, neben der Vergütung der baren Auslagen auch eine Entschädigung für die Mühwaltung gewährt wird, so rechtfertigt dies noch keineswegs den Schluß, daß der Kläger ohne Rücksicht auf sein Amt als Kirchenvorsteher vom Kirchenvorstand als „besonderer Rendant" angestellt werden sollte.

Nr. 2. Entsch. v. 5. März 1907 (OVG. 50 12) II B 45/06.

StO. § 74; StrGB. §§ 31 Abs. 1, 359.

Die Verurteilung zur Zuchthausstrafe hat die dauernde Unfähigkeit zur Bekleidung der Stelle eines Stadtverordneten zur Folge. Denn die letztere ist ein „öffentliches Amt" im Sinne des § 31 StrGB. Das StrGB. selbst gibt keine Erklärung des Begriffs des „öffentlichen Amtes". Der § 359 daselbst kann schon deshalb für die Auslegung des § 31 nicht herangezogen werden, weil die dort gegebene Bestimmung des Begriffs des „Beamten" nur die Reichs- sowie die unmittelbaren und mittelbaren Staatsbeamten umfaßt, während im § 31 unter „öffentlichen Aemtern" nicht nur Reichs- und Staatsämter, sondern nach Abs. 2 auch Advokatur, Anwaltschaft, Notariat sowie Geschworenen- und Schöffendienst verstanden werden, überdies aber öffentliche Aemter, wie zB. die der Geschworenen und der Schöffen, auch von Personen bekleidet werden können, die nicht Beamte sind. Der Begriff des „öffentlichen Amtes" ist im § 31 ohne irgendwelche Einschränkung gebraucht. Demgemäß ist hier unter einem öffentlichen Amte der einer Person zugewiesene Kreis von öffentlich-rechtlichen Geschäften, insbesondere auch kommunalen, zu verstehen. Die Gemeindevertretungen bilden nicht nur Vertretungen der Gemeindegenossen zur Wahrnehmung ihrer Rechte gegenüber der Gemeindeverwaltung, sondern haben als Gemeindeorgane, da die Gemeinden Bestandteile des allgemeinen staatlichen Verwaltungsorganismus sind, auch an der Erfüllung staatlicher Aufgaben mitzuwirken.

Hierzu kommt, daß die Gemeindeordnungen die Stelle eines Gemeindeverordneten entweder ausdrücklich als ein Gemeindeamt bezeichnen oder sie doch einem Amte in der Gemeindeverwaltung völlig gleichstellen, und daß letzteres insbesondere auch die StO. im § 74 hinsichtlich der „Stellen in der Gemeindeverwaltung oder Vertretung" tut. Es fehlt endlich an jedem inneren Grunde, zwar die Stelle eines Gemeindeverordneten in den Landgemeinden der östlichen Provinzen als ein „Amt" in der Vertretung der Gemeinde anzusehen, diese Eigenschaft aber der Stelle eines Stadtverordneten in den dortigen Stadtgemeinden abzusprechen.

c) Wahlverfahren.

α) Allgemeine Grundsätze.

Nr. 1. Entsch. v. 28. Febr. 1905 (OVG. 47 48) II B 29/04.

In der Prov. Hannover dürfen Ersatz- und Ergänzungswahlen zum Bürgervorsteherkollegium miteinander verbunden werden.

Nr. 2. Entsch. v. 2. Jan. 1906 (OVG. 48 28) II B 16/05.

StO. § 18.

1. Die StO. enthält keine ausdrückliche Bestimmung darüber, ob der Magistrat oder die Stadtverordnetenversammlung oder beide gemeinsam die Auslosung der Stadtverordneten zu bewirken haben. Es handelt sich hierbei nicht um eine der Beschlußfassung der städtischen Körperschaften überwiesene Angelegenheit, sondern lediglich um die Ausführung einer gesetzlichen Vorschrift. Zu dieser ist mangels einer entgegenstehenden ortsstatutarischen Vorschrift der Magistrat in seiner Eigenschaft als Obrigkeit allein ohne Mitwirkung der Stadtverordnetenversammlung berechtigt und verpflichtet.

2. Dagegen hat der Magistrat den Personenkreis, innerhalb dessen das Los zu entscheiden hatte, unrichtig begrenzt. Eine Auslosung durfte im vorliegenden Falle nur unter denjenigen Stadtverordneten stattfinden, die zur Verstärkung, und nicht unter Mitbeteiligung derjenigen, die zur Ergänzung der Versammlung gewählt worden waren. Das Vorgehen des Magistrats würde richtig gewesen sein, wenn die Wahlen zur Ergänzung und Verstärkung der Versammlung in einer Wahlhandlung vorgenommen worden wären, bei der man keinen Unterschied gemacht hatte, ob der Gewählte an Stelle eines ausscheidenden Stadtverordneten treten oder ob seine Wahl zur Verstärkung der Versammlung dienen sollte. Hier aber liegen zwei von einander getrennte Wahlhandlungen vor, die auch getrennt werden durften, da das Gesetz keine Bestimmung enthält, wonach Ergänzungs- und Verstärkungswahlen in einer Handlung vorzunehmen sind.

3. Ist eine solche Trennung der Wahlen geschehen, so muß ein Drittel der zur Verstärkung der Versammlung Gewählten bereits nach zwei Jahren und ein zweites Drittel nach vier Jahren ausscheiden. Bei der Auslosung der hiernach vor Ablauf der sechsjährigen Wahlperiode Ausscheidenden sind dann nur die zur Verstärkung, aber nicht die zur Ergänzung der Versammlung Gewählten zu beteiligen.

Nr. 3. Entsch. v. 29. Jan. 1907 (PrVerwBl. 28 693) II 217.

StO. § 23.

1. Der § 23 StO. bestimmt, daß 14 Tage vor der Wahl die Wähler „durch den Magistrat zu den Wahlen mittelst schriftlicher Einladung oder ortsüblicher Bekanntmachung" berufen werden. Da die beiden Be-

rufungsformen der schriftlichen Einladung und der öffentlichen Bekanntmachung nach dem Gesetz völlig gleichberechtigt nebeneinander stehen, haben die Wähler kein Recht auf den Empfang einer schriftlichen Einladung. Der Magistrat hat vielmehr, solange kein bindender Beschluß der städtischen Behörden vorliegt, die Wahl zwischen den beiden Formen der Einladung. Im vorliegenden Falle hat der Magistrat zu S. eine öffentliche Aufforderung zur Wahl im S'er Anzeiger erlassen. Daß diese Form der Bekanntmachung nicht die ortsübliche gewesen sei, ist von keiner Seite behauptet worden. Der gesetzlichen Vorschrift war also genügt. Wenn der Magistrat den Wählern daneben noch die Zusendung gedruckter Einladungen in Aussicht stellte, und zwar mit dem Hinweise darauf, daß deren Vorzeigung im Wahltermine die Auffindung der Namen der Wähler in der Liste erleichtern werde, so übernahm er damit keineswegs die Verpflichtung, jedem Wähler eine solche Einladung zugehen zu lassen. Ob eine solche Einladung auch bei früheren Wahlen üblich gewesen ist, kommt nicht in Betracht, da die Ortsüblichkeit nach § 23 aaO. nur für die Form der Bekanntmachung maßgebend, aber nicht für die Frage, ob diese Bekanntmachung oder eine schriftliche Einladung zu geschehen habe, entscheidend ist. Eine erhebliche Unregelmäßigkeit, welche ohne Rücksicht auf das Stimmverhältnis die Wahl unter allen Umständen ungültig machen müßte, liegt also nicht vor.

2. Die berichtigte Wählerliste bis zum nächsten Berichtigungsverfahren bildet die unabänderliche Grundlage des Wahlverfahrens und die darin Eingetragenen bleiben ohne Rücksicht auf einen etwa inzwischen eingetretenen Wechsel des Wohnsitzes wahlberechtigt.

β) Aufstellung der Wählerliste und Bildung der Wählerabteilungen.

Nr. 1. Entsch. v. 9. Dez. 1904 (OVG. 47 43) II B 25/04.

StO. §§ 8, 19.

§ 19 StO. verlangt nicht, daß in der Gemeindewählerliste die von jedem einzelnen Bürger zu entrichtenden verschiedenen Steuern gesondert aufgeführt werden, vielmehr genügt die summarische Angabe. Dieses gilt auch für die Forensen und juristischen Personen, denen das Wahlrecht nur wegen der Höhe ihrer Steuern nach § 8 StO. zusteht. Ergibt sich aus der Berechnung ihrer direkten Staats- und Gemeindeabgaben ihre Wahlberechtigung, so sind sie mit ihrer Steuersumme aufzunehmen, anderenfalls wegzulassen. Eine Trennung der Steuern ist aber fur sie ebensowenig wie sonst vorgeschrieben, und es ist auch keine Abweichung begründet.

Die Tatsache, daß die Staats- und Gemeindesteuern der Forensen und juristischen Personen die für die aktive Wahlfähigkeit erforderliche Höhe erreichen, würde auch nicht schon durch die getrennte Angabe der einzelnen Steuerbeträge bei diesen Wählern nachgewiesen werden, vielmehr wäre dazu noch die Angabe der Staats- und Gemeindesteuern der zum Vergleiche heranzuziehenden höchstbesteuerten Einwohner erforderlich. Deshalb glauben die Kläger denn auch die Vereinzelung wenigstens bei den drei höchstbesteuerten Einwohnern verlangen zu dürfen. Allein, die Aufnahme dieser Beträge ist aus allgemeinen Gründen nicht geboten, und es wäre höchst befremdlich, wenn die Angabe eben dieser Beträge zwar nicht wegen des Wahlrechts der höchstbesteuerten Einwohner selbst, wohl aber im Hinblick auf die Rechte Dritter vom Gesetzgeber verlangt sein sollte. Mangels einer ausdrücklichen, hierzu nötigenden Vorschrift kann das nicht angenommen werden.

Nr. 2. Entsch. v. 25. Nov. 1904 (OVG. 47 46) II B 31/04.

Das Gesetz ordnet die Offenlegung der Wählerliste an und gibt damit den Beteiligten das Recht, die Liste einzusehen. Es genügt nicht, daß der städtische Beamte die Erschienenen befragt, was sie aus der Liste festgestellt haben wollen, und, nachdem ihm dies mitgeteilt ist, die Liste selbst in der ihm bezeichneten Richtung prüft, sondern es muß demjenigen, der die eigene Einsichtnahme der Liste verlangt, diese auch gewährt werden und zwar dergestalt, daß er mit eigenen Augen die Eintragungen nachprüfen kann. Um dies zu ermöglichen, ist es zwar erforderlich, daß dem Nachsuchenden die Liste nicht aus der Entfernung gezeigt, sondern körperlich so nahe gebracht wird, daß ein selbständiges Lesen aller Eintragungen ermöglicht wird; aber nicht erforderlich ist, daß dem Nachsuchenden das Anfassen der Liste und das Umschlagen der Blätter zwecks Kenntnisnahme der Eintragungen gestattet wird. Legt der städtische Beamte die Liste vor und besorgt er selbst das nötige Umschlagen der Blätter, so ist der Nachsuchende in der Lage, die Liste von Anfang bis zu Ende durchzusehen, ohne daß er nötig hätte, sie selbst in die Hand zu nehmen.

Nr. 3. Entsch. v. 21. Sept. 1906 (PrVerwBl. 28 672) I 1123.

StO. § 20.

Wenn auch gemäß § 20 Abs. 2 StO., wonach die Wählerliste zur öffentlichen Kenntnis offen zu legen ist, während der Auslegungsfrist im allgemeinen täglich Gelegenheit zur Einsicht vorhanden sein muß, ohne daß die Einsicht mit besonderer Schwierigkeit oder Weitläufigkeit verbunden sein darf, so kann doch nicht anerkannt werden, daß wegen jedes nur kurze Zeit dauernden Hindernisses der Einsicht das Erfordernis der Offenlegung des Verzeichnisses nicht erfüllt wäre. Verläßt der Beamte, der das Verzeichnis vorzulegen hat, während der Bureaustunden auf kurze Zeit das Bureau, was nicht immer zu vermeiden ist, so kann darum — mag auch eine instruktionelle Bestimmung bestehen, nach der bei Abwesenheit des Bürgermeisters stets ein Bureaubeamter auf dem Bureau anwesend sein soll — nicht ohne weiteres die Rechtsgültigkeit der Auslegung verneint werden. Sonst würde eine dem Gesetz entsprechende Offenlegung namentlich in einfacheren ländlichen Verhältnissen, wo nur wenige auch anderweit beschäftigte Beamte vorhanden sind, kaum durchzuführen sein. Mit dem Vorkommen eines solchen in der Natur der Verhältnisse liegenden kurzen Hindernisses muß von den Beteiligten gerechnet werden, mögen es auch Arbeiter sein, die ohne Verlust von Arbeitsverdienst nicht in der Lage sind, längere Zeit zur Einsicht der Wählerliste zu verwenden.

γ) Wahlhandlung.

Nr. 1. Entsch. v. 25. Nov. 1904 (OVG. 47 46) II B 31/04.

Wenn in der Rheinprovinz mit der Wahl von Stadtverordneten vor der festgesetzten Zeit begonnen wird, so ist das nicht ein wesentlicher formaler Mangel, sondern eine Unregelmäßigkeit, die die Ungültigkeit der Wahl nicht ohne weiteres herbeiführt.

Nr. 2. Entsch. v. 28. Febr. 1905 (OVG. 47 48) II B 29/04.

HannStO. § 92.

Nach § 92 HannStO. v. 24. VI. 58 „kann die Stimmabgabe durch mündliche Abstimmung zu Protokoll oder durch verschlossene Stimmzettel nach der Entschließung der Wählenden geschehen". Eine „Stimmabgabe zu Protokoll" liegt nur dann vor, wenn die Tatsache der Stimmabgabe und ihr Inhalt protokolliert werden. Da das hier nicht geschehen ist, so entspricht das Verfahren bei Entgegennahme der mündlich abgegebenen Stimmen nicht der Vorschrift des Gesetzes. Die mündlich abgegebenen Stimmen sind, weil sie nicht protokolliert worden sind, ungültig, und darum wieder erscheint das Unterlassen der Protokollierung als ein wesentlicher Mangel des Verfahrens, der die Ungültigkeit der Wahl nach sich ziehen kann.

Nr. 3. Entsch. v. 3. April 1908 (PrVerwBl. 29 787) II B 45/07.

Eine Stadtverordnetenversammlung hatte für jeden der fünf Wahlbezirke zwei Beisitzer gewählt und für jeden Beisitzer einen bestimmten Stellvertreter bezeichnet. Auf eine weitere Liste von Stellvertretern sollte zurückgegriffen werden, wenn der zunächst bestimmte Stellvertreter die Uebernahme der Stellvertretung ablehnte. In zwei Bezirken war jedoch, in dem einen während eines ganzen Tages, in dem anderen während mehrerer Stunden je einer der Beisitzer nicht durch den für ihn, sondern durch den für den anderen Beisitzer bestimmten Vertreter ersetzt worden. Die Folge war die, daß in beiden Fällen je ein gewählter Beisitzer mit seinem eigenen Vertreter zusammen saß. Mit Recht sehen die Kläger hierin eine ordnungswidrige Zusammensetzung des Vorstandes. Die beiden zugezogenen Stellvertreter waren von der Stadtverordnetenversammlung nicht schlechthin zur Ausfüllung der Lücke gewählt worden, die durch die dauernde oder vorübergehende Behinderung eines oder des anderen Beisitzers hervorgerufen werden würde; vielmehr war das ihnen erteilte Mandat darauf beschränkt, einen einzigen mit Namen bezeichneten Beisitzer nötigenfalls zu ersetzen. Für den anderen Beisitzer sind sie mithin eingetreten, ohne dazu berufen gewesen zu sein.

Waren die beiden Wahlvorstände hiernach zeitweise nicht in einer dem Gesetz entsprechenden Weise besetzt, so hatte dies zur Folge, daß alle in der betreffenden Zeit abgegebenen Stimmen ungültig sind. Da deren Zahl nicht festzustellen, und da mithin nicht ausgeschlossen ist, daß von diesen Stimmen die angefochtenen Wahlen abhängig gewesen sind, so blieb nur übrig, diese Wahlen für ungültig zu erklären.

δ) Rechtsmittel.

Nr. 1. Entsch. v. 28. Febr. 1905 (OVG. 47 48) II B 29/04.

Der Verwaltungsrichter hat mehrere vor ihm anhängig gewordene Streitigkeiten über die Gültigkeit derselben Wahl zu vereinigen und einheitlich abzuurteilen.

Nr. 2. Entsch. v. 3. Jan. 1908 (PrVerwBl. 29 730) II B 8/07.
LVG. § 70.

Eine Streichung aus der Wählerliste darf im Verwaltungsstreitverfahren nur nach zuvoriger Beiladung desjenigen, über dessen Wahlrecht gestritten wird, angeordnet werden. Jeder, der einmal als wahlberechtigt in die Liste aufgenommen ist, hat ein sehr erhebliches Interesse daran, in einem Streitverfahren gehört zu werden, dessen Gegenstand die Zulässigkeit der Aufnahme ist.

2. Amtsgeschäfte.

Nr. 1. Entsch. v. 27. März 1906 — II 702.

StO. § 56[4].

Der Beschluß einer Stadtverordnetenversammlung, wonach diese für sich die Mitwirkung bei Erteilung von Zuschlägen für alle städtischen Arbeiten, die einen bestimmten Aufwand übersteigen, beansprucht, ist ungesetzlich.

Die StO. behält dem Magistrat die ausführende Verwaltung vor und schließt jede Beteiligung der Stadtverordnetenversammlung an ihr aus. Der Stadtverordnetenversammlung steht nur eine Kontrolle der Verwaltung des Magistrats zu, diese gibt ihr die Befugnis, sich fortgesetzt über die Tätigkeit des zur Geschäftsführung berufenen Magistrats zu unterrichten und etwaigen Verstößen entgegenzutreten. Nach pflichtmäßigem Ermessen aber kann der Magistrat die Verwaltung nur dann führen, wenn ihm keine bestimmten Normen vorgeschrieben sind. Bestehen solche, so hat er sie zu beachten. Zweifellos steht deshalb der Stadtverordnetenversammlung das Recht zu, Normen für die Verwaltung zu beschließen, und, wenn der Magistrat dem Beschlusse beitritt, so sind dadurch seinem freien Ermessen bestimmte Schranken gesetzt. So würde beispielsweise ein Beschluß beider städtischen Behörden dahin, daß Arbeiten und Lieferungen, die einen Kostenaufwand von mehr als 50 *M* verursachen, öffentlich auszuschreiben seien, dem Magistrate nicht das Recht geben, von der öffentlichen Ausschreibung im einzelnen Fall ohne Zustimmung der Stadtverordnetenversammlung Abstand zu nehmen. Die Klägerin aber will nach ihrem Beschlusse bei der „Erteilung des Zuschlages" in bestimmten Fällen gehört werden, beziehungsweise allein über den Zuschlag befinden. Damit stellt sie keine Normen für die Verwaltung auf, sondern beansprucht eine Mitwirkung bei bestimmten Verwaltungsakten, die gesetzlich nur dem Magistrate zustehen.

Nr. 2. Entsch. v. 7. Jan. 1908 (PrVerwBl. 29 770) II B 28/07.

StO. §§ 35, 56.

Nach § 35 StO. hat die Stadtverordnetenversammlung über alle Gemeindeangelegenheiten zu beschließen, soweit diese nicht ausschließlich dem Magistrat überwiesen sind. Dem Magistrat ist durch § 56 aaO. eine Reihe von Geschäften ausschließlich überwiesen worden, zu denen aber die Vergebung von Arbeiten für städtische Bauten nicht gehört. Verlangte also die Klägerin eine Mitwirkung bei der Beschlußfassung über die Vergebung der zur Pflasterung der D.-Straße erforderlichen Arbeiten, so griff sie nicht in die Rechtssphäre des Magistrats über, sondern machte von einer ihr gesetzlich zustehenden Befugnis Gebrauch. Zur alleinigen Beschlußfassung wäre der Magistrat nur befugt gewesen, wenn ein zur Ausführung geeigneter Beschluß beider städtischer Behörden über die Pflasterung der Straße und die Deckung der daraus entstehenden Kosten vorgelegen, und die Klägerin eine Mitwirkung bei der weiteren Ausführung, insbesondere bei der Beschlußfassung über die Vergebung der Arbeiten nicht verlangt hätte. An diesen Voraussetzungen aber fehlte es hier. Denn die Klägerin hatte bisher nur beschlossen, daß die Straße gepflastert, nicht aber, wie die Kosten aufgebracht werden sollten, so daß der Beklagte noch gar nicht zur Ausführung der Pflasterung schreiten konnte, sondern damit warten mußte, bis ein übereinstimmender Beschluß beider städtischer Behörden über die Deckung der Kosten vorlag. Aber auch, wenn ein solcher Beschluß schon vorgelegen hätte, würde der Magistrat doch nicht allein über die Vergebung der

Arbeiten haben beschließen dürfen, weil die Stadtverordnetenversammlung schon bei der ersten Vorlage des Magistrats die beschließende Mitwirkung bei der Vergebung der Arbeiten verlangt hatte, und dieses Verlangen in den gesetzlichen Bestimmungen seine Stütze fand.

Nr. 3. Entsch. v. 15. Jan. 1907 (OVG. 50 4) II B 41/06.

StO. §§ 35f., 56; ZustG. §§ 15, 17.

1. Die Stadtverordnetenversammlung zu N. beschloß auf eine Vorlage des Magistrats die Erbauung einer elektrischen Zentrale und Umwandlung der Dampfstraßenbahn in eine elektrische. Gleichzeitig faßte sie mehrere Beschlüsse über die Art der Ausführung, darunter auch den, die Ausführung der Anlage, ausschließlich der Lieferung der Dieselmotoren, der Firma F. zu übertragen. Der Magistrat trat den Beschlüssen mit Ausnahme des vorgedachten bei und beschloß, die Arbeiten und Lieferungen den S.schen Werken zu übertragen. Die Stadtverordnetenversammlung hielt ihren Beschluß aufrecht und ersuchte den Magistrat, zur Bildung einer gemeinschaftlichen Kommission nach § 36 StO. mitzuwirken und dem Bezirksausschusse mitzuteilen, daß unter diesen Umständen ihre Genehmigung zur Aufbringung der Anleihe behufs Erbauung der elektrischen Anlage versagt sei. Die Beanstandung dieses Beschlusses durch den Magistrat erachtete das OVG. nicht für begründet.

1. Die Ansicht, daß dem Beklagten im vorliegenden Falle nicht der Weg der Beanstandung offen gestanden habe, sondern der Streit nur auf dem im § 36 StO. vorgesehenen Wege zum Austrage gebracht werden könne, ist unrichtig. Zu unterscheiden ist, ob eine Ueberschreitung der gesetzlichen Befugnisse oder eine objektive Rechtswidrigkeit, oder ob eine Verletzung des Staatswohls oder des Gemeindeinteresses gerügt wird. In Fällen der ersteren Art ist lediglich der Weg der Beanstandung gemäß § 15 ZustG., in Fällen der letzteren Art lediglich der durch § 36 StO. und § 17^{1} ZustG. gewiesene Weg gegeben. Eine Verletzung des Staatswohls oder des Gemeindeinteresses steht hier nicht in Frage, sondern streitig ist nur, ob die Klägerin ihre Befugnisse überschritten hat. Deshalb war der Beklagte formell zur Beanstandung berechtigt und das Verwaltungsstreitverfahren zulässig.

2. Materiell ist die Beanstandung jedoch unbegründet. Richtig ist, daß nach § 36 letzter Satz StO. die Stadtverordnetenversammlung ihre Beschlüsse in keinem Falle selbst ausführen darf, die Ausführung vielmehr nach § 56^{2} aaO. allein dem Magistrate zusteht. Unrichtig aber ist, daß die Stadtverordnetenversammlung im vorliegenden Falle ihren Beschluß selbst ausführen will. Sie erkennt vielmehr an, daß ihr eine Mitwirkung dabei gesetzlich entzogen ist, und beansprucht nur ein Mitbeschlußrecht über die Frage, welcher der konkurrierenden Firmen die Herstellung der Veranstaltung übertragen werden soll. Ist darüber ein Einverständnis erzielt, so soll die Ausführung des Beschlusses dem Magistrat allein überlassen bleiben; andernfalls schlägt die Stadtverordnetenversammlung vor, die Angelegenheit auf dem durch § 36 aaO. und § 17 ZustG. gewiesenen Wege zum Austrage zu bringen. Entscheidend ist also lediglich, ob nach den Bestimmungen der StO. der Magistrat allein darüber zu befinden hat, an wen die zur Herstellung der Veranstaltung erforderlichen Lieferungen und Arbeiten zu vergeben sind, oder ob die Stadtverordnetenversammlung dabei mitzuwirken hat. Diese Frage ist im letzteren Sinne zu beantworten. Nach § 35 StO. hat die Stadtverordnetenversammlung „über alle Gemeindeangelegenheiten zu beschließen, soweit dieselben nicht ausschließlich dem Magistrate überwiesen sind". Dem Magistrate sind im § 56 aaO. die dort näher bezeichneten Geschäfte übertragen, und zu ihnen gehört die Beschlußfassung über die Vergebung von Lieferungen und Arbeiten für neue Veranstaltungen der Gemeinde nicht. Auch aus der dem Magistrate durch Nr. 3, 5 aaO. übertragenen Verwaltung der städtischen Gemeindeanstalten läßt sich eine solche Befugnis nicht herleiten, ebensowenig

aus dem Rechte der Führung der laufenden Verwaltung. Denn hier handelt es sich nicht um die Verwaltung einer bestehenden, sondern um die Errichtung einer neuen Gemeindeanstalt, also um eine Tätigkeit, die zweifellos nicht zu der laufenden Verwaltung gehört. Die alleinige Zuständigkeit des Magistrats könnte freilich durch eine autonome Satzung der Gemeinde, durch ein Ortsrecht, begründet werden. Der Begriff und der Umfang der laufenden Verwaltung stehen gesetzlich nicht fest; deshalb könnten die städtischen Körperschaften eine allgemeine Bestimmung dahin treffen, daß die Auswahl der mit Lieferungen und Arbeiten für die Stadt zu betrauenden Personen dem Magistrat ohne Mitwirkung der Stadtverordnetenversammlung überlassen bleiben solle. Daß aber ein derartiges Ortsrecht in N. besteht, hat der Beklagte nicht behauptet und kann deshalb als ausgeschlossen gelten. Hiernach ist der Grundsatz der StO., daß für alle Gemeindeangelegenheiten, die nicht ausschließlich dem Magistrate zugewiesen sind, die Beschlußfassung beider städtischer Kollegien erforderlich ist, auch hier anzuwenden und entzieht der Beanstandung des Magistrats den rechtlichen Boden.

Nr. 4. Entsch. v. 8. Juni 1906 (PrVerwBl. 28 315) II 1247.

KrO. §§ 8, 25; EinkStG. § 50.

1. Eine Stadtverordnetenversammlung hatte beschlossen, den Kläger wegen grundlos verweigerter Erfüllung der Pflichten eines Mitgliedes der Voreinschätzungskommission für einen Zeitraum von drei Jahren seines Rechtes auf Teilnahme an der Verwaltung und Vertretung der Gemeinde für verlustig zu erklären und um ein Achtel stärker als die übrigen Gemeindeangehörigen zu den Gemeindeabgaben heranzuziehen. In der hiergegen gerichteten Klage machte der Kläger geltend, daß er durch seinen Gesundheitszustand und durch häufige Abwesenheit von B. an der Uebernahme des Amtes verhindert sei; außerdem sei es ihm unmöglich, mit dem in derselben Kommission als Mitglied tätigen Barbier Albert L. zusammen zu arbeiten, weil dies seiner Ehre zuwiderlaufen würde. Das OVG. gab der Klage statt.

2. Die formelle Berechtigung der Beklagten zur Fassung des angefochtenen Beschlusses bestreitet der Kläger mit Unrecht. Nach § 50 Abs. 2 EinkStG. finden wegen Annahme und Ablehnung der nach den Vorschriften dieses Gesetzes stattfindenden Ernennungen und Wahlen die Bestimmungen der §§ 8 und 25 KrO. sinngemäße Anwendung. Demgemäß hat nach § 25 KrO., der trotz seiner Aufhebung durch § 146 LGemO. für den Geltungsbereich dieses Gesetzes in den vom § 50 EinkStG. behandelten Fällen anzuwenden ist, die Gemeindevertretung bzw. der Gemeindevorstand einer Landgemeinde zu beschließen, wenn ein Mitglied der Voreinschätzungskommission, welches einer der den Voreinschätzungsbezirk oder einen Teil dieses Bezirks ausmachenden Landgemeinde angehört, sich ablehnend verhält. Weiter steht fest, daß durch eine die sinngemäße Anwendnng anordnende Vorschrift den beteiligten Behörden und dem Verwaltungsrichter auf dem Gebiete der Auslegung eine freiere als die im allgemeinen grundsätzlich gestattete Bewegung zugestanden wird. Ist dies der Fall, so ist nicht ersichtlich, warum in Stadtgemeinden den Gemeindevertretungen nicht dieselben Befugnisse gegenüber den sich ablehnend verhaltenden Mitgliedern von Voreinschätzungskommissionen eingeräumt sein sollten wie in Landgemeinden. Wenn den Einwohnern eines Gutsbezirks gegenüber ein gleicher Zwang zur Ausübung der betreffenden Tätigkeit nach Lage der Gesetzgebung für nicht anwendbar erklärt wurde, so lag dies daran, daß der § 8 KrO., der die Beschlußfassung dem Kreistage überträgt, sinngemäß nur auf Mitglieder der für den Kreis gebildeten Veranlagungskommissionen, der § 25 dagegen, nach welchem die Gemeindebehörden zu beschließen haben, nur auf solche Mitglieder der für die

Gemeinden gebildeten Voreinschätzungskommissionen angewendet werden könne, die in einer Gemeinde wohnen, daß aber eine sinngemäße Anwendung der Bestimmung des § 8 auf Mitglieder von Voreinschätzungskommissionen, die in einem Gutsbezirk wohnen, nicht für angängig erachtet werden konnte. Deshalb war, auch wenn von der „sinngemäßen Anwendung" der bestehenden Gesetze der weitestgehende Gebrauch gemacht wurde, nicht zu erkennen, auf welchem Wege und durch welche Behörde ein Zwang gegen Einwohner von Gutsbezirken nach der Absicht des Gesetzgebers geübt werden sollte. Gegen die Möglichkeit, die zunächst nur für Gemeindevertretungen und Vorstände von Landgemeinden gegebenen Bestimmungen auch auf die entsprechenden Organe der Stadtgemeinden gemäß § 50 EinkStG. „sinngemäß" anzuwenden, lagen dagegen Hindernisse nicht vor.

2. Dagegen war dem Kläger zuzugeben, daß für ihn besondere Verhältnisse vorlagen, welche im Sinne des § 8^5 KrO. eine gültige Entschuldigung zu begründen geeignet waren. Allerdings kann dabei nicht die sittliche Qualifikation des Barbiers L. in Betracht kommen. Wenn diese ausschlaggebend wäre, könnte nicht bloß der Kläger, sondern jeder, der in die betreffende Unterkommission gewählt wurde, die Annahme des Amtes ablehnen, so daß dann von „besonderen Verhältnissen" nicht mehr die Rede wäre. Wohl aber war als ein solches besonderes Verhältnis im Sinne des § 8^5 die Tatsache anzusehen, daß der Kläger von dem der Kommission angehörigen L. in so gröblicher Weise beleidigt worden war, daß ihm eine gemeinsame Tätigkeit mit diesem in derselben Kommision nicht zugemutet werden konnte.

Nr. 5. Entsch. v. 1. Okt. 1907 (OVG. 51 6) II B 13/07.

StO. § 44; ZustG. § 15.

1. Eine Verfügung des Magistrats, durch die ein Beschluß der Stadtverordnetenversammlung beanstandet wird, kann von dieser nur wegen ihres Inhalts, aber nicht wegen der Art ihres Zustandekommens mit der Klage im Verwaltungsstreitverfahren angefochten werden.

2. Auch ein Beschluß der Stadtverordneten, durch den einem Beschlusse des Magistrats zugestimmt wird, muß vom Magistrate beanstandet werden, wenn der Beschluß die Befugnisse der Stadtverordnetenversammlung überschreitet, oder die Gesetze verletzt, insbesondere, wenn er auf ungesetzliche Weise zustande gekommen ist.

3. Der Beanstandung unterliegen nur Beschlüsse, die eine positive Wirkung äußern, wenn sie unangefochten bleiben. Den beiden von dem Magistrat angefochtenen Beschlüssen der Stadtverordnetenversammlung ist aber eine positive Wirkung nicht abzusprechen, da sie den Magistrat in der Verfügung über die Forstnutzung in der Weise beschränken, daß er zum Bau der Markthallen und der Bade- und Schwimmanstalt weder Holz aus der Forst entnehmen noch den Holzwert aus der Forstkasse sich erstatten lassen darf. Dieses Hindernis soll durch die Beanstandung aus dem Wege geräumt werden.

4. Die hier angefochtenen Beschlüsse der Stadtverordnetenversammlung sind auf ungesetzlichem Wege zustande gekommen. Nach § 44 StO. darf an Verhandlungen über Rechte und Verpflichtungen der Stadtgemeinde derjenige nicht teilnehmen, dessen Interesse mit dem der Gemeinde im Widerspruche steht. Die Stadt A. verlangte die Anerkennung ihres Rechtes auf Entnahme des Holzbedarfs für ihre Bauten aus der Stadtforst oder auf Ersatz des Holzwerts aus der Forstkasse. Es handelte sich also um Verhandlungen über Rechte der Stadtgemeinde. Nach Nr. 4 des Ortsstatuts über die Benutzung der Stadtforst zu A. v. 21. XII. 64 und 8. VII. 67 haben an den

Nutzungen der Stadtforst Teil die Kämmerei, die Kirche, das Hospital, die Besitzer von 254 sog. katastrierten Hausstellen, sowie sämtliche übrigen Bürger- und Gemeindesteuer zahlenden Einwohner der Stadt, die die zur Erlangung des Nutzungsrechts vorgeschriebenen Bedingungen erfüllen. Die Kämmerei entnimmt nach Nr. 5 aus der Stadtforst ihr Bedürfnis an Bau-, Nutz- und Brennholz für den städtischen Haushalt und hat außerdem das Recht, das nach Befriedigung aller Berechtigten forstwirtschaftlich noch verfügbare Holz zugunsten ihrer Kasse zu verkaufen. Nach Nr. 6 entnimmt die Kämmerei vorweg ihr Bedürfnis an Bau- und Brennholz, sowie die zur Befriedigung der Kirche, des Hospitals und der Deputanten erforderlichen Holzmassen, und erst die noch übrig bleibende Menge des Jahreseinschlages wird nach Nr. 7 für Rechnung der Hausbesitzer verkauft. Der Umfang des Bedarfes der Kämmerei ist also von wesentlichem Einfluß auf die Höhe des unter die katastrierten Hausbesitzer zu verteilenden Geldbetrages. Je größer der Bedarf der Kämmerei ist, desto geringer ist der Anteil der Hausbesitzer, und umgekehrt. Danach haben die Hausbesitzer ein besonderes, mit dem der Stadtgemeinde im Widerspruche stehendes Interesse und dürfen nach § 44 StO. an den Verhandlungen über das Recht der Stadtgemeinde nicht teilnehmen. Die unter ihrer Teilnahme gefaßten Beschlüsse der Stadtverordnetenversammlung sind nicht in gesetzmäßiger Weise zustande gekommen.

5. Die Stadtverordnetenversammlung hat durch ihre Beschlüsse aber auch sachlich die Gesetze verletzt. Die Rechte der Beteiligten sind in dem Statute genau bestimmt; insbesondere kann darüber, welche Rechte der Kämmerei zustehen, kein Zweifel obwalten. Sie darf alles für den städtischen Haushalt erforderliche Bau-, Nutz- und Brennholz entnehmen, ohne einer Zustimmung der übrigen Berechtigten zu bedürfen. Der Magistrat, dem nach dem Statut allein die Verwaltung der Forst zusteht, hat den Bedarf der Kämmerei festzustellen und danach die Anweisung zur Entnahme des Holzes zu erteilen, und zwar ohne Mitwirkung der Stadtverordnetenversammlung. Der in den beanstandeten Beschlüssen liegende Versuch der Stadtverordnetenversammlung, über die Verwendung der Forsterträge abweichend von dem Statute zu bestimmen, greift also in die ausschließlichen Befugnisse des Magistrats ein und verletzt das Stadtrecht.

D. Bürgermeister; Magistrat; städtische Deputationen.

Nr. 1. Entsch. v. 8. Juni 1906 (PrVerwBl. 29 126) II B 25/05.

StO. § 65.

1. Nach § 65 StO. erhalten die Bürgermeister, sofern nicht mit Genehmigung des Bezirksausschusses etwas anderes vereinbart ist, bestimmte Teile ihres Gehalts als Pension. Was unter „Gehalt" zu verstehen ist, sagt das Gesetz nicht. Daß darunter nicht das gesamte Diensteinkommen fällt, ergibt sich schon daraus, daß eine Beschlußfassung und ein Streitverfahren über die Frage zugelassen ist, welcher Teil des Diensteinkommens bei Feststellung der Pensionsansprüche als Gehalt anzusehen ist. Entscheidend kann auch nicht sein, wie die dem Beamten ausgesetzten Bezüge bezeichnet sind. Denn, ist ihnen irrtümlich die Bezeichnung als „Gehalt" beigelegt, so werden sie dadurch nicht zum Gehalt, ebenso wie umgekehrt Bezüge ihren Charakter als Gehalt nicht dadurch verlieren, daß sie nicht als Gehalt bezeichnet sind. Der Rechtsbegriff des Gehalts ist in der Rechtswissenschaft und Judikatur dahin bestimmt worden, daß darunter alles zu verstehen sei, was der Staat (die Kommune) dem Beamten

als Aequivalent für die Gesamtheit seiner Dienste in der Fürsorge für seine wirtschaftliche Existenz zu einem standesgemäßen Lebensunterhalt gewährt. Bei dieser Natur des Gehalts kann es zunächst keinem Zweifel unterliegen, daß das als „Gehalt" bezeichnete bare Einkommen von 1500 ℳ als Gehalt im Sinne des Gesetzes anzusehen ist. Diesem den Grundstock der Besoldung bildenden Gehalte tritt die für die Wahrnehmung der Geschäfte des Standesamtes gewährte Zulage (sog. Funktionszulage) hinzu, die dem Gehalte völlig gleichsteht, wenngleich sie nicht für die Gesamttätigkeit, sondern für einen bestimmten Zweig derselben gewährt wird. Auch der Wohnungsgeldzuschuß teilt die Natur des sog. Gehaltes, da er dazu bestimmt ist, die persönlichen Bedürfnisse der standesgemäßen Existenz zu befriedigen. Dasselbe gilt von dem Holzgeld. Das Dienstland war früher dem jedesmaligen Bürgermeister zur eigenen Nutzung überwiesen, wurde aber später von der Gemeinde verpachtet, wogegen diese dem Bürgermeister das erzielte Pachtgeld als einen Teil seines Diensteinkommens überwies. Die Natur dieses Diensteinkommens als eines Gehaltsteiles steht daher gleichfalls außer Zweifel. Der Dienstgarten war früher ebenso wie das Dienstland dem Bürgermeister zur Verwaltung und Nutznießung überwiesen worden. Nach seiner Abtretung zu Eisenbahnzwecken wurde dem Berechtigten als Ersatz für die entzogene Nutzung eine Geldrente von jährlich 30 ℳ zugebilligt. Auch dieser Rente kann die Natur eines Gehaltsteiles nicht abgesprochen werden. Sollten einzelne Teile dieses Gehalts nicht pensionsfähig sein, so hätte dies durch völlig klare, einwandsfreie Erklärungen zum Ausdruck gebracht werden müssen. Ein solcher zweifelsfreier Ausdruck aber ist in den aktenmäßigen Vorgängen nicht zu finden.

2. Die Rüge der Klägerin, daß der Vorderrichter die Vorschriften des bürgerlichen Rechts über den Einfluß des Irrtums nicht entsprechend auf die Willenserklärung der städtischen Behörden angewandt habe, ist unbegründet. Es kann dahingestellt bleiben, ob jene Bestimmungen auf dem Gebiete des öffentlichen Rechtes entsprechende Anwendung finden können. Denn selbst, wenn dies möglich und zulässig wäre, würde dies dem Anspruche der Klägerin nicht zur Seite stehen. Der Beschluß der städtischen Behörden über die Festsetzung des Diensteinkommens des zukünftigen Bürgermeisters schuf für L. objektives örtliches Recht, wurde ein Teil der dortigen Ortsverfassung. Wie bei allen Gesetzen ist auch bei Ortsgesetzen lediglich der erklärte Wille des Gesetzgebers maßgebend, und erst, wenn dieser keinen klaren zweifelsfreien Ausdruck gefunden hat, ist es Aufgabe des Richters, ihn zu erforschen. Der Beschluß der städtischen Behörden aber läßt die erforderliche Klarheit nicht vermissen. Er regelt die Gehaltsverhältnisse des zukünftigen Bürgermeisters, ohne sich irgendwie mit der Frage der Pensionsfähigkeit der einzelnen Gehaltsteile zu beschäftigen. Deshalb ist es schlechterdings unmöglich, aus dem Ortsgesetze die Nichtpensionsfähigkeit der von der Klägerin bezeichneten Gehaltsteile herzuleiten. War es die Absicht der städtischen Behörden, nur das bare Gehalt von 1500 ℳ für pensionsfähig zu erklären, und ist es versäumt, dieser Absicht in dem Beschluß Ausdruck zu geben, so entspricht zwar das Ortsgesetz nicht durchweg dem Willen des Gesetzgebers, kann aber deshalb nicht im Sinne jenes Willens ergänzt, oder gar wegen Irrtums angefochten werden.

Nr. 2. Entsch. v. 6. März 1906 (OVG. 48 35) II B 20/05.

Die Kreistagsabgeordneten sind an Aufträge ihrer Wähler nicht gebunden und können von diesen wegen ihrer Abstimmungen nicht zur Verantwortung gezogen werden. Daher ist auch der Magistrat nicht befugt, einem von der Stadt gewählten Kreistagsabgeordneten seine Mißbilligung wegen dessen Abstimmung im Kreistag auszusprechen. Faßt der Magistrat dennoch einen solchen Beschluß, so ist dessen Beanstandung gerechtfertigt.

Nr. 3. Entsch. v. 3. April 1906 (OVG. 49 5) II B 23/05.

SparkassenRegl. v. 12. XII. 38 (GS. **39** 5) Ziff. 7; LVG. §§ 57, 61; ZustG. §§ 15, 21, 53.

1. Dem Gesetze ist die Ablehnung eines Gerichtshofs wegen Besorgnis der Befangenheit fremd. Abgelehnt können nur Gerichtspersonen werden, also bestimmte Mitglieder desjenigen Gerichtshofes, der gesetzlich zur Entscheidung berufen ist. Der Kläger hielt den Gerichtshof für befangen, weil dieser für den Fall, daß die Einholung der Genehmigung des Regierungspräsidenten zur Verwendung der Sparkassenüberschüsse erforderlich sei und die Genehmigung versagt werde, seine Zustimmung zur Versagung der Genehmigung nach § 53 Abs. 2 ZustG. zu erteilen habe. Der Kläger wollte also aus der dem Bezirksausschusse gesetzlich obliegenden Mitwirkung bei der Versagung der Genehmigung einen Grund für dessen Befangenheit als erkennenden Gerichtshof in der vorliegenden Streitsache entnehmen. Darin kann ihm nicht gefolgt werden. Der Bezirksausschuß war gemäß §§ 15, 21 ZustG. und § 57 Abs. 2 Ziff. 2 LVG. zur Entscheidung auf die Klage zuständig und konnte deshalb von dem Kläger überhaupt nicht abgelehnt werden. Wenn der Kläger jetzt behauptet, daß er nicht den Gerichtshof, sondern den Regierungspräsidenten und die Mitglieder des Bezirksausschusses abgelehnt habe, so steht dem der klare Wortlaut und Wortsinn seiner früheren Erklärungen entgegen. Die Absicht, den Gerichtshof abzulehnen, geht mit aller Deutlichkeit daraus hervor, daß der Kläger weder behauptet hat, daß die einzelnen Mitglieder des Gerichtshofs aus einem der im § 41 ZPO. aufgeführten Gründe von der Ausübung des Richteramts kraft Gesetzes ausgeschlossen seien, noch, daß bei ihnen gemäß § 42 aaO. ein Grund vorliege, welcher geeignet sei, Mißtrauen gegen ihre Unparteilichkeit zu rechtfertigen. War hiernach vor der Entscheidung des Bezirksausschusses keins seiner Mitglieder außer dem Regierungspräsidenten abgelehnt worden, so bedurfte es auch nicht des im § 62 LVG. nur für diesen Fall vorgesehenen Beschlußverfahrens, sondern der Bezirksausschuß konnte sofort in der Sache selbst entscheiden. Nachdem die Entscheidung ergangen war, konnten Richter, die an ihr teilgenommen hatten, nicht mehr wegen Besorgnis der Befangenheit abgelehnt werden. Daß aber einzelne Richter, welche an der Entscheidung teilgenommen haben, gemäß § 41 ZPO. von der Ausübung des Richteramts ausgeschlossen gewesen seien, hat der Kläger auch in der Berufungsinstanz nicht behauptet. Dies würde auch für das weitere Verfahren in der Berufungsinstanz ohne Bedeutung gewesen sein, da Mängel des Verfahrens der ersten Instanz den Berufungsrichter an einer sachlichen Entscheidung nicht hindern.

2. Nach § 15 ZustG. kann der Bürgermeister Beschlüsse des Magistrats beanstanden, die dessen Befugnisse überschreiten oder die Gesetze verletzen. Der angefochtene Beschluß des Klägers ging dahin, daß die Sparkassenüberschüsse aus dem Jahre 1904 bei bestimmten Etatsabteilungen in Einnahme gestellt und für die daselbst angegebenen Zwecke verwendet werden sollten. Als verletzt wird in der Beanstandungsverfügung des Oberbürgermeisters die Ziff. 7 SparkassenRegl. v. 12. XII. 38 bezeichnet.

Diese Bestimmung ist nicht dahin zu verstehen, daß in den Fällen, wo der Ueberschuß eine höhere Summe erreicht hat, als für den Zweck des Reservefonds erforderlich ist, die Gemeindevertretung verpflichtet sei, schon vor ihrer Beschlußfassung über die Verwendung des Ueberschusses, die Genehmigung zur Beschlußfassung nachzusuchen, sondern will offenbar nur die Zulässigkeit der Verwendung der Ueberschüsse von der Genehmigung des Oberpräsidenten abhängig machen. Die Gemeindevertretungen sind also durch die Ziff. 7 aaO. nicht verhindert, über die Verwendung der Ueberschüsse zu beschließen, aber verpflichtet, die Genehmigung ihres Beschlusses einzuholen, die bei städtischen Sparkassen jetzt von dem Regierungspräsidenten zu erteilen ist. Diese Genehmigung einzuholen, hat sich der Kläger ausdrücklich geweigert. Er hat damit zu erkennen gegeben, daß sein Beschluß in dem Sinne verstanden sein sollte, daß der Magistrat ohne höhere Genehmigung lediglich auf Grund jenes Beschlusses nach Zustimmung der Stadtverordnetenversammlung die Ueberschüsse der Sparkasse dem Inhalte des Beschlusses entsprechend verwenden wollte. Der in diesem Sinne gefaßte, einer Ausführung fähige und deshalb positive Wirkung äußernde Beschluß verletzt die vorgedachte Ziff. 7 SparkassenRegl. die die Einholung der Genehmigung zur Verwendung der Ueberschüsse ausnahmslos vorschreibt. Soweit das Statut der Sparkasse zu K. mit dem Reglement in Widerspruch steht, ist es durch Ziff. 22 des letzteren beseitigt. Die Vorschrift des Reglements über die Einholung der Genehmigung enthält auch nicht lediglich einen bei der Errichtung und Genehmigung des Statuts zu beobachtenden Grundsatz, dessen Nichtbeachtung nach Genehmigung des Statuts bedeutungslos ist, sondern ist für alle Sparkassen unbedingt maßgebend. Sie gestattet auch der für die Genehmigung zuständigen Behörde nicht, die städtischen Behörden allgemein oder im Einzelfalle von der Verpflichtung zur Einholung der Genehmigung zu entbinden. Daß den städtischen Behörden zu K. aus der bisherigen Uebung kein Recht der unbedingten freien Verfügung über die Ueberschüsse erwachsen, und daß die Beanstandung nicht deshalb unzulässig ist, weil die Stadtverordnetenversammlung schon vor Zustellung der Beanstandungsverfügung über die Einstellung der Ueberschüsse in den Etat Beschluß gefaßt hatte, ist von dem Vorderrichter zutreffend dargelegt worden.

Nr. 4. Entsch. v. 5. Febr. 1907 (OVG. 50 8) II B 42/06.

StO. §§ 35, 56, 66.

Durch § 66 StO. ist dem Magistrate die Aufstellung und der Stadtverordnetenversammlung die Feststellung des Haushaltsetats übertragen worden. Der Magistrat hat alle Ausgaben, Einnahmen und Dienste, die sich im voraus bestimmen lassen, in den Etat aufzunehmen, und die Stadtverordnetenversammlung kann Ausgaben, die sie nicht für erforderlich hält, ganz oder teilweise streichen. Macht sie von diesem Rechte Gebrauch, so ist darin weder eine Ueberschreitung ihrer gesetzlichen Befugnisse noch eine objektive Rechtswidrigkeit zu finden, der Weg der Beanstandung also nicht gegeben. Das Recht der Streichung aber schließt nicht in allen Fällen auch das Recht in sich, die Verwendung einer in den Etat für bestimmte Zwecke eingesetzten Ausgabe von einer besonderen Genehmigung der Stadtverordnetenversammlung abhängig zu machen. Gewiß kann für unvorhergesehene Ausgaben in den Etat ein Betrag eingestellt und dessen Verwendung der Zustimmung der Stadtverordnetenversammlung vorbehalten werden; denn der Magistrat kann nicht frei von aller Rücksicht auf das Budgetrecht der Stadtverordnetenversammlung Etatsmittel für Zwecke verwenden, die in dem Etat noch unbestimmt gelassen sind. Die Stadtverordnetenversammlung kann zwar dem Magistrat auch für solche Zwecke Mittel zur freien Verfügung bereit stellen, braucht das aber nicht, und, wenn sie es nicht tut, sondern ihre vorherige Genehmigung zur Verwendung fordert, überschreitet sie nicht ihre Befugnisse. Ganz anders geartet aber ist der vorliegende Fall. Hier hat die Klägerin den von dem Beklagten ausgeworfenen Betrag für die Reparatur bestimmter städtischer Gebäude zwar bewilligt, seine Verwendung aber zum Teil von ihrer Genehmigung abhängig gemacht. Damit hat sie ihre Befugnisse überschritten.

Nach § 35 StO. hat die Stadtverordnetenversammlung über alle Gemeindeangelegenheiten zu beschließen, soweit sie nicht ausschließlich dem Magistrat überwiesen sind. Die Verwaltung des Eigentums der Stadtgemeinde und der städtischen Anstalten ist durch § 56 aaO. dem Magistrat übertragen worden. Der Magistrat wird dort auch ausdrücklich als „Gemeindeverwaltungsbehörde" bezeichnet, und es hat weder in der Rechtsprechung noch in der Uebung der Behörden jemals ein Zweifel darüber bestanden, daß die sogenannte „laufende" Verwaltung dem Magistrat allein zukommt. Der Stadtverordnetenversammlung steht nur eine Kontrolle über die laufende Verwaltung des Magistrats derart zu, daß sie sich über dessen Tätigkeit unterrichtet und etwaigen Verstößen entgegentreten kann. Was aber zur „laufenden" Verwaltung gehört, ist gesetzlich nicht bestimmt und kann im Einzelfalle besonders dann streitig werden, wenn es, wie hier, an einem jenen Begriff erläuternden und seinen Umfang bestimmenden Ortsrechte fehlt. Hier hat der Magistrat die Bereitstellung von Mitteln zur „Reparatur" bestimmter städtischer Gebäude gefordert. Ihm, als Verwalter dieser Gebäude, liegt es ob, sie in ordnungsmäßigem baulichen Zustande zu erhalten, und dieser Aufgabe kann er in ausreichender Weise nur dann gerecht werden, wenn ihm hierzu durch den Etat entsprechende Geldmittel zur Verfügung gestellt werden. Mit Rücksicht hierauf hat der Beklagte den Betrag von 1290 *M* als Ausgabeposten in den Etat eingestellt. Dadurch wurde die Klägerin vor die Aufgabe gestellt, darüber zu befinden, ob der Magistrat zur Erfüllung seiner Aufgabe jener Mittel bedurfte. Sie hat den Betrag in seiner Höhe nicht bemängelt und damit ihre Aufgabe erfüllt. Die Verwendung bewilligter Ausgabeposten kann eine Stadtverordnetenversammlung von ihrer Zustimmung nur dann abhängig machen, wenn die Verwendung außerhalb des Rahmens der „laufenden Verwaltung" erfolgen soll, wenn es sich also beispielsweise um die Errichtung eines neuen Gebäudes oder um eine neue Veranstaltung handelt. Wo aber, wie hier, Ausgabeposten in Frage stehen, die nur den Magistrat in den Stand setzen sollen, die ihm allein zustehende laufende Verwaltung ordnungsmäßig zu führen, ist die Bestimmung über ihre Verwendung im einzelnen der Beschlußfassung der Stadtverordnetenversammlung entzogen.

E. Gemeindebeamte.

Literatur: Koppel, Die Lage der Gemeindebeamten Preußens (Berlin 1907).

Nr. 1. Entsch. v. 24. Jan. 1905 (OVG. 47 51) II B 21/04.

HannStO. §§ 31, 43, 72, 95—99.

Ein Bürgervorsteher, der zum Senator gewählt wird, darf die Uebernahme dieses Amtes ablehnen, wenn er nicht sein Amt als Bürgervorsteher niederlegen will. Die HannStO. v. 24. VI. 58 enthält keine Bestimmung, durch welche Bürgervorsteher von der Mitgliedschaft des Magistrats ausgeschlossen werden. Trotzdem sind die Aemter eines Bürgervorstehers und eines Magistratsmitgliedes unvereinbar mit einander. Daraus folgt, daß, wenn die Wahl zum Senator auf einen Bürgervorsteher fällt, die Uebernahme des Senatorenamts ohne vorherige Niederlegung des Amtes als Bürgervorsteher nicht erfolgen kann, und es fragt sich, ob die Niederlegung auch gegen den Willen des zum Senator Gewählten erzwingbar ist. Der § 43 StO. bestimmt, daß wegen der Verpflichtung zur Annahme des Amtes eines Senators die Bestimmungen des § 31 gelten sollen. Das besagt aber nur, daß für die Verpflichtung zur Uebernahme und für die Berechtigung oder Verpflichtnng zur Niederlegung des Amtes eines Senators die gleichen Grundsätze maßgebend sein sollen, wie für alle übrigen städtischen Ehrenämter. Dagegen findet sich im § 31 keine Bestimmung, nach der ein Bürger verpflichtet wäre, gegen seinen Willen ein bis dahin von ihm geführtes städtisches Ehrenamt niederzulegen, wenn ihm ein anderes, mit diesem unverträgliches übertragen wird. Deswegen kann der Kläger, der bereit und geneigt ist, das ihm übertragene Amt eines Bürgervorstehers fortzuführen, nicht gezwungen werden, es niederzulegen, um Senator zu werden.

Nr. 2. Entsch. v. 24. Febr. 1905 (PrVerwBl. 27 504) I 221.

ZustG. § 20; DiszG. § 16.

Kein Gesetz gibt einem städtischen Beamten das Recht, eine Verfügung des Magistrats, durch die er in ein anderes Amt versetzt ist, im Wege des Verwaltungsstreitverfahrens anzufechten.

Der Kläger ist nun freilich der Ansicht, daß seine Versetzung in das Amt eines Bureauassistenten eine Amtsentsetzung im Sinne des § 16 DiszG. bedeute, mithin eine Strafe sei. Wäre die Ansicht zutreffend, wäre also die Verfügung in der Tat eine Disziplinarstrafmaßregel, so stände, nach erfolglosem Beschwerdeverfahren, allerdings dem Verwaltungsrichter die Entscheidung, ob sie aufzuheben ist, zu. Der Magistrat hat das Recht zum Erlaß von Strafverfügungen gegen Gemeindebeamte zwar nicht. Wenn daher auch das ZustG. im § 20 nur gegen die von zuständiger Stelle getroffenen Strafverfügungen, nach vorangegangenem Beschwerdeverfahren, die Klage gibt, so schließt es damit doch nicht die Beschreitung des Verwaltungsstreitverfahrens in den Fällen aus, wo die Verfügung von einer unzuständigen Behörde ausgegangen ist. Der dem Gemeindebeamten eingeräumte Anspruch auf Rechtskontrolle gegenüber der ihn disziplinarisch ahndenden Verfügung kann ihm nicht dadurch entzogen werden, daß die Verfügung von einer unzuständigen Behörde erlassen wird.

Jene Ansicht ist indessen unzutreffend. Es kommt nicht darauf an, ob der Kläger die Versetzung in das Amt eines Bureauassistenten als eine Strafe empfindet, sondern, ob die Versetzung als Strafe, das heißt als Sühne für eine in der Vergangenheit liegende Verfehlung verfügt ist. Das letztere ist nicht der Fall. In der Anstellungsurkunde hat sich der Magistrat das Recht vorbehalten, den Kläger jederzeit ohne Verringerung seines Diensteinkommens in ein anderes Amt zu versetzen. Lediglich von dieser vorbehaltenen Befugnis hat der Magistrat Gebrauch gebracht. Für die Annahme, daß der Magistrat in Verkennung seiner Zuständigkeit den Kläger habe bestrafen wollen, fehlt es an einer ausreichenden Grundlage. Die Eröffnung, daß er die Pflichten seines Amtes so schwer verletzt habe, daß er in dem Amte eines Armenhausinspektors nicht mehr belassen werden könne, enthält nur die Angabe des Grundes, warum der Magistrat von jenem Vorbehalt Gebrauch mache. Ob der Magistrat aber sich innerhalb der Grenzen des Vorbehalts bewegt, den Kläger also in ein Amt von nicht geringerem Diensteinkommen versetzt hat, unterliegt in dem vorliegenden Verfahren nicht der Beurteilung des Verwaltungsrichters.

Nr. 3. Entsch. v. 5. Jan. 1906 (PrVerwBl. 27 663) II 30.

StO. § 56⁶.

1. Als feststehend ist anzusehen, daß der Kläger auf Grund des „Engagements"-Vertrages v. 30. III. 99 in die Verwaltung der Stadtgemeinde eingetreten ist, und daß in diesem Vertrage dem Kläger die Stelle eines zweiten Buchhalterassistenten bei den städtischen Gas- und Wasserwerken vom 1. III. desselben Jahres an in der Art übertragen wurde, daß nach Ablauf einer halbjährigen Probezeit einer jeden Partei das Recht einer dreimonatlichen Kündigung zustehen sollte. Ferner wurde ein Anspruch auf Pension durch diese Abmachung für den Kläger ausgeschlossen, auch war verabredet, daß ein solcher auf die Anstellung als eines Gemeindebeamten aus der übertragenen Beschäftigung nicht erwachse. Hiernach ist unzweifelhaft, daß durch dieses Abkommen nur ein Vertrag privatrechtlicher Natur über Dienstmiete abgeschlossen und nicht ein öffentlich-rechtliches Beamtenverhältnis begründet werden sollte. Auch ist kein Anhalt dafür erbracht, daß entgegen der ursprünglichen Absicht der Parteien der Kläger in der Zeit bis zum 1. IV. 00, dem Tage des Inkrafttretens des KommBG., als Gemeindebeamter angestellt worden sei, was bis zu dem gedachten Zeitpunkt ohne weiteres zulässig gewesen, nachher aber nur durch Aushändigung einer Anstellungsurkunde hätte bewirkt werden können.

2. Der Kläger meint nun, daß der Beklagte, der gemäß § 56⁶ StO. die Gemeindebeamten anzustellen habe, auch bei ihm die dort vorgeschriebene Regelvorschrift habe beobachten müssen, nämlich, daß die Anstellung auf Lebenszeit erfolge. Demgemäß sei der Beklagte nicht befugt gewesen, den Anspruch auf Pension und auf Anstellung als Gemeindebeamter auszuschließen; die dies festsetzenden Vereinbarungen seien rechtsunwirksam, und der Kläger habe infolgedessen als bedingungslos angestellter Gemeindebeamter zu gelten. Es kann jedoch nicht anerkannt werden, daß es nur auf diesem, durch § 56 StO. geregelten Wege dem Magistrat möglich gewesen sein sollte, die erforderlichen Hilfskräfte anzunehmen. Es gibt innerhalb der städtischen Verwaltungen mannigfaltige und örtlich oft sehr verschiedene Aufgaben, bei deren Erfüllung die Ausübung öffentlich-rechtlicher Befugnisse und Pflichten, die allerdings nur von Beamten erfolgen kann, nicht in Frage kommt. Diejenigen Kräfte, die der Magistrat zur Verwaltung von Veranstaltungen dieser Art annahm, konnte er zwar auch nach den Bestimmungen des § 56⁶ aaO. anstellen. Er war dazu aber nicht verpflichtet, sondern befugt, bei ihrer Annahme das Dienstverhältnis anders zu gestalten und ihnen lediglich privatrechtliche Verpflichtungen durch Vertrag zu übertragen. Die Stelle eines zweiten Buchhalterassistenten bei den Gas- und Wasserwerken der Stadt E. gehörte nicht zu denjenigen Amtsstellen, mit deren Ausfüllung die Ausübung irgendwelcher obrigkeitlicher Befugnisse verbunden war, selbst nicht dann, wenn sie nicht rein gewerbliche Unternehmungen, sondern im öffentlichen Interesse unterhaltene Gemeindeanstalten waren. Daß die städtischen Unternehmungen in dem Haushaltsplane der Stadt erscheinen, und daß ihre Ueberschüsse in die Stadthauptkasse als Beiträge zur Deckung des städtischen Bedürfnisses fließen, ist selbstverständlich, aber nicht geeignet, die Stelle, welche dem Kläger übertragen worden war, zu einer mit öffentlich-rechtlichen Befugnissen und Pflichten ausgestatteten zu machen. Dem Beklagten hatte daher die Wahl freigestanden, ob er jene Stelle unter Beachtung der Vorschriften des § 56⁶ aaO. besetzen und somit den Kläger als Gemeindebeamten anstellen, oder ob er die dienstliche Stellung des Klägers durch einen privatrechtlichen Vertrag über Dienstmiete regeln wollte. Er hat den Weg privatrechtlicher Abmachung gewählt und mit dem Kläger den erwähnten Vertrag geschlossen. Die durch ihn bekundete Willensübereinstimmung ist durch den vom Kläger als

Zwang aufgefaßten Umstand keinesfalls ausgeschlossen, daß ihm bei einer Weigerung, den Vertrag abzuschließen, die von ihm gewünschte Stelle nicht übertragen worden wäre.

Nr. 4. Entsch. v. 15. Mai 1906 (PrVerwBl. 28 652) II 1174.

KommBG. § 12; PensG. v. 27. III. 72 §§ 9f.

Nach § 12 KommBG. erhalten die städtischen Beamten bei eintretender Dienstunfähigkeit — sofern nicht mit Genehmigung des Bezirksausschusses etwas anderes festgesetzt ist — Pension nach den für die Pensionierung der unmittelbaren Staatsbeamten geltenden Grundsätzen. In B. ist mit Genehmigung des Bezirksausschusses etwas anderes nicht beschlossen worden. Deshalb war das pensionsfähige Diensteinkommen des Klägers, eines städtischen Vollziehungsbeamten, nach den in dem G. v. 27. III. 72 bzw. den dazu ergangenen Nov. v. 31. III. 82, 30. IV. 84 und 20. III. 90 getroffenen Vorschriften festzusetzen. Nach § 9 aaO. wird der Pension das von dem Beamten zuletzt bezogene Diensteinkommen, soweit es nicht zur Bestreitung von Repräsentationskosten oder Dienstaufwandsentschädigungen gewährt wird, zugrunde gelegt, und nach § 10² aaO. werden Dienstemolumente, welche ihrer Natur nach steigend und fallend sind, nach den in den Besoldungsetats oder sonst bei Verleihung des Rechtes auf diese Emolumente deshalb getroffenen Festsetzungen und in Ermangelung solcher Festsetzungen nach ihrem durchschnittlichen Betrage während der drei letzten Etatsjahre vor dem Etatsjahre, in welchem die Pension festgesetzt wird, zur Anrechnung gebracht. Bei dem Dienstantritte des Klägers waren weder in den Besoldungsetats noch sonst Festsetzungen darüber getroffen, in welcher Weise bei den Vollziehungsbeamten im Dienste der Stadt B., insbesondere bei dem Kläger, die Vollstreckungsgebühren in Anrechnung gebracht werden sollten. Der im Jahre 1898 zu dem Besoldungsetat gefaßte Beschluß ist nicht bei der Verleihung des Rechtes zum Bezuge der Vollstreckungsgebühren gefaßt worden, kann also nicht als bei der Verleihung getroffene Festsetzung gelten. Deshalb waren der Pension des Klägers das von ihm zuletzt bezogene Gehalt und die Vollstreckungsgebühren nach dem dreijährigen Durchschnitte zugrunde zu legen.

Nr. 5. Entsch. v. 19. Juni 1906 (PrVerwBl. 28 294) II 1327.

KommBG. §§ 7, 12; PensG. v. 27. III. 72 § 10.

1. Die Vorschrift im § 7 KommBG. ist dahin zu verstehen, daß das Verwaltungsstreitverfahren für alle Fälle gegeben sein soll, in welchen über die Frage, welcher Teil des Diensteinkommens eines Kommunalbeamten als dessen Gehalt anzusehen, Streit entsteht. Mithin sollen diejenigen Fälle nicht ausgeschlossen sein, in denen es sich nicht um die Festsetzung des Pensionsanspruchs eines Beamten, sondern um die von der Höhe der Pension abhängigen Ansprüche der Hinterbliebenen des Beamten handelt.

2. Das einem städtischen Polizeisergeanten neben seinem Gehalt gewährte Kleidergeld ist nicht pensionsberechtigt, falls bei der Pensionierung die für unmittelbare Staatsbeamte geltenden Grundsätze mangels partikularer Bestimmungen in Anwendung kommen. Nach § 10 G. v. 27. III. 72 wird der Berechnung der Pension das von dem Beamten zuletzt bezogene gesamte Diensteinkommen, soweit es nicht zur Bestreitung von Repräsentations- oder Dienstaufwandskosten gewährt wird, nach Maßgabe näherer, hier nicht weiter in Betracht kommender Bestimmungen zugrunde gelegt. Das sogenannte Kleidergeld wird den Polizeibeamten nicht gewährt, um ihr Bedürfnis nach Zivilkleidung zu befriedigen, sondern weil sie im Interesse

des **Polizeidienstes uniformiert** gehen sollen und das Gehalt nicht zur Bestreitung auch der Kosten der Uniform ausreicht. Die Gemeinden können den Polizeibeamten die Uniformstücke in natura liefern, sind aber auch nicht behindert, ihnen die eigene Anschaffung zu überlassen und ihnen dafür eine Geldentschädigung unter der Bezeichnung „Kleidergeld" zu gewähren. Geschieht letzteres, so wird das Kleidergeld nicht ein Teil des Aequivalents, welches die Gemeinde den Polizeibeamten für die Gesamtheit ihrer Dienste leistet, fällt also nicht unter den Begriff „Gehalt", sondern wird **zur Bestreitung von Dienstaufwandskosten** gewährt, daß heißt von Kosten, die den Polizeibeamten dadurch erwachsen, daß ihnen das Tragen der Uniform zur Pflicht gemacht ist. Um das Kleidergeld in einen Gehaltsteil umzuwandeln, müßte die Gemeinde das sonstige Gehalt um den als Kleidergeld vorgesehenen Betrag erhöhen und daneben dem Beamten zur Pflicht machen, sich die Uniform aus eigenen Mitteln zu beschaffen. Dann wäre das so erhöhte Gehalt das Aequivalent für die Gesamtheit der Dienste und ohne Einschränkung pensionsfähig. Wird dagegen, wie hier, **neben dem Gehalt ein besonderes Kleidergeld** gewährt, so ist letzteres **nichts weiter als eine Dienstaufwandsentschädigung**, die nach § 10 aaO. von der Pensionsberechtigung ausgeschlossen ist, **es müßte denn eine gegenteilige Zusicherung gegeben sein**, was hier nicht der Fall ist.

Nr. 6. Entsch. v. 27. Nov. 1906 (PrVerwBl. 28 473) II 2283.

KommBG. § 12; PensG. v. 27. III. 72 § 10.

Ein **Beschluß der städtischen Behörden**, durch den das **Gehalt eines Polizeisergeanten erhöht und gleichzeitig festgesetzt** wird, daß bei der Pensionierung **Mahn- und Exekutionsgebühren** nicht voll, sondern **nur in gewisser Höhe** angerechnet werden sollen, **bildet kein Ganzes** in der Art, daß bei Ungültigkeit der Festsetzung betreffs der Gebührenanrechnung der Beamte auch nicht Anspruch auf Zugrundelegung des höheren Gehalts bei der Pensionierung hat.

Nach § 10 G. v. 27. III. 72 wird der Pension das von dem Beamten „zuletzt bezogene" Diensteinkommen zugrunde gelegt. Unter dem zuletzt bezogenen Diensteinkommen ist dasjenige zu verstehen, auf dessen Bezug der Beamte einen Rechtsanspruch hatte. Der Kläger hatte bei seiner Pensionierung einen Rechtsanspruch auf ein Diensteinkommen von 1150 *M* und auf Bezug der Mahn- und Exekutionsgebühren. Der Beschluß der städtischen Behörden, durch welchen ihm dieses Einkommen bewilligt war, bedurfte keiner aufsichtlichen Genehmigung, war also **ohne weiteres rechtsverbindlich**. Dagegen war die Rechtsgültigkeit des Beschlusses über die Anrechnung der Gebühren bei der Pensionierung gemäß § 12 G. v. 30. VII. 99 von der Genehmigung des Bezirksausschusses abhängig, da er von den für die Pensionierung der unmittelbaren Staatsbeamten geltenden Grundsätzen abwich. Die Genehmigung aber ist weder nachgesucht noch erteilt. Die Auffassung, daß **nunmehr auch der Beschluß über die Gehaltsfestsetzung unverbindlich** sei und das von dem Kläger vor dem Beschlusse bezogene Diensteinkommen maßgebend sein müsse, **ist verfehlt**. Liegt auch nur **ein** Beschluß vor, so handelt es sich doch sachlich um zwei verschiedene Beschlüsse: Festsetzung des Diensteinkommens und Bestimmung über die Anrechnung der Gebühren bei der Pensionierung. Von einer Einheitlichkeit in dem Sinne, daß die Ungültigkeit des einen auch die des andern nach sich ziehen müsse, kann keine Rede sein. Es ist nicht ersichtlich, daß dem Kläger das erhöhte Diensteinkommen nur unter der Voraussetzung bewilligt werden sollte, daß bei der Pensionierung die Gebühren nur in Höhe von 150 *M* anzurechnen seien, und daß, wenn der Bezirksausschuß die Genehmigung versagt hätte, die Gemeinde von der Erhöhung des Diensteinkommens abgesehen haben würde. Zu der letzteren hat zweifellos die Erwägung geführt, daß die bisherige Besoldung unzulänglich war und die neue das Mißverhältnis zwischen ihr und den Aufgaben der Beamtenstelle beseitigen sollte. Glaubte die Gemeinde, aus besonderen Gründen von den für die Staatsbeamten bei der Pensionierung geltenden Grundsätzen abweichen zu sollen, so genügte dazu nicht die Einholung einer Zustimmung des Stelleninhabers, sondern es mußte die Genehmigung des Bezirksausschusses hinzutreten, die nach der Absicht des Gesetzes ein Korrektiv gegen den Mißbrauch des Vereinbarungsrechtes schaffen sollte.

F. Gemeindeholzungen und Gemeindeanstalten.

Nr. 1. Entsch. v. 28. Febr. 1908 (PrVerwBl. 29 911) II B 2/08.

StO. § 5.

Abgesehen von solchen im öffentlichen Interesse unternommenen Veranstaltungen der Stadtgemeinden, zu deren Einrichtung diese kraft öffentlichen Rechts verpflichtet sind, wie zB. Volksschulen, Begräbnisplätze und dergleichen, oder bei denen das Recht oder die Pflicht der öffentlichen Benutzung im Falle ihrer Einrichtung auf gesetzlicher Vorschrift beruht, wie bei öffentlichen Schlachthäusern, oder auf Anordnung der zuständigen Behörden, insbesondere einer Polizeiverordnung, wie in der Regel bei Kanalisationen, können Unternehmungen der Stadtgemeinden, bei denen ein öffentliches Interesse in Betracht kommt, nur insoweit als öffentliche Gemeindeanstalten, zu deren Benutzung die Gemeindeangehörigen berechtigt sind, angesehen werden, als sie nach dem Willen der Gemeindeorgane zu einer solchen Benutzung ausdrücklich oder stillschweigend bestimmt sind. Soweit solche Unternehmungen dagegen nur für die eigenen öffentlichen Zwecke der Stadtgemeinden selbst bestimmt sind, bilden sie keine öffentlichen Anstalten im Sinne des § 5 StO. Aus dem Umstande, daß die Gasanstalt in H. bestimmungsgemäß zur Beleuchtung der städtischen Straßen und Plätze dient, kann daher nicht die Eigenschaft der Gasanstalt als einer öffentlichen Anstalt, zu deren Benutzung der Kläger als Gemeindeangehöriger berechtigt wäre, gefolgert werden, zumal die Stadtgemeinde jederzeit befugt ist, die Straßenbeleuchtung durch Gas einzustellen und an ihrer Stelle eine andere polizeilich zulässige Beleuchtungsart einzuführen.

Eine öffentlich-rechtliche Verpflichtung der Stadtgemeinden, die Grundstücke und Gebäude der Gemeindeangehörigen mit Beleuchtung zu versehen, besteht nicht. Städtische Beleuchtungswerke, insbesondere Gasanstalten, sind daher in der Regel als private gewerbliche Unternehmungen der Stadtgemeinden anzusehen, sofern ihr Betrieb auf Gewinnerzielung gerichtet und den Gemeindeangehörigen eine Nötigung zu ihrer Benutzung nicht auferlegt ist. Die Stadtgemeinden sind jedoch befugt, auch solchen an sich gewerblichen Unternehmungen den Charakter öffentlicher Gemeindeanstalten beizulegen. Ob dies der Fall ist, ist Tatfrage. Im vorliegenden Falle sind keinerlei Umstände hervorgetreten, aus denen gefolgert werden könnte, daß die Stadtgemeinde H. ihre Gasanstalt zu einer öffentlichen Gemeindeanstalt bestimmt hätte. Vielmehr ergeben die für ihre Benutzung aufgestellten „Bedingungen", daß hinsichtlich dieser Benutzung lediglich ein privatrechtliches Verhältnis zwischen der Stadtgemeinde als Unternehmerin und den Gaskonsumenten besteht. Der Annahme eines privatrechtlichen Verhältnisses steht auch nicht der Umstand entgegen, daß die Gasanstalt sich die Bestimmung über die Art der zum Zwecke der Gasnutzung in den Häusern der Konsumenten zu treffenden Einrichtungen und deren ständige Ueberwachung vorbehalten hat, und daß die

Einwohner der Stadt, die Gasbeleuchtung in ihren Häusern haben wollen, beim Mangel eines anderen Beleuchtungswerkes auf die städtische Gasanstalt angewiesen sind, denn alles dies würde auch zulässig sein oder zutreffen, wenn die Gasanstalt nicht von der Stadtgemeinde, sondern von einem Privatmanne betrieben würde. Ebensowenig wird die Eigenschaft der Gasanstalt als gewerbliche Unternehmung dadurch ausgeschlossen, daß die Gemeindeangehörigen unter Umständen verpflichtet sind, die zur Deckung etwaiger bei derselben eintretenden Verluste erforderlichen Mittel im Wege der Besteuerung aufzubringen; denn diese Verpflichtung liegt ihnen nach §§ 2 f. KommAbgG. bei allen gewerblichen Unternehmungen der Gemeinde ob.

G. Gemeindehaushalt und Zwangsetatisierung.

Gesetzliche Grundlagen (nebst Materialien): Polizeikostengesetz v. 3. VI. 08 (RGBl. 149) — Vhdl.A.H. 1907/8: Drucks. Nr. 21, zu 21, 215—217, 271, zu 271, 325; StenB. 254—258, 4785—4824, 4832/33; HH. 1907/8: Drucks. Nr. 89, 105; StenB. 291—305, 340—354.

1. Allgemeines.

Nr. 1. Entsch. v. 10. März 1905 (OVG. 47 52) I A 118/04.

StO. § 50²; ZustG. § 16 Abs. 1.

1. Nach § 50² StO. und § 16 Abs. 1 ZustG. bedürfen Stadtgemeinden zu einer wesentlichen Veränderung von Sachen, die einen besonderen wissenschaftlichen, historischen oder Kunstwert haben, der Genehmigung des Regierungspräsidenten. Somit ist eine wesentliche Veränderung derartiger Sachen unzulässig, wenn die Genehmigung des Regierungspräsidenten fehlt. Veranlaßt daher der Magistrat eine solche Veränderung ohne Genehmigung des Regierungspräsidenten, so können die Mitglieder des Magistrats dafür disziplinarisch verantwortlich gemacht werden. Doch fragt es sich, ob die Stadtgemeinde außerdem verpflichtet ist, den früheren Zustand wiederherzustellen, ob eine solche Verpflichtung für die Stadtgemeinde dadurch begründet werden konnte, daß deren Organe unter Ueberschreitung ihrer Befugnisse die Veränderung herbeigeführt haben. Die Stadtgemeinden sind verpflichtet, Sachen, die einen besonderen wissenschaftlichen, geschichtlichen oder Kunstwert haben, zu erhalten. Ebenso wie die Stadtgemeinden zur Erhaltung solcher Sachen diejenigen Maßnahmen treffen müssen, die zur Verhütung des Verfalls nötig sind, so müssen sie für die Erhaltung des bisherigen Zustandes dadurch sorgen, daß sie unzulässige Veränderungen beseitigen. Ist freilich der Gegenstand zerstört, so ist dessen Erhaltung nicht mehr möglich, sondern nur noch eine Neuherstellung, die über die Pflicht zur Erhaltung hinausgeht. Hier besteht jedoch die Veränderung, welche rückgängig gemacht werden soll, in der Hinzufügung eines Aufbaues, während der Turm, soweit er es vorher war, auch jetzt noch vorhanden ist. Verlangt wird von der Stadtgemeinde Wiederherstellung des alten Zustandes durch Entfernung des Aufbaues. Damit der bisherige Zustand erhalten bleibt, sollen die hinzugefügten Teile beseitigt werden; aus der Pflicht zur Erhaltung des früheren Zustandes ergibt sich die Pflicht zur Beseitigung des Aufbaues. Demnach liegt die Verpflichtung, den Aufbau zu entfernen und die Kosten seiner Entfernung zu bestreiten, der Klägerin gesetzlich ob, wenn der Turm zu den Sachen gehört, die einen besonderen wissenschaftlichen, geschichtlichen oder Kunstwert haben, wenn ferner der Turm durch den Aufbau eine wesentliche Veränderung erlitten hat, und wenn endlich die Genehmigung zu der Veränderung vom Regierungspräsidenten nicht erteilt worden war.

2. Einem aus früheren Jahrhunderten stammenden Wachtturme, der einen Teil der alten Stadtbefestigung gebildet hat, darf ein besonderer geschichtlicher Wert ohne weiteres beigemessen werden. Dazu ist nicht erforderlich, daß noch ein besonderer Zusammenhang des Bauwerkes mit der geschichtlichen Ueberlieferung oder mit einer Legende nachgewiesen werde oder daß es der Stadt oder einem Stadtteil ein eigentümliches Aussehen verleihe. Vielmehr kann der besondere geschichtliche Wert eines Turmes schon darin gefunden werden, daß er mehrere Jahrhunderte alt und ein Ueberrest der alten Stadtbefestigung ist. Mit der Bezeichnung des Wertes als eines „besonderen" hat nicht eine Anforderung an die Größe des Wertes gestellt, sondern nur hervorgehoben werden sollen, daß die Sache, abgesehen von ihrem sonstigen Werte, einen besonderen Wert durch ihre wissenschaftliche, geschichtliche oder künstlerische Bedeutung haben müsse.

3. Ferner ist es unzweifelhaft, daß der alte Wachtturm durch den Aufbau wesentlich verändert worden ist; denn vorher fehlte dem Turme, der oben zerfallen war, der obere Abschluß, so daß nur ein Turmstumpf vorhanden war. Zwischen dem vorher vorhanden gewesenen Turmstumpf und dem nunmehr vorhandenen abgeschlossenen Bauwerk ist offenbar ein wesentlicher Unterschied. Bei der Frage, ob der Turm wesentlich verändert worden ist, muß dessen Zustand vor und nach der Veränderung verglichen werden, während es bei dieser Frage nicht darauf ankommt, inwieweit der jetzige Zustand des Turmes von dessen ursprünglicher Gestalt vor Eintritt des Verfalls abweicht.

Nr. 2. Entsch. v. 19. Okt. 1906 (PrVerwBl. 28 746) I. 1276.

ZustG. § 19.

1. Durch den Umstand, daß nach § 7 ZustG. gegen die Feststellungsverfügung binnen zwei Wochen die Beschwerde bei der Aufsichtsbehörde offen stand, wird nicht die Nachprüfung der Rechtmäßigkeit der Feststellung ausgeschlossen, wie es der Fall wäre, wenn gegen die Feststellung Rechtsschutz in einem besonders geregelten Verfahren gegeben wäre.

2. Die Stadtgemeinde ist verpflichtet, Gegenstände, die einen besonderen geschichtlichen Wert haben, zu erhalten, gleichviel, ob sie ein Verkehrshindernis bilden, und darf von der Kommunalaufsichtsbehörde zur Erfüllung dieser Verpflichtung angehalten werden. Da der Patschkauer Torturm mehrere Jahrhunderte alt ist und einen Teil der ehemaligen Stadtbefestigung bildete, so muß ihm ein besonderer geschichtlicher Wert jedenfalls beigemessen werden. Ob der Turm neben seinem geschichtlichen Werte noch einen besonderen Kunstwert habe, kann dahingestellt bleiben, weil sich schon aus der Annahme eines besonderen geschichtlichen Wertes die Pflicht zur Erhaltung des Turmes ergibt. Ebensowenig ist auf die Behauptung der Klägerin einzugehen, daß der Turm ein Verkehrshindernis bilde; denn dadurch wird sie, wenn der Regierungspräsident auf der Erhaltung des Turmes besteht, was von seinem Ermessen abhängt, von der Pflicht hierzu nicht befreit.

3. Somit kann sich nur fragen, ob die baulichen Arbeiten, für welche die Geldmittel bereitgestellt werden sollen, zur Erhaltung des Torturmes erforderlich sind. Dem Kreisbauinspektor war durch Verfügung des Regierungspräsidenten aufgegeben worden, einen Kostenanschlag für alle Arbeiten „im weitesten Umfange" aufzustellen. Der Auftrag bezog sich aber nur auf die zur Instandsetzung des Turmes erforderlichen Arbeiten und wurde auch nach der Ueberschrift und nach der Erläuterung des Kostenanschlags so von dem Baubeamten verstanden. Wenn er die Arbeiten „im weitesten Umfange" veranschlagen sollte, so war damit gemeint, daß alle Arbeiten, deren

Notwendigkeit sich etwa während der Bauausführung ergeben könnte, im weitesten Umfange berücksichtigt werden sollten, um den Höchstbetrag bestimmen zu können, der von der Stadtgemeinde bereitzustellen sei. Aus dem Kostenanschlage ist — abgesehen von den Positionen, die der Regierungs- und Baurat ausgeschieden hat — nicht zu ersehen, daß andere Arbeiten aufgezählt seien als solche, die voraussichtlich zur Instandsetzung notwendig werden könnten. Bei einem Kostenanschlage, den der Kreisbauinspektor über die zur Instandsetzung des Torturmes erforderlichen Arbeiten aufgestellt und der Regierungs- und Baurat revidiert hat, spricht die Vermutung dafür, daß er nur derartige Arbeiten umfaßt. Wenn die Stadtgemeinde das bestreiten will, muß sie angeben, welche Arbeiten nach ihrer Meinung nicht zur Instandsetzung des Turmes gehören. Nun behauptet zwar die Klägerin, daß die Verfügung des Regierungspräsidenten lediglich „ästhetische Interessen" verfolge, aber sie begründet diese Behauptung nicht näher und gibt nicht an, inwieweit einzelne im Kostenanschlage aufgeführte Arbeiten über den Zweck der bloßen Erhaltung hinausgehen sollen. Dabei ist zu berücksichtigen, daß die Kommunalaufsichtsbehörde, wenn sie eine Stadtgemeinde anhält, die Verpflichtung zur Erhaltung eines geschichtlich wertvollen Bauwerkes zu erfüllen, nach ihrem Ermessen die zur Erhaltung erforderlichen baulichen Maßnahmen bestimmen darf, und der Verwaltungsrichter die Notwendigkeit und Angemessenheit der für erforderlich erachteten baulichen Maßnahmen nicht nachzuprüfen hat. Da sich der Umfang der erforderlichen Arbeiten erst bei der Ausführung selbst sicher beurteilen läßt, muß die Aufsichtsbehörde, damit es nicht während der Ausführung an den nötigen Geldmitteln fehlt, für befugt erachtet werden, die Bereitstellung von so viel Geldmitteln zu fordern, als nach dem Urteile der Sachverständigen möglicherweise aufgewendet werden müssen. Ergibt sich dann bei der Ausführung, daß ein geringerer Geldbetrag ausreicht, so kann die Stadtgemeinde über den Restbetrag anderweit verfügen. Sollte mit der Möglichkeit zu rechnen sein, daß die in der Zwangsetatisierungsverfügung bezeichnete Summe nicht ausreicht, obwohl die erforderlichen Arbeiten „im weitesten Umfange" veranschlagt worden sind, so würde die gesetzliche Verpflichtung der Stadtgemeinde zur Aufbringung der von ihr verlangten geringeren Summe dadurch nicht berührt werden. Der Verwaltungsrichter, der nur zu prüfen hat, ob die Leistung der Gemeinde gesetzlich obliege, hat sich nicht mit der Frage zu befassen, ob die Stadtgemeinde nach ihrer Vermögenslage zur Aufbringung der geforderten Summe imstande sei. Der Regierungspräsident mag zu erwägen haben, ob im Hinblick auf die Vermögenslage der Stadtgemeinde ein Zwang zur Vornahme der die Erhaltung eines geschichtlich wertvollen Bauwerkes bezweckenden Reparaturen angemessen erscheine; auf die Angemessenheit seines Vorgehens erstreckt sich aber nicht die Prüfung des Verwaltungsrichters. Von unzulässiger Willkür kann keine Rede sein, wenn von der Stadtgemeinde eine Leistung gefordert wird, die ihr nach dem Gesetze obliegt.

2. Die Kosten der Polizeiverwaltung.

Nr. 1. Entsch. v. 21. März 1905 (OVG. 47 58) I A 139/04.

Maß- und GewichtsO. v. 17. VIII. 68 (BGBl. 473) Art. 18, 21; ZustG. § 19; PolVerwG. § 3.

1. Wenn Art. 21 Maß- und GewichtsO. v. 17. VIII. 68 bestimmt, daß die Landesregierungen alle Anordnungen zu treffen haben, die neben den im Art. 18 enthaltenen Bestimmungen zur Sicherung der Einführung und Durchführung der Maß- und GewichtsO. erforderlich sind, so folgt hieraus nur, daß die Ausführung insoweit, als sie nicht im Art. 18 der Bundeszentralbehörde

und der von ihr einzusetzenden Normaleichungskommission vorbehalten ist, Aufgabe der Landesregierungen ist; aber es geht daraus nicht hervor, daß die Landesregierungen bundes-, jetzt reichsgesetzlich ermächtigt sind, die rechtliche Natur der zu ihrer Ausführung dienenden obrigkeitlichen Maßregeln und die Pflicht zur Uebernahme der dadurch erwachsenden Kosten im Verwaltungswege zu regeln. Daher kann auch aus den mit dem gemeinschaftlichen Erlasse des Min. für Handel und Gewerbe und des Min. d. J. v. 5. VIII. 85 (MBl. 188) als Anlage a bekannt gemachten „Bestimmungen über die Ausführung der periodisch sich wiederholenden polizeilichen Maß- und Gewichtsrevisionen" eine den Verwaltungsrichter bindende Regel nicht abgeleitet werden, vielmehr sind sie nur insoweit als maßgebend zu erachten, als sie mit dem bestehenden Rechte im Einklange stehen. Das trifft unzweifelhaft zu bei der Bestimmung in Nr. 19 Abs. 1, wonach die sämtlichen Kosten der Revisionen zu denen der örtlichen Polizei gehören. Die Revisionen haben, mögen sie mit oder ohne Zuziehung von Eichtechnikern erfolgen, den Zweck, zu ermitteln, ob im öffentlichen Verkehr ungestempelte, unvorschriftsmäßige oder unrichtige Maße, Gewichte, Wagen oder sonstige Maßwerkzeuge verwendet werden, und die Entschließung der Polizeibehörde vorzubereiten, ob und in welcher Weise gegen Gewerbetreibende zum Schutze des Publikums wegen Uebervorteilung einzuschreiten ist. Damit kennzeichnen sie sich als polizeiliche Maßregeln, die zum Schutze der örtlich-nachbarlichen Interessen dienen und deshalb zur Zuständigkeit der Ortspolizeibehörden gehören. Ihre Kosten stellen sich daher als unmittelbare Kosten der örtlichen Polizeiverwaltung dar, die in den mit städtischer Polizeiverwaltung ausgestatteten Städten der Prov. Posen nach § 3 PolVerwG. v. 11. III. 50 der Stadtgemeinde zur Last fallen, während sie auf dem platten Lande, dessen örtliche Polizeiverwaltung von Königlichen Beamten, den Distriktskommissaren, geführt wird, vom Staate zu tragen sind. Dies gilt auch von der Zuziehung der Eichtechniker zu den Revisionen, die als eine Ausstattung der örtlichen Polizeibehörden mit den zu ihrem Dienstbetrieb erforderlichen technischen Hilfskräften zu betrachten ist. Bei der in Nr. 19 Abs. 2 gegebenen Vorschrift ist dasselbe insoweit der Fall, als sie bestimmt, daß für mehrere Polizeibezirke gemeinschaftlich entstehende Kosten durch die nächst vorgesetzte gemeinschaftliche Aufsichtsbehörde umzulegen sind. Die Befugnis der Polizei- und Kommunalaufsichtsbehörden zu einer solchen Verteilung folgt aus ihrer Zuständigkeit, die den Trägern der Polizeikostenlast obliegenden Leistungen dem Grunde und dem Betrage nach festzustellen.

2. Allerdings sind dem Ausdrucke „gemeinschaftliche Kosten" die Worte „zusammenhängende Revisionsreisen der Eichmeister" in Klammern erläuternd beigefügt; sollte darin die Anweisung liegen, daß alle durch zusammenhängende Reisen des Eichmeisters erwachsenden Kosten als gemeinschaftliche aller Polizeiverwaltungen, in deren Bezirken er bei der Revision mitgewirkt hat, unbedingt anzusehen seien und der Grund ihrer Entstehung nicht zu untersuchen sei, wie der Regierungspräsident meint, so würde dem nicht beigetreten werden können. Zwar fließt aus dem Aufsichtsrecht und der damit verbundenen Befugnis, die örtlichen Polizeibehörden, auch die städtischen, mit Anweisung zu versehen, die Berechtigung des Landrats, einen einheitlichen Plan für die Vornahme der periodischen technischen Revisionen der Maße, Gewichte, Wagen und sonstigen Werkzeuge zu entwerfen und den ihm unterstellten Polizeibehörden aufzugeben, die Revisionen an den durch den Plan vorherbestimmten Tagen auszuführen, wie in der Nr. 11 der ministeriellen Bestimmungen vorgeschrieben ist. Allein durch die Aufstellung eines einheitlichen Planes für die Revisionen wird ihre Ausführung nebst der zu diesem Zwecke erfolgenden Zuziehung des Eichmeisters noch nicht eine gemeinsame An-

gelegenheit aller Polizeiverwaltungen des Kreises. Die Aufgabe jeder einzelnen örtlichen Polizeiverwaltung bleibt vielmehr auf die Durchführung der Revisionen in ihrem eigenen Amtsbereiche beschränkt, während die Revision in den benachbarten Polizeibezirken für sie nach wie vor eine fremde Aufgabe ist. Daher sind die Kosten einer zusammenhängenden Reise des Eichmeisters auch nur insoweit als Kosten der örtlichen Polizeiverwaltung einer Stadt zu betrachten, als sie durch die Revisionen in dieser Stadt entstanden sind. Das ist nur von denjenigen Kosten zu sagen, die erwachsen wären, wenn der Eichmeister die Hin- und Rückreise nach der Stadt unmittelbar von und nach seinem Wohnort ausgeführt hätte, aber nicht von denjenigen Kosten, die nur deshalb entstanden sind, weil der Eichmeister auf seiner Reise nicht nur die Stadt, sondern auch andere Ortschaften desselben Kreises besucht hat. Diese Mehrkosten sind weder ganz noch zu einem Teile als Kosten der örtlichen Polizeiverwaltung der Stadt anzusehen, sondern als Kosten derjenigen Polizeibezirke, in deren Interesse dem Eichmeister vorgeschrieben war, bei der Hin- und Rückreise von dem nächsten und geeignetsten Wege abzuweichen. Wäre also die vom Regierungspräsidenten vertretene Auslegung der Nr. 19 Abs. 2 der Bestimmungen zutreffend, so würde die Vorschrift mit dem bestehenden Rechte im Widerspruche stehen und deshalb einer Feststellung, daß die geforderte Zahlung der klagenden Stadtgemeinde gesetzlich obliege, nicht zur Grundlage dienen können. Indes ist nicht anzunehmen, daß ihr jene weitgehende Bedeutung beiwohnt, vielmehr kann der erläuternde Zusatz zu den Worten „gemeinschaftliche Kosten" sehr wohl in dem beschränkteren Sinne gemeint sein, daß gerade aus Anlaß zusammenhängender Reisen des Eichmeisters gemeinsame Kosten für mehrere Polizeibezirke entstehen werden. Hierauf deutet auch der die Bestimmungen begleitende Ministerialerlaß hin; denn er bemerkt, es werde zur Verminderung der Kosten technischer Revisionen wesentlich beitragen, wenn sie in einer größeren Zahl von benachbarten Bezirken so gelegt würden, daß der Eichmeister sie in einer zusammenhängenden Reise erledigen könne, und er empfiehlt erst im folgenden Satze die Uebernahme der den Gemeinden und Gemeindeverbänden obliegenden Kosten auf Kreisfonds. Somit gibt der Ministerialerlaß zu erkennen, daß er die zusammenhängenden Reisen nur als ein Mittel zur Verminderung der Kosten der Revisionen, aber nicht als ein solches zur Verschiebung der Kostenlast betrachtet.

Nr. 2. Entsch. v. 23. Febr. 1906 (PrVerwBl. 28 452) I 237.

PolVerwG. §§ 3 ff.; LVG. §§ 132 ff.; ZustG. § 19.

1. An der Rechtsauffassung, daß die Kosten der Unterbringung gemeingefährlicher Geisteskranker in Anstaltspflege dann mittelbare Kosten der örtlichen Polizeiverwaltung sind, wenn die Unterbringung nicht im Wege der Armenpflege erfolgt, sondern von der Polizeibehörde zum Zwecke der Beseitigung gemeingefährlicher Zustände angeordnet worden ist, war auch bei der Beurteilung der gegegenwärtig zu entscheidenden Frage festzuhalten. Als unstreitig war auch anzunehmen, daß in denjenigen Pflegefällen, deren Kosten der Klägerin als mittelbare Polizeikosten in Rechnung gestellt und als solche erstattet sind, die tatsächlichen Voraussetzungen des Erstattungsanspruchs vorgelegen haben, also die Unterbringung der Geisteskranken zum Zwecke der Beseitigung gemeingefährlicher Zustände, nicht bloß zu dem ihrer Beobachtung und Feststellung erfolgt ist. Daraus folgt aber nicht ohne weiteres, daß die Besoldung der mit ministerieller Genehmigung angenommenen Hilfsaufseherin zu den Kosten der örtlichen Polizeiverwaltung, und zwar zu den mittelbaren zu zählen ist.

2. Nach der Auskunft der Gefängnisverwaltung wird die bezeichnete Hilfsaufseherin mit dem Dienst bei den weiblichen Geisteskranken, die in das Lazarett des Weibergefängnisses auf Ersuchen des Polizeipräsidenten aufgenommen sind, zwar vorzugsweise, aber keineswegs ausschließlich beschäftigt. Sie hat vielmehr dieselben Pflichten, wie jede andere im Weiberlazarett verwendete Aufseherin, und kann sich dem Dienst bei den darin aufgenommenen weiblichen Strafgefangenen ebensowenig entziehen, wie die anderen Aufseherinnen den Dienst bei den polizeilich eingelieferten Geisteskranken versagen können. Ihre Annahme dient daher auch nicht allein dem besonderen Dienst bei diesen Kranken, sondern der Verstärkung des weiblichen Aufsichts- und Pflegepersonals im allgemeinen, die durch ihre Bezahlung erwachsenden Kosten sind deshalb ebenso, wie die der Besoldung des übrigen Aufsichts- und Pflegepersonals den allgemeinen Kosten der Verwaltung der dem Strafgefängnis angegliederten Krankenanstalt für Frauen (Weiberlazarett nach der Ausdrucksweise der angeführten Auskunft) zuzurechnen. Daran kann auch nichts ändern, daß die Verstärkung des Personals erforderlich wurde, um dasselbe zu sachgemäßer Erfüllung der durch Aufnahme polizeilich eingelieferter weiblicher Geisteskranker erweiterten Aufgabe fähig zu erhalten. Das polizeiliche Bedürfnis hat zwar die Veranlassung zu einer Verstärkung des Anstaltspersonals gegeben, aber ihr Zweck war nicht allein der, das polizeiliche Bedürfnis zu befriedigen, sondern der weitergehende, die Verwaltung der mit dem Weibergefängnisse verbundenen Krankenanstalt im geordneten Gange zu erhalten. Daher konnten auch die Mehrausgaben, welche durch die Verstärkung des Anstaltspersonals erwuchsen, nicht ausschließlich als Kosten der örtlichen Polizeiverwaltung angesehen werden. Dies hätte nur dann geschehen können, wenn die zur Verstärkung des Anstaltspersonals angenommene Hilfsaufseherin allein und ausschließlich zur Beaufsichtigung und Pflege der polizeilich eingelieferten Geisteskranken verwendet worden wäre. Auf der anderen Seite aber war auch nicht anzuerkennen, daß von den Kosten der Anstellung und Besoldung des im Weiberlazarett beschäftigten Aufsichts- und Pflegepersonals nur diejenigen Tagegelder- und Kassenbeiträge der zur Verstärkung angenommenen Hilfsaufseherin als Kosten der örtlichen Polizeiverwaltung anzusehen sind, welche auf Zeiten entfallen, in denen sich polizeilich eingelieferte, weibliche Geisteskranke in dieser Krankenanstalt befanden. Denn die Anordnung des sowohl der Gefängnisverwaltung wie der Polizeibehörde übergeordneten Ministers des Innern, daß die dem Gefängnis angegliederte Krankenanstalt für Frauen bis auf weiteres zur Aufnahme der polizeilich unterzubringenden weiblichen Geisteskranken mitzubenutzen sei, hatte für die Dauer der Einrichtung die Wirkung, daß die Benutzung der ursprünglich nur für die Zwecke der Gefängnisverwaltung bestimmten Anstalt zu einer dieser und der Polizeibehörde gemeinsamen wurde, wenn auch die Leitung der Anstalt ausschließlich der Gefängnisverwaltung verblieb. War aber die Benutzung der dem Weibergefängnis angegliederten Krankenanstalt eine gemeinsame, so waren auch die laufenden Kosten ihrer Unterhaltung, insbesondere die der Anstellung und Besoldung des in der Krankenanstalt beschäftigten Aufsichts- und Pflegepersonals als den beiden beteiligten Zweigen der Staatsverwaltung gemeinsame Ausgaben anzusehen, die unter sie nach Maßgabe der Inanspruchnahme der Anstalt zu verteilen waren. Als Maßstab der Inanspruchnahme aber war, soweit nicht besondere Verhältnisse nachgewiesen werden, die Anzahl der auf jede der beteiligten Verwaltungen entfallenden Krankenpflegetage anzusehen. Haben hiernach als Kosten der örtlichen Polizeiverwaltung nicht diejenigen Ausgaben zu gelten, die durch Verstärkung des Anstaltspersonals erwachsen sind, sondern ist nur eine nach Maßgabe der Anzahl der Verpflegungstage für die polizeilich untergebrachten Geisteskranken zu

der Gesamtzahl der Verpflegungstage aller Kranken berechnete Quote als eine durch die örtliche Polizeiverwaltung erwachsene Ausgabe anzusehen, so kann auch derjenige Teil dieser Ausgabe, der durch Ausführung polizeilicher, auf Herstellung polizeimäßigen Zustandes in der Außenwelt gerichteter Verfügungen entstanden ist und sonach zu den mittelbaren Polizeikosten gehört, von den unmittelbaren nur in der Weise gesondert werden, daß die Verpflegungstage, welche durch Unterbringung von Geisteskranken zum Zwecke der Beseitigung gemeingefährlicher Zustände erforderlich geworden sind, denjenigen gegenübergestellt werden, die durch Unterbringung Geisteskranker zum Zwecke einer die polizeiliche Entschließung vorbereitenden Beobachtung oder einer vorläufigen Hilfeleistung entstanden sind. Nach dem Verhältnis, in dem die Anzahl der Verpflegungstage der einen und der anderen Kategorie zu einander stehen, ergibt sich, welcher Teil der gesamten, als Ausgabe der örtlichen Polizeiverwaltung aufzufassenden Quote der Kosten für Anstellung und Unterhaltung des Anstaltspersonals als mittelbare Polizeikosten von der Klägerin zu erstatten ist.

Nr. 3. Entsch. v. 9. Nov. 1906 (OVG. 49 12) I A 135/05.
PolKostG. v. 20. IV. 92 § 2.

Die Ueberführung der K. nach dem städtischen Krankenhause hat auch dem Zwecke gedient, sie von der Straße fortzuschaffen und den Gefahren zu entziehen, die hilflose Personen auf der Straße bedrohen. Aber die Fortschaffung von der Straße ist nicht der einzige Zweck der Ueberführung gewesen; vielmehr weist der beklagte Regierungspräsident mit Recht darauf hin, die K. habe mit Rücksicht auf ihre schwere Verletzung der Krankenhauspflege bedurft, diese sei ihr wegen ihrer Mittellosigkeit von dem Ortsarmenverbande zu gewähren gewesen und auch gewährt worden und das Bedürfnis der Armenpflege sei schon mit der ärztlichen Feststellung der Verletzung, die noch vor der Ueberführung in das Krankenhaus erfolgte, hervorgetreten. Nach Lage der Sache war also davon auszugehen, daß die Ueberführung nach dem Krankenhause nicht allein die Fortschaffung der Verletzten von der Straße, sondern auch ihre Unterbringung in die von dem Ortsarmenverbande zu gewährende Krankenhauspflege zum Zwecke gehabt hat. Verfolgt eine Handlung mehrere Zwecke zugleich, so ist für die Pflicht zu ihrer Ausführung und die rechtliche Natur der dadurch erwachsenen Kosten derjenige Zweck maßgebend, der der am weitesten gehende, den Umfang der Tätigkeit bestimmende ist. Im vorliegenden Falle ist für die Richtung, den Umfang und die Ausdehnung des eingeleiteten Transports gerade die Absicht der Unterbringung in öffentliche Armenpflege maßgebend gewesen; daher sind auch die erwachsenen Kosten als Armenpflegekosten zu betrachten.

Aus OVG. 35 98 ff. und 42 77 ff. ist nicht zu entnehmen, daß die Kosten der Ueberführung einer hilflos auf der Straße aufgefundenen Person nach einem Krankenhaus immer und unter allen Umständen zu den unmittelbaren Kosten des polizeilichen Dienstbetriebs zu rechnen sind, wenn nur die Ueberführung auf polizeiliche Anordnung erfolgt ist; vielmehr geht gerade aus ihnen hervor, daß eine Ausnahme eintritt, wenn die Ueberführung, wie dies im vorliegenden Falle geschehen ist, zum Zwecke der Herbeiführung öffentlicher Armenpflege geschieht. Ein Akt der Armenpflege gehört nicht unmittelbar zum polizeilichen Dienstbetriebe. Soweit die Polizei in Ausübung der Armenpflege tätig wird, sind die dadurch entstandenen Kosten solche, die durch Herbeiführung polizeimäßiger Zustände in der Außenwelt, insbesondere Herbeiführung geordneter Armenpflege erwachsen sind. Derartige Ausgaben sind keine unmittelbaren Kosten der örtlichen Polizeiverwaltung. Zu mittelbaren Kosten dieser Verwaltung aber werden sie dann, wenn kein zahlungsfähiger Drittverpflichteter vorhanden ist oder wenn die Kosten von diesem nicht unmittelbar beigetrieben werden können. Diese Voraussetzung ist im vorliegenden Falle gegeben. Die Verletzte ist unstreitig mittellos. Der zur Fürsorge und Herbeiführung der Krankenhauspflege, also auch zur Ueberführung nach dem Krankenhause verpflichtete Ortsarmenverband aber kann als ein Drittverpflichteter im Verhältnisse zu der ihn bildenden Stadtgemeinde nicht in Betracht kommen; denn der Ausdruck „Ortsarmenverband" bezeichnet nicht eine von der Stadtgemeinde verschiedene rechtliche Persönlichkeit, sondern diese selbst in ihrer Eigenschaft als Trägerin der Armenlast.

Nr. 4. Entsch. v. 5. Nov. 1907 (PrVerwBl. 29 726) I A 64/06.

1. Im Juni 1903 ist zu Charlottenburg Dr. S. an Lungenpest erkrankt, von dort nach der Charité überführt worden und in dieser verstorben. Behufs Verhütung einer Weiterverbreitung der Seuche sind auf Anordnung des Polizeipräsidenten zu Berlin verschiedene polizeiliche Maßregeln vorgenommen. Zunächst ist die Wohnung des Postschaffners L., in der Dr. S. erkrankt war, durch die städtische Desinfektionsanstalt zu Berlin desinfiziert, sodann sind mehrere Personen, die sich zur Zeit der Erkrankung in dieser Wohnung befunden hatten, in die Charité zum Zwecke der Beobachtung und Absonderung überführt worden. Zu diesen Personen gehörte auch der Knabe Otto B., der sich zur Zeit der Erkrankung in der L.schen Wohnung besuchsweise aufgehalten hatte, inzwischen aber in die Wohnung seines Stiefvaters, des zu Berlin wohnhaften Schuhmachers Z., zurückgekehrt war. Dieser wurde von der Wohnung seines Stiefvaters aus am 6. VI. 03 in die Charité übergeführt und dort bis zum 20. II. zurückgehalten. Außerdem wurde die Wohnung seines Stiefvaters durch die städtische Desinfektionsanstalt desinfiziert. Für die Ueberführung des Knaben Otto B. sind 10 *M* und für seine Verpflegung in der Anstalt 30 *M* aus der Kasse des Polizeipräsidenten gezahlt. Außerdem haben der Schuhmacher Z. und seine Ehefrau als Entschädigung für infolge der Desinfektion beschädigte Gegenstände die Summe von 249 *M* erhalten. Die Erstattung der hierdurch entstandenen Auslagen mit zusammen 289 *M* hat der Polizeipräsident von dem Magistrat zu Berlin mit der Begründung verlangt, daß sie als mittelbare Kosten der örtlichen Polizeiverwaltung der Stadt Berlin zu betrachten seien. Der Magistrat hat die Forderung abgelehnt, weil er annahm, daß die erforderten Kosten nicht als solche der örtlichen Polizeiverwaltung, sondern als solche der Verwaltung der Landespolizei anzusehen und deshalb vom Staate zu tragen seien. Der Oberpräsident der Prov. Brandenburg und von Berlin ist jedoch der Rechtsauffassung des Polizeipräsidenten beigetreten und hat auf dessen Antrag die Pflicht zur Erstattung der Auslagen im Einverständnis mit dem Minister des Innern durch Vf. v. 22. III. 06 der Stadtgemeinde Berlin gegenüber festgestellt. Nachdem der Magistrat die Zahlung wiederholt verweigert hatte, hat er angeordnet, daß die festgestellte Summe von 289 *M* als außerordentliche Ausgabe für das Etatsjahr 1906 verfügbar zu machen sei.

Das OVG. hat die Zwangsetatisierungsverfügung außer Kraft gesetzt.

2. Die Zuständigkeit des beklagten Oberpräsidenten zur Feststellung der streitigen Leistung folgt aus seiner Eigenschaft als Staatsaufsichtsbehörde über die Verwaltung der Gemeindeangelegenheiten der Stadt Berlin (§ 7 Abs. 2 LVG.) und war um so weniger in Zweifel zu ziehen, als er im Einverständnis mit dem zur Aufsicht über die vom Polizeipräsidenten zu Berlin geführte Verwaltung der örtlichen Polizei dieser Stadt berufenen Minister des Innern gehandelt hat. Seine Berechtigung, die Eintragung der von ihm festgestellten, aber vom Magistrat namens der Klägerin verweigerten Leistung in den Haushaltsvoranschlag der Stadt anzuordnen oder sie als eine außerordentliche neben den Sätzen des Haushaltsvoranschlags zu leistende Ausgabe festzustellen, hängt daher allein von Beantwortung der Frage ab, ob sie als eine gesetzlich der Klägerin obliegende zu erachten ist.

3. Diese Frage war zu verneinen. Dem Oberpräsidenten war dahin beizutreten, daß positive Regeln, die die Bekämpfung gemeingefährlicher Krankheiten im allgemeinen, oder auch nur der Pest im besonderen für eine Aufgabe der Landespolizei erklären, nicht bestehen. Wenn die Klägerin derartige Regeln aus dem MErl. betr. die Durchführung der vom Bundesrat am 3. VII. 02 festgestellten Anweisung zur Bekämpfung der Pest v. 26. XI. 02 oder aus § 37 Abs. 3 ReichsG. v. 30. VI. 00 herzuleiten versucht, so ist dies völlig verfehlt. Dies gilt zunächst von der Bezugnahme auf die im § 37 Abs. 3 ReichsG. v. 30. VI. 00 gegebene Vorschrift, wonach die Kosten der auf Grund des § 19 desselben Gesetzes polizeilich angeordneten und überwachten Desinfektionen auf Antrag aus öffentlichen Mitteln zu bestreiten sind, und dem daraus gezogenen Schlusse, daß der Gesetzgeber die Kosten dieser Maßregeln nicht als mittelbare Kosten der örtlichen Polizeiverwaltung, sondern nur als solche der Verwaltung der Landespolizei angesehen haben könne. Wäre selbst der Klägerin zuzugeben, daß eine Absicht des Gesetzgebers, von der Regel abzuweichen, wonach die Kosten der Ausführung polizeilicher Anordnungen, die auf Herstellung polizeimäßiger Zustände in der Außenwelt gerichtet sind, zunächst dem zu ihrer Herstellung verpflichteten Dritten zur Last fallen, nicht vermutet werden dürfe, so würde doch ein Schluß auf die Auffassung des Gesetzgebers über die rechtliche Natur der unter die Vorschrift des § 37 Abs. 3 fallenden polizeilichen Maßregeln nur dann gezogen werden können, wenn die angeführte Regel nur bei ortspolizeilichen, aber nicht bei landespolizeilichen Anordnungen anwendbar wäre. Das trifft aber nicht zu. Soweit der Landespolizeibehörde ein zur Ausführung ihrer Anordnungen verpflichteter Dritter gegenübersteht, wie zB. bei der Unterhaltung von Chausseen und der auf besonderem öffentlich-rechtlichen Titel beruhenden Unterhaltung von Brücken oder Fähren über öffentliche Ströme, ist dieser wie zur Ausführung der landespolizeilichen Anordnungen, so auch zur Tragung ihrer Kosten in erster Reihe verpflichtet. Daher kann aus der Bestimmung, daß die Kosten der polizeilich angeordneten und überwachten Desinfektionen auf Antrag aus öffentlichen Mitteln zu bestreiten sind, überhaupt kein Schluß auf die rechtliche Natur dieser Maßregeln oder der durch ihre Ausführung erwachsenden Kosten gezogen werden. Wäre er aber zu ziehen, so müßte er bei allen Desinfektionen von Räumen und Gegenständen, die zum Zwecke der Vernichtung des Krankheitsstoffes einer gemeingefährlichen Krankheit angeordnet sind, zutreffen, denn die Bestimmung im § 37 Abs. 3 ReichsG. ist eine ganz allgemeine, auf jede zur Bekämpfung einer gemeingefährlichen Krankheit polizeilich angeordnete Desinfektion anwendbare und macht keinen Unterschied zwischen Räumen, die mit den darin befindlichen Gegenständen der Desinfektion deshalb unterworfen sind, weil in ihnen eine gemeingefährliche Krankheit ausgebrochen war, und solchen, auf die diese Maßregel nur deshalb ausgedehnt worden ist, weil der Verdacht bestand, daß der Stoff einer gemeingefährlichen Krankheit vom Orte der Krankheit aus eingeschleppt sei, und ebensowenig gibt der § 19 einen Anhalt zu der Unterscheidung zwischen Desinfektionen der ersteren und solchen der letzteren Art, welche die Klägerin „vorbeugend" nennt. Zwingt aber die Schlußfolgerung der Klägerin, wenn sie richtig sein sollte, zu dem Ergebnis, daß alle Desinfektionen landespolizeiliche Maßregeln sind, so würde auch weiter zu folgern sein, daß nach der dem ReichsG. v. 30. VI. 00 zugrunde liegenden Rechtsauffassung auch alle anderen zur Bekämpfung gemeingefährlicher Krankheiten dienenden polizeilichen Maßregeln als landespolizeiliche zu betrachten sind, denn es ist kein Grund erfindlich, weshalb ihre rechtliche Natur anders zu beurteilen wäre, als die der Desinfektion. Wäre aber dies die Auffassung des Gesetzgebers, so hätte er auch die Landespolizeibehörde als die zur Anordnung der Schutzmaßregeln zuständige Behörde bezeichnen müssen. Das hat er aber nicht getan, sondern

die Regelung der Zuständigkeit der Behörden dem Landesrecht vorbehalten, ohne auch nur eine allgemeine Norm vorzuschreiben, wie dies sonst in Reichsgesetzen mehrfach geschehen ist (§ 37 Abs. 2 ReichsG. v. 30. VI. 00).

4. Nicht minder verfehlt ist die Bezugnahme auf den MErl. v. 26. XI. 02 (MedMBl. 54). Da diese überhaupt nicht in Paragraphen gegliedert, sondern nur in Bemerkungen zu den einzelnen Paragraphen der vom Bundesrat beschlossenen Anw. zur Bekämpfung der Pest v. 3. VII. 02 eingeteilt ist, so kann das, was die Klägerin als Inhalt der §§ 13 und 14^2 angibt, nur auf die Bemerkungen zu den entsprechenden Paragraphen der Anweisung bezogen werden. Diese aber lassen keineswegs erkennen, daß die gesamte Leitung der Maßregeln zur Bekämpfung der Pest in die Hand des Ministers gelegt ist. In den Bemerkungen zu § 13 der Anweisung ist nur vorgeschrieben, daß die Ortspolizeibehörde, sobald ein Ausbruch der Pest oder doch der Verdacht eines Auftretens dieser Krankheit durch Erklärung des beamteten Arztes festgestellt ist, hiervon sofort dem vorgesetzten Regierungspräsidenten Nachricht zu geben hat und daß dieser den Minister und das Kais. Gesundheitsamt unverzüglich und auf dem schleunigsten Wege weiter zu benachrichtigen hat, und daß von dem Regierungspräsidenten über den Verlauf der Pest periodisch an den Minister und das Kais. Gesundheitsamt zu berichten ist. In Nr. 2 der Bemerkungen zu § 14 aber ist nur bestimmt, daß die endgültige Feststellung des ersten Pestfalls in einer Ortschaft besonderen, vom Minister ernannten Sachverständigen, die sofort von diesem entsandt werden sollen, vorbehalten wird. Aus diesen Vorschriften, die übrigens insoweit, als sie die Benachrichtigung des Gesundheitsamts und die endgültige Feststellung des ersten Pestfalls in einer Ortschaft betreffen, keine selbständigen Anordnungen treffen, sondern nur die der in Bezug genommenen Anweisung wiederholen, ist jedoch nur zu entnehmen, daß der Minister sich die Möglichkeit wahren will, die vorbeugende Tätigkeit der zuständigen Polizeibehörden in jedem einzelnen Falle durch Anweisung zu regeln, nicht aber, daß er ihre Zuständigkeit durch allgemein maßgebende Verfügung an sich gezogen hat, und die Polizeibehörden nur noch als seine ausführenden Organe zu betrachten sind.

5. Fehlt es aber hiernach an einer positiven Vorschrift, die die Bekämpfung gemeingefährlicher Krankheiten im allgemeinen, oder der Pest im besonderen als eine Aufgabe der Landespolizei bezeichnet, oder doch die Vornahme bestimmter Schutzmaßregeln der Landespolizeibehörde vorbehält, so kann die Frage, ob die Kosten der Schutzmaßregeln als landespolizeiliche oder ortspolizeiliche anzusehen sind, nur nach dem Zwecke, dem sie gedient haben, beantwortet werden. Spricht dieser Zweck für die Beurteilung der Schutzmaßregeln als ortspolizeilicher Anordnungen, so ist dies allein entscheidend, auch wenn sie unter spezieller Leitung einer im Ministerium zusammengetretenen Konferenz von dem Polizeipräsidenten zu Berlin getroffen sind. Dadurch konnte der rechtliche Charakter der getroffenen Maßregeln nicht geändert werden, denn eine ihrem Inhalte nach ortspolizeiliche Anordnung wird dadurch nicht zu einer landespolizeilichen, daß sie auf Anordnung der Aufsichtsbehörde erlassen wird, ja nicht einmal dadurch, daß sich die Aufsichtsbehörde selbst an Stelle der örtlichen Polizeibehörde gesetzt hat. Völlig unerheblich aber ist es, ob der Polizeipräsident aus Anlaß des Pestfalles und der Beschlüsse der Konferenz gleiche Maßregeln für den Polizeibezirk der Stadt Charlottenburg angeordnet und durch die städtische Desinfektionsanstalt zu Berlin hat ausführen lassen, und sich nicht darauf beschränkt hat, den dortigen Polizeipräsidenten zum Erlaß der getroffenen Maßregeln anzuweisen. Sollte er dies getan haben, so könnte hieraus ein sicherer Schluß darauf, daß er auch die in Berlin auszuführenden Maßregeln in seiner Eigenschaft als Landespolizeibehörde getroffen habe, nicht gezogen werden. Selbst wenn er aber gerechtfertigt wäre,

so würde doch hieraus für die Beantwortung der hier zu entscheidenden Frage nichts folgen. Wird ein dem Ziele und Inhalte nach ortspolizeilicher Akt nicht einmal dadurch zu einem landespolizeilichen, daß sich die von der Ortspolizeibehörde verschiedene Landespolizeibehörde an deren Stelle setzt, so kann dieser Erfolg noch weniger dadurch herbeigeführt werden, daß eine Behörde, welche die Zuständigkeit der Ortspolizei und der Landespolizei in sich vereinigt, irrtümlicherweise annimmt, daß sie nicht in erster, sondern in letzterer Eigenschaft zum Einschreiten berufen sei.

6. Hiernach war die Entscheidung im vorliegenden Falle allein von der Beantwortung der Frage abhängig zu machen, ob die Gemeininteressen, zu deren Schutze die angegriffenen polizeilichen Maßregeln bestimmt waren, sich in erster Reihe als solche der nachbarlichen örtlichen Gemeinschaften (der Gemeinden) erweisen oder über diese räumliche Beschränkung hinaus in weiteren Bezirken vielleicht als unmittelbar einheitliche Interessen des Staates hervortreten. Diese Frage aber brauchte nicht hinsichtlich aller aus Anlaß der Erkrankung des Dr. S. ergriffenen Maßregeln in gleicher Weise beantwortet zu werden, sondern konnte sehr wohl hinsichtlich der in Berlin ergriffenen Maßregeln anders zu beantworten sein, wie in bezug auf die in Charlottenburg ausgeführten, denn der Zweck war hier und dort ein verschiedener. Die in Charlottenburg vorgenommenen Maßregeln der Desinfektion und der Absonderung und Beobachtung von der Stadt Charlottenburg angehörigen, der Ansteckung wegen ihres Verkehrs in der Wohnung des Erkrankten verdächtigen Personen dienten in erster Reihe dem Zwecke, eine Weiterverbreitung der Seuche innerhalb der Stadt Charlottenburg zu verhüten, und hatten nur mittelbar den Erfolg, auch ihrer Ausdehnung auf andere Gemeindebezirke entgegenzuwirken. Sie waren daher als ortspolizeiliche anzusehen, deren Kosten der Stadt Charlottenburg zur Last fallen. Daran kann nichts ändern, daß das Haus, in dem die Pest aufgetreten war, in unmittelbarer Nähe der Grenze der Stadt Charlottenburg mit den Gemeinden Berlin, Schöneberg und Wilmersdorf belegen ist. Wenn auch die örtliche Lage des Hauses, in dem die Krankheit aufgetreten war, deren Weiterverbreitung auf benachbarte Gemeindebezirke begünstigte, und die Gefahr einer Ausdehnung auf ihre nahebelegenen Teile größer gewesen sein mag, als die einer Verbreitung auf entferntere Teile der Stadt Charlottenburg, zB. die am Ufer der Spree belegenen, so würde doch dadurch nichts daran geändert, daß es Aufgabe der örtlichen Polizeibehörde zu Charlottenburg blieb, der in ihrem Bezirke entstandenen Gesundheitsgefahr entgegenzutreten. Darin liegt auch weder etwas Ungewöhnliches noch etwas Unbilliges. Auch sonst ist es Aufgabe der örtlichen Polizeibehörde desjenigen Orts, in dem ein polizeiwidriger, die Umgebung mit Gefahren bedrohender Zustand hervorgetreten ist, die Beseitigung dieses Zustandes anzuordnen und auszuführen, und Pflicht des Trägers der örtlichen Polizeikostenlast, die dadurch erwachsenen Kosten beim Mangel oder Unvermögen eines verpflichteten Dritten zu tragen, auch wenn die Gefahr über die Grenzen ihres eigenen Bezirks hinauswirkt, ja sogar dann, wenn sie vorzugsweise im Nachbarbezirk hervortritt, so zB. dann, wenn ein stehendes, fern von der bebauten Ortslage des Gemeindebezirks, aber nahe derjenigen eines anderen belegenes Gewässer gesundheitsgefährliche Ausdünstungen von sich gibt, oder wenn eine feuergefährliche Anlage in gleicher Belegenheit errichtet worden ist. Daher konnte daraus, daß das Haus, in dem sich die Krankheit zuerst gezeigt hat, in der Nähe der Grenze des Gemeindebezirks gelegen ist, nicht gefolgert werden, daß diejenigen polizeilichen Maßregeln, welche ergriffen werden mußten, um die Entstehung einer örtlichen Epidemie zu verhindern, landespolizeiliche seien, um so weniger, als diese Maßregeln auch hätten ergriffen werden müssen, wenn der Ort des vereinzelten Krankheitsfalls eine zentrale Lage gehabt hätte, und demnach auch eine Mehrbelastung

der Gemeinde des Entstehungsortes durch den Schutz benachbarter Gemeindebezirke gar nicht eingetreten ist.

7. Daher war auch der Versuch der Klägerin, aus der örtlichen Lage der Wohnung, in der die Krankheit sich gezeigt hat, und des Hauses, in dem sich der einer Ansteckung verdächtige Knabe Otto B. später befunden hat, die Eigenschaft der ergriffenen Maßregeln als landespolizeilicher herzuleiten, für verfehlt zu erachten. Wäre in der Tat die Beantwortung der Frage, ob die zur Bekämpfung einer Seuche erforderlichen Maßregeln ortspolizeiliche oder landespolizeiliche sind, von dem größeren oder geringeren Grade der Gefahr einer Ausdehnung der Krankheit über die Grenzen des Gemeindebezirks, in dem sie sich gezeigt hat, abhängig zu machen, so müßte nicht nur die größere oder geringere Entfernung des Entstehungsortes von der Bezirksgrenze, sondern auch jeder andere, die Verbreitung der Krankheit begünstigende oder erschwerende Umstand, unter anderen auch die größere oder geringere Lebhaftigkeit des Verkehrs, mitberücksichtigt werden. Schon diese Erwägung zeigt die Unmöglichkeit, von dem größeren oder geringeren Grade der Gefahr einer Ausdehnung der Krankheit über die Grenzen des einzelnen Gemeindebezirks die rechtliche Unterscheidung zwischen ortspolizeilichen und landespolizeilichen Maßregeln abhängig zu machen, da die Höhe dieser Gefahr in jedem einzelnen Falle durch eine ganze Reihe verschiedener, einander durchkreuzender Umstände bestimmt wird, und jeder Anhalt für eine Bestimmung, welcher Grad der Gefahr für ausreichend zu erachten ist, um ein landespolizeiliches Interesse an der Unterdrückung der Krankheit anzunehmen, fehlen würde.

8. Hiernach waren die Versuche der Klägerin, nachzuweisen, daß die sämtlichen aus Anlaß der Erkrankung des Dr. S. ergriffenen polizeilichen Schutzmaßregeln als landespolizeiliche Anordnungen aufzufassen sind, für verfehlt zu erachten. Trotzdem war den in Berlin angeordneten dieser Charakter zuzusprechen. Während die in Charlottenburg ergriffenen Maßregeln unmittelbar die Unterdrückung der an diesem Ort ausgebrochenen Krankheit bezweckten und nur mittelbar den Erfolg hatten, einer Verbreitung der Krankheit auf weitere Gebiete des Staates entgegenzuwirken, waren die in Berlin angeordneten, die in der Desinfektion der Wohnung des Schuhmachers Z. und der darin befindlichen Gegenstände sowie der Absonderung und Beobachtung des ansteckungsverdächtigen Knaben Otto B. bestanden, unmittelbar darauf gerichtet, den von diesem aus der Wohnung des Postschaffners L., dem in Charlottenburg belegenen Krankheitsorte, vielleicht eingeschleppten Krankheitsstoff unschädlich zu machen, und dadurch die Uebertragung der Krankheit auf ein weiteres bisher von ihr noch nicht ergriffenes Gebiet zu verhindern. Damit dienten sie einem unmittelbaren Interesse des Staates, nämlich dem der Verhütung einer Verbreitung der gemeingefährlichen Krankheit von einer Gegend zur anderen, und nicht bloß dem besonderen Interesse der durch die Stadt Berlin gebildeten nachbarlichen örtlichen Gemeinschaft, die allerdings zunächst gefährdet war. Deshalb waren die in Berlin angeordneten Maßregeln als landespolizeiliche zu beurteilen. Jede zur Bekämpfung einer gemeingefährlichen Krankheit dienende Schutzmaßregel muß notwendig Wirkungen äußern, die zunächst nur den Interessen einer einzelnen Ortschaft dienen. Dies gilt sogar von der denkbar schärfsten Schutzmaßregel dieser Art, der Absperrung einer verseuchten Ortschaft gegen den Verkehr (die freilich das ReichsG. v. 30. VI. 00 nicht zuläßt). Auch sie dient zunächst dem Interesse der benachbarten Ortschaften, und zwar die Absperrung des einzelnen Verkehrsweges dem der Ortschaft, zu der dieser führt. Gleichwohl besteht über den landespolizeilichen Charakter einer solchen Maßregel nicht der geringste Zweifel. Das gleiche aber gilt auch von den Schutzmaßregeln,

die in Hafen- und Grenzorten gegenüber dem Verkehr mit dem Auslande getroffen werden, auch diese dienen zunächst den Interessen der Hafen- und Grenzorte selbst, die in erster Reihe von der Gefahr der Einschleppung gemeingefährlicher Krankheiten aus dem Auslande getroffen werden. Namentlich gilt dies auch von der Vernichtung oder Desinfektion von aus dem Auslande eingetroffenen Gegenständen, von denen anzunehmen ist, daß sie mit dem Stoffe einer gemeingefährlichen Krankheit behaftet sind. Auch diese dienen zunächst dem Schutze des Ortes, in dem die Gegenstände lagern. Was aber für den Verkehr mit dem Auslande gilt, muß auch von dem zwischen verschiedenen Gegenden des Staates gelten. Daran konnte auch der Umstand nichts ändern, daß die beiden hier in Betracht kommenden Gebiete des Staates, die Stadtbezirke von Berlin und Charlottenburg im unmittelbaren räumlichen Zusammenhange stehen, und der Kreis der durch örtliche nachbarliche Gemeinschaft verbundenen Personen und Grundstücke sich vielfach über die Grenzen des einzelnen Stadtbezirks hinaus erstreckt. Solange die jener tatsächlichen Gemeinschaft angehörigen Ortschaften nicht auch rechtlich zu einer kommunalen Einheit zusammengefaßt sind und verschiedene Körperschaften mit eigenen Aufgaben, Pflichten und räumlichen Bezirken bilden, müssen sie auch als voneinander verschiedene Gebiete des Staates gelten und die daraus sich ergebenden Folgen auch auf dem Gebiete der Zuständigkeit der Polizeibehörden und der aus dieser folgenden Pflicht zur Tragung der Kosten polizeilicher Maßregeln gezogen werden. Hieraus aber folgt, daß die Kosten der in Berlin ergriffenen, der Verhütung einer Ausdehnung der Pest auf ein weiteres Gebiet des Staates dienenden Maßregeln als solche der Landespolizei zu betrachten waren und deshalb der Klägerin gesetzlich nicht obliegen.

VIII.

Landgemeinden und Gutsbezirke.

Literatur: Harnisch: Die Gemeindeordnung für die Rheinprovinz in ihrer heutigen Gestalt.[4] (Düsseldorf 1907.) Imsch: Die rechtsgeschichtliche Entwickelung der Landgemeinden und Gutsbezirke in den östlichen Provinzen der preußischen Monarchie bis 1800. (Breslau 1907.) Schmidt: Die Verfassung der rheinischen Landgemeinden nach der Gemeindeordnung für die Rheinprovinz.[3] (Trier 1907.) Scheiff: Die Landgemeindeordnung für die Provinz Schleswig-Holstein. (Schleswig 1905.) v. Kaufmann: Die Kommunalfinanzen (s. oben VII). Im übrigen vgl. oben unter I (Provinzialverbände).

A. Rechtliche Stellung und kommunale Eigenschaft der Landgemeinden und Gutsbezirke.

1. Kommunale Eigenschaft, Entstehung und Aenderung der Landgemeinden.

Nr. 1. Entsch. v. 29. Mai 1906 (PrVerwBl. 29 165) I C 35/05.

LGemO. § 4; ALR. II 7 §§ 18f.

Zum Beweise der rechtlichen Existenz einer Landgemeinde genügt der Nachweis des vorlandrechtlichen Bestehens ihrer Feldmark als einer bäuerlichen mit bäuerlichen Besitzern.

Bestand schon im Jahre 1775 diese in §§ 18f., II 7 ALR. gesetzlich anerkannte normale Grundlage der ländlichen Gemeinde, so bedurfte es eines besonderen Nachweises, daß die Genossen der Feldmark bei Einführung des ALR. auch gemeindlich organisiert waren, nicht mehr, vielmehr liegt demjenigen, der den Mangel der Organisation behauptet, der Beweis dieser „Anomalie“ ob. Der erste Richter verneint zwar die Möglichkeit einer Gemeindebildung, weil die erste Voraussetzung, das Vorhandensein von selbständigen bäuerlichen Wirten, gefehlt habe, da diese in Abhängigkeit von dem Vorwerk gestanden und erst im Jahre 1839 das volle Eigentum an ihren Grundstücken erlangt hätten, auch erst damals kommunalrechtlich vom Vorwerk getrennt worden seien, gibt aber eine Begründung dieser Rechtsauffassung nicht an, die auch sonst nicht erfindlich ist. Wenn auch der § 18 II 7 ALR. die „Besitzer der im Dorfe und seiner Feldmark belegenen bäuerlichen Grundstücke“ als die Glieder der Dorfgemeinde bezeichnet, so ist doch daraus nicht zu schließen, daß nur solche Besitzer, deren Recht auf dem Eigentum am Grundstück beruht, Gemeinden bilden können, denn das Wort Besitzer ist nicht gleichbedeutend mit Eigentümer, sondern umfaßt auch den, dessen Besitz auf einem Recht an einer fremden Sache beruht. Was aber der erste Richter als Abhängigkeit von dem Vorwerk und kommunalrechtliche Verbindung mit diesem bezeichnet, ist weiter nichts, als das in den östlichen Provinzen und namentlich in den vormals polnischen Landesteilen regelmäßig vorkommende Verhältnis des Bauern zur Gutsherrschaft. Weshalb in diesem ein Hindernis der Gemeindebildung zu finden sein soll, ist nicht ersichtlich. Hiernach ist davon auszugehen, daß die beklagte Landgemeinde die gesetzliche Anerkennung als öffentlich-rechtliche Korporation schon mit der ersten Einführung des ALR. erhalten hat, die in dem hier in Betracht kommenden Landesteile schon am 1. VII. 1794 auf Grund des Publ.-Pat. v. 5. II. desselben Jahres erfolgt ist. Die einmal erteilte Anerkennung ist auch später nicht wirkungslos geworden. Dies konnte weder durch die Abtretung des Landesteils im Tilsiter Frieden, noch durch dessen Vereinigung mit dem Herzogtum Warschau herbeigeführt, noch dadurch bewirkt werden, daß an Stelle des ALR. die Gesetzgebung des neugeschaffenen Staates trat, denn diese hat den Bestand der vorhandenen Gemeinden und herrschaftlichen Güter nicht berührt. Es könnte daher nur in Frage kommen, ob der beklagten Landgemeinde die gesetzliche Anerkennung durch einen besonderen staatshoheitlichen Akt entzogen sei, ein solcher ist aber nicht nachgewiesen.

2. War hiernach davon auszugehen, daß die beklagte Landgemeinde als solche besteht und eine öffentlich-rechtliche, mit Rechts- und Parteifähigkeit versehene Korporation darstellt, so war doch dem daraus gezogenen Schlusse, daß der Streit über die kommunale Zugehörigkeit des Grundbesitzes der Kläger zwischen diesen und der beklagten Landgemeinde allein zum Austrage gebracht werden könne, nicht beizutreten. Gewiß muß eine Klage, deren Ziel die Feststellung ist, daß ein dem Kläger gehöriges Grundstück dem Gemeindebezirk einer bestimmten Gemeinde nicht zuzurechnen ist, gegen diese Gemeinde gerichtet werden, weil der Streit die Grenzen ihres Gemeindebezirks betrifft. Daraus folgt aber nicht, daß ihre Beteiligung unter allen Umständen ausreicht, um eine nicht nur zwischen den Parteien, sondern allgemein wirkende Entscheidung der streitigen Frage zu ermöglichen. Der Streit über die kommunale Zugehörigkeit eines Grundstücks kann nur dann zwischen dem Besitzer und der beteiligten Gemeinde allein zum Austrag gebracht werden, wenn dahingestellt bleibt, welche sonstige kommunalrechtliche Eigenschaft dem Grundstück bei Verneinung seiner Zugehörigkeit zur beklagten Gemeinde beizumessen ist. Daraus folgt, daß die Beantwortung der Frage, ob in einem Streitverfahren aus § 4 LGemO. die Zuziehung eines zur Wahrung des öffentlichen Interesses bestellten Kommissars erforderlich ist, nicht allein von der Fassung des Klageantrags, sondern auch von dem vorgebrachten Klagegrunde abhängt. Dem entspricht auch die Rechtsprechung des Gerichtshofs. In OVG. **12**, 178ff. ist freilich die Notwendigkeit der Beteiligung eines Kommissars zur Wahrnehmung des öffentlichen Interesses nur für den Fall ausgesprochen,

daß die Eigenschaft eines Gutes als Gutsbezirks oder einer Ortschaft als Landgemeinde zum unmittelbaren Gegenstande der Entscheidung gemacht worden ist. In anderen Fällen ist sie aber auch dann für unerläßlich erklärt worden, wenn die Feststellung der Grenzen eines Gutsbezirks oder eines Gemeindebezirks von der vorgängigen Beantwortung der Frage abhängt, ob die streitige Fläche die Eigenschaft eines Guts- oder Gemeindebezirks hat, so insbesondere in OVG. 39 120ff. Das Ziel der Klage bildete auch in dem damals entschiedenen Falle nur die Feststellung, daß die Grundstücke einer auf dem Gute des Klägers in vorlandrechtlicher Zeit entstandenen Kolonie nicht zu dessen Gutsbezirke zu rechnen seien. Gleichwohl ist die Zuziehung eines Kommissars zur Wahrnehmung des öffentlichen Interesses für unerläßlich erachtet worden, weil die Klage auf die Behauptung gestützt war, daß die entstandene Kolonie schon vor Einführung des Landrechts eine Organisation als Gemeinde gehabt habe, und dieser Auffassung mit den Worten Ausdruck gegeben, daß die „so", das ist mit der Berufung auf die Entwickelung der Kolonie zur Landgemeinde, begründete Klage nur gegen den Kommissar zur Wahrnehmung des öffentlichen Interesses habe gerichtet werden können. Aehnlich ist die Sachlage in dem gegenwärtig zu entscheidenden Falle. Die Kläger haben den Antrag auf die Feststellung, daß ihr Gut nicht zum Gemeindebezirk der beklagten Landgemeinde gehöre, lediglich mit der Behauptung begründet, daß es die Eigenschaft eines selbständigen Gutsbezirks habe, und auch die Vorentscheidung beruht insoweit, als sie der Klage stattgibt, auf der Annahme, daß der im Streit befangene Grundbesitz zuerst dem Swentoslaus von Kownacki und später dem Hofgerichtspräsidenten von Kleist als nutzbares Eigentum zu adligen Rechten verliehen sei und mangels einer seine kommunalrechtliche Eigenschaft ändernden Allerhöchsten Entschließung auch heute noch einen Gutsbezirk bilde. Diese positive Feststellung durfte nach den vorstehenden Darlegungen nur dann zur Grundlage der Entscheidung in einem Streitverfahren aus § 4 LGemO. gemacht werden, wenn an diesem ein Kommissar zur Wahrnehmung des öffentlichen Interesses beteiligt war.

3. Unstreitig gehörte das Dorf Jakschitz, früher Jaxice, zur Starostei Inowrazlaw, das ist zu demjenigen Gute der Krone Polen, das zur besonderen Dotation des dortigen Starosten, nämlich desjenigen Beamten bestimmt war, der nach der Gerichtsverfassung des Königreichs Polen eine mit dem Landgericht konkurrierende Gerichtsbarkeit im Grodgericht zu üben hatte. Bei der Besitznahme der nördlich der Netze gelegenen Teile Großpolens auf Grund des Pat. v. 13. IX. 1772 ist das Dorf gleich den anderen, in jenem Landesteile belegenen Kron- und Starosteigütern für den Preuß. Domänenfiskus eingezogen und mit den anderen Teilen der Starostei Inowrazlaw zu dem gleichnamigen Domänenamt gelegt worden. Aus dieser Zulegung folgt freilich eine Aenderung seiner kommunalen Zugehörigkeit nicht. Daher hat der Vorderrichter die Beantwortung der Frage, ob die in Jakschitz belegenen Vorwerksländereien des vormaligen Erbpachtgutes einen selbständigen Gutsbezirk darstellen, von der Prüfung abhängig gemacht, ob diese Ländereien ein besonderes Gut innerhalb des fiskalischen, mit dem Rechte auf Untertanen verbundenen Domaniums bilden, aber er ist zu ihrer Bejahung auf Grund unzutreffender Annahmen gelangt, denn er stützt seine Feststellung ganz allein auf die Ausführung, daß das Erbpachtgut schon durch ein Privilegium, später durch eine Erbverschreibung zu adligen Rechten verliehen sei und die Beliehenen Gutsherren des so entstandenen adligen Gutes geworden seien.

Diese Auffassung entbehrt der aktenmäßigen Unterlage. Von einem derartigen öffentlich-rechtlichen Akt, der sich als Einrichtung einer neuen Starostei unter gleichzeitiger Ernennung des Starosten kennzeichnen würde, enthält das dafür angeführte Privilegium von 1772 nicht das geringste. Was in ihm beurkundet wird, ist lediglich ein Rechtsgeschäft privatrechtlicher Art zwischen den Swentoslaus und Marianna von Kownackischen Eheleuten und dem Aussteller der Verschreibung als Grod-Starosten (nicht Groß-Starosten) von Inowrazlaw und Inhaber und Nutznießer der mit diesem Amte verbundenen Amtsdotation. Das beurkundete Rechtsgeschäft aber besteht nicht in der Uebertragung des vollen oder auch nur des nutzbaren Eigentums an dem Gegenstande der Verschreibung, sondern allein in der Einräumung eines zeitlich beschränkten Nutzungsrechts gegen Zahlung eines jährlichen Zinses an den zeitigen Starosten und dessen Nachfolger in dieser Würde, also im Abschluß eines der Zeitpacht ähnlichen Verhältnisses. Daher kann auch daraus, daß das eingeräumte Nutzungsrecht „die Untertanen beiderlei Geschlechts, deren Abgaben und Dienste" mit umfassen sollte, nicht gefolgert werden, daß Swentoslaus von Kownacki Gutsherr des Dorfes Jarice werden sollte, sondern nur, daß ihm die Ausübung der dem Starosten als Gutsherrn zustehenden Rechte auf die Leistungen der Untertanen übertragen worden ist. Eine weitergehende Bedeutung kann auch weder daraus hergeleitet werden, daß das überlassene Nutzungsrecht in der Verschreibung als „Emphyteusis" bezeichnet ist, noch daraus, daß ihr die Königliche Bestätigung erteilt ist. Nach der Auffassung der polnischen Rechtslehrer war die „Emphyteusis" ein der Pacht durchaus ähnliches Verhältnis, das sich von dieser nur durch die längere Dauer unterschied. Das Erfordernis landesherrlicher Bestätigung aber ergibt sich schon aus der Erwägung, daß dem Starosten zwar an sich der Abschluß emphyteutischer Verträge zustand, daß er aber nicht mehr Rechte übertragen konnte, als ihm selbst zustanden, also die von ihm erteilte Verschreibung mit dem Ablauf seines eigenen Nutzungsrechts ihre rechtliche Wirkung verlor, und daß deshalb die Genehmigung durch den Landesherrn hinzukommen mußte, um die Verschreibung für den Nachfolger im Amte verbindlich zu machen. Deshalb ist aus der Einholung und Erteilung der Königlichen Bestätigung nicht zu folgern, daß in der Verschreibung das öffentlich-rechtliche Moment der Uebertragung der Gutsherrschaft enthalten sei, da schon die beabsichtigte privatrechtliche Wirkung der Verschreibung gegenüber dem Amtsnachfolger die Zustimmung des Königs erforderlich machte. Im übrigen aber fehlt auch der Annahme des Vorderrichters jede aktenmäßige Unterlage, sie wird sogar durch den Inhalt der Verschreibung widerlegt. Nach dieser hat der Starost bei Ausstellung die Absicht verfolgt, „trotz der kritischen Zeiten seine Starostei in den möglichst besten Stand zu setzen und unfehlbare Einkünfte zu providieren", ist also lediglich von Beweggründen wirtschaftlicher Art geleitet worden, und das gleiche muß auch von dem Könige angenommen werden, der die Bestätigung ohne jede Begründung erteilt, also die Absichten des Ausstellers gebilligt hat. Noch weniger kann aus der im Anschluß an die Uebergabe des emphyteutischen Guts an Swentoslaus von Kownacki aufgenommenen Verhandlung über die Belehrung der Untertanen v. 21. VI. 1775 eine Uebertragung der Gutsherrschaft hergeleitet werden. Nicht als „nunmehriger Gutsherr", sondern als „nunmehriger Vorgesetzter", dem die Zusammenberufenen als „Königliche Untertanen" sich gehorsam zu bezeigen hätten, ist Swentoslaus von Kownacki vorgestellt worden, es erhellt also auch nicht, daß ihm eine andere Stellung gegenüber den Untertanen beigelegt worden ist, als den Generalpächtern der Domänenämter, die regelmäßig als Beamte bezeichnet werden.

Ebensowenig ist eine Uebertragung der Gutsherrschaft aus der dem Hofgerichtspräsidenten von Kleist erteilten Erbverschreibung v. 15. XII. 1800 herzuleiten. Wäre anzunehmen, daß sich der Domänenfiskus bei Erteilung der Erbverschreibung nur das Obereigentum vorbehalten und das nutzbare Eigentum auf den Beliehenen und seine Rechtsnachfolger übertragen habe, so würde freilich anzunehmen sein, daß die Gutsherrschaft auf ihn übergegangen sei, allein diese Auffassung muß als eine rechtsirrige bezeichnet werden, weil sie der landrechtlichen Begriffsbestimmung des Erbpachtkontraktes, den die Erbverschreibung zweifellos enthält, widerspricht. Denn nach § 187 I 21 ALR. ist Erbpachtkontrakt derjenige Vertrag, durch welchen jemand das vollständige Nutzungsrecht einer fremden Sache gegen einen damit im Verhältnis stehenden Zins erblich überkommt. Der Erbpächter erwirbt daher nur das im Eigentum enthaltene Nutzungsrecht, aber nicht das Eigentum selbst, welches bei dem Verpächter zurückbleibt, folglich geht auch dann, wenn ein mit dem Rechte auf Untertanen verbundenes Gut den Gegenstand der Erbpachtsgerechtigkeit bildet, die einen Ausfluß des Eigentums bildende Gutsherrschaft nicht auf den Erbpächter über.

4. Die Feststellung, daß die Freischulzeien freie Landgüter nach Art der in den Prov. Ostpreußen und Westpreußen vorkommenden kölmischen Güter seien, entbehrt einer ausreichenden Grundlage. Rechtsirrig ist auch die Annahme, daß diese stets und namentlich dann, wenn sie mit den bäuerlichen Grundstücken einer Landgemeinde im Gemenge liegen, zu deren Gemeindebezirke gehören. Der Vorderrichter stützt diesen Satz nur auf „die neuere Verwaltungspraxis". Dies ist ungenügend. Die Verwaltungspraxis ist keine Rechtsquelle und vermag neue, den Verwaltungsrichter bindende Rechtsregeln nicht zu schaffen, sie kann vielmehr nur als ein Belag dafür, daß eine anderweit begründete Rechtsregel in allgemein anerkannter Geltung besteht, neben der Literatur und Rechtsprechung angeführt werden. Daher ist die Berufung auf die bestehende Verwaltungspraxis für sich allein nicht ausreichend, um die Beantwortung einer Rechtsfrage zu begründen. Will man aber auch annehmen, daß der Vorderrichter sich nicht allein auf eine tatsächlich beobachtete Verwaltungspraxis stützen, sondern sich die dabei dargelegte Rechtsauffassung zu eigen machen will, die in den angeführten Erlassen dargelegt ist, so würde dies doch zur Begründung seiner Entscheidung nicht hinreichen. Die Annahme des Erl. v. 10. I 90 (MBl. 12), der sich allein mit der Frage der Zurechnung kölmischer Güter zu den Gemeindebezirken beschäftigt, daß die kölmischen Güter als zu den Bezirken der Landgemeinden gehörig anzusehen, weil sie zu dem bäuerlichen Lande zu rechnen seien, ist nur mit dem Hinweis auf OVG. 8 96ff. begründet, findet aber in diesem keine ausreichende Stütze. Dort ist nur gesagt, daß die Verleihung zu kölmischem oder chatoullkölmischem Rechte die Zugehörigkeit des Grundstücks zu einer Landgemeinde nicht ausschließe, vielmehr sich vielfach Gemeinden gebildet haben, die nur aus Chatoullkölmern oder Kölmern bestehen, und wieder andere, deren Glieder teils Scharwerksbauern, teils Kölmer oder Chatoullkölmer sind, aber keineswegs ausgesprochen, daß jedes kölmische oder chatoullkölmische oder sonst zu freiem Besitze verliehene Grundstück notwendig Bestandteil eines Gemeindebezirks sein müsse, sondern nur gefolgert, daß die Frage, ob das im Streit befangene, zu kölmischem Rechte verliehene Grundstück der Gemeinde angehöre, noch der näheren Untersuchung bedürfe. Danach ist ein allgemeiner Rechtssatz, wie ihn der Vorderrichter formuliert, nicht anzuerkennen, vielmehr von der Untersuchung der besonderen Verhältnisse des im Streit befangenen Grundstücks auszugehen.

5. Wenn aber auch aus dem Privilegium von 1772 und der Verschreibung von 1800 eine Verleihung zu adligen Rechten und eine damit verbundene Uebertragung der Gutsherrschaft auf die Beliehenen nicht hergeleitet werden kann, so ist damit doch nicht ausgeschlossen, daß das vormalige Erbpachtgut ein besonderes herrschaftliches Gut darstellte und seine Vorwerksländereien jetzt einen Gutsbezirk bilden, dessen Gutsherrschaft nach Aufhebung der Eigentumsrechte des Erbverpächters mit dem vollen Eigentum auf den Erbpächter, den Vorbesitzer der Kläger, übergegangen ist. Zu den Gütern, mit denen das Recht auf Untertanen verbunden war, gehörten auch nach polnischem Rechte nicht nur die Güter des Adels, sondern auch die Kron-

und Starosteigüter. Daher kann nur in Frage kommen, ob die in der Feldmark von Jakschitz belegenen Vorwerksländereien für sich ein besonderes herrschaftliches Gut bildeten, oder einen Teil eines größeren herrschaftlichen Gutes dargestellt haben. Die letztere Eigenschaft folgt nicht schon daraus, daß das Dorf Jakschitz mit den dortigen Vorwerksländereien unstreitig zur Starostei Inowrazlaw gehört hat, denn es liegt kein Grund für die Annahme vor, daß die Dotationen der Starosten stets einheitliche Krongüter gebildet haben. Zur Dotation eines Beamten kann sowohl ein einheitliches Gut, wie ein Komplex mehrerer Güter gewidmet worden sein. Daher hängt auch in diesem Falle die Prüfung der Frage, ob Jarice ein besonderes herrschaftliches Gut gewesen ist, von der Feststellung ab, ob es besondere Untertanen gehabt hat. Dafür, daß dies der Fall war, sprechen überwiegende Gründe. War aber das Gut Jakschitz schon zu polnischen Zeiten als ein besonderes Königliches Gut anzusehen, so konnte es die Eigenschaft als selbständiges Gut weder durch die Einziehung für den preußischen Domänenfiskus, noch durch die Zulegung zu einem Domänenrentamt verlieren, sondern eine Beseitigung seiner kommunalrechtlichen Eigenschaft nur durch eine hierauf gerichtete Allerhöchste Entschließung herbeigeführt werden.

6. Anders würde indes die Sachlage dann zu beurteilen sein, wenn sich auf Grund neuer Angaben und Beweismittel herausstellen sollte, daß das Gut Jakschitz weder von vornherein ein selbständiges herrschaftliches Gut gebildet hat, noch als ein solches aus dem Besitze des Domänenfiskus ausgeschieden worden ist, was auch ohne Uebergang der Gutsherrschaft auf den zu Erbpachtsrechten beliehenen Erwerber rechtlich möglich war. Freilich würden auch in diesem Falle die meisten Behauptungen der Beklagten, aus denen sie eine Zurechnung der Vorwerksländereien des vormaligen Erbpachtgutes zu ihrem Bezirke herleitet, unerheblich bleiben. Dies gilt zunächst von der Angabe, daß Gut und Gemeinde im Gemenge liegen, ebenso aber auch von der Berufung auf die Eintragungen im Grundbuch und Grundsteuerkataster und von der Bezugnahme auf den Inhalt des Rezesses und insbesondere die Bestimmungen des § 17 jener Urkunde. Die Gemengelage von Vorwerksländereien und bäuerlichen Wirtschaften kann zwar die Vereinigung beider zu einem einheitlichen Gemeindebezirk als eine im öffentlichen Interesse gebotene Maßregel erscheinen lassen, aber sie nicht von selbst nach sich ziehen, sondern nur die Notwendigkeit eines darauf abzielenden staatlichen Aktes begründen. Die Eintragungen im Steuerkataster und Grundbuch aber sind nicht die rechtlichen Akte und Formen, in denen die kommunale Zugehörigkeit eines Grundstücks herbeigeführt wird und sich vollzieht, sie können also den fehlenden Beweis für diese nicht ersetzen, sondern nur zu der Ermittelung Anlaß geben, ob den Vorgängen, auf welchen sie beruhen, Tatsachen zu entnehmen sind, die für die Beurteilung der kommunalen Zugehörigkeit von entscheidender Bedeutung sind. Endlich kann auch aus dem Auseinandersetzungsrezeß von 1842 nichts zugunsten der Beklagten gefolgert werden. Wenn dort das Erbpachtvorwerk Jarice mit seinem Abbau als Teil des Dorfes bezeichnet ist, so folgt daraus doch nicht, daß es als Teil des Gemeindebezirks hat aufgeführt werden sollen, denn das Dorf und seine Feldmark sind nicht identisch mit dem Gemeindebezirk, sondern umfassen die herrschaftlichen Vorwerksländereien auch dann, wenn sie außerhalb des Gemeindebezirks stehen. Ebensowenig ist die Zugehörigkeit des Erbpachtvorwerks zum Gemeindebezirk daraus zu folgern, daß im § 17 des Rezesses besondere Bestimmungen über die Beteiligung des Vorwerks an der Unterhaltung der Wege und Gräben innerhalb der Separationsfeldmark getroffen sind. Selbst wenn diese Lasten zu denjenigen gehörten, die nach Gesetzesrecht den Gemeinden für den Bereich des Gemeindebezirks obliegen, so würde daraus doch nicht folgen, daß die Bestimmungen über die Beteiligung

des Erbpachtvorwerks als Maßstab für die Unterverteilung einer Gemeindelast unter deren Glieder aufzufassen sind, denn die gutsherrlich-bäuerliche Auseinandersetzung hat zwar auch die Regelung dieses Maßstabes zum Gegenstande, beschränkt sich aber nicht hierauf, sondern erstreckt sich auch auf die Regelung des Anteils der Gutsherrschaft und der Gemeinde an gemeinsamen kommunalen Aufgaben, wie denn Bestimmungen ähnlicher Art fast regelmäßig auch in gutsherrlich-bäuerlichen Regulierungsrezessen wiederkehren, obwohl die kommunale Selbständigkeit der beteiligten Gutsherrschaft außer jedem Zweifel steht. Kann also selbst unter jener Voraussetzung aus den Vorschriften des Auseinandersetzungsrezesses über die Unterhaltung der Wege und Gräben nichts für die Zugehörigkeit des Erbpachtvorwerks zum Gemeindebezirk gefolgert werden, so ist dies hier um so weniger möglich, als die Unterhaltung der Wege und Gräben nach dem maßgebenden Rechte gar nicht einmal der Gemeinde als solcher obliegt. Die Unterhaltung der Wege liegt nach dem provinziellen Rechte, dem WegeRegl. für Westpreußen und die Netzedistrikte v. 4. VI. 1796, den anliegenden Grundbesitzern ob, und das gleiche gilt von der Unterhaltung der Gräben nach den unmittelbar maßgebenden Bestimmungen in § 100ff. I 8 ALR.

7. Werden hiernach die meisten Behauptungen der Beklagten für ungeeignet zu erachten sein, den Nachweis einer Verbindung der Vorwerksländereien des vormaligen Erbpachtgutes mit ihrem Gemeindebezirke zu erbringen, so gilt dasselbe doch nicht von der weiteren, daß der ganze Besitz der Kläger und insbesondere das vormalige Erbpachtgut seit dem 1. III. 1817 zum Gemeindebezirke tatsächlich gerechnet worden sei, denn nach § 6[3] G. über die Armenpflege v. 31. XII. 42 sind von herrschaftlichen Gütern abgezweigte Grundstücke zum Gemeindebezirk zu rechnen, wenn die Vereinigung zwar ohne Genehmigung der Landespolizeibehörde und ohne ausdrückliche Zustimmung der Gemeinde, aber doch ohne Widerspruch der Beteiligten vor der Publikation des angezogenen Gesetzes wirklich in Ausführung gekommen ist. Daher würde, falls sich aus der weiteren Verhandlung ergeben sollte, daß das Gut Jackschitz kein selbständiges herrschaftliches Gut, sondern nur ein Teil eines größeren Domänengutes war, festzustellen sein, ob die Behauptung der Beklagten, daß die streitigen Ländereien tatsächlich schon vor dem Inkrafttreten des G. v. 31. XII. 42 zum Gemeindebezirk gerechnet worden seien, begründet ist, und hierüber mit dem Kommissar zur Wahrnehmung des öffentlichen Interesses und den Parteien verhandelt und namentlich erörtert werden müssen, in welchen Umständen die tatsächliche Zurechnung zutage getreten ist. Dagegen würde sich eine Untersuchung nach dieser Richtung völlig erübrigen, wenn die Annahme, das vormalige Erbpachtgut sei ein besonderes herrschaftliches Gut, die nach der gegenwärtigen Sachlage begründet erscheint, auch nach dem Ausfall der wiederholten Verhandlung sich als gerechtfertigt erweist, denn der § 6 G. v. 31. XII. 42 findet nur auf die von herrschaftlichen Gütern abgezweigten Grundstücke, also nicht auf ganze herrschaftliche Güter Anwendung, diese können die Eigenschaft als Gutsbezirk durch tatsächliche Zurechnung zum Gemeindebezirk niemals verlieren. Ein Erlöschen dieser Eigenschaft durch Verjährung ist rechtlich nicht möglich.

2. Kommunale Eigenschaft, Entstehung und Aenderung der Gutsbezirke.

Nr. 1. Entsch. v. 12. Mai 1905 (OVG. 47 136) I C 15/04.

1. Zwar sind mit der Einverleibung in den preußischen Staat diejenigen politischen Rechte des Domkapitels zu Naumburg erloschen, die in der besonderen Verfassung der sogenannten Stiftslande und ihrer Verbindung mit

dem vormaligen Kurfürstentume, späteren Königreiche Sachsen, begründet waren, wie das Recht auf Teilnahme an der Stiftsregierung, die Standschaft auf dem Landtag und den besonderen Stiftstagen; aber unberührt sind die Rechte geblieben, die aus der Gutsherrschaft flossen. Die aus dem Eigentum an herrschaftlichen Gütern fließenden Rechte wurden dem Domkapitel ebenso wie anderen Gutsherrn erhalten; so wenig wie diesen wurden dem Domkapitel durch die Einverleibung in den preußischen Staat die kommunale Ausnahmestellung und Selbständigkeit entzogen. Daher hat der Vorderrichter mit Recht angenommen, daß das Domkapitel, wenn es in vorpreußischer Zeit Gutsherrschaft war, diese Eigenschaft auch unter preußischer Herrschaft behalten hat.

2. Obgleich die Frage, welche Eigenschaften ein Gut haben muß, um in Preußen als selbständiger Gutsbezirk anerkannt zu werden, nur nach dem gegenwärtig in Preußen geltenden Rechte beantwortet werden kann, so folgt doch daraus nicht, daß auch die weitergehende Frage, ob die Eigenschaften, die eine Voraussetzung der Anerkennung als Gutsbezirk bilden, für ein bestimmtes Gut erworben worden sind, unbedingt nach demselben Rechte zu beantworten ist. Da die Eigenschaft eines Gutes als Gutsbezirk nicht davon abhängt, daß das mit ihm verbundene Recht, Untertanen zu haben, noch jetzt besteht, sondern nur davon, daß es in der Vergangenheit bestanden hat, so kann auch darüber, ob diese, die Voraussetzung einer Anerkennung als Gutsbezirk bildende Berechtigung für das Gut begründet war, nur nach denjenigen Rechtsregeln geurteilt werden, unter deren zeitliche und örtliche Herrschaft die Tatsachen fallen, aus welchen die Entstehung der Berechtigung hergeleitet wird. War für ein in den vormals sächsischen Landesteilen belegenes Gut die Berechtigung, Untertanen zu haben, schon in vorpreußischer Zeit auf eine zwar nicht den §§ 91f. II 7 ALR., wohl aber den damals dort geltenden Rechtsregeln entsprechende Weise begründet, so konnte das bereits erworbene Recht durch die spätere Einführung der angezogenen Vorschriften nicht berührt werden; denn neue Gesetze können „auf schon vorhin vorgefallene Handlungen und Begebenheiten" nicht angewendet werden (§ 14 Einl. z. ALR.). In der Tat sind aber jene Vorschriften in den vormals sächsischen Landesteilen niemals geltendes Recht geworden, da das Landrecht durch das Pat. v. 15. XI. 1816 (GS. 233) nicht in seiner ursprünglichen, sondern in derjenigen Gestalt eingeführt worden ist, die es durch die inzwischen ergangenen, abändernden, ergänzenden und erläuternden Bestimmungen erhalten hatte. Zu diesen gehörte das Ed., betr. den erleichterten Besitz und freien Gebrauch des Grundeigentums sowie die persönlichen Verhältnisse der Landbewohner v. 9. X. 1807, das die Begründung neuer Untertanenverhältnisse untersagte und damit einen Erwerb des Rechtes auf Untertanen unmöglich machte. Durch die Einführung des ALR. wurde also nicht der Erwerb des Rechtes auf Untertanen anders geregelt, sondern dies Recht selbst aufgehoben. Mit seiner Aufhebung, zu deren Ausführung noch die Vd., betr. die Aufhebung der Erbuntertänigkeit in dem Kottbuser Kreise, den beiden Lausitzen und den übrigen vormals sächsischen Landesteilen, v. 18. I. 1819 (GS. 21) erging, ist aber die in dem Rechte, Untertanen zu haben, wurzelnde Gutsherrschaft in jenen Landesteilen ebensowenig beseitigt worden, wie in den älteren preußischen. War unter der sächsischen Herrschaft das Recht, Untertanen zu haben, mit einem Gute verbunden, so blieb ihm die Eigenschaft eines herrschaftlichen Gutes auch unter preußischer Herrschaft erhalten, gleichviel, ob das Recht auf Untertanen auf die in §§ 91f. II 7 ALR. bezeichnete oder auf eine andere Weise erworben worden war. Freilich hätte ein Erwerb des Rechtes auf Untertanen in vorpreußischer Zeit überhaupt nicht stattfinden können, wenn dem damals geltenden

Rechte die „Gutsherrschaft" unbekannt gewesen wäre. Eine solche Behauptung widerspricht aber der geschichtlichen Entwickelung. Die preußische Gesetzgebung hat das Rechtsgebilde der Gutsherrschaft nicht neu geschaffen, sondern aus dem gemeinen deutschen Rechte übernommen. Seit dem Mittelalter zerfiel in den meisten Gegenden Deutschlands das platte Land in größere oder kleinere gutsherrliche Bezirke, deren jeder aus einem Herrenhof, als seinem rechtlichen Mittelpunkt, einem oder mehreren Dörfern und einer Flur bestand, die sowohl die zu dem Herrenhofe wie die zu den Dörfern gehörigen Ländereien umfaßte. Der Besitzer des Herrenguts — der Gutsherr, die Herrschaft — war Gebieter nicht bloß über das Herrengut, sondern auch über das Dorf und die bäuerliche Flur; nicht bloß die Knechte des Herrenguts, sondern auch die bäuerlichen Einwohner im Dorfe waren ihm untertänig und seiner obrigkeitlichen Gewalt unterworfen. Daß im vormaligen Kurfürstentume, jetzigen Königreiche Sachsen oder doch in den Teilen, die nicht zu den beiden Lausitzen gehörten, ein abweichender Rechtszustand gegolten habe, ist nicht nachweisbar. (Folgt Beweisführung.)

Auch in Sachsen hat es neben den Domänen und Rittergütern, die auch das PrArmenpflG. v. 31. XII. 42 (GS. 43 8 ff) in §§ 5 ff. als Güter von Gutsherrschaften bezeichnet, noch andere Güter gegeben, mit denen herrschaftliche Rechte verbunden sein konnten. War somit auch in den vormals sächsischen Landesteilen die Eigenschaft als Rittergut nicht notwendige Voraussetzung eines herrschaftlichen Gutes, so fehlt der Auffassung der Beigeladenen, daß in ihrem Bereiche die Eigenschaft als Gutsbezirk nur bei Rittergütern anzuerkennen sei oder daß sie gar durch Leistung von Ritterdienst habe verdient werden müssen, jede Grundlage.

3. Gegen die Annahme hinsichtlich der Entstehung der Gutsherrschaft durch Observanz ergeben sich auch vom Standpunkte des gemeinen Rechtes aus, das in vorpreußischer Zeit gegolten hat, nicht abzuweisende Bedenken. Wie das Gewohnheitsrecht überhaupt, so ist die Observanz, die sich als das besondere Gewohnheitsrecht einer gewissen Gemeinheit, einer Klasse oder eines Inbegriffs von Personen darstellt, eine Quelle des objektiven Rechtes, ihr Inhalt kann also nur ein Rechtssatz, eine Rechtsregel sein. Der Vorderrichter hat aber aus der von ihm festgestellten Uebung nicht das Bestehen einer allgemeinen Rechtsregel gefolgert, aus deren Anwendung auf den vorliegenden Fall er die subjektive Berechtigung des beklagten Domkapitels, als Besitzer der im Streite befangenen Ländereien Untertanen zu haben und obrigkeitliche Gewalt über sie zu üben, abgeleitet hätte, sondern er hat die Verbindung jener Berechtigung mit der Besitzung des Domkapitels, einem individuell bestimmten Gute, als den Inhalt der als erwiesen angesehenen Observanz bezeichnet. Die erste und unerläßliche Voraussetzung für die Ausbildung einer solchen Observanz ist, daß der, dem die individuelle Rechtsbegünstigung zu gewähren ist, mit den Personen, denen gegenüber sie wirksam werden soll, eine gewisse Gemeinheit, eine bestimmte Klasse oder einen Inbegriff von Personen bildet, worin sich ein besonderes Gewohnheitsrecht entwickeln kann. An dieser Voraussetzung fehlt es im vorliegenden Falle. Zwischen der Gutsherrschaft und ihren Untertanen besteht freilich eine Gemeinheit, innerhalb deren sich Observanzen der verschiedensten Art bilden können. Daraus folgt aber nicht, daß in vorlandrechtlicher Zeit neue Gutsherrschaften durch Observanz entstehen konnten; denn diejenige Gemeinschaft zwischen Herrschaft und Untertanen, die die Voraussetzung der Ausbildung von Observanzen darstellt, die den Inhalt und Umfang der gutsherrlichen Rechte und Pflichten regeln, soll hier erst durch die Observanz entstanden sein, konnte ihr also nicht zur Grundlage dienen. Rechtlich möglich würde daher die Ausbildung einer derartigen Observanz jedenfalls nur dann sein, wenn auch zwischen dem Eigen-

tümer eines Gutes, für das herrschaftliche Rechte über Untertanen erst zu begründen sind, und den Bewohnern sowie Grundbesitzern des Gebiets, über das sich die Herrschaft erstrecken soll, eine dem Verhältnisse des Gutsherrn zu seinen Untertanen gleichartige Gemeinheit bestände. Das trifft indes nicht zu. Freilich besteht auch zwischen dem Eigentümer eines Gutes, mit dem herrschaftliche Rechte nicht verbunden sind, und den Personen, die auf seinem Grund und Boden wohnen oder daran dingliche Nutzungsrechte nebst Besitz haben, eine Summe von rechtlichen und tatsächlichen Beziehungen; solche können sogar zwischen dem Eigentümer des Gutes und denen, die Teilstücke davon zu vollem oder nutzbarem Eigentum erworben haben, obwalten. Aber diese Beziehungen berühren nur privatrechtliche und nachbarliche Interessen. Daher kann die aus ihnen sich ergebende Gemeinschaft nicht der Ausbildung einer Observanz, welche die Begründung einer neuen obrigkeitlichen Gewalt zum Gegenstand und Inhalte hat, als Grundlage dienen.

4. Das beklagte Domkapitel behauptet, die in der Anlage A zum Rez. v. 26. I. 38 aufgeführten Grundstücke seien Teile desjenigen Gutes, das dem bischöflichen Stuhle zu Zeitz im Anfange des 11. Jahrhunderts unter der Bedingung und zu dem Zwecke zugewendet worden ist, daß der Bischofssitz von Zeitz nach Naumburg, dem Orte, wo das geschenkte Gut lag, verlegt werde. Daß eine derartige Schenkung stattgefunden hat, ist nicht streitig. Nicht minder unzweifelhaft ist es, daß mit dem Besitze des Gutes das Recht, Untertanen zu haben und obrigkeitliche Gewalt über sie auszuüben, verbunden war. Ist aber die Domfreiheit auf dem geschenkten Gebiete erbaut worden, so darf auch angenommen werden, daß die im Gemenge mit den Häusern der Domfreiheit liegenden, noch jetzt im Besitze des beklagten Domkapitels befindlichen Grundstücke die Reste jener ursprünglichen Besitzung des bischöflichen Stuhles darstellen. Danach muß mindestens ein Teil der im Streite befangenen Grundstücke als Bestandteil eines herrschaftlichen Gutes und somit Gutsbezirkes gelten. Fraglich kann somit nur sein, welche Begrenzung der aus dem Gute entstandene Gutsbezirk hat; für die Beantwortung dieser Frage aber ist der Inhalt des Rez. v. 26. I. 38 ganz allein maßgebend.

Als Grundlage für das Verhältnis des Domkapitels und seiner Besitzungen zur Stadtgemeinde Naumburg und für die zur Regelung des Verhältnisses getroffenen Vereinbarungen, insbesondere als Grundlage des Rez. v. 26. I. 38, kann nur der § 7 Abs. 2 rev. StO. v. 17. III. 31 betrachtet werden. Diese Bestimmung gibt dem Mediatherrn kein unbedingtes Recht, mit seinem gesamten in der Stadt, in den Vorstädten und der städtischen Feldmark befindlichen Besitz aus dem Gemeindeverbande der Stadt auszuscheiden; denn das ihm zustehende Wahlrecht, der Stadt beizutreten oder von ihr fern zu bleiben, beschränkt sich auf den „Dominialbesitz". Damit kann nur derjenige Grundbesitz bezeichnet werden, der zum herrschaftlichen Gute, mit dem die Mediatherrschaft verbunden war, gehörte.

Muß aber angenommen werden, daß das Recht des Mediatherrn, vom städtischen Gemeindeverbande mit seinem Besitze frei zu bleiben, in der angegebenen Weise beschränkt war, so kann das im § 2 Rez. v. 26. I. 38 abgegebene Anerkenntnis, daß die in der Anlage A näher nachgewiesenen Besitzungen des Domkapitels „ein für sich bestehendes Patrimonium und Dominium" bilden, nicht als eine beiläufige, dem eigentlichen Gegenstande der Regelung fremde Bemerkung betrachtet werden; darin ist vielmehr ihr Angelpunkt und ihre Grundlage zu finden. Mit der Bestätigung durch den Oberpräsidenten wurde die im § 2 getroffene Vereinbarung zu einem organisatorischen Akte, der im Verwaltungsstreitverfahren einer Nachprüfung nur dahin unterliegt, ob er von einer an sich zuständigen Behörde ausgegangen ist.

Die Wirkung dieses Aktes aber beschränkt sich nicht auf die Trennung der von ihm betroffenen Grundstücke von dem Verbande der Stadtgemeinde, sondern erstreckt sich auch auf ihre Zuteilung zu dem Gebiete des herrschaftlichen Gutes, dem Dominium des Mediatherrn. Die Zuständigkeit zur Vornahme des organisatorischen Aktes könnte nur dann in Frage gestellt werden, wenn es sich um Schaffung eines neuen herrschaftlichen Gutes gehandelt hätte. Zu einem solchen Akte, der dem Könige vorbehalten war, würde der Oberpräsident nicht zuständig gewesen sein. Aufgabe des Oberpräsidenten war es, die Grenzen des herrschaftlichen Gutes gegen den Bezirk der Stadtgemeinde festzustellen. Nahm er auf Grund der übereinstimmenden Angaben der Beteiligten an, daß der gesamte in Anlage A zum Rez. v. 26. I. 38 aufgeführte Grundbesitz zum „Dominium" des Domkapitels gehöre, und stellte er hiernach die Grenzen zwischen dem Stadtbezirk und dem „Dominium", dem herrschaftlichen Gute des Mediatherrn, fest, so überschritt er seine Zuständigkeit selbst dann nicht, wenn er dabei von unrichtigen Voraussetzungen ausging, sondern er irrte dann nur in der Beurteilung der tatsächlichen oder rechtlichen Verhältnisse. Ein solcher Irrtum aber konnte den von ihm vorgenommenen, an sich innerhalb seiner Zuständigkeit liegenden Akt nicht rechtsunwirksam machen. Deshalb bedarf es auch keiner weiteren Ermittelungen, ob die sämtlichen im Streite befangenen Grundstücke schon vor dem Rez. v. 26. I. 38 Teile eines einheitlichen „Dominiums" gewesen sind; denn selbst wenn dies nicht der Fall gewesen sein sollte, so würde doch die Begrenzung des Dominiums des Mediatherrn durch den Rezeß maßgebend bleiben.

Nr. 2. Entsch. v. 22. Juni 1906 (PrVerwBl. 28 670) I 789.

ArmenpflG. v. 31. XII. 42 (GS. 43 8) § 6.

1. Der Vorderrichter geht davon aus, daß die Herrschaft S. einen einheitlichen Gutsbezirk gebildet und das hier im Streit befangene Grundstück einen Teil dieses Gutsbezirks dargestellt habe, er spricht ihm aber trotzdem die Eigenschaft eines selbständigen Gutsbezirks zu, weil er auf Grund der Auskunft des Kgl. Staatsarchivs zu Posen feststellt, daß das Vorwerk S. das Restgut der vormals einen einheitlichen Gutsbezirk bildenden gleichnamigen Herrschaft darstelle. Diese Art der Begründung enthält schon deshalb einen wesentlichen Mangel des Verfahrens, weil der Vorderrichter weder erläutert, was er unter einem Restgute versteht, noch angibt, auf Grund welcher tatsächlichen Umstände und rechtlichen Erwägungen er zu dem Schlusse gelangt ist, daß jenes Vorwerk das Restgut der Herrschaft sei, sondern sich lediglich auf die ebenfalls jeder näheren Begründung entbehrende Auskunft des Staatsarchivs beruft, also anzunehmen scheint, daß diese eine für den Verwaltungsrichter bindende Kraft habe. Das ist unrichtig; die Auskunft des Staatsarchivs kann zwar als Beweismittel für den Inhalt und Wortlaut der von ihm verwahrten Urkunden benutzt werden, aber sie ist keine geeignete Unterlage für die aus den verwahrten Urkunden und Nachrichten gezogenen Schlüsse. Soweit das Schreiben des Staatsarchivs solche enthält, kennzeichnen sie sich als persönliche Gutachten desjenigen Archivars, der das Schreiben verfaßt hat, die zwar sehr wertvoll sein können, die aber stets der Begründung bedürfen und hinsichtlich ihrer Richtigkeit vom Verwaltungsrichter nachzuprüfen sind.

2. Wollte man aber auch annehmen, daß sich der Vorderrichter, der sich auf die Erwägungen des ersten Richters bezieht, damit auch dessen Bemerkung, daß das Vorwerk das Schloß und den Sitz der Erbherren der ungeteilten Herrschaft umfaßt habe, zu eigen gemacht habe, so würde damit doch eine haltbare Grundlage für die Entscheidung nicht gewonnen werden, denn dann müßte unterstellt werden, daß der Vorderrichter angenommen habe: „Bei der Zerstückelung

eines einen einheitlichen Gutsbezirk bildenden herrschaftlichen Guts bleibe dasjenige Teilstück, zu dem der Sitz der Besitzer des ungeteilten Gutes gehöre, stets als Restgutsbezirk übrig." Ein solcher Satz besteht aber nicht, vielmehr berührt die Teilung eines herrschaftlichen Gutes das Bestehen des von ihm gebildeten Gutsbezirks überhaupt nicht, dasselbe bleibt vielmehr trotz der wirtschaftlichen und privatrechtlichen Teilung in kommunalrechtlicher Beziehung eine Einheit, deren „Teile" die einzelnen Teilstücke bilden. Das gilt auch von demjenigen Teilstücke, zu dem der Sitz der Eigentümer des ungeteilten Gutes gehört. Unter Umständen kann allerdings die Lage dieses Sitzes (des nobile castrum) maßgebend für die Bestimmung desjenigen Teilstücks sein, mit dessen Besitze die unteilbaren Pflichten und Rechte der Gutsherrschaft in dem zersplitterten Gutsbezirke verbunden sind, aber dies ist keineswegs immer und unter allen Umständen der Fall, und trifft zB. dann nicht zu, wenn dasjenige Stück, auf dem sich der Sitz der Gutsherrschaft befunden hat, von dieser unter Vorbehalt herrschaftlicher Rechte abveräußert worden ist, wie dies bei den in der ersten Hälfte des vorigen Jahrhunderts vorgenommenen Veräußerungen fiskalischer Güter die Regel war. Es ist daher, auch wenn der Vorderrichter unter dem Restgut denjenigen Teil eines größeren Gutsbezirks verstanden haben sollte, mit dessen Besitz die Pflichten und Rechte der Gutsherrschaft verbunden sind, sein Schluß, daß die Besitzung des Klägers diesen Teil darstellt, nicht ausreichend begründet, ganz abgesehen davon, daß der Beweis für die Annahme, das sogenannte Schloß S. bilde einen Teil seines Grundbesitzes, fehlt. Wie dem aber auch sein möge, in keinem Falle würde der Umstand, daß die jetzige Besitzung des Klägers auch dies Schloß mitumfaßt, den Schluß rechtfertigen, daß diese den Rest des Gutsbezirks der parzellierten Herrschaft S. darstellt, eine solche Folgerung würde vielmehr nur dann begründet sein, wenn nachgewiesen würde, daß alle anderen Teile des Gutsbezirks in rechtsgültiger Weise von diesem infolge staatshoheitlicher Akte oder infolge Zutreffens der Voraussetzungen des § 6[3] Armenpfl. G. v. 31. XII. 42 abgetrennt seien. Dies hat der Vorderrichter nicht festgestellt.

3. Bei freier Beurteilung war die Sache nicht für spruchreif zu erachten. Nach den Erklärungen der Parteien war freilich als unstreitig zu erachten, daß die Herrschaft S. zur Kategorie der adligen Güter gehört hat, mit denen nach § 91 II 7 ALR. das Recht auf Untertanen verbunden war; unaufgeklärt ist aber geblieben, ob diese Herrschaft ein einheitliches adliges Gut oder einen Komplex mehrerer in einer Hand vereinigter adliger Güter gebildet hat. Ob das eine oder das andere der Fall gewesen ist und ob demnach die Herrschaft einen einheitlichen selbständigen Gutsbezirk gebildet hat oder in mehrere selbständige Gutsbezirke zerfallen ist, hängt von der Feststellung ab, ob das ihren Besitzern zustehende Recht auf Untertanen mit dem Besitz des Ganzen oder mit dem Eigentum der einzelnen zur Herrschaft gehörigen Vorwerke verbunden war. Daher bedarf es zunächst einer Ermittelung über die Zusammensetzung der Herrschaft und die Art der Verbindung ihrer Teile, zu welchem Zwecke ein Zurückgreifen auf die Akten der Kgl. Regierung, Abteilung für direkte Steuern, Domänen und Forsten zu Posen, betr. den Erwerb der Herrschaft, deren Einrichtung zur Generalpacht und deren Veräußerung, ferner auf die etwa noch vorhandenen Hypothekenakten der ungeteilten Herrschaft und die Rezesse der zur Herrschaft gehörigen Ortschaften erforderlich sein wird, und einer Prüfung, ob die Leistungen und Dienste der Untertanen als Zubehör der ungeteilten Herrschaft oder der einzelnen Vorwerke gegolten haben, und ob insbesondere das Vorwerk S. besondere, nur ihm verpflichtete Untertanen gehabt hat.

Kann dies festgestellt werden, so bedarf es einer weiteren Prüfung, unter welchen Bedingungen der Vorbesitzer des Klägers das ihm vom Domänenfiskus zu Erbpachtsrechten verliehene Gut erworben hat, und ob insbesondere die dem Erbpächter verliehene Erbpachtsgerechtigkeit auch die dem Gutsherrn gegenüber den Untertanen zustehenden gutsherrlichen Rechte umfaßt hat oder diese dem Erbverpächter vorbehalten sind; denn nur im ersteren Falle kann dem abgetrennten Erbpachtsgut die Eigenschaft eines Gutsbezirks zugesprochen werden. Im anderen Falle aber ist es als Teil eines größeren Gutsbezirks anzusehen, sofern nicht in der Folge eine Aenderung in seinen kommunalrechtlichen Verhältnissen eingetreten ist.

Eine solche erfordert jedoch nicht notwendig einen staatshoheitlichen Akt. Selbständigen herrschaftlichen Gütern kann freilich die Eigenschaft eines Gutsbezirks nur durch Allerhöchste Entschließung und nicht durch tatsächliche Zurechnung zu einem benachbarten Gemeindebezirk entzogen werden. Anders aber steht es mit Grundstücken, die vor Erlaß des ArmenpflG. v. 31. XII. 42 von einem herrschaftlichen Gute zu Eigentum, Erbzins- oder Erbpachtsrechten abgezweigt sind, denn diese sind aus dem Gutsbezirke des Stammguts geschieden, wenn sie vor der Publikation des angeführten Gesetzes zwar ohne Zustimmung der Gemeinde und Genehmigung der Landespolizeibehörde, jedoch ohne Widerspruch der Beteiligten mit einer Gemeinde vereinigt worden sind (§ 6[3] des angeführten G.). Daher bedarf es, wenn die Besitzung des Klägers sich nach dem Inhalt des mit seinem Vorbesitzer geschlossenen Erbpachtvertrages nur als Teil eines großen fiskalischen Gutes darstellt, einer weiteren Ermittelung, ob der unstreitig bestehende Zustand, nach welchem die Besitzung seit Jahren als Teil der beklagten Landgemeinde behandelt worden ist, schon vor der Bekanntmachung des G. v. 31. XII. 42 bestanden hat.

3. Kommunale Eigenschaft von Trennstücken eines Gutsbezirks, von ehemaligen Bauerstellen und Landabfindungen.

Nr. 1. Entsch. v. 11. Mai 1906 (OVG. 48 125) I C 46/05.

1. Wurde vor dem Inkrafttreten der neuen Agrargesetzgebung (1. I. 1812) ein Trennstück des gutsherrlichen Grundbesitzes an ein Mitglied der zum Gute gehörigen Bauerngemeinde veräußert und von dem Erwerber mit seinem bäuerlichen Grundbesitze wirtschaftlich vereinigt, so wurde es hiermit Teil des Gemeindebezirkes, ohne daß es einer staatlichen Anordnung bedurfte. Im vorliegenden Falle trat zu dem Abverkaufe des später „Vorwerk N." genannten Ackerflecks vom Dominium D. im Jahre 1747 der Umstand hinzu, daß der Erwerber, eine zur bäuerlichen Gemeinde gehörige Person, das erworbene Stück seinem Besitztum im Dorfe als Zubehör angliederte, indem er darauf ein Auszugshaus errichtete. Eine Bestätigung für den so vollzogenen Eintritt des Trennstücks in die Dorfgemeinde liegt darin, daß das Stück fortan nach dem Rustikaldivisor besteuert wurde.

2. Urbarien sind ihrer Zweckbestimmung nach nicht geeignet, zuverlässige Auskunft über die Abgrenzung des Gemeindebezirkes gegen das gutsherrliche Territorium zu geben; denn sie sollten über das wechselseitige gutsherrlich-bäuerliche Verhältnis des Ortes in Ansehung der Pflichten der Untertanen gegen die Herrschaft, die Dienste, Lasten und Abgaben angefertigt werden. Wenn also in dem Urbar das Vorwerk N. nicht erwähnt

ist, so folgt daraus noch nicht, daß bei der Aufstellung das genannte Grundstück zum Dominium O. gerechnet wurde, und noch weniger, daß es dazu gehörte.

Nr. 2. Entsch. v. 22. Sept. 1905 (OVerwG. 48 149) I C 17/05.

KurhGemO. v. 23. X. 34 (KurhGS. 181) §§ 3, 5.

1. Eine Einverleibung in Ansehung der örtlichen Verwaltung gemäß § 5 Abs. 1 KurhGemO. v. 23. X. 34 (KurhGS. 181), d. h. in Ansehung der dem Gemeindevorsteher übertragenen obrigkeitlichen Verwaltung, die er als Hilfsbeamter des Staates (§ 61 aaO.) zu führen hat, enthält zunächst nur die Unterstellung des der Gemeinde einverleibten Grundstücks unter die obrigkeitliche, im Auftrage des Staates geübte Verwaltung des Gemeindevorstehers. Soll aus ihr sich eine darüber hinausgehende Vereinigung, eine Gemeinschaft in Ansehung der Teilnahme an den Lasten und Vorteilen des Gemeindeverbandes entwickeln, so bedarf es eines weiteren Aktes, einer ortsverfassungsmäßigen Regelung nach § 5 Abs. 4 in Verbindung mit § 3 GemO., die entweder auf einer von der Provinzialregierung bestätigten Vereinbarung oder einer von ihr nach Anhörung der Beteiligten getroffenen Festsetzung beruhen kann. Dies gilt nicht bloß bei der Einverleibung von Rittergütern oder adligen Freigütern, sondern auch bei der von sonstigen einzelnen Gütern, Höfen, Häusern, Mühlen und anderen Grundstücken. Aus der bloßen Einverleibung in Ansehung der örtlichen Verwaltung kann daher eine die Gemeindesteuerpflicht begründende rechtliche Zugehörigkeit zur Gemeinde nicht hergeleitet werden, am allerwenigsten bei einem Domänengrundstücke. Wenn auch das Verhältnis der Domänen zu den Gemeinden, mit denen sie in Ansehung der örtlichen Verwaltung vereinigt sind, nicht ganz das gleiche ist, wie das der in derselben Verbindung mit den Gemeinden stehenden Rittergüter und adligen Freigüter, und namentlich dem Domänenfiskus ein Anspruch auf Berücksichtigung „der bestehenden Rechtsverhältnisse", wie er den Besitzern der Rittergüter und adligen Freigüter nach § 47 KurhVUrk. v. 5. I. 31 zusteht, verfassungsmäßig nicht gewährleistet ist, so trifft doch bei beiden Arten von Gütern die Erwägung zu, daß sie sich als gutsherrlicher Besitz kennzeichnen. Stand nach der geschichtlichen, auf dem Unterschiede zwischen gutsherrlichem und bäuerlichem Besitze beruhenden Entwickelung der Landgemeinden auch im vormaligen Kurfürstentume Hessen das Territorium der Rittergüter und adligen Freigüter außerhalb des Gemeindeverbandes, so muß dasselbe von dem der Domänen um so mehr gelten, als auch die Bestimmung im § 5 Abs. 1 von der Gleichartigkeit des domanialen und des ritterschaftlichen Besitzes ausgeht. In der Verwaltungspraxis hat denn auch kein Zweifel darüber bestanden, daß die Einverleibung in bezug auf die örtliche Verwaltung auch bei Domänengrundstücken keine völlige Verbindung mit der Gemeinde bewirke, und daß selbst die örtliche Lage innerhalb der Gemarkung einer Gemeinde nur als Beweis für das Vorliegen der Voraussetzungen einer Verbindung in Ansehung der örtlichen Verwaltung zu betrachten sei, aber nicht die rechtliche Zugehörigkeit zu einer Gemeinde begründen könne.

2. Die bei Gelegenheit der gutsherrlich-bäuerlichen Regulierung, der Gemeinheitsteilung oder Zusammenlegung getroffenen Bestimmungen der Auseinandersetzungsbehörden über die kommunale Zugehörigkeit der ausgewiesenen Abfindungen haben die Natur organisatorischer Verwaltungsakte, die bestimmt sind, den Status der Kommunalbezirke zu regeln. Derartige Verwaltungsakte sind zwar, wenn sie für die Entscheidung in einer anhängigen Verwaltungsstreitsache in Betracht kommen, wie alle Verfügungen der Verwaltungsbehörden der Nachprüfung durch den Verwaltungsrichter dahin unterworfen, ob sie von einer an sich zuständigen Be-

hörde ausgegangen sind, da ihnen andernfalls jede rechtliche Bedeutung abzusprechen ist, aber nicht der weitergehenden, ob die tatsächlichen Voraussetzungen für die Zuständigkeit als vorliegend angenommen werden durften und ob die Vorschriften für das Verfahren beobachtet worden sind. Nach den allgemeinen organisatorischen Bestimmungen über die Aufgaben und die Zuständigkeit der Generalkommissionen, die sich aus § 4 Vd. wegen Organisation der Generalkommissionen v. 20. VI. 1817 (GS. 161), § 9 AG. GemhTeilO. v. 7. VI. 21 (GS. 83) und § 11 Vd. wegen des Geschäftsbetriebs in Angelegenheiten der GemhTeilO. usw. v. 30. VI. 34 (GS. 96) ergeben, gehört es zu ihrer Aufgabe, in den durch ihre Spezialkommissionen aufgenommenen und von ihnen bestätigten Rezessen auch die landespolizeilichen Interessen wahrzunehmen und die Verteilung der öffentlichen Abgaben und Lasten zu bewirken, also auch die kommunale Zugehörigkeit der von ihnen ausgewiesenen Landabfindungen zu bestimmen. Deshalb ist auch bei Anwendung des § 147 GemhTeilO. v. 7. VI. 21 stets davon ausgegangen worden, daß die dort gegebene Regel, wonach die Abfindung an Stelle der Grundstücke und Berechtigungen tritt, für deren Abtretung oder Aufhebung sie ausgemittelt ist, zwar auch in kommunalrechtlicher Beziehung durchgreift, aber doch nur dann, wenn der Rezeß nicht etwas Abweichendes bestimmt. Da die angeführten Vorschriften der Vd. v. 20. VI. 1817 und 30. VI. 34 und des G. v. 7. VI. 21 durch § 1 der letzteren Verordnung auch auf das Gebiet der Generalkommission zu Münster für die Prov. Westfalen ausgedehnt sind, die in dieser Provinz geltenden Vorschriften aber nach § 29 Vd. betr. die Ablösung der Servituten, die Teilung der Gemeinschaften und die Zusammenlegung der Grundstücke im vormaligen Kurfürstentum Hessen v. 13. V. 67 (GS. 716) auch für das Verfahren der Generalkommission zu Kassel maßgebend sind, so war diese befugt, über die von ihr festgestellten Abfindungen und deren kommunale Zugehörigkeit Bestimmungen zu treffen, die von der im § 147 GemhTeilO. v. 7. VI. 21 nachgebildeten Regel des § 25 der angeführten Verordnung abweichen.

Nr. 3. Entsch. v. 25. Okt. 1907 (PrVerwBl. 29 494) I C 18/06.

ZustG. § 25.

1. Mag auch aus § 18 der zur Ausführung der HannLGemO. v. 28. IV. 59 erlassenen MBek., betr. die Regelung der Verhältnisse der Landgemeinden, von demselben Tage hervorgehen, daß die nach dieser Vorschrift zur Feststellung des örtlichen Umfangs der Gemeindebezirke berufene höhere Verwaltungsbehörde (nach damaliger Verfassung der Landdrostei) nicht nur zur Entscheidung von Streitigkeiten über die bestehenden Grenzen von Gemeindebezirken berufen, sondern auch befugt und verpflichtet war, Aenderungen der bestehenden Grenzen im Interesse der Abrundung von Gemeindebezirken selbst wider den Willen der Beteiligten anzuordnen, so folgt doch daraus nicht, daß die gleiche Befugnis den Verwaltungsgerichten zusteht. Diesen ist im § 26 Abs. 1 ZustG. nur die Entscheidung von Streitigkeiten über die bestehenden Grenzen von Gemeinde- und Gutsbezirken übertragen worden, während Aenderungen dieser, mögen sie auch nur in der Einverleibung solcher Grundstücke bestehen, die bisher noch keinem Gemeinde- oder Gutsbezirke angehört haben, nach § 25 ZustG. nur im Beschlußverfahren erfolgen können.

2. Hiernach hängt die Entscheidung von Beantwortung der Frage ab, ob die Zugehörigkeit des im Streit befangenen Grundstücks zum Gemeindebezirk der beklagten Gemeinde für nachgewiesen zu erachten ist. Hierfür fehlt es an jeder Grundlage. Die Klägerin hat die Feststellung der Instanzrichter, daß das im Streit befangene Grundstück zu der Abfindung gehört, die dem A.schen Hof Nr. 23 zu Pennigbüttel im Wege der Gemeinheitsteilung

für die aufgehobene Berechtigung am sog. Pennigbütteler Bauermale überwiesen ist, in keiner Weise bemängelt, sie hat vielmehr die Annahme, daß das streitige Grundstück ein Teil des Bauermals sei, selbst zur Grundlage ihrer Ausführungen in der Revisionsschrift gemacht. Das Bauermal aber war eine 5000 Morgen umfassende, aus Wiesen, Weide, Heide und Moor bestehende Gemeinheit, deren Nutzung den sämtlichen Stellenbesitzern der fünf Gemeinden Pennigbüttel, Wiste, Myhle, Alterdamm und Neuerdamm zustand. Sie gehört also zu den auch sonst vorkommenden Gemeinheiten, die ungeteilt verschiedenen Gemeinden oder doch deren Gliedern angehören und eben deshalb außerhalb des Gemeindebezirks der einzelnen Gemeinden stehen und entweder kommunalfreie sind oder selbständige Güter darstellen. Denn die Mark des einzelnen Dorfes, die die Grundlage des Gemeindebezirkes bildet, umfaßt nur die im Dorfe belegenen Höfe und Häuser mit den dazu gehörigen Grundstücken, die entweder der Gesamtheit ihrer Besitzer (der Gemeinde) oder diesen selbst zu besonderm oder gemeinsamem Eigentum zustehen, aber nicht diejenigen Grundstücke, an denen die Gemeinde oder die einzelnen Besitzer nur ein Anrecht neben anderen Gemeinden oder den zu diesen gehörenden Besitzern haben, und zwar selbst dann nicht, wenn diese mit der besonderen Mark des Dorfes im räumlichen Zusammenhange stehen oder gar von ihr umschlossen werden. Daher behauptet auch die Klägerin mit Unrecht die Zugehörigkeit des streitigen Grundstücks zur Feldmark von Myhle, denn sie weiß für diese nichts anzuführen, als die örtliche Lage, die auch durch die Aufteilung des Bauermals nicht zu einem für die Beurteilung der kommunalen Zugehörigkeit seiner Teile entscheidenden Umstande geworden ist. Daher kann es auch dahingestellt bleiben, ob der vom Vorderrichter angewendete Grundsatz, daß die bei der Gemeinheitsteilung des Pennigbütteler Bauermals ausgewiesenen Abfindungsländereien zum Bezirke derjenigen unter den fünf Gemeinden zu rechnen sind, dem der Haupthof angehört, als dessen Zubehör sie erscheinen, dem bestehenden Rechte entspricht und ob namentlich die im § 171 GemhTeilO. für die Herzogtümer Bremen und Verden v. 26. VII. 25 (HannGO. Abt. III 125 ff.) enthaltene Vorschrift, wonach die im Gemeinheitsteilungsverfahren ausgewiesenen Abfindungen die Eigenschaft des Hauptguts, zu welchem die aufgehobene Berechtigung oder Benutzung gehörte, „in Ansehung der hypothekarischen oder sonstigen Verhältnisse" annehmen, in der jener Grundsatz eine Stütze finden würde, auf kommunalrechtliche Beziehung überhaupt oder doch wenigstens unter der Voraussetzung angewendet werden kann, daß die aufgehobene Berechtigung oder Benutzung die kommunalrechtliche Eigenschaft des berechtigten Hauptguts teilte. Denn aus der Verneinung dieser Frage würde doch nur folgen, daß die kommunalrechtliche Eigenschaft der aus dem Bauermal stammenden Grundstücke durch die Gemeinheitsteilung unberührt geblieben ist und sie daher auch jetzt noch keiner der fünf Gemeinden angehören, also auch von einer Zurechnung des im Streit befangenen Grundstücks zum Gemeindebezirk der beklagten Gemeinde nur dann die Rede sein könnte, wenn ein hierzu geeigneter Akt nachgewiesen wäre. Als ein solcher kann aber die Aufnahme des streitigen Grundstücks in die Grundsteuermutterrolle der beklagten Landgemeinde nicht angesehen werden. Was aber die Klägerin sonst für die Zurechnung des im Streit befangenen Grundstücks angeführt hat, läuft im wesentlichen auf die Behauptung hinaus, daß in gewissen Beziehungen von der Voraussetzung ausgegangen sei, das im Streit befangene Grundstück gehöre zum Gemeindebezirk der Landgemeinde Myhle. Das ist aber nicht entscheidend. Die tatsächliche Behandlung eines Grundstücks als Teil eines Gemeindebezirks mag dann für die Entscheidung über seine kommunale Zugehörigkeit maßgebend sein, wenn alle anderen Mittel zu ihrer Feststellung versagen, sie kann aber die Aenderung seiner kommunalrechtlichen Eigenschaft nur dann bewirken, wenn das Gesetz diese Folge vorgeschrieben hat, wie dies im § 6 Abs. 3 G. betr. die Zerteilung von Grundstücken und die Gründung neuer Ansiedelungen v. 3. I. 45 geschehen ist. An einer solchen Vorschrift fehlt es für den Bereich der Prov. Hannover.

4. Kommunale Zugehörigkeit der Kirchen= und Pfarrländereien, der Dorfauen, öffentlichen Flüsse, Gewässer, Land= und Heerstraßen.

Nr. 1. Entsch. v. 23. Okt. 1906 (PrVerwBl. 28 492) I 1291.

Kirchengrundstücke können gleich Pfarrgrundstücken zum Gemeindebezirke gehören, sie können aber auch zum Gutsbezirke gehören. Es kommt also auf die besondere rechtliche Gestaltung der rechtlichen Verhältnisse an. In dem der OVG. 6. II. 86 zugrunde liegenden Falle sprach für die Zugehörigkeit der Kirchenländereien zum Gemeindebezirke der Umstand, daß die Kirchenländereien nach Inhalt des Separationsrezesses gleich den bäuerlichen Hufen als zur Feldmark der Gemeinde gehörig behandelt und mit diesen Grundstücken in der Feld= und Hütungskommunion bewirtschaftet worden waren, also mit ihnen in einer wirtschaftlichen Gemeinschaft gestanden hatten (OVG. 13 191 ff.). Aus § 9 Rez. über die Ablösung der Dienste und die Gemeinheitsteilung in Z. von 1841 ergibt sich aber, daß der gemeinschaftlichen Hütung auch die Grundstücke des herrschaftlichen Vorwerkes unterlagen — die gleich wie die Grundstücke der Pfarre, Kirche und Schule erst infolge des Rezesses aus der Hütungsgemeinschaft ausschieden — und daß also die Kirchenländereien mit dem Gute in derselben Hütungsgemeinschaft standen wie mit den bäuerlichen Besitzern. Hier kann also nicht aus der Hütungsgemeinschaft die Zugehörigkeit der Kirchenländereien zur Gemeinde — im Gegensatze zum Gute — gefolgert werden. Dazu kommt, daß im Rezesse die Gemeindemitglieder nicht bloß dem Besitzer des ehemaligen Kgl. Vorwerkes, sondern auch der Pfarre, Kirche und Schule gegenübergestellt sind. Mag es auch die Regel sein, daß Pfarr= und Kirchengrundstücke zum Gemeindebezirke gehören, so wird doch dadurch der Verwaltungsrichter, wenn er die kommunalrechtliche Eigenschaft solcher Grundstücke festzustellen hat, nicht der Verpflichtung überhoben, von Amts wegen nähere Ermittelungen über ihre kommunale Eigenschaft im einzelnen Falle nach Maßgabe der örtlichen Verhältnisse anzustellen. Bei einer Entscheidung von solcher Tragweite — namentlich hinsichtlich der Armenlast — darf sich der Verwaltungsrichter nicht ohne weitere Nachforschungen mit der Erwägung begnügen, daß nichts Entgegenstehendes erkennbar geworden sei. Wiewohl hier gemäß dem Klageantrage nur über die kommunale Eigenschaft der Kirchenscheune zu entscheiden ist, kann doch nicht unberücksichtigt bleiben, daß die Kirche auch Aecker besaß und sich nach der kommunalen Eigenschaft der letzteren vielleicht auch die kommunale Eigenschaft der Scheune beurteilen läßt. Die nach dem Rezesse der Kirche überwiesenen Aecker traten in kommunaler Hinsicht an Stelle der früheren Kirchenäcker. Daher mußten sich die Ermittelungen auf die kommunalen Verhältnisse der früheren Kirchenländereien miterstrecken, auf deren Ursprung, die Art ihrer Nutzung, ihr wirtschaftliches Verhältnis zu den bäuerlichen Grundstücken usw. Außerdem war zu versuchen, die Entstehung der Kirchenscheune und die Weise ihrer Benutzung bis zu dem im Jahre 1837 erfolgten Verkauf an den Gutsbesitzer L. genauer festzustellen. Aufschluß über dies alles geben vielleicht die von der Klägerin in bezug genommenen Akten der Pfarrkirche zu K. oder der Kirchengemeinde in Zerbow oder die Akten (Visitationsakten) des Konsistoriums oder die Akten der Regierung, Abteilung für Kirchen= und Schul=

wesen. Ein Zugeständnis der Gemeinde, daß die Kirchenländereien früher zum Gemeindebezirke gehört hätten, ist für den Verwaltungsrichter, der von Amts wegen das wirkliche kommunalrechtliche Verhältnis zu ermitteln hat, nicht unbedingt ausreichend. Das Herstammen des Grundstücks vom Rittergute würde allerdings der Annahme seiner späteren Zugehörigkeit zur Gemeinde nicht entgegenstehen. Obschon ferner der Bezirksausschuß im allgemeinen darin recht hat, daß die Verpflichtung zur Zahlung von Steuern für ein Grundstück von dessen Zugehörigkeit zur Gemeinde abhängt und nicht umgekehrt durch die Steuerzahlung die Zugehörigkeit des Grundstücks zur Gemeinde begründet wird, so ist es doch für die Beurteilung der kommunalen Zugehörigkeit nicht ohne Belang, ob tatsächlich in früheren Zeiten Abgaben von dem Grundstücke an die Gemeinde entrichtet worden sind oder nicht. Denn aus der Entrichtung von Abgaben an die Gemeinde würde zu schließen sein, daß das Grundstück als zur Gemeinde gehörig behandelt worden ist. Geschah dies aber zu der Zeit, als noch keine festen Grenzen zwischen dem Guts- und Gemeindebezirke bestanden, hinsichtlich eines vom Gute herrührenden Kirchengrundstücks mit stillschweigender Zustimmung aller Beteiligten, so ergibt sich daraus, daß es der Gemeinde einverleibt worden ist. Aber auch in der späteren Zeit bis zur Publikation des G. v. 31. XII. 42 über die Verpflichtung zur Armenpflege hatte eine ohne Widerspruch der Beteiligten wirklich in Ausführung gekommene Vereinigung von Teilen des Gutes mit der Gemeinde, wie sie insbesondere durch Erhebung von Gemeindeabgaben für das Grundstück zutage tritt, nach § 6[3] jenes Gesetzes den rechtlichen Uebergang des Grundstücks in den Gemeindebezirk zur Folge. Anderseits würde der Uebergang aber nicht ohne eine solche tatsächlich in Ausführung gekommene Vereinigung mit der Gemeinde schon durch die bloße Entstehung der Kirchenscheune auf einem herrschaftlichen Grundstücke bewirkt worden sein. Somit war es erheblich, ob in der Tat früher von den Kirchengrundstücken, insonderheit von der Kirchenscheune, Steuern an die Gemeinde entrichtet wurden oder nicht. Dabei ist zu beachten, daß Kirchengrundstücke nicht allgemein von Abgaben an die Gemeinde befreit waren. Auch aus der Heranziehung oder Nichtheranziehung zu den Staatslasten könnte auf die kommunale Eigenschaft des Grundstücks geschlossen werden, da die bäuerlichen Grundstücke dem Hufenschoße unterworfen waren.

5. Auseinandersetzung zwischen den Beteiligten.

Nr. 1. Entsch. v. 20. Mai 1904 (PrVerwBl. 26 502) I 673.

LGemO. § 3.

Die Ansicht, daß eine Auseinandersetzung auf Grund des § 3 LGemO. nur zwischen den an einer Bezirksveränderung beteiligten Gemeinden und Gutsbezirken stattfinden könne, ist in dieser Allgemeinheit nicht richtig. Wenn auch eine der Auseinandersetzung nach dem ersten Absatze fähige und bedürftige Gemeinsamkeit von Rechten und Pflichten nur zwischen den an einer Bezirksveränderung beteiligten Gemeinden und Gutsbezirken entstehen kann, so kommt doch in Betracht, daß der zweite Absatz Ziel und Gegenstand der Auseinandersetzung auf die Feststellung von Bestimmungen zur Ausgleichung der öffentlich-rechtlichen Interessen der Beteiligten erstreckt hat. Solche Bestimmungen können sehr wohl zugunsten einzelner Beteiligter erforderlich werden, wie sich aus dem zweiten Satze der angeführten Vorschrift ergibt, wonach einzelnen Beteiligten im Verhältnis zu anderen Beteiligten, die für gewisse kommunale Zwecke bereits vor der Vereinigung Fürsorge getroffen haben, oder solchen Beteiligten, die vorwiegend Lasten in die neue Gemeinschaft bringen, Vorausleistungen auferlegt werden können, denen gegenüber die Leistung der anderen Beteiligten als Minderbelastung erscheint. Kann aber hiernach auch dem einzelnen Beteiligten die Befugnis, Feststellung von Bestimmungen, die zum Ausgleich seiner besonderen, durch die Bezirksveränderung beeinträchtigten öffentlich-rechtlichen Interessen dienen sollen, im Wege der Auseinandersetzung zu verlangen, nicht abgesprochen werden, so war doch den Vorderrichtern darin beizustimmen, daß das Auseinandersetzungsverfahren keinen Raum für die Anträge der Kläger bietet. Nach § 3 Abs. 2 Satz 3 kann, wenn der Besitzer eines Gutsbezirks durch die Abtrennung einzelner Grundstücke eine Erleichterung in öffentlich-rechtlichen Verpflichtungen erfährt, der Gemeinde, der jene Grundstücke einverleibt werden, eine Beihilfe zu den ihr durch die Bezirksveränderung erwachsenden Ausgaben bis zur Höhe des dem Gutsbesitzer dadurch entstehenden Vorteils zugebilligt werden. Damit ist nicht nur darauf hingewiesen, daß die Abtrennung einzelner Grundstücke von einem Gutsbezirke und ihre Vereinigung mit einem Gemeindebezirke dann, wenn damit eine unbillige Erleichterung des Gutsbesitzers und eine bedeutende Mehrbelastung der Gemeinde und ihrer Gemeindesteuerpflichtigen verbunden ist, Anlaß zu einer Ausgleichung geben kann, sondern auch die Frage geregelt, wie diese herzustellen ist, falls ein Bedürfnis dazu anerkannt wird. Mit der in dieser Beziehung getroffenen Anordnung, daß die Ausgleichung durch eine der Gemeinde zuzubilligende Beihilfe gewährt werden soll, die eine gesetzlich bestimmte Maximalgrenze nicht übersteigen darf, ist die Annahme, daß dem Gutsbesitzer noch andere Leistungen zugunsten der einzelnen Beteiligten auferlegt werden können, um deren besondere Interessen auszugleichen, unvereinbar, denn die Beihilfe, die der Gemeinde gewährt wird, kommt durch Verringerung des Steuerbedarfs auch den einzelnen Gemeindesteuerpflichtigen, insbesondere den Besitzern der umgemeindeten Grundstücke zugute; es ist daher davon auszugehen, daß der Gesetzgeber diesen mittelbaren Vorteil als eine genügende Ausgleichung der den einzelnen Besitzern erwachsenden Mehrbelastung angesehen und ihnen Ansprüche auf eine weitere nicht hat einräumen wollen. Wäre aber auch die rechtliche Möglichkeit anzuerkennen, daß die Besitzer der von einem Gutsbezirk abgetrennten, mit einer Landgemeinde vereinigten Grundstücke neben dieser noch besondere Ansprüche auf eine im Wege des Auseinandersetzungsverfahrens festzusetzende Ausgleichung machen können, so würde doch der Antrag der Kläger im § 3 keine Stütze finden, denn dieser zielt nicht auf eine Bestimmung ab, die ihre durch die Bezirksveränderung erwachsene Belastung mildern soll, sondern verlangt die Feststellung des infolge der Bezirksveränderung geschaffenen Rechtsverhältnisses und will die Pflicht des Fiskus, sie wegen der ihnen obliegenden Leistungen der Landgemeinde Alknicken zu vertreten, anerkannt wissen. Er ist also auf Feststellung der rechtlichen Folgen der Bezirksveränderung gerichtet. Zu diesem Zwecke ist das im § 3 geregelte Verfahren nicht gegeben. Die Zulässigkeit der Klage kann daher auch aus der angeführten Bestimmung nicht hergeleitet werden.

Nr. 2. Entsch. v. 5. Okt. 1906 (OVG. 49 48) II C 171/06.

HNLGemO. § 3 Abs. 1; HNStO. § 3 Abs. 3; KommAbgG. §§ 20, 54 ff.

1. Daß zwei selbständige Gemeinden, deren Vereinigung in die Wege geleitet worden ist, vor der Eingemeindung sich über gewisse Maßgaben verständigen können, unter denen die Eingemeindung sich vollziehen soll, steht außer Zweifel. Sie würden dazu auch nach der Eingemeindung nicht mehr imstande sein, da dann nur eine Gemeinde besteht, die nicht mit sich selbst einen Vertrag abschließen kann. Der Inhalt der Vereinbarung darf indessen keinesfalls mit den Gesetzen in Widerspruch stehen. Ein solcher Wider-

spruch ist hier darin zu finden, daß die steuerlichen Verhältnisse der Einwohner von K. anders, als die der Einwohner des alten Ortes H. geregelt sind. Die ersteren wurden nach der Eingemeindung ohne weiteres der Steuergewalt der Gemeinde H. unterworfen, und zwar in der Weise, daß sie mangels gültiger anderweitiger Bestimmungen in dem gleichen Maße wie die Einwohner der alten Ortschaft zu den Gemeindelasten beizutragen hatten, also weder ganz oder teilweise freigelassen, noch vorbelastet werden konnten. Das ergibt sich aus § 20 KommAbgG., wonach die direkten Gemeindesteuern auf alle der Besteuerung unterworfenen Pflichtigen nach gleichmäßigen Grundsätzen zu verteilen sind, sofern das Gesetz nicht selbst, wie in Abs. 2 des § 20 (Mehr- oder Minderbelastung), § 27 (Bauplatzsteuer), § 31 (Abstufung der Gewerbesteuersätze und Prozente), § 38 (Besteuerung der Abgabepflichtigen mit einem Einkommen unter 900 *M*), § 39 (Ausländer), Ausnahmen zuläßt. Eine verschiedene Bemessung der Steuern in Fällen der vorliegenden Art aber kennt das Gesetz nicht. Es läßt nicht zu, daß bei der Zusammenlegung von ganzen Gemeinden den in ihren Vermögensverhältnissen, in der bisherigen Belastung der Steuerpflichtigen und in den noch zu befriedigenden Bedürfnissen der einzelnen Teile bestehenden Verschiedenheiten im Vertragswege dadurch Rechnung getragen wird, daß für eine bestimmte Uebergangszeit eine an die früheren Gemeindegrenzen anknüpfende, verschiedene Belastung der Steuerpflichtigen festgesetzt wird. Seit Inkrafttreten des KommAbgG. kann eine Gemeinde jene Verschiedenheiten nur dadurch ausgleichen, daß sie gemäß § 20 KommAbgG. eine Mehr- oder Minderbelastung eines Teiles des Gemeindebezirkes oder einer bestimmten Klasse von Gemeindeangehörigen beschließt. Ein dahingehender Beschluß ist hier nicht gefaßt worden. Das G. v. 24. VII. 06 (GS. 376) deklariert zwar die §§ 7, 20, 27 KommAbgG. dahin, daß sie einer Abstufung der Gebühren und Steuersätze nicht entgegenstehen; allein auch daraus kann die Zulässigkeit der verschiedenen Belastung einzelner bestimmter Personen und Gebäude nicht hergeleitet werden. Die Vereinbarung, soweit sie die Steuerpflicht bestimmter Einwohner und Gebäude in K. anders als die der übrigen und der Einwohner und Gebäude in H. regelt, ist daher gesetzwidrig. Aber auch, wenn das Gegenteil der Fall wäre, in der Vereinbarung also ein nach § 20 KommAbgG. zulässiger Beschluß der Minderbelastung gefunden werden könnte, würde es doch an der nach §§ 20, 77 KommAbgG. erforderlichen Genehmigung des Bezirksausschusses fehlen. Das Ortsrecht ist auch nicht durch die Allerhöchste Genehmigung der Eingemeindung gültig geworden; denn die Vereinbarung ist nicht Gegenstand der Genehmigung gewesen und konnte es auch nicht sein, da das Gesetz nur die Frage, ob die Eingemeindung überhaupt stattfinden soll, nicht aber die Regelung von Folgen der Eingemeindung der Allerhöchsten Entschließung überträgt.

2. Hieraus ergibt sich für den vorliegenden Fall folgendes: Die Gemeinde kann die Höhe der direkten Gemeindeumlagen und das Teilnahmeverhältnis der einzelnen Steuerarten nur dadurch bestimmen, daß sie nach Maßgabe der §§ 54ff. KommAbgG. Zuschläge zu den veranlagten Staatssteuern beschließt. Ist so der Zuschlag für die Grund- und Gebäudesteuer festgesetzt worden, so muß zunächst der Betrag berechnet werden, der sich aus dem staatlichen Gesamtsoll in Verbindung mit dem Zuschlag im ganzen ergibt, und dieser Betrag ist dann auf die einzelnen Steuerpflichtigen zu verteilen. Werden nun einzelne Steuerpflichtige nur in Höhe von 100 %, die übrigen zu mehr als 100 % der Staatssteuern veranlagt, während die Veranlagung der ersteren nach einem niedrigeren Prozentsatze der gesetzlichen Grundlage entbehrt, so beeinflußt dieses ungesetzliche Verfahren die Höhe der Steuer jedes einzelnen Abgabepflichtigen und macht jede einzelne Veranlagung rechtswidrig. Es ist nicht möglich, die gesetzwidrige Bestimmung lediglich als nicht

vorhanden anzusehen, und demnach die von den Grundstücksbesitzern in K. zu entrichtende Steuer nach den gleichen Prozentsätzen wie bei den in H. zu bemessen. Vielmehr müssen sämtliche auf Grund der ungültigen Vereinbarung erfolgten Heranziehungen als gesetzwidrig erachtet und die Herangezogenen auf Verlangen völlig freigestellt werden.

Nr. 3. Entsch. v. 12. Nov. 1907 (PrVerwBl. 29 603) I B 17/06.

HNLGemO. § 3.

1. Der Umstand, daß eine Bezirksveränderung der einen von den daran beteiligten Gemeinden nur Nachteile, der anderen aber nur Vorteile gebracht hat, begründet für sich allein noch keinen Anspruch auf Ausgleichung der öffentlich-rechtlichen Interessen, vielmehr müssen besondere Gründe hinzukommen, die eine solche erforderlich erscheinen lassen. Als ein solcher besonderer Grund aber kann der Umstand, daß eine Bezirksveränderung gegen den Willen der einen von den beteiligten Gemeinden angeordnet worden ist, und daß sie ausschließlich dem besonderen Interesse der anderen gedient hat, nicht betrachtet werden, denn die Hervorhebung dieser Umstände ist weiter nichts als eine Umschreibung der Tatsache, daß die Bezirksveränderung der einen von den beteiligten Gemeinden nur Nachteile, der anderen aber Vorteile gebracht hat. Deshalb genügt die Erwägung des Vorderrichters, daß die hier in Rede stehende Bezirksveränderung ausschließlich den Interessen der klagenden Gemeinde gedient habe und gegen ihren Widerspruch verfügt worden sei, nicht, um seine Entscheidung zu begründen. An sonstigen Gründen, die eine Ausgleichung im Interesse der Billigkeit erforderlich erscheinen lassen könnten, aber hat der Vorderrichter nur die Erwägung angeführt, daß die beklagte Landgemeinde notorisch sehr wenig leistungsfähig sei und der Ausfall des Einkommens aus der von den umgemeindeten Grundstücken entrichteten Gemeindesteuer vom Grundbesitz einen schweren Verlust für sie bedeute, der sie voraussichtlich zu einer erheblichen Erhöhung der Zuschläge zu den staatlich veranlagten Realsteuern zwingen werde. Diese Erwägung könnte allerdings für die Beantwortung der Frage, ob eine Ausgleichung erforderlich sei, von entscheidender Bedeutung sein, besonders dann, wenn die als Folge der Bezirksveränderung eintretende Erhöhung der Zuschläge zu einer Ueberbürdung führen würde, allein es darf die ziffernmäßige Begründung nicht fehlen.

2. Wenn die beklagte Landgemeinde weiter einwendet, daß ihr Anspruch auf eine Ausgleichung auch vom Provinzialrat durch ausdrücklichen Vorbehalt einer Auseinandersetzung anerkannt sei, und auszuführen versucht, daß die Bezirksveränderung zu Unrecht gegen ihren Willen angeordnet sei, so kann sie hiermit nicht gehört werden. Der Vorbehalt der Auseinandersetzung hat eine rechtliche Bedeutung überhaupt nicht und entbindet den Verwaltungsrichter nicht davon, die Notwendigkeit einer Ausgleichung selbständig zu prüfen. Zu einer Prüfung aber, ob die Bezirksveränderung mit Recht angeordnet ist, fehlt ihm die Befugnis, denn das im § 3 HessNassLGemO. geordnete Ausgleichungsverfahren ist zwar bestimmt, Härten, die als Folgen von Bezirksveränderungen eintreten, zu beseitigen, aber nicht dazu, Fehler und Mißgriffe zu verbessern, die bei der Anordnung von Bezirksveränderungen vorgekommen sind.

C. Gemeinderecht und Gemeindewahlen.

1. Aktives Wahlrecht und Wählbarkeit.

a) Allgemeine Grundsätze; Rechtsprechung für die Rechtsgebiete der LGemO. v. 3. VII. 91 und der SchlHolstLGemO. v. 4. VII. 92.

Nr. 1. Entsch. v. 5. Mai 1905 (OVG. 47 106) I C 6/05.

LGemO. §§ 41, 45, 48, 52; BGB. §§ 872, 891, 1012 ff.

1. Nach § 891 BGB. ist allerdings zu vermuten, daß das Eigentum an einem Grundstücke demjenigen zusteht, der als Eigentümer eingetragen ist. Auch wird eine ernstlich gewollte wirkliche Eigentumsübertragung nicht dadurch ausgeschlossen, daß die Auflassung nur zu dem Zwecke geschah, dem Erwerber die Wahlfähigkeit als Angesessener zu verschaffen. Allein der Vorderrichter irrt, wenn er annimmt, daß für die Eigenschaft als Angesessener unter allen Umständen lediglich das Eigentum am Grundstück entscheidend sei. Wer im Sinne des § 52 LGemO. als Angesessener gelten soll, ergibt sich aus dem Hinweis auf § 41 [6 a, b] und § 45 ebenda. Da dort von Personen die Rede ist, die ein Wohnhaus oder ein Grundstück besitzen, so spricht zunächst der Wortlaut des Gesetzes nicht für die Meinung, daß das Eigentum unbedingt ausschlaggebend sei. Gegenüber der „fluktuierenden" Bevölkerung sollte die seßhafte ein Uebergewicht in der Vertretung der Gemeinde haben. Der Gegensatz zu der „fluktuierenden" Bevölkerung zeigt, daß bei den Angesessenen ein auf dem Grundbesitze beruhender dauernder Zusammenhang mit der Gemeinde vorausgesetzt ist und daß also an dauernde Besitzverhältnisse gedacht sein muß. Wenn die Angesessenen für besonders geeignet erachtet wurden, über die Gemeindeangelegenheiten zu beschließen, so lag der Grund hauptsächlich in der Erwägung, daß sie durch den Besitz von Grundstücken im Gemeindebezirke dauernd mit der Gemeinde verbunden sind; deshalb wurde ihnen ein größeres Interesse an den Gemeindeangelegenheiten und ein besonderes Verständnis der örtlichen Verhältnisse zugetraut. Auch kann die wirtschaftliche Selbständigkeit, auf der außerdem die Bevorzugung der Angesessenen beruht, nur bei dauernden Besitzverhältnissen erwartet werden. Daraus ist aber für den Begriff des Angesessenen zu entnehmen, daß die Dauer des Grundstücksbesitzes rechtlich gesichert sein muß. Das ist zwar im allgemeinen regelmäßig bei dem Eigentümer der Fall, aber einerseits nicht bloß bei dem Eigentümer und anderseits nicht immer bei einem solchen.

Wie im § 16 StO., wonach die Hälfte der von jeder Abteilung zu wählenden Stadtverordneten aus Hausbesitzern bestehen muß, in Klammer neben den Eigentümern, außer den Nießbrauchern auch solche, die ein erbliches Besitzrecht haben, aufgeführt werden, so ist nicht zu bezweifeln, daß für einen Angesessenen im Sinne der LGemO. ebenfalls ein erbliches Besitzrecht ohne Eigentum ausreichen kann.

Wenn aber hiernach das Eigentum an dem Grundstücke für das Angesessensein nicht unerläßlich ist, so ist anderseits das Eigentum zur Begründung der Eigenschaft als Angesessener auch nicht unbedingt ausreichend, falls seine Dauer beschränkt ist und deshalb ein dauernder Besitz nicht beansprucht werden kann. Mag die Eigenschaft als Angesessener auch nicht durch sonstige Beschränkungen und Belastungen des Eigentumsrechts berührt werden, so kann es sich doch anders verhalten, wenn das Eigentumsrecht selbst bloß vorübergehend erworben wird. Besteht freilich, wie beim Fideikommißbesitzer, das Recht bis zum Tode des Besitzers, so kann für die Fähigkeit, als Angesessener zum Gemeindeverordneten gewählt zu werden, die zeitliche Begrenzung nicht in Betracht kommen, weil mit dem Tode des Gewählten auch die Stellung als Gemeindeverordneter aufhört. Reichte aber der Erwerb des Eigentums auf kurze Zeitdauer stets aus, das Erfordernis des Angesessenseins zu erfüllen, so würde den zu wählenden Gemeindegliedern die Eigenschaft der Angesessenen leicht dadurch verliehen werden können, daß ihnen vor der Wahl das Eigentum an einem Grundstück übertragen, zugleich aber von ihnen, unter Eintragung einer Vormerkung im Grundbuche, die Verpflichtung übernommen wird, das Eigentum des Grundstücks alsbald nach der Wahl dem Veräußerer zurückzuübertragen. Dabei ist zu beachten, daß jemand, der einmal gültig als Angesessener zum Gemeindeverordneten gewählt worden ist, Gemeindeverordneter bleibt, auch wenn er seinen Grundbesitz später wieder verliert. Wenn die Auflassung auch nicht zum Scheine, sondern mit der ernstlichen Absicht, den Erwerber für kurze Zeit zum Eigentümer zu machen, und mit der Wirkung der Eigentumsübertragung geschähe, so würde doch offenbar durch ein auf die Zeit der Wahl beschränktes, bloß vorübergehendes Eigentum weder derjenige dauernde Zusammenhang mit der Gemeinde noch diejenige wirtschaftliche Selbständigkeit hergestellt werden, derentwegen die Angesessenen ein Uebergewicht in der Vertretung der Gemeinde haben sollen. Daher kann nicht angenommen werden, daß ein nur vorübergehender Eigentumserwerb vom Gesetzgeber unbedingt für ausreichend angesehen worden sei, die Eigenschaft als Angesessener zu begründen.

2. Unterliegt hiernach die Vorentscheidung der Aufhebung, so ergibt sich bei freier Beurteilung, daß der Major N. nicht als Angesessener im Sinne der LGemO. zu betrachten war. Ihm war von der Bergwerksgesellschaft von G.s Erben, in deren Dienste er stand und noch steht, mit Rücksicht auf das Dienstverhältnis ein der Gesellschaft gehöriges Hausgrundstück zum Bewohnen und Benutzen überlassen worden. Damit er als Angesessener gewählt werden könne, übertrug ihm ferner die Gesellschaft das Eigentum des Grundstücks, wogegen der Major N., unter Eintragung einer Vormerkung im Grundbuche, die Verpflichtung übernahm, bei seinem Austritt aus dem Dienste der Gesellschaft dieser das Eigentum zurückzuübertragen. Danach beschränkt sich die Dauer des Eigentums auf die Dauer des Dienstverhältnisses. Die Benutzung des Hausgrundstücks bildet einen Teil der Vergütung, die der Major N. von der Gesellschaft für die ihr geleisteten Dienste erhält. Als Angestellter der Gesellschaft besitzt er das Grundstück während der Dauer des Anstellungsverhältnisses. Bei einer solchen Abhängigkeit des Eigentums und des Besitzes von dem Anstellungsverhältnisse kann nicht anerkannt werden, daß ein rechtlich gesicherter dauernder Besitz vorliege, wie er zum Angesessensein gehört. Dadurch wird weder ein dauernder Zusammenhang mit der Gemeinde, noch eine wirtschaftliche Selbständigkeit für den Major N. begründet. Da er das Grundstück auf Grund und in Gemäßheit des Anstellungsverhältnisses besitzt, so ist auch anzunehmen, daß ihm der Wille fehlt, es wie ihm gehörend zu besitzen (§ 872 BGB.). Vermöchte eine Gesellschaft ihre Angestellten dadurch, daß sie ihnen für die Dauer der Anstellung das Eigentum an einzelnen Grundstücken überträgt, zu Angesessenen zu machen, so würde sie es auf diese Weise erreichen können, daß eine größere Zahl ihrer Angestellten die Wählbarkeit der Angesessenen erlangt, wodurch eine vom Gesetzgeber nicht gewollte Steigerung des Einflusses der Gesellschaft in der Gemeindevertretung herbeigeführt werden könnte.

Nr. 2. Entsch. v. 13. Okt. 1905 (OVG. 49 103) I C 7/05.

LGemO. §§ 43, 45, 47, 52, 140.

1. „Angesessener" im Sinne des § 45 LGemO. ist nicht schon derjenige, der im Grundbuch als Eigentümer eines Grundstücks im Gemeindebezirk eingetragen ist. Der § 45 spricht von den Personen, die ein Grundstück besitzen. Dieser Wortlaut steht der Annahme, als genüge für die Begründung der Forensaleigenschaft lediglich das Eigentum an einem Grundstück im Gemeindebezirke, nicht zur Seite. Forense ist vielmehr, wie aus § 52 Abs. 1 aaO. hervorgeht, der auswärts Wohnende, der in der Gemeinde mit einem Grundstück angesessen ist. Der Begriff der Angesessenheit ist aber auf die Eigentümer nicht beschränkt. Es ist nicht ausgeschlossen, daß auch durch ein Erbbaurecht im Sinne der §§ 1012ff. BGB. die Eigenschaft als Angesessener begründet wird. Auf der anderen Seite aber gehört es zum Begriffe des Angesessenen, daß die Dauer des Grundstücksbesitzes rechtlich gesichert ist. Im Gegensatze zu der „fluktuierenden" Bevölkerung ist der seßhaften ein größerer Einfluß in der Gemeindeversammlung (§ 48[1]) und in der Gemeindevertretung eingeräumt. Dieser Gegensatz zu der fluktuierenden Bevölkerung und die Erwägung, daß die Bevorzugung der Angesessenen auf ihrer wirtschaftlichen Selbständigkeit beruht, lassen erkennen, daß bei den Angesessenen ein durch den Grundbesitz geschaffener dauernder Zusammenhang mit der Gemeinde vorausgesetzt ist, daß also die Besitzverhältnisse dauernd sein müssen. Wer trotz grundbuchlicher Eintragung als Eigentümer nicht im Besitze des Grundstücks ist, es nach dem Grundbuch einem anderen jederzeit unentgeltlich auflassen muß und ohne dessen Genehmigung nicht belasten darf, ist daher nicht „Angesessener".

2. Der Umstand, daß eine Gemeindevertretung eine den Besitz des Gemeinderechts oder die Forensaleigenschaft voraussetzende Wahl für gültig erklärt hat, benimmt ihr nicht die Befugnis, späterhin über den Besitz oder Verlust des Gemeinderechts oder der Forensaleigenschaft des Gewählten zu befinden. Wo es sich um den Verlust des Amtes eines Gemeindeverordneten handelt, da bildet sogar die frühere Gültigkeitserklärung der Wahl die notwendige Voraussetzung für die Beschlußfassung, ob der Gewählte des Amtes verlustig gegangen ist. Beruht der Beschluß, durch den die Wahl für gültig erklärt ist, auf einer Gesetzesverletzung, so ist der Gemeindevorsteher, entstehendenfalls auf Anweisung der Aufsichtsbehörde, ohne dabei an eine Frist gebunden zu sein, befugt, ihn zu beanstanden. Da der Beanstandung aufschiebende Wirkung zukommt, so wird durch sie und solange sie nicht auf Klage der Gemeindeversammlung oder Gemeindevertretung durch endgültiges Urteil aufgehoben ist, der Gewählte des Amtes entkleidet. In der Tat gewährt das Gesetz also die Möglichkeit, die Rechtmäßigkeit einer Wahl, nachdem sie von der Gemeindevertretung für gültig erklärt und diese Gültigkeitserklärung innerhalb der Anfechtungsfrist unangefochten geblieben ist, später in Zweifel zu ziehen. In dem vorliegenden Streitfalle handelt es sich aber gar nicht um die Nachprüfung der Rechtmäßigkeit einer Wahl. Hier fragt es sich, ob der Gewählte einen Anspruch darauf hat, in dem Amte, das ihm durch die unanfechtbar für gültig erklärte Wahl zuteil geworden ist, unter allen Umständen zu verbleiben. Diese Frage ist zu verneinen. Ein Gemeindeverordneter, der beispielsweise die deutsche Reichsangehörigkeit aufgibt, geht damit nach der positiven und zweifelsfreien Vorschrift des § 43 Abs. 1 LGemO. seines Amtes verlustig. Legt er es daher nicht selbst nieder, so ist auf Einspruch oder Beschwerde die Gemeindevertretung ebenso befugt wie verpflichtet, ihn des Amtes für verlustig zu erklären. Die dagegen an sich zulässige Klage würde der Zurückweisung durch den Verwaltungsrichter unterliegen. Fraglich kann nur sein, ob einem Amte, das auf einer unanfechtbar für gültig

erklärten Wahl beruht, auch außerhalb der im § 43 LGemO. behandelten Fälle, auch ohne daß der Verlust eines bei der Wahl vorausgesetzten Erfordernisses eintritt, der Boden entzogen wird, sobald festgestellt wird, daß der Inhaber des Amtes des Gemeinderechts oder der Forensaleigenschaft, nicht weil er sie inzwischen verloren, sondern weil er sie nie besessen hat, ermangelt. Eine ausdrückliche Bestimmung hierüber trifft die LGemO. nicht. Sie enthält sich überhaupt jeder Vorschrift darüber, welche Wirkungen mit einem Beschlusse verbunden sind, in dem festgestellt wird, daß jemand das Gemeinderecht (die Forensaleigenschaft) nicht besitzt. Es ist aber klar, daß der Beschluß Wirkungen äußern muß, andernfalls wäre die Bestimmung, welche die Beschlußfassung einführt, bedeutungslos. Die Wirkungen ergeben sich aus der Natur der Sache. Wer, ohne im Besitze des Gemeinderechts (der Forensaleigenschaft) zu sein, gleichwohl unbeanstandet zur Ausübung der darauf beruhenden Befugnisse zugelassen war, dem wird mit jenem Beschlusse die Möglichkeit, sie weiter auszuüben, entzogen. Das Stimmrecht in der Gemeindeversammlung hört auf; der Gemeindevorsteher ist berechtigt und verpflichtet, den Betroffenen bei der nächsten Berichtigung der Liste der Stimmberechtigten zu streichen, wodurch ihm in Gemeinden, wo eine Gemeindevertretung besteht, die Fähigkeit, an den Wahlen zu dieser teilzunehmen, abgeschnitten wird; ein unbesoldetes Amt in der Gemeinde ist niederzulegen. Ein Bedenken, ob auch die letzte Wirkung mit einem Beschlusse, der feststellt, daß eine Person das Gemeinderecht (die Forensaleigenschaft) nicht besitzt, verbunden ist, könnte sich auf die Erwägung gründen, daß für den Fall, daß eine Person des Gemeinderechts (der Forensaleigenschaft) verlustig geht, die LGemO. als Folge dieses Verlustes ausdrücklich im § 43 Abs. 1 den Verlust der unbesoldeten Gemeindeämter hervorhebt. Aus dem Umstande, daß es an einer Vorschrift fehlt, die eine entsprechende Folge an jene Feststellung knüpft, läßt sich jedoch nicht schließen, daß die Feststellung von keinem Einfluß auf den Fortbestand eines unbesoldeten Gemeindeamts sein soll.

Aus der Entstehungsgeschichte des § 43 Abs. 1 ergibt sich, daß der Verlust der Gemeindeämter nur deshalb ausdrücklich als Folge des Verlustes des Gemeinderechts im ersten Absatze betont ist, um die Annahme auszuschließen, als solle der Verlust der Aemter nur in besonderen, nachher einzeln namhaft gemachten Fällen eintreten. An sich betrachtete es sonach der Gesetzgeber als selbstverständlich, daß der Verlust des Gemeinderechts (der Forensaleigenschaft) den Verlust eines unbesoldeten Gemeindeamts nach sich ziehe. Ebenso selbstverständlich ist es auch, daß eine Person, die, ohne im Besitze des Gemeinderechts oder der Forensaleigenschaft zu sein, ein unbesoldetes Gemeindeamt bekleidet, dieses verliert, sobald die Abwesenheit jener Eigenschaften durch unanfechtbaren Beschluß der Gemeindevertretung oder endgültige Entscheidung des Verwaltungsrichters nachträglich festgestellt wird. Das gilt nicht nur von den unbesoldeten Aemtern in der Gemeindeverwaltung — von deren Bekleidung die Forensen ausgeschlossen sind —, sondern ebenso auch von dem Amte eines Gemeindeverordneten. Daran ändert auch nichts der Umstand, daß hier — anders als im Falle des § 43 Abs. 1 — bereits zur Zeit der Wahl der Mangel des Gemeinderechts (der Forensaleigenschaft) bestand. Es wäre ein Widerspruch, wenn zwar die Gemeindevertretung durch Beschluß gemäß § 66[1] feststellen könnte, daß eine Person das Gemeinderecht (die Forensaleigenschaft) nicht besitze, die Person aber gleichwohl weiter Gemeindeverordneter bleiben könnte. Es würde ein Widerspruch sein, wenn ein Gemeindeverordneter, der nach der Wahl das Gemeinderecht (die Forensaleigenschaft) zB. dadurch verliert, daß er die deutsche Reichsangehörigkeit aufgibt, damit des Amtes verlustig gehen soll, während ein Gemeindeverordneter, der die deutsche Reichsangehörigkeit nie besessen hat, im Amte um deswillen verbleiben dürfte, weil der Mangel bei der Gültigkeitserklärung seiner Wahl nicht bekannt war oder übersehen worden ist.

Nr. 3. Entsch. v. 22. Sept. 1905 (OVG. 48 130) I C 12/05.

LGemO. § 41.

Soweit das Gemeinderecht die Veranlagung zur Staatseinkommensteuer zur Voraussetzung hat, muß sie nicht bloß in der Zeit, sondern auch für die Zeit erfolgt sein, in der das Gemeinderecht geltend gemacht werden soll. . . .

Die LGemO. macht im § 41[6c] den Besitz des Gemeinderechts von einer bestimmten Steuerleistung abhängig. Sie knüpft das Recht an die Personalsteuer, die entweder dem Staate oder der Gemeinde zu entrichten ist, und daran hat das G., betr. die Bildung der Wählerabteilungen bei den Gemeindewahlen, v. 30. VI. 00 (GS. 185) nichts geändert. Das tritt besonders scharf hervor bei den Steuerpflichtigen von mehr als 660 bis 900 ℳ Einkommen. Diese müssen, um das Gemeinderecht zu haben, zu den Gemeindeabgaben nach ihrem Einkommen herangezogen sein. Gehörte der Beigeladene zu ihnen, so könnte es nicht zweifelhaft sein, daß er das Gemeinderecht zur Zeit der Wahl nicht hatte; denn es besteht keine Möglichkeit, aus dem Gesetz abzuleiten, daß auch eine erst in Zukunft eintretende und zu betätigende Steuerpflicht genügen sollte; vielmehr würde mit Notwendigkeit zu verlangen sein, daß er zur Zeit der Wahl, also für diese Zeit zur Steuer herangezogen war. Bei den zur Staatssteuer veranlagten Personen liegt aber die Sache nicht anders. Wenn auch zwischen den beiden Arten der Unterschied besteht, daß nur die zur ersteren gehörigen Gemeindeglieder zu Gemeindeabgaben herangezogen sein müssen, so ist doch nicht ersichtlich, daß die Gemeindeglieder der letzteren Art die Veranlagung zur Staatssteuer auch für die Zeit geltend machen könnten, für welche diese Veranlagung weder bestimmt noch erfolgt ist. Die Veranlagung findet aus Zweckmäßigkeitsgründen bereits vor Beginn des Steuerjahres statt, für das sie bestimmt ist, und gelangt unter Umständen, falls der Steuerpflichtige vor Beginn des Steuerjahrs stirbt oder in Vermögensverfall gerät, überhaupt nicht zur Wirksamkeit. Danach ist es ausgeschlossen, ihr bereits in der Vorzeit für das Gemeinderecht rechtsbegründende Wirkung zuzuerkennen, wie auch ebensowenig die Unterlassung der Veranlagung für das folgende Jahr (wegen Verminderung des Einkommens) den Wegfall des Gemeinderechts im laufenden Steuerjahre zur Folge hat.

Nr. 4. Entsch. v. 22. Febr. 1907 (PrVerwBl. 28 854) I 260.

LGemO. § 41.

1. „Selbständig" im Sinne von § 41 LGemO. ist ein Gemeindeangehöriger, wenn seine Mutter nach dem Tode ihres Ehemannes das Gut mit den Kindern als gemeinschaftliches Eigentum bewirtschaftet, der Sohn hauptsächlich den landwirtschaftlichen Betrieb, die Mutter aber die Hauswirtschaft leitet, die Wirtschaft auf gemeinschaftliche Rechnung geführt wird und auch die Haushaltung, in welcher der Gemeindeangehörige mit der Mutter lebt, eine gemeinschaftliche ist.

Nach den im Jahre 1897 beim Tode des Vaters des Klägers noch geltenden Vorschriften des ALR. blieb, wenn eine gütergemeinschaftliche Ehe durch den Tod eines Ehegatten aufgelöst wurde, der überlebende Ehegatte bis zur wirklichen Auseinandersetzung mit den unabgefundenen Kindern im Miteigentume der gemeinschaftlichen Masse (§ 653 II 1 ALR.), wie denn auch im Grundbuche die „gütergemeinschaftliche" Witwe und deren beide Kinder als

Eigentümer eingetragen sind. Die Bestimmungen des BGB. über die fortgesetzte Gütergemeinschaft (§§ 1483 ff.) sind hier nicht anzuwenden (vgl. AG.-BGB. Art. 47 §§ 1, 4). Der überlebende Ehegatte sollte zwar im Besitze und in der Verwaltung des gemeinschaftlichen Vermögens bleiben (§ 656 II 1 ALR.), mußte aber seinen Miterben Rechnung legen (§ 657 aaO.). Auch aus diesen Bestimmungen ergibt sich, daß die Verwaltung auf gemeinschaftliche Rechnung zu führen war. Hatte der überlebende Ehegatte Anspruch auf die alleinige Verwaltung des gemeinschaftlichen Vermögens, so stand es ihm doch selbstverständlich frei, den erwachsenen Sohn an der Verwaltung teilnehmen zu lassen, was hier geschehen ist.

2. Wenngleich nach dem Wortlaut des § 41 [6b] LGemO. vorausgesetzt wird, daß von dem Grundbesitze mindestens 3 ℳ an Grund- und Gebäudesteuer „entrichtet" werden, so kommt es doch nur auf die Höhe der Veranlagung an, da hierdurch nur die Art des zum Gemeinderechte befähigenden Grundbesitzes bestimmt ist. Für die Anwendbarkeit des § 41 [6b] ist es deshalb gleichgültig, wer zu den Steuern vom Grundbesitze herangezogen wird und wer sie bezahlt. Hier ist aber auch anzunehmen, daß die Zahlung für gemeinschaftliche Rechnung und aus gemeinschaftlichen Mitteln geleistet worden ist. Außerdem ist zu beachten, daß die staatliche Grund- und Gebäudesteuer, auf welche sich die Bestimmung im § 41 [6b] bezieht, nach dem G. v. 14. VII. 93 überhaupt nicht mehr erhoben wird.

3. Der Grundbesitz, den das Gemeinderecht nach § 41 [6b] voraussetzt, braucht nicht im Alleineigentum des Gemeindeangehörigen zu stehen, sondern es genügt auch Miteigentum, wofern nur auf den Anteil mindestens 3 ℳ an Grund- und Gebäudesteuer entfallen. Wenn dies zutrifft, wie im vorliegenden Falle, so kommt die Bestimmung im § 41 Abs. 2 und 3 über die Ausübung des Gemeinderechts durch einen der Miteigentümer eines Wohnhauses (vgl. § 41 [6a]) nicht mehr in Betracht.

4. Die Angriffe der Revision, die sich gegen die von der Aufnahme in die Wählerliste unabhängige Wählbarkeit des Klägers richten, sind somit verfehlt. Aber auch wenn die Wählbarkeit des Klägers zu verneinen gewesen wäre, würde es nicht gerechtfertigt gewesen sein, G. für gewählt zu erklären, weil dieser von 5 Stimmen nur 2, also nicht die nach § 62 LGemO. erforderliche Stimmenzahl erhalten hatte. Die Ansicht, daß die Stimmen, die auf nicht wählbare Personen gefallen sind, nicht mitzuzählen seien, ist unrichtig.

Nr. 5. Entsch. v. 21. Juni 1907 (OVG. 51 18) I C 40/06.

LGemO. §§ 5, 40, 44, 49, 55, 56, 65, 102 ff., 113.

1. Wird die Richtigkeit der Gemeindewählerliste mittels der Klage in einzelnen Punkten angegriffen, so muß im Verwaltungsstreitverfahren über die einzelnen Beanstandungen entschieden, und es darf nicht die ganze Liste für ungültig erklärt werden. In der Ungültigkeitserklärung liegt nicht ein Mehr gegenüber dem Antrage des Klägers, sondern etwas davon Verschiedenes.

2. Für ein Gemeindeglied, welches der Ausübung seines Rechtes auf Teilnahme an der Verwaltung und Vertretung der Gemeinde für verlustig erklärt worden ist, ruht auch das aktive Wahlrecht.

Die Gemeindeversammlung (Gemeindevertretung) nimmt ohne Zweifel teil an der Verwaltung der Gemeinde (§§ 102 ff. LGemO., besonders §§ 103, 113); durch Ausübung ihres Stimmrechts in der Gemeindeversammlung tun dies daher auch die einzelnen Gemeindeglieder. Wenn die Gemeindeversammlung durch eine Gemeindevertretung ersetzt ist (§ 49), so beschränkt sich allerdings die Beteiligung der einzelnen Gemeindeglieder auf die Gemeindewahlen; aber durch die Mitwirkung bei der Bildung der Gemeindevertretung beteiligen sie sich mittelbar auch hier an der Verwaltung der Gemeinde. Durch die Bildung einer Gemeindevertretung, die an Stelle der Gemeindeversammlung tritt, wird nur die Form verändert, in der die einzelnen Gemeindeglieder an der Gemeindeverwaltung teilnehmen, nicht aber ihre Teilnahme überhaupt beseitigt, was auch mit dem Rechte der korporativen Selbstverwaltung unvereinbar wäre.

Mehr im Einklange mit § 40 LGemO. würde allerdings die Fassung des § 65 stehen, wenn dort von dem Verluste der Ausübung des Gemeinderechts die Rede wäre, weil das Gemeinderecht nach § 40[1] das Recht zur Teilnahme an dem Stimmrecht in der Gemeindeversammlung und, wo die Gemeindeversammlung durch eine gewählte Gemeindevertretung ersetzt ist, das Recht zur Teilnahme an den Gemeindewahlen mitbegreift. Die Fassung des § 65 ist aber aus §§ 8 und 25 KrO. übernommen und entspricht dem § 7[1] KrO., wonach die Kreisangehörigen zur Teilnahme an der Verwaltung und Vertretung des Kreises nach näherer Vorschrift der Kreisordnung berechtigt sind. Da bereits durch einen MErl. v. 11. III. 74 (MBl. 99) ausgesprochen worden war, daß unter der Ausschließung von der Ausübung des Rechtes auf Teilnahme an der Vertretung des Kreises auch das aktive Wahlrecht zu verstehen sei, so darf geschlossen werden, daß der Gesetzgeber durch die entsprechende spätere Bestimmung im § 65 LGemO. ebenfalls das aktive Wahlrecht hat mitbegreifen wollen. Außerdem kommt in Betracht, daß nach § 74 Abs. 3 StO. in einem solchen Falle der Verlust der Ausübung des „Bürgerrechts“ auf gewisse Zeit ausgesprochen werden kann, das Bürgerrecht aber nach § 5 ebenda das Recht zur Teilnahme an den Wahlen umfaßt, und daß nach § 78 Abs. 3 WestfLGemO. das Gemeindeglied der Ausübung des „Gemeinderechts“ für verlustig erklärt werden kann, was auch im Art. 27 Abs. 3 RhGemVerfG. v. 15. V. 56 bestimmt war. Nach diesen Vorschriften kann kein Zweifel darüber obwalten, daß der Verlust des aktiven Wahlrechts eintritt und daß es dem Gesetzgeber nicht bloß darauf angekommen ist, die Wiederwahl desjenigen zu verhindern, der die Pflicht zur Uebernahme eines Gemeindeamts verletzt hat.

Zu den im § 44 LGemO. aufgeführten Fällen des Ruhens der Ausübung des Gemeinderechts tritt also der Fall hinzu, wenn ein Gemeindeglied gemäß § 65 Abs. 3 LGemO. der Ausübung seines Rechtes auf Teilnahme an der Verwaltung und Vertretung der Gemeinde für verlustig erklärt ist. Wenn dies geschehen ist, so rechtfertigt sich daher der Vermerk in der Wählerliste, daß die Ausübung des Wahlrechts ruht, falls ein Gemeindeglied, das nicht wählen darf, in die Wählerliste — im Gegensatze zu der Gemeindegliederliste — überhaupt aufgenommen wird.

3. Ruht das Stimmrecht des Klägers, so fehlt ihm überhaupt die Befugnis zum Einspruche gegen die Richtigkeit der Liste und folgeweise auch zur Klage, weil nach § 56 Abs. 2 LGemO. nur ein Stimmberechtigter Einspruch gegen die Richtigkeit der Liste erheben, ein Gemeindeglied jedoch, welches sein Wahlrecht nicht ausüben darf, nicht zu den Stimmberechtigten gerechnet werden kann. Mit dem Rechte zum Einspruche gegen die Richtigkeit der Liste fällt auch das Recht weg, im Wege des Verwaltungsstreitverfahrens die Unrichtigkeit der Liste geltend zu machen.

b) Provinzialrechte.

α) In Westfalen.

Nr. 1. Entsch. v. 1. März 1907 (OVG. 50 22) I C 16/06.

WestfLGemO. § 20.

Nach § 20 Abs. 1 WestfLGemO. können sich unverheiratete Frauenspersonen, die ein Wohnhaus im Gemeindebezirke besitzen und nach ihren übrigen Verhältnissen zur Teilnahme am Gemeinderechte befähigt sein würden, durch einen stimmberechtigten Eingesessenen bei Ausübung des Gemeinderechts vertreten lassen. Es versteht sich von selbst, daß der Vertreter hierzu von der Besitzerin des Wohnhauses irgendwie ermächtigt sein muß; aber das Gesetz enthält über die Art und Form der Ermächtigung keine Bestimmung. Daher kann dies auch in der Weise geschehen, daß zunächst eine Generalvollmacht mit der Befugnis zur Erteilung von Untervollmachten ausgestellt wird und dann der Generalbevollmächtigte weiter einen stimmberechtigten Eingesessenen zur Ausübung des Wahlrechts ermächtigt. Für die Rechtsgültigkeit dieser Ermächtigung ist es unerheblich, ob der Generalbevollmächtigte selbst als Vertreter das Gemeinderecht würde ausüben können oder ob er selbst hieran dadurch verhindert ist, daß er nicht zu den stimmberechtigten Eingesessenen der Gemeinde gehört. Ebenso wie die Frauensperson, welche das Wohnhaus in der Gemeinde besitzt, zwar nicht in eigener Person stimmen, wohl aber einen anderen ermächtigen kann, ihr Stimmrecht auszuüben, so liegt auch kein Grund vor, weshalb nicht ihr Generalbevollmächtigter, ohne selbst die zur Ausübung des Stimmrechts erforderlichen Eigenschaften zu besitzen, einen anderen dazu sollte ermächtigen dürfen. Da die Frauensperson das Stimmrecht nicht selbst ausüben, dies vielmehr nur durch einen stimmberechtigten Eingesessenen in ihrem Namen geschehen darf, so kann der Einwand, daß der Bevollmächtigte nicht mehr Recht haben könne als der Machtgeber, hier hinsichtlich der Befugnis zur persönlichen Ausübung des Stimmrechts offenbar nicht zutreffen. Ihr Recht, einen stimmberechtigten Eingesessenen zur Ausübung ihres Stimmrechts zu ermächtigen, kann aber die Frauensperson durch Vollmacht auf einen anderen übertragen. Durch eine Blankovollmacht, deren Ausstellung zur Ausübung des Stimmrechts das Oberverwaltungsgericht für ausreichend erklärt hat, wird ebenfalls einem anderen das Recht übertragen, die Person zu bestimmen, die ermächtigt sein soll, das Wahlrecht auszuüben.

β) In der Rheinprovinz.

Nr. 1. Entsch. v. 30. März 1906 (OVG. 48 141) I C 30/05.

RhGemO. §§ 12, 33, 35, 37, 46; RhGemVerfG. v. 15. V. 56 Art. 11.

1. Die „meistbegüterten Grundeigentümer" des § 46 RhGemO. sind eine Unterart der im § 33 daselbst bezeichneten „Meistbeerbten". Deshalb sind die im § 35 Abs. 2 gegebenen Regeln über die Ausübung des Gemeinderechts durch mehrere Miteigentümer eines zum Gemeinderechte befähigenden Grundstücks auch für den Fall des § 46 maßgebend.

Meistbegüterter Grundeigentümer ist nach § 46 derjenige, der im Gemeindebezirke mit einem Wohnhaus angesessen ist und von seinem im Gemeindebezirke belegenen Grundbesitz an Hauptgrundsteuer (jetzt Grund- und Gebäudesteuer) mindestens 50 Tlr. = 150 ℳ jährlich zahlt, Meistbeerbter aber nach der ursprünglichen Fassung des § 33 Abs. 1 Nr. II dasjenige Gemeindeglied, das im Gemeindebezirke mit einem Wohnhaus angesessen ist und von seinen daselbst belegenen Besitzungen einen Hauptgrundsteuerbetrag entrichtet, der auf mindestens 2 und höchstens 5 Tlr. vom Oberpräsidenten zu bestimmen ist. Wenn nun auch im § 46 nicht wie im § 33 ausdrücklich hervorgehoben ist, daß der meistbegüterte Grundeigentümer zu den Gemeindegliedern gehören muß, so ergibt sich doch dies Erfordernis aus der Vorschrift, daß er mit einem Wohnhaus im Gemeindebezirk angesessen sein muß; denn nach § 12 ist Mitglied der Gemeinde jeder, der mit einem Wohnhaus im Gemeindebezirk angesessen ist. Daher muß derjenige, der meistbegüterter Grundbesitzer in einer Gemeinde ist, notwendig auch alle diejenigen Voraussetzungen, von denen die Eigenschaft eines Meistbeerbten dieser Gemeinde abhängt, erfüllen. Daran hat auch das G. v. 15. V. 56 nichts geändert. Nach ihm treten zwar den Meistbeerbten, deren Gemeinderecht auf dem Grundeigentum im Gemeindebezirke beruht, regelmäßig auch solche hinzu, deren Berechtigung auf dem Wohnsitz in der Gemeinde und der Zahlung persönlicher Steuerleistung beruht, während sie nach der älteren Bestimmung im § 33 Abs. 2 in den hier allein in Betracht kommenden ländlichen Gemeinden nur ausnahmsweise auf besondere Anordnung des Oberpräsidenten zum Gemeinderechte zugelassen werden konnten; aber die Vorschriften über die Voraussetzungen des im Grundbesitze wurzelnden Gemeinderechts sind im wesentlichen die gleichen geblieben und nur insofern geändert worden, als die aus § 33 Abs. 1 Nr. II in Verbindung mit § 34 Abs. 1 fließende Befugnis des Oberpräsidenten, den Hauptgrundsteuerbetrag des zum Gemeinderechte befähigenden Grundbesitzes auf einen 2 Tlr. oder 6 ℳ übersteigenden Mindestsatz für einzelne Gemeinden zu erhöhen, in Wegfall gebracht ist. Hiernach können die „meistbegüterten Grundeigentümer" nur als eine Unterart der Meistbeerbten, die sich unter ihnen durch besonders großen Umfang ihres Grundbesitzes auszeichnet, angesehen werden. Daß der Gesetzgeber das Verhältnis beider Arten von Grundeigentümern anders beurteilt hätte, ist nicht erkennbar und weder aus dem Wortlaute des § 46 zu folgern, noch aus dem Umstande herzuleiten, daß dort einzelne Bestimmungen ausdrücklich in bezug genommen sind, die auf die Meistbeerbten Anwendung finden, wie diejenigen des § 35 über die persönlichen zur Ausübung des Gemeinderechts erforderlichen Eigenschaften und die jetzt gegenstandslos gewordene des § 37 über den Einfluß einer Minderung der Steuerquote, die nur in der Ermäßigung des Steuerprozentsatzes ihre Wurzel hat. Dies kann geschehen sein, um Zweifel über die Anwendbarkeit jener Vorschriften zu beseitigen, und muß nicht notwendig dahin gedeutet werden, daß der Gesetzgeber die Anwendbarkeit aller anderen auf die Meistbeerbten bezüglichen Vorschriften habe ausschließen wollen. Daher ist die Beantwortung der Frage, ob derartige Vorschriften auch auf die meistbegüterten Grundeigentümer Anwendung finden, davon abhängig zu machen, ob sie sich auf Verhältnisse beziehen, die beiden Klassen gemeinsam sind, oder auf solche, in denen sie sich unterscheiden. Im ersteren Falle sind sie für anwendbar zu erachten, im letzteren ist die Anwendbarkeit zu verneinen. Der Unterschied zwischen beiden Arten von Grundeigentümern aber besteht, wie gezeigt, allein in der Bestimmung über den Umfang des zu dem größeren oder geringeren Rechte auf Teilnahme an den öffentlichen Geschäften der Gemeinde befähigenden Grundbesitzes. Auf diesen beziehen sich gerade die Bestimmungen am Schlusse des Art. 11 Nr. II, 3b des G. v. 15. V. 56 über Anrechnung des Grundbesitzes der Ehefrau und der minderjährigen oder unter väterlicher Gewalt stehenden Kinder. Ihnen ist also die Anwendbarkeit in OVG. 33 225 mit Recht abgesprochen worden. Daraus folgt aber die Unanwendbarkeit des § 35 Abs. 2 RhGemO. nicht; diese Vorschrift betrifft nicht die Frage, welchen Umfang das zur Teilnahme an den öffentlichen Geschäften der Gemeinde befähigende Grundeigentum haben muß, sondern die davon verschiedene, wie die Ausübung des Rechtes zu regeln ist, wenn der dazu befähigende Grundbesitz im Eigentume mehrerer steht; sie betrifft also ein Verhältnis, das bei größerem und kleinerem Grundbesitze ganz dasselbe ist. Daher würde der Annahme des Vorderrichters, daß der § 35 Abs. 2 auf das dem meistbegüterten Grundeigentümer zustehende Recht keine Anwendung zu finden habe, nur dann beizutreten sein, wenn sich die Beschränkung aus dem Wortlaute herleiten ließe. Dieser Schluß, der auch notwendig zu der Folgerung führen würde, daß nur das Alleineigentum an einem Grundstücke von dem im § 46 der Gemeindeordnung angegebenen Umfange zur Stellung eines meistbegüterten Grundeigentümers berechtige, Miteigentum zu einem ideellen Anteile aber niemals hierzu befähige, so umfangreich es auch sein möge, findet jedoch in der Fassung der angeführten Bestimmung keine Grundlage. Das Gemeinderecht enthält nach § 16 RhGemO. die Befugnis zur Teilnahme nicht bloß an den Wahlen der Gemeinde, sondern auch an den sonstigen öffentlichen Gemeindeangelegenheiten; das Recht, an den Sitzungen des Gemeinderats neben den gewählten Gemeindeverordneten teilzunehmen, kennzeichnet sich demnach gleichfalls als ein Gemeinderecht, wenn auch als ein besonders geartetes und bevorzugtes. Deshalb sind die im § 35 Abs. 2 gegebenen Regeln über die Ausübung des Gemeinderechts durch mehrere Miteigentümer eines zum Gemeinderechte befähigenden Grundstücks auch für den Fall des § 46 als maßgebend zu erachten.

2. Jedoch ist eine rechtliche Gestaltung denkbar, nach der jene Vorschriften zwar anzuwenden sind, wenn mehrere im gemeinschaftlichen Eigentum eines zum Vorrechte des meistbegüterten Grundeigentümers befähigenden Grundstücks stehen, gleichwohl aber die Teilnahme am Rechte nur demjenigen Miteigentümer zusteht, auf dessen Anteil ein Hauptgrundsteuerbetrag von mindestens 150 ℳ entfällt. Zugegeben mag auch werden, daß eine solche Auslegung noch mit dem Wortlaute des § 46 vereinbar ist, wonach meistbegüterter Grundeigentümer derjenige ist, der von seinem im Gemeindebezirke belegenen Grundbesitze mindestens 50 Tlr. an Hauptgrundsteuer, jetzt Grund- und Gebäudesteuer, jährlich zahlt. Indessen ist zu erwägen, daß Sätze, die keine selbständigen Privilegien darstellen, sondern Teile eines größeren Gesetzes bilden, nicht lediglich nach ihrem aus dem Zusammenhange mit dem Ganzen gerissenen Wortlaut ausgelegt werden dürfen, daß vielmehr der Bau des Gesetzes, sein Sprachgebrauch und die Ausdrucksweise, die an anderen, gleiche Wendungen enthaltenden Stellen angewendet ist, mitberücksichtigt werden müssen. Dies führt zu einem anderen Ergebnisse. Bei den Bestimmungen über die Voraussetzungen für die Eigenschaft des Meistbeerbten im § 33 Abs. 1 Nr. II führt das Gesetz als Berechtigte auf: diejenigen, die im Gemeindebezirke mit einem Wohnhaus angesessen sind und von ihren daselbst belegenen Grundbesitzungen einen Hauptgrundsteuerbetrag, der auf mindestens 2 und höchstens 5 Tlr. zu bestimmen ist, entrichten, und im § 46 diejenigen, welche mit einem Wohnhaus angesessen sind und von ihrem im Gemeindebezirke belegenen Grundbesitze 50 Tlr. an Hauptgrundsteuer zahlen. Beide Sätze unterscheiden sich also, abgesehen von der Angabe über die Höhe des Hauptgrundsteuerbetrags, nur dadurch, daß in einem das Wort „entrichten", im anderen aber das völlig gleichbedeutende Wort „zahlen" gebraucht ist. Im Falle des § 33 steht aber mit Rücksicht auf den Zusammenhang mit § 35 außer allem Zweifel, daß die Angabe über die Höhe des zu entrichtenden Grundsteuerbetrags sich auf denjenigen bezieht, der von dem ganzen zum Gemeinderechte befähigenden Grundstück entrichtet wird; folglich kann die gleiche Ausdrucksweise im § 46 auch keine andere Bedeutung haben, und muß notwendig auf denjenigen Hauptgrundsteuerbetrag bezogen werden, der von dem ganzen zum Rechte des meistbegüterten Grundeigentümers befähigenden Grundbesitze gezahlt wird.

Nr. 2. Entsch. v. 5. März 1907 (OVerwG. 50 24) I C 17/06.

RhGemO. v. 23. VII. 45 §§ 35 Abs. 2, 46.

Nach § 46 RhGemO. gehören zum Gemeinderate beim Vorhandensein gewisser persönlicher Eigenschaften die im Gemeindebezirke mit einem Wohnhaus angesessenen meistbegüterten Grundeigentümer, wenn ihr im Gemeindebezirke gelegener Grundbesitz mindestens zu 150 ℳ jährlicher Grund- und Gebäudesteuer veranlagt ist. Befindet sich ein Grundstück im ungeteilten Besitze mehrerer Personen, so kann nach der auch auf die Meistbegüterten anzuwendenden Vorschrift im § 35 Abs. 2 GemO. einer von den Mitbesitzern das Gemeinderecht ausüben. Da jedoch von den Grundbesitzungen des Klägers und seiner Miteigentümer keine sowohl mit einem Wohnhause besetzt als auch zu mindestens 150 ℳ jährlicher Grund- und Gebäudesteuer veranlagt ist, würden die Voraussetzungen des § 46 nur dann für gegeben zu erachten sein, wenn es zulässig wäre, die einzelnen Besitzungen zusammenzurechnen. Das ist zu verneinen, weil die Grundstücke nicht im gemeinschaftlichen Eigentume derselben Personen stehen. Vorausgesetzt wird nach § 35 Abs. 2 ein im ungeteilten Besitze mehrerer Personen befindlicher, zum Gemeinderechte, hier zum Rechte der Meistbegüterten, befähigender Grundbesitz. Unbedenklich können mehrere Grundstücke, die zusammen die Bedingungen des § 46 erfüllen, als eine Einheit betrachtet werden, wenn die Miteigentümer dieselben sind. Ist dies aber nicht vollständig der Fall, mögen auch einzelne Personen als Miteigentümer bei sämtlichen Grundstücken beteiligt sein, so kann nicht angenommen werden, daß die Grundstücke zusammen im „ungeteilten" Besitze mehrerer Personen stehen. Denn wenn ein Grundstück dem A. und B., ein anderes Grundstück dem A., B. und C. oder dem A. und C. gehört, so ist ein aus beiden Grundstücken bestehender ungeteilter Grundbesitz offenbar nicht vorhanden. Es kann vielleicht befremden, daß durch die Mitbeteiligung eines Dritten ungeachtet seiner Zustimmung die Zusammenrechnung ausgeschlossen sein soll. Allein die Zustimmung vermag die Gemeinschaftlichkeit und die Ungeteiltheit des Besitzes, die im § 35 Abs. 2 vorausgesetzt werden, nicht zu begründen, sondern sie begründet nur bei Gemeinschaftlichkeit und Ungeteiltheit des Besitzes für einen der Mitbesitzer die Befugnis zur Ausübung des Gemeinderechts. Wiewohl das Recht der Meistbegüterten nur von einem der Mitbesitzer ausgeübt werden kann, so sind doch auch die übrigen Mitbesitzer als Meistbegüterte anzusehen, und es ist diese Eigenschaft unabhängig von der Vereinbarung über die Ausübung des Rechtes. Wenn A. und B. zusammen ein zum Gemeinderechte befähigendes Grundstück besitzen, so kann einer von ihnen nach § 35 Abs. 2 das Gemeinderecht ausüben; wenn sie aber das Grundstück unter sich teilen und kein Teil für sich allein zum Gemeinderechte befähigt, so kann auch nicht einer von ihnen durch die Zustimmung des anderen zur Ausübung des Gemeinderechts gelangen.

Nr. 3. Entsch. v. 3. Mai 1907 (OVerwG. 50 28) I C 33/06.

RhGemVerfG. v. 15. V. 56 (GS. 435) Art. 14; G. v. 20. VI. 75 (GS. 241) über die Vermögensverwaltung in den kath. Kirchengemeinden §§ 7, 10.

1. Rendanten und Rechnungsführer katholischer Pfarrgemeinden sind nach der Gemeindeverfassung der Rheinprovinz als Gemeindeverordnete nur dann nicht wählbar, wenn sie vom Kirchenvorstande besonders angestellt sind und demgemäß auch nicht zum Kirchenvorsteher gewählt werden dürfen.

Nach § 10 Abs. 1 G. über die Vermögensverwaltung in den kath. Kirchengemeinden v. 20. VI. 75 ist die Regel, daß die Kassenverwaltung und die Rechnungsführung einem vom Kirchenvorstande gewählten Kirchenvorsteher zu übertragen sind, doch kann auch gemäß Abs. 2 durch Beschluß des Kirchenvorstandes ein ihm nicht angehöriger besonderer Rendant oder Rechnungsführer angestellt werden. Während das Amt des Kirchenvorstehers ein Ehrenamt ist (§ 7 Abs. 1) und diese Eigenschaft auch nicht dadurch verliert, daß der Kirchenvorsteher die Kasse zu verwalten und die Rechnung zu führen hat, gehört ein besonderer Rendant oder Rechnungsführer zu den Kirchendienern im Sinne des Art. 14 Abs. 4 Nr. 3 RhGemVerfG. v. 15. V. 56. Zwar sind solche Rendanten nach Art. 6 Abs. 2 G. betr. Abänderungen der kirchenpolitischen Gesetze v. 21. V. 86 nicht mehr Kirchendiener im Sinne des G. über die kirchliche Disziplinargewalt v. 12. V. 73 (vgl. § 10 Abs. 2 G. v. 20. VI. 75); aber im übrigen haben sie die Eigenschaft als Kirchendiener, da sie zum Dienste der Kirche angestellt sind (vgl. §§ 550 ff. II 11 ALR.).

2. Da im § 10 Abs. 2 G. v. 20. VI. 75 von der Anstellung eines dem Kirchenvorstande nicht angehörigen Rendanten die Rede ist, ein Kirchendiener nach § 28 ebenda auch nicht zum Kirchenvorsteher gewählt werden darf, so ergibt sich hieraus, daß die Eigenschaften als Kirchenvorsteher und als besonderer Rendant nicht in derselben Person vereinigt sein dürfen (anders nach § 24 Abs. 4 EvKGemSynO v. 10. IX. 73). Wenn dies auch dem Gesetze zuwider tatsächlich vielleicht der Fall sein könnte, so spricht doch dagegen jedenfalls die Vermutung. Ferner ist zu prüfen, ob eine „Anstellung“ als Rendant stattgefunden hat, wozu der Wille der kirchlichen Organe gehört, eine besondere Stelle für den Dienst der Gemeinde zu schaffen und eine solche Stelle zu übertragen.

3. Nicht unbedingt entscheidend sind die Einkünfte. Obgleich das Amt eines Kirchenvorstehers ein Ehrenamt ist, so kann ihm doch nach § 7 Abs. 2 G. v. 20. VI. 75 für außergewöhnliche Mühewaltungen eine angemessene Entschädigung durch die Gemeindevertretung bewilligt werden. Das kann insbesondere auch für die Kassenverwaltung und Rechnungsführung geschehen.

γ) In Hannover.

Nr. 1. Entsch. v. 17. März 1905 (OVerwG. **47** 111) I C 26/04.

HannLGemO. §§ 3 ff.; HannStO. §§ 83, 84; HannLVerfG. v. 6. VIII. 40 (HannGS. I 141); §§ 27, 91

Nach der HannLGemO. ist die inländische Staatsangehörigkeit eine Voraussetzung des auf dem Grundbesitze beruhenden Stimmrechts. Das auf dem Grundbesitze beruhende Stimmrecht in den Landgemeinden unterscheidet sich wesentlich von dem aus dem städtischen Bürgerrechte fließenden Wahlrechte. Während dieses neben der persönlichen Zugehörigkeit zur Gemeinde noch bestimmte Eigenschaften, männliches Geschlecht, Alter von 25 Jahren, Selbständigkeit und Unbescholtenheit erfordert, ist jenes von der persönlichen Zugehörigkeit des Besitzers zur Gemeinde völlig unabhängig und kann auch von Personen ausgeübt werden, die persönlich nicht zur Ausübung bürgerlicher Rechte befähigt sind, so von Frauen, unselbständigen und bescholtenen Personen. Das ergibt sich aus den Vorschriften in den §§ 8—15 LGemO., insbesondere aus den Vorschriften über die Vertretung von Personen, die unter väterlicher Gewalt, Vormundschaft oder Kuratel stehen, sowie von stellenbesitzenden Witwen und ferner aus der Bestimmung im § 13 aaO., wonach dem Stimmberechtigten, wenn sein Stimmrecht auf dem Grundbesitze beruht, er aber als bescholten zu gelten hat (§ 8$^{2\,a,\,b}$ und § 9), das Stimmrecht nicht gänzlich entzogen, sondern nur die persönliche Ausübung untersagt, also die Ausübung durch Bevollmächtigte zugelassen ist. Können aber selbst Personen, denen der volle Genuß der bürgerlichen und politischen Rechte versagt oder zur Strafe entzogen ist, wie § 27 Abs. 3 LVerfG. v. 6. VIII. 40 vorsah, das auf dem Grundbesitze beruhende Stimmrecht in einer Landgemeinde durch Bevollmächtigte ausüben, so ist aus dem Wortlaute des vorhergehenden Abs. 2 im § 27 ein ausreichender Grund, dem Ausländer das gleiche Recht zu versagen, nicht ohne weiteres abzuleiten, weil diese Vorschrift nur sagt, daß die Landesuntertanschaft die Voraussetzung für den vollen Genuß der bürgerlichen und politischen Rechte bildet. Da aber der Wortlaut eines Gesetzes für seine Deutung nicht unbedingt maßgebend ist, so bleibt zu prüfen, ob andere Umstände, insbesondere die Entstehungsgeschichte, eine über den Wortlaut hinausgehende Auslegung rechtfertigen. Aus der Entstehungsgeschichte ist indes ein bestimmter Anhalt für die Auslegung nach der einen oder anderen Seite nicht zu gewinnen.

Andere Erwägungen führen jedoch dazu, auch das auf dem Grundbesitze beruhende Stimmrecht den Ausländern (Nichtpreußen) zu versagen. (Folgt Beweisführung aus § 91 Abs. 3 LVerfG. und aus §§ 32 f. G. v. 6. XI. 40 (HannGS. I 449) über die Wahlen der Deputierten zur allgemeinen Ständeversammlung.) Daher ist die Vorschrift im § 27 Abs. 2 LVerfG. dahin auszulegen, daß die Landesuntertanschaft die Voraussetzung für den Genuß aller, auch der auf dem Grundeigentume beruhenden bürgerlichen und politischen Rechte ist.

Daraus, daß die LGemO. den im LVerfG. festgestellten Grundsatz weder wiederholt, noch in Bezug genommen hat, folgt nicht, daß er beseitigt, sondern nur, daß er unberührt geblieben ist. Abgesehen hiervon aber kommt in Betracht, daß die Bestimmungen in den §§ 8—18 LGemO. nicht unmittelbar anwendbares Recht enthalten, sondern nur Regeln geben, die bei der gemäß §§ 5—7 herbeizuführenden Neuregelung der Stimmordnung zu beachten sind, daß sich aber in erster Linie das Stimmrecht nach den in den einzelnen Gemeinden bestehenden gültigen Stimmordnungen richtet (§ 3 ebenda). Selbst wenn also § 8^1 LGemO. dahin aufzufassen wäre, daß alle, die Grundbesitz der dort beschriebenen Art in der Gemeinde haben, zu dem auf dem Grundbesitze beruhenden Stimmrecht im Falle einer Neuregelung zuzulassen seien, so würde der Kläger doch dies Recht nicht im Verwaltungsstreitverfahren geltend machen können, sondern nachzuweisen haben, daß sein Anspruch in der bestehenden Stimmordnung eine Stütze finde. Da aber die Bestimmung im § 27 Abs. 2 LVerfG. „Nur die Landesuntertanschaft befähigt zu dem Genusse der bürgerlichen und politischen Rechte" die Natur eines Verbotsgesetzes hatte, so konnte sich eine gültige Stimmordnung, die auch Nichtuntertanen zum Genusse des Gemeindestimmrechts zuließ, nicht entwickeln.

Nr. 2. Entsch. v. 15. Febr. 1907 (OVG. 50 33) I C 6/06.

HannLGemO. v. 28. IV. 59 § 54; AusfBek. v. 28. IV. 59 § 21; ZustG. § 31.

1. Nach § 54 HannLGemO. kann den Eigentümern derjenigen Güter und Höfe, von deren im Gemeindebezirke belegenen Grundbesitze wenigstens 50 Tlr. jährlicher Grundsteuer entrichtet werden, ein ihrem Stimm- und Beitragsverhältnis entsprechendes Stimmrecht im Ausschusse beigelegt werden. Danach ist Voraussetzung der Beilegung des Stimmrechts, daß der Eigentümer von dem im Gemeindebezirke belegenen Grundbesitze wenigstens zu 50 Tlr. = 150 ℳ jährlicher Grundsteuer veranlagt ist. An die Stelle der nach den Hannoverschen Gesetzen zu entrichtenden Grundsteuer ist infolge des § 3 Vd. v. 28. IV. 67 (GS. 533) und des G. v. 11. II. 70 (GS. 85) die nach dem Preuß. G. v. 21. V. 61 (GS. 253) von den Liegenschaften zu entrichtende Grundsteuer getreten. Ebensowenig wie neben der Grundsteuer die frühere Hannoversche Häusersteuer zu berücksichtigen war, ebensowenig kommt jetzt die nach §§ 1 und 2 Vd. v. 28. IV. 67 (GS. 533) dafür gemäß dem Preuß. G. v. 21. V. 61 (GS. 317) zu erhebende Ge-

bäudesteuer in Betracht. Obgleich die Gebäudesteuer nach § 1 G., betr. die anderweite Regelung der Grundsteuer v. 21. V. 61 (GS. 253), zu der Grundsteuer im weiteren Sinne gehört, so ist doch nur die eigentliche, von den Liegenschaften zu entrichtende Grundsteuer an Stelle der früheren Hannoverschen Grundsteuer getreten. Wenn im Gegensatze hierzu zur „Hauptgrundsteuer" im Sinne des § 46 RhGemO. und im Sinne des § 25 [1] WestfLGemO. auch die Gebäudesteuer gehört, so beruht dies darauf, daß die Grundsteuer nach den in den beiden westlichen Provinzen geltenden älteren Vorschriften auch von Gebäuden erhoben wurde.

2. Fehlt es an dieser Voraussetzung, so ist der Gemeindeausschuß nicht befugt, dem Eigentümer eines Gutes oder Hofes ein Stimmrecht beizulegen.

Die Genehmigung des Kreisausschusses kann daran nichts ändern. Dazu kommt, daß der Gemeindeausschuß überhaupt nicht über die Beilegung des Stimmrechts im Gemeindeausschusse beschließen kann, sondern die Zusammensetzung des Gemeindeausschusses nach § 21 AusfBek. v. 28. IV. 59 in Verbindung mit § 31 ZustG. durch den Kreisausschuß festzustellen, jedoch nach der ausdrücklichen Vorschrift im § 54 LGemO. die Gemeindeversammlung zu hören ist.

3. Wenn sich die Klägerin darauf beruft, daß zwischen ihrem Rechtsvorgänger und der Gemeinde durch Vertrag die Vertretung im Gemeindeausschusse geregelt worden sei, so ist darauf hinzuweisen, daß die für die Zusammensetzung des Gemeindeausschusses gegebenen gesetzlichen Vorschriften nicht durch Vertrag geändert werden können.

Nr. 3. Entsch. v. 25. Okt. 1907 (OVG. 51 41) I C 7/07.

HannLGemO. §§ 8ff., 41f., 52—54; AusfBek. §§ 20, 25.

1. Nach § 52 HannLGemO. v. 28. IV. 59 vertritt der Gemeindeausschuß in der Regel die Stelle der Gemeindeversammlung, namentlich in den Fällen der §§ 41 und 42 — also auch in den Fällen des § 41² und des § 42², d. i. bei Veränderungen in der Verfassung der Gemeinde und im Stimmrechte —, doch können einzelne Gegenstände der Beschlußnahme der Gemeindeversammlung vorbehalten werden.

Die Vertretung des Ausschusses erstreckt sich also auf alle der Gemeindeversammlung zugewiesenen Angelegenheiten, und es sind der letzteren nur im hier vorliegenden Falle durch Gemeindeverfassungsstatut die Beschlüsse über die Zusammensetzung und Zuständigkeit des Gemeindeausschusses vorbehalten. Danach kann also der Gemeindeausschuß — außer in betreff seiner eigenen Zusammensetzung und Zuständigkeit — auch Veränderungen in der Verfassung der Gemeinde beschließen und namentlich das Stimmrecht in der Gemeindeversammlung durch seine Beschlüsse ändern. Zwar hat das Stimmrecht in der Gemeindeversammlung einen Einfluß auf die Zusammensetzung des Gemeindeausschusses insofern, als davon die Wahl der Ausschußmitglieder abhängt (§ 53 LGemO.); aber die vorhergehende Bestimmung im § 3 des Statuts über die Zusammensetzung des Gemeindeausschusses — über die Zahl seiner Mitglieder, über deren Verteilung auf die einzelnen Bezirke oder Sondergemeinden und über die Zugehörigkeit eines Vertreters des Fiskus als ständigen Mitglieds — wird dadurch nicht berührt. Man darf annehmen, daß dem Gemeindeausschusse nur das Recht hat entzogen werden sollen, diese die Zusammensetzung des Gemeindeausschusses regelnde Vorschrift zu ändern, daß aber der Vorbehalt hinsichtlich der Zusammensetzung des Gemeindeausschusses nicht auch auf die nur in mittelbarem Zusammenhange mit der Zusammensetzung des Gemeindeausschusses stehende Vorschrift über das Stimmrecht in der

Gemeindeversammlung zu beziehen ist. Wenngleich die Veränderung des Stimmrechts in der Gemeindeversammlung zur Folge haben kann, daß sich in dieser eine Mehrheit für die Aenderung der Zusammensetzung des Gemeindeausschusses findet, und der Gemeindeausschuß daher vielleicht durch die Aenderung des Stimmrechts in der Gemeindeversammlung eine Aenderung seiner eigenen Zusammensetzung herbeiführen kann, so darf man doch nicht wegen einer solchen Möglichkeit die der Beschlußfassung der Gemeindeversammlung vorbehaltenen Gegenstände erweitern, und man muß auch berücksichtigen, daß die vom Gemeindeausschusse beschlossenen Verfassungsänderungen noch der Genehmigung des Kreisausschusses bedürfen, sowie daß die Grundsätze der §§ 8 ff. LGemO. dabei zu beachten sind.

2. Soweit den Eigentümern gewisser Güter nach § 54 LGemO. ein ihrem Stimm- und Beitragsverhältnis entsprechendes Stimmrecht im Ausschusse beigelegt sei, dürfen sie nicht noch daneben bei den Wahlen der übrigen Ausschußmitglieder mitstimmen. Wenn Brüning (HannLGemO.[3] 48) geltend macht, daß nicht dem Fiskus als solchem, sondern nur dem Domänenfiskus — also nicht dem Eisenbahnfiskus — das Stimmrecht im Ausschusse beigelegt und daß hier der Fiskus mit verschiedenen Stationen beteiligt sei, so ist darauf zu bemerken, daß im § 3 VerfStatuts von einem Vertreter des Fiskus ohne nähere Bezeichnung als ständigem Mitgliede des Ausschusses die Rede ist und daß es auf die Verschiedenheit der fiskalischen Stationen auch nicht ankommen kann. Die verschiedenen fiskalischen Stationen sind nicht verschiedene juristische Personen, sondern der preußische Staatsfiskus bildet eine einheitliche juristische Person; nur in bezug auf die Steuerpflicht gilt nach § 33 Abs. 3 KommAbgG. jede steuerpflichtige Unternehmung des Staatsfiskus als selbständige Person. Dabei ist zu berücksichtigen, daß der Eisenbahnfiskus hier nach seiner eigenen Erklärung „Rechtsnachfolger" des Domänenfiskus ist, der früher Eigentümer der jetzt für das Wahlrecht des Eisenbahnfiskus in Betracht kommenden Ländereien war, und daß danach anscheinend der Grundbesitz des Eisenbahnfiskus zu demjenigen Grundbesitze gehört, für welchen dem Domänenfiskus nach dem Verfassungsstatut ein Stimmrecht im Ausschuß eingeräumt worden ist. Wenn mit dem Eigentum eines Gutes oder Hofes ein sich nach § 54 LGemO. regelndes Stimmrecht im Ausschusse verbunden ist, so steht dem Eigentümer des Gutes oder Hofes als solchem offenbar nicht oder doch nicht ohne besondere Einräumung daneben noch das Recht zu, an den Wahlen zum Ausschusse teilzunehmen. Ob der Eigentümer des Gutes oder Hofes, wenn er außer dem Gute oder Hofe, wofür das Stimmrecht im Ausschuß eingeräumt ist, noch andere Grundstücke in der Gemeinde besitzt, deshalb zur Teilnahme an den Wahlen in der Gemeindeversammlung zuzulassen ist oder nur eine Erweiterung des Stimmrechts im Ausschusse verlangen kann, bedarf hier keiner Erörterung, weil der Kläger nicht behauptet hat, daß er noch andere Grundstücke in der Gemeinde besitze, die nicht zu denjenigen gehören, für die dem Fiskus der Vertreter im Ausschusse bewilligt worden ist.

3. Der Umfang des dem fiskalischen Vertreter im Ausschusse bisher beigelegten Stimmrechts ist nicht entscheidend für die Frage, ob der Fiskus daneben noch in der Gemeindeversammlung stimmberechtigt ist. Da im § 4 VerfStatuts bestimmt ist, daß sich das Stimmrecht des fiskalischen Vertreters nach § 54 LGemO. regelt, so kann der Fiskus verlangen, daß das Stimmrecht seines Vertreters im Ausschuß entsprechend vergrößert (vervielfältigt) wird, wenn die Stimme, die der Fiskus im Ausschusse führt, den Beitragsverhältnissen des betreffenden Grundbesitzes — mit Einschluß der Steuern vom Einkommen aus den auf diesem Grundbesitze betriebenen Eisenbahn- und sonstigen gewerblichen Unternehmungen (§ 33[4], § 35 Komm.-

AbgG.) — nicht entspricht. Denn die Bestimmung im § 25 MBek. v. 28. IV. 59 über die Gleichheit des Stimmrechts der Ausschußmitglieder gilt nicht für die ständigen Vertreter größerer Güter. Nach § 54 LGemO. wird an den Grundbesitz nur die Anforderung gestellt, daß er zu mindestens 150 ℳ jährlicher Grundsteuer veranlagt ist. Diese Anforderung wird durch den in der Gemeinde W. belegenen gesamten fiskalischen Grundbesitz, wofür seinerzeit der Vertreter im Ausschusse bewilligt worden ist, jedenfalls auch jetzt noch erfüllt. Wenn Teile des gesamten Besitzes, für den die Vertretung im Ausschusse zugestanden ist, der Grundsteuerveranlagung nicht unterliegen, so gilt doch auch für sie die Einräumung des Stimmrechts im Ausschusse, so daß die Beitragsverhältnisse dieser Teile des Grundbesitzes bei Bemessung des Stimmrechts im Ausschusse mitzuberücksichtigen sind und der Eigentümer nicht wegen solcher Teile des Besitzes, die nicht oder nicht mehr zur Grundsteuer veranlagt werden, ohne weiteres ein Stimmrecht in der Gemeindeversammlung beanspruchen kann. Anders würde die Sache zu beurteilen sein, wenn mit dem Uebergang auf den Eisenbahnfiskus ein Eigentumswechsel stattgefunden hätte. Die Regelung des Stimmrechts des fiskalischen Vertreters gehört nicht zu den der Gemeindeversammlung vorbehaltenen Gegenständen, da es sich hierbei nicht um die Zusammensetzung des Gemeindeausschusses, sondern um den Umfang des Stimmrechts eines einzelnen Mitglieds handelt. Wenn im § 4 des Statuts bestimmt ist, daß sich das Stimmrecht des fiskalischen Vertreters nach § 54 LGemO. regelt, so ist damit von einer abschließenden Feststellung des Umfanges des Stimmrechts abgesehen und der Beschlußfassung durch das regelmäßig zur Vertretung der Gemeinde berufene Organ — d. h. durch den Gemeindeausschuß — Raum gelassen. Zwar verlangt § 54 LGemO. — ebenso wie § 20 ABek. v. 28. IV. 59 — eine Anhörung der Gemeindeversammlung, aber für eine bloße Aenderung des Umfanges der Stimmberechtigung im Ausschusse kann nicht darum die jedesmalige Beschlußfassung der Gemeindeversammlung für unerläßlich erachtet werden, wenn in dem von der Gemeindeversammlung beschlossenen Statute bereits vorgesehen ist, daß sich das Stimmrecht nach § 54 LGemO. regeln soll. Daher kann hier das Stimmrecht des fiskalischen Vertreters durch Beschluß des Gemeindeausschusses mit Genehmigung des Kreisausschusses oder durch Beschluß des letzteren nach Anhörung des Gemeindeausschusses erweitert werden. Auch wenn also das dem fiskalischen Vertreter zurzeit eingeräumte Stimmrecht im Ausschusse den Beitragsverhältnissen des fiskalischen Grundbesitzes nicht entspricht, folgt daraus nicht, daß der Fiskus an den Wahlen der sonstigen Ausschußmitglieder teilnehmen dürfe.

4. Der Kläger macht noch geltend, es habe sich eine Observanz gebildet, nach der dem Eisenbahnfiskus ein Stimmrecht in der Gemeindeversammlung zustehe. Ob der Fiskus durch Observanz ein Stimmrecht in der Gemeindeversammlung hätte erwerben können, darf dahingestellt bleiben; denn die tatsächlichen Voraussetzungen für die Bildung einer solchen Observanz liegen nicht vor, da nicht feststeht, daß der Fiskus durch eine lange Reihe von Jahren in bestimmtem Umfang an den Wahlen teilgenommen hat. Zur Annahme einer Observanz des Inhalts, daß alle Großgrundbesitzer, die einen ständigen Vertreter im Ausschusse haben, ohne Rücksicht hierauf noch an den Wahlen der Ausschußmitglieder teilnehmen dürfen, fehlt ebenfalls die genügende Unterlage, auch wenn neben dem Fiskus noch einzelne andere Grundbesitzer einen ständigen Vertreter im Ausschusse gehabt haben, gleichwohl aber zur Wahl in der Gemeindeversammlung zugelassen sein sollten. Denn es ist anzunehmen, daß die Zulassung auf einem unrichtigen, aus irriger Anwendung des geschriebenen Rechtes hervorgegangenen Verfahren der Behörde beruhte.

δ) In Hessen-Nassau.

Nr. 1. Entsch. v. 28. Febr. 1905 (PrVerwBl. 27 610) I 180.
HNLGemO. § 24; HNStO. § 19; ALR. II 11 § 550.

Kirchenrechner können nicht zu Gemeindeverordneten gewählt werden, da sie zu den Kirchendienern gehören. Der Ausdruck „Kirchendiener" ist im § 24⁵ HNLGemO. und im § 19³ HNStO. in demselben Sinne gebraucht wie im § 17³ StO. v. 30. V. 53. Diese schließt sich ihrerseits an die Begriffsbestimmung des ALR. an, das im § 550 II 11 zu den „weltlichen Kirchendienern" diejenigen Personen zählt, die zum Dienste der Kirche in mechanischen Verrichtungen oder weltlichen Angelegenheiten bestimmt sind. Der Ausdruck „weltliche Kirchenbediente" und „Kirchendiener" ist identisch; die „Kirchendiener" den „Religionsdienern" gleichzustellen, ist weder im Sprachgebrauche noch durch § 19 ALR. aaO. begründet. Die „besoldeten Kirchenrechnungsführer", von denen § 16 Abs. 5 PresbyterialSynO. für die evangelischen Kirchengemeinden im Bezirke des Konsistoriums zu Cassel v. 16. XII. 85 spricht, gleichen den „Rendanten" der Kirchenkasse, deren Stellung durch § 24 KGSynO. v. 10. IX. 73 geregelt ist. Daß diese Rendanten als „Kirchendiener" im Sinne der StO. v. 1853 angesehen werden müssen, ist in den vom Vorderrichter in Bezug genommenen Entscheidungen des Oberverwaltungsgerichts eingehend dargelegt. Es liegt kein Anlaß vor, von dieser Begriffsbestimmung für das Gebiet der HNLGemO. abzuweichen.

2. Wahlverfahren.

a) Allgemeine Grundsätze; Rechtsprechung für die Rechtsgebiete der LGemO. v. 3. VII. 91 und der SchleswHolstLGemO. v. 4. VII. 92.

Nr. 1. Entsch. v. 23. Mai 1905 (OVG. 47 130) I C 37/04.
SchleswHolstLGemO. §§ 33, 41, 55.

1. Aus den §§ 39 und 55 SchleswHolstLGemO. ergibt sich, daß die Wählerliste die nach § 41 erforderlichen Eigenschaften der Gemeindeglieder nachweisen muß. Mit Rücksicht auf § 41⁵·⁶ muß die Liste daher auch über die Steuern, die die einzelnen Wähler zu entrichten haben, Aufschluß geben. Außerdem folgt dies aus dem Zwecke der Auslegung; denn die Kontrolle der Richtigkeit der Liste, die durch die Auslegung ermöglicht werden soll, setzt voraus, daß aus der Liste die von den einzelnen Wählern zu entrichtenden Steuerbeträge zu ersehen sind, weil davon das Stimmrecht und insbesondere die Abgrenzung der Wählerabteilungen abhängen. Vermögen die einzelnen Stimmberechtigten aus der offengelegten Liste nicht zu erkennen, ob die Liste richtig aufgestellt worden ist oder nicht, so bietet die ihnen verliehene Befugnis, während der Offenlegung der Liste gegen ihre Richtigkeit Einspruch zu erheben, keine Gewähr dafür, daß Unrichtigkeiten der Liste aufgedeckt nnd beseitigt werden. Der Zweck der Offenlegung wird also nicht erreicht. Von Unvollständigkeiten der Liste im einzelnen, namentlich Auslassungen, die sich als Unrichtigkeiten der Liste darstellen und mittels Einspruchs zu rügen sind, ist der Fall verschieden, wenn die Liste im ganzen nicht die erforderliche Unterlage zur Prüfung ihrer Richtigkeit gewährt. Fehlt daher in der Liste während der Offenlegung allgemein die Angabe der von den einzelnen Stimmberechtigten zu zahlenden Steuern, so findet eine ordnungsmäßige Auslegung der Liste nicht statt und es kommt daher diejenige Liste, die der Wahl zugrunde zu legen ist, überhaupt

nicht zustande. Daraus folgt die Ungültigkeit der Wahl ohne Rücksicht darauf, ob deren Ergebnis erweislich durch die Mängel der Liste beeinflußt worden ist.

2. Bei freier Beurteilung ist die Wahl nicht schon darum für ungültig zu erachten, weil die beiden Beisitzer des Wahlvorstandes das Wahlprotokoll nicht mitunterzeichnet haben. Nachdem die Beisitzer von der Wahlversammlung gewählt worden waren, hat die Wahl aller drei Abteilungen unter der Leitung des gesamten Wahlvorstandes stattgefunden und es ist auch unter Mitwirkung der Beisitzer das Abstimmungsergebnis festgestellt worden. Als aber dann das Protokoll fertiggestellt und unterschrieben werden sollte, lehnten die Beisitzer ihre weitere Mitwirkung ab, weil die Wählerliste unrichtig sei oder weil nicht die richtige Wählerliste vorliege oder weil den Beisitzern die Einsicht der Liste vorenthalten worden sei. Das OVG. hat wiederholt ausgeführt, daß die Beisitzer als Vertrauensmänner der Wahlversammlung das Wahlverfahren mitzuüberwachen und mitzuleiten haben und daß die Wahlhandlung ungültig ist, wenn sie nicht vor einem vollständig besetzten Wahlvorstande vorgenommen worden ist. Hier hat jedoch das ganze Wahlverfahren mit Einschluß der Feststellung des Wahlergebnisses vor dem Gemeindevorsteher und den beiden Beisitzern, also vor dem gehörig besetzten Wahlvorstande, stattgefunden. Nur an der Fertigstellung des Protokolls haben die Beisitzer nicht mehr teilgenommen und dessen Unterzeichnung verweigert. Allerdings schreibt § 63 SchleswHolstLGemO. v. 4. VII. 92 vor, daß die Wahlprotokolle vom Wahlvorstande zu unterzeichnen seien, doch daraus folgt nicht, daß von der Mitunterzeichnung durch die beiden Beisitzer auch die Gültigkeit der Wahl abhinge. Der Wahlakt wird durch das Wahlprotokoll nur beurkundet, weshalb dessen Verlust den Wahlakt nicht ungültig macht. Dient die Mitunterzeichnung durch die Beisitzer nur zur Vervollständigung der Beurkundung der Wahl, so hängt die Gültigkeit der Wahl nicht von der Mitunterzeichnung durch die Beisitzer ab, wenn sonst feststeht, daß die Wahl vor dem gehörig besetzten Wahlvorstand ordnungsmäßig vollzogen worden ist.

b) Provinzialrechte.

α) In Westfalen.

Nr. 1. Entsch. v. 6. Febr. 1906 (OVG. 49 112) I C 22/05.

WestfLGemO. § 28; BGB. §§ 168, 171, 662 ff.

1. Der Kreisausschuß hatte die Unterzeichner des gegen die Gültigkeit der Wahlen erhobenen Einspruchs mit Ausnahme von dreien beigeladen und ihnen auch je eine Ausfertigung der Urteilsformel zugestellt. Hierüber ist der Bezirksausschuß hinweggegangen und hat die Beigeladenen zu dem Verfahren in der Berufungsinstanz nicht zugezogen. Das war nicht angängig. Allerdings brauchte der Kreisausschuß die Einspruchерheber nicht beizuladen, da ihnen zustehende Sonderrechte nicht im Streitverfahren befangen waren. Wenn die Beiladung auch der Sachlage entsprach, war sie doch nicht vorgeschrieben, und es kann deshalb auf sich beruhen bleiben, daß sie in erster Instanz nicht auf sämtliche Unterzeichner des Einspruchs erstreckt worden ist. Nachdem sie aber stattgefunden hatte, war der Bezirksausschuß nicht mehr in der Lage, sie in der Berufungsinstanz unbeachtet zu lassen. Er muße vielmehr den Beigeladenen die Möglichkeit gewähren, sich an dem weiteren Verfahren zu beteiligen. Indem er dies unterließ, machte er sich eines wesentlichen Verfahrensmangels schuldig, der die Aufhebung seiner Entscheidung nach sich zieht.

2. In der Bekanntmachung war die Wahl auf drei Uhr nachmittags anberaumt, die Wahlzeit also durch die Festsetzung eines Zeitpunkts und nicht durch die Offenhaltung einer Frist bestimmt. Eine Fristbestimmung ergibt sich auch nicht etwa daraus, daß die Bekanntmachung den Beginn, die angeblich ortsgebräuchliche Schlußzeit — vier Uhr — das Ende bezeichnet habe; denn in dieser Weise konnte die Festsetzung einer Frist nicht erfolgen. Danach enthielt die beim Beginne der Wahl abgegebene Erklärung des Wahlvorstandes, er werde bis fünf Uhr Stimmen entgegennehmen, keine weitere Erstreckung einer für die Abgabe der Stimmen gesetzten Frist, was allerdings nicht ohne vorgängige Bekanntmachung gemäß § 28 WestfLGemO. zulässig gewesen wäre. Ebensowenig kann dieser Erklärung die ihr von der Gemeindevertretung zugeschriebene Bedeutung beigemessen werden, daß dadurch der in der Bekanntmachung für die Wahl festgesetzte Zeitpunkt durch die Einräumung einer Frist ersetzt worden sei, was ebenfalls nicht ohne vorgängige Bekanntmachung hätte geschehen dürfen. Die Erklärung besagt vielmehr nichts weiter, als daß die Wahl keinesfalls, also ohne Rücksicht auf etwaige zwischenzeitige Pausen, vor fünf Uhr geschlossen werden solle. Das ist etwas wesentlich anderes als die Festsetzung einer ihrem Ende nach bestimmten Frist für die Wahl, bedeutete vielmehr nur eine im voraus kundgegebene Entschließung darüber, wann unter Zugrundelegung des in der Bekanntmachung festgesetzten Zeitpunkts die Wahl beim Vorliegen der sonstigen Voraussetzungen geschlossen werden solle. Diese Entschließung und ihre Kundgebung war für die Gültigkeit des Wahlergebnisses völlig unerheblich. Sie blieb ohne jede Bedeutung, wenn die Abfertigung der rechtzeitig erschienenen Wähler ohnehin sich bis fünf Uhr erstreckte. Im übrigen kommt nur in Frage, wie sich die Wahlhandlung tatsächlich vollzogen hat, ob die Voraussetzungen für den Schluß bereits vor fünf Uhr gegeben waren, der Wahlvorstand aber unter Nichtbeachtung dieses Umstandes die Wahl ungebührlich, insbesondere im Interesse einer bestimmten Partei, in die Länge gezogen hat. Im Einspruche war nur behauptet, daß die Abfertigung der um drei Uhr erschienenen Wähler bereits etwa um vier Uhr beendet gewesen sei. Wieviel Wähler dies gewesen sind, erhellt nicht. Daß in der Zwischenzeit nicht noch weitere Wähler erschienen seien, ist nicht behauptet; ebensowenig ist dargetan, daß bis zum tatsächlichen Schlusse der Wahl nennenswerte Pausen oder Unterbrechungen der Wahlhandlung stattgefunden hätten. Das kann auch bei Berücksichtigung der Zahl der Wähler, die Stimmen abgegeben haben, kaum der Fall gewesen sein. Die Wahlhandlung muß sich vielmehr im großen und ganzen ohne Unterbrechung vollzogen haben. Und wenn in der Tat gewisse Pausen vorgekommen sein sollten, so würde darin allein noch nicht ohne weiteres eine erhebliche Unregelmäßigkeit zu erblicken sein. Es fehlt auch jeder Anhalt dafür, daß die Willenskundgebung des Wahlvorstandes den Zweck der Begünstigung einer bestimmten Partei verfolgt habe. Sie beruhte auf einer Anordnung, die der Landrat anläßlich der Eingabe des ihm der Parteistellung nach unbekannten B. ausgesprochenermaßen zu dem Behufe getroffen hatte, um tunlichst allen Wählern der dritten Abteilung ohne Unterschied der Parteistellung die Teilnahme an der Wahl zu ermöglichen. Wenn B. seinerseits schon am Tage vor der Wahl durch die Bescheidung auf seine Beschwerde Kenntnis davon erhielt, wie sich der Zeitpunkt des Schlusses der Wahl voraussichtlich gestalten würde, und wenn dadurch seine — die obsiegende — Partei in der Tat günstiger gestellt sein sollte, so folgt daraus noch nicht, daß eine gewollte Begünstigung dieser Partei vorgelegen habe.

3. Nach § 168 BGB. bestimmt sich das Erlöschen der Vollmacht nach dem ihrer Erteilung zugrunde liegenden Rechtsverhältnisse. Die Vollmacht ist regelmäßig widerruflich, sofern sich nicht aus diesem Rechtsver-

hältnis ein anderes ergibt. Die Widerruflichkeit kann nicht willkürlich in rechtsverbindlicher Weise ausgeschlossen werden; der Ausschluß ist nur dann wirksam, wenn er aus jenem Rechtsverhältnisse sich ergibt und aus demselben sich überhaupt ergeben kann. Hier lag der dem P. erteilten Vollmacht der Auftrag zugrunde, für die Machtgeberin das Stimmrecht auszuüben, an dessen selbständiger Ausübung sie gesetzlich behindert war. Beruht die Vollmacht auf einem Auftrage, so kommen für ihr Erlöschen und damit auch für die Widerruflichkeit die §§ 662ff. BGB. in Betracht. Der Auftrag ist jederzeit widerruflich und auf den Widerruf kann mit rechtsverbindlicher Wirkung nach außen hin regelmäßig nicht verzichtet werden, es sei denn, daß der Auftrag zugleich oder vorzugsweise im Interesse des Beauftragten liegt. Fällt der Vollmachtsauftrag, wie hier, nach Gegenstand und Zweck in den Rahmen der Ausübung eines Stimm- oder Wahlrechts, dann steht der Verzicht auf den Widerruf in Widerspruch mit dem Grundsatze der Freiheit der Wahl. Die Bindung an einen bestimmten Bevollmächtigten läuft im Ergebnis auf die Festlegung für einen bestimmten Kandidaten hinaus, wie das ja hier der ausgesprochene Zweck des Verzichts auf den Widerruf gewesen ist. Eine derartige Abmachung entbehrt der Rechtsverbindlichkeit. Daran ändert der Umstand nichts, daß die Aufrechterhaltung des Vollmachtsauftrags im Interesse des P. lag. Bei der Ausübung des Wahlrechts handelt es sich um öffentliche Rechte und Pflichten. Das etwaige Interesse, welches der Bevollmächtigte daran hat, daß die Ausübung des Wahlrechts zu einem von ihm gewünschten Ergebnisse führt, tritt gegenüber dem beteiligten öffentlichen Interesse völlig in den Hintergrund.

Nr. 2. Entsch. v. 29. Juni 1906 (OVG. 49 122) I C 42/05.

WestfLGemO. §§ 13, 26, 28.

1. Wenn im Geltungsbereiche der WestfLGemO. aus einer Gemeindevertretung, der nur sechs Gemeindeverordnete angehören, bisher gesetzwidrig immer zugleich die beiden Gemeindeverordneten derselben Abteilung ausgeschieden sind, so müssen, um eine Neuwahl der ganzen Gemeindevertretung herbeizuführen und ein gesetzmäßiges Verfahren anzubahnen, zweimal hintereinander die Gemeindeverordneten nur für vier und zwei Jahre gewählt werden.

Wie die alle zwei Jahre ausscheidenden Gemeindeverordneten zu bestimmen sind, falls die Gesamtzahl der Gemeindeverordneten nur sechs beträgt, jeder Abteilung also nur zwei Gemeindeverordnete angehören, ist in OVG. 19 136ff. näher dargelegt worden. Da nach § 26 Abs. 2 WestfLGemO. die das erste und zweite Mal Ausscheidenden für jede Abteilung durch das Los bestimmt werden sollen, ist zunächst innerhalb jeder Abteilung von den beiden Gemeindeverordneten einer auszulosen, worauf von den drei Ausgelosten durch ein abermaliges Losen die wirklich ausscheidenden zwei Gemeindeverordneten zu bestimmen sind. Bei der nächstfolgenden Ergänzungswahl ist einmal ein ausscheidender Gemeindeverordneter innerhalb derjenigen Abteilung auszulosen, aus der das erstemal niemand ausgeschieden ist, außerdem aber von den beiden das erstemal nicht ausgeschiedenen Gemeindeverordneten der beiden anderen Abteilungen ein Ausscheidender durch das Los zu bestimmen. Dementgegen ist in der Landgemeinde H. im Jahre 1888 vor der ersten nach einer Neuwahl der sämtlichen Gemeindeverordneten vollzogenen Ergänzungswahl unter allen sechs vorhandenen Gemeindeverordneten gelost worden, wobei das Los die beiden Gemeindeverordneten der ersten Abteilung getroffen hat. Vor der zweiten Ergänzungswahl im Jahre 1890 ist das Los, das unter den vier das erstemal nicht ausgeschiedenen Gemeindeverordneten entschieden hat, auf die beiden Gemeindeverordneten der zweiten Abteilung gefallen, so daß bei der dritten Ergänzungswahl die beiden Gemeindeverordneten der dritten Abteilung ausscheiden mußten und in der Folge stets zugleich die beiden Gemeindeverordneten derselben Abteilung ausschieden. Ein solches Verfahren widerspricht der Vorschrift der LGemO. über das besondere Losen für jede Abteilung und den allgemeinen Grundsätzen, die der LGemO. in bezug auf das Ausscheiden der Gemeindeverordneten zu entnehmen sind.

2. Eine Aenderung dieses Rechtszustandes konnte auch nicht durch Observanz herbeigeführt werden; denn Observanzen können sich gegen die Vorschriften des Gesetzes, mögen sie ausdrücklich ausgesprochen oder nur aus dem ganzen Inhalte des Gesetzes zu entnehmen sein, nur insoweit bilden, als das Gesetz eine abweichende autonomische Regelung vorbehält. Das aber ist — wiewohl im § 13[1] LGemO. mit auf § 26 verwiesen wird — im § 26 Abs. 2 betreffs der hier in Betracht kommenden Bestimmung der ausscheidenden Gemeindeverordneten nicht geschehen. Im letzten Absatze des § 28 ist zwar gesagt, daß nähere oder abweichende Bestimmungen dem Gemeindestatute vorbehalten bleiben; aber die Vorschrift über das Ausscheiden durch das Los findet sich im § 26 Abs. 2. Dazu kommt, daß durch die Praxis der Verwaltungsbehörden eine Observanz überhaupt nicht entstehen kann, daß aber die Auslosung der Gemeindeverordneten von dem Amtmann, also von einer Verwaltungsbehörde, geleitet wird, sich somit in der Art, wie dies geschah, nicht die Rechtsüberzeugung der Mitglieder der Gemeinde kundgab. Außerdem ist anzunehmen, daß das Verfahren auf einem die Bildung einer Observanz ausschließenden Irrtum über den Sinn der Vorschriften der Landgemeindeordnung beruhte.

3. Die Vorderrichter machen weiter geltend, daß im Jahre 1904, da die Amtszeit der beiden Gemeindeverordneten der dritten Abteilung ablief, jedenfalls für diese wieder zwei Gemeindeverordnete von der dritten Abteilung hätten gewählt werden müssen. Nach Ansicht des Bezirksausschusses läßt sich der frühere Fehler jetzt nicht berichtigen, weil eine Aufhebung der Wahl doch wieder zu einer Wahl der dritten Abteilung führen müsse. Richtig ist allerdings, daß im November 1904 zwei Gemeindeverordnete von der dritten Abteilung gewählt werden mußten, da die Amtszeit der beiden Gemeindeverordneten der dritten Abteilung ablief, die der Gemeindeverordneten der ersten und zweiten Abteilung jedoch fortdauerte; denn zunächst muß darauf gesehen werden, daß jeder Abteilung ein Drittel der sämtlichen Gemeindeverordneten angehört. Die beiden Gemeindeverordneten der dritten Abteilung aber hätten, um das oben bezeichnete, dem Gesetz entsprechende Verfahren für künftige Ergänzungswahlen anzubahnen, nicht auf die vollen sechs Jahre gewählt werden dürfen, sondern mit dem Vorbehalte gewählt werden müssen, daß ihre Amtszeit nur vier Jahre dauert. Werden alsdann bei der nächsten Ergänzungswahl im November 1906 die beiden Gemeindeverordneten nur für zwei Jahre gewählt, so ist die Folge, daß nach weiteren zwei Jahren — also im November 1908 — eine Neuwahl sämtlicher Gemeindeverordneten stattfinden muß, bei der sie zwar alle auf sechs Jahre gewählt werden, aber mit dem sich aus dem Gesetz ergebenden Vorbehalte des früheren Ausscheidens nach Bestimmung durch das Los. Wiewohl die LGemO. im § 26b vorschreibt, daß die Gemeindeverordneten auf sechs Jahre gewählt werden, muß es doch für zulässig erachtet werden, die Wahl — wie bei Ersatzwahlen — für einen kürzeren Zeitraum vornehmen zu lassen, wenn nur auf diesem Wege wieder zu einem gesetzmäßigen Verfahren zu gelangen ist.

Nr. 3. Entsch. v. 20. Nov. 1906 (OVG. 49 129) I C 30/06.

WestfLGemO. § 28.

Die Einladung zum Wahltermine für Gemeindevertreterwahlen braucht im Geltungsbereiche der WestfLGemO. nicht einen nach Anfangs- und Endpunkt fest begrenzten Zeitraum für die Abgabe der Stimmen zu bezeichnen; vielmehr ist es auch zulässig, nur den Zeitpunkt bekannt zu geben, mit dem die Wahlhandlung beginnen soll. Aus § 28 das. geht nur hervor, daß die Wähler vier Wochen vor der Wahl zu einem „Wahltermin" einzuladen sind; es muß ihnen also bekannt gegeben werden, wo und wann sie sich zur Wahl einfinden sollen. Für das Wann? genügt die Angabe eines bestimmten Tages und einer bestimmten Tagesstunde. Dafür, daß ein nach Anfangs- und Endpunkt genau abgegrenzter Zeitraum, während dessen die Stimmen der Wähler entgegengenommen werden sollen, in der Bekanntmachung zu bezeichnen sei, gewährt das Gesetz keinen Anhalt. Auch trifft die Ausführung nicht zu, der Gebrauch des Ausdrucks „Wahltermin" lasse darauf schließen, daß der Gesetzgeber die Bekanntgabe eines nach Anfangs- und Endpunkt fest begrenzten Zeitraums habe vorschreiben wollen; denn der Begriff „Termin" bezeichnet in der Rechtssprache ebenso wie im gewöhnlichen Sprachgebrauche bald einen bestimmten Zeitpunkt, zu dem eine Handlung vorgenommen werden muß, bald einen Zeitabschnitt, vor dessen Ablauf eine Handlung vorzunehmen ist, widrigenfalls gewisse Rechtsnachteile für den Säumigen eintreten. Wie der Abs. 6 des § 28 zeigt, ist der Gesetzgeber davon ausgegangen, daß bei den Wahlen nach der Landgemeindeordnung für die Provinz Westfalen die Wähler zu gleicher Zeit zusammentreten und so lange zusammenbleiben, bis die Wahl ein endgültiges Ergebnis gehabt hat; denn an die erste Wahl soll sich nötigenfalls sogleich die engere Wahl anschließen. Hieraus ließe sich eine Unterstützung für die Ansicht entnehmen, daß für den Wahltermin nur der Zeitpunkt des Beginns bekannt zu machen sei, weil eine anschließende engere Wahl nicht durchführbar wäre, wenn die Wähler zu beliebiger Zeit während eines längeren Zeitraums ihre Stimmen abgeben könnten, und weil außerdem bei der Möglichkeit, daß eine engere Wahl nötig wird, von vornherein der Endpunkt des Wahlgeschäfts sich gar nicht bestimmen läßt. Indessen ist bei dem Schweigen des Gesetzes über die Abgrenzung des Wahltermins anzunehmen, daß in Westfalen der Wahltermin nach dem Ermessen des Amtmanns bzw. des Gemeindevorstehers in zweifacher Art bekanntgegeben werden darf. Entweder ist eine nach Beginn und Ende stundenmäßig begrenzte Frist zu bezeichnen, so daß während ihres Laufes jeder erscheinende Wahlberechtigte seine Stimme abgeben, nach ihrem Ablauf aber kein Wähler mehr zugelassen werden darf; oder es wird ohne Offenhaltung einer Frist lediglich ein Zeitpunkt dergestalt festgesetzt, daß der Wahlakt mit diesem zu beginnen hat und so lange fortzusetzen ist, als Wahlberechtigte erscheinen.

β) In der Rheinprovinz.

Nr. 1. Entsch. v. 18. Jan. 1907 (PrVerwBl. 29 124) I C 34/06.

RhGemO. § 54.

1. Unter welchen Umständen ein Wähler von der Stimmabgabe auszuschließen ist, muß nach allgemeinen Grundsätzen beurteilt werden; die RhGemO. v. 23. VII. 45 enthält hierüber keine besonderen Bestimmungen. Zu den Aufgaben des Wahlvorstandes (in der Rheinprovinz: des Bürgermeisters oder seines Vertreters und der beiden Skrutatoren — vgl. § 54 aaO. —) gehört es, sich über die Zulassung jedes einzelnen Wählers zur Stimmabgabe schlüssig zu machen. Dabei ist neben der Legitimation des Abstimmenden seine

Fähigkeit zur Abgabe einer rechtsverbindlichen Erklärung zu prüfen. Gelangt der Wahlvorstand bei pflichtmäßiger Erwägung aus triftigen Gründen zu der Ueberzeugung, daß dem Wähler diese Fähigkeit fehle, so hat er ihm die Zulassung zur Stimmabgabe zu versagen. Trotz der Aufnahme in die Wählerliste muß daher eine an sich zur Ausübung des Wahlrechts befugte Person von der Stimmabgabe ausgeschlossen werden, wenn sie sich in einem Zustande krankhafter Störung der Geistestätigkeit befindet.

2. Aus der Verpflichtung des Wahlvorstandes, die Fähigkeit der Wähler zur Abgabe rechtsverbindlicher Erklärungen zu prüfen und solche Wähler zurückzuweisen, bei denen sie nicht vorliegt, kann aber nicht gefolgert werden, daß im Verwaltungsstreitverfahren über die Gültigkeit einer Wahl nachzuprüfen ist, ob die Entscheidung des Wahlvorstandes, daß ein Wähler zur Stimmabgabe fähig oder nicht fähig gewesen sei, der objektiven Wahrheit entsprochen habe. Vielmehr hat der Verwaltungsrichter nur zu ermitteln, ob der Wahlvorstand bei pflichtmäßiger Prüfung der Umstände zu derjenigen Ueberzeugung gelangen durfte, der in seiner Entscheidung über die Zulassung oder Zurückweisung des Wählers Ausdruck gegeben ist. Umgekehrt ist die Zulassung eines Wählers, gleichviel wie dessen Geisteszustand objektiv war, für gerechtfertigt anzusehen, wenn nicht Tatumstände nachgewiesen werden, nach denen der Wahlvorstand bei pflichtmäßiger Prüfung die Fähigkeit zur Abgabe einer rechtsverbindlichen Erklärung hätte verneinen müssen. Käme es auf eine objektiv vorhanden gewesene, für den Wahlvorstand aber nicht erkennbare Störung der Geistestätigkeit an, so würde das Wahlergebnis leicht durch derartige Behauptungen in Frage gestellt werden können, was dem Sinne des Gesetzes nicht entspräche. Im Verwaltungsstreitverfahren soll die Ordnungsmäßigkeit des Wahlverfahrens geprüft werden, und danach reicht es bei Zweifeln darüber, ob ein Wähler mit Recht zugelassen oder zurückgewiesen ist, vollkommen aus, wenn festgestellt wird, daß der Wahlvorstand die Fähigkeit des Wählers zur Stimmabgabe nach den ihm bekannt gewordenen Umständen pflichtmäßig geprüft hat.

3. Im vorliegenden Falle hat der Beklagte behauptet, Sp. sei von Parteigängern des Klägers zum Wahllokale gebracht und vor den Wahltisch hingestellt worden, worauf er einige ihm vorgesprochene Worte mechanisch nachgesprochen habe, ohne sich der Bedeutung des Wahlakts und der von ihm gesprochenen Worte bewußt gewesen zu sein. Diese Behauptungen reichen nicht aus, um festzustellen, daß der Wahlvorstand pflichtwidrig gehandelt und die Zurechnungsfähigkeit des Sp. angenommen habe, obwohl die Umstände das Gegenteil ergeben hätten. Denn daraus, daß Sp. herbeigeholt und zum Wahltische geführt worden ist und daß ihm die Worte, die er zu sagen hatte, vorgesprochen worden sind, folgt noch nicht, daß er deren Sinn und die Bedeutung der ganzen Wahlhandlung nicht verstanden hat. Wegen seiner Blödigkeit und seines Sprachfehlers mag so mit ihm verfahren sein; das schließt aber nicht aus, daß er das, was vorging und von ihm verlangt wurde, begriffen hat. Daß der Wahlvorstand deshalb bei ihm einen die freie Willensbestimmung ausschließenden Zustand krankhafter Störung der Geistestätigkeit hätte erkennen müssen, ist um so weniger anzunehmen, als der Pfarrer und der Arzt, die ihn lange Zeit beobachtet haben, nicht zu der Ansicht gekommen sind, daß er unzurechnungsfähig sei, sondern im Gegenteil bescheinigt haben, daß bei ihm von Unzurechnungsfähigkeit keine Rede sein könne und er sich im bürgerlichen Leben sehr wohl zu betätigen vermöge. Wenn der Beklagte noch behauptet hat, Sp. habe die ihm vorgesprochenen Worte „mechanisch" nachgesprochen und sei sich der Bedeutung der Worte und der Wahlhandlung nicht bewußt gewesen, so bezieht sich dies auf innere Vorgänge, während es nach den dargelegten Grundsätzen darauf ankommt, ob Tatumstände hervorgetreten

waren, aus denen der Wahlvorstand den Mangel des Verständnisses bei Sp. hätte erkennen müssen.

Nr. 2. Entsch. v. 15. Febr. 1907 (PrVerwBl. 28 838) I 220.

RhGemO. §§ 3, 12, 35, 41, 57, 62f.; RhGemVerwG. v 15. V. 56 (GS. 435) Art. 5, 11.

1. Verfehlt ist die Rüge, daß über den Einspruch gegen eine Gemeindeverordnetenwahl der Gemeinderat nicht in seiner früheren Zusammensetzung habe beschließen dürfen, weil die Wahlperiode von drei Mitgliedern des Gemeinderats damals bereits abgelaufen gewesen sei. Im Verwaltungsstreitverfahren ist nicht über die Gültigkeit des auf den Einspruch ergangenen Beschlusses zu entscheiden, sondern der Beschluß über den Einspruch bildet eine Voraussetzung der Klage, so daß die Klage beim Fehlen eines solchen Beschlusses als verfrüht würde abgewiesen werden müssen. Dadurch, daß der Bezirksausschuß eine Voraussetzung der Klage für gegeben erachtet, wird der Kläger also nicht beschwert. Außerdem ist zu berücksichtigen, daß der Bürgermeister, der den Gemeinderat nach § 62 RhGemO. zusammenberufen und nach § 63 ebenda im Gemeinderate den Vorsitz zu führen hat, die Einladungen an die bisherigen Mitglieder des Gemeinderats erlassen hatte und der Beschluß unter seinem Vorsitze gefaßt, der Beschluß auch in dem Protokollbuche des Gemeinderats von O. protokolliert worden ist. Daher kann ein äußeres, formelles Dasein eines Beschlusses des Gemeinderats, wie es als Voraussetzung der Klageerhebung genügt, nicht verneint werden, auch wenn die bisherigen Mitglieder des Gemeinderats wegen Ablaufs ihrer Wahlperiode zur Teilnahme an dem Beschlusse nicht mehr berechtigt gewesen sein sollten.

2. Zu einem Wohnsitze gehörte nach dem G. v. 30. VI. 84 (GS. 307), daß Nikolaus K. in O. eine Wohnung unter Umständen inne hatte, die auf die Absicht der dauernden Beibehaltung einer solchen schließen ließen. Das Vorhandensein dieser Begriffsmerkmale folgert der Bezirksausschuß daraus, daß Nikolaus K. zusammen mit seinem Bruder in O. einen Hof mit eingerichtetem Wohnhause und Oekonomiegebäude besitze, wo er bis zu seiner Verheiratung im Jahre 1904 ausschließlich gewohnt habe, sowie daraus, daß Nikolaus K. auch, nachdem er sich nach Ky. verheiratet habe, mit seinem Bruder den Hof weiter bewirtschafte und sich zu dem Zwecke in O. aufhalte. War dies der Fall, so würde nicht angenommen werden können, daß er in O. eine Wohnung unter Umständen „inne" hatte, die auf die Absicht „dauernder Beibehaltung einer solchen" schließen ließen. Unstreitig befand sich in Ky. dauernd die Familie von Nikolaus K. und betrieb er dort ein Laden- und Fuhrgeschäft, wenn auch mit Hilfe fremder Personen. Es ist möglich, daß er zur Bewirtschaftung des Hofes immer nur vorübergehend bei Tage nach dem angeblich nur drei Kilometer entfernten O. herüberkam, daß er aber ausschließlich in Ky. wohnte und in O. nur ausnahmsweise nächtigte, hier also nur ein sogenanntes Absteigequartier hatte. Dabei ist zu beachten, daß jemand an dem Orte, wo der Schwerpunkt seiner geschäftlichen Tätigkeit liegt, nicht notwendig auch einen Wohnsitz hat.

Die eigene Erklärung des Nikolaus K., daß er seinen Wohnsitz in O. behalten werde, genügte nicht für die Fortdauer des Wohnsitzes, wenn er nicht auch tatsächlich dort ferner eine Wohnung inne hatte. Bei der Frage nach dem Aufgeben des bisherigen Wohnsitzes ist es übrigens von Bedeutung, ob die Person einen anderen Wohnsitz begründet, weil dann in der Regel, wenn auch nicht immer, anzunehmen ist, daß das frühere Wohnsitzverhältnis gelöst sei. Da sich Nikolaus K. nach Ky. verheiratete, wo seine Frau wohnen blieb und er selbst ein Fuhrgeschäft eröffnete, so lagen ohne Zweifel Tatumstände vor, die für Begründung eines neuen Wohnsitzes in Ky. sprachen. Um so weniger durfte unberücksichtigt bleiben, daß der Kläger Beweis dafür angetreten hatte, Nikolaus K. habe sich später nur noch wenig in O. aufgehalten. War ferner Nikolaus K. in O. zur Staatseinkommensteuer veranlagt und in seiner Stellung als Gemeindevorsteher in O. belassen worden, so geht hieraus allerdings hervor, daß die Behörden von dem Fortbestehen eines Wohnsitzes in O. überzeugt waren; das kann aber auf einem Irrtum über die tatsächlichen Verhältnisse beruhen und überhebt den Verwaltungsrichter nicht der Verpflichtung, diese Verhältnisse, soweit sie streitig sind, durch Beweiserhebung aufzuklären.

3. In das Verzeichnis der Wahlberechtigten sind nur die zur Ausübung des Gemeinderechts befähigten Meistbeerbten aufzunehmen. Nach Art. 11 II 3b RhGemVerfG. v. 15. V. 56 setzt aber das Gemeinderecht — neben der hier unstreitigen Veranlagung zu einem bestimmten Steuerbetrage — den Wohnsitz im Gemeindebezirke voraus. Allerdings können Personen, die im Gemeindebezirke mit einem Wohnhause angesessen sind, das Gemeinderecht besitzen, ohne einen Wohnsitz im Gemeindebezirke zu haben. Als mit einem Wohnhause angesessen gilt derjenige, auf dessen Namen das Haus in der Gebäudesteuerrolle eingetragen ist. Befinden sich aber mehrere Personen im ungeteilten Besitze des zum Gemeinderechte befähigenden Grundstücks, so kann nur einer das Gemeinderecht ausüben; beim Mangel einer gütlichen Einigung ist dazu zunächst der auf dem Grundstücke selbst und hierauf der im Gemeindebezirke wohnende Mitbesitzer, von mehreren Gleichberechtigten endlich der ältere berufen. Den Hof nebst Wohnhaus in O. besitzt Nikolaus K. zusammen mit seinem jüngeren Bruder Peter K. Daß der letztere vor Auslegung des Verzeichnisses der Wahlberechtigten im Jahre 1905 eine schriftliche Erklärung abgegeben habe, nach der Nikolaus K. das Gemeinderecht, zu dem der Grundbesitz befähigt, ausüben darf. Fehlte es somit an dem Nachweise einer gütlichen Einigung über die Ausübung des Gemeinderechts durch Nikolaus K., so ging sein unstreitig auf dem Grundstücke wohnender Bruder vor, falls Nikolaus K. nicht auch dort wohnte. Daher war dessen Wahlberechtigung auch hier wieder abhängig von dem Wohnsitz im Gemeindebezirke.

4. Der Kläger hat indes noch behauptet, ursprünglich sei in der offengelegten Wählerliste von den beiden Brüdern nur Peter K. in der ersten Abteilung eingetragen gewesen, die Eintragung von Nikolaus K. aber erst nachträglich erfolgt. Nachdem jedoch die Liste einmal ausgelegt worden war, durften Aenderungen nur infolge von Einsprüchen vorgenommen werden, sonst aber nicht. Zunächst wird also zu prüfen sein, ob etwa schon wegen Unzulässigkeit einer späteren Aenderung der ausgelegten Liste der Klage auf Streichung des Nikolaus K. stattgegeben werden muß. Ergibt sich, daß Nikolaus K. mit Recht in die Wählerliste aufgenommen worden war, so bleibt weiter festzustellen, ob er nach Maßgabe seiner Steuern auch in die erste Wählerabteilung gehörte. Da der Einspruch gegen die Aufnahme einer Person in die Wählerliste zugleich einen Einspruch gegen deren Aufnahme in die betreffende Wählerabteilung einschließt, so durfte der Kläger auch noch im Verwaltungsstreitverfahren geltend machen, daß Nikolaus K. unter Anrechnung eines zu hohen Steuerbetrags zu Unrecht in der ersten Wählerabteilung aufgeführt sei.

γ) In Hannover.

Nr. 1. Entsch. v. 4. April 1905 (OVG. 47 118) I C 28/04.

HannLGemO. §§ 44 Abs. 3, 47 Abs. 4, 56, 58; HannStO. § 103 Abs. 2; ZustG. § 27.

1. Ueber die Gültigkeit der Wahl der Mitglieder eines neuen Gemeindeausschusses kann der neu gewählte Gemeindeausschuß selbst beschließen. Nach § 56 HannLGemO. bedürfen die Mitglieder des

Ausschusses keiner Genehmigung oder Bestätigung; sie können vielmehr, nachdem sie verpflichtet worden sind, ohne weiteres an den Beschlüssen des Gemeindeausschusses teilnehmen. Zwar mögen nach § 103 Abs. 2 HannStO. die Gewählten von der Beschlußfassung über die Gültigkeit ihrer eigenen Wahl wegen ihres Privatinteresses ausgeschlossen sein; aber abgesehen davon, daß sich in der HannLGemO. keine ähnliche Vorschrift findet, würde die Teilnahme an der Beschlußfassung über die Gültigkeit der Wahl der anderen Gemeindeausschußmitglieder dadurch nicht verhindert sein. Allerdings hat die Gemeindevertretung gemäß § 27 ZustG. von Amts wegen über die Gültigkeit der Wahlen zur Gemeindevertretung zu beschließen, doch daraus folgt nicht, daß die neu gewählten Gemeindeausschußmitglieder vor Anerkennung der Gültigkeit ihrer Wahl durch Beschluß des Gemeindeausschusses ihre Rechte als Mitglieder des Gemeindeausschusses nicht ausüben dürfen. Hat eine Körperschaft über die Gültigkeit der Wahl ihrer Mitglieder zu beschließen, so ist darum nicht vorher den Gewählten das Recht zur Teilnahme an den Beschlüssen der Körperschaft versagt. Wenn nach § 27 ZustG. der Gemeindevorstand zu beschließen hat, wo eine Gemeindevertretung nicht besteht, so ist daraus nicht zu entnehmen, daß die neugewählte Gemeindevertretung über die Gültigkeit der Wahl ihrer Mitglieder nicht beschließen dürfe und daß etwa deshalb der Gemeindevorstand zur Beschlußfassung berufen sei; denn der § 27 ZustG. bezieht sich nicht bloß auf die Beschlußfassung über die Gültigkeit der Wahlen zur Gemeindevertretung, sondern zugleich auf andere Fälle der Beschlußfassung, in denen nicht eine Gemeindevertretung, die beschließen könnte, neu gewählt worden ist und in denen daher, wenn nicht eine Gemeindevertretung bereits vorhanden war, eine Lücke sein würde, sofern nicht der Gemeindevorstand zur Beschlußfassung berufen wäre.

2. Eine öffentliche Auslegung der Wählerliste ist durch die HannLGemO. nicht vorgeschrieben und daher nicht unbedingte Voraussetzung der Gültigkeit der Wahl, so zweckmäßig die Auslegung auch sein mag. Wenn im § 27 Abs. 2 ZustG. bestimmt ist, daß Einsprüche gegen die Richtigkeit der Wählerliste während der Dauer ihrer Auslegung anzubringen seien, so ist damit nicht die Auslegung vorgeschrieben, wie denn auch in dieser gesetzlichen Bestimmung eine Angabe über die Dauer der Auslegung fehlt, sondern es ist dadurch nur eine Bestimmung über die Anbringung von Einsprüchen getroffen. Durch die Unterlassung der Auslegung wird das Anfechtungsrecht der Wähler nicht verkümmert; denn sie können die Gültigkeit der Wahl anfechten, insofern deren Ergebnis durch Unrichtigkeit der Wählerliste beeinflußt ist. Hat keine öffentliche Auslegung der Wählerliste stattgefunden, so kann nicht der Grundsatz gelten, daß die öffentlich ausgelegte Wählerliste die unanfechtbare Grundlage des Wahlverfahrens sei und demgemäß auch nicht die Wahl wegen Unrichtigkeit der Wählerliste angefochten werden dürfe. Damit verliert freilich das Wahlverfahren an Sicherheit, aber das Anfechtungsrecht bleibt unverkürzt. Wo übrigens die Auslegung der Wählerliste nicht vorgeschrieben ist, hat die gleichwohl stattfindende Auslegung auch nicht die Unanfechtbarkeit der Wählerliste zur Folge, weil sich diese Wirkung nur an die öffentliche Auslegung während der im Gesetz oder Ortsstatute bestimmten, nicht aber an die Auslegung während einer willkürlich festgesetzten Frist knüpfen kann. Somit würden die Kläger zwar befugt sein, aus der Unrichtigkeit der Wählerliste die Ungültigkeit der Wahl herzuleiten, aber sie können nicht die Wahl wegen Unterlassung der Auslegung der Wählerliste anfechten.

3. Verfehlt ist endlich auch die Ansicht, daß die Wahl der dritten Abteilung ungültig sei, weil an der Wahl weniger als ein Drittel der Stimmen teilgenommen habe. Die Bestimmung im § 44 Abs. 3 HannLGemO., nach der ein gültiger Beschluß nur gefaßt werden kann, wenn min-

destens ein Drittel der vorhandenen Stimmen in der Versammlung vertreten ist, bezieht sich auf Beschlüsse der Gemeindeversammlung. Daß aber bei der Wahl der Gemeindeausschußmitglieder von den Stimmen der einzelnen Wählerabteilung ein bestimmter Teil vertreten sein müsse, ist nirgends vorgeschrieben. Im ersten Wahlgang kommt allerdings nach § 47 Abs. 4 LGemO. eine gültige Wahl nur dann zustande, wenn der Gewählte ein Drittel der abgegebenen Stimmen auf sich vereinigt.

Nr. 2. Entsch. v. 31. Mai 1907 (OVG. 51 30) I C 12/07.

Wahlzettel, auf denen mehr Namen angegeben sind, als die Zahl der zu wählenden Gemeindeausschußmitglieder beträgt, dürfen bei der Zählung der Stimmen nicht berücksichtigt werden.

δ) In Hessen-Nassau.

Nr. 1. Entsch. v. 15. Febr. 1907 (OVG. 50 37) I C 36/06.
HNLGemO. § 30.

Die Bekanntmachung des Wahltermins für Gemeindevertreterwahlen in Hessen-Nassau muß auch erkennen lassen, welche Wahl getätigt werden soll; die allgemeine Bekanntgabe, daß Wahlen zur Gemeindevertretung stattfänden, genügt nicht.

Allerdings sagt der § 30 HNLGemO. in Satz 2 nur: „Die Bekanntmachung muß den Raum, den Tag und die Stunden, in welchen die Stimmen bei dem Wahlvorstand abzugeben sind, genau bezeichnen." Aber es ist zu beachten, daß nach Satz 1 die Wähler durch den Bürgermeister mittels ortsüblicher Bekanntmachung zu den Wahlen zu berufen sind. Daraus folgt, daß in erster Linie der Zweck der Berufung genau zu bezeichnen, den Wählern also mitzuteilen ist, welche Wahlen stattfinden sollen. Jede Bekanntgabe eines Wahltermins hat den Zweck, daß die Wähler sich bis zu dem Termine darüber ins Benehmen setzen können, wem sie ihre Stimme geben wollen. Dazu müssen sie wissen, um welche Wahlen es sich handelt. Da in den Gemeinden neben den regelmäßigen Ergänzungswahlen in besonderen Fällen Ersatzwahlen vorkommen, an denen nur einzelne Wählerableilungen beteiligt sein können, genügt es nicht, wenn die Wähler nur erfahren, es sollten Wahlen „zur Gemeindevertretung" abgehalten werden. In einem Falle, wo der Tag der Wahl durch Bezeichnung des Wochen- und des Monatstags bestimmt worden war, beide Bezeichnungen aber miteinander in Widerspruch standen, hat das OVG. ausgeführt, die Bekanntmachung dürfe bei den Wählern keine Zweifel bestehen lassen; sie hätten auch keine Verpflichtung, sich darüber bei dem Gemeindevorsteher zu erkundigen und eine bloße mündliche Auskunft könne den Fehler nicht heilen, vielmehr enthalte die zu Zweifeln Anlaß bietende Bezeichnung des Wahltags einen wesentlichen Verstoß gegen das Wahlverfahren (Urt. des II. Sen. v. 8. I. 98, II 35). Was vom Tage des Wahltermins gilt, ist auch für den Gegenstand des Termins richtig. Die genaue Bestimmung, welche Wahl getätigt werden solle, ist die erste Voraussetzung für die Ausübung des Wahlrechts, und Zweifel in dieser Hinsicht erst durch Erkundigungen zu beseitigen, sind die Wähler nicht verpflichtet. Die Wahlberechtigten haben einen gesetzlichen Anspruch darauf, in ortsüblicher Weise davon in Kenntnis gesetzt zu werden, wann und wo sie gewisse Wahlen vornehmen sollen.

2. In welchen Ausdrücken im einzelnen Falle eine genügende Bestimmtheit der angekündigten Wahl zu finden ist, kann nicht allgemein

gesagt werden. Zu weit geht die Revisionsschrift, wenn sie meint, es müsse immer der Name des ausscheidenden oder zu ersetzenden Mitglieds der Gemeindevertretung genannt werden, obwohl zugegeben ist, daß so am besten Zweifel ausgeschlossen werden würden. Insbesondere mag es dann, wenn allein die regelmäßigen Ergänzungswahlen stattfinden sollen, genügen, daß die Bekanntmachung dahin gefaßt wird, es würden die Ergänzungswahlen zur Gemeindevertretung vorgenommen werden. Dagegen reicht eine so allgemeine Fassung nicht aus, sobald bei derselben Wahlhandlung Wahlen ganz verschiedener Art getätigt werden sollen. Im vorliegenden Falle bedurfte es daher mindestens der Bekanntgabe, daß die regelmäßigen Ergänzungswahlen und in der dritten Abteilung eine Ersatzwahl für K. stattfinden würden.

3. Rechtsmittel.

Nr. 1. Entsch. v. 22. Sept. 1905 (PrVerwBl. 27 836) I 1002.

LGemO. §§ 56, 67.

Die in die Wählerliste aufgenommenen Personen haben ein Klagerecht gegen Aenderungen der Liste, durch die sie in ihrem Wahlrecht verkürzt werden. Gegen die Richtigkeit der Wählerliste kann nach § 56 Abs. 2 LGemO. jeder Stimmberechtigte Einspruch erheben; darunter sind nicht nur diejenigen zu verstehen, deren Namen in die Liste eingetragen sind, sondern alle, die den rechtlichen Anspruch auf Eintragung haben, die Voraussetzungen der Stimmberechtigung erfüllen. Dabei kann nicht nur die auf den Einspruchserhebenden bezügliche Eintragung der Liste, sondern auch jede andere Eintragung daselbst, sofern dadurch das Stimmrecht des Einspruchserhebenden beeinflußt wird, zum Gegenstande des Einspruchs gemacht werden. Während so das Gesetz über den Kreis der Berechtigten für die Einspruchserhebung gegen die Wählerliste genaue Vorschrift gibt, schweigt es darüber, wem die Klage gegen den auf den Einspruch ergehenden Beschluß zusteht; nur darüber wird Bestimmung getroffen, daß sie „auch" von dem Gemeindevorsteher erhoben werden kann, wenn die Gemeindevertretung den Beschluß gefaßt hat (§ 67 Abs. 2). In erster Linie hat der Gesetzgeber als klageberechtigt offenbar denjenigen angesehen, dessen Einspruch durch den Beschluß der Gemeindevertretung oder des Gemeindevorstehers zurückgewiesen ist; daneben wird die Klagebefugnis dem Gemeindevorsteher gegeben, damit etwa bedenklichen Beschlüssen der Gemeindevertretung über erhobene Einsprüche durch Anrufung des Verwaltungsrichters entgegengetreten werden könne. Der Kreis der klageberechtigten Personen ist für die Fälle, wo es sich um die Gültigkeit vollzogener Wahlen zur Gemeindevertretung handelt, dahin zu erweitern, daß auch dem Gewählten die Klage zusteht; die Entscheidungen des OVG., die dies aussprechen, beruhen auf der Erwägung, daß gewählte Personen durch den Beschluß der Gemeindevertretung in ihren eigenen Rechten betroffen werden. Die Verletzung eigener Rechte sieht der Vorderrichter mit dem Kläger bei Streitigkeiten über die Richtigkeit der Wählerliste dann als gegeben an, wenn ein Wahlberechtigter infolge der auf den Einspruch eines anderen Wahlberechtigten ergangenen Entscheidung und der dadurch bedingten anderweitigen Abgrenzung der Abteilungen aus einer höheren in eine niedrigere Abteilung versetzt wird.

Hierin war dem Vorderrichter beizutreten. Wer in der offengelegten Liste als Wahlberechtigter steht, erwirbt dadurch ein formelles Recht auf eine entsprechende Stimmberechtigung, das ihm nur in dem gesetzlich geordneten Verfahren auf Einspruch entzogen werden kann. Dem Kläger ist durch Beschluß der Gemeindevertretung die der Eintragung in die Liste entsprechende Stimmberechtigung verkürzt worden, da er danach statt in der zweiten Abteilung in der dritten wählen, also ein Stimmrecht von geringerem Gewicht ausüben sollte. Deshalb ist seine Berechtigung zur Klage zu bejahen. Wenn die Beklagte meint, dies stehe im Widerspruch mit OVG. 17 117, so beruht ihre Auffassung auf einem Mißverstehen der dortigen Ausführungen. Allerdings hat danach nicht jedes Gemeindemitglied ein Rechtsmittel, wenn ein Dritter Einwendungen gegen die Wählerliste erhoben hat und damit durchgedrungen ist; aber keineswegs ist verneint, daß das Rechtsmittel demjenigen gegeben sei, dessen Stimmrecht durch die Entscheidung auf die von anderer Seite erhobenen Einwendungen verletzt ist; vielmehr wird ausgesprochen, daß sich in einem derartigen Falle das Klagerecht von selbst verstehe.

Nr. 2. Entsch. v. 27. Okt. 1905 (PrVerwBl. 28 372) I 1075.

ZustG. §§ 27, 37.

In den Klagen, betr. die Richtigkeit der Wählerliste, hat die Gemeindevertretung, nicht der Gemeindevorstand, die Parteirolle des Beklagten zu übernehmen.

Der Einspruch gegen die Richtigkeit der Wählerliste ist zwar nach § 27 Abs. 2 ZustG. bei dem Gemeindevorstande, in der Prov. Westfalen dem Gemeindevorsteher, anzubringen, aber der Beschluß über die beantragte Berichtigung ist nicht von diesem, sondern von der Gemeindevertretung zu fassen. Die Verteidigung des gefaßten Beschlusses aber liegt der Gemeindevertretung ob, doch kann der Gemeindevorsteher, als ihr Vorsitzender, so lange in ihrem Namen auftreten, als sie nicht von der im § 37 Abs. 2 desselben Gesetzes gegebenen Befugnis, zur Wahrnehmung ihrer Rechte einen besonderen Vertreter zu bestellen, Gebrauch macht. Deshalb genügt die Zuziehung des Gemeindevorstehers zum Streitverfahren, doch ist nicht dieser, sondern die von ihm vertretene Gemeindevertretung als Beklagte aufzuführen.

Nr. 3. Entsch. v. 22. Juni 1906 (OVG. 49 120) I C 48/05.

LGemO. §§ 56 Abs. 2. 66 [1], 67 Abs. 2.

Werden Personen, die nicht im Gemeindebezirke wohnen und auch nicht in der Gemeinde stimmberechtigt sind, zu Unrecht in die Gemeindewählerliste aufgenommen, so werden sie dadurch nicht in ihren Rechten verletzt; denn sie erlangen durch die Eintragung in die Liste nur die formelle Befugnis, an den Gemeindewahlen teilzunehmen, und können es unterlassen, von der Befugnis Gebrauch zu machen. Zur Uebernahme von Gemeindeämtern werden sie durch ihre Aufnahme in die Gemeindewählerliste nicht verpflichtet. Auch haben sie kein rechtliches Interesse an richtiger Aufstellung der Gemeindewählerliste, wenn sie selbst nicht Gemeindeangehörige sind und kein Stimmrecht in der Gemeinde haben. Daher dürfen nach dem Wortlaute des § 56 Abs. 2 LGemO. auch nur die Stimmberechtigten Einspruch gegen die Richtigkeit der Liste erheben. Zur Klage gegen den Beschluß des Gemeindevorstehers über die Richtigkeit der Gemeindewählerliste ist zwar derjenige berechtigt, dessen Einspruch durch den Beschluß zurückgewiesen worden ist, doch wird dabei vorausgesetzt, daß er Einspruch erheben durfte. Wer nicht gegen die Richtigkeit der Wählerliste Einspruch erheben kann, ist auch nicht befugt, im Wege der Klage gegen den Beschluß des Gemeindevorstehers die Unrichtigkeit der Liste geltend zu machen. Somit kann eine Klage auf Berichtigung der Wählerliste nicht darauf gestützt werden, daß die Kläger in der Gemeinde nicht stimmberechtigt seien.

Nr. 4. Entsch. v. 7. Dez. 1906 (OVG. 49 132) I C 3/06.

LGemO. §§ 39, 49, 55 f., 66 f., 75 f., 80.

Gegen die Aufnahme einer Person in die Gemeindegliederliste, auf Grund deren in Gemeinden ohne Gemeindevertretung der Gemeindevorsteher und die Schöffen zu wählen sind, ist der Einspruch und die Klage im Verwaltungsstreitverfahren ebenso zulässig wie gegen die Gemeindewählerliste.

Die Vorschrift im § 56 LGemO. über die öffentliche Auslegung der Liste und über die Zulässigkeit des Einspruchs gegen die Richtigkeit der Liste steht in dem von der „Gemeindevertretung" handelnden 4. Abschnitte LGemO. und muß auf die gemäß § 55 nach Wahlklassen eingeteilte Wählerliste für die Wahlen zur Gemeindevertretung bezogen werden. Hinsichtlich der nach § 39 Abs. 2 zu fertigenden Liste der Gemeindeglieder und sonstigen Stimmberechtigten, die in Gemeinden ohne Gemeindevertretung für die Wahl des Gemeindevorstehers und der Schöffen als Wählerliste dient, fehlt eine entsprechende Vorschrift. Wenngleich nach § 76 „bezüglich der Einladung der Mitglieder der Gemeindeversammlung" die Vorschriften des § 59 anzuwenden sind, wo wieder auf § 55 verwiesen wird, so kann doch daraus nicht gefolgert werden, daß auch die nicht mit in Bezug genommene Vorschrift im § 56 über die Auslegung der Liste und über die Zulässigkeit des Einspruchs gegen die Richtigkeit auf die Wählerliste für die Wahl des Gemeindevorstehers und der Schöffen anzuwenden sei.

Allerdings könnte noch in Frage kommen, ob nicht der Einspruch mit nachfolgender Klage gegen die Richtigkeit der Gemeindegliederliste gegeben sei, falls nur eine öffentliche Auslegung stattfinde, gleichviel ob die Auslegung gesetzlich vorgeschrieben ist oder nicht. Die Bestimmung des § 66^1, nach welcher die Geindevertretung, wo aber eine solche nicht besteht, der Gemeindevorsteher zu beschließen hat, gilt ohne Zweifel im allgemeinen auch für Gemeinden ohne Gemeindevertretung. Zu beschließen ist nach § 66^1 auch „über die Richtigkeit der Gemeindewählerliste". Als „Wählerliste" wird im § 80 auch die Liste der Gemeindeglieder und sonstigen Stimmberechtigten, auf Grund deren der Gemeindevorsteher und die Schöffen gewählt werden, bezeichnet. Aus dieser Bezeichnung ist aber nicht die Anwendbarkeit des § 66^1 zu folgern. Außerdem setzt eine Beschlußfassung über die Richtigkeit der Wählerliste voraus, daß ein Einspruch erhoben worden ist. Das Recht zur Einspruchserhebung ist aber nach § 56 Abs. 2 nur während der gesetzlich vorgeschriebenen Auslegung der Wählerliste für die Gemeindeverordnetenwahlen und auch nur zur Bekämpfung der Richtigkeit dieser Liste gegeben, so daß es bei einer ohne gesetzliche Vorschrift erfolgenden Auslegung der Gemeindegliederliste nicht gewährt ist.

Kann hiernach die Zulässigkeit der Klage nicht daraus hergeleitet werden, daß nach § 66^1 über die Richtigkeit der Gemeindewählerliste zu beschließen ist, so ist anderseits doch zu berücksichtigen, daß danach auch Beschwerden und Einsprüche, betreffend den Besitz oder den Verlust des Gemeinderechts, sowie über die Zugehörigkeit zu einer bestimmten Klasse von Stimmberechtigten der Beschlußfassung unterliegen. Zur Erhebung einer derartigen Beschwerde ist, da das Gesetz eine besondere Bestimmung hierüber nicht enthält, jeder Stimmberechtigte für befugt zu erachten. In einem Einspruche gegen die Aufnahme einer Person in die Gemeindegliederliste darf aber eine den Besitz des Gemeinderechts oder der Stimmberechtigung betreffende Beschwerde gefunden werden, da die Gemeindegliederliste die Personen, denen das Gemeinderecht zusteht, unter Angabe der Stimmenzahl aufführt. Aus dem rechtlichen Gesichtspunkte der Anfechtung des Besitzes des Gemeinderechts und der Stimmberechtigung ist daher doch das Verwaltungsstreitverfahren für zulässig zu erachten.

Nr. 5. Entsch. v. 27. Okt. 1905 (OVG. 48 133) I C 21/05.
LGemO. §§ 53, 62 f., 67; KommBG. §§ 1 f.; LVG. §§ 71, 97.

1. Ist das Klagebegehren auf verschiedene Gründe gestützt, so ist der Richter nicht verpflichtet, jeden einzelnen zu prüfen; hält er einen für durchschlagend, so genügt das, um der Klage Folge zu geben. Verneinte das Berufungsgericht die Wählbarkeit des Ortssteuererhebers, so war damit eine hinreichende Grundlage für die Ungültigkeitserklärung der Wahl gewonnen und jede weitere Erörterung des sonstigen Parteivorbringens entbehrlich.

2. Die beklagte Gemeindevertretung hält es für unzulässig, in dem Streitverfahren aus § 67 Abs. 2 LGemO. für die Entscheidung über die Gültigkeit der Wahl andere Tatsachen zu berücksichtigen als diejenigen, die der Kläger in seinem bei dem Gemeindevorsteher gemäß § 63 Abs. 2 aaO. angebrachten Einspruch angeführt hat; sie will das Streitverfahren auf denjenigen Stoff beschränkt wissen, der der Gemeindevertretung bei der Beschlußfassung über den Einspruch vorgelegen hat, und fordert, daß jede weitere Begründung der Anfechtung der Wahl zunächst abermals der Gemeindevertretung zur Beschlußfassung unterbreitet werde. Diese Auffassung ist unzutreffend. Der auf den Einspruch ergehende Beschluß der Gemeindevertretung bildet zwar die Voraussetzung der Klage, aber nicht den Gegenstand ihres Angriffs; in dem Streitverfahren soll das Ergebnis der Wahl endgültig festgestellt, nicht bloß über den Beschluß der Gemeindevertretung befunden werden; den Beteiligten wird durch das Streitverfahren in vollem Umfange die Möglichkeit eröffnet, alle im Einspruchsverfahren nicht zur Erörterung gekommenen Gesichtspunkte der richterlichen Beurteilung zu unterbreiten. Hiernach war der Kläger wohl befugt, den Antrag, daß die Wahl für ungültig erklärt werde, auf die im Einspruchsverfahren nicht erörterte Behauptung zu stützen, dem Gewählten fehle das passive Wahlrecht.

3. Dem Gewählten muß vor der Entscheidung über die Gültigkeit seiner Wahl durch Beiladung Gelegenheit gegeben werden, sich zu äußern und seine Rechte wahrzunehmen; das Recht auf Sitz und Stimme in der Gemeindevertretung darf ihm, ohne daß er gehört ist, nicht entzogen werden. Dieser Grundsatz war durch die Beiladung in erster Instanz berücksichtigt. Nachdem sie erfolgt war, mußte aber das Berufungsgericht den Beigeladenen auch fernerhin zuziehen. Ebensowenig wie es befugt war, die in erster Instanz beschlossene Beiladung wieder aufzuheben, durfte es sie unbeachtet lassen; denn durch die Beiladung in der ersten Instanz gehörte der Gewählte, wie die Parteien, zu den am Streitverfahren Beteiligten und hatte Anspruch auf Zustellung der Schriftsätze, der Ladungen und der Entscheidungen in der Berufungsinstanz. Da der Bezirksausschuß diese Zustellung unterlassen hat, ist sein Verfahren mit einem wesentlichen Mangel behaftet, der die Aufhebung seiner Entscheidung zur Folge hat.

4. Wenn auch in der Revisionsinstanz eine in den Vorinstanzen unterbliebene Beiladung nicht nachgeholt werden kann und deshalb in Fällen, wo eine notwendige Beiladung ganz unterblieben ist, die Zurückverweisung der Sache an eine Vorinstanz erfolgen muß, so kann doch dann, wenn die Beiladung in der ersten Instanz geschehen war, der Mangel der Zuziehung des Beigeladenen in der zweiten Instanz dadurch geheilt werden, daß ihm später nachträglich die Berufungsschrift, das Berufungsurteil und die Schriftsätze der Revisionsinstanz zugestellt werden. Dies ist hier geschehen, jedoch hat der Gewählte von der ihm dadurch gewährten Gelegenheit zur Wahrnehmung seiner Rechte nicht Gebrauch gemacht, so daß anzunehmen war, er habe für die Gültigkeit seiner Wahl weiteres, als bereits von der Beklagten vorgebracht ist, nicht geltend zu machen.

5. Beide Vorinstanzen sind bei der Erörterung der vom Kläger für die Ungültigkeit der Wahl angeführten Gründe, ohne sich hierüber besonders auszusprechen, mit Recht davon ausgegangen, daß der Kläger zur Erhebung des Einspruchs und der Klage berechtigt war, obwohl er sowie seine Ehefrau und seine Tochter in die Wählerliste nicht aufgenommen waren. Unstreitig hätten die Ehefrau und die Tochter des Klägers in Rücksicht auf ihren Grundbesitz in die Liste aufgenommen werden müssen; da jedoch Einspruch gegen die Liste nicht erhoben war, blieb sie trotz ihrer Unrichtigkeit für das Wahlverfahren dergestalt maßgebend, daß der Kläger, der sein Recht von den Wahlberechtigungen seiner Frau und seiner Tochter herleitet, zur Wahl nicht hätte zugelassen werden können. Indessen darf aus diesem Umstande nicht gefolgert werden, daß der Kläger ebenso, wie ihm durch die unrichtige Aufstellung der Liste die Möglichkeit entzogen war, seine Ehefrau und seine Tochter in der Ausübung des Stimmrechts zu vertreten, auch des Rechtes zur Einspruchserhebung gegen die Wahl verlustig gegangen wäre. Denn nur für das Wahlgeschäft selbst wird der Kreis der Wahlberechtigten durch die Liste abgegrenzt, während das Recht, Einspruch zu erheben, durch die Eintragung in die Wählerliste nicht bedingt ist, vielmehr allein von dem Besitze der Stimmberechtigung abhängt.

6. War hiernach der Kläger zwar einspruchs- und folglich klageberechtigt, so mußte doch in Uebereinstimmung mit dem Kreisausschuß angenommen werden, daß ihm ein Anspruch auf Benachrichtigung von dem Wahltermine nicht zustand. Mangels Eintragung in die Wählerliste brauchte er nicht zur Wahl geladen zu werden; denn die Berufung zu den Wahlen beschränkt sich nach § 59 LGemO. auf die in der Liste verzeichneten Wähler; die bloße Forensaleigenschaft verleiht kein Recht, wie es der Kläger beansprucht. Danach kann die unterbliebene Ladung des Klägers die Ungültigkeitserklärung der Wahl nicht rechtfertigen.

7. Ausschlaggebend hierfür ist vielmehr, daß der gewählte Steuererheber H. besoldeter Gemeindebeamter im Sinne des § 53 LGemO. ist. Die Beklagte übersieht in der Revisionsschrift, daß die Aushändigung einer Anstellungsurkunde nur erforderlich ist, um ein Kommunalbeamtenverhältnis im Sinne des G. v. 30. VII. 99 zu begründen, daß aber nach § 2 Abs. 2 dieses Gesetzes jemand im Nebenamte besoldeter Gemeindebeamter sein kann, ohne daß die Vorschriften des G. v. 30. VII. 99 auf ihn Anwendung finden. Seine Wahl war daher ungültig, was sich übrigens auch schon aus dem vom Kläger nicht geltend gemachten, aber aktenkundig gewordenen Umstand ergab, daß die engere Wahl entgegen dem § 62 Abs. 3 LGemO. im unmittelbaren Anschluß an die erste Wahl stattgefunden hatte.

Nr. 6. Entsch. v. 12. Okt. 1906 (OVG. 49 127) I B 36/05.

ZustG. §§ 28, 33 Abs. 1², 37; LVG. § 21.

Für die Klage, betr. die Gültigkeit von Wahlen zur Gemeindevertretung, ist der Kreisausschuß als erste Instanz auch dann zuständig, wenn er auf Grund des § 33 Abs. 1 Nr. 2 ZustG. an Stelle der Gemeindebehörden über die Gültigkeit der Wahlen Beschluß gefaßt hat. Die Klage ist nicht gegen den Kreisausschuß, sondern gegen die Gemeindevertretung zu richten. Eine allgemeine gesetzliche Bestimmung, die gegen Beschlüsse des Kreisausschusses, auch solche, die auf Grund von § 33 ZustG. ergehen, die Klage im Verwaltungsstreitverfahren eröffnete, besteht nicht; vielmehr findet gegen Beschlüsse der genannten Behörde regelmäßig das Rechtsmittel der Beschwerde statt. Die einzige Grundlage, welche für die auf Anerkennung der Gültigkeit von Gemeindeverordnetenwahlen gerichtete Klage in

Frage kommen kann, sind hiernach die § 28, 37 ZustG. Die Parteirolle des Beklagten fällt der Gemeindevertretung zu, auch wenn der Kreisausschuß an ihrer Stelle beschlossen hatte. Der Umstand, daß dieser zuvor den Beschluß erlassen hatte, ändert an seiner Zuständigkeit als Verwaltungsgericht nichts. Überdies ist der Beschluß nicht Gegenstand der Anfechtung, sondern nur eine Prozeßvoraussetzung für das Verwaltungsstreitverfahren, dessen Zweck und Ziel die endgültige Feststellung des Wahlergebnisses bildet.

Nr. 7. Entsch. v. 31. Mai 1907 (OVG. 51 30) I C 12/07.

ZustG. §§ 27 f.

1. Die Klage aus § 28 Abs. 2 ZustG. steht außer demjenigen, dessen Einspruch gegen die Wahl durch den Beschluß des Gemeindevorstehers oder der Gemeindevertretung zurückgewiesen worden ist, auch dem Gemeindevorsteher und dem Gewählten, dessen Wahl durch den Beschluß für ungültig erklärt ist, zu.

2. Durch den Beschluß des Gemeindeausschusses wurden neben den neun Gewählten, bezüglich deren kein Streit herrscht, sechs Personen für gewählt erklärt, auf die nach der Bekanntmachung des Wahlvorstandes die meisten Stimmen überhaupt nicht gefallen waren. Der Gemeindeausschuß setzte also an die Stelle von sechs gewählten Personen, bei denen er die Wahl für ungültig erachtete, sechs andere, indem er annahm, daß er auf Grund der getätigten Wahlen bestimmen dürfe, auf wen nächst den ungültig Gewählten die meisten Stimmen gefallen seien. Dies Verfahren war unzulässig, weil der Gemeindevorsteher oder die Gemeindevertretung im Einspruchsverfahren ebenso wie der Verwaltungsrichter im Streitverfahren nur über die Gültigkeit oder Ungültigkeit der angefochtenen Wahl entscheiden, aber im Falle der Ungültigkeit nicht andere Personen als gewählt bezeichnen darf. Setzt sich der Beschluß des Gemeindevorstehers oder der Gemeindevertretung über diese Schranke seiner Zuständigkeit hinweg, so muß jedem Wahlberechtigten gegen das so auf ungesetzlichem Wege zustande gekommene Ergebnis der Wahl die Klage zustehen, ohne daß es einer Einspruchserhebung bedarf. Der Einspruch ist nach § 27 Abs. 2 ZustG. gegen das bekannt gemachte Wahlergebnis gegeben; dabei ist vorausgesetzt, daß die Bekanntmachung von der zuständigen Stelle ausgegangen ist. Gegen ein unzulässigerweise vom Gemeindevorsteher oder der Gemeindevertretung bekannt gemachtes Ergebnis braucht Einspruch nicht erhoben zu werden. Daß die Anfechtung einer solchen, dem Gesetze zuwiderlaufenden Bekanntmachung unmittelbar durch Klage im Verwaltungsstreitverfahren geschehen muß, folgt aus der Erwägung, daß nach dem Zwecke des Gesetzes einem jeden Wahlberechtigten die Befugnis gegeben sein soll, darüber zu wachen, daß die Besetzung der Gemeindeämter aus ordnungsmäßigen Wahlen hervorgehe.

Nr. 8. Entsch. v. 3. Mai 1907 (OVG. 51 25) I C 4/06.

ZustG. §§ 27 f.

1. Ein die Revision rechtfertigender wesentlicher Mangel des Verfahrens liegt vor, wenn das Berufungsurteil dahin lautet, daß der Berufung unter Aufhebung des Urteils des Kreisausschusses stattzugeben sei, und weder aus der Begründung des Urteils noch aus dem Zusammenhange der Parteianträge die Tragweite der Entscheidung unzweideutig festgestellt werden kann. In der Berufung hatten die Kläger beantragt, nach dem Klageantrage zu erkennen, der dahin lautete, das für das Jahr 1905/06 aufgestellte Stimmregister für ungültig zu erklären und die Auf-

stellung eines neuen Stimmregisters anzuordnen; der Antrag war mit der Rüge des Mangels gleichzeitiger Auslegung der Steuerliste sowie der Aufnahme nicht stimmberechtigter Personen begründet. Ob und wieweit ein derartiger Antrag im Rahmen des Verfahrens aus § 27 ZustG. überhaupt zulässig war, kann unerörtert bleiben. Jedenfalls wurde die Aufstellung eines neuen Registers nur wegen der durch die Vorenthaltung der Steuerliste vermeintlich begründeten Unzulänglichkeit des ausgelegten Registers verlangt; denn im übrigen genügte die Streichung der beanstandeten Personen, um eine den Anträgen der Kläger entsprechende Berichtigung herbeizuführen. Der Vorderrichter hat nun die erstere der von den Klägern erhobenen Rügen verworfen, dagegen die letztere für begründet erklärt. Demgegenüber mußte er von seinem Standpunkt aus dazu Stellung nehmen, inwiefern das Register zu berichtigen, oder daß und warum es gleichwohl vollständig neu aufzustellen sei. Dies um so mehr, als jedenfalls auf eine Streichung der beteiligten Personen nicht ohne deren zuvorige Beiladung hätte erkannt werden können, da, falls das Stimmregister eine dem Verfahren aus § 27 aaO. unterstellte Wählerliste bildete, die eingetragenen Personen durch die Eintragung ein formelles Recht auf eine entsprechende Stimmberechtigung erwarben, das ihnen nur unter ihrer Zuziehung zu dem gesetzlich geordneten Verfahren entzogen werden durfte. Der Vorderrichter läßt es bei der Fassung seiner Urteilsformel völlig offen, in welchem Sinne seine Entscheidung zu verstehen ist. Er erklärt nur die Rüge der Aufnahme nicht stimmberechtigter Personen in das Register für berechtigt, enthält sich aber jedes feststellbaren sachlichen Ausspruchs über die Tragweite seiner Entscheidung. Darin liegt ein wesentlicher Verfahrensmangel.

2. Das Verfahren aus §§ 27f. ZustG. ist unter anderem eröffnet zur Erledigung von Einsprüchen gegen die Richtigkeit der Gemeindewählerliste, die während der Dauer ihrer Auslegung anzubringen sind. Ob das angefochtene Stimmverzeichnis eine Wählerliste im Sinne dieser Gesetzesvorschriften darstellt, kann unerörtert bleiben. Auch wenn man es unterstellt, steht der Zulässigkeit des Verfahrens entgegen, daß hier jede gesetzliche oder ortsrechtliche Bestimmung über die Auslegung der Liste selbst wie über deren Dauer fehlt. Weder die HannLGemO. v. 28. IV. 59 noch das Ortsstatut der Fleckensgemeinde O. enthält irgendwelche Vorschrift darüber, daß eine Wählerliste aufzustellen, und daß und wie lange sie zur öffentlichen Einsicht auszulegen ist. Ebensowenig enthält das ZustG. eine entsprechende Bestimmung. Indem dieses Gesetz im § 27 Abs. 2 vorschreibt, daß Einsprüche gegen die Richtigkeit der Wählerliste während der Dauer ihrer Auslegung anzubringen sind, ordnet es nicht die Auslegung während bestimmter Frist an, setzt vielmehr voraus, daß eine dahingehende Anordnung verfassungsmäßig besteht. Nur wo dies der Fall ist, hat die tatsächlich erfolgte Auslegung mangels fristzeitiger Anfechtung die Unanfechtbarkeit der Liste zur Folge und nur unter der nämlichen Voraussetzung findet das gesetzlich geregelte Berichtigungsverfahren statt. Eine Auslegung, die ohne jede rechtliche Grundlage erfolgt, mag zweckmäßig sein und sich empfehlen, um insbesondere Anfechtungen der auf Grund der Liste vollzogenen Wahlen vorzubeugen, aber sie vermag nicht dieselben Wirkungen zu erzeugen wie eine durch Gesetz oder Statut vorgeschriebene Auslegung, weil der Eintritt dieser Wirkungen nicht von dem Belieben der beteiligten Behörden abhängen kann. Das Gesetz läßt die Anfechtung der Liste in dem hierfür besonders geordneten Verfahren nicht uneingeschränkt zu, sondern nur da, wo die Auslegung während bestimmter Frist vorgeschrieben ist. Soweit es an dieser Voraussetzung fehlt, folgt daraus nur, daß die Wahrnehmung der öffentlichen Interessen, zu deren Schutze sonst das Listenberichtigungsverfahren gegeben wäre, auf anderem Wege, sei es durch

Anrufung der Aufsichtsbehörde, sei es durch die im § 27 aaO. ebenfalls vorgesehene Anfechtung des Gemeinde-, Stimm- und Wahlrechts der beteiligten Personen, sei es endlich durch Anfechtung der auf Grund der Liste etwa vollzogenen Wahlen zu erfolgen hat.

D. Der Gemeinde- und Gutsvorsteher.

Nr. 1. Entsch. v. 27. Okt. 1905 (PrVerwBl. 28 139) I 1162.

LGemO. § 90.

Ein Gemeindevorsteher, der vor Anordnung der Hundesperre nach § 38 ViehSG. einen frei umherlaufenden Hund erschießt, überschreitet seine Amtsbefugnisse nicht, falls er Anlaß zu dem Verdacht hatte, daß der Hund an der Tollwut leide. Nach § 37 ViehSG. v. 23. VI. 80/1. V. 94 ist die sofortige Tötung aller derjenigen Hunde anzuordnen, bei welchen der Verdacht vorliegt, daß sie von einem wutkranken Tiere gebissen worden sind. Dasselbe bestimmt § 19 Instr. des Bundesrats v. 30. V. 95. Als Organ des Amtsvorstehers für die Polizeiverwaltung hat der Gemeindevorsteher nach § 90 LGemO. v. 3. VII. 91 das Recht und die Pflicht, da, wo die Erhaltung der öffentlichen Sicherheit ein sofortiges polizeiliches Einschreiten notwendig macht, das dazu Erforderliche vorläufig anzuordnen und ausführen zu lassen. Läuft ein Hund frei umher, bei dem der Verdacht besteht, daß er von einem wutkranken Tiere gebissen worden sei, so ist offenbar ein sofortiges polizeiliches Einschreiten geboten. Da dem Gemeindevorsteher nicht zugemutet werden kann, daß er das der Ansteckung verdächtige Tier einfange und vorläufig einsperre, so muß er für berechtigt angesehen werden, zur Verhütung weiterer Ansteckung die Tötung des Tieres selbst herbeizuführen. Darin liegt ein unmittelbarer Zwang, ohne den hier die Anordnung unausführbar sein würde.

Ehe der Gemeindevorsteher einschritt, hatte er zu erwägen, ob der Verdacht begründet war, daß der Hund von einem wutkranken Tiere gebissen oder der Tollwut verdächtig war. Erschien aber dem Gemeindevorsteher bei pflichtmäßiger Erwägung diese Voraussetzung gegeben und tötete er demgemäß den Hund, so fiel ihm, auch wenn er sich bei Annahme des Seuchen- oder des Ansteckungsverdachts geirrt haben sollte, keine Ueberschreitung der Amtsbefugnisse zur Last. Hier ist anzunehmen, daß der beklagte Gemeindevorsteher bei pflichtmäßiger Prüfung zu der Ueberzeugung gelangen konnte und gelangt war, der Teckel sei der Tollwut verdächtig. Dabei ist zu berücksichtigen, daß Fälle von Tollwut mehrfach in der Umgegend vorgekommen waren und daß der Kläger selbst wenige Tage vorher auf seinem Gehöfte einen tollwütigen Hund totgeschossen hatte. Unter diesen Umständen lag bei einem frei umherlaufenden, unbekannten Hunde die Vermutung nahe, daß er tollwütig und in der Nachbarschaft von einem wutkranken Tiere gebissen worden war. Das Umherschweifen ist ein bekanntes Zeichen der Erkrankung. Ob und inwieweit auch durch das sonstige Verhalten des Teckels und seine äußere Erscheinung der Seuchenverdacht gerechtfertigt wurde, darf dahingestellt bleiben; denn auch wenn sich der Beklagte in der Beurteilung der Erscheinung des Tieres geirrt hat, kann ihm, zumal da er kein Sachverständiger ist, nicht darum der Vorwurf der Fahrlässigkeit gemacht werden.

Nr. 2. Entsch. v. 14. Dez. 1905 (PrVerwBl. 27 664) IV 1787.

LGemO. § 88.

Ein Gemeindevorsteher ist zur Erhebung des Einspruchs gegen eine an die Gemeinde ergangene wegepolizeiliche Verfügung als Vertreter der Gemeinde nach außen auf Grund des § 88⁷ LGemO. ohne weiteres befugt, ebenso wie ein Kgl. Oberförster legitimiert ist, namens des Forstfiskus Einspruch zu erheben.

Nr. 3. Entsch. v. 6. März 1906 (OVG. 49 117) I A 89/05.

ZustG. §§ 24, 32; WestfLGemO. §§ 26, 34, 80.

1. Gegen den Gemeindevorsteher J. in H. (Prov. Westfalen) setzte der Landrat eine Ordnungsstrafe fest, weil er die Wahl eines Gemeindevorsteherstellvertreters auf die Tagesordnung einer Sitzung der Gemeindevertretung gesetzt hatte, obwohl der Landrat ihn wiederholt angewiesen hatte, die Wahl vorläufig hinauszuschieben, bis über die Gültigkeit der letzten Gemeindeverordnetenwahl entschieden sei, da wegen der zurzeit vorhandenen geringen Zahl von Gemeindeverordneten die Vornahme der Wahl vorläufig nicht genehmigt werden könnte. Auf Klage setzte das OVG. die Strafverfügung außer Kraft.

2. Ob der Kläger sich des pflichtwidrigen Ungehorsams und damit eines Dienstvergehens schuldig gemacht hat, hängt davon ab, ob der Landrat nach der bestehenden Gesetzgebung berechtigt war, die Vornahme der Wahl oder deren Aufnahme in die Tagesordnung der Gemeindevertretung bis auf weiteres zu untersagen. Es besteht aber aber keine gesetzliche Bestimmung zu solcher Anordnung. Zunächst steht ihr § 32² ZustG. nicht zur Seite. Auch bei Berücksichtigung der durch § 117 LVerfG. geordneten Zuständigkeit des Vorsitzenden des Kreisausschusses kann aus dieser Bestimmung nichts zugunsten der Weisung des Landrats entnommen werden. Die WestfLGemO. enthält keine näheren Vorschriften über die im ZustG. vorausgesetzte Zuständigkeit der Aufsichtsbehörde für Fälle der vorliegenden Art. Ebensowenig kann das allgemeine Aufsichtsrecht des Staates über die Verwaltung der Angelegenheiten der Landgemeinden, dessen Wahrnehmung durch § 80 WestfLGemO. und § 24 ZustG. dem Landrat übertragen ist, einen solchen Eingriff rechtfertigen. Auch für dieses Recht steht die Aufrechterhaltung der Ordnungsmäßigkeit der Gemeindeverwaltung im Vordergrunde. Wenn der Landrat geglaubt hat, daß es angebracht sei, mit der Wahl des Gemeindevorsteherstellvertreters so lange zu warten, bis die Gemeindevertretung nach Erledigung der Anfechtung mehrerer Ersatzwahlen vollzählig sei, so erscheint dies um deswillen nicht zutreffend, weil die LGemO. (§§ 26, 34) die Beschlußfähigkeit der Gemeindeversammlung nicht von der Vollzähligkeit ihres Bestandes abhängig macht. Die Gemeindevertretung hat statutengemäß aus dem Gemeindevorsteher und sechs Gemeindeverordneten zu bestehen und bestand zur Zeit der Verfügungen des Landrats aus dem Kläger und vier Gemeindeverordneten. Da die Gemeindeversammlung nach § 34 aaO. rechtsgültig nur, aber auch schon dann beschließen kann, wenn mehr als die Hälfte und wenigstens drei der gehörig eingeladenen Mitglieder mit Einschluß des Vorsitzenden zugegen sind, so lag trotz des Fehlens zweier Mitglieder die Möglichkeit einer gesetzmäßigen Beschlußfassung und damit auch einer rechtsgültigen Vollziehung der Wahl des Gemeindevorsteherstellvertreters vor. Vermöge der der Gemeinde zustehenden Selbstverwaltung war es zunächst Sache ihrer Organe, sich über den Zeitpunkt der Vornahme der Wahl schlüssig zu machen. Für die Aufsichtsbehörde wäre ein Anlaß zum Einschreiten erst im Falle einer Verzögerung der Wahl erwachsen.

E. Gemeindebeamte.

Literatur: Vgl. oben unter VII E.

Nr. 1. Entsch. v. 3. Juli 1906 (OVG. 49 137) I B 6/06.

KommBG. § 12.

Ein vor dem Inkrafttreten des KommBG. v. 30. VII. 99 von einem Kommunalbeamten erklärter Verzicht auf Pensionsberechtigung ist rechtswirksam und bedarf nicht der nachträglichen Genehmigung des Bezirks- oder des Kreisausschusses. Das würde nur dann der Fall sein, wenn das KommBG. sich rückwirkende Kraft beigelegt hätte, was nicht geschehen ist.

F. Geschäfte der Gemeindeversammlung (Gemeindevertretung, Gemeinderat, Gemeindeausschuß).

Nr. 1. Entsch. v. 5. Mai 1905 (OVG. 47 122) I C 38/04.

HannLGemO. §§ 3 ff., 41, 53 f., 65; ZustG. §§ 10, 27 f.

1. In einem gemäß § 28 ZustG. gegen einen Beschluß der Gemeindevertretung eingeleiteten Verwaltungsstreitverfahren darf sich der Verwaltungsrichter, wenn er die Klage für begründet erachtet, der Regel nach nicht darauf beschränken, den angefochtenen Beschluß aufzuheben, sondern er muß zugleich sachlich über das streitige Rechtsverhältnis entscheiden. Betrifft der Beschluß das Stimmrecht, so muß sich daher der Verwaltungsrichter in seiner Entscheidung über den Besitz des Stimmrechts aussprechen.

2. Bildet jedoch das Stimmrecht im Gemeindeausschusse den Gegenstand des Streites, so kann der Zweifel entstehen, ob überhaupt das Verwaltungsstreitverfahren für zulässig zu erachten ist, weil nur gegen die in den Fällen des § 27 ZustG. gefaßten Beschlüsse der Gemeindevertretung nach § 28 ebenda die Klage im Verwaltungsstreitverfahren stattfindet. Nun hat zwar nach § 27 ZustG. die Gemeindevertretung auf Beschwerden, betr. den Besitz und den Verlust des Stimmrechts in der Gemeindeversammlung, zu beschließen, aber das Stimmrecht in der Gemeindevertretung, als welche der Gemeindeausschuß zu betrachten ist, wird dort nicht erwähnt. Gleichwohl ist anzunehmen, daß hier ein Fall des § 27 ZustG. vorliegt und somit das Verwaltungsstreitverfahren zulässig ist. Ist dem Eigentümer eines Gutes oder Hofes ein Stimmrecht im Ausschusse rechtsgültig beigelegt, also dessen Stimmrecht im Ausschuß ortsrechtlich begründet, so ist der Rechtszustand kein anderer, als wenn dem Eigentümer des Gutes schon nach gesetzlicher Vorschrift das Stimmrecht zukäme. Das Stimmrecht im Gemeindeausschusse tritt nach § 54 HannLGemO. an die Stelle des Stimmrechts in der Gemeindeversammlung und ist daher wie dieses ein Ausfluß der Gemeindemitgliedschaft, die den Besitzern eines in der Gemeinde gelegenen Gutes oder Hofes zusteht (vgl. § 8¹ und § 41 aaO.). Daher ist auch die Beschlußfassung hierüber unter die Fälle des § 27¹ ZustG. zu rechnen. Da ferner für die im Gemeindeausschusse stimmberechtigten Eigentümer eines Gutes oder Hofes, die nicht durch die gewählten Ausschußmitglieder vertreten werden, der Ausschuß hinsichtlich des Stimmrechts als die Gemeindeversammlung gilt, so darf ihr Stimmrecht im Ausschuß auch als ein Stimmrecht in der Gemeindeversammlung angesehen werden, über dessen Besitz nach der ausdrücklichen Bestimmung im § 27¹ ZustG. die Gemeindevertretung zu beschließen hat.

3. Das auf dem Grundbesitze beruhende Stimmrecht kann einer Aktiengesellschaft zustehen. Auch kann einer Aktiengesellschaft als Eigentümerin eines dem § 54 HannLGemO. entsprechenden Grundbesitzes ein Stimmrecht im Gemeindeausschusse beigelegt werden.

Im § 54 ist bestimmt, daß den Eigentümern „derjenigen Domanial-, Kloster- oder sonstigen Güter und Höfe, von deren im Gemeindebezirke belegenen Grundbesitze wenigstens 50 Taler jährlicher Grundsteuer entrichtet werden", ein ihrem Stimm- und Beitragsverhältnis entsprechendes Stimmrecht im Ausschusse beigelegt werden kann. Daß hier nicht bloß an physische Personen als Eigentümer der Güter und Höfe gedacht ist, leuchtet ein, da das Gesetz von Domanial- und Klostergütern spricht, die im Eigentum einer juristischen Person — des Fiskus oder des hannoverschen Klosterfonds — stehen. Im Einklange damit, daß die Person des Eigentümers nicht in Betracht kommt, wird auch in den Abs. 2 und 4 des § 54 von dem Stimmrechte der „Güter" gesprochen. Außerdem zeigt die Entstehungsgeschichte der HannLGemO., daß der Wille des Gesetzgebers darauf gerichtet war, einen starken Einfluß der Besitzer der großen Güter auf die Verwaltung der Landgemeinden zu ermöglichen, und daß es ihm fern lag, dabei zwischen den Arten der Besitzer zu unterscheiden. Da ferner der Gesetzgeber nach der Begründung des Gesetzentwurfes über die Abänderung des Landgemeindegesetzes nur allgemeine Grundsätze aufstellen und die Freiheit der Ausführung nicht beengen wollte, damit das Stimmrecht nach den eigentümlichen Verhältnissen jeder einzelnen Gemeinde geordnet werden könne, so ist um so weniger die Annahme begründet, daß die juristischen Personen von dem Stimmrecht im Gemeindeausschusse hätten ausgeschlossen werden sollen.

Ebenso wie im Gemeindeausschusse können übrigens die juristischen Personen ein Stimmrecht in der Gemeindeversammlung haben; denn nach § 8[1] HannLGemO. gelten ohne Unterschied zwischen physischen und juristischen Personen als stimmberechtigt „alle, welche in der Gemeinde ein Gut, einen Hof oder ein für sich stehendes Wohnhaus eigentümlich oder nießbräuchlich besitzen". Ein weiterer Beweis dafür, daß juristische Personen in der Gemeindeversammlung stimmberechtigt sein können, liegt im § 65 aaO., wonach Ausmärker — das sind Auswärtige, die in der Gemeinde unbebaute Grundstücke besitzen — gemäß § 13 G. v. 5. IX. 48 zu den Lasten der Gemeinde heranzuziehen waren und, wenn dies geschah, in den betr. Angelegenheiten ein Stimmrecht nach Maßgabe des Beitragsverhältnisses hatten; denn da nach § 13 HannG., verschiedene Änderungen des LVerfG. betr., v. 5. IX. 48 (HannGS. Abt. I 261) „jedes Grundstück" zu den Lasten verhältnismäßig beitragen mußte, auch wenn es einer juristischen Person gehörte, so folgt hieraus, daß juristische Personen als Besitzer unbebauter Grundstücke in der Gemeinde, ebenso wie sie zu den Lasten heranzuziehen waren, auch ein Stimmrecht haben konnten. Offenbar können ihnen jedoch als Besitzern bebauter Grundstücke (vgl. § 8[1] HannLGemO.) nicht weniger Rechte zustehen.

Da die Aktiengesellschaften zu den juristischen Personen gehören oder ihnen doch in den wesentlichen rechtlichen Beziehungen gleichstehen, so ist die zwischen den Parteien streitige Frage, ob eine Aktiengesellschaft als Eigentümerin eines Grundstücks im Gemeindeausschuß ein Stimmrecht haben kann, zu bejahen.

4. Ist hiernach der klagenden Aktiengesellschaft die Befähigung zum Besitz eines Stimmrechts im Gemeindeausschusse zuzuerkennen, so bedarf es noch der Feststellung, ob und in welchem Umfange der Klägerin oder dem Eigentümer der Fabrik als solchem ein Stimmrecht im Gemeindeausschusse beigelegt worden ist und ob danach der Klägerin ortsrechtlich

das von ihr begehrte Stimmrecht zusteht[1]). Dabei wird auch zu erwägen sein, ob die der Klägerin gehörige Papierfabrik zu den Gütern und Höfen im Sinne des § 54 HannLGemO. gehört, denen ein besonderes Stimmrecht im Ausschusse beigelegt werden darf; da dort aber allgemein von den Eigentümern derjenigen Domanial-, Kloster- oder sonstigen Güter oder Höfe die Rede ist, von deren im Gemeindebezirke belegenen Grundbesitze wenigstens 50 Taler jährlicher Grundsteuer entrichtet werden, so muß angenommen werden, daß es bloß auf die Größe des Grundsteuerbetrags ankommt.

Nr. 2. Entsch. v. 12. Nov. 1907 (OVG. 51 52).

DiszG. v. 21. VII. 52 (GS. 465) § 83; I C 22/06 RhKrO. §§ 23, 26; RhGemO. § 88.

Der Gemeinderat zu P. (Rheinprovinz), beschloß, einen auf Kündigung angestellten Feldhüter durch Kündigung zu entlassen. Der Bürgermeister beanstandete diesen Beschluß, indem er ausführte: Nach § 83 DiszG. v. 21. VII. 52 könnten die auf Kündigung usw. angestellten Beamten nur von der Behörde, die ihre Anstellung verfügt habe, entlassen werden; da der Gemeinderat keine „Behörde" sei, so stehe ihm keine Mitwirkung bei der Entlassung zu, vielmehr komme als Behörde nur der Landrat in Betracht, der durch das ihm zustehende Bestätigungsrecht die Anstellung des Feldhüters verfügt habe.

Das OVG. war aus folgenden Gründen anderer Ansicht:

1. Die im § 83 DiszG. v. 21. VII. 52 enthaltene Vorschrift: „Beamte, welche auf . . . Kündigung . . . angestellt sind, können ohne ein förmliches Disziplinarverfahren von der Behörde, die ihre Anstellung verfügt hat, entlassen werden", verleiht nicht erst der Behörde, die einen Beamten auf Kündigung angestellt hat, das Recht, ihn auch im Wege der Kündigung zu entlassen, setzt es vielmehr voraus und erklärt, daß sein Fortbestand nicht durch die disziplinarischen Bestimmungen berührt werde. Jeder Beamte, mithin auch der auf Kündigung angestellte, unterliegt den Vorschriften des Disziplinargesetzes. Daher kann auch dieser, wenn er sich des Amtes unwürdig zeigt, im Wege des förmlichen Disziplinarverfahrens seines Dienstes entlassen werden. Aber dieser Weg braucht nicht notwendig eingeschlagen zu werden; es ist zulässig, den auf Kündigung angestellten Beamten, auch wenn er sich des Amtes unwürdig erweist, durch Kündigung aus dem Dienste zu entfernen. Im Sinne des § 83 ist die Behörde, die die Anstellung eines Beamten verfügt, auch gleichbedeutend mit der Anstellungsbehörde. Von dem sich aus der Natur der Sache ergebenden Grundsatze, daß außerhalb des Disziplinarverfahrens ein Beamter von derjenigen Behörde, die ihn angestellt hat, entlassen werden könne, hat der Gesetzgeber nicht dadurch abweichen wollen, daß er die Wendung von der die Anstellung verfügenden Behörde wählte.

2. Verfehlt ist die Ansicht, daß es der Landrat sei, der die Anstellung des Feldhüters „durch das ihm zustehende Bestätigungsrecht verfügt habe". Allerdings bedarf die Wahl eines Unterbeamten, soweit sie gemäß §§ 23 und 26

---

[1]) Über diese Frage wurde in Entsch. v. 5. V. 05 (OVG. 47 129 k. d. Anm.) I C 9/05 — folgendes ausgeführt: Zwar ist nach der HannLGemO. eine Stimmberechtigung juristischer Personen keineswegs ausgeschlossen, wie sich insbesondere aus § 8 ¹ (ungeachtet der Verweisung auf § 13) und aus § 54 ebenda ergibt; aber es kommt nach den §§ 3 ff. HannLGemO. zunächst auf das Ortsrecht an, hier also auf das Verfassungsstatut der Gemeinde W. Nach § 2 VerfStatuts bestehen jedoch die Gemeindeversammlungen — sowohl der „Samtgemeinde" wie auch der „Sondergemeinden" der einzelnen Bezirke — nur aus den nach den Vorschriften der LGemO. stimmberechtigten Einwohnern, so daß, da unter den Einwohnern nur physische Personen verstanden werden können, die im Gemeindebezirk ihren Wohnsitz haben, juristische Personen nicht dazu gehören und daher auch nicht an den nach § 3 VerfStatuts von den „Sondergemeinden" vorzunehmenden Wahlen der Gemeindeausschußmitglieder teilnehmen dürfen.

RhKrO. dem Gemeinderat übertragen ist, der Bestätigung durch den Landrat. In dem Rechte, die Wahl zu bestätigen oder ihr — unter Zustimmung des Kreisausschusses — die Bestätigung zu versagen, erschöpft sich aber die Aufgabe des Landrats. Zu einer Mitwirkung bei der Anstellung des Gewählten beruft ihn das Gesetz nicht. Eine solche Mitwirkung kann auch nicht in der Ausübung des Bestätigungsrechts selbst gefunden werden; denn der Bestätigung kommt nur die Bedeutung zu, daß von Aufsichts wegen keine Bedenken gegen die Anstellung des Gewählten durch die dafür zuständige Stelle bestehen. Dadurch, daß der Landrat die Wahl des Feldhüters bestätigt, wird die Wahl genehmigt, nicht aber die Anstellung des Gewählten verfügt. Die Anstellung liegt vielmehr in der Wahl durch den Gemeinderat. Er ist die Anstellungsbehörde; ihm liegt auch die Entschließung über die Entlassung des von ihm angestellten Beamten ob. Seine Entschließung bedarf zu ihrer Wirksamkeit auch nicht der Genehmigung durch die Aufsichtsbehörde. Wäre dies der Fall, so würde die Klage ohne weiteres für begründet zu erachten sein. Denn es ist anerkannten Rechtens, daß kommunale Beschlüsse, die einer höheren Genehmigung bedürfen, wenn überhaupt, so jedenfalls so lange nicht beanstandet werden können, als nicht über die Erteilung der Genehmigung entschieden ist. Eine Beanstandung vor dieser Entscheidung ist daher unzulässig und unterliegt, wenn sie zum Gegenstande der Anfechtung im Verwaltungsstreitverfahren gemacht wird, der Aufhebung. Aber das Erfordernis einer höheren Genehmigung besteht nicht. Zwar hat der Staat ein Interesse daran, daß im Gemeindedienste nicht ungeeignete Personen angestellt werden, und darum hat er sich das Recht vorbehalten, die Wahl von Gemeindebeamten zu bestätigen. Sein Interesse geht aber nicht so weit, einer Gemeinde, die einen auf Kündigung angestellten Beamten im Wege der Kündigung entlassen will, entgegenzutreten und sie dadurch, daß er die Entlassung von seiner Genehmigung abhängig macht, zu nötigen, einen Beamten, der nach Auffassung der Aufsichtsbehörde weiter zur Ausübung des Amtes geeignet ist, wider ihren Willen im Dienste zu belassen. Auf diesem Standpunkte steht auch die AAnwKommBG. Sie macht in Art. 3[1] unter c die Zulassung einer kündbaren Anstellung von Polizeiexekutivbeamten unter anderm davon abhängig, ob eine hinreichende Gewähr für eine sachgemäße und gerechte Ausübung des Kündigungsrechts gegeben sei. Dieser Forderung würde es nicht bedürfen, wenn die Staatsbehörde, die die Anstellung des Polizeibeamten bestätigt hat, befugt wäre, einer Kündigung durch Versagen der Genehmigung die Wirksamkeit zu nehmen.

3. Der Gemeinderat hat sich endlich bei seiner Beschlußfassung keiner Ueberschreitung der Gesetze schuldig gemacht. Freilich ist in der beanstandenden Verfügung erklärt, daß kein gesetzlicher Grund zu der Kündigung vorliege. Es gibt indessen kein Gesetz, das die Kündigung gegenüber einem auf Kündigung angestellten Beamten nur unter bestimmten Voraussetzungen zuließe; vielmehr unterliegt die Frage, ob einem sochen Beamten zu kündigen sei, dem freien Ermessen der Behörde.

4. Dem Verwaltungsrichter steht nur die Untersuchung darüber zu, ob der beanstandete Beschluß gesetzwidrig ist, und dies war zu verneinen. Die davon verschiedene Frage, ob er „dem Gemeindewohle wesentlich nachteilig" und ob ihm deshalb die Ausführung zu versagen ist, kann nur in dem durch § 88 RhGemO. in Verbindung mit § 33[1] ZustG. geordneten Verfahren ausgetragen werden.

Nr. 3. Entsch. v. 5. Juli 1907 (OVG. 51 36) 1 C 10/06.

ZustG. §§ 27 f.

1. Eine positive Bestimmung dahin, daß der Beschluß einer kollegialischen Behörde Dritten gegenüber erst durch Unterschrift derjenigen Mitglieder Wirksam-

keit erlange, die an der Beschlußfassung beteiligt waren, besteht nicht; vielmehr ist die Frage, in welcher Weise die Erklärungen kollegialischer Behörden zu beurkunden sind, nach ihrer Verfassung verschieden zu beantworten. Daher haben die Vorderrichter mit Recht geprüft, welche Vorschriften das Verfassungsstatut über die Aufzeichnung der Beschlüsse enthält, und die Entscheidung auf die Klage von der Feststellung abhängig gemacht, daß diesen entsprochen ist*). Die Unterscheidung, die die Kläger zwischen der Bedeutung für den inneren Geschäftsverkehr und derjenigen für die Wirksamkeit nach außen hin machen wollen, hat keinerlei Boden; vielmehr ist anzunehmen, daß mit der Unterzeichnung des Beschlusses durch den Bürgervorsteherwortführer die Uebereinstimmung der schriftlichen Aufzeichnung mit dem mündlich gefaßten Beschluß auch Dritten gegenüber beurkundet wird.

2. Den vom Bürgervorsteherkollegium gefaßten Beschluß, die bei den Bürgervorsteherwahlen ausgebliebenen Wähler zu bestrafen, hat im Verwaltungsstreitverfahren nicht der Magistrat, sondern das Bürgervorsteherkollegium zu vertreten, und zwar ersterer auch dann nicht, wenn er den Beschluß den Beteiligten mitgeteilt und die Durchführung im Wege des Verwaltungszwangsverfahrens angedroht hat. Hierin liegt zwar eine selbständige Verfügung des Magistrats, aber die Klage im Verwaltungsstreitverfahren findet gegen die Verfügungen des Magistrats nicht in allen, sondern nur in denjenigen Fällen statt, in denen sie durch besondere gesetzliche Vorschriften gegeben ist. Bestimmungen aber, die die Handlungen der Vollstreckungsbehörden der Nachprüfung im Verwaltungsstreitverfahren unterwerfen, bestehen nicht; vielmehr läßt die Vd., betr. das Verwaltungszwangsverfahren wegen Beitreibung von Geldbeträgen, v. 15. XI. 99 (GS. 545) im § 2 Abs. 2 nur die Beschwerde bei der vorgesetzten Dienstbehörde zu.

3. Zur Festsetzung einer Strafe genügt noch nicht die Bestimmung, daß ein näher bezeichnetes Verhalten als eine Verletzung der den Gemeindegliedern vermöge der Gemeindeverfassung obliegenden Pflichten anzusehen und deshalb mit Strafe zu ahnden sei; vielmehr muß die Bezeichnung derjenigen Gemeindeglieder hinzukommen, auf die diese Bestimmung Anwendung finden soll. Der Beschl. v. 30. VI. 05 aber enthält in der Fassung, wie er in das Protokoll über die Sitzung der städtischen Körperschaften aufgenommen ist, nur die erstere, aber nicht die letztere Bestimmung; denn er besagt nur, daß diejenigen Bürger, welche bei der Bürgervorsteherwahl ohne genügende Entschuldigung ausgeblieben sind, mit einer Geldstrafe von einer Mark belegt werden sollen, spricht sich aber nicht darüber aus, welche Bürger ohne Entschuldigung ausgeblieben sind, und enthält daher nur die Feststellung einer Regel, aber nicht ihre Anwendung auf den einzelnen Bürger, die das wesentliche Erfordernis einer Straffestsetzung ist. Dasselbe gilt auch von der schriftlichen Abfassung des Beschlusses. Im entscheidenden Teile wird nur der in das Sitzungsprotokoll aufgenommene Wortlaut des Beschlusses mit der Maßgabe wiederholt, daß die ohne Entschuldigung ausgebliebenen Bürger nicht als solche bezeichnet werden, die mit Strafe belegt werden sollen, sondern als solche, die mit Strafe belegt werden. Erst in der Begründung wird auf ein als „anliegend" genanntes Verzeichnis verwiesen, allein dieser Hinweis kann nicht als genügende Benennung der mit Strafe belegten Bürger angesehen werden, da das Verzeichnis nicht in der im Verfassungsstatut vorgeschriebenen Weise vollzogen und auch nicht in der Weise kenntlich gemacht ist, daß ein Zweifel darüber, welches Verzeichnis gemeint

*) Es handelt sich um eine Stadtgemeinde, deren Verfassung durch ein Statut nach § 2 HannLGemO. v. 28. IV. 59 und nach § 63 der AusfBek. dazu festgestellt war.

ist, ausgeschlossen wäre. Wollte man aber auch annehmen, daß der Hinweis auf die Anlage des Beschlusses eine ausreichende Benennung derjenigen Bürger, gegen die die Strafe festgesetzt ist, enthalte, so würde doch in Betracht kommen, daß dieser Hinweis gegenüber dem in das Sitzungsprotokoll aufgenommenen Wortlaute des Beschlusses sich als dessen Ergänzung darstellt, die nur im Wege einer neuen Beratung und Beschlußfassung hätte zustande kommen können. Eine solche hätte, im Wege der schriftlichen Umfrage, wenn überhaupt, so doch nur unter Zustimmung sämtlicher Bürgervorsteher und nicht allein der am Beschlusse beteiligten erfolgen können. Daß dem aber nicht genügt worden, der schriftlich abgefaßte Beschluß vielmehr nur bei einem Teile der Bürgervorsteher umgelaufen ist, steht außer Zweifel.

G. Gemeindevermögen und Gemeindegliedervermögen; Teilnahme an den Gemeindenutzungen; gemeinschaftliche Angelegenheiten.

Nr. 1. Entsch. v. 21. März 1905 (OVG. 47 164) I C 5/05.

HNLGemO. v. 4. VIII. 97; §§ 7 f.

1. Einsprüche und Klagen, die das Recht zur Mitbenutzung einer öffentlichen Gemeindeanstalt betreffen, stehen nicht allen denjenigen zu, denen durch die bestehenden örtlichen Bestimmungen die Benutzung freigestellt ist, sondern gemäß § 8 HNLGemO. nur denjenigen Personen, denen ein solches Recht auf Grund ihrer Gemeindeangehörigkeit zukommt. Der 2. Abschnitt des 2. Titels LGemO. behandelt die „Gemeindeangehörigen, deren Rechte und Pflichten". Wenn diesen Personen im 1. Abs. des § 8 ein Recht zur Benutzung der öffentlichen Gemeindeanstalten beigelegt ist, so muß angenommen werden, daß die im dritten Absatze daselbst behandelte Befugnis zur Verfolgung des Rechtes auf Mitbenutzung der Anstalten mittels des Einspruchs und der Klage sich ebenfalls nur auf die Gemeindeangehörigen bezieht. Daher steht Personen, denen die Mitbenutzung einer öffentlichen Gemeindeanstalt nicht auf Grund der Gemeindeangehörigkeit zukommt, sondern durch ortsstatutarische Festsetzungen oder besondere Beschlüsse der Gemeinde eingeräumt ist, ein solches Rechtsmittel nicht zu.

2. Angehörige der Landgemeinde sind, abgesehen von der hier nicht in Betracht kommenden Ausnahme der Militärpersonen, „diejenigen, welche innerhalb des Gemeindebezirkes einen Wohnsitz haben". Einen Wohnsitz aber hat nach § 7 Abs. 2 jemand an dem Orte, an dem er eine Wohnung unter Umständen inne hat, die auf die Absicht dauernder Beibehaltung einer solchen schließen lassen. Eine Wohnung inne zu haben, ist nur eine physische Person, dagegen nicht eine juristische fähig, also auch nicht der Eisenbahnfiskus. Unrichtig ist die Ausführung, daß der Staatsfiskus einen „steuerlichen Wohnsitz" habe, der auch seinen bürgerlichen darstellen müsse. Das KommAbgG. spricht nicht von einem „Wohnsitze" des Fiskus, sondern von dem „Sitze" der Verwaltung bezw. einer Staatsbahnverwaltungsbehörde (§ 35).

Nr. 2. Entsch. v. 24. April 1906 (OVG. 48 175) I C 16/05.

Art. VIII Reg. über den Erwerb und Verlust des Gemeindenutzungsrechts in der Gemeinde R. bestimmte, daß das Nutzungsrecht vom ablebenden Manne auf die Witwe und nur alsdann nach deren Tode auf die Kinder übergehe, „wenn dieselben sämtlich unverheiratet, die Haushaltung und mitsammen ungetrennt die Wirtschaft fortführen. Trennt sich die Haushaltung der die Mutter überlebenden Kinder, so hört hiernach das Nutzungsrecht auf, den Fall ausgenommen, wo die Haushaltung für vorhandene unverheiratete minderjährige Kinder, jedoch nur während der Minderjährigkeit, fortgeführt wird."

Später wurde diese Bestimmung dahin abgeändert, daß nach dem Tode der Witwe die Nutzung an die Gemeinde zurückfalle. Als die Witwe R. im Jahre 1900 gestorben war, beanspruchten ihre vier unverheirateten und im gemeinsamen Haushalte lebenden Kinder die Fortgewährung der Gemeindenutzungen, wie sie ihrer Mutter zugestanden hatten. Im Streitverfahren siegten sie auch bei dem Bezirksausschuß ob. Das OVG. hob jedoch das Urteil auf, erwog, daß sich nicht ohne weiteres mit Sicherheit erkennen lasse, ob die neue Vorschrift auch den bisherigen Losinhabern gegenüber anzuwenden sei oder ob sie sich nur auf die künftigen Erwerber von Losen beziehen solle, und wies die Sache behufs Ermittelung der Tatsachen, welche die Tragweite des jüngeren Beschlusses aufklären könnten, zur weiteren Verhandlung an die Behörde erster Instanz zurück. Im zweiten Rechtsgang erkannte der Bezirksausschuß, indem er annahm, daß durch die jüngere Vorschrift die Rechte der bisherigen Losinhaber nicht berührt seien, rechtskräftig dahin, daß die Geschwister R. im Besitze der Nutzungsrechte ihrer Mutter zu belassen, nötigenfalls in ihn wieder einzusetzen seien.

Am 25. II. 03 faßte die Gemeinde folgenden, vom Kreisausschusse genehmigten Beschluß:

„Mit Rücksicht auf die in der Verwaltungsstreitsache der Geschwister R. gegen die Gemeinde ergangenen Urteile des Bezirksausschusses und des Oberverwaltungsgerichts beschließt der Gemeinderat, daß die am . . . 20. II. 99 beschlossenen Abänderungen des Regulativs, betreffend die Gemeindenutzungen, nicht nur auf alle weiterhin zu verteilenden Nutzungen, sondern auch auf alle verteilten und jetzt bestehenden Nutzungen Anwendung finden sollen."

Im Mai 1904 verheiratete sich Jakob R., der jüngste unter den Brüdern. Als nun den Geschwistern R. angekündigt wurde, daß ihnen mit Rücksicht auf diese Veränderung das Recht der Nutzung zum Herbste des Jahres entzogen werde, erhoben sie Beschwerde und beschritten nach deren Zurückweisung gegen den Bürgermeister zu F. in seiner Eigenschaft als Gemeindevorstand der Gemeinde R. den Weg des Verwaltungsstreitverfahrens. Der Kreisausschuß und der Bezirksausschuß versagten jedoch der Klage den Erfolg. Davon ausgehend, daß für die Beurteilung des Rechtes der Kläger lediglich die Vorschrift des Art. VIII des Regulativs in der älteren Fassung, nicht aber der Beschluß vom 25. II. 03 maßgebend sei, erklärte der Bezirksausschuß, daß, da die Ehelosigkeit sämtlicher Kinder die Voraussetzung für den Uebergang der Nutzung von der Mutter auf sie bilde, bei dem Fortfalle der Voraussetzung auch das Recht auf die Nutzung aufhöre.

Noch bevor das Urteil des Bezirksausschusses ergangen war, faßte die Gemeinde am 22. XII. 04 einen Beschluß, in dem es heißt:

„. . . . erklärt der Gemeinderat, daß es bei Fassung des Beschlusses vom 25. II. 03 sein ausdrücklicher Wille war, daß diejenigen Nutzungen, welche nach dem Tode der betr. Eltern in der gemeinschaftlichen Haushaltung der Kinder verblieben waren, sofort nach Inkrafttreten dieses Beschlusses an die Gemeinde zurückfallen sollten. Der Gemeinderat wiederholt den Beschluß heute . . . ."

Am 28. IV. 05, nach Erlaß des Urteils des Bezirksausschusses, wurde der Beschluß vom Kreisausschusse genehmigt. Auf die Revision der Geschwister R. hielt das OVG. das Urteil des Bezirksausschusses aufrecht.

2. Durch das im Vorprozeß unter denselben Parteien ergangene Urteil des Bezirksausschusses ist den Klägern der **Anspruch auf Belassung im Besitze des Nutzungsrechts ihrer verstorbenen Mutter rechtskräftig zugesprochen.** Im Hinblick auf die Rechtskraft des Urteils kann der Beklagte mit der Behauptung, daß die Kläger nach der Vorschrift des Art. VIII Reg. in der jüngeren Fassung des Nutzungsrechts verlustig gegangen seien, nicht gehört werden. Wohl aber ist, da das Urteil sich auf den Art. VIII in der älteren Fassung stützt und die Tragweite des Urteilsspruchs aus seiner Begründung zu entnehmen ist, die Frage zulässig, ob die Fortdauer des Rechtes noch mit der Vorschrift der älteren Bestimmung, auf der es beruht, vereinbar ist. Zulässig ist weiter die Frage, ob die älteren Bestimmungen durch einen jüngeren Beschluß geändert sind und ob die Aenderung einen Verlust des Rechtes der Kläger nach sich zieht. Der Bezirksausschuß verneint, daß jüngere Vorschriften bestehen, durch die das objektive Recht in einer die Kläger berührenden Beziehung geändert sei. Er hat daher den Klageanspruch der Beurteilung lediglich auf Grund des Art. VIII Reg. in der älteren Fassung unterzogen. Seine Bedeutung hat er

aber unzutreffend gewürdigt. Die Ansicht, daß von der ununterbrochenen Fortdauer der Ehelosigkeit das Verbleiben der Nutzung bei den Kindern abhängig sei, rechtfertigt er durch den Satz: Ist die Entstehung eines Rechtes an eine bestimmte tatsächliche Voraussetzung geknüpft, so kommt mit ihrem Fortfall auch das Recht in Wegfall. Der Satz ist, jedenfalls in dieser Allgemeinheit, unzutreffend. Einmal begründete Rechte bleiben bestehen, solange nicht Tatsachen eintreten, an welche die Gesetze oder gesetzesgleiche Normen ihr Erlöschen knüpfen.

3. Bei freier Beurteilung erweist sich indessen die Sache als spruchreif. Durch das Urteil des Bezirksausschusses im Vorprozesse haben die Kläger kein Sonderrecht auf die Nutzung erworben, vielmehr ist dadurch nur anerkannt, daß sie nach Maßgabe des damals geltenden objektiven Rechtes im Besitze der Nutzung zu belassen seien. Wird daher in der Folge jenes objektive Recht von der Gemeinde, wozu sie unter obrigkeitlicher Genehmigung befugt ist, geändert, so ist die Fortdauer der Nutzung der Kläger der Beurteilung nach dem neuen Rechte unterworfen. Eine Aenderung des älteren Rechtes ist durch den vom Kreisausschusse genehmigten Gemeindebeschluß vom 25. II. 03 erfolgt. Darin ist festgesetzt, daß die früher beschlossenen Aenderungen des Regulativs auch auf alle schon verteilten Nutzungen anzuwenden sind. Mit Unrecht bezieht der Bezirksausschuß diesen Beschluß nur auf die Fälle, wenn eine Witwe später stirbt, nicht aber auf die Fälle, wo die Kinder sich bereits im Besitze der Nutzung befinden. Am 20. II. 99 hatte die Gemeinde in Abänderung des Art. VIII, wie er in dem Regulativ enthalten war, festgesetzt, daß nach dem Tode der Witwe die Nutzung an die Gemeinde zurückfalle. Wenn darauf am 25. II. 03 beschlossen wurde, daß diese Bestimmung nicht nur auf alle weiterhin zu verteilenden Nutzungen, sondern auch auf alle verteilten und jetzt bestehenden Nutzungen Anwendung finden solle, so wird damit ausgesprochen, daß die überlebenden Kinder die Nutzung der verwitweten Mutter nicht mehr haben sollen, gleichviel ob die Witwe schon gestorben ist oder erst in Zukunft stirbt. Wie die Eingangsworte des Beschlusses vom 25. II. 03 ergeben, ist die Fortsetzung mit Rücksicht auf die im Vorprozeß ergangenen Urteile, also zu dem Zwecke getroffen, daß Kinder, die bereits die Nutzung der Mutter übernommen hatten, den Anspruch, die Nutzung weiter zu besitzen, verlieren sollten. Ausdrücklich ist diese Absicht auch noch in dem Beschl. v. 22. XII. 04 klargestellt. Da dieser Beschluß sich seinem Inhalte nach rückwirkende Kraft beilegt, so ist er auch im gegenwärtigen Verfahren zu berücksichtigen.

Nr. 3. Entsch. v. 3. Juli 1906 (OVG. 49 140) I C 43/05.

LGemO. §§ 68, 71, 108; LVG. § 7.

Ein Gemeindeangehöriger, der sich dadurch verletzt fühlt, daß Einnahmen aus dem Gemeindevermögen nicht für die Zwecke des Gemeindehaushalts verwendet, sondern an Dritte abgeführt werden, deren Berechtigung er bestreitet, kann nicht im Verwaltungsstreitverfahren auf Wiedereinziehung der gezahlten Beträge und Abführung zur Gemeindekasse klagen, sondern nur im Beschwerdewege die Kommunalaufsichtsbehörde angehen. Diese hat darüber zu wachen, daß die Einnahmen aus dem Gemeindevermögen bestimmungsgemäß verwendet werden, und namentlich dafür zu sorgen, daß bei der Beschlußfassung, ob gegen die Gemeinde gerichtete Ansprüche, anzuerkennen sind, die Vorschriften des § 108 LGemO. beachtet werden. Die Kommunalaufsichtsbehörde hat ferner eine Beschlußfassung des an Stelle der Gemeindeversammlung oder Gemeindevertretung tretenden Kreisausschusses herbeizuführen, falls das Ausscheiden der persönlich beteiligten Mitglieder die Beschlußunfähigkeit jener Versammlungen zur Folge hat. Nur durch das

Einschreiten der Aufsichtsbehörde kann der Gemeindeangehörige Abhilfe gegen vermeintliche, sein Interesse an geordneter Gemeindeverwaltung verletzende Mängel herbeiführen. Die Klage im Verwaltungsstreitverfahren, die nur in den Fällen stattfindet, für welche besondere gesetzliche Vorschriften sie eingeführt haben, ist ihm zu diesem Zwecke nicht gegeben.

Denn es besteht keine gesetzliche Vorschrift, die den Verwaltungsrichter ermächtigte, den Gemeindevorsteher in der Form des Richterspruchs mit einer Anweisung über die Verwaltung der Vermögensangelegenheiten der Gemeinde zu versehen. Eine dahingehende Ermächtigung ist auch nicht in denjenigen gesetzlichen Bestimmungen enthalten, welche die Verfolgung von Ansprüchen auf Teilnahme an den Nutzungen und Erträgen des Gemeindevermögens regeln. Maßgebend für die Beurteilung der Zulässigkeit der Klagen sind die Vorschriften der LGemO., insbesondere § 71. Dieser steht den Klägern nicht zur Seite; denn der in den beiden ersten Absätzen dieser Gesetzesstelle geregelte Rechtsbehelf der Beschwerde oder des Einspruchs mit nachfolgender Klage im Verwaltungsstreitverfahren ist nur zum Schutze der subjektiven Rechte des einzelnen gegeben, der aus der Gemeindeangehörigkeit oder aus der Zugehörigkeit zu einer besonderen Klasse der Gemeindeangehörigen oder einem bestimmten örtlichen Teile des Gemeindebezirks Ansprüche auf Teilnahme an den Nutzungen und Erträgen des Gemeindevermögens herleitet. Die Klage kann daher nur auf Zubilligung bestimmter Teile der Nutzungen und Erträge des Gemeindevermögens oder einzelner zu diesem gehörigen Vermögensstücke an die Kläger gehen, aber nicht darüber hinaus auf Feststellung von Grundsätzen für die Verwaltung des Gemeindevermögens und die Verwendung seiner Nutzungen und Erträge gerichtet werden. Auf eine derartige Feststellung aber zielt der Klageantrag ausgesprochenermaßen ab, indem er einen Ausspruch dahin verlangt, daß die verteilten Weidegeldbeträge von den Empfängern wieder einzuziehen und zur Dorfkommunalkasse abzuführen seien. Mit diesem Antrage nehmen die Kläger nicht einen Teil der bezeichneten Nutzungen für sich in Anspruch, sondern wollen nur die Teilnahme Dritter an diesen Nutzungen beseitigen oder doch beschränken. Zu diesem Zwecke sind die Rechtsbehelfe des § 71 nicht gegeben. Der Versuch der Kläger, ihre entgegengesetzte Auffassung mit dem Hinweise darauf zu begründen, daß die Erträge des Weidegeldes bestimmungsmäßig für kommunale Interessen der Gemeinde Verwendung zu finden hätten, durch die beanstandete Verteilung aber diesem Zwecke und damit auch dem Mitgenusse für die Kläger entzogen würden, ist verfehlt. Wenn auch die Kläger ein Interesse an der Feststellung haben, daß die bezeichneten Einkünfte mit Berechtigung Dritter nicht belastete Teile des Gemeindevermögens seien, so folgt doch hieraus keineswegs, daß diese Feststellung im Wege des durch § 71 geordneten Verwaltungsstreitverfahrens zu erfolgen hat. Das Gegenteil ergibt sich vielmehr aus dem Zusammenhange der angeführten Vorschrift mit den unmittelbar vorhergehenden, insbesondere dem § 68. Dort wird unterschieden zwischen dem Gemeindevermögen im engeren Sinne, dessen Erträge für die Zwecke des Gemeindehaushalts bestimmt sind, und dem Gemeindegliedervermögen (Allmenden, Gemeinheiten), dessen Nutzungen den Gemeindeangehörigen oder einzelnen von ihnen vermöge dieser ihrer Eigenschaft zukommen. Daraus folgt, daß die Bestimmungen des § 71 sich nur auf die Nutzungen und Erträge des Gemeindegliedervermögens, aber nicht auf die des Gemeindevermögens erstrecken, also auch dem Gemeindeangehörigen keine Handhabe bieten, um die Abführung der Einnahmen aus dem Gemeindevermögen an die Gemeindekasse oder ihre Verwendung für die Zwecke des Gemeindehaushalts durch Klage im Verwaltungsstreitverfahren zu erzwingen.

Nr. 4. Entsch. v. 20. Nov. 1906 — II 2236.

ZustG. § 18.

1. Der Kläger verlangt, daß ihm gestattet werde, bei dem ihm im übrigen nicht verweigerten Anschlusse seines Hauses in der Haarhofsgasse zu S. an den städtischen Kanal Einrichtungen zu treffen, durch die auch das in dem Keller sich ansammelnde Sickerwasser abgeführt wird. Die Menge dieses Wassers ist bedeutend, weil der Kläger die Sohle des Kellers unter die Wasserlinie des nahen Kützelbaches gelegt und die Abdichtung der Kellerwände gegen das Eindringen des Wassers aus dem Bache unterlassen hat. Die Klage ist abgewiesen worden.

2. Hat eine Gemeinde — gegebenenfalls unter Mitwirkung der Aufsichts- und der Polizeibehörden — darüber Bestimmung getroffen, in welcher Weise und unter welchen Bedingungen ihren Angehörigen die Benutzung der Kanäle usw. gestattet sein soll, so besteht ein nach § 18[1] ZustG. verfolgbares Recht auf Mitbenutzung nur in der bestimmten Weise und unter den vorgeschriebenen Bedingungen. Ein Recht auf die Benutzung außerhalb jenes Rahmens kann für einen Gemeindeangehörigen nicht dadurch entstehen, daß er bei der Projektierung und Ausführung eines Baues nicht die den Umständen nach gebotenen Vorsichtsmaßregeln anwendet und so gesundheitsschädliche oder sonst gefahrdrohende Zustände schafft.

3. Es kommt also allein darauf an, ob die Stadt S. die Benutzung ihres Kanals für den gedachten Zweck allgemein freigegeben hat. Klare Bestimmungen über die Art, in der die Leitungen benutzt werden dürfen, insbesondere, ob auch die Abführung des Grundwassers aus dem Keller gestattet sein solle, sind nicht getroffen. Anscheinend sollte ursprünglich die Kanalisation auch diesem Zwecke dienen, später aber ist man wohl davon zurückgekommen, weil die Zuführung größerer Mengen reinen Wassers den Klärbetrieb allzusehr belastet haben würde, und man hat gehofft, daß eine neben dem Kanalsysteme hergeführte Drainage der Straßen eine günstige Einwirkung auch auf die Trockenlegung der Keller ausüben werde. Gegen die Annahme, daß die Entwässerung der Keller in die Kanäle gestattet sein solle, sprechen namentlich die im Jahre 1899 (einige Zeit nach Fertigstellung der Kanalisation) zwischen dem Magistrat und den Stadtverordneten geführten Verhandlungen. Aus Anlaß eines Einzelfalles beschlossen nämlich die Stadtverordneten, den Magistrat zu ersuchen, die Abführung des Kellerwassers in die städtische Kanalleitung in denjenigen Fällen, wo die Drainage nicht wirkt, bedingungslos zu gestatten und eine diese Frage regelnde Vorlage zu machen. Der Magistrat aber erklärte, dem Beschlusse nicht beitreten zu können, weil der Klärbetrieb unter der Zuführung größerer Wassermengen leiden würde. Er wolle von Fall zu Fall die Möglichkeit der Gewährung des Anschlusses für die Kellerentwässerung prüfen. Nunmehr beschlossen die Stadtverordneten, dem Beschluß folgende Fassung zu geben, die Abführung des Kellerwassers in die städtische Kanalleitung soll in denjenigen Fällen, wo die Drainage nicht wirkt, ohne Zahlung einer Gebühr gestattet werden, und darauf gestattete der Magistrat in dem damals vorliegenden Falle den Anschluß, faßte aber keinen Beschluß über eine allgemeine Freigabe der Kanäle für die Abführung des Kellerwassers. Demnach ist mit einer solchen allgemeinen Freigabe nicht zu rechnen. Aber selbst wenn das geschehen müßte, so könnte die Freigabe doch nur auf das gewöhnliche Grundwasser bezogen werden; der Kläger will jedoch nicht nur derartiges Wasser abführen, sondern die Wassermengen, die infolge der tiefen Lage, die er seinem Keller, ohne für dessen Abdichtung zu sorgen, gegeben hat, aus dem nahen Bache eindringen.

4. In der mündlichen Verhandlung vor dem OVG. hat der Kläger noch geltend gemacht, daß ihm doch der Anschluß an die Drainage gestattet werden müsse, welche mit der Kanalisation eine Einheit bilde. Darauf ist zu bemerken, daß, wenn diese Einheit besteht, und, wie es tatsächlich der Fall ist,

für die Benutzung der Drainage besondere Bestimmungen nicht getroffen sind, wegen dieser Benutzung dasselbe gilt wie für die sonstige Kanalisation.

H. Gemeindehaushalt und Zwangsetatisierung.

Nr. 1. Entsch. v. 28. Febr. 1905 (OVG. 47 133) I B 2/05.

ZustG. §§ 33, 35; RhGemO. § 88.

Lehnt im Gebiete der RhGemO. der Gemeinderat die vom Bürgermeister beantragte Bewilligung einer Ausgabe für die Anlegung einer Wasserleitung ab, so kann nicht dadurch, daß der Kreisausschuß die Pflicht der Gemeinde zu der Leistung feststellt, die Grundlage für eine Zwangsetatisierungsverfügung geschaffen werden.

§ 33¹ ZustG. überträgt dem Kreisausschusse die Entscheidung über die zwischen dem Gemeindevorstande (Bürgermeister) und der Gemeindevertretung (Gemeinderat) entstandenen Meinungsverschiedenheiten nicht unbeschränkt, sondern nur insoweit, als „die Beschlußfassung nach den Gemeindeverfassungsgesetzen der Aufsichtsbehörde zusteht". Der Aufsichtsbehörde stand nach § 88 RhGemO. die Entscheidung in dem Falle zu, daß der Bürgermeister einem Beschlusse des Gemeinderats die Ausführung versagte. Hier ist diese Voraussetzung nicht gegeben. Der Gemeinderat hat die Anlegung einer Wasserleitung abgelehnt, mithin nicht beschlossen, etwas zu tun, sondern etwas zu unterlassen. Ein solcher Beschluß äußert keine rechtlichen Wirkungen und ist der Ausführung nicht fähig. Daher kann ihm eine Ausführung, die nicht möglich ist, auch nicht durch den Bürgermeister versagt werden. Da die Versagung der Ausführung eines Beschlusses die Vorbedingung für die Entscheidung des Kreisausschusses bildet, diese Bedingung im vorliegenden Falle aber nicht erfüllt sein kann, so läßt sich die Zuständigkeit des Kreisausschusses nicht auf die Bestimmung des § 33¹ ZustG. gründen. Eine andere gesetzliche Vorschrift für seine Zuständigkeit zu der getroffenen Anordnung besteht auch nicht. Vielmehr kann die Gemeinde, sofern sich ihre Verpflichtung zur Anlegung einer Wasserleitung aus § 35 ReichsG., betr. die Bekämpfung gemeingefährlicher Krankheiten, v. 30. VI. 00 ergeben sollte, nur durch Verfügung der Ortspolizei zu der Einrichtung angehalten werden; eine solche Verfügung würde die Grundlage für eine Zwangsetatisierung bilden können. Handelt es sich dagegen um Vorarbeiten, deren die Polizeibehörde zu der Entschließung bedarf, ob sie der Gemeinde die Einrichtung einer Wasserleitung aufgeben soll, so sind die Mittel für die Vorarbeiten von der Bürgermeisterei, der die unmittelbaren Kosten der örtlichen Polizeiverwaltung als Kosten des Dienstbetriebs des Bürgermeisters zur Last fallen, der Polizeibehörde bereitzustellen. Unterläßt sie dies, so kann die Feststellung der Leistung nur von der Polizei- und Kommunalaufsichtsbehörde ausgesprochen werden. Alsdann gewährt diese Feststellung die Grundlage für eine Zwangsetatisierung.

Nr. 2. Entsch. v. 8. Jan. 1907 (OVG. 50 17) I A 153/06.

ReichsG. v. 24. V. 01 (RGBl.) betr. den Verkehr mit Wein usw. §§ 10, 12; KurhGemO. v. 23. X. 34 § 76; HNStO. § 89.

1. Das ReichsG., betr. den Verkehr mit Wein usw., v. 24. V. 01 hat bis zur reichsgesetzlichen Regelung der Sache die Bestimmung, welche Beamten und Sachverständigen zur Vornahme von Revisionen und sonstigen Maßregeln zuständig sind, den Landesregierungen überlassen (§ 10) und enthält keine Vorschrift darüber, von wem die Kosten zu tragen sind, die durch die Tätigkeit dieser Beamten und Sachverständigen entstehen. Für die Beurteilung der Einrichtung soll also, soweit nicht in Ansehung der Rechte und Pflichten dieser

Beamten und Sachverständigen durch das Reichsgesetz selbst Vorschriften getroffen sind, das Landesrecht maßgebend sein. Die Tätigkeit, die die mit der Kontrolle beauftragten Beamten und Sachverständigen ausüben, üben sie zum Schutze des Publikums, insbesondere im Interesse der öffentlichen Gesundheit aus. Die Aufsicht über das öffentliche Feilhalten von Nahrungsmitteln, die Wahrnehmung des öffentlichen Interesses in bezug auf die Weinwirtschaften und die sonstigen Einrichtungen zur Verabreichung von Getränken, sowie die Sorge für Leben und Gesundheit (§ 6 Buchst. b, d, e PolG. v. 11. III. 50 und Vd. v. 20. IX. 67) gehören zu den Aufgaben der Ortspolizei. Daher sind jene Beamten und Sachverständigen bei Ausübung der Kontrolle im ortspolizeilichen Interesse tätig. Die erwachsenen Kosten sind somit Kosten des örtlichen Polizeidienstes.

2. Im Gebiete der kurh. GemO. v. 23. X. 34 sind sie als Kosten des örtlichen Polizeidienstes von der Gemeinde zu tragen, in deren Bezirk die Revision stattgefunden hat.

3. Mit der Behauptung, daß die Revision nicht notwendig gewesen sei, kann die Klägerin im Streitverfahren nicht gehört werden; eine darauf abzielende Einwendung konnte im Wege der Beschwerde gegen die Feststellung geltend gemacht werden; der Verwaltungsrichter ist auf die Rechtskontrolle beschränkt.

4. Unerheblich ist auch die Behauptung der Klägerin, daß sie von dem Ergebnisse der Revision keine Kenntnis erhalten habe. Abgesehen davon, daß den Beamten vermöge ihrer Beamteneigenschaft, den Sachverständigen aber gemäß § 12 G. betr. den Verkehr mit Wein usw. v. 24. V. 01 die Pflicht zur Verschwiegenheit in Ansehung derjenigen Tatsachen und Einrichtungen obliegt, welche durch die Ausübung der Kontrolle zu ihrer Kenntnis gelangen, berührt der Mangel einer Mitteilung über den Ausfall der Revision nicht die Rechtmäßigkeit der getroffenen Feststellung. Denn die Pflicht der Gemeinde, die Kosten des polizeilichen Dienstbetriebs zu tragen, ist unbedingt und hängt daher nicht davon ab, daß die Gemeinde darüber unterrichtet wird, was für ein Ergebnis bei einer polizeilichen Untersuchung zutage getreten ist.

Nr. 3. Entsch. v. 8. März 1907 (OVG. 50 42) C 43/06.

LVG. § 127; LGemO. §§ 122, 124, 146 Abs. 2; PolVerwG. v. 11. III. 50 § 3; ALR. II 7 § 37; KrO. § 70.

1. Gibt der Amtsvorsteher dem Gutsherrn eines selbständigen Gutsbezirks (hier einer Terraingesellschaft m. b. H.) aus feuer- und sicherheitspolizeilichen Gründen die Anstellung eines Nachtwächters auf, so ist seine Verfügung eine polizeiliche im Sinne des § 127 LVG. Es kommt nicht darauf an, ob in der Verfügung überhaupt ein Zwangsmittel angedroht oder unter den zulässigen Zwangsmitteln das richtige gewählt ist; denn die Androhung eines Zwangsmittels ist kein notwendiger Bestandteil einer polizeilichen Verfügung. Es soll durch die der Besitzerin des Gutes gemachte Auflage der Anstellung eines Nachtwächters im sicherheits- und feuerpolizeilichen Interesse im Gutsbezirk ein den polizeilichen Anforderungen entsprechender Zustand geschaffen werden; folglich ist eine Handlung geboten und damit das wesentliche Merkmal einer Verfügung im Sinne des § 127 LVG. gegeben.

2. Die Rüge der Revisionsschrift, daß der Vorderrichter zu Unrecht die Klägerin als passiv legitimiert für die Verfügung angesehen habe, geht fehl. Bei der streitigen Auflage handelt es sich um Pflichten und Leistungen, die nach Ansicht der anordnenden Polizeibehörde dem Gutsbezirk im öffentlichen Interesse gesetzlich obliegen, also um öffentliche, nach § 122 LGemO. von dem „Besitzer des Gutes“ (d. i. nicht dem privatrechtlichen Eigentümer des Gutes, sondern dem Gutsherrn im öffentlich-rechtlichen Sinne) zu tragende Lasten. In der Klageschrift heißt es denn auch mit Recht, die Klägerin

werde als „Gutsherrschaft“ in Anspruch genommen, und in der Berufungsschrift ähnlich, die Klägerin könne zur Hergabe der Kosten für die Durchführung der Anordnung angehalten werden. Während also einerseits zugegeben wird, daß Pflichten der Klägerin als Gutsherrin in Frage stehen, ist anderseits ihre Passivlegitimation in Abrede gestellt. Darin liegt schon an sich eine Unklarheit; denn der Pflichtige ist eben passiv legitimiert. Aber auch der weiteren Darlegung, die Stellvertretung des Gutsherrn durch den Gutsvorsteherstellvertreter sei in Fällen der vorliegenden Art eine notwendige, kann nicht gefolgt werden. Sie stützt sich darauf, daß die obrigkeitlichen Befugnisse und Pflichten des Gutsherrn in den Fällen des § 124 LGemO. nur durch einen zur Uebernahme des Amtes als Gutsvorsteher befähigten Stellvertreter ausgeübt werden dürfen. Indessen dreht sich der Streit gar nicht um die Ausübung solcher Befugnisse; vielmehr will die Polizeiverfügung allein die Erfüllung einer öffentlich-rechtlichen Pflicht durch den Gutsherrn herbeiführen und ihn veranlassen, zu diesem Zwecke die erforderlichen Einrichtungen zu treffen und die nötigen Mittel aus seinem Vermögen herzugeben. Erst wenn feststeht, daß die Klägerin als Gutsherr zur Einrichtung eines Nachtwachdienstes im Gutsbezirke verpflichtet ist, kommt es zu der Ausübung der obrigkeitlichen Befugnis und Pflicht, eine bestimmte Person als Nachtwächter anzustellen oder die sonst für den Nachtwachdienst nötigen Einrichtungen zu treffen. Jetzt wird noch um die Verpflichtung gestritten, und da der Gutsherr Träger der Pflichten des Gutsbezirkes ist, muß er, nicht der Gutsvorsteher, von der Polizei auf Erfüllung dieser Pflichten in Anspruch genommen werden und im Streitverfahren die Vertretung seiner Interessen führen. Daran hat das OVG. in ständiger Rechtsprechung festgehalten, daß der Gutsvorsteher nicht passiv legitimiert ist, den Gutsherrn bei der Heranziehung zu den dem Gutsbezirk obliegenden öffentlichen Lasten zu vertreten Die vom Bezirksausschuß offen gelassene Frage, ob die Verfügung rechtswirksam auch an den Gutsvorsteherstellversteher hätte gerichtet werden können, ist zu verneinen. Da M. Geschäftsführer der klagenden Gesellschaft ist, diese also gerichtlich und außergerichtlich vertritt (§ 35 Abs. 1 G betr. die Gesellschaften mit beschränkter Haftung, in der Fassung der Bek. v. 20. X. 98), wurde die Verfügung rechtswirksam für die Gesellschaft an ihn zugestellt.

3. Richtig ist, daß die Pflicht eines Gutsbezirkes zur Einrichtung und Unterhaltung des Nachtwachwesens nicht mehr aus § 37 II 7 ALR. hergeleitet werden kann, nachdem diese Vorschrift durch § 146 Abs. 2 LGemO. aufgehoben worden ist. Gegenüber dem Schlusse, den die Klägerin aus dieser Aufhebung zieht, ist darauf hinzuweisen, daß im § 146 aaO. nicht bloß der § 37, sondern der ganze Abschnitt des ALR. II 7 von § 18 bis § 78 aufgehoben worden ist. Ob die Bestimmung des § 37, daß „die Versehung der Nachtwachen oder die Versorgung des Dorfwächters“ zu den „Gemeinarbeiten und anderen nachbarlichen Pflichten“ gehöre, „zu denen jedes Mitglied der Gemeine Dienste und Beiträge leisten muß“, bis zu ihrer ausdrücklichen Aufhebung auch für Gutsbezirke die Pflicht begründete, das Nachtwachwesen einzurichten und zu unterhalten, kann indessen dahingestellt bleiben. Denn auch abgesehen von § 37 aaO. ist für die Verpflichtung des Gutsbezirkes ebenso wie für die der Gemeinde der § 3 PolVerwG. v. 11. III. 50 ausschlaggebend. Nach dieser Vorschrift sind die Kosten der örtlichen Polizeiverwaltung (mit Ausnahme der von der Staatsregierung im Falle der Anwendung des § 2 zu tragenden Ausgaben) von den Gemeinden zu bestreiten. Dasselbe hat nach § 122 LGemO. für den Bereich eines selbständigen Gutsbezirkes der Besitzer des Gutes, der Gutsherr im öffentlich-rechtlichen Sinne, zu tun. Wenngleich hieraus zunächst nur die Pflicht zur Hergabe der erforderlichen Geldmittel folgt, so darf doch auch auf Grund dieser Vorschriften die selbsttätige Beschaffung

der nötigen Einrichtungen dann verlangt werden, wenn es nach besonderer gesetzlicher Vorschrift zulässig oder in Ermangelung solcher Vorschriften noch herkömmlich ist. Für das Nachtwachtwesen hat sich die historische Entwickelung dahin gestaltet, daß die Gemeinden die zur Erreichung der polizeilichen Aufgaben unentbehrlichen Einrichtungen selbsttätig errichtet, unterhalten und verwaltet haben. Mag diese Ausgestaltung „ausnahmsweise und regelwidrig" erscheinen, so gewährt sie doch überall da, wo nicht eine andere Entwickelung nachgewiesen wird, genügenden Anhalt zu der Annahme, daß die Polizei befugt ist, hinsichtlich des Nachtwachwesens von dem Pflichtigen die selbsttätige Herstellung der erforderlichen Einrichtungen zu verlangen, wobei dann das, was zu diesem Zwecke zu geschehen hat, durch polizeiliche Verfügung im Sinne des § 127 LVG. näher zu bestimmen ist.

4. Die Ansicht, daß durch § 70 KrO. die Kosten des Nachtwachwesens den Aemtern auferlegt seien, beruht auf der unrichtigen Unterstellung, es handle sich dabei um Kosten der Amtsverwaltung. Unter den „Kosten der Amtsverwaltung" im Sinne des § 70 aaO. sind an erster Stelle die Unkosten zu verstehen, die aus der Tätigkeit des Verwaltungsorganismus erwachsen, nicht Aufwendungen zur Erfüllung derjenigen materiellen Aufgaben, deren Pflege der Obhut der Polizei anvertraut ist. Hinsichtlich letzterer ist die Verpflichtung der Gemeinden, Gutsbezirke usw. durch die Organisation der Amtsverbände an sich nicht berührt worden. Insbesondere gehören die Kosten öffentlicher, polizeilichen Zwecken dienender kommunaler Einrichtungen, die schon vor Erlaß der KrO. den Gemeinden, Gutsbezirken, Verbänden usw. oblagen, nicht zu den Kosten der Amtsverwaltung. Daher sind die Aufwendungen für das Nachtwachwesen im allgemeinen zu den mittelbaren Kosten der Polizeiverwaltung zu rechnen. Eine andere Beurteilung ist nur geboten für das Nachtwachwesen in Städten mit Kgl. Polizeiverwaltung und in Landgemeinden, auf die der Bezirk einer Kgl. Polizeiverwaltung erstreckt ist, weil dort den Nachtwächtern amtliche Eigenschaft und die Ausübung polizeilicher Dienstobliegenheiten in ähnlicher Weise wie den Polizeiexekutivbeamten beigelegt zu werden pflegen.

Nr. 4. Entsch. v. 22. März 1907 (PrVerwBl. 28 873) I 416.

HannKrO. § 36.

Die Zwangsetatisierungsverfügung eines Landrats gegen einen Gutsbezirk wegen einer Leistung, die der zur Uebernahme der den Gutsbezirk treffenden Lasten vertraglich verpflichtete Pächter bereits erfüllt hatte, ist unhaltbar. Veranlaßt ist das Verfahren des Landrats im vorliegenden Falle durch den Beigeladenen K. (den Pächter), der die Kosten für die an Granulose erkrankten Personen gezahlt hatte und nun den Betrag wieder zu erlangen wünschte. Er trat dabei nicht als Gutsvorsteherstellvertreter, sondern als der Arbeitgeber der krank gewesenen, für seinen landwirtschaftlichen Betrieb angenommenen Leute auf und hielt in erster Linie die Ortskrankenkasse für erstattungspflichtig. Insoweit hatte der Landrat als Aufsichtsbehörde der Kasse Anlaß zur Prüfung. Mit der Entscheidung, die Kasse habe die Erstattung mit Recht abgelehnt, war aber auch seine Aufgabe erschöpft. Zu einem Eingehen auf das weitere Verlangen des K., der Landrat möge, wenn die Krankenkasse nicht verpflichtet sei, feststellen, wer die Kosten zu tragen habe, lag nicht das mindeste dienstliche Interesse vor. Glaubte K. einen Anspruch auf Erstattung der Kosten für klinische Behandlung seiner Leute zu haben, so mochte er ihn geltend machen, wo und wie es ihm angebracht schien; ihm dafür Rat und Hilfe zu gewähren, war nicht Sache des Landrats. Hierzu kommt, daß, wenn der Landrat den Gutsbezirk für erstattungspflichtig hielt, nach § 36 HannKrO. der Besitzer des Gutes, also der Fiskus, als Träger der

Last in Betracht kam, und daß ihm gegenüber K. als Pächter zur Uebernahme der den Gutsbezirk treffenden Last vertraglich verbunden war. Danach drehte sich der Streit um die Verrechnung der Kosten zwischen dem Fiskus und K. An diesem Streite war aber das öffentliche Interesse nicht beteiligt und der Beklagte war deshalb zur Feststellung der Ersatzpflicht des Gutsbezirkes oder des Fiskus als Besitzers des Gutes gegenüber dem Pächter nicht befugt.

Nr. 5. Entsch. v. 24. Jan. 1908 (PrVerwBl. 29 810) I B 4/07.

HannLVerfG. v. 6. VIII. 40 § 46.

Durch § 46 HannLVerfG. v. 6. VIII. 40 hat die Verpflichtung der Gemeinden, die Kosten der Herstellung eines polizeimäßigen Zustandes zu tragen, in dem bisherigen Umfange festgestellt werden sollen, so daß die dort gegebene Bestimmung auch auf Kosten zu beziehen ist, die durch vereinzelte polizeiliche Maßregeln veranlaßt werden[1]). Die Kosten der im gesundheitspolizeilichen Interesse erfolgten Beseitigung eines Hundekadavers fallen daher auch in der Prov. Hannover, in Ermangelung eines Drittverpflichteten, der Gemeinde zur Last. Denn nach deutscher Rechtsanschauung gehört zum Wirkungskreise der Gemeinden die Fürsorge für die Interessen der örtlichen Gemeinschaft im weitesten Sinne. An der Sicherung gegen örtliche Gefahren hat die örtliche Gemeinschaft das dringendste Interesse, und daher gehört auch die Sorge für die Beseitigung der Gefahren an sich zum Wirkungskreise der Gemeinden. Darauf beruht es, daß den Gemeinden die öffentliche Armenpflege, die Unterhaltung der Gemeindewege, die Einrichtung der Feuerlöschanstalten und das Nachtwachwesen zur Last fallen, und darauf beruht überhaupt die Entstehung der sog. polizeilichen Gemeindeanstalten. Daß in Hannover der Lebenskreis der Gemeinden derselbe war, bezeugt Stüve in dem Werke „Wesen und Verfassung der Landgemeinden" (S. 160ff.). Wird die Ortspolizei von den Gemeinden selbst verwaltet, wie es regelmäßig bei den Stadtgemeinden und in großen Teilen Deutschlands auch bei Landgemeinden der Fall ist, so versteht es sich von selbst, daß die Gemeinden alle Kosten, die durch die Verwaltung der Polizei entstehen, übernehmen müssen. Aber auch da, wo die Verwaltung der Ortspolizei den Gemeinden entzogen ist, sind doch — im Gegensatze zu den Kosten, die unmittelbar durch den polizeilichen Dienstbetrieb verursacht werden, — diejenigen Kosten, die durch Herstellung polizeimäßiger Zustände entstehen, in Ermangelung eines Drittverpflichteten regelmäßig von den Gemeinden zu tragen, weil die Herstellung polizeimäßiger Zustände zunächst im Interesse der örtlichen Gemeinschaft erfolgt und es daher der Natur der Sache entspricht, daß sie von den Gemeinden aufgebracht werden. Das ist auch für Hannover insoweit außer Streit, als es sich um Kosten handelt, die durch dauernde polizeiliche Einrichtungen entstehen. Aber zu einer Unterscheidung zwischen solchen Kosten, die durch dauernde Einrichtungen, und solchen, die durch vorübergehende Maßregeln verursacht werden, besteht kein Grund, wenn beide die Herstellung polizeimäßiger Zustände in der Gemeinde bezwecken. Das Interesse der örtlichen Gemeinschaft wird ebenfalls durch die Ausführung einer die Herstellung eines polizeimäßigen Zustandes in der Gemeinde bezweckenden vorübergehenden Maßregel gefördert. Daher ist auch früher in Hannover, soviel sich hat ermitteln lassen, hinsichtlich der Verpflichtung der Gemeinden zur Uebernahme der Kosten nicht danach unterschieden worden, ob die Ursache der Entstehung der Kosten in einer dauernden polizeilichen Einrichtung oder in einer vorübergehenden polizeilichen Maßregel lag.

[1]) Abweichend von OVG. 22. IV. 04 (OVG. 45 143).

Zweite Abteilung.

Kultus, Schule, Personenstand, Staatsangehörigkeit, Fürsorgeerziehung.

I.

Die evangelische Kirche.

Gesetzliche Grundlagen (nebst Materialien): KirchG. v. 5. I. 08 (KGVBl. 1), betr. Abänderung der revidierten Kirchenordnung für Westfalen und die Rheinprovinz v. 5. III. 35 (Anm. 19 104). G. v. 4. VI. 07 (GS. 116), betr. die Bildung von Parochialverbänden in der Provinz Schleswig-Holstein. AH. 1907: Drucks. Nr. 149. StenB. 3133, 3353; HH. 1907: Drucks. Nr. 15, 18; StenB. 20. KirchG. v. 13. XII. 06 (GS. 07 1), betr. die Vergütung der Umzugskosten der Geistlichen in der evangelisch-lutherischen Kirche der Provinz Hannover.

Literatur: Haack: Kirche, Gemeinde, Gemeinschaft. (Schwerin 1907.) — Heymann: Parochialänderung und Katholizitätsprinzip nach kurhessischem Kirchenrecht. (Marburg 1906.) — Meyer: Hannover und der Zusammenschluß der deutschen ev. Landeskirchen im 19. Jahrh. (Hannover 1906.) — Schön: Das evangelische Kirchenrecht in Preußen. 2. 1. Abt. (Berlin 1907.)

A. Staatsaufsicht über das Kirchenvermögen und Allgemeines.

Nr. 1. Entsch. v. 23. Febr. 1906 (OVG. 49 173) VIII A 17/05.

KirchVG. Art. 27 Abs. 2; BGB. §§ 194, 241; EGBGB. Art. 55, 169; AGBGB. Art. 89; ALR. I 9 §§ 509, 655 f.; II 14 §§ 5, 78.

1. Eine für die geistlichen Aemter zu G. (Neumark) aufgestellte Matrikel aus dem Jahre 1725 führt als Einkünfte des Pfarrers neben mannigfaltigen anderen Bezügen auf: eine Weihnachtswurst oder 2 Groschen. Voran geht der Matrikel eine zu Küstrin am 13. VIII. 1727 ausgefertigte, namens der damaligen neumärkischen Regierung von deren Kanzler v. R. unter Beidrückung des Regierungssiegels vollzogene Bestätigung. Am Schlusse findet sich eine Bescheinigung der Regierungsabteilung für Kirchen- und Schulwesen zu Frankfurt a/O. v. 12. VII. 53, wonach bis dahin die Ansätze der Matrikel von der Regierung als maßgebend erachtet worden sind.

Auf die Matrikel sich stützend, hatte die Kirchengemeinde zu G. gegen einen Bauergutsbesitzer ebenda mittels Klage im Zivilprozesse den Anspruch geltend gemacht, dem Pfarrer jährlich zu Weihnachten eine Wurst oder 25 Pf. zu verabfolgen. Mit diesem Begehren drang die Kirchengemeinde bei dem angerufenen Landgerichte und Kammergerichte durch. Nachdem das Berufungsurteil rechtskräftig geworden war, richtete das Konsistorium an den Gemeindekirchenrat zu G. das Verlangen, künftig die Weihnachtswurst für den Pfarrer oder entsprechende Geldbeträge von allen Pflichtigen einzuziehen. Der Gemeindekirchenrat lehnte dies ab, weil die Abgabe seit Menschengedenken nicht mehr erhoben werde und darum als durch Verjährung untergegangen anzusehen sei; doch erkannte er an, daß eine Weihnachtswurst 25 Pf. wert sei, mithin sich — bei dem Vorhandensein von 264

Abgabepflichtigen — der Wert der Jahresleistung insgesamt auf 66 ℳ belaufen würde. Nunmehr ordnete das Konsistorium im Einvernehmen mit dem Regierungspräsidenten an, daß in den Etat der Kirchenkasse als Entschädigung für die Weihnachtswurst die Summe von 66 ℳ einzutragen sei. Hiergegen klagte die Kirchengemeinde mit dem Antrage, die Zwangsetatisierung außer Kraft zu setzen. Sie zog die Rechtsgültigkeit der Matrikel in Zweifel, bestritt, daß die Abgabe jemals zu Recht bestanden habe, hielt den Einwand der Verjährung aufrecht und behauptete in dieser Hinsicht, daß die Abgabe, falls eine einstmals vorhanden gewesene Pflicht zu ihrer Entrichtung anzunehmen sein sollte, jedenfalls ablösbar, mithin verjährbar gewesen sei.

Das OVG. erkannte auf Abweisung der Klage aus folgenden Gründen.

2. Ist die streitige Wurstabgabe eine Leistung, die den Pfarreingesessenen von G. obliegt, so war, weil sich der Gemeindekirchenrat geweigert hatte, die Leistung auf den Etat zu bringen, die Zwangsetatisierung berechtigt (Art. 27 Abs. 2 KirchVG.). Jene Verpflichtung ergibt sich aber aus der Matrikel von 1725. Das OVG. hat wiederholt für Schulmatrikeln dargelegt: „sie schüfen in der Regel kein neues Recht, ihre Bedeutung sei vielmehr gerade die Feststellung des bestehenden Rechtes (OVG. 4 195, 213, 12 217, 15 225); nicht ausgeschlossen aber sei, daß einmal im einzelnen Falle eine Matrikel vermöge der Art ihres Zustandekommens, der Abmachung der Beteiligten in den Verhandlungen, welche der Aufstellung der Matrikel vorangingen, als ein wirklicher Vertrag oder als Anerkenntnis eines, das bestehende Rechtsverhältnis begründenden Titels sich darstellen könne." Nicht anders steht es auch bei Pfarrmatrikeln. Im vorliegenden Falle sind Umstände, die der Matrikel den Charakter eines konstituierenden Rechtstitels geben, nicht erkennbar. Die Matrikel kommt deshalb als ein mit besonderer Autorität bekleidetes Beweismittel des damals bestehenden kirchlichen Ortsrechts in Betracht. Dieses Beweismittel ist um so bedeutungsvoller, als vor Aufstellung der Matrikel alle Interessenten vernommen worden waren.

Wenn ferner, wie sogleich darzulegen ist, die Matrikel ersehen läßt, daß zur Zeit ihrer Aufstellung die Abgabe zu Recht bestand, so entbehrt das Verlangen der Klägerin jeder Berechtigung: „daß die Gegner noch besonders nachweisen müßten, die Abgabe habe schon vor 1725 zu Recht bestanden".

Die Annahme des Kammergerichts, nach der Matrikel sei jeder Eingepfarrte zu der Wurstabgabe verpflichtet, ist zutreffend. Da sich ganz von selbst versteht, daß der Pfarrer nicht etwa im ganzen nur „eine" Wurst zu Weihnachten zu erhalten hatte, und da, wo über die Person des Verpflichteten nichts Besonderes erhellt, die Abgabepflicht notwendig alle Eingepfarrten treffen muß, weil im allgemeinen die Eingepfarrten das Pfarreinkommen aufzubringen haben, so folgt daraus, daß jeder Eingepfarrte zu Weihnachten eine Wurst zu liefern hatte.

3. Die Klägerin behauptet nun, die Abgabepflicht sei verjährt. Das Vorbringen dieses Einwandes muß von vornherein Bedenken erregen; denn es handelt sich im vorliegenden Streitverfahren nicht um die Verfolgung des dem Pfarrer gegen die einzelnen Eingepfarrten zustehenden Anspruchs auf Lieferung der Wurst, dem die Verjährung vielleicht entgegengesetzt werden könnte. Vielmehr wehrt sich hier die Kirchengemeinde gegen die von den Aufsichtsbehörden ihr auferlegte Verpflichtung, einen Einnahmeposten in den Etat einzustellen. Diese Verpflichtung würde dann nicht bestehen, wenn die Leistung den Pfarreingesessenen nicht obläge. Das würde bei dem einzelnen Pfarreingesessenen, wenn er gegen den Anspruch die Einrede der Verjährung erheben und sie begründet erscheinen sollte, zu bejahen sein. Ob aber die Tatsache der Verjährung in den Einzelfällen zu dem allgemeinen Schlusse führen könnte, die Pflicht bestehe für die Pfarreingesessenen überhaupt nicht mehr, würde allerdings erheblichen Zweifeln unterliegen. Allein diese Bedenken können un-

erörtert bleiben; denn das Abgaberecht an sich würde von der Verjährung durch Nichtgebrauch, auf die sich die Klägerin beruft, gar nicht getroffen werden. Hätte das preußische Recht eine Verjährung des Abgaberechts als solchen zugelassen, so wäre eine Verjährung nach dem 1. I. 00 ausgeschlossen gewesen, weil kein Vorbehalt zu seinen Gunsten bestehen würde (EGBGB. Art. 55), das BGB. selbst aber, das zwischen dem Rechte und dem daraus erwachsenen Anspruch ausdrücklich unterscheidet (§ 241), als Gegenstand der Verjährung eben nur „Ansprüche" kennt (§ 194 ebenda und Art. 169 EGBGB.). Aber das preußische Recht kennt in bezug auf öffentliche Lasten und Abgaben, in Abweichung von der Regel des § 509 I 9 ALR. nur eine Verjährbarkeit der Einzelleistungen; von der Last als solcher wird dagegen der Verpflichtete „bloß dadurch, daß er dieselben auch in der längsten Zeit nicht entrichtet hat, keineswegs frei" (§ 655 I 9 ALR.). Vielmehr kann hier nur infolge Ersitzung eines Untersagungsrechts das Recht erlöschen (§ 656 I 9, §§ 5, 78f. II 14 aaO). Das ist auch durch Art. 89 AGBGB. aufrecht erhalten. Es hätte also hier dargetan werden müssen, daß die einzelnen Eingepfarrten gegen die Aufforderung zur Abgabe der Weihnachtswurst ein Untersagungsrecht ersessen hätten. Dies ist jedoch nicht einmal behauptet worden.

4. Endlich kann gegenüber dem neumärkischen Provinzialrechte der Einwand der Verjährung grundsätzlich nicht durchgreifen; denn danach sind die zum dauernden Eigentume der Kirchen gewidmeten Rechte und Einkommen der Verjährung nicht unterworfen; und es kann daher auch das Recht, unablösliche Einkünfte von der Person oder dem Grundstück eines andern zu fordern, zum Nachteile der Kirche nicht verloren gehen. Wohl aber findet in betreff der rückständigen Leistungen für einzelne Jahre bei unablöslichen Einkommen, sowie in betreff der ablöslichen oder kündbaren Kapitalien und Rechte die Verjährung durch Nichtgebrauch statt.

Nr. 2. Entsch. v. 22. März 1907 (OVG. 50 188) VIII C 41/06.

ALR. II 11 §§ 569—574, 710ff.

1. Dem Verwaltungsrichter liegt grundsätzlich ob, das zur Anwendung kommende objektive Recht zu ermitteln. Behauptet eine Partei, daß nicht das allgemeine, sondern ein Sonderrecht bestehe, so mag er immerhin von dieser Partei die Unterlagen für das behauptete Sonderrecht verlangen, hier also, da der Fiskus es ist, der sich auf ein Sonderrecht beruft, von diesem. Daran wird durch die Vorschrift des § 710 II 11 ALR. nichts geändert; denn sie verordnet nichts weiter, als daß in bezug auf die kirchliche Baupflicht die bestehenden Sonderrechte fortgelten sollen.

2. Nun erkennt zwar der Beklagte (Fiskus) an, daß nach Landrecht auch der Landesherr die gesetzliche Patronatsbaupflicht tragen müsse, falls er das Patronat nach §§ 569—574 II 11 ALR. erlangt habe. Anders aber verhalte sich die Sache in M., wo seines Wissens der Landesherr Patron durch den „Vorbehalt des Kirchenregiments" geworden sei. In einem solchen Falle habe der Landesherr, der als Oberhaupt der Kirche, die Pfarrstellen besetzt und durch die Kircheninspektionen das Kirchenvermögen beaufsichtigt habe, auch die Bezeichnung Patron erhalten, er habe aber kein Interesse an der einzelnen Ortskirche, sondern nur seine allgemeine Kirchengewalt betätigt. Wo in dieser Weise das örtliche Interesse des Patrons, eine Fundation oder vertragliche Uebernahme fehle, da bestehe nach Grund und Ursprung des Patronats eine gemäß § 710 aaO. abweichende besondere Regelung.

Diese Ausführungen beruhen auf irrigen Anschauungen. Ist der Beklagte Patron, so beruhte seine Freilassung von der kirchlichen Baulast vor

Einführung des Landrechts auf dem allgemeinen Rechte, und er wurde nach Einführung des Landrechts dessen Vorschriften gemäß kirchbaupflichtig. Ist er nicht Patron, so war und ist er nicht patronatsbaupflichtig. Einen Patron, der keine gesetzliche Patronatsbaupflicht hat, kennt das Landrecht nicht. Die Betätigungen des Kirchenregiments aber bilden keinen Entstehungsgrund für das Patronat, wenngleich zugegeben ist, daß nicht selten unzutreffend von einem landesherrlichen Patronate gesprochen worden ist, wo ein Patronat in Wirklichkeit nicht bestand. Im Patronate liegt das Recht der Kollatur; in der Landeshoheit liegt es durchaus und grundsätzlich nicht. Richtig ist zwar, daß jeweilig dies doch angenommen worden ist, weil sich in der Hand der weltlichen Fürsten Kollaturbefugnisse allmählich zusammenfanden, deren Rechtstitel nicht mehr zu entwirren waren. Auch ist richtig, daß nach der Reformation die evangelischen Landesherren, gewissermaßen als Rechtsnachfolger der Bischöfe, als Notbischöfe, das in der Kirchenaufsicht liegende, beim Fehlen des Patronats eintretende ius liberae collationis an sich nahmen. Und es ist endlich richtig, daß dieses nun staatlich gewordene oder für staatlich gehaltene Kollaturrecht häufig mit dem Namen „landesherrliches Patronatrecht" bezeichnet wird. Aber es ist eben ganz offenbar, daß das darunter verstandene Recht keineswegs ein Patronat ist. Anderseits findet sich vereinzelt die irrige Ansicht: die Fülle des Patronats sei in der Landeshoheit beschlossen. Hierbei nahm man an, das Patronatsrecht verdanke erst der Staatsverleihung seine Entstehung, während doch allein durch Erbauung oder Dotation, Auftrag der Kirchengemeinde oder Ersitzung das Patronat erworben wird, in der im § 573 II 11 ALR. erwähnten Verleihung des Staates nur eine in den Fällen der §§ 569—572 aaO. hinzutretende Genehmigung zu sehen ist und die Ersitzung des Patronats sich auch nicht gegen den Staat, sondern gegen die Kirchengemeinde richtet.

Von Anschauungen, wie die angeführten sind, ist die Darlegung des Fiskus beeinflußt. Sie läuft darauf hinaus, daß der Landesherr überall, wo die Art des Erwerbes des Patronats nicht mehr nachweisbar ist, von den Patronatspflichten frei sein müsse. Hier genügt es, daß völliges Einverständnis darüber besteht, daß der Fiskus Patron ist und ihm die Rechte des Patrons zukommen; dann ergibt sich aber auch, daß er die entsprechenden Lasten zu tragen hat.

3. Der Beklagte hält ferner die Ausführungen des Bezirksausschusses, wonach sich eine Observanz nicht gebildet habe, für unzutreffend. Auch darin kann ihm nicht zugestimmt werden. Es ist gerichtsbekannt, daß bis Ende der fünfziger Jahre des neunzehnten Jahrhunderts die sächsischen Gemeinden von dem Rechtsirrtume beherrscht waren, die Freiheit der Patrone von der Baupflicht beruhe auf besonderem und nicht auf allgemeinem Rechte und sei also durch das Landrecht nicht beseitigt worden. Ohne weiteres ist klar, daß dieser Rechtsirrtum, wie überall, so auch in M. geherrscht hat, und daß, wenn das nicht der Fall gewesen wäre, die Ansprüche auf Beteiligung des Fiskus an den Baulasten geltend gemacht sein würden. Im Jahre 1859 hat dann die Regierung das Bestehen einer Ortsobservanz behauptet. Wenn die Kirchengemeinde auch, nachdem sie über den Irrtum aufgeklärt war, an der bisherigen auf Rechtsirrtum beruhenden Gewohnheit festhielt, so läßt sich dies nur so erklären, daß der Angabe der Regierung Glauben geschenkt und also ein neuer, für die Folgezeit wesentlicher Irrtum hervorgerufen wurde. So hat also stets ein Irrtum obgewaltet; sonst würde der Fiskus nicht freigelassen worden sein. Nach der feststehenden Rechtsprechung des Gerichtshofs ist bei einer solchen Rechtslage die Möglichkeit einer Observanzbildung ausgeschlossen.

Nr. 3. Entsch. v. 14. Juni 1907 (OVG. 51 200) I A 42/05.

RegInstr. § 18 c; ALR. II 11 § 188.

1. Die Anweisung einer Grabstelle auf einem Begräbnisplatz ist im allgemeinen nicht als ein Ausfluß des staatlichen Aufsichtsrechts oder als eine polizeiliche Befugnis anzusehen. Vielmehr bildet sie einen Akt der Verwaltung, der dem Eigentümer des Begräbnisplatzes gebührt (Erl. v. 29. I. 91 — MBl. 32). Gleichwohl sind die anerkannten Religionsgesellschaften in der Anweisung von Grabstellen nicht völlig frei, sondern an die Schranken gebunden, die ihnen die kirchliche Ordnung auferlegt. Das Begräbniswesen der anerkannten Religionsgesellschaften bildet einen Teil der äußeren kirchlichen Ordnung. Wie die Landespolizei berufen ist, die Kirchengesellschaft gegen Dritte zu schützen, welche in die äußere kirchliche Ordnung eingreifen, so ist sie auch befugt, die Kirchengesellschaft selbst zur Befolgung der äußeren kirchlichen Ordnung anzuhalten. Der Regierungspräsident war daher zu der angefochtenen Anordnung (wegen Beisetzung eines Selbstmörders in der üblichen Reihenfolge auf dem Kirchhofe) unter der Voraussetzung berechtigt, daß die Zuweisung einer Grabstelle auf dem Abspliße des Kirchhofs die kirchliche Begräbnisordnung verletzt oder einen Verstoß gegen ein für die Regelung des Begräbniswesens maßgebendes Staatsgesetz enthält. Ob von einem Verwandten des Beerdigten oder von einem sonst Beteiligten ein Antrag auf Umbettung der Leiche gestellt war oder nicht, ist dabei unerheblich; denn es besteht kein Gesetz, das das Einschreiten der Landespolizei gegen Störungen der äußeren kirchlichen Ordnung auf die Fälle beschränkte, wo ein entsprechender Antrag eines Dritten vorliegt.

2. Der Beklagte erachtet das Vorhandensein jener Voraussetzung für das Einschreiten des Regierungspräsidenten aus dem Grunde für gegeben, weil durch die Wahl der für die Leiche angewiesenen Grabstätte die gesetzliche Regel des § 188 II 11 ALR. in Frage gestellt werde. Hier wird bestimmt: „Ohne Erkenntnis des Staates soll niemandem das ehrliche Begräbnis auf dem öffentlichen Kirchhofe versagt werden". Ein solches Erkenntnis konnte vorkommen, solange die Vorschriften des § 803 II 20 ALR. und der §§ 550f. KriminalO. v. 11. XII. 1805 in Kraft standen. Mit der Aufhebung dieser Bestimmungen durch das StGB. v. 1851 ist die Möglichkeit fortgefallen, daß auf Versagung des ehrlichen Begräbnisses durch den Staat erkannt wird. Der § 188 aaO. ist jedoch selbst niemals aufgehoben worden, auch nicht durch das G. über die Grenzen des Rechtes zum Gebrauche kirchlicher Straf- und Zuchtmittel v. 13. V. 73 (GS. 205). Unter Fortfall der darin ausgesprochenen Einschränkung ist sein Grundsatz, daß niemandem das ehrliche Begräbnis versagt werden darf, in Geltung geblieben. Diese Forderung des Staates ist mithin auch für die Regelung des kirchlichen Begräbniswesens verbindlich. Daher wird auch die äußere kirchliche Ordnung in Ansehung des Begräbniswesens gestört, wenn einem Toten das ehrliche Begräbnis versagt wird.

3. Es fragt sich also im vorliegenden Falle, ob der Leiche des Gärtners W. das ehrliche Begräbnis vorenthalten worden ist. Der Beklagte bejaht dies, indem er in Anlehnung an die RG. v. 4. I. 02 annimmt, daß ein Begräbnis, das nicht an einer aus der Reihenfolge der Todesfälle sich bestimmenden Stelle gewährt wird, kein ehrliches Begräbnis sei. Gegen diese Ansicht erheben sich indes Bedenken. Warum ein Begräbnis lediglich wegen der Zuweisung der Grabstätte außer der Reihe als ein nicht ehrliches anzusehen sein sollte, dafür gibt weder der Beklagte noch die Entscheidung des Reichsgerichts eine Begründung. Was unter einem ehrlichen Begräbnisse zu verstehen ist, sagt das Gesetz nicht. Indem jedoch in denjenigen Fällen, wo nach früherem Rechte auf ein Versagen des ehrlichen Begräbnisses erkannt

werden konnte, von der Verscharrung der vor der Hinrichtung verstorbenen Verurteilten (§§ 550f. KriminalO.) sowie davon die Rede ist, daß die Selbstmörder zwar nicht beschimpft werden, jedoch alles dessen, womit sonst das Absterben und Andenken anderer Leute von ihrem Stande oder Range geehrt zu werden pflege, verlustig sein sollten (§ 803 II 20 ALR.), ist der Schluß gerechtfertigt, daß die Zuweisung einer Grabstätte außerhalb der Reihe für sich allein den Tatbestand eines nicht ehrlichen Begräbnisses nicht erfüllt. Daher verstößt die Beerdigung der Leiche des Selbstmörders W. auf einem Absplisse des Kirchhofs nicht gegen den im § 188 II 11 ALR. festgelegten Grundsatz. Es kann deshalb auch dahingestellt bleiben, ob der Kirchhofsplan, welcher die landespolizeiliche Genehmigung erhalten haben soll, diesen Abspliß als einen für Selbstmörder bestimmten Teil ausdrücklich bestimmt hat. Daß eine Begräbnisordnung für den Kirchhof besteht, ist nicht behauptet worden.

Bei dem Mangel einer Begräbnisordnung ist freilich für eine unbeschränkte Anweisung der Grabstätten durch die Kirchengemeinde oder ihre Organe nicht ohne weiteres freier Raum. Die äußere kirchliche Ordnung wird vielmehr in einem solchen Falle durch das Herkommen bestimmt. Nach der unbestritten gebliebenen, übrigens auch glaubhaften Erklärung der Klägerin entspricht es aber der althergebrachten Gewohnheit, Selbstmörder auf einem abgesonderten Teile des Kirchhofs zu beerdigen. Unter diesen Umständen kann in der Wahl der dem Gärtner W. zugewiesenen Grabstelle eine Verletzung der äußeren kirchlichen Ordnung nicht gefunden werden. Das Einschreiten des Regierungspräsidenten entbehrte sonach der erforderlichen rechtlichen Voraussetzung.

Nr. 4. Entsch. v. 20. Sept. 1907 (OVG. 51 187) VIII A 73/05.

KirchVG. v. 3. VI. 76 (GS. 125) Artt. 24 f., 27; RhWestfKirchenO. für die ev. Gemeinden in Westfalen und Rheinprovinz v. 5. III. 35 §§ 14, 18 d, 147; O. für die Verwaltung des Vermögens der ev. Kirchengem. in der Rheinprovinz v. 16. I. 88 §§ 23, 25.

1. Nur die Staatsbehörde, nicht das Konsistorium ist zuständig, eine auf Beschluß der Kirchengemeindeorgane in den Kirchenkassenetat eingetragene Einnahme oder Ausgabe zu beanstanden; hat gleichwohl das Konsistorium eine Beanstandung vorgenommen, so findet dagegen die Klage im Verwaltungsstreitverfahren statt.

Nach rheinischem Kirchenrechte hat das Presbyterium den Etat für die Kirchenkasse aufzustellen, und die größere Gemeindevertretung hat ihn, wenn er eine kirchliche Umlage enthält, zu genehmigen. Wird ein von diesen Gemeindeorganen in den Etat eingestellter Betrag als gesetzwidrig beanstandet, so geschieht das ihnen gegenüber. Sie sind daher diejenigen Gemeindeorgane, die, falls die behauptete Gesetzwidrigkeit in Zweifel zu ziehen ist, zur Bestreitung berufen sind. Das haben sie nach Art. 27 Abs. 3 KirchVG. v. 3. VI. 76 im Wege der vor dem OVG. zu erhebenden Klage zu tun. Wollte man aber in dem nach Art. 27 Abs. 3 aaO. geregelten Streitverfahren den AhErl. v. 4. V. 68 (GS. 450) für anwendbar erachten, wonach die Kirchmeister die für die Prozeßführung berufenen Gemeindeorgane sind, so würde auch dann, da der Kirchmeister nach seiner ausdrücklichen Erklärung die Klage erhoben hat, insoweit kein Bedenken bestehen. In der Sache selbst sind die Ausführungen, mit denen das beklagte Konsistorium seine Passivlegitimation bestreitet, nicht zu billigen. Der Rechtsbehelf der Verwaltungsstreitklage nach Abs. 3 des Art. 27 ist das vom Gesetze gegebene Mittel, eine unberechtigte Beanstandung (Abs. 1) und eine unberechtigte Zwangsetatisierung (Abs. 2) zu beseitigen. Unberechtigt aber ist eine Beanstandung und ist eine Zwangsetatisierung vor allem dann, wenn sie von einer unzuständigen Behörde erlassen wird. Wenn daher im Abs. 1 die Staatsbehörde zur Beanstandung und im Abs. 2 das Konsistorium und die Staatsbehörde unter gegenseitigem Einvernehmen zur Zwangsetatisierung für berechtigt erklärt werden, so liegt hierin eine Ordnung der Zuständigkeit der genannten Verwaltungsbehörden zum Erlasse der bezeichneten Anordnungen; nicht aber wird damit eine Bestimmung über die Voraussetzung der durch Abs. 3 eingeführten Verwaltungsstreitklage getroffen. Wäre dem nicht so, dann würde, falls vom Konsistorium einseitig und von der Staatsbehörde einseitig eine Beanstandung der im Abs. 1 erwähnten Art erfolgt wäre, über die eine der Evangelische Oberkirchenrat und über die andere das Oberverwaltungsgericht endgültig zu befinden haben. Anderseits würden, falls vom Konsistorium und von der Staatsbehörde nicht unter gegenseitigem Einvernehmen, sondern einseitig von jeder der beiden Behörden eine Zwangsetatisierung verfügt worden wäre, der Evangelische Oberkirchenrat und der Minister endgültig zu entscheiden haben, eine Entscheidung des OVG. aber ganz ausgeschaltet sein. Derartige Ergebnisse hat das Gesetz nicht gewollt, es wollte vielmehr für jede Beanstandung und jede Zwangsetatisierung ausschließlich den Rechtsbehelf der Verwaltungsstreitklage gewähren.

Zu einer Beanstandung war nur die Staatsbehörde zuständig. Das Aufsichtsrecht der kirchlichen Behörde reicht nur so weit, als es durch das Gesetz nicht beschränkt ist. Wenn aber das Gesetz in Art. 27 Abs. 1 der Staatsbehörde die Berechtigung zuweist, auf Abstellung der gefundenen Gesetzwidrigkeiten durch Anwendung der gesetzlichen Zwangsmittel zu dringen, so ist daneben für die kirchliche Behörde kein Raum, die Streichung einer Eintragung in den Etat zu verfügen.

2. Nach Art. 24 Ziff. 8 KirchVG. v. 3. VI. 76 bedürfen die Beschlüsse der kirchlichen Organe der Genehmigung der staatlichen Aufsichtsbehörde bei einer Verwendung des kirchlichen Vermögens zu anderen als den bestimmungsmäßigen Zwecken; es unterliegen aber Bewilligungen aus der Kirchenkasse an andere Gemeinden oder zur Unterstützung evangelischer Vereine und Anstalten, sofern sie einzeln 2 % und im Gesamtbetrag eines Etatjahrs 5 % der Solleinnahme nicht übersteigen, nicht der Genehmigung der Staatsbehörde. Ebenso ist nach § 1[5] KirchG. v. 18. VII. 92 zur Gültigkeit von Beschlüssen der kirchlichen Gemeindeorgane die Genehmigung der kirchlichen Aufsichtsbehörde bei einer Verwendung des kirchlichen Vermögens zu anderen als den bestimmungsmäßigen Zwecken erforderlich, mit Ausnahme solcher Bewilligungen aus der Kirchenkasse an andere Gemeinden oder zur Unterstützung evangelischer Vereine und Anstalten, welche einzeln 2 % und im Gesamtbetrag eines Voranschlagjahrs 5 % der Solleinnahme nicht übersteigen. Mit Recht gehen die Parteien übereinstimmend davon aus, daß der Beschluß der klagenden Gemeindeorgane, wonach 1 600 ℳ Beitrag für das Vikariat in O. in den Etat der evangelischen Kirchengemeinde zu B. eingestellt wurden, eine Verwendung des kirchlichen Vermögens dieser Gemeinde zu anderen als den bestimmungsmäßigen Zwecken betrifft, und daß dieser Beschluß, der weder die Genehmigung der Staatsaufsichtsbehörde noch der Kirchenaufsichtsbehörde erhalten hat, nur dann nicht gesetzwidrig ist, wenn er unter die bezeichnete Ausnahme fällt und deshalb jener Genehmigungen nicht bedarf. Er gehört aber unter die angeführte Ausnahme. Man darf nicht einwenden: er betreffe nicht eine Bewilligung aus der Kirchenkasse. Denn die diesem Einwande zugrunde liegende Auffassung: zur Kirchenkasse im Sinne der erwähnten Ausnahmevorschrift gehörten nicht die aus Umlagen zu beschaffenden Einnahmen, ist irrig. Das ergibt sich ohne weiteres schon daraus, daß nach dem Nachsatze die in Betracht kommenden Bewilligungen sich in gewissen Grenzen der „Solleinnahme" zu halten haben. Die Solleinnahme begreift aber die Einnahmen, die nach dem Etat eingehen sollen; und der Etat umfaßt alle Einnahmen für das Etatsjahr, insbesondere auch die für das Jahr bestimmten Umlagen.

Die Aufsichtsbehörden sind so berechtigt wie verpflichtet, sämtliche in den Etat eingestellte Einnahmen und Ausgaben unter dem Gesichtspunkt, ob sie einem kirchlichen Bedürfnisse dienen, ihrer Prüfung zu unterziehen, soweit nicht das Gesetz ausdrücklich eine Ausnahme vorgesehen hat. Eine Ausnahme ist aber allein für Bewilligungen der hier in Rede stehenden Art gemacht. Von den letzteren abgesehen, befinden sich daher die Aufsichtsbehörden bei der jedesmaligen Prüfung eines Etats in der Lage, alle übrigen darin eingetragenen Beträge auf deren Notwendigkeit und Zweckmäßigkeit nach freiem Ermessen zu prüfen und ihre Genehmigung zu der Einnahme oder Ausgabe entweder zu erteilen oder zu versagen. Aus den Endsummen einerseits, mit denen nach dem Ergebnisse dieser Prüfung der Etat in Einnahme und Ausgabe abschließt, und aus den als Höchstmaß für genehmigungsfreie Bewilligungen vorgeschriebenen Prozentsätzen anderseits ergeben sich ganz von selbst festbestimmte Grenzen, über die die Gemeindeorgane mit Liebesgaben an andere Gemeinden oder zur Unterstützung evangelisch-christlicher Anstalten und Vereine unter keinen Umständen hinausgehen dürfen.

3. Nach den angegebenen Bestimmungen sind Bewilligungen aus der Kirchenkasse innerhalb der bezeichneten Höchstgrenze genehmigungsfrei, wenn sie erfolgen unter anderm „an andere Gemeinden". Die Vorschriften schließen die Zuwendungen an ausländische Gemeinden nicht aus. Richtig ist, daß die Wirkung einer Einstellung in den Etat, wie sie hier erfolgt ist, sein würde, daß die Gemeindeorgane zum Besten einer ausländischen Gemeinde eine Steuer beschlössen. Die Behörden nehmen an, daß eine Besteuerung zu diesem Zwecke unzulässig sei, und folgern daraus die Gesetzwidrigkeit der Ausgabe. Jedoch ist nicht erfindlich, wieso sich die angebliche Unzulässigkeit „aus allgemeinen Steuergrundsätzen" ergeben sollte. Es können immer nur die für die kirchliche Besteuerung maßgebenden Grundsätze in Betracht kommen.

B. Gesetzliche Leistungen der evangelischen Kirchengemeinden und ihre Zwangsetatisierung.

Nr. 1. Entsch. v. 13. Jan. 1905 (OVG. 48 180) VIII A 14/03.

G., betr. Aenderungen der Kirchenverfassung der ev.-luth. Kirche der Prov. Hannover, v. 6. V. 85 (GS. 135) §§ 5—7; KirchenvorstandsG. v. 14. X. 48 (HannGS. 301) § 18.

1. Zur Feststellung gesetzlicher Leistungen, die aus dem kirchlichen Vermögen zu bestreiten sind oder den Pfarreingesessenen obliegen, sind in der Provinz Hannover nicht anders als in den älteren Landesteilen die Konsistorien nur zuständig, soweit es sich um kirchliche Bedürfnisse handelt.

Nach § 7 G. v. 6. V. 85 soll neben den Zuständigkeiten der Staatsbehörden auch „die obere Leitung" der Kirchenoberen „in betreff der vermögensrechtlichen Zuständigkeiten derselben gewahrt werden". Die Zuständigkeiten der kirchlichen Oberen aber ergeben sich, da ein neues Kirchengesetz darüber nicht ergangen ist, aus § 18 KirchenvorstandsG. v. 14. X. 48 und aus Art. 24⁹ und 10 der dazu gehörigen AusfVd. (HannG. S. 307). Durch G. v. 6. V. 85 ist die „obere Leitung" in dem Umfange, wie sie bei dessen Erlasse bestand, nur dahin beschränkt worden, daß im Anwendungsbereiche des Art. 24¹⁰ MBek. die „desfallsigen Entscheidungen und Anordnungen" fortan stets unter Einvernehmen mit der Staatsbehörde erfolgen sollen, wie auch in dieser Hinsicht die Staatsbehörde nicht anders als im Einvernehmen mit der Kirchenbehörde vorgehen darf (G. v. 6. V. 85). Wenn jene Vorschriften über die „obere

Leitung in vermögensrechtlicher Beziehung" etwa die Bedeutung gehabt haben sollten, daß die Vorgesetzten im Einzelfall einer Kirchengemeinde gebieten könnten, einen von einem Dritten erhobenen, von ihr bestrittenen Erstattungsanspruch zu erfüllen, würden sie insoweit durch Art. II Vd. v. 16. IX. 67 (GS. 1515) ihre Geltung verloren haben. Nach der letztgedachten Vorschrift sind nämlich Beschränkungen des Rechtsweges, die mit den in Altpreußen geltenden Bestimmungen nicht im Einklange standen, aufgehoben worden. Nun war aber in den alten Landesteilen nach § 15 G. betr. die Erweiterung des Rechtsweges, v. 24. V. 61 (GS. 241) das rechtliche Gehör in Beziehung auf beständige Leistungen, die an Kirchenbeamte vermöge Verfassung zu entrichten waren, unbedingt gestattet. Die Kirchengemeinde war danach in der Lage, sich auch den Kirchenoberen gegenüber darauf zu berufen, daß gesetzlich über Leistungen für die Heizung des Konfirmandenzimmers der Rechtsweg stattfinde und ihr kein Kirchenoberer gebieten könne, ohne daß sie durch richterliches Erkenntnis verurteilt wäre, den Pfarrer (das Stellenvermögen) zu befriedigen. Wo das Gesetz der Gegenpartei den Rechtsweg eröffnet, wird, wenn der Partei durch ihre Vorgesetzten geboten wird, den Gegner zu befriedigen, ihr Recht, den Prozeß abwarten zu dürfen, verkümmert. Im übrigen ging die „obere Leitung" im Sinne des § 18 KirchenvorstandsG. gar nicht so weit, daß die Kirchenoberen der Kirchengemeinde im Einzelfalle hätten gebieten dürfen, dem Gegner Erstattung zu leisten. Vielmehr steht bei Wahrnehmung der Befugnisse, die der „oberen Leitung" in Nr. 9 des Art. 24 ABek. beigelegt sind, im Vordergrunde die Frage, ob „kirchliche Bedürfnisse" zu befriedigen sind, und nur, wenn das zutrifft, soll die Zahlbarmachung geboten werden dürfen.

2. Ist schon aus den vorstehenden Erwägungen der Schluß zu ziehen, daß hier das zur Zwangsetatisierungsverfügung nötige Einvernehmen in rechtmäßiger Weise gar nicht zustande kommen konnte und also der Klage stattzugeben ist, so rechtfertigt ein weiterer Grund den Antrag der Klägerin. Das OVG. hat in ständiger Rechtsprechung daran festgehalten, daß überall, wo seitens der Aufsichtsbehörden öffentlichen Verbänden gegenüber von der Etatisierung Gebrauch gemacht werden soll, für die Wahl dieses Zwangsmittels ein öffentliches Interesse erkennbar sein muß. Letzteres ist insbesondere vorhanden, wenn zur Aufrechterhaltung einer geordneten Verwaltung in der Gemeinde die Zahlung der den Gemeindebeamten zustehenden Gehälter gefordert wird, oder wenn der ungestörte Gang der Verwaltung sonst durch das Unterbleiben der streitigen Leistung beeinträchtigt wird. Hiervon kann aber im vorliegenden Falle nicht die Rede sein. Der Pfarrer ist unstreitig wegen der Heizungskosten befriedigt worden. Der Streit darüber, ob der dafür aufgewendete Betrag bestimmungswidrig aus der Pfarrkasse von dem sie mitverwaltenden Kirchenvorstand angewiesen wurde und ihr zu erstatten ist, hindert nicht eine geordnete Fortführung der Verwaltung und läßt auch sonst die Mitbeteiligung eines öffentlichen Interesses an seiner Beilegung nicht erkennen. Wohl aber bleibt der Kirchenbehörde nach § 6 G. v. 6. V. 85 unbenommen, der vermeintlich eingetretenen Verringerung des Stellenvermögens in der Weise entgegenzutreten, daß diesem als selbständigem Träger kirchlicher Lasten (§ 3 G. betr. das Diensteinkommen der Geistlichen usw. v. 2. VII. 98 — GS. 155, 243) ein Vertreter bestellt wird, der gegen den die Geltendmachung des Erstattungsanspruchs verweigernden Kirchenvorstand bei dem dafür berufenen Zivilgerichte Klage zu erheben hat. In dem Zivilprozeßverfahren würde dann auch über die vorgebrachte Observanz zu befinden sein.

Nr. 2. Entsch. v. 19. Jan. 1906 (PrVerwBl. 28 68[7]) VIII 103.

ALR. II 11, §§ 164, 515, 539—541.

1. Nach § 164 II 11 ALR. hat die Gemeinde die gesetzliche Pflicht, für den Unterhalt der bei ihr angesetzten Beamten zu sorgen. Der Hilfsgeistliche W. war bei ihr als Beamter eingesetzt. Seine Tätigkeit v. 1. X. 02 bis 31. III. 03 beruhte auf dem Kommissorium des Konsistoriums v. 4. X. 02. Er war daher nicht dauernd in ein Pfarramt berufen, er war auch nicht ein Vikar im Sinne des § 515 II 11 ALR., sondern ein zu allen Amtshandlungen, insbesondere auch zur Sakramentsverwaltung berufener „Hilfsprediger auf einer nicht fundierten Stelle", der nicht anders als ein „Nebengeistlicher" im Sinne der §§ 539—541 II 11 ALR. angesehen werden kann. Daß aber das Aufsichtsrecht des Konsistoriums (§ 15 Vd. v. 30. IV. 1815 — GS. 85, G. v. 3. VI. 76 Art. 21 — GS. 125, RegInstr. v. 23. X. 1817 — GS. 248 — § 18d) auch die Befugnis in sich schließt, einen Hilfsgeistlichen im Bedürfnisfall kommissarisch zu berufen und seine Remuneration festzustellen, ist anerkannten Rechts.

Auf Grund dieser gesetzlichen Befugnis ist die Berufung des W. erfolgt. Mit der Vf. v. 4. X. 02 wurde die Rechtsgrundlage dafür, daß W. v. 1. X. 02 ab als Hilfsprediger an der St. Jakobigemeinde fungierte, beschafft. Auf Grund des von dem Kläger (Gemeindekirchenrat) behaupteten privatrechtlichen Vertrags der Kirchengemeinde mit W. geschah es nicht. Mag auch der Inhalt eines solchen Vertrages gewesen sein, welcher er wolle: keineswegs konnte er das aufsichtliche Berufungsrecht des Konsistoriums illusorisch machen. Wie dieses Recht, wie ferner die Frage, ob ein Bedürfnis für solche Hilfspredigerstelle vorlag, ein Ausfluß der Aufsichtsbefugnis der geistlichen Behörde ist, so steht auch in ihrer Zuständigkeit allein, in welcher Höhe dem berufenen Hilfsprediger von der verpflichteten Kirchengemeinde ein Gehalt zu gewähren sei. Dies ist auch keine Beeinträchtigung des Selbstverwaltungsrechts der Kirchengemeinde, da auf kirchlichem Gebiet nicht, wie auf dem der Volksschule eine Beschränkung der Aufsichtsbehörde für ihre Befugnis, Anforderungen zu stellen, die neue oder erhöhte Leistungen von der unterhaltungspflichtigen Gemeinde heischen, gesetzlich eingeführt ist. Das Konsistorium war im Einvernehmen mit dem Regierungspräsidenten befugt, die Eintragung in den Etat zu bewirken, wenn der Gemeindekirchenrat sich dessen geweigert hatte.

Ohne Grund hat der Kläger die Zuständigkeit des Konsistoriums mit der Ausführung bestritten: es habe durch den Erlaß der angefochtenen Verfügung in eigener Sache entschieden. Nachdem die Gemeindekörperschaften am 9. IV. 02 die Errichtung einer Hilfspredigerstelle v. 1. X. 02 ab mit einem Jahresgehalt von 2100 ℳ beschlossen hatten, dieser Beschluß aber die patronatliche Genehmigung nicht erhalten hatte, wurde dem Hilfsprediger W. in der BerufungsVf. v. 4. X. 02 vom Konsistorium, das auf die Ergänzung der vom Magistrat versagten patronatlichen Genehmigung rechnete, eröffnet: es werde, falls wider Erwarten die Genehmigung nicht noch erfolgen sollte, für seine Entschädigung anderweitig Sorge tragen. Damit war augenscheinlich ganz allgemein gesagt: das Konsistorium habe Befugnisse, jene Entschädigung herbeizuführen, von denen es nötigenfalls Gebrauch machen werde. Zu diesen Befugnissen gehörte die Zwangsetatisierung an erster Stelle. Irgendwelche Zusagen, daß die gesetzlich der Kirchengemeinde obliegende Verpflichtung nicht in Anspruch genommen, die Entschädigung vielmehr aus besonderen, der Kirchenbehörde etwa zur Verfügung stehenden Fonds erfolgen sollte, sind nicht gemacht worden. Es kann daher in der an den Gemeindekirchenrat, übrigens nur zur Kenntnisnahme, gegebenen abschriftlichen Mitteilung der an W. erlassenen Verfügung keineswegs eine Erklärung des Konsistoriums gesehen werden, daß es der Gemeinde die Verpflichtung abnehmen wolle, den behördlich berufenen

Hilfsprediger zu besolden. Vielmehr mußte der Kläger, nachdem ihm mitgeteilt war, daß das Konsistorium den W. zum Hilfsprediger berufen habe, damit rechnen, daß es die gesetzlichen Konsequenzen aus der Berufung ziehen und von der Gemeinde die Besoldung fordern würde. Daran konnte der Kläger selbstverständlich dadurch nichts ändern, daß er die dem W. vom Konsistorium gemachte Eröffnung in einem Sinne deutete, der ihr nicht zukam.

2. Wenn sonach das Konsistorium völlig im Recht gewesen wäre, die Besoldung des Hilfspredigers durch die Gemeinde zwangsweise herbeizuführen, so durfte doch, nachdem W. den Dienst eines Hilfspredigers an St. Jakobi aufgegeben und anderweit Verwendung gefunden hatte, die Zwangsetatisierung nicht mehr verfügt werden. Vielmehr fehlte es seit diesem Zeitpunkt der Aufsichtsbehörde an jedem Anlaß und damit an jedem Rechtsgrunde, die St. Jakobigemeinde zur Gewährung von Rechtsansprüchen für die Zeit, in welcher er jenen Dienst versehen hatte, zu verpflichten. Das aber sollte gerade, nachdem die informierende Vf. v. 7. IV. 03 voraufgegangen war, durch die ZwangsetatisierungsVf. v. 20. V. 04, in der der Gemeinde zuerst der Betrag von 600 *M* genannt war, geschehen. Als dezisiver Akt konnte diese Bestimmung, da über den Streit des bestehenden Gehaltsanspruchs ausschließlich die Gerichte zuständig sind, nicht in Betracht kommen, mit konstitutivem Akt hätte das Konsistorium aber nur die Bestimmung treffen können, wenn die Vorsorge, daß die „Verwaltung im geordneten Gange bleibe", maßgebend gewesen wäre. Davon konnte aber, nachdem W. den Dienst verlassen hatte, keine Rede mehr sein. Eine die Gehaltsverpflichtung aussprechende konstitutive Anordnung der Aufsichtsbehörde vermochte rechtliche Wirkung nicht zu äußern, weil zur Zeit ihres Erlasses W. nicht mehr im Dienst der in Anspruch zu nehmenden Korporation stand, von einer öffentlich-rechtlichen Pflicht der Korporation aber nicht die Rede sein kann, einem Geistlichen, der früher einmal in ihrem Dienst gestanden hat, Einkommensansprüche zu gewähren, die ihm damals noch nicht zugesichert waren.

3. Aus diesem Grunde war dem ersten Klageantrage auf Außerkraftsetzung der Verfügung stattzugeben. Mit einem zweiten, selbständigen Antrage verlangt der Kläger: das Konsistorium solle verurteilt werden, die Rückzahlung derjenigen 600 *M*, welche die Gemeinde dem W. gezahlt hat, zu veranlassen. Den Verwaltungsgerichten ist die Zuständigkeit für die Entscheidung über einen derartigen, eine Handlung des Konsistoriums fordernden Antrag nicht zugewiesen. Der Antrag mußte daher abgewiesen werden. Es würde auch nicht ersichtlich sein, weshalb, wenn die Kirchengemeinde berechtigt wäre, die 600 *M* von W. zurückzufordern, das Konsistorium dem Kläger gegenüber eine Rechtspflicht haben sollte, jene Rückzahlung zu veranlassen.

Nr. 3. Entsch. v. 19. März 1907 (OVG. 50 192) VIII A 64/05.

ALR. II **11** §§ 110, 164; Vd., betr. die äußeren Verhältnisse der ev. christl. Kirche im Herzogtum Nassau, v. 8. IV. 1818 (EdS. **1824** 380, 385) §§ 6, 10; LehrBesG. §§ 4, 28.

1. Wenn die vom Konsistorium verlangte Organistengehaltserhöhung eine gesetzliche Pflicht der klagenden Kirchengemeinde ist, so war das Konsistorium berechtigt, die erhöhte Leistung festzustellen, und das Konsistorium durfte im Einvernehmen mit dem Regierungspräsidenten ihre zwangsweise Eintragung in den Etat verfügen (OVG. 26 155 ff., 32 175 ff.).

2. Ist nun das Organistenamt ein rein kirchliches Amt, so kann die Pflicht, für die Besoldung zu sorgen, nur — soweit nicht Stiftungen oder Gebühren in Frage kommen — eine gesetzliche Pflicht der Kirchengemeinden sein. Dieser, in §§ 110, 164 II 11 ALR. ausgesprochene Satz ge-

hört zur allgemeinen Lehre des evangelischen Kirchenrechts in Deutschland und gilt, wie für die östlichen Provinzen, so auch für Rheinland und Westfalen und für die neuen Provinzen.

Die Organisten in dem Gebiete des ehemaligen Herzogtums Nassau aber sind kirchliche Beamte. Sie sind nach § 10[1] Vd., betr. die äußeren Verhältnisse der ev.-christl. Kirche in dem Herzogtume Nassau, v. 8. IV. 18 (EdS. 1824 380, 385) als Kirchendiener und Untergebene des Pfarrers in den kirchlichen Beamtenorganismus eingefügt, wenn sie auch, soweit sie gleichzeitig Schullehrerdienste verrichten, daneben im staatlichen Dienste stehen. Daß die Besoldung der Organisten durch die Landesregierung bestimmt werden sollte (§ 6 aaO.), ändert an der kirchlichen Natur des Organistenamts nichts; denn jene Bestimmung sollte auch in bezug auf die Besoldung „anderer Kirchendiener" stattfinden, und die Landesregierung handelte dabei als Kirchenbehörde. Daher werden denn auch tatsächlich die Organisten im ehemaligen Herzogtume Nassau aus kirchlichen Mitteln besoldet. Kann hiernach das Konsistorium im Einvernehmen mit dem Regierungspräsidenten, falls es nach pflichtmäßigem Ermessen die Erhöhung eines Organistengehalts im allgemeinen für nötig hält und demgemäß feststellt, die erhöhte Leistung zwangsweise in den Etat der weigernden Kirchengemeinden einstellen, so ist nicht zu erkennen, warum dies anders sein sollte, wenn das Organistenamt dauernd (organisch oder herkömmlich) mit dem Schullehreramte vereinigt ist. Die Kirchengemeinde irrt vielmehr mit ihrer Ansicht, daß in einem solchen Falle die schulunterhaltungspflichtige Gemeinde verpflichtet sei, die nötige Besoldungserhöhung aufzubringen. Richtig ist zwar, daß das nach dem LehrBesG. dem Lehrer zu gewährende Mindesteinkommen von den Schulunterhaltungspflichtigen aufgebracht werden muß und daß in dieses Mindesteinkommen auch die bei dauernder Verbindung eines Schul- und Kirchenamts nach § 4 des Gesetzes vorgeschriebene Erhöhung des Grundgehalts der Stelle hineingehört. Daraus ergibt sich, daß dem Stelleninhaber gegenüber allerdings die Schulunterhaltungspflichtigen auch für die Erhöhung aufkommen müssen. Gleichwohl trifft das Gesetz Vorsorge, daß die Schulunterhaltungspflichtigen durch die nach § 4 erfolgende höhere Bemessung des Grundgehalts nicht zu Unrecht bedrückt werden. Es setzt nämlich in § 4 Abs. 3 fest: daß der nach Abs. 1 zu bestimmende Mehrbetrag die Gesamtsumme der in Abs. 2 bezeichneten Einkünfte und Einnahmen zuzüglich des Nutzungswerts des den kirchlichen Interessenten gehörigen Anteils an dem Schul- und Küsterhaus oder Küstergehöfte nicht übersteigen darf. Damit ist also verordnet, daß die Schulunterhaltungspflichtigen nicht mit der Entschädigung für das kirchliche Amt belastet werden; der Mehrbetrag soll in den kirchlichen Einnahmen des Amtes seine Deckung finden. War daher, weil die Gehaltsbezüge bereits den Vorschriften des Gesetzes entsprachen, eine Neuregelung der Besoldungsverhältnisse überhaupt nicht erfolgt (§ 28 Abs. 2 des Gesetzes), so hat sich die Schulaufsichtsbehörde nach § 4 Abs. 3 Satz 2 mit der kirchlichen Behörde vor Feststellung eines Mehrbetrags ins Benehmen zu setzen. Diese Vorschrift würde jedes inneren Grundes entbehren, wenn die Pflicht, die Erhöhung einer Besoldung aufzubringen, welche (Abs. 1) der mit dem kirchlichen Amte verbundenen Mühwaltung nicht entspricht, aber entsprechen soll, nicht den kirchlichen Unterhaltungspflichtigen, sondern den Schulunterhaltungspflichtigen obläge. Vielmehr ist, falls eine Erhöhung des kirchlichen Besoldungsteils für nötig erachtet wird, der Sinn des Gesetzes der: daß für diese die kirchlichen Beteiligten einzutreten haben, so daß danach die Erhöhung gemäß Abs. 2 und 3 eingerechnet und dann das nach Abs. 1 zu bemessende Mindesteinkommen bestimmt werden kann.

Nr. 4. Entsch. v. 15. Febr. 1907 (OVG. 51 172) VIII A 45/05.

KGem. u. SynO. für die ev.-luth. Kirche in Schleswig-Holstein usw. v. 4. XI. 76 (GS. **1876**, 41 u. **1878**, 55); §§ 48, 82 f., 105 f.; StaatsG. v. 6. IV. 78 (GS. 145) Artt. 7, 9, 28.

Die Pflicht der Leistung von Synodalkostenbeiträgen im Bereiche der evangelisch-lutherischen Kirche der Provinz Schleswig-Holstein zu anderweit nicht gedeckten Kosten, die durch die Bildung und Wirksamkeit der Gesamtsynode wie der Propsteisynode und ihrer Ausschüsse entstehen, ruht auf den zum Propsteisynodalverbande gehörenden Kirchengemeinden; dies gilt auch für solche Synodalverbände, in denen eine Kasse für die Verwaltung gemeinschaftlicher Mittel der Kirchengemeinden besteht.

1. Nach dem Gesetze (§ 105 Satz 1 KGSynO. v. 4. XI. 76, Art. 28 StaatsG. v. 6. IV. 78) werden „die Beiträge der Propsteisynodalkassen zur Gesamtsynodalkasse sowie die durch Bildung und Wirksamkeit der Propsteisynoden und ihrer Ausschüsse erwachsenen Kosten von den Gemeinden aufgebracht". Das Gesetz macht von dieser Pflicht der Gemeinden keine Ausnahme. Eine solche ist insbesondere nicht im § 106 KGSynO. zu finden; denn dort wird lediglich davon gehandelt, wie die pflichtige Gemeinde in sich ihren Beitrag aufbringt. Dies hat zu geschehen: durch Entnahme aus der Kirchenkasse, soweit sie dazu bei Berücksichtigung ihrer übrigen Verpflichtungen imstande ist, im Falle der Unzulänglichkeit der Kirchenkasse entweder durch Inanspruchnahme Drittverpflichteter oder, soweit Drittverpflichtete nicht vorhanden sind, durch Gemeindeumlagen.

Da die Einrichtung der Synoden völlig neu war, indem ein Rechtszusammenhang mit früheren Synoden nicht bestand, so mußte das Gesetz bestimmen, wer für die bezeichneten Beiträge und Kosten verpflichtet sein sollte. Für den Fall freilich, daß grundsätzlich für alle, auch für die durch Gesetz neu eingeführten Ausgaben der Kirchenkasse bei deren Unzulänglichkeit nach bestehendem Rechte ein Dritter verpflichtet war, ließ das Gesetz im § 106 diesen Rechtszustand bestehen. Aber es verordnete, daß in bezug auf die genannten Beiträge ein Dritter als Verpflichteter nur der Gemeinde, nicht aber der Synode gegenüberstehen, dieser vielmehr allein die Gemeinde als solche verpflichtet sein sollte.

Dem widerspricht keineswegs, daß nach § 81 Ziff. 5 KGem. u. SynO., Art. 7 Abs. 1 Ziff. 2 StaatsG. der Propsteisynode die Verteilung der zur Propsteisynodalkasse erforderlichen Beiträge der Kirchenkassen und Gemeinden obliegt, denn damit ist nicht gesagt, daß die Propsteisynode zu bestimmen habe, was innerhalb einer beitragspflichtigen Gemeinde von der Kirchenkasse und was durch Gemeindeumlage aufzubringen sei. Noch viel weniger enthält die Ordnung einen Anhalt dafür, daß der etwaige Drittverpflichtete der Synodalkasse gegenüber verpflichtet sei. Dahingehende Vorschriften würden auch mit dem klaren Inhalte der §§ 105, 106 KGem. u. SynO. unvereinbar gewesen sein. Denn die KGem. u. SynO. sagt nicht nur nicht, daß der Synodalkasse die gemeinschaftliche Kirchenkasse verpflichtet sein solle, obschon sie diese kennt und sogar ihre Verwaltung ordnet (§ 48 Abs. 4, § 81 Ziff. 4, § 82 Abs. 3 aaO., Art. 9 StaatsG.), sondern sie bezeichnet gerade nur die Gemeinden als verpflichtet. Uebereinstimmend hiermit kommen als beschwert durch den Beschluß der Propsteisynode wegen Umlegung von Synodalkassenbeiträgen nur die Gemeinden in Betracht, indem nur ihnen ein Beschwerderecht gegeben ist (Art. 8 StaatsG.). Aus alledem erhellt auf das Deutlichste, daß eine unmittelbare Heranziehung der gemeinschaftlichen Kirchenkasse ausgeschlossen sein soll.

Nur wenn die Synode zu bestimmen hätte, wieviel aus der Kirchenkasse zu entnehmen und wieviel durch Gemeindeumlage aufzubringen ist, und wenn es in der Propstei H. nur die gemeinschaftliche Kirchenkasse, aber keine Kirchenkassen der Einzelgemeinden gäbe, könnte die Frage überhaupt aufgeworfen werden, ob die Synode die gemeinschaftliche Kirchenkasse heranziehen dürfe und müsse. Allein weder die eine noch die andere dieser Voraussetzungen trifft zu. Die Synode hat, wie dargetan, jenes Bestimmungsrecht nicht, und anderseits hat unbestritten jede Gemeinde auch ihr eigenes Vermögen und ihre eigene Kasse. Wenn die klagende Gemeinde das Bestehen der Sonderkassen für einen ungesetzlichen Zustand erklärt, so entspricht dieser Zustand doch völlig der KGem. u. SynO., die von dem Bestehen eigener Kassen ausgeht und kein Wort davon enthält, daß es in der Propstei H. neben der gemeinschaftlichen Kasse Ortskassen nicht geben dürfe. Nun könnten allerdings Ortskirchenkassen nicht bestehen, wenn die KGem. u. SynO. die Einrichtung der gemeinschaftlichen Kirchenkasse aufnimmt und an dem für sie früher erlassenen Statute nichts ändert, dieses Statut aber die Vereinigung der Mittel aller Kirchen in einer Sammelmasse vorschreibt und verordnet, daß daraus alle Bedürfnisse der Kirchen bestritten werden, und daß die Sonderrechnungen fortfallen sollen. Aber die gemeinschaftliche Kirchenkasse vereinigt keineswegs alle Mittel der Kirchengemeinden; insbesondere wird von keiner Seite die Behauptung aufgestellt, alle kirchlichen Einnahmen flössen zur gemeinsamen Kasse, vielmehr wird, wie unbestritten feststeht, nichts als der Kirchenzehnt an die gemeinsame Kasse abgeführt. Hiernach ergibt sich aus dem geltenden Gesetze, der KGem. u. SynO., daß die gemeinschaftliche Kirchenkasse der Syndalkasse gegenüber nicht zu den Propsteisynodalkassenbeiträgen verpflichtet ist, sondern daß ihr als Verpflichtete die Kirchengemeinden gegenüberstehen.

2. Der einzelne Beitrag der Kirchengemeinde ist jedoch nur dann zu entrichten, wenn Gesamtbetrag und Einzelanteil im geordneten Wege festgestellt worden sind. Der erstere wird durch den Etat ermittelt, indem sich aus der Vergleichung der eingestellten Ausgaben mit dem eingestellten Kassenbestande als Differenz der von den Gemeinden aufzubringende Betrag (Steuerbedarf) ergibt. Die Feststellung des Gesamtbetrags ist also mit der Festsetzung des Etats gegeben. Dadurch, daß der Gesamtbetrag nach einem bestimmten Verteilungsfuß unter die Gemeinden verteilt wird, ergeben sich die Einzelanteile. Sowohl die Festsetzung des Etats als auch die Bestimmung des Verteilungsfußes und die Verteilung gehören in den Wirkungskreis der Propsteisynode.

Unterläßt oder verweigert eine Propsteisynode, anderweit nicht gedeckte Synodalkosten durch Matrikel auf die Einzelgemeinden umzulegen, so ist das Konsistorium kraft seines Aufsichtsrechts befugt, den Umlagefuß festzusetzen und gegenüber einer Gemeinde, die den danach auf sie entfallenden Beitrag nicht zur Synodalkasse entrichtet, im Einvernehmen mit der Staatsbehörde zur Zwangsetatisierung zu schreiten.

Die Verwaltung kann nicht stillstehen, die zur Fortführung berufene Synode hat aber die ihr gesetzlich obliegende Mitwirkung versagt. Darüber, wie einem solchen ungesetzlichen Zustande, der nicht bestehen bleiben kann, abzuhelfen ist, geben weder die KGem. u. SynO., noch die dazu erlassenen StaatsG. v. 6. IV. 78 (GS. 145) und v. 14. VII. 95 (GS. 281) einen Anhalt. Insbesondere ist nirgends gesagt, daß die Verteilung, wenn die Synode sie verweigert hat, vom Konsistorium vorgenommen werden dürfe. Aber jene Gesetze beabsichtigen auch gar nicht, den Umfang des Aufsichtsrechts erschöpfend zu regeln. Sie lassen vielmehr das bisherige Aufsichtsrecht der kirchlichen Aufsichtsbehörden bestehen (Art. 29 StaatsG. v. 6. IV. 78), oder erweitern es und weisen der Staatsaufsicht neue Aufgaben zu (Art. 23ff. aaO.). Im übrigen verbleibt es bei Inhalt und Umfang des Aufsichtsrechts nach den VO. v. 24. IX. 67 — GS. 1669, v. 20. VI. 68 — GS. 620, DienstInstr. für die Konsistorien v. 23. X. 1817 — GS. 237, DienstInstr. für die Regierungen v. 23. X. 1817

— GS. 248, KabO. v. 31. XII. 25 — GS. 26 5, Vd. v. 27. VI. 45 — GS. 440 und den diese Ordnungen erläuternden, ergänzenden und abändernden Bestimmungen. Danach steht den kirchlichen Aufsichtsbehörden das Aufsichtsrecht über die kirchliche Vermögensverwaltung und die Prüfung der Synodalbeschlüsse im weitesten Umfang und nur durch die geltenden Gesetze und Vorschriften beschränkt zu. Das Recht der Aufsicht begreift aber vorzüglich die Befugnis in sich, Ungesetzlichkeiten zu beseitigen und den gesetzmäßigen Zustand herbeizuführen.

Darüber, in welcher Weise die Aufsichtsbehörde einen ungesetzlichen Zustand von der Art des hier geschaffenen in den gesetzmäßigen zu verwandeln hat, fehlt es an Vorschriften. Selbstverständlich kann daraus nicht folgen, daß hier eine Abhilfe nicht möglich sei. Vielmehr ergibt sich, daß hier dem Aufsichtsrecht keine Schranken in bezug auf die Art und Weise der Abhilfe gezogen sind. Insbesondere muß es danach zulässig sein, daß die Aufsichtsbehörde an Stelle der die Verteilung verweigernden Synode selbst die Verteilung vornimmt.

Ob dabei Konsistorium und Regierungspräsident zusammenwirken müssen, oder das erstere einseitig vorgehen darf, kann nach Lage der Sache auf sich beruhen; denn jedenfalls ist hier die Staatsbehörde einverstanden. Ob in 30jähriger Uebung die Synode anders verfahren hat, als das Gesetz vorschreibt, ist gleichgültig. Denn nicht die Uebung, sondern das Gesetz entscheidet.

C. Verpflichtung zu Kirchensteuern.

Nr. 1. Entsch. v. 19. März 1907 (PrVerwBl. 29 412) VIII A 109/06.

Auf die Anwendung der Bestimmung des G. v. 14. V. 73, wonach ein aus einer Kirche Ausgetretener zu den Lasten seines bisherigen Verbandes noch bis zum Ablauf des auf das Austrittsjahr folgenden Kalenderjahrs beizutragen hat, ist es einflußlos, ob der betr. Verband zur Zeit des Erlasses jenes Gesetzes zur Erhebung von Kirchensteuern berechtigt war oder nicht.

Nr. 2. Entsch. v. 30. April 1907 — VIII A 101/06.

1. Die Veranlagung gründet sich im vorliegenden Falle auf eine dem Gesetze gemäß von der Kirchengemeinde mit Genehmigung der bischöflichen und staatlichen Aufsichtsbehörde in Höhe eines Prozentsatzes der Staatseinkommensteuer beschlossene Kirchensteuer (§ 21^8 G. über die Vermögensverwaltung in den kath. Kirchengemeinden v. 20. VI. 75 — GS. 241; § 1 Abs. 1, 3, § 9 Abs. 1, 2, § 11 Abs. 2, § 16 Abs. 1, 2, § 19 G. betr. die Erhebung von Kirchensteuern in den kath. Kirchengemeinden v. 14. VII. 05 — GS. 281; Ziff. 4 Vd. über das Inkrafttreten von Gesetzen, betr. die Erhebung von Kirchensteuern, v. 23. III. 06 — GS. 52; Abschn. IV D, V A Abs. 1, 3, V C Abs. 1, VI F MAnw. zum kath. KirchenstG. v. 24. III. 06 — MBl. 121). Gefordert wird die Steuer, weil die Ehefrau des Beklagten katholisch sei, und deshalb, wie der Kirchenvorstand mit Bezugnahme auf § 5 Abs. 1 SteuerG. und Abschn. IIIa der Anweisung annimmt, die Hälfte des der kirchlichen Besteuerung zugrunde liegenden Steuersatzes, mit dem der Beklagte zur Staatseinkommensteuer veranlagt ist, der katholischen Gemeinde zustehe. Daß den Streit hierüber der Kirchenvorstand für die von ihm vertretene Kirchengemeinde und der Beklagte unter sich zum Austrage bringen können, unterliegt keinem Bedenken. Der Regierungspräsident ist in dem Ver-

waltungsstreitverfahren über eine Heranziehung zur Kirchensteuer nicht Partei. Sein Bescheid über die Beschwerde, mit welcher der abweisende Einspruchsbeschluß der örtlichen kirchlichen Behörde angegriffen worden ist, hat nicht die rechtliche Natur eines Verwaltungsbescheids, wie solcher namentlich den nach § 127 LVG. von den Aufsichtsinstanzen erlassenen Beschwerdebescheiden zukommt. Während die eben genannten Instanzen die Verfügungen der unteren Behörden nur nachzuprüfen haben und dem von ihnen erlassenen Bescheid ebenso wie der angegriffenen Verfügung der Ortspolizeibehörde die rechtliche Natur einer polizeibehördlichen Maßnahme zukommt, übt der Regierungspräsident im Falle des § 23 Abs. 2 kath. KirchensteuerG. eine der richterlichen ähnliche Tätigkeit einer Behörde aus, die über den Parteien steht. Die Parteien, deren Streit vom Regierungspräsidenten entschieden wird, sind der Herangezogene und die steuerfordernde Kirchengemeinde. Gegen die Entscheidung der Staatsbehörde ist den Parteien der Rechtsweg eröffnet; er ist durch Klage beim OVG. zu beschreiten (§ 27 kath. KirchensteuerG.). In diesem Verwaltungsstreitverfahren sind folgerichtig die Parteien nur der Herangezogene und die Kirchengemeinde.

Der Gerichtshof nimmt der Klage gegenüber dieselbe Stellung wie sonst im Verwaltungsstreitverfahren gegenüber dem Rechtsmittel der Revision ein. Er hat also, wie bei der Revision das Urteil und das Verfahren der Vorinstanz, so in Kirchensteuerstreitigkeiten die von der Staatsbehörde erlassene Entscheidung und das ihr vorausgegangene Verfahren in den durch das Gesetz bezeichneten Grenzen zu prüfen.

2. Hat nach vorstehendem der Bescheid des Regierungspräsidenten die rechtliche Natur der Entscheidung eines Parteienstreits, so kann sie nicht ohne ein vorhergehendes Verfahren erlassen werden, in welchem auch der Gegner Gelegenheit gehabt hat, sich zu äußern. Deshalb schreibt das Gesetz (§ 23 Abs. 2) vor, daß die Entscheidung nach Anhörung der Kirchengemeinde zu erfolgen hat. Auf welche Weise und in welchem Zeitpunkte vor der Entscheidung diese Anhörung zu erfolgen habe, ist freilich nicht vorgeschrieben; man müßte es deshalb beispielsweise für genügend erachten, wenn etwa im vorliegenden Falle die Aeußerung der Kirchengemeinde auf die Beschwerde über den Einspruchsbescheid infolge Aufforderung der bischöflichen Behörde dieser gegenüber abgegeben und durch sie zur Kenntnis der Staatsbehörde gelangt wäre. Aber ohne daß die Beschwerde selbst der Kirchengemeinde überhaupt vorgelegen hat, darf der Regierungspräsident nicht entscheiden. Dies ist eine Vorschrift des Verfahrens und zwingenden Rechtes*).

3. Die katholische Ehefrau des evangelischen Beklagten kann nach § 5 Abs. 2 des Gesetzes in der katholischen Kirchengemeinde zu H. nur dann kirchensteuerpflichtig sein, wenn sie dieser Kirchengemeinde durch ihren Wohnsitz angehört. Sie gehört ihr aber nicht an; denn sie ist in ihre Parochie nicht eingepfarrt. Zwar begründet grundsätzlich der Wohnsitz auch die Einpfarrung zur Parochie (§ 260 II 11 ALR.). Allein, wer zur Militärgemeinde gehört, kann nicht gleichzeitig ein Eingepfarrter der Kirchengemeinde sein, in deren Bezirk er seinen Wohnsitz hat (§§ 278, 279 aaO.). Auf die Militärgemeinden findet das KirchensteuerG. keine An-

*) Mit der hier erörterten Frage beschäftigt sich auch ein Vorbescheid des OVG. v. 10. V. 07 (OVG. 50 200 i. d. Anm.) VIII A 2/07, in dessen Gründen es heißt:

Allerdings ist in der Entscheidung des Regierungspräsidenten von einer vorherigen Anhörung der beteiligten Kirchengemeinde und der bischöflichen Behörde nichts erwähnt, allein in dieser Auslassung kann kein wesentlicher Verfahrensmangel gefunden werden, da die Vorschrift im Abschn. VII D Nr. 2 AA. v. 24. III. 06, wonach in der Entscheidung die Anhörung erwähnt werden soll, rein instruktioneller Natur ist und die Anhörung tatsächlich stattgefunden hat.

wendung (§ 35 des Gesetzes). Damit ist nicht nur gesagt: daß Militärgemeinden ein Kirchensteuerrecht gemäß dem Kirchensteuergesetze nicht haben, sondern auch, daß nach diesem Gesetz Angehörige der Militärgemeinden in einer Kirchengemeinde nicht zur Kirchensteuer herangezogen werden können. Die Ehefrau des Beklagten gehört aber der Militärgemeinde zu H. an, weil ihr Ehemann, der Beklagte, zu dieser Militärgemeinde gehört. Zu den Militärgemeinden zählen nach § 1[1] Vd., betr. die Zugehörigkeit zu den Militärgemeinden, v. 19. X. 04 (GS. 273) die Militärbeamten, welche zum deutschen Heere gehören, im Heere für dessen Bedürfnis dauernd angestellt sind, nicht zum Soldatenstande rechnen und unter dem Kriegsminister stehen. Ein Kriegsgerichtssekretär erfüllt diese Voraussetzungen, er gehört in den Bereich der Militärjustizverwaltung, die vom Kriegsminister geführt wird (§§ 108, 111 MilitärstrafgerichtsO. v. 1. XII. 98 — RGBl. 1189). Nach § 2 Vd. v. 19. X. 04 gehört nun während der Dauer der Zugehörigkeit eines Militärbeamten auch dessen Ehefrau zur Militärgemeinde. Daher ist auch die Ehefrau des Beklagten ein Glied der zu H. bestehenden Militärgemeinde. Hiergegen kann nicht eingewendet werden, daß der Ehemann evangelisch und die Ehefrau katholisch und es deshalb unmöglich sei, daß die Frau derselben Gemeinde wie der Mann angehöre. Dieser Einwand würde nur berechtigt sein, wenn es in H. zwei Militärkirchengemeinden, eine evangelische und eine katholische, gäbe. Nach dem geltenden Rechte bestehen aber Militärkirchengemeinden überhaupt nicht, sondern nur Militärgemeinden. Der in der MilitärkirchenO. v. 12. II. 32 (GS. 69) im § 38 ausgesprochene Satz, daß die Konfession der einzelnen Individuen auf die Parochialverhältnisse der Militärgemeinde von keinem Einflusse sei, gilt noch unverändert. Der Zweck des Militärkirchenwesens, mit dem nach der Einleitung der Militärkirchenordnung für die religiösen Bedürfnisse der Armee auf eine ihrer Einrichtung entsprechende Weise gesorgt werden soll, wird in der Weise erfüllt, daß die Militärangehörigen in Militärgemeinden zusammengefaßt und dadurch außerhalb der bestehenden Kirchengemeinden gestellt werden, und daß sodann innerhalb der Militärgemeinde Seelsorge und Kultus für die Anhänger des katholischen und des evangelischen Bekenntnisses konfessionell geregelt wird. Durch die verschiedene konfessionelle Befriedigung des religiösen Bedürfnisses kann nicht der rechtliche Erfolg hervorgebracht werden, daß die eine Militärgemeinde sich in zwei selbständige konfessionelle Gemeinden spaltete. Nicht einmal der Umstand, daß auch gesonderte Vermögensverwaltungen stattfinden können, vermag einen solchen Erfolg herbeizuführen; denn das Vermögen, um dessen Verwaltung es sich handelt, ist staatliches Eigentum (§ 113 MilitärkirchenO.), und der Kirchenvorstand hat den Charakter eines Verwalters, nicht aber eines Vertretungsorgans. Angesichts dieser Rechtslage kann es nicht auffallen, daß § 2 Vd. v. 19. X. 04 keine besonderen Bestimmungen für den Fall der Glaubensverschiedenheit der Eheleute trifft, sondern daß nach dem klaren Wortlaut in jedem Falle auch die Frau, wenn der Mann ein Glied der Militärgemeinde ist, dieser angehört.

Nr. 3. Entsch. v. 25. Okt. 1907 (OVG. 51 182) A VIII 127/06.

Kath. KirchensteuerG. §§ 1 f., 4, 12, 15; BGB. § 7; ZPO. §§ 14 f.

1. Die neuen Kirchensteuergesetze bestimmen den Begriff Wohnsitz nicht, wie dies zB. im Einkommensteuer- und im KommunalabgabenG. unter Hinweis auf § 1 Abs. 2 ReichsG. wegen Beseitigung der Doppelbesteuerung v. 13. V. 70 (BGB. 119) geschehen ist. Er muß, wie auf dem Gebiete des Schulabgabenrechts, so auf dem des Kirchensteuerrechts dem BGB. entnommen werden. Nach § 7 BGB. begründet jemand seinen Wohnsitz an dem „Orte",

an dem er sich ständig niederläßt. Das Gesetz spricht nicht von „Ortsgemeinde“, sondern hat den allgemeinsten Ausdruck der deutschen Sprache gewählt und in § 7 Abs. 2 gesagt, der Wohnsitz könne gleichzeitig an mehreren „Orten“ bestehen. Unter dem Orte der ständigen Niederlassung ist nun freilich, wo es sich um ortskommunale, durch den Wohnsitz zu begründende Rechte und Pflichten handelt, die Ortsgemeinde zu verstehen, und es kann insoweit niemand innerhalb einer und derselben Ortsgemeinde mehr als einen Wohnsitz haben. Anders verhält es sich dagegen bei gewissen rechtlichen Beziehungen, für welche nach ausdrücklicher gesetzlicher Vorschrift als Ort der ständigen Niederlassung nicht immer die Ortsgemeinde, sondern für bestimmte Fälle ein in deren Grenzen gelegener engerer Bezirk in Betracht kommt. Das trifft beispielsweise in Ansehung des Gerichtsstandes zu. Denn obschon auch im Sinne der ZPO. der Begriff des Wohnsitzes dem bürgerlichen Rechte zu entnehmen ist, so hat doch der Gesetzgeber keine Bedenken getragen, Ortsgemeindebezirke in mehrere Gerichtsbezirke zu teilen. Wie daraus klar erhellt, mußte er, da nach § 13 ZPO. der allgemeine Gerichtsstand einer Person durch den Wohnsitz bestimmt wird, davon ausgehen, daß der Wohnsitz nicht lediglich in dem gesamten Ortsgemeindebezirke, sondern daß er auch in dem einen Teil davon bildenden Gerichtsbezirke liegen, daß man also im Sinne des § 7 BGB. sich nicht bloß in einem Ortsbezirke, sondern auch in einem im Ortsgemeindebezirke liegenden Gerichtsbezirke ständig niederlassen, also seinen Wohnsitz begründen könne. Das hat denn auch die Nov. zur ZPO., die mit dem BGB. gleichzeitig in Kraft getreten ist, im § 15 ausdrücklich anerkannt. Während ferner bisher für den Wohnsitz einer Militärperson der zufällige Umstand entscheidend war, in welchem der einer Garnisonortsgemeinde angehörigen Gerichtsbezirke die Kaserne lag, wird neuerdings (vgl. § 14 ZPO) der „als Wohnsitz geltende Bezirk“ von der Landesjustizverwaltung durch allgemeine Anordnung bestimmt. Nur der Begriff des Bezirkes, nicht aber der des Ortsgemeindebezirkes liegt demgemäß hier dem Begriffe des „Ortes“ zugrunde. Daher kommt es, wenn eine Ortsgemeinde in mehrere Grichtsbezirke geteilt ist, für die Frage des allgemeinen Gerichtsstandes einer Person, der ebenfalls durch den Wohnsitz bestimmt wird, nur darauf an, ob sich die Person in dem, einen Teil des Ortsgemeindebezirkes bildenden Gerichtsbezirke niedergelassen hat. Dieser Bezirk gilt für den allgemeinen Gerichtsstand nach dem Gesetz als Wohnsitz, während er in den besonderen Fällen der §§ 14f. ZPO. durch Anordnungen bestimmt wird. In dem genannten Falle ist daher für den allgemeinen Gerichtsstand einer Person nicht die Tatsache entscheidend, daß die Person in der Ortsgemeinde überhaupt ihren Wohnsitz hat, vielmehr gibt der Wohnsitz gerade in dem besonderen Gerichtsbezirke den Ausschlag.

2. Aehnlich hängt in Ortsgemeinden, über deren Gebiet sich eine Mehrzahl räumlich gegeneinander abgegrenzter Pfarrbezirke derselben Konfession erstreckt, die Kirchensteuerpflicht der Konfessionsgenossen von einer ständigen Niederlassung im Bezirke gerade der das Besteuerungsrecht geltend machenden Kirchengemeinde und nicht etwa nur in der Ortsgemeinde als solcher ab. Hätte der Kläger darin recht, daß es auf den Wohnsitz in der Stadt C. ankomme, so würde jede katholische Kirchengemeinde in C. jeden in der Stadt wohnenden Katholiken heranziehen können; denn nach § 1 ist jede katholische Kirchengemeinde steuerberechtigt, und nach § 2 ist ihr jeder Katholik, der ihr durch Wohnsitz angehört, steuerpflichtig. Vielmehr kann man „durch seinen Wohnsitz“ „der Kirchengemeinde“ nur „angehören“, wenn man „in der Kirchengemeinde“ seinen Wohnsitz hat. Bei mehrfachem Wohnsitze ferner beläßt § 4 das Grund-, Handels- und Gewerbeeinkommen „der Kirchengemeinde, in deren Bezirke das Grundvermögen oder der Betrieb belegen ist“. So würde es nicht heißen können, wenn das Steuergesetz

nicht den Kirchengemeindebezirk, sondern den Ortsgemeindebezirk vor Augen hätte. Nach § 12 ist die Sonderbelastung eines „Teiles der Kirchengemeinde" zulässig. Auch das wäre nicht möglich, wenn nicht die in der Kirchengemeinde Wohnsitz Habenden die Steuerpflichtigen wären. Endlich würde bei der Ansicht des Klägers der § 15, falls in einer Stadt die Pfarrbezirke verändert werden, kaum ausführbar sein.

II.

Die katholische Kirche.

Literatur: Vgl. oben unter I.

III.

Die Synagogengemeinden.

Nr. 1. Entsch. v. 10. Febr. 1905 (OVG. 47 217) VIII B 47/03.

JudenG. §§ 35, 53ff., 58; G., betr. den Austritt aus den jüd. Synagogengemeinden, v. 28. VII. 76 (GS. 353) §§ 2—6; G., betr. den Austritt aus der Kirche, v. 14. V. 73 (GS. 207) § 8.

Nach § 35 JudenG. soll jeder Jude der Synagogengemeinde seines Wohnorts angehören. Dieser Rechtsnotwendigkeit und dem damit verbundenen Beitragszwange konnte sich kein Jude im Geltungsgebiete des Gesetzes entziehen. Nur die Minister waren nach §§ 53ff. beim Ausbruche von Streitigkeiten über Kultuseinrichtungen innerhalb der Gemeinde befugt, die Bildung einer neuen Synagoge zu gestatten und Bestimmung über die Vermögensverhältnisse zu treffen. Ein Ausscheiden aus der Gemeinde oder aus dem Judentume war damit aber niemals verbunden, für den einzelnen mit rechtlicher Wirkung unmöglich.

Die Möglichkeit des Austritts aus dem Judentum ist erst geschaffen worden durch das G., betr. den Austritt aus der Kirche, v. 14. V. 73 (GS. 207). Der Austritt aus der religiösen Gemeinde ohne gleichzeitigen Austritt aus dem Judentume wurde den Juden in allen Teilen der Monarchie erst durch das G. v. 28. VII. 76 ermöglicht. Dort aber ist der erwähnte Grundsatz des G. v. 1847 keineswegs aufgehoben, sondern nur gemildert worden zugunsten derjenigen, die religiöser Bedenken wegen aus der Gemeinde scheiden wollen und dieses in Person vor dem Richter erklären.

Ohne Zweifel sind Gewissensbedenken über den Kultus einer örtlichen jüdischen Gemeinde höchstpersönliche Angelegenheiten. Verlangt daher das G. v. 1876 zur Wirksamkeit eines nur solcher Bedenken wegen zugelassenen Austritts eine persönliche Erklärung vor dem Richter, so muß sich die Wirkung dieser Erklärung nach der Natur der Sache und nach den Worten der §§ 2 und 6 des Gesetzes auf den Erklärenden und die ihm gegenüberstehende Gemeinde beschränken. Es ist daher nicht abzusehen, wie ohne ausdrückliche Gesetzesbestimmung eine andere Person, die kraft § 35 JudenG. durch ihren Wohnsitz der Synagogengemeinde angehört, sofern sie religiöse Bedenken gegen deren Einrichtungen entweder nicht hegt oder etwa gehegte Bedenken nicht zum Gegenstand einer Versicherung vor dem Richter gemäß dem G. v. 1876 macht, durch die Erklärung des anderen zum Austritt gebracht werden sollte. Der Gerichtshof hat denn auch seither der Austrittserklärung des Ehemanns jede Wirkung für die Ehefrau und der des Vaters für minderjährige diskretionsfähige Kinder, d. h. solche Kinder, die nach ihrem Lebensalter zur eigenen Wahl des religiösen Bekenntnisses berechtigt sind, abgesprochen. Auch das unmündige jüdische Kind gehört im Geltungsbereiche des G. v. 1847 der Synagogengemeinde, der eine nach Privatrecht frei gebildete religiöse Vereinigung durchaus nicht gleichsteht, so lange an, bis es selbst seinen Austritt in der gesetzlichen Form erklären kann. Dabei ist dem Vater in den Grenzen des Erziehungsrechts unbenommen, das Kind von dem Kultus derjenigen Gemeinde, von der er sich für seine Person losgesagt hat, fernzuhalten, er kann es sonstwo unterrichten lassen, aber frei von dem gesetzlichen Gemeindebande wird das Kind erst mit der eigenen Erklärung. Bis dahin bleibt das etwaige freie Vermögen des Kindes der Synagogengemeinde beitragspflichtig.

Nr. 2. Entsch. v. 24. April 1906 (OVG. 49 212) VIII B 87/05.

JudenG. §§ 35, 37; G. v. 28. VII. 76 §§ 1, 6, 9; G., betr. den Austritt aus der Kirche, v. 14. V. 73 (GS. 207) §§ 1, 3, 8.

1. Das Judentum ist keine „Kirche", sondern nur eine vom Staate anerkannte Religionsgemeinschaft, welchen Gegensatz § 8 G. v. 14. V. 73 klar zum Ausdrucke bringt. Das G. über die Rechtsverhältnisse der Juden v. 23. VII. 47 (GS. 263) hat auch keineswegs das Judentum einheitlich organisiert, wie dies zB. bezüglich der „Evangelischen Landeskirche" durch den Gesetzgeber geschehen ist. Das Judentum bildet für sich keine einheitliche, öffentlich-rechtliche Korporation dergestalt, daß von ihr alle Juden der Monarchie oder des Geltungsbereichs des G. v. 1847 umfaßt würden. Korporationsrechte haben vielmehr nur die einzelnen örtlichen Synagogengemeinden je für sich, und auch das nur in bezug auf ihre Vermögensverhältnisse (§ 37 G. v. 1847). Folglich können sich die Pflichten eines aus dem Judentum Austretenden ebenso wie die eines in dieser Religionsgemeinschaft verharrenden Juden immer nur auf denjenigen örtlichen Synagogenverband erstrecken, dem der einzelne Jude jeweilig angehört oder bis zu seinem Austritt aus dem Judentum angehört hat. Verzieht somit ein aus dem Judentum Ausgetretener, so hat die an dem Orte des neuen Wohnsitzes bestehende Synagogengemeinde keinerlei Anrecht auf Beiträge gegen ihn. Nur „Juden" werden beim Anzug ohne weiteres Mitglieder der am Anzugsorte bestehenden Synagogengemeinde. Der aus dem Judentum Ausgetretene ist aber kein Jude mehr, sondern im Falle gleichzeitigen Uebertritts zu einer christlichen Kirche Christ, sonst Dissident, d. i. ein keiner der bestehenden Religionsgemeinschaften angehörender Einwohner. Gegenüber einem Anziehenden, der nicht Jude ist, erwirbt der örtliche Synagogenverband kraft des Anzugs überhaupt keine Rechte. Wo aber keine Rechte entstanden sind, bedarf es auch keines Aktes zu ihrer Beseitigung.

2. Von anderen Normen als der Anzug ist der Austritt aus einem örtlichen Synagogenverbande beherrscht. In allen öffentlichen Verbänden, in denen Zugehörigkeit und Steuerpflicht allein durch das Band des Wohnsitzes vom Gesetze begründet werden, erlöschen Zugehörigkeit und Steuerpflicht — abgesehen von hier nicht in Betracht kommenden Ausnahmefällen — durch Lösung des Bandes, also durch Wegzug. Ausnahmsweise, also ohne Aufgabe des Wohnsitzes, kann aber, soweit eine der beiden christlichen Kirchen oder eine vom Staate anerkannte Religionsgemeinschaft in Frage kommt, die Steuerpflicht gegenüber dem bisherigen, kraft Wohnsitzes zuständigen Verband auch auf anderem Wege aufgehoben werden. Das bestehende Recht unterscheidet:

a) den Austritt eines Juden lediglich aus der örtlichen Synagogengemeinde, der er zufolge § 35 G. über die Verhältnisse der Juden v. 23. VII. 47 kraft seines Wohnsitzes im Synagogenbezirk ohne weiteres angehört,

b) den Austritt eines Juden aus dem Judentum (ohne gleichzeitigen Uebertritt zu einer christlichen Kirche),
c) den Uebertritt eines Juden zu einer christlichen Kirche.

Mit jedem dieser Vorgänge sind wesentlich verschiedene Rechtswirkungen verbunden. Wer lediglich aus der örtlichen Synagogengemeinde (Judenschaft) austritt (G. betr. den Austritt aus den jüdischen Synagogengemeinden v. 28. VII. 76 — GS. 353), bleibt Jude. Der aus dem Judentum Austretende (§ 8 G. v. 14. V. 73) wird Dissident, der Getaufte (§ 1 Abs. 2 aaO.) wird Angehöriger der betr. christlichen Kirche. Der Austritt aus der örtlichen Synagogengemeinde und der aus dem Judentume sind an die wesentliche Form der persönlichen Austrittserklärung vor dem örtlich zuständigen Amtsgerichte gebunden, der Uebertritt zu einer christlichen Kirche erfordert diese Form nicht. Er bewirkt — soweit das Religionsbekenntnis für sich in Betracht kommt — ohne weiteres auch den Austritt aus dem Judentume. Ein Christ kann nicht zugleich oder nicht mehr Jude sein.

Wer lediglich aus der örtlichen Judenschaft austritt, verliert damit die Rechte eines Mitglieds dieser Synagogengemeinde. Dagegen gilt er hinsichtlich der Beitragspflicht für bestimmte Zeit und in bestimmtem Umfange (§ 6 G. v. 28. VII. 76) noch als Mitglied. Verzieht der Ausgetretene in einen anderen Synagogenbezirk, so wird er nur dann Mitglied des dortigen Verbandes, wenn er vor oder bei seinem Einzuge die Abgabe einer Erklärung, nicht Mitglied werden zu wollen, unterläßt (§ 1 Abs. 2 aaO.). Tritt er nachträglich aus dem Judentum überhaupt aus, so beschränkt sich die Beitragspflicht noch weiter (§ 9 Abs. 2 aaO.).

Der aus dem Judentum Austretende ist zu Leistungen, „welche auf der persönlichen Gemeindeangehörigkeit beruhen" — also auf der Zugehörigkeit zu der konkreten Synagogengemeinde, denn nur dieser gegenüber besteht eine persönliche Zugehörigkeit — nach bestimmter, kurzer Frist nicht mehr verpflichtet (§§ 3 und 8 G. v. 14. V. 73). Aus dem Wortlaute des § 1 aaO. ist zu folgern, daß ein zum Christentum übertretender Jude von den Lasten seines bisherigen örtlichen Verbandes nur befreit wird durch eine förmliche Erklärung vor dem Amtsgericht, er trete aus dem Judentum aus, und dies auch nur mit der an eine solche Erklärung gesetzlich gebundenen Wirkung, daß die Steuerpflicht gegenüber dem bisherigen Verbande für eine gewisse beschränkte Zeit noch fortdauert. Immer aber gilt die Norm des Abs. 3 nach seinem klaren Wortlaute lediglich gegenüber dem bisherigen Verbande. Das aber ist nach der dem Judentume vom Gesetze gegebenen Organisation allein der örtliche Verband, dem der Ausgetretene zur Zeit des Austritts (oder Uebertritts) angehörte. Die Fortdauer der Steuerpflicht gegenüber diesem örtlichen Verbande trotz Austritts oder Uebertritts ist eine Ausnahme von der Regel, daß mit der Zugehörigkeit zu einem öffentlichen Verband auch dessen Besteuerungsrecht erlischt. Nach der Begründung zu dem G. v. 1873 und den Landtagsverhandlungen hat der Gesetzgeber dieses Ausnahmerecht lediglich aufgestellt, um einer etwaigen Zerrüttung der Finanzverhältnisse der betr. örtlichen Gemeinde vorzubeugen, wie solche besonders bei Massenaustritten leicht entstehen kann. Das Ausnahmerecht des einen örtlichen Verbandes kann nicht auf andere Verbände übertragen werden, in deren Bezirk der Ausgetretene demnächst verzieht.

Nr. 3. Entsch. v. 17. März 1905 (OVG. 47 215) VIII B 47/04.

1. Statuten über die Umlegung von Synagogengemeindebeiträgen müssen allgemeine Normen über die objektive Steuerpflicht enthalten, wie solche zB. in den §§ 5—16 EinkStG. enthalten sind. Ohne solche Normen ist

die zur Festsetzung der Beiträge berufene Kommission nicht in der Lage, ihre Aufgabe zu erfüllen, wenn anders ihre Tätigkeit nicht willkürlich sein soll. Solcher allgemeinen Normen würde es nur dann nicht bedürfen, wenn aus den Satzungen sich ergäbe, daß die vom Staate für die staatliche Besteuerung aufgestellten Normen bei der Veranlagung der Synagogenbeiträge sinngemäße Anwendung finden sollten, wie dies zB. dann zutrifft, wenn die Kultusbeiträge in der Form von Zuschlägen zu den staatlich veranlagten Steuern erhoben werden.

2. Die Vorschrift eines Statuts, daß die Gemeindemitglieder „nach Verhältnis des Vermögens und der Einkünfte" mittels Zuweisung zu gewissen Klassen heranzuziehen seien, ist rechtsungültig, sofern die Klassen nicht nach oben fest begrenzt sind oder die Bestimmung verschiedener Steuersätze innerhalb eines Höchst- und eines Mindestbetrags offen lassen.

Nr. 4. Entsch. v. 8. Jan. 1907 (OVG. 49 218) VIII B 70/05.

JudenG. §§ 46, 48–50, 58, 62.

1. Laut § 58 JudenG. v. 23. VII. 47 (GS. 263) sind die Kosten des Kultus und der übrigen Bedürfnisse einer Synagogengemeinde nach den durch das Statut einer jeden Synagogengemeinde näher zu bestimmenden Grundsätzen auf die einzelnen Beitragspflichtigen umzulegen. Das Statut selbst soll also ein für allemal (bis zu einer auf ordnungsmäßigem Wege — §§ 46, 48—50 aaO. — herbeizuführenden Aenderung der Satzungen) die Grundsätze für die Aufbringung der Abgaben regeln. Hierdurch ist es ausgeschlossen, daß Vorstand und Repräsentanten jeweilig bei Feststellung des Etats oder durch einen bis auf weiteres geltenden, aber nicht in das Statut übernommenen Beschluß die für die Abgabenerhebung geltenden Grundsätze bestimmen.

2. Zur Erhebung eines besonderen Entgelts für Leistungen, die nur auf Antrag einzelnen Mitgliedern nach deren freiem Willen gemacht werden, ist jede Korporation in den durch das Gesetz gezogenen Schranken befugt. Das folgt aus der Natur der Sache. Wenn ein Statut Geldbeiträge aller einzelnen Mitglieder an die Voraussetzung knüpft, daß der Gemeindebedarf nicht durch sonstige Einkünfte der Gemeinde gedeckt wird, so muß man damit nach Lage der Sache auch an Gebühren und sonstige Zahlungen für besondere Leistungen gedacht haben. Begräbnisplätze und Synagogen gehören zum „Vermögen der Synagogengemeinde". Erzielt die Gemeinde durch Gewährung von Erbgräbern oder festen Sitzplätzen besondere Einnahmen, so gehören diese zu den Revenüen des Gemeindevermögens im Sinne des Statuts. Soweit das Gesetz in Betracht kommt, wäre also die Erhebung einer Gebühr für einen bestimmten Platz in der Synagoge, der ausschließlich seinem Inhaber vorbehalten bleibt, rechtlich zulässig, vorausgesetzt, daß genügender Platz für diejenigen vorhanden ist, die keinen festen Platz beanspruchen, und daß die Erhebung einer Platzgebühr im Statut ausdrücklich vorgesehen ist.

3. Die Erhebung von Schulgeld muß im Statut ebenfalls vorgesehen sein. Der Synagogengemeinde liegt kraft Gesetzes (§ 62 aaO.) die Pflicht ob, solche Einrichtungen zu treffen, daß es keinem jüdischen Kinde während des schulpflichtigen Alters an dem erforderlichen Religionsunterrichte fehle. Es handelt sich also dabei um eine Last der Synagogengemeinde. Folglich hat sie, d. i. die Gesamtheit der Gemeindeglieder, die durch die Last entstehenden Kosten aufzubringen; nicht aber darf sie diese Kosten ganz oder teilweise durch eine besondere Umlage auf die Eltern usw. der Schulkinder, also auf einen Teil der Steuerpflichtigen, abwälzen, solange und soweit nicht eine derartige „neue Auflage" (§ 48¹ aaO.) im geordneten Wege durch das Statut selbst geregelt ist.

Zu weit geht der Bezirksausschuß, indem er jede Schulgelderhebung für unbedingt ausgeschlossen erachtet, weil nach Vorschrift des Gesetzes den Gemeinden die Fürsorge für den Religionsunterricht obliege, mithin Kosten für die Unterhaltung der Religionsschule keine „besondere" Leistung der Gemeinde seien, für welche als Gegenleistung eine besondere Gebühr in Gestalt von Schulgeld gefordert werden könne. Dabei ist übersehen, daß die „Einführung neuer Auflagen", also auch die Einführung besonderer Abgaben im Gesetze — § 48[1] — ausdrücklich erlaubt ist; nur muß, wie gezeigt, die Einführung durch das Statut selbst, nötigenfalls durch eine Aenderung seiner Umlagegrundsätze erfolgen.

Nr. 5. Entsch. v. 26. Febr. 1907 (OVG. 50 204) VIII B 71/05.

ZustG. § 54.

Unter den mit der Klage im Verwaltungsstreitverfahren verfolgbaren Rechten einzelner gegenüber einer Synagogengemeinde sind auch nach den heute geltenden gesetzlichen Vorschriften nur Vermögensrechte, daher beispielsweise nicht das aktive oder passive Wahlrecht zu verstehen. Gegen die Zulässigkeit einer Ausdehnung des Klagerechts spricht neben den gesetzlichen Vorschriften noch folgende Erwägung: Ueberall, wo die aus der Gemeindemitgliedschaft oder aus der Kreis- und Provinzialzugehörigkeit fließenden Wahlrechte unter den Schutz des Verwaltungsstreitverfahrens gestellt worden sind, geht diesem ein Vorverfahren — die Beschlußfassung eines Korporationsorgans — voran (vgl. zB. §§ 10f., 27f. ZustG., § 113 KrO. §§ 23f. ProvO.). An einer derartigen Regelung würde es aber für die Synagogengemeinden fehlen. Weiter würden ihre Mitglieder, wollte man ihnen aus § 54 ZustG. ein Klagerecht auch wegen vermeintlicher Verletzung von Wahlbefugnissen einräumen, einen Schutz genießen, der den Mitgliedern anderer Religionsgemeinden versagt ist. An die Gewährung einer solchen besonderen Stellung hat der Gesetzgeber sicher nicht gedacht. Uebrigens hat auch die Uebung der Verwaltungsbehörden durchgehends nicht gezweifelt, daß Wahlstreitigkeiten in den jüdischen Gemeinden durch die Aufsichtsbehörde zu entscheiden sind.

Nr. 6. Entsch. v. 14. April 1905 (OVG. 47 212) VIII B 65/04.

ZustG. § 4.

1. Gegen die Heranziehung zu Synagogengemeindebeiträgen in der Provinz Hannover ist die Reklamationsklage gemäß § 54 ZustG. zulässig.

Schon durch Art. 2 Vd. betr. die Zulässigkeit des Rechtswegs usw. in den neuen Landesteilen v. 16. IX. 67 (GS. 1515) sind „Beschränkungen des Rechtsweges in den vorgedachten Landesteilen, die mit den im Geltungsgebiete des Preußischen Landrechts bestehenden allgemeinen Bestimmungen nicht im Einklange stehen, aufgehoben". Zu diesen allgemeinen Vorschriften zählt § 79 II 14 ALR., wonach rechtlich gehört werden soll, wer aus besonderen Gründen die Befreiung von einer allgemeinen Abgabe beansprucht oder in der Bestimmung seines Anteils über die Gebühr belastet zu sein behauptet. Derselbe Grundsatz findet sich wieder in der KabO. v. 19. VI. 36[3] (GS. 198), sowie im § 58 Abs. 3 JudenG. v. 23. VII. 47 (GS. 263). Er ist sodann durch das G. betr. die Erweiterung des Rechtsweges v. 24. V. 61 §§ 9f., 10 und 15 (GS. 241) in Einzelheiten näher ausgestaltet worden. Daß er seit der Vd. für die neuerworbenen Landesteile v. 1867 auch betreffs der Beitragsleistungen nach dem HannG. über die Rechtsverhältnisse der Juden v. 30. IX. 42 (HannGS. Abt. I

211) Geltung erlangt hat, ist in Uebereinstimmung mit der Ansicht nicht zu bezweifeln, die in der Begründung zum Entw. des G. betr. den Austritt aus den jüdischen Synagogengemeinden v. 28. VII. 76 (GS. 353) ausgesprochen worden ist. Eine neue und überall gleiche Regelung des Rechtsbehelfes gegen die Heranziehung zu den Synagogenabgaben ist endlich in den §§ 54 und 160 ZustG. geschaffen worden.

2. Die in der hiernach zulässigen Klage geltend gemachte Befreiung von dem streitigen Beitrage stützt der Kläger auf ein angeblich in der Synagogengemeinde M. geltendes Herkommen, und zwar unter Hinweis auf § 49 Abs. 3 SchulO. für die jüdischen Schulen v. 5. II. 54 (HannGS. Abt. I 49), wo es wörtlich heißt: „In betreff der Befreiung von den Beiträgen zur jüdischen Gemeinde verbleibt es bei dem Herkommen." Der Vorderrichter hat hierzu in dem angefochtenen Urteile keine Stellung genommen. Wenn aber in einer von ihm zwischen denselben Parteien erlassenen Vorprozeßentscheidung bemerkt worden war, der § 49 Abs. 3 jüdischen SchulO. sei seit Erlaß des LehrerBesG. v. 3. III. 97 veraltet, nämlich durch die dort im § 28 Abs. 7 vorgesehene Aufhebung aller entgegenstehenden Vorschriften beseitigt, so übersieht er, daß in dem letzteren Gesetze nirgends von einer Neuregelung der Pflicht der Lehrer zur Entrichtung öffentlicher Abgaben die Rede ist.

Nr. 7. Entsch. v. 6. Dez. 1907 (OVG. 51 204) VIII B 21/07.

1. In der Prov. Hannover ist eine Ortsobservanz rechtlich möglich, wonach an die Synagogengemeinde ein Mitglied, das seinen Wohnsitz in deren Bezirk aufgibt, Abzugsgeld zu entrichten hat.

Maßgebend hierfür sind die einschlägigen Grundsätze des Hannoverschen Provinzialrechts. Dabei kommen als geschriebenes Recht in Betracht: Das G. über die Rechtsverhältnisse der Juden v. 30. IX. 42 (GS. 211) und die zugehörige AAnw. v. 19. I. 44 (GS. 43), insbesondere § 28 des Gesetzes und § 8 der Anweisung. Von diesen lautet der § 28:

„Die Juden haben die Kosten ihres Synagogen- . . . . . . wesens . . . . . allein zu tragen. Der Betrag dieser Kosten und die Art ihrer Aufbringung ist, soweit nötig, durch die Behörden festzustellen. Die etwa nötige Beitreibung kann auf dem Verwaltungswege erfolgen."

§ 8 der Anweisung bestimmt:

„Der Fuß für Aufbringung der Beiträge . . . . . richtet sich nach dem, was darüber feststeht, und sofern nichts besteht, oder das Bestehende nicht für angemessen zu halten ist, nach dem, was darüber von den Beteiligten mit obrigkeitlicher Genehmigung beschlossen oder, soweit nötig, von der Obrigkeit bestimmt wird."

Den Ausschlag sollte also in erster Reihe geben, was 1842 über die Aufbringung der Beiträge feststand. In zweiter Reihe wurde auf obrigkeitlich bestätigte Gemeindebeschlüsse und von der Obrigkeit selbständig kraft ihres Aufsichtsrechts (§ 28 des Gesetzes) getroffene Anordnungen verwiesen. Unter dem, was 1842 feststand, sind nun nicht nur ältere Gemeindebeschlüsse und obrigkeitliche Festsetzungen zu verstehen, sondern auch Observanzen; denn im vormaligen Königreiche Hannover war auf dem Gebiete des öffentlichen Rechtes, abgesehen von hier nicht interessierenden Ausnahmen, allgemein die Observanz als Rechtsquelle anerkannt. Die Observanz eines Abzugsgeldes muß also an sich als zulässig anerkannt werden. Nun hat sowohl das Entstehen, wie das Fortbestehen jeder Observanz begriffsmäßig zur Voraussetzung eine gleichmäßige Uebung, die bei jeder sich darbietenden Gelegenheit in der Ueberzeugung rechtlicher Notwendigkeit betätigt worden ist. Zur Beseitigung einer Observanz genügt daher, daß sie längere Zeit hindurch und zwar je nach Bewandtnis der Umstände selbst nur einer einzelnen Person gegenüber nicht mehr beachtet worden ist.

2. Der Einspruch gegen die Heranziehung zu Abzugsgeld für eine Synagogengemeinde ist, weil Abzugsgeld keine direkte Steuer ist, nicht an eine Frist von drei Monaten gebunden. Beim „Abzugsgelde" handelt es sich nicht um fortlaufende, in bestimmten Zeiträumen wiederkehrende, nach der allgemeinen Leistungsfähigkeit oder nach der besonderen, für bestimmte Erwerbsquellen, ermittelten Leistungsfähigkeit normierte Abgaben. Der Erhebung liegen keine dauernden, periodisch neu festzustellenden Zustände des Einkommens und Erwerbes zugrunde, welche jeweilig im voraus für die Veranlagungsperiode in Listen oder Heberollen für alle Steuerpflichtigen niedergelegt würden. Die Erhebung knüpft vielmehr an einen besonderen, vereinzelten, rein zufälligen Vorgang an, der nur einen einzigen Steuerpflichtigen betrifft und sich regelmäßig als nur einmal in dem Verhältnisse zwischen der Gemeinde und dem Pflichtigen vorkommend denken läßt. Das Abzugsgeld ist somit keine direkte Steuer. Für „Abzugsgelder" als solche schreibt das Gesetz überhaupt keine Verjährungsfrist vor. Rechnet man sie zu den indirekten Abgaben im Sinne jenes Gesetzes, so würde die für derartige Abgaben im § 2 aaO. bestimmte Frist von einem Jahre im vorliegenden Falle gewahrt sein.

Nr. 8. Entsch. v. 26. Sept. 1905 (OVG. 50 215) VIII B 44/04.

G. zur gleichförmigen Ordnung der besonderen Verhältnisse der Israeliten v. 29. X. 33 (KurhGS. 144) §§ 18—20.

Die Veranlagung, von der der § 19 KurhG. v. 29. X. 33 spricht, ist die von den Gemeindeältesten nach § 18^4 an jeden Steuerpflichtigen zu erlassende besondere Bekanntmachung, bildet also den Schluß des im übrigen im § 18 vorgeschriebenen Einschätzungsverfahrens, welches sich in drei Stufen vollzieht. Es findet nämlich zunächst (§ 18^1) eine Schätzung durch die Aeltesten der Synagogengemeinde und von Gemeindeschätzern statt; auf der darauf folgenden zweiten Stufe (§ 18^2) erfolgt die Schätzung durch sämtliche Gemeindeältesten und Schätzer des Kreises und den Kreisvorsteher; endlich findet auf der dritten Stufe (§ 18^3) die weitere Revision durch den landesherrlichen Kommissar und zwei von ihm zu wählende Mitglieder des Vorsteheramts an dem Provinzhauptorte statt. Dies Einschätzungsverfahren ist ein Offizialverfahren, Kosten für den einzelnen Steuerpflichtigen können daraus nicht entstehen, vielmehr erhalten die auswärtigen Teilnehmer des in der zweiten Schätzungsstufe (der Kreisinstanz) stattfindenden Schätzungstermins ihre Reise- und Zehrungskosten aus ihren Gemeindekassen nach der von den Regierungen zu treffenden Bestimmung (§ 18^2 Abs. 2) und die auswärtigen Kreisvorsteher für die Teilnahme an dem Termin am Provinzhauptorte ihre Reise- und Zehrungskosten nach der Bestimmung der Regierung aus der judenschaftlichen Provinzialkasse (§ 18^3 Abs. 2) vergütet. Die Veranlagung im Sinne des § 19 schließt sich immer an die Schätzung in der letzten Instanz an. Das geschieht auch dann, wenn innerhalb der dreijährigen, durch § 20 vorgeschriebenen Periode Steuerpflichtige neu zugehen. Sie werden erst bei der am Ende der Periode stattfindenden Revision „definitiv" veranlagt (§ 20 Abs. 2); bis zur Revision sollen sie „einstweilen auf die im § 18 in den Sätzen 1 und 2 bestimmte Weise veranlagt" werden. D. h.: es soll hinsichtlich der Neuzugehenden das Schätzungsverfahren stattfinden; dies soll von dem allgemeinen Schätzungsverfahren nur darin abweichen, daß es auf die beiden ersten Stufen beschränkt wird, also die letzte Instanz wegfällt. Es findet daher, wie allgemein, so auch hinsichtlich der Neuzugehenden das Offizialverfahren statt, in welchem die in der Kreisinstanz (§ 18^2 Abs. 2) entstehenden Kosten aus der Gemeindekasse zu zahlen sind. Der zugehende Steuerpflichtige kann sich, was dem Gesetzessinne selbstverständlich nicht widerspricht, schon mit der Gemeindeschätzung einverstanden erklären, womit die Schätzung in der Kreisinstanz entbehrlich wird. Er kann aber auch das Ergebnis der Einschätzung in der Gemeinde beanstanden und dadurch die Fortsetzung des Offizialverfahrens in der Kreisinstanz veranlassen. Tut er letzteres, so wird dadurch an dem Charakter des Offizialverfahrens nichts geändert.

Nr. 9. Entsch. v. 11. Juni 1907 (OVG. 50 208) VIII B 19/06.

G. zur gleichförmigen Ordnung der bes. Verhältnisse der Israeliten v. 29. X. 33 (KurhGS. 144) §§ 18--20; ZustG. § 54.

1. In Kurhessen geht der Veranlagung zu den israelitischen Klassensteuern eine vorbereitende Einschätzung voran.

Von der regelmäßigen Veranlagung der Steuerpflichtigen wird im § 18^{4} G. v. 29. X. 33, von der außergewöhnlichen, die bei Zugang von Steuerpflichtigen in der Zwischenzeit zwischen zwei Revisionen stattfindet, im § 20 Abs. 2 aaO. gehandelt. Die Veranlagung, von der § 19 spricht, ist die von den Gemeindeältesten nach § 18^{4} an jeden Steuerpflichtigen zu erlassende besondere Bekanntmachung, bildet also den Schluß des im übrigen im § 18 vorgeschriebenen Einschätzungsverfahrens, das sich in drei Stufen vollzieht. Es ist nämlich zunächst (§ 18^{1}) eine Schätzung durch die Aeltesten der Synagogengemeinde und von Gemeindeschätzern zu bewirken; auf der darauf folgenden zweiten Stufe (§ 18^{2}) erfolgt die Schätzung durch sämtliche Gemeindeältesten und Schätzer des Kreises und den Kreisvorsteher; endlich findet auf der dritten Stufe (§ 18^{3}) die weitere Revision durch den landesherrlichen Kommissar und zwei von ihm zu wählende Mitglieder des Vorsteheramts an dem Provinzhauptorte statt. Dies Einschätzungsverfahren ist ein Offizialverfahren. In ihm mag der Steuerpflichtige, wenn er Kenntnis von seiner Einschätzung in einer der beiden ersten Stufen erhalten hat, Gegenvorstellungen anbringen und Anregungen geben; ein Rechtsmittel, wie das einer Reklamation, steht ihm jedoch nicht zu, da das Verfahren nur Vorbereitung für die demnächstige Veranlagung ist. Nachdem nämlich das Schätzungsverfahren auf der dritten Stufe abgeschlossen ist, werden nach § 18^{4} aaO. die Steuerrollen an das Vorsteheramt der Provinz abgegeben, das sie aufbewahrt und ein Duplikat nebst Rollen für jeden Kreis an die Regierung einsendet. Die Rollen werden alsdann den Landesämtern zugesandt, die daraus „die Gemeindesteuerrollen verfertigen und den Gemeindeältesten mitteilen". Erst mit dieser Mitteilung erhalten die Gemeindeältesten, d. h. die Steuerbehörde, die Unterlagen, auf Grund deren sie die Veranlagung vornehmen können. Nunmehr ist auch, sobald die Veranlagung erfolgt ist, die Möglichkeit einer Reklamation (§ 19) gegeben, die nach dem G. v. 18. VI. 40 (GS. 140) an eine Frist von 3 Monaten gebunden ist.

2. Wenn nun in der Zwischenzeit zwischen zwei Revisionen ein Steuerpflichtiger in Zugang kommt, so wird für diesen alsbald das eben geschilderte Verfahren gesondert eingeschlagen, nur mit der Abweichung, daß das Schätzungsverfahren durch Weglassung der dritten Stufe vereinfacht ist. Das im § 18^{4} aaO. bezeichnete Verfahren schließt sich also, im Falle des § 20 Abs. 2, an das Ergebnis der Einschätzung der zweiten Stufe (§ 18^{2}) unmittelbar an. Von der dabei vorgenommenen Veranlagung sagt das Gesetz: sie geschehe „einstweilen", und erläutert die Bedeutung dieses Ausdrucks durch die Worte „bis dahin", d. h. bis zur nächsten Revision. Auf Grund dieser Revision und für die ihr nachfolgende Zeit findet dann die „definitive", das dreistufige Schätzungsverfahren voraussetzende Veranlagung statt.

3. Im § 54 ZustG. sind dem Bezirksausschusse zur Entscheidung alle Klagen einzelner wegen der ihnen, als Mitglieder einer Synagogengemeinde,

zustehenden Rechte und obliegenden Verpflichtungen zu Abgaben und Leistungen überwiesen. Es muß daher auch der Anspruch eines Klägers auf Rückerstattung eines Betrags, den er in der irrigen Meinung, veranlagt worden zu sein, gezahlt hat, und den die Gemeindeältesten in der irrigen Meinung, eine Veranlagung sei erfolgt, angenommen haben, im Verwaltungsstreitverfahren verfolgt werden; denn es handelt sich um einen Streit über die dem einzelnen obliegenden Verpflichtungen zu Abgaben. Anderseits schreibt § 54 ZustG., abweichend von den Bestimmungen in §§ 18, 34 das. und im § 70 KommAbgG., nicht für alle Klagen wegen Abgaben vor, daß sie nur innerhalb einer von dem Einspruchsbeschluß ab laufenden Frist erhoben werden dürfen. Insoweit walten Bedenken gegen die Zulässigkeit der erhobenen Klage nicht ob. Weiter ist erkennbar, daß die Klägerin, indem sie Verjährung behauptet, ihren Anspruch auf § 9 RechtswErwG. v. 24 V. 61 (GS. 241) stützt, und auch für eine solche Klage ist nach § 160 ZustG. die Zuständigkeit des Verwaltungsgerichts begründet.

Bei der Beurteilung der Klage kommt in erster Reihe in Frage, ob sie rechtzeitig erhoben worden ist. Das Gesetz sagt, die Klage müsse „bei Verlust des Klagerechts binnen sechs Monaten nach geleisteter Zahlung" erhoben werden.

Die Frist ist nicht eine Ausschlußfrist, sondern eine Verjährungsfrist. Die Klage muß deshalb, als verjährt, abgewiesen werden, wenn nicht der Einwand der Klägerin, daß die Verjährung unterbrochen worden sei, durchgreift. Das aber ist nicht der Fall; denn ist ein Anspruch vor einem Verwaltungsgerichte zu verfolgen, so finden nach § 220 Abs. 1 BGB. auf die Unterbrechung der Verjährung die Vorschriften der §§ 209—213, 215, 216, 218, 219 das. entsprechende Anwendung. Daß eine unmittelbare Anwendung dieser Vorschriften ausgeschlossen ist, liegt auf der Hand, und auch eine entsprechende Anwendung kann zu nichts anderem führen, als die Geltendmachung eines durch das Gesetz eingeführten Rechtsbehelfes für geeignet zur Unterbrechung zu erklären. Nun ist aber die Mitteilung von der Einschätzung zur ersten Stufe überhaupt nicht eine Amtshandlung, gegen die ein Rechtsmittel gegeben wäre. Es fehlt daher an einem Rechtsbehelfe, durch den die Verjährung unterbrochen sein könnte.

IV.

Schulangelegenheiten.

Literatur: v. Brauchitsch: Die neuen preußischen Verwaltungsgesetze. Herausgegeben von v. Studt und v. Braunbehrens. Bd. VII. Elementarschulwesen, bearbeitet v. Klotzsch.[2] (Berlin 1908). — Freund, Die Rechtsstellung der Juden im preußischen Volksschulrecht nebst den bezüglichen Gesetzen, Verordnungen und Entscheidungen, systematisch dargestellt. (Berlin 1908.) — Reinecke-Schöppa: Die Bestimmungen des preuß. Min. der Unterrichts- usw. Angelegenheiten, betr. die Volks- und Mittelschule, die Lehrerbildung und die Prüfungen der Lehrer.[12] (Leipzig 1907.)

A. Rechtsverhältnisse der Volksschullehrer.

Gesetzliche Grundlagen (nebst Materialien): G. v. 10. VI. 07 (GS. 133) wegen Abänderung des G., betr. die Pensionierung der Lehrer und Lehrerinnen an öffentlichen Volksschulen v. 6. VII. 85 (GS. 298). G. v. 10. VI. 07 (GS. 137) wegen Abänderung des G. betr. die Fürsorge für die Witwen und Waisen der Lehrer an öffentlichen Volksschulen v. 4. XII. 99 (GS. 587). Materialien für beide Gesetze: AH. 1907, Drucks. Nr. 205, 249—255, 257 f., 270, 279 f.; StenB. 4455, 4539, 4637; HH. 1907: Drucks. Nr. 88, 94; StenB. 277.

Literatur: Reishauer: Rechtliche Stellung der militärpflichtigen und militärentlassenen Volksschullehrer in Preußen. (Leipzig 1906.)

1. Allgemeines. Lehrerberufung.

Nr. 1. Entsch. v 22. Mai 1906 (PrVerwBl. 29 771) VIII A 48/05.

Nach allgemeinen Rechtsgrundsätzen steht den Lehrern und Lehrerinnen ein Züchtigungsrecht in demselben Umfange zu, wie es die Eltern zur Ausübung einer zweckmäßigen Erziehung haben (vgl. § 1631 Abs. 2, § 1686 BGB.). Begriffsmäßig ist mithin dem Züchtigungsrechte die Grenze gezogen, daß — um mit den Worten der KabO. v. 14. V. 25 (GS. 149) zu reden — die Schulzucht niemals zu Mißhandlungen ausgedehnt werden darf, „die der Gesundheit des Kindes auch nur auf entfernte Art schädlich werden können". Im Wege der Reichsjustizgesetzgebung hat das frühere Verfahren eine Aenderung dadurch erfahren, daß die Vorschrift im § 3 G. v. 13. II. 54 beseitigt worden ist, wonach auf den Konflikt darüber zu entscheiden war, ob dem Beamten eine „zur gerichtlichen Verfolgung geeignete" Amtspflichtverletzung zur Last fiel. Nach § 11 EGGVG. v. 27. I. 77 ist die Entscheidung des Konfliktsrichters lediglich auf die Feststellung beschränkt, „ob sich der Beamte einer Ueberschreitung seiner Amtsbefugnisse oder der Unterlassung einer ihm obliegenden Amtshandlung schuldig gemacht habe". Eine Amtsüberschreitung aber bei der Züchtigung eines Schulkindes begeht der Lehrer nur dann, wenn er — sei es aus Vorsatz, sei es aus Fahrlässigkeit — die Schranken außer acht läßt, die der Schulzucht gesetzlich, d. i. im Sinne der KabO. v. 14. V. 25 oder durch verbindliche Anweisungen der Schulaufsichtsbehörde gezogen sind.

Bindende Schranken, die durch aufsichtsbehördliche Anordnungen gesetzt gewesen wären, kommen nicht in Frage. Es fragt sich daher lediglich, ob der Lehrer die ihm gesetzlich gezogene Grenze seines Züchtigungsrechts überschritten, ob er also rechtswidrig dem Schüler eine Mißhandlung zugefügt hat, die seiner Gesundheit, wenn auch nur auf entfernte Art, schädlich werden konnte. Dies ist zu verneinen. Daraus, daß der Lehrer zur Züchtigung des Knaben die aus Holzstiel und einigen dünnen Lederstreifen bestehende Klopfpeitsche, die dem Gerichtshofe vorgelegen hat, anwandte und mit deren Riemen schlug, kann auf eine bewußte und gewollte Ueberschreitung des Züchtigungsrechtes nicht geschlossen werden. Selbst wenn man ferner annehmen wollte, daß die Sugillationen im Gesichte des W. von einem Schlage mit dem Peitschenriemen herrührten, so müßten diese an sich nicht bedeutenden Verletzungen auf einen Umstand zurückgeführt werden, den B. bei Anwendung der erforderlichen Sorgfalt nicht voraussehen konnte, so daß auch der Vorwurf der Fahrlässigkeit nicht zu begründen wäre. Nach dem Ergebnis der Beweisaufnahme hat B. den Knaben auf den Rücken geschlagen; wenn gleichwohl das Gesicht getroffen wurde, so wird das die Folge des plötzlichen, dem Lehrer unerwartet kommenden Drehens des Körpers des Knaben gewesen sein. Die Möglichkeit, daß der Kopf des Knaben getroffen würde, war daher keine so naheliegende, daß der Lehrer sie bei gehöriger Sorgfalt erkennen und sein Tun und Lassen danach einrichten mußte. Es kann somit im vorliegenden Falle dem Lehrer das nicht gewollte Treffen des Kopfes mangels eines subjektiven Verschuldens nicht als Amtsüberschreitung angerechnet werden.

Nr. 2. Entsch. v. 24. Febr. 1905 (OVG. 48 185) VIII A 75/03.

ALR. II 12 § 22; RegInstr. § 18a.

1. Es ist außer Zweifel, daß auf Grund der RegInstr. v. 23. X. 1817 der Schulaufsichtsbehörde die Befugnis nicht zustehen würde, unter Uebergehung eines Lehrerberufungsrechts der Stadtgemeinde die Lehrerstelle mit

der Wirkung zu besetzen, daß die Stadt verpflichtet wäre, den angestellten Lehrer zu besolden; denn nach § 18a aaO. gebührt der Regierung nur bei den dem landesherrlichen Patronat unterworfenen Schullehrerstellen das Recht der Besetzung, während ihr in bezug auf die Lehrpersonen, die von Privatpatronen oder Gemeinden zu wählen sind, nur das Recht der Bestätigung zusteht.

Eine Stadtgemeinde, die ursprünglich Landgemeinde gewesen ist und städtische Verfassung erst erhalten hat, nachdem die Patrimonialgerichtsbarkeit aufgehoben war, kann nicht das Lehrerberufungsrecht auf Grund der Vorschrift im § 22 II 12 ALR. beanspruchen, wonach die Bestellung der Schullehrer in der Regel der Gerichtsobrigkeit zukommt.

Der Gerichtshof hat zwar, soweit es sich um die Schulunterhaltung auf dem platten Lande in den östlichen Provinzen handelt, stets daran festgehalten, daß die nach neuerem Rechte entstandenen, und zwar nicht bloß die auf Grund der DomänenveräußerungsInstr. v. 25. X. 1810 mit der Rittergutseigenschaft ausgestatteten, sondern auch die erst nach Maßgabe des LGBG. v. 14. IV. 56 durch Kgl. Anordnung geschaffenen selbständigen Gutsbezirke den alten privilegierten Gütern gleichzuachten sind, deren Inhaber also innerhalb der Grenzen des Gutsbezirks dieselben Rechte zu üben und dieselben Pflichten zu erfüllen haben, die den Besitzern der ursprünglichen adligen Güter in ihren Gutsbezirken noch gegenwärtig zustehen und obliegen. Dagegen ist niemals ausgesprochen worden, daß sich die Gleichstellung der Besitzer von Gütern alten und neuen Rechtes auch auf die Lehrerberufung, namentlich für Schulen in Landgemeinden erstrecke, die zusammen mit einem neuen Gutsbezirk einen einheitlichen Schulverband bilden. Ein dahingehender Anspruch würde sich aus dem bestehenden Rechte nicht begründen lassen. Denn die Patrimonial-Gerichtsbarkeit, als deren Ausfluß sich nach dem klaren Wortlaute des § 22 II 12 ALR. das den Gutsherren eingeräumte Lehrerberufungsrecht kennzeichnet, ist durch die Gerichtsorganisation des Jahres 1849 aufgehoben worden. Dessenungeachtet haben anerkanntermaßen die Gutsherren im Verhältnisse zu der Schule in solchen Landgemeinden, die einstmals ihrer territorialen obrigkeitlichen Gewalt unterworfen waren, das bis dahin von ihnen ausgeübte Berufungsrecht nicht verloren. Dagegen läßt sich in Ermangelung irgendwelcher einschlägigen gesetzlichen Vorschriften nicht absehen, wodurch dieses Recht für die Inhaber erst später in das Leben gerufener selbständiger Gutsbezirke sollte neu begründet worden sein, obwohl sie an der Gerichtsbarkeit niemals, nicht einmal in ihrem eigenen Kommunalbezirke, geschweige denn in dem einer Landgemeinde teilgehabt haben. Die jetzige Stadt H. ist niemals Gerichtsobrigkeit gewesen; darum kann sie den Anspruch, die Lehrer an ihren Gemeindeschulen zu berufen oder auch nur vorzuschlagen, auf den § 22 II 12 ALR. unmöglich stützen. Auch anderweitige gesetzliche Vorschriften stehen ihrem Anspruche nicht zur Seite. Insbesondere hat die Gemeinde H. nicht etwa lediglich dadurch, daß ihr im Jahre 1873 die Städteordnung verliehen wurde, das Recht erlangt, bei der Berufung der Lehrer mitzuwirken. Mit dieser Verleihung ist zunächst nur die Wirkung verbunden, daß die Verfassung des früher nach den Vorschriften der LGemO. organisierten Gemeinwesens geändert und diejenigen Organe und Verfassungsrechte und Einrichtungen, welche die StO. bestimmt, eingeführt werden. Nur dann, wenn die Gesetze einer jeden nach dem Rechte der StO. organisierten Gemeinde das Mitwirkungsrecht bei der Bestellung der Lehrer zuschrieben, würde durch den landesherrlichen Verleihungsakt auch das Recht hierauf mit übertragen sein. Dahingehende Vorschriften sind aber in der WestfStO. v. 19. III. 56, die lediglich das städtische Kommunalrecht regelt, dagegen das Schulrecht unberührt läßt, nicht enthalten.

2. In der Grafschaft Mark sind Lehrerberufungsrechte, die dem

Allgemeinen Landrechte gemäß bis zur französischen Fremdherrschaft bestanden hatten, durch deren Gesetzgebung nicht beseitigt worden*).

2. Einkommen und Hinterbliebenenversorgung.

a) Feststellung des Einkommens; Genußzettel; Besoldungsregulative; Einkommensnachweisungen usw.

Nr. 1. Entsch. v. 30. April 1907 (OVG. 50 161) VIII C 14/06.

SchleswHolstSchulO. v. 24. VIII. 1814 §§ 35, 56; G. betr. die Erleichterung der Volksschullasten v. 14. VI. 88 (GS. 240) § 4; LehrBesG. §§ 1, 20, 25.

Der Lehrer hat einen Anspruch auf sein Diensteinkommen, soweit es in barem Gelde besteht, nur gegenüber dem Schulverbande, nicht gegenüber dritten Personen, die dem Schulverbande zur Leistung von Lehrerbesoldungsbeiträgen oder von Fremdenschulgeld verpflichtet sind. Nach den gesetzlichen Bestimmungen (im vorliegenden Falle in Schleswig-Holstein) hatte auch dort, wo ein Schulgeld, insbesondere ein Fremdenschulgeld, weiter erhoben wurde, der Schulverband den Lehrer für das fortan in die Schulkasse fließende Schulgeld zu entschädigen. Nach dem LehrBesG. endlich v. 3. III. 97 (GS. 25) erhält der Volksschullehrer sein ganzes Diensteinkommen — soweit es in Geld besteht — vom Schulverband, und zwar laut § 1 ein festes Grundgehalt, Alterszulagen und freie Dienstwohnung oder entsprechende Mietentschädigung. Nach § 20 aaO. sind auf das Grundgehalt anzurechnen die sonstigen Diensteinkünfte an Geld usw. Gemäß § 25 ist bei Streitigkeiten wegen des Diensteinkommens die Klage gegen die Vertreter des Schulverbandes und, soweit es sich um Zahlungen aus der Alterszulagekasse handelt, zugleich gegen die Bezirksregierung zu richten. Nach allem hat der Lehrer bezüglich seines ganzen Diensteinkommens, soweit es aus Geld besteht, also auch hinsichtlich des Fremdenschulgeldes heute nur noch einen Anspruch gegen den Schulverband. Fremdenschulgeld wird zur Kasse des Schulverbandes vereinnahmt. Dieser hat den Lehrer für etwa einkommendes Fremdenschulgeld nach den Vorschriften des G. v. 3. III. 97 zu entschädigen, und nur ihm, dem Schulverbande, steht ein Anspruch auf Fremdenschulgeld gegen die zu dessen Zahlung Verpflichteten zu**).

b) Naturalbezüge (Feststellung des Geldwertes oder Ertrages); Dienstwohnung und Mietentschädigung.

Nr 1. Entsch. v. 10. Nov. 1905 (OVG. 48 208) VIII B 47/05.

LehrBesG. § 18.

Ebenso wie eine Dienstwohnung wird Dienstland nebst etwaigen damit verbundenen Berechtigungen lediglich mit Rücksicht auf das Amt und die Person des Amtsinhabers bewilligt. Der Lehrer hat daher nur ein persönliches Gebrauchs- und Nutzungsrecht (usus), nicht aber ein Nießbrauchsrecht (ususfructus) an Wohnung und Dienstland. Ohne Zustimmung der Schulgemeinde darf er mithin weder die Dienstwohnung ver-

*) Dies ist nicht richtig. Es ist vielmehr auch für das Ruhrdepartement, zu dem die Grafschaft Mark gehörte, ein Erl. v. 18. X. 1813 (abgedruckt in Nr. 311 der Sammlung der Präfekturverhandlungen des RuhrDep. v. 1813 — Dortmund, F. G. Nebelmann) ergangen, der ebenso wie der Erl. v. 9. X. 1813 für das Rheindepartement die Lehrerberufungsrechte nach dem ALR. aufgehoben hat.

**) Vgl. § 6 Abs. 5 G., betr. die Unterhaltung der öffentlichen Volksschulen, v. 28. VII. 06 (GS. 335).

mieten noch das Dienstland verpachten, es müßte ihm denn herkömmlich erlaubt sein. Aus demselben Grunde ist ohne Zustimmung der Schulgemeinde der Lehrer auch nicht befugt, das Recht auf freie Anfuhr von Wiesenheu zu „zedieren". Die Verpflichtung der Gemeinde geht auf Anfuhr in das ordnungsmäßig zur Aufnahme des Ertrags des Dienstlandes auf dem Schulgehöfte bestimmte Gebäude, nicht aber auf Anfuhr an eine beliebig andere Stelle oder in beliebig weitere Entfernung. Nach dem im Haushaltsanschlage bezeugten örtlichen Rechte hat der Lehrer lediglich das Recht (§ 18 Abs. 4 LehrBesG.) auf freie Anfuhr des etwa von ihm auf der Wiese gewonnenen Heues, also lediglich ein Recht auf eine Naturalleistung (§ 19 aaO.), nicht aber ein Wahlrecht auf freie Anfuhr oder deren Wert. Erfahrungsmäßig fällt es in kleinen, entlegenen und vielfach noch auf Naturalwirtschaft angewiesenen Gemeinden oft schwer, bares Geld, seien es auch nur kleine Beträge, aufzubringen, während eine Pflichtfuhre von den gespannhaltenden Wirten kaum als Last empfunden wird, sie jedenfalls weniger drückt als Barzahlung. Darum haben solche Gemeinden ein Interesse daran, daß Naturalleistungen beibehalten und nicht in Geld umgewandelt werden. Aus diesem Gesichtspunkte heraus bestimmt § 18 Abs. 5 aaO. zugunsten der Beibehaltung bestehender Landnutzungen und Berechtigungen.

Wenn nun auch im Anschlage die freie Anfuhr auf einen Geldbetrag bewertet ist, so hat doch damit nicht ein Wahlrecht des Lehrers begründet werden sollen. Damit ist vielmehr lediglich der gesetzlichen Vorschrift genügt, die mit der Landnutzung verbundene Berechtigung auf das Grundgehalt mit einem bestimmten Betrag anzurechnen. Nur zu diesem Zwecke ist die Bewertung erfolgt. Auch jede Landnutzung selbst muß zwecks Anrechnung auf das Grundgehalt auf einen bestimmten Geldwert festgesetzt werden. Aber daraus läßt sich nicht entfernt ein Wahlrecht des Lehrers auf Nutzung des Dienstlandes oder auf Zahlung des Nutzungswerts ableiten. Mit demselben Rechte wie den Wert der Anfuhr könnte der Lehrer auch den Wert der Kuhweide statt deren Nutzung fordern, weil er keine Kühe hält, oder den Wert der Stallung, die er nicht benutzt. Ein Wahlrecht ist nur anzuerkennen, wenn es im örtlichen Rechte zugebilligt oder im Gesetzesrecht allgemein vorgesehen ist.

Nr. 2. Entsch. v. 1. Dez. 1905 (OVG. 48 211) VIII C 50/04.

LehrBesG. § 19; ALR. II 6 §§ 66 f.

Hatte die Schulgemeinde beschlossen, künftig Schulackerbestellgeld nach dem herkömmlichen Maßstabe für die Umlegung von Barbeiträgen zur Schulunterhaltung zu erheben, so wurden dadurch diejenigen, die bisher die Ackerbestellung in Natur bewirkt hatten, gegen früher höher belastet. Die selbstverständliche Voraussetzung für die Naturalleistung der Ackerbestellung war, daß der Lehrer selbst wirtschaftete und den Acker nicht verpachtete. Daher hört mit dem Wegfalle dieser Voraussetzung die Pflicht zur Leistung überhaupt auf. Nur Gründe, die in der Person des Leistungspflichtigen liegen, wandeln die Last in eine Geldverpflichtung um. Anders liegt die Sache nur, wenn und soweit ausdrücklich die Verbindlichkeit der Leistungspflichtigen ausgesprochen ist, die Wertsumme der Ackerbestellung zu zahlen, falls der Lehrer den Acker verpachtet hat. Wo dies nicht ausdrücklich bestimmt war, hat auch die Verwaltungspraxis das Gesuch des Lehrers um Geldentschädigung abgelehnt. Die durch den Beschluß angeordnete unbedingte Geldverpflichtung der Schulgemeinde stellt daher eine schwerere Belastung dar, als deren bisherige Verpflichtung Geld nur zahlen zu müssen, wenn sie nicht den Schulacker bestellen kann oder will. Zu einer derartigen Mehrbelastung ist die Genehmigung der Schulaufsichtsbehörde erforderlich. Es folgt dies aus dem allgemeinen Grundsatze, daß eine Erhöhung der nach der Verfassung einer Korporation von den Mitgliedern zu leistenden Beiträge nicht ohne Vorwissen und Genehmigung des Staates erfolgen darf (§§ 66 f. II 6 ALR.). Ueberdies enthält der Beschluß, wonach statt der Naturalleistung künftig Geld gezahlt werden solle, eine Aufhebnng der Naturalleistung, und dazu bedurfte es nach § 19 LehrBesG. der Genehmigung der Schulaufsichtsbehörde.

c) Alterszulagen; Aufbringung der Kassenbeiträge.

Nr. 1. Entsch. v. 5. Jan. 1906 (OVG. 48 217) VIII A 19/04.

LehrBesG. §§ 5, 7, 9, 23, 27.

1. Die Kosten der Vertretung eines ohne Gehalt beurlaubten Lehrers, der eine Alterszulage bezogen hatte, sind nicht von der Alterszulagekasse, sondern von dem Träger der Schulunterhaltungslast aus den sonstigen Bestandteilen des freigewordenen Einkommens der Stelle (Gehalt, Mietentschädigung) zu bestreiten. Nach § 8 Abs. 1 und 7 LehrBesG. wird behufs gemeinsamer Bestreitung der Alterszulagen für die zur Aufbringung verpflichteten Schulverbände in jedem Regierungsbezirk . . . eine Kasse gebildet und der Kassenbedarf auf die Verbände nach der Zahl der angeschlossenen Lehrer- und Lehrerinnenstellen . . . . verteilt. Die Kasse hat nur den Zweck, die Alterszulagen an die bezugsberechtigten Lehrpersonen (§§ 9 ff.), ausnahmsweise noch das Gnadenquartal an deren Hinterbliebene (§ 23) zu leisten; eine andere Verwendung des Kassenvermögens kennt das Gesetz nicht, auch ist darin eine Erstattung oder ein Erlaß der in dem festgestellten Verteilungsplan ausgeworfenen Beiträge für zeitweilig unbesetzte Stellen nicht vorgesehen. Ohne Belang für die Beitragspflicht des Schulverbandes ist auch, ob der Inhaber einer angeschlossenen Stelle eine Alterszulage bezieht, ob er auf die Zulage wegen Beurlaubung und anderweitiger dienstlicher Verwendung verzichtet hat; denn nach § 5 beginnt der Bezug der Alterszulage überhaupt erst nach siebenjähriger Dienstzeit im öffentlichen Schuldienst, und nach § 7 steht ein rechtlicher Anspruch auf Neugewährung einer Zulage den Lehrpersonen nicht zu. Unerheblich ist hiernach die Anführung der Klägerin, der Lehrer L. sei ohne ihre Zustimmung beurlaubt und statt seiner müsse sie sich mit einer unerfahrenen Vertreterin begnügen; auch eine ungerechtfertigte Bereicherung der Kasse sei eingetreten, indem diese von der Stadt den Stellenbeitrag empfange, aber für die Verwaltung der Stelle nichts leiste. Nach dem Gesetze kommt es für die Beitragspflicht auf die angeschlossene Stelle und nicht auf die Eigenschaften der die Stelle versehenden Lehrkraft an. Dem Wesen der Kasse als einer Versicherungsanstalt ferner entspricht nicht die Gewährung einer den Jahresbeiträgen des einzelnen Verbandes anpepaßten Gegenleistung, sondern — mit Hilfe von Staatszuschüssen (§ 27 IV ff. aaO.) — die dauernde Sicherstellung und die tunlichst gleichmäßige Aufbringung der in sämtlichen Verbänden des Kassenbezirkes fällig werdenden Alterszulagen.

2. Reichen jene Bestandteile des freigewordenen Einkommens zur Deckung der Vertretungskosten nicht aus, so bedarf es gegenüber dem Träger der Unterhaltungslast in Ermangelung seines Einverständnisses eines im Wege des SchulAnfG. v. 26. V. 87 herbeizuführenden Feststellungsbeschlusses, um ihn zur Aufbringung des Mehrbedarfes zu verpflichten.

d) Ruhegehalt und Hinterbliebenenfürsorge; Aufbringung der Beiträge.

Nr. 1. Entsch. v. 18. April 1905 (PrVerwBl. 28 259) VIII 654.

G., betr. Schullehrerwitwen- und Waisenkassen v. 22. XII. 69 (GS. **70** 1) § 4.

Die nach § 4 G. v. 22. XII. 69 zu zahlenden Gemeindebeiträge zu den Lehrerwitwen- und Waisenkassen gehören nicht zu den Abgaben und sonstigen nach öffentlichem Rechte zu fordernden Leistungen für Schulen, die der allgemeinen Schulpflicht dienen.

Nr. 2. Entsch. v. 2. Juni 1905 (OVG. 47 187) VIII C 114/03*).

Nach dem G. v. 22. XII. 69 (GS. 70 1) sind die Gemeinden (selbständigen Gutsbezirke usw.), denen die Unterhaltung einer Lehrstelle obliegt, verpflichtet, einen jährlichen Beitrag von 4 Tlr. für jede ihrer Lehrerstellen zu der Lehrerwitwen- und Waisenkasse des Bezirkes zu zahlen, welchem sie angehören. Dieser Beitrag ist nicht von den Schulunterhaltungspflichtigen, sondern von den Gemeinden, und er ist nicht an die Schule oder den Lehrer, sondern an die Kasse, also an die Pensionsanstalt zu entrichten. Er gehört daher nicht zu den im § 46 Abs. und 5 ZustG. behandelten Abgaben und sonstigen nach öffentlichem Rechte zu fordernden Leistungen für Volksschulen, zu denen der Schulvorstand heranziehen und über deren Berechtigung im Verwaltungsstreitverfahren gestritten werden kann. Wenn nun der im § 4 G. v. 22 XII. 69 bezeichnete Gemeindebeitrag nicht zu den Schulbeiträgen im Sinne des § 46 Abs. 1 und 5 ZustG. gehört, so können, wo der Beitrag — obschon zu Unrecht — vom Schulvorstand unter die Schulabgabepflichtigen unterverteilt worden ist, auch die einzelnen Teile keine andere rechtliche Natur haben, als der Gemeindebeitrag selbst. Der beklagte Schulvorstand durfte daher zu diesem Gemeindebeitrage den Kläger nicht heranziehen; seine Veranlagungsbefugnis beschränkte sich auf Leistungen der im § 46 Abs. 1 und 5 aaO. bezeichneten Art. Daher erweist sich die Verfügung des Schulvorstandes, insoweit sie den Lehrerwitwenkassenbeitrag betraf, als rechtswidrig.

Nr. 3. Entsch. v. 18. April 1905 (OVG. 47 205) VIII B 54/04.

LehrRuhegehKassG. §§ 7, 9, 12, 14, 19.

Das LehrRuhegehKassG. v. 23. VII. 93 (GS. 194) gibt im § 12 den Schulverbänden die Klage auf Abänderung des Verteilungsplans. Zwar kann ein Schulverband, der die Klage erhebt, damit niemals mehr erreichen, als seine eigene gänzliche oder teilweise Befreiung von der ihm angesonnenen Leistung. Aber zu einer wirksamen Verteidigung des den Schulverbänden gewährleisteten Rechtes, nur den dem Gesetz entsprechenden Beitrag zu leisten, ist ein Eingehen auf sämtliche Unterlagen, auf denen die streitige Heranziehung beruht, unentbehrlich. Dazu bedarf es unter allen Umständen auch einer Nachprüfung, ob der Kassenbedarf und das beitragspflichtige Gesamteinkommen richtig angesetzt sind. Der Einheitssatz ist ein Rechnungsergebnis des Verhältnisses jener beiden Faktoren, das Gesamteinkommen die Summe der Einzeleinkommen. Beide müssen daher, soweit sie streitig sind, ebenfalls im Verwaltungsstreitverfahren nachgeprüft werden, wenn anders eine Entscheidung möglich sein soll, ob der Beitrag des Klagenden richtig berechnet sei. Für das Streitverfahren bilden alle jene Unterlagen des

---

*) Der Rest der Entsch., das frühere Vorpommersche Schulrecht-Reg. v. 29. VIII. 31 und KabO. v. 15. VIII. 33 betreffend, ist veraltet.

Verteilungsplans Inzidentpunkte. Wie hieraus folgt, kann die Ansicht der Regierung nicht richtig sein, daß nur der Kassenanwalt berechtigt sei, den sogenannten allgemeinen Teil des Planes anzufechten; denn damit wäre (vgl. § 9 aaO.) dem Verwaltungsrichter jede Nachprüfung dieses allgemeinen Teiles entzogen, während ihm doch zur Erfüllung seiner Aufgabe, einer Klage gegenüber die richtige Bemessung des erforderten Beitrags festzustellen, die Prüfung aller hierfür erheblichen Tatumstände und rechtlichen Gesichtspunkte offen stehen muß. An diesem Rechtszustand ändert nichts die von der Regierung angestellte, an sich zutreffende Erwägung, daß dann alle Pflichtigen, die sich bei ihrer Inanspruchnahme durch den Plan beruhigen, die darin ihnen auferlegten Beiträge zahlen müssen ohne jede Möglichkeit eines Ausgleichs im nächsten Verteilungsplane. Einmal gilt auch hier der Rechtsgrundsatz: jura vigilantibus scripta sunt, zum andern erstreckt sich die anläßlich der Klage eines einzelnen Beitragspflichtigen ergehende Entscheidung nur auf dessen Heranziehung.

2. Die Frage, ob der Einheitssatz überhaupt und, sofern dies zu bejahen, ob er nur auf einen vollen Pfennigbetrag abgerundet werden darf, ist zu bejahen.

Mit der Ausführung des Gesetzes sind im § 19 der Unterrichts- und der Finanzminister beauftragt. In den Rahmen der „Ausführung" fällt es unbedenklich, allgemeine Weisungen über Abrundungen von Pfennig- oder Markbeträgen bei den einzelnen zum Zwecke der Planaufstellung vorzunehmenden Berechnungen zu erteilen, soweit nicht derartige Maßnahmen im Gesetze verboten sind. Das Gesetz enthält aber hierüber nichts, abgesehen von der Vorschrift im § 7 Abs. 2, wonach das Gesamtdiensteinkommen der einzelnen Schulverbände nach unten auf Hunderte von Mark abzurunden ist. Im übrigen haben daher die gedachten Minister hinsichtlich etwaiger Abrundungsvorschriften freie Hand. Ein Bedenken in dieser Richtung kann um so weniger aufkommen, als etwaige Ueberschüsse der Gesamtheit aller Pflichtigen, also anteilig auch dem einzelnen Pflichtigen, gemäß § 14 aaO. im nächsten Rechnungsjahre zugute kommen, und als durch Abrundungen nur verhältnismäßig geringfügige Differenzen entstehen können. Abrundungen entsprechen außerdem einem allgemeinen Bedürfnisse des Verkehrs und der Verwaltung zur Verminderung des Rechen- und Schreibwerkes, sie sind so ziemlich auf allen Verwaltungsgebieten üblich. Nun sind zwar Ministerialerlasse keine Gesetze. Zweifellos aber haben Anweisungen, die zur „Ausführung" eines Gesetzes von den dazu in dem Gesetze selbst berufenen Ministern erlassen werden, allgemein verbindliche Kraft, soweit sie nicht etwa dem Gesetze zuwiderlaufen. Dies ist nicht der Fall bei der Anordnung, die dem durch Erl. v. 19. VIII. 04 angeordneten Muster für die Verteilungspläne des Bedarfes der Ruhegehalts- (und Alterszulage-) Kassen dahin zu entnehmen ist, daß der Einheitssatz abzurunden sei. Aus der Mustereintragung ist allerdings nicht erkennbar, ob immer sogleich auf volle oder unter Umständen auch nur auf halbe Markbeträge abgerundet werden soll. Mag also auch die Mustereintragung insoweit noch einer Ergänzung durch die Zentralinstanzen bedürfen, jedenfalls läßt sie darüber keinen Zweifel, daß die mit der Ausführung des Gesetzes betrauten Amtsstellen eine Abrundung für zulässig halten und allgemein haben vorschreiben wollen. Allein ihre dies ergebenden Weisungen sind erst ergangen, nachdem der den Gegenstand des Streites bildende Verteilungsplan bereits veröffentlicht, mithin die angefochtene Heranziehung der Klägerin bereits bewirkt worden war. Schon darum braucht auf das Muster und die Bedeutung, die ihm nach seiner gegenwärtigen Fassung für die Frage nach der Zulässigkeit von Abrundungen, wie der hier streitigen, zukommt, nicht näher eingegangen zu werden; denn nach allgemeinen Rechtsgrundsätzen hat eine Ausführungsvorschrift nur Wirkung für die Zukunft, nicht auch, wovon anscheinend die Regierung ausgeht, für die Vergangenheit.

Zudem handelt es sich hier in Wahrheit gar nicht um eine Abrundung nach oben im eigentlichen Sinne, d. i. eine lediglich zur Vereinfachung von Rechenarbeiten vorgenommene Vervollständigung von niedrigeren Zahlenwerten zur nächst höheren Einheit (zB. von Hundertteilen zu einem Zehnteil, von Zehnteilen zu einem Ganzen usw.), sondern um einen zur Deckung des vollen Kassenbedarfes bestimmten Zuschlag, durch den allerdings nebenbei auch eine Vereinfachung des Rechenwerkes herbeigeführt wird. Stände eine Abrundung in der dargelegten Bedeutung des Wortes und lediglich eine solche in Frage, so müßte freilich der Stadt zugegeben werden, daß Rücksichten auf die Zahlungsmöglichkeit nur erheischten, die Endsummen der den einzelnen pflichtigen Schulverbänden zufallenden Leistungen auf volle Pfennige abzurunden, weil der Pfennig die geringste Münzeinheit ist. Und bei Erörterungen nach dieser Richtung hin würde ferner als unbestreitbar in Betracht kommen, daß sich die Beiträge der einzelnen Verbände mit mehrstelligen Bruchteilen von Pfennigen nötigenfalls unter Anwendung der Logarithmentafeln ganz genau berechnen lassen. Es kann indes dahingestellt bleiben, ob auf Grund der angedeuteten Erwägungen einerseits sowie anderseits mangels einer einschlägigen, schon bei Aufstellung des angefochtenen Planes in Geltung gewesenen Ausführungsvorschrift und mangels einer gleichmäßigen Verwaltungsübung, die in Ansehung der Ruhegehaltskassen nach den darüber erteilten Auskünften zurzeit nicht besteht, der verwickelte Ermittelungsweg des Rechnens mit mehrstelligen Bruchteilen als dem Gesetz entsprechend zu erachten sein würde, der dann trotz der dadurch hervorgerufenen Vermehrung der ohnehin schon äußerst umfangreichen Rechenarbeit selbstverständlich befolgt werden müßte. Denn die hier von der Regierung eingeschlagene Rechnungsweise sollte, wie schon gesagt, keineswegs nur nachteiligen Erschwernissen bei der Ausmittelung und Erhebung der Beitragsleistungen vorbeugen; sie zielte vielmehr in erster Linie darauf ab, einen gewissen eisernen Bestand der Ruhegehaltskasse sicherzustellen. Einen solchen muß der Regel nach jede Verwaltung zur ordnungsmäßigen Erledigung ihrer Geldgeschäfte verfügbar halten.

Ein an sich sachdienliches Mittel dazu ist es, den Einheitssatz nach oben insoweit abzurunden, wie das Bedürfnis einer mäßigen Erhöhung der Eingänge es gebietet. Dieses, äußerlich eine Abrundung, tatsächlich einen Zuschlag darstellende Mittel ist gerade bei der Verwaltung der Ruhegehaltskassen um so unbedenklicher, als hier etwaige Ueberschüsse den Kassenmitgliedern verbleiben und ihnen laut § 14 aaO. im nächsten Jahre gutzuschreiben sind. Ob im vorliegenden Falle die Regierung, wenn sie den Einheitssatz auf volle zehn Pfennige abrundete, damit das Richtige getroffen hat, das ist, weil es sich um Ausübung erlaubten pflichtgemäßen Ermessens handelte, der Nachprüfung des Verwaltungsrichters entzogen. Eine Nachprüfung nach dieser Richtung ist recht eigentlich Sache des Kassenanwalts, der, um etwaige abweichende Auffassungen zur Geltung zu bringen, von den ihm gesetzlich zustehenden Rechtsbehelfen Gebrauch machen kann, so daß auch insoweit die Interessen der Schulunterhaltungspflichtigen nicht eines wirksamen Schutzes entbehren.

Nr. 4. Entsch. v. 2. Mai 1905 (PrVerwBl. 27 488) Nr. VIII 710.

LehrRuhegehKassG. § 12.

Die Heranziehung zu Kassenbeiträgen für Lehrerruhegehalts- und Alterszulagenkassen unterliegt der Anfechtung mittels Klage im Verwaltungsstreitverfahren auch dann, wenn sie nicht durch den für jedes Rechnungsjahr im Amtsblatte der Regierung zu veröffentlichenden Verteilungsplan, sondern durch Einzelverfügung an einen Schulverband bewirkt worden ist; letzterenfalls beginnt die im § 12 LehrRuhegehKassG. v. 23. VII.

93 vorgesehene vierwöchige Frist mit dem Tage, an welchem die besondere Heranziehung des mit einer Nachforderung in Anspruch genommenen Schulverbandes ins Werk gesetzt worden ist.

Nr. 5. Entsch. v. 8. März 1907 (OVG. 50 164) VIII B 32/04.

LehrPensG. v. 6. VII. 85 Art. I §§ 1, 4, 26; LehrRuhegehKassG. § 12; LehrBesG. §§ 3 f.

1. Bei Bemessung der Ruhegehaltskassenbeiträge ist jede Lehrstelle in Betracht zu ziehen, deren Inhaber ruhegehaltsberechtigt sein würde, wenn in seiner Person diejenigen Voraussetzungen zutreffen, von denen der Art. I § 1 LehrPensG. v. 6. VII. 85 die Berechtigung zum Bezug eines Ruhegehalts abhängig macht. Nun kann zwar eine Lehrerbesoldung nach § 1 Abs. 2 aaO. auch dann schon ruhegehaltsberechtigt sein, wenn sie von einem endgültig angestellten jüngeren Lehrer in dem durch § 3 LehrBesG. v. 3. III. 97 beschränkten Umfange bezogen wird; es würde aber dem Zwecke der Ruhegehaltskassen, eine tunlichst gleichmäßige Verteilung der Pensionslasten sicherzustellen, nicht entsprechen, wenn bei der Ausschreibung der Beiträge auf die Schulverbände nicht der hierbei vorausgesetzte Regelfall, sondern der in Art. I § 1 Abs. 2 und 4 LehrPensG. ausnahmsweise zugelassene Fall einer Versetzung in den Ruhestand zugrunde zu legen wäre. Daß das Gesetz die in einem Falle der letztgedachten Art nur anrechnungsfähigen geringeren Einkommensbezüge allgemein als Maßstab für die Berechnung der Kassenbeiträge habe angewandt wissen wollen, darf mangels einer ausdrücklichen, dahin gehenden Bestimmung nicht angenommen werden; vielmehr muß bei Feststellung des Verteilungsplans stets das volle Grundgehalt zur Anrechnung gebracht werden, mag es sich um eine gleichviel wie immer besetzte oder um eine unbesetzte Lehrstelle handeln.

2. Bei der Berechnung der Pension eines Lehrers, mit dessen Schulamt ein kirchliches Amt vereinigt ist, muß das Diensteinkommen der vereinigten Stelle ohne Rücksicht darauf, aus welchen Quellen solches oder einzelne seiner Teile fließen, als einheitliches Stelleneinkommen behandelt werden. Diese Vorschrift, die auch der jetzt noch gültige § 4 Abs. 5 LehrPensG. enthält, ist bei der Berechnung des Ruhegehaltskassenbeitrags gleichfalls anzuwenden; denn letzterer hängt genau so wie die Pension von der Höhe des pensionsberechtigten Diensteinkommens ab. Mit Recht ist sonach der Vorderrichter davon ausgegangen, daß der Ruhegehaltskassenbeitrag nach dem gesamten Diensteinkommen des Inhabers eines vereinigten Lehr- und Kirchenamts zu bemessen ist.

Die Regierung als Verwalterin der Bezirksruhegehaltskasse hat bei dauernder Verbindung eines Schulamts mit einem Kirchenamte den nach dem Gesamtdiensteinkommen der Stelle zu berechnenden Kassenbeitrag von dem Schulverbande, sofern er Mitträger der Pensionslast ist, selbst dann voll zu erheben, wenn die Kirchengemeinde ebenfalls verpflichtet ist, dem Stelleninhaber ein Ruhegehalt zu gewähren, — unbeschadet jedoch des dem Schulverbande zustehenden Rechtes, die Kirchengemeinde auf anteilige Aufbringung des Beitrags in Anspruch zu nehmen.

Nr. 6. Entsch. v. 18. April 1905 (PrVerwBl. 28 259) VIII 654.

ALR. II 12 §§ 29, 31, 33, 36.

1. Der Sinn der §§ 29 und 31 II 12 ALR. ist in gleichmäßiger Praxis des Gerichtshofs wie der Verwaltungsbehörden dahin festgestellt, daß jeder Inhaber eines Hausstandes innerhalb der Schulgemeinde, also auch der Besitzer eines Ritterguts grundsätzlich als beitragspflichtig zu erachten

ist. Eine Ausnahme besteht nur für den Besitzer des Gutes, wo die Schule sich befindet, und zwar gründet sich dessen Befreiung von Hausväterbeiträgen darauf, daß die §§ 33 und 36 II 12 ALR. den Gutsherrschaften auf dem Lande besondere Verpflichtungen in bezug auf die Unterhaltung der Schule auferlegen und daß neben diesen besonderen Verpflichtungen nicht noch die gemeine Schulbeitragspflicht auf ihnen ruhen kann. Der Kläger nimmt nun zwar die Ausnahmestellung eines Gutsherrn des Schulorts für sich in Anspruch, indessen zu Unrecht. Er mag Gutsherr der zur evangelischen Schule in K. eingeschulten Landgemeinde Dorf K. sein. Die Schule liegt aber unstreitig in der Stadt K. Der Kläger hat niemals behauptet, will auch nach der Erklärung seines Sachwalters in der mündlichen Verhandlung über die Berufung nicht behaupten, daß die Stadt eine mittelbare Stadt sei, in Ansehung deren den Besitzern der jetzt dem Kläger gehörigen Herrschaft vordem die Gutsherrlichkeit und Gerichtsobrigkeit (§§ 166 und 175 II 8 ALR.) zugestanden haben. Sollte dem aber auch so sein, so würde dennoch der Kläger damit der Pflicht zur Leistung von Hausväterbeiträgen nicht ledig, da das ALR. eine Sonderstellung für den Guts- (Mediat-) Herrn einer Stadtschule nicht kennt.

Daraus, daß der Kläger Patron der evangelischen Kirche in der Stadt K. ist, läßt sich seine Befreiung von den Hausväterschullasten nicht herleiten, und zwar selbst dann nicht, wenn mit der Schule die Küsterei verbunden sein sollte.

Steht etwa dem Kläger das Recht zu, sämtliche Lehrer an der evangelischen Schule in K. zu berufen, so würde er um deswillen doch nicht aus der Reihe der schulunterhaltungspflichtigen Hausväter ausgeschieden sein.

2. Unter der Herrschaft des ALR. ist die Entstehung eines Herkommens, das die Schulunterhaltungslast abweichend vom Gesetzesrechte regelt, nach feststehender Rechtsprechung ausgeschlossen. Nur im Wege der Errichtung einer örtlichen Schulverfassung ist es auch im Geltungsgebiete des ALR. rechtlich möglich, daß an Stelle der gesetzlich Verpflichteten andere Träger der Schullast treten. Darauf abzielende Vereinbarungen können sich auch ohne förmliche Beschlüsse und ausdrückliche Willenserklärungen durch konkludente Handlungen der Beteiligten mit Hinzutritt der in gleicher Weise erkennbar gewordenen Genehmigung der Aufsichtsbehörde vollziehen. Jedenfalls muß aber eine Vereinbarung unter den Beteiligten, d. h. den gesetzlich zur Schulunterhaltung Verpflichteten vorliegen, welcher die Bestätigung der Schulaufsichtsbehörde hinzutritt. Hier handelt es sich um einen Gutsbezirk. Der Besitzer des Gutes K. müßte daher freiwillig die Schullasten der Hausväter des Gutsbezirks nicht bloß im Verhältnisse zu diesen, sondern mit rechtlicher Wirkung auch gegenüber der Schulgemeinde übernommen haben, wenn der Schulvorstand befugt sein soll, an Stelle der Hausväter im Gutsbezirke den Besitzer des Gutes persönlich zu den Schullasten heranzuziehen.

B. Der Schulvorstand.

Nr. 1. Besch. v. 22. März 1907 (PrVerwBl. 28 969) VIII 574.

ZPO. § 171.

1. Die Zustellung eines Schriftstücks an eine moralische Person erfolgt an eine zu deren Vertretung ermächtigte physische Person. Bei Behörden, Gemeinden und Korporationen genügt die Zustellung an den Vorsteher und bei mehreren Vorstehern an einen derselben (§ 171 ZPO.). Die Vertretung der Schulgemeinde nach außen steht dem Schulvorstande zu; daher war die Zustellung der Verfügung des Regierungspräsidenten an die Schulgemeinde mit der Zustellung an den Vorsitzenden des Schulvorstandes bewirkt.

2. Nach feststehender Praxis des Gerichtshofes ist der Schulvorstand das zur Vertretung der Schulgemeinde vor Gericht berufene Organ. Gegen den Willen des Schulvorstandes sind auch die Repräsentanten selbständig nicht befugt, namens der Schulgemeinde Klage zu erheben.

Nr. 2. Entsch. v. 14. Mai 1907 (OVG. 50 141) VIII A 93/06.

ALR. II 12 §§ 12—17, 31; II 6 §§ 25ff., 40f., 51—65, 114—146; RegInstr. § 18.

1. Nach den Bestimmungen des ALR. bildeten die zu einer Schule gewiesenen Hausväter zunächst noch keine Korporation, weil ein Korporationsvorstand nicht vorhanden war. Das ALR. kennt nämlich keinen Schulvorstand. Es übertrug in den §§ 12—17 II 12 „die Aufsicht und Direktion der gemeinen Schulen" der Gerichtsobrigkeit unter Zuziehung der Geistlichkeit, unter deren „Direktion" wiederum „die Kirchenvorsteher einer jeden Gemeine auf dem Lande und in kleinen Städten, sowie in Ermangelung derselben, Schulzen und Gerichte, ingleichen die Polizeimagisträte" schuldig sind, „die Aufsicht über die äußere Verfassung der Schulanstalt und über die Aufrechterhaltung der dabei eingeführten Ordnung" zu übernehmen. Die Gerichtsobrigkeit hatte auch die Hausväterbeiträge auszuschreiben (§ 31 aaO.). Das ALR. bediente sich also nur schon vorhandener Organe zur Ausübung der Schulaufsicht und Schulverwaltung, ohne daß dazu neue Organe ins Leben gerufen wurden. Dies geschah erst infolge der MInstr., betr. die Bildung städtischer Schuldeputationen, v. 26. VI. 1811 und infolge der entsprechenden, für das platte Land erlassenen MInstr. v. 28. X. 1812 (Schneider und von Bremen, Das Volksschulwesen im Preußischen Staate, I 83, 103). Daraufhin wurde die Gemeinschaft der Hausväter zu einer Korporation ausgestaltet mittels Einrichtung des Schulvorstandes, der in seiner Zusammensetzung eine organische Verbindung der schon bisher zur Aufsicht und Leitung berufenen Organe mit den schulunterhaltungspflichtigen Hausvätern darstellte. Die Einrichtung der Schulvorstände lag den Regierungsabteilungen für Kirchen- und Schulwesen ob, die auch berechtigt waren, die Befugnisse der Schulvorstände im Einklange mit den allgemeinen gesetzlichen Vorschriften näher zu bestimmen.

2. Erst nachdem so die Hausvätergemeinschaften zu Korporationen geworden waren, konnte in Frage kommen, inwieweit für sie die Bestimmungen der §§ 25ff. II 6 ALR. maßgebend seien. Da diese Gesetzesstellen aber gemäß den §§ 40, 41 aaO. lediglich subsidiäre Bedeutung haben, so können auch nur unter dem sich daraus ergebenden Vorbehalte die Vorschriften der §§ 114—146 aaO. über Repräsentanten und Vorsteher von Korporationen als Anhalt dienen für die Befugnisse des Schulvorstandes.

Der Schulvorstand ist hiernach das notwendige gesetzliche Organ für die laufende Verwaltung der Schulsozietät. Seine rechtliche Stellung ist ähnlich derjenigen, die nach §§ 114ff. II 6 ALR. die Repräsentanten einer Korporation haben. Er hat die Vertretung der Hausväterkorporation nach außen zu besorgen, insbesondere in ihren Rechtsangelegenheiten; auch in Prozessen hat er die Sozietät vor Gericht zu vertreten. Außerordentliche, unter den Begriff der laufenden Verwaltung nicht fallende Angelegenheiten, insbesondere die Bewilligung neuer oder erhöhter Leistungen der Schulsozietät, darf er selbständig nicht erledigen. Insoweit ist er an die Zustimmung der Hausväter gebunden. Letztere können als ihre Vertreter sogenannte Repräsentanten wählen, die in den Angelegenheiten, die über die Zuständigkeit des Schulvorstandes hinausgehen, an Stelle der Hausväterversammlung zu beschließen haben. Die Befugnisse des Schulvorstandes zur Vertretung der Hausväterkorporation nach außen hin werden dadurch nicht gemindert; sie ändern sich durch die Wahl der Repräsentanten nur insofern, als der Schulvorstand in den Fällen, wo er früher die Beschlußfassung der Hausväterversammlung herbeizuführen hatte, nunmehr die Zustimmung der Repräsentanten einholen muß. Die Schulrepräsentanten sind nicht Repräsentanten im Sinne der §§ 114ff. aaO.; ihnen steht im wesentlichen nur zu, in außerordentlichen Fällen und Angelegenheiten namens der Korporation zu Anträgen und Beschlüssen des Schulvorstandes Stellung zu nehmen. Repräsentanten dieser Art sind niemals Organe zur Vertretung der Korporation nach außen hin. Sie sind auch keine örtliche Behörde wie der Schulvorstand und sind nicht mit den Befugnissen einer solchen ausgestattet.

3. Im Rahmen vorstehender Grundsätze steht es den Schulaufsichtsbehörden frei, die Befugnisse der Repräsentanten näher festzustellen; und innerhalb der hierdurch gezogenen Schranken können auch die Hausväter den Repräsentanten bei deren Erwählung Instruktionen und Vollmachten für bestimmte Gattungen von Geschäften erteilen, soweit sie nicht dadurch in die Befugnisse der Schulaufsichtsbehörde oder des Schulvorstandes eingreifen.

4. Eine Klage im Verwaltungsstreitverfahren, die, entgegen dem Beschlusse des Schulvorstandes, von einzelnen seiner Mitglieder oder von den Repräsentanten namens der Schulgemeinde angestellt wird, ist unzulässig und unterliegt der Abweisung auf Kosten derjenigen, die sie erhoben haben.

C. Die Schule.

3. Schulordnung und Schulpflicht; Aufsicht über den Privatunterricht.

Nr. 1. Entsch. v. 26. Okt. 1905 (OVG. 49 207) VIII B 14/06.

1. Zum Zwecke der Kontrolle, ob in einer Privatschule Unterricht an Minderjährige erteilt werde, darf die Polizei nicht wider den Willen des Unternehmers in dessen Wohnung oder Geschäftsräume (die Lehrzimmer) eindringen.

Denn auf dem Gebiete des gesamten Unterrichtswesens sind die Ortspolizeibehörden selbsttätig mitzuwirken nur insoweit zuständig, als ihnen eine Mitwirkung entweder durch das Gesetz ausdrücklich zugewiesen ist, oder soweit sie sich nicht bloß aus dem Gesichtspunkte der Ordnung im Unterrichtswesen, sondern aus einem allgemeinen polizeilichen Interesse ergibt. Keiner dieser beiden Ausnahmefälle trifft hier zu.

2. Stände aber auch die Zuständigkeit außer Zweifel, so würde dennoch das Vorgehen der Beklagten nicht gebilligt werden können. Gegenüber dem Art. 6 VerfUrk.:

„Die Wohnung ist unverletzlich. Das Eindringen in dieselbe, sowie . . . sind nur in den gesetzlich bestimmten Fällen und Formen gestattet"

und dem § 7 PersFreihG. v. 12. II. 50 (GS. 45) hätte es zur Vornahme der beabsichtigt gewesenen Revision mittels Eindringens in das Unterrichtszimmer einer sie rechtfertigenden gesetzlichen Vorschrift bedurft. Daß im Sinne der angezogenen Gesetze nicht bloß die zum Wohnen in der engsten Bedeutung dienenden Räume, sondern auch die Geschäftsräume zur Wohnung gehören, unterliegt keinem Zweifel; das Hausrecht ist verfassungsmäßig in demselben Umfange geschützt, wie es Gegenstand der Ordnung im § 123 StrGB. und in §§ 102, 104 StrPO. ist. Durch die Vorschriften der §§ 102ff. StrPO. ließe sich das Eindringen zum Zwecke der Revision, ob an Minderjährige Unterricht erteilt werde, nicht rechtfertigen. Diese Bestimmungen sind schon dann nicht anwendbar, wenn bloß der Verdacht, daß eine strafbare Handlung begangen worden sei, begründet erscheint, und selbstverständlich erst recht dann nicht, wenn die Handlung, deren etwaige Vornahme die Behörde kontrollieren will, gar nicht strafbar ist. Letzteres aber trifft hier zu. Wer ohne Genehmigung an Minderjährige Unterricht erteilt, verstößt zwar gegen die Gesetze und darf daran von der Unterrichtsverwaltung gehindert werden (KabO. v. 10. VI. 34, GS. 135), wobei die Unterrichtsverwaltung auch mit Zwangsstrafen vorgehen und sich der Mitwirkung der Polizeibehörden bedienen mag, er macht sich aber nicht strafbar.

Ein Fall der Anwendung des § 10 II 17 ALR. liegt nicht vor. Er handelt vom Amte der Polizei, zu welchem die Kontrolle, ob unbefugt Minderjährigen Unterricht erteilt wird, an sich nicht gehört. Er setzt auch voraus, daß die öffentliche Ruhe, Sicherheit und Ordnung aufrecht erhalten oder Gefahren vom Publikum oder einzelnen Mitgliedern desselben abgewendet werden sollen. Hier aber fehlt es an dieser Voraussetzung. Eine Störung der öffentlichen Ruhe oder Sicherheit oder eine Gefährdung des Publikums oder seiner Mitglieder stand nicht in Frage. Allenfalls könnte in Betracht kommen, ob die öffentliche Ordnung aufrecht erhalten werden sollte. Deren Aufrechterhaltung auf dem Gebiete des Unterrichtswesens liegt aber, wie dargetan, regelmäßig nicht der Polizeibehörde ob. Auf gewerberechtlichem Gebiet ist denn auch, wo das Betreten von Geschäftsräumen zum Zwecke von Revisionen für nötig erachtet wurde, die Berechtigung hierzu besonders gesetzlich geregelt worden.

3. Billigt die Polizeibehörde unmittelbaren Zwang, den ein Exekutivbeamter angewendet hat, ohne daß vorher von ihr eine entsprechende Anordnung an den Betroffenen erlassen worden war, so liegt darin eine polizeiliche Verfügung und steht zu deren Anfechtung dem Betroffenen die Klage gegen die Behörde selbst offen.

5. Schulgeld; Staatsbeiträge.

Nr. 1. Entsch. v. 2. Juni 1905 (OVG. 47 200) VIII C 102/04.

SchulLastErlG. § 4 und ErgG. Art. II.

1. Wird von zwei Gemeinden, die je für sich die Schule als Kommunalanstalt unterhalten haben, die eine der anderen einverleibt, so gehören fortan kraft Gesetzes die Kinder aus der einverleibten Gemeinde zu den im Bezirke der vergrößerten Gemeinde einheimischen Kindern; für sie darf daher Fremdenschulgeld nicht erhoben werden*).

Nach § 4 SchulLastErlG. v. 14. VI. 88 (GS. 240) ist die Erhebung von Schulgeld bei Volksschulen nur noch ausnahmsweise gestattet, und zwar unter anderem für solche Kinder, die innerhalb des Bezirkes der von ihnen besuchten Schule nicht einheimisch sind. Nun ist zwar für die Frage, ob die Kinder einheimisch sind, entscheidend die Zugehörigkeit zum Schulbezirke, nicht diejenige zum Gemeindebezirke. Da sich indes der Begriff Schulbezirk mit dem des Schulverbandes deckt, so gehören zu den fremden (nicht einheimischen, nicht ortsangehörigen) Kindern keinesfalls die Kinder der Einwohner desjenigen Schulverbandes, für dessen Unterhaltungspflichtige die Erleichterung in den Schullasten durch das Gesetz herbeigeführt ist (Art. II erg. SchulLastErlG. v. 31. III. 89 — GS. 64).

2. Das Fremdenschulgeld ist eine Gebühr, das ist eine Gegenleistung für die in der Beschulung der Gastkinder liegende Leistung

*) Heute Gastschulgeld, vgl. § 5 Abs. 4 VolksschulUnterhG. v. 28. VII. 06 (GS. 335).

der Gemeinde. Zu ihrer Zahlung ist also verpflichtet, wer die Leistung empfängt oder in Anspruch nimmt. Nun besuchen zwar die Kinder die Schule, nicht deren Eltern; rechtlich aber nehmen den Schulunterricht — die Leistung der Gemeinde — diejenigen in Anspruch, die gesetzlich für einen ordnungsmäßigen Schulunterricht der Kinder zu sorgen haben. Das sind im allgemeinen wie auch hier die Eltern. Denn die Eltern haben ihren Kindern — falls diese nicht ausreichendes eigenes freies Vermögen besitzen — standesgemäßen Unterhalt zu gewähren, wozu auch die Kosten der Erziehung gehören, und ihnen steht nach gesetzlichen Bestimmungen die Sorge für die Person der Kinder und damit das Recht und die Pflicht der Erziehung zu (§§ 1601 ff., insbesondere 1602 Abs. 2, 1610, 1626 ff. BGB.). Ein Ausfluß des Erziehungsrechtes ist das Recht, die Schule zu bestimmen, die das Kind besuchen soll. Mit dem Erziehungsrechte steht das Recht der Bestimmung hierüber zu Lebzeiten beider Eltern dem Vater allein zu (§§ 1626 f., 1684 aaO.). Insoweit führt die Revisionsschrift mit Recht aus, daß der Klägerin als Mutter irgendein Einfluß auf die Auswahl der Schule nicht zugestanden habe, daß somit der Besuch der Schule in L. rechtlich allein eine Rechtshandlung ihres Mannes sei. Verfehlt ist indes der von der Klägerin daraus gezogene Schluß, daß sie für das Schulgeld überhaupt nicht aufzukommen habe; denn das Recht, die Schule auszuwählen, und die Pflicht, die Kosten des Schulunterrichts zu zahlen, fallen nicht zusammen. Klar wird dies ohne weiteres für den Fall, daß das Kind eigenes freies Vermögen besitzt. Gleiches gilt bei Beachtung der gesetzlich geregelten Möglichkeit, daß die elterliche Gewalt eines zahlungsfähigen Vaters ruht oder verwirkt ist (vgl. zB. §§ 1635, 1666, 1676 ff. BGB.). Die Kosten des Unterrichts haben nicht die Erziehungsberechtigten zu tragen, sondern, wie schon dargelegt, die Unterhaltungspflichtigen, falls das Kind nicht eigenes freies Vermögen besitzt. Unterhaltungspflichtig aber ist an sich nach § 1603 Abs. 2 aaO. jeder Elternteil aufs Ganze mit der durch § 1606 Abs. 2 gegebenen Maßgabe, daß der Vater vor der Mutter haftet. Ist somit der Vater zahlungsunfähig, so haftet die Mutter mit allen verfügbaren Mitteln für den ganzen Betrag des Schulgeldes. Da aber der Vater vor der Mutter haftet, so tritt deren Zahlungspflicht erst ein, wenn die Zahlungsunfähigkeit des Vaters nachgewiesen ist. Ein solcher Nachweis wird nicht unter allen Umständen schon durch eine fruchtlose Pfändung in die Fahrhabe des Mannes erwiesen. Im vorliegenden Falle steht aktenmäßig fest, daß der Mann monatlich 100 Mk. Gehalt hat. Ein derartiges Forderungsrecht ist nach Ziff. 2 § 4 BundesG., betr. die Beschlagnahme des Arbeits- oder Dienstlohnes, v. 21. VI. 69 (BGBl. 242) unbeschränkt pfändbar zwecks Beitreibung solcher Schul- und Kommunalabgaben, die erst in den letzten drei Monaten vor der Pfändung fällig geworden sind. Das Gehalt des Mannes im voraus zu pfänden oder das unmittelbar nach dem Gehaltsempfang in seinem Besitz befindliche bare Geld im Wege der Beitreibung wegzunehmen, hat der Magistrat niemals versucht. Solange und weil dies nicht geschehen, ist auch die Zahlungsunfähigkeit des Mannes und damit die Voraussetzung für die Haftung der Ehefrau nicht dargetan.

3. Abgesehen von der Unzulänglichkeit des Nachweises für die Zahlungsunfähigkeit des Mannes ist aber hier die Haftung der Frau auch noch ausgeschlossen bezüglich derjenigen Teile des Schulgeldes, die mehr als drei Monate vor ihrer Heranziehung fällig geworden waren. Hat der Magistrat es unterlassen, diese Beträge jeweilig nach der Fälligkeit sofort oder doch binnen drei Monaten nach der Fälligkeit vom Manne beizutreiben, und sind sie deshalb nach § 4[2] des angezogenen BundesG. gegen den Mann unbeitreibbar geworden, so hat die Folgen der Unterlassung die vom Magistrate vertretene Stadtgemeinde zu tragen, nicht aber die Ehefrau des Mannes. Sie haftet erst nach dem Mann für das, was von ihm nicht beigetrieben werden

kann; aber nur für das, was von ihm wegen Zahlungsunfähigkeit nicht beigetrieben werden kann, nicht auch für das, was durch Verschulden des Magistrats unbeitreibbar geworden ist.

Nr. 2. Besch. v. 14. Mai 1907 (OVG. 51 161) VIII B 51/06.

LehrBesG. § 27.

Die Bestimmung im § 27 II LehrBesG. v. 3. III. 97, wonach der Staatsbeitrag zu dem Diensteinkommen der Lehrer und Lehrerinnen nur bis zur Höchstzahl von 25 Schulstellen für jede politische Gemeinde gewährt wird, findet gemäß Ziff. V § 27 keine Anwendung, wenn infolge von Eingemeindungen die Zahl der Schulstellen der vergrößerten Gemeinde über 25 gesteigert wird. Vielmehr sind in einem solchen Falle die bisher an die beteiligten Gemeinden gezahlten Staatsbeiträge unvermindert fortzugewähren. Dagegen hat die vergrößerte Gemeinde keinen Anspruch darauf, daß ihr, wenn demnächst in ihrem Bezirke neue Schulstellen errichtet werden, auch für diese der Staatsbeitrag bis zu der Grenze von 25 Schulstellen sowohl in ihrem ursprünglichen eigenen Bezirke, wie in dem einstmaligen Bezirk einverleibter Gemeinden gewährt werde. 25 Lehrerstellen entsprechen ungefähr der Größe einer Stadt von 10000 bis 12500 Einwohnern. Bis zu dieser Grenze sind in der Regel das Erwerbsleben und die Einrichtungen, auf denen die Leistungsfähigkeit der Städte beruht, noch nicht dergestalt entwickelt, daß sie anders als das platte Land zu behandeln wären. Die im Durchschnitte verhältnismäßig ungünstige finanzielle Lage des platten Landes und der kleinen Städte rechtfertigt die Annahme, daß die gesteigerten Schullasten dort nur mit Hilfe der Staatsbeiträge getragen werden können, während eine derartige Annahme bei den größeren leistungsfähigen Städten regelmäßig nicht zutrifft, deren Einwohnerzahl sich außerdem auf Kosten jener kleineren Kommunalverbände zu vermehren pflegt. — Wächst also eine Stadt, sei es allmählich durch die natürliche Volksvermehrung, sei es sprungweise durch Eingemeindung anderer Ortschaften, über jene Grenze hinaus, so hat sie auf eine verhältnismäßig ebenso starke Staatsunterstützung wie früher nicht mehr Anspruch. Sie soll aber nicht mit dem Augenblicke der Eingemeindung sofort eine finanzielle Einbuße erleiden, damit nicht durch die Besorgnis einer solchen Einbuße Eingemeindungen verhindert werden. Die streitige Bestimmung hat daher den Charakter einer für einen Uebergangszustand erlassenen Ausnahmebestimmung, und will verhüten, daß notwendige Eingemeindungen durch ein auf dem Gebiete der Schulleistungen liegendes Hindernis erschwert werden. Als Ausnahmebestimmung unterliegt sie einer einschränkenden Auslegung und darf nicht dahin ausgedehnt werden, daß sie über die bei der Eingemeindung vorliegenden Verhältnisse hinaus auch für die zukünftige Vermehrung der Lehrerstellen einen von dem Grundsatz des § 27 II abweichenden Vorteil den Gemeinden sichern sollte. Dahingestellt kann bleiben, ob alsdann die Worte „der zu gewährende" durch die Worte „der bisher gewährte" (Stautsbeitrag) hätten ersetzt werden sollen; die auf der Wortfassung beruhenden Bedenken werden durch die Schlußworte des Satzes beseitigt, welche lauten „auch fernerhin fortgezahlt"; denn diese Worte lassen keinen Zweifel darüber, daß nur der bisher schon gezahlte Betrag gemeint war.

D. Die Schulunterhaltung.

Gesetzliche usw. Grundlagen: Erste Anw. zur Ausführung des G. v. 28. VII. 06 (GS. 335), betr. die Unterhaltung der öffentlichen Volksschulen, v. 25. II. 07 (ZBlUV. 305); Zweite desgl. v. 7. VII. 07 (ZBlUV. 633); Dritte desgl. v. 6. XI. 07 (ZBlUV. 865).

Literatur: Antoni: Das Gesetz, betr. die Unterhaltung der öffentlichen Volksschulen v. 28. Juli 1906 (Köln 1907). — Belian: Das Volksschulunterhaltungsgesetz von 1906 (Berlin 1907). — v. Bremen: Die preußische Volksschule. Gesetze und Verordnungen, zusammengestellt und erläutert. Nachträge. Schulunterhaltungsgesetz, Mädchenschulwesen, Lehrerbesoldung. 1. Heft. Das Schulunterhaltungsgesetz v. 28. Juli 1906 (Stuttgart 1907). — Derselbe: Die preußische Volksschule. Nachträge. 2. Heft. Ausführungsanweisungen zum Schulunterhaltungsgesetz (Stuttgart 1908). — Marcks: Ges. betr. die Unterhaltung der öffentlichen Volksschulen v. 28. Juli 1906 (Berlin 1907). — Schiffer: Das preußische Volksschulunterhaltungsgesetz. 2. (Essen 1908.)

1. Feststellung von Anforderungen auf Grund des G. v. 26. V. 87; Zwangsetatisierung.

Nr. 1. Entsch. v. 10. März 1905 (OVG. **47** 173) VIII C 104/03.

1. Die Kosten für Anstellung eines Schulvorstandssekretärs sind von den Trägern der Schulunterhaltungslast aufzubringen und, soweit es hierzu neuer oder erhöhter Leistungen bedarf, in Ermangelung des Einverständnisses der Verpflichteten von den Beschlußbehörden im Wege des SchulAnfG. v. 26. V. 87 festzustellen.

Bei der dem Schulvorstandssekretär zuzuweisenden Tätigkeit handelt es sich nicht um Arbeiten, die dem Orts- oder Kreisschulinspektor als einem Organe der staatlichen Schulaufsicht obliegen, sondern um die den Schulvorständen als solchen obliegenden Geschäfte der äußeren Verwaltung der Schulverbandsangelegenheiten. Zwar soll nach Vorschrift der Instr. zu dem Erl. des Departements für den Kultus und öffentlichen Unterricht im Min. d. J. betr. die Anordnung von Schulvorständen für die Landschulen v. 28. X. 1812 (von Rönne, Das Unterrichtswesen, 1 322), der Geistliche — jetzt der Ortsschulinspektor — das Protokoll in den Sitzungen und die Korrespondenz führen. Allein diese Aufgaben fallen dem Ortsschulinspektor gerade in seiner Eigenschaft als Mitglied des Schulvorstandes zu, der als Kollegium zur Fürsorge für die äußeren Bedürfnisse der Schule wie zur Verwaltung des Schulvermögens berufen ist und sich des Ortsschulinspektors zur Erledigung namentlich auch der hierbei erwachsenden laufenden Geschäfte zu bedienen hat. Dieser Stellung des Ortsschulinspektors als Mitglied des Schulvorstandes, in welchem er in zweiter Linie den Vorsitz führt, wird denn auch in der von der Regierung zu Oppeln erlassenen Instr. für die Lokalschulinspektoren v. 1. III. 73 (Kupfer, SchulBd. 51) gedacht. Eine Vergütung ist für den Lokalschulinspektor rücksichtlich der ihm im Schulvorstande zufallenden Geschäfte in den Gesetzen nicht vorgesehen; seine Amtsführung ist ehrenamtlicher Natur, wie auch die sonstigen Mitglieder des Schulvorstandes im Ehrenamte tätig sind. Der Hinweis des Klägers hierauf vermag aber den von ihm eingenommenen Standpunkt nicht zu begründen; die Frage, ob dem Ortsschulinspektor zugemutet werden könne, selbst alle diejenigen Arbeiten im Schulvorstande zu übernehmen, die zur Bearbeitung durch eine Bureaukraft geeignet sind, kann dadurch nicht erledigt werden.

Soweit durch die vom Schulvorstande zu führende Verwaltung, insbesondere zur Bewältigung der Bureauarbeit, die Bereitstellung von Geldmitteln geboten ist, kommt die Fürsorge der Behörden in Frage, und zwar dann, wenn es sich um neue, von der Schulaufsichtsbehörde erforderte Leistungen handelt, in Ermangelung des Einverständnisses der Verpflichteten die nach pflichtmäßigem Ermessen zu treffende Beschlußfassung derjenigen Behörden, die dazu in dem G. v. 26. V. 87 (GS. 175) bezeichnet sind. Der Kläger nimmt freilich an, die Bedürfnisse des Schulvorstandes und seines Geschäftsführers seien in jenem Gesetze nicht berücksichtigt, weil es sich nur auf die Anforderungen für eine Volksschule, d. h. den Inbegriff „aller zum Unterrichtsbetrieb erforderlichen Einrichtungen“ beziehe. Es liegt jedoch auf der Hand, daß Anforderungen für die Schule in Rede stehen, wenn sie für deren Verwaltungsorgan, den Schulvorstand, erhoben werden. Diejenigen Anforderungen aber, die zur Sicherstellung sachgemäßer Erledigung der den Schulvorständen zugewiesenen Geschäfte von den Beschlußbehörden festgestellt werden, fallen den zur Unterhaltung der Schulen Verpflichteten zur Last, und es ist nicht hier die „Frage offen, ob die Annahme eines Beamten für den Schulvorstand notwendig und zweckmäßig ist“; denn die Angemessenheit jener Feststellung ist von dem Verwaltungsrichter nicht nachzuprüfen. — Aus der obigen Darlegung ergibt sich auch, daß es sich bei der Feststellung der Beschlußbehörden keineswegs um einen Eingriff in die dem Kläger als Gutsherrn gesetzlich zustehenden Rechte — der Geschäftsführung — handelt. Dem Gutsherrn steht allerdings, wenn er bei den Verhandlungen des Schulvorstandes persönlich zugegen ist, der Vorsitz zu, die „Geschäftsführung“ hingegen liegt nicht in seinen Befugnissen, und hier handelt es sich um eine die Verwaltung des Schulvorstandes betreffende Anforderung. Eine solche aufzubringen, liegt den Lastenträgern des Schulverbandes ob; eine Verpflichtung des Staates kommt nicht in Frage, da die Anforderung mit den dem Ortsschulinspektor als solchem und als Kreisschulinspektor obliegenden Geschäften der Staatsaufsicht nicht in Verbindung steht.

2. Durch einen nach dem G. v. 26. V. 87 erlassenen Feststellungsbeschluß kann ein Schulverband **nicht angehalten werden, zusammen mit einem anderen Verband einen Beamten dergestalt anzustellen, daß er beiden Verbänden Dienste zu leisten hätte und von ihnen anteilig zu besolden wäre.** Das würde zur Voraussetzung haben, daß in Ansehung der durch den Beamten wahrzunehmenden Geschäfte eine **rechtliche Vereinigung der Verwaltung beider betroffenen Verbände** stattgefunden hätte, — ähnlich der organisatorischen Zusammenlegung bis dahin getrennt gewesener Verwaltungen, wie sie, um einen rechtsbeständigen Boden für die gemeinsame Pflicht Mehrerer zur Aufwendung und Aufbringung von Mitteln für gewisse Aufgaben zu gewinnen, beispielsweise in den Bestimmungen der LGemO. über die Zweckverbände nachbarlich gelegener Gemeinden und selbständiger Gutsbezirke zur gemeinsamen Wahrnehmung kommunaler Angelegenheiten vorgesehen sind. Hier aber kommt in Betracht, daß nach dem Gesetze jeder Schulverband nur die Pflicht hat, innerhalb **seines** Bezirkes für die durch das Bedürfnis der Verbandsgenossen notwendig gewordenen Unterrichts- und Schulverwaltungseinrichtungen zu sorgen, dagegen nicht auch die darüber hinausgehende Pflicht, um vermeintlicher Zweckmäßigkeitsrücksichten willen durch gemeinschaftliche Anstellung von Lehrkräften oder Beamten, durch Leistung von Beiträgen oder irgendwie sonst dazu mitzuwirken, daß die nämliche Fürsorge einem anderen Verbande für dessen Bezirk ermöglicht oder erleichtert werde*).

Wohl aber können die Beschlußbehörden **gleichartige und auf einem im wesentlichen gleichen tatsächlichen und rechtlichen Grunde**

*) Ebenso OVG. 10. III. 05 (47 178) VIII C 105/03.

beruhende Feststellungsanträge, die von der Schulaufsichtsbehörde gegenüber mehreren Schulverbänden gestellt worden sind, zu gleichzeitiger Verhandlung und Entscheidung miteinander verbinden.

Nach der ZPO. (§§ 59f.) können mehrere Personen als Streitgenossen gemeinschaftlich (klagen und) verklagt werden, wenn dieselben oder wenn gleichartige und auf einem im wesentlichen gleichartigen tatsächlichen oder rechtlichen Grunde beruhende (Ansprüche oder) Verpflichtungen den Gegenstand des Rechtsstreits bilden. Diese Vorschrift hat ihren Grund nicht in Besonderheiten des Zivilprozesses, sondern zielt auf Verminderung der Prozesse ab. Sie ist deshalb ebenso wie die in den §§ 147 und 150 ebenda dem Prozeßgerichte gegebene Ermächtigung, mehrere bei ihm anhängige Prozesse derselben oder verschiedener Personen zum Zwecke der gleichzeitigen Verhandlung und Entscheidung in gewissen Fällen zu verbinden, sowie von ihm erlassene, eine Verbindung ... betreffende Beschlüsse wieder aufzuheben, von jeher auch im Verwaltungsstreitverfahren für sinngemäß anwendbar erachtet worden, wenngleich es für dieses an einer entsprechenden Vorschrift im LVG. fehlt. Hiernach aber muß die Annahme abgewiesen werden, daß das im G. v. 26. V. 87 vorgesehene Feststellungsverfahren, welches die Prüfung der Anforderungen den Verwaltungsbehörden zuweist, in der Beschlußfassung dieser Behörden den Abschluß erreicht und die Innehaltung besonderer Formen nicht bedingt, an strengere Vorschriften gebunden wäre als der Zivilprozeß und das Verwaltungsstreitverfahren, daß es mithin ausgeschlossen sein sollte, über angeforderte Leistungen, wenn sie gleichartig sind und auf einem im wesentlichen gleichen tatsächlichen und rechtlichen Grunde beruhen, mittels eines Beschlusses zu befinden, sobald sich die Anforderungen gegen mehrere Schulverbände richten.

Nr. 2. Besch. v. 5. Nov. 1907 (VIII B 49 07).

RegInstr. § 18e; ZustG. § 35; LehrBesG. § 2.

1. In der Landgemeinde D., welche die Schullasten auf den Gemeindehaushalt übernommen hat, war an der evangelischen Schule die zweite Lehrerstelle vom 16. X. 05 bis 30. IV. 06 unbesetzt. Während dieser Zeit hat der Lehrer M. in D. die vakante Lehrerstelle mitverwaltet. Die Schulvertretungen von D. haben dem Lehrer für diese Vertretung 4 ℳ pro Woche bewilligt; die Regierung setzte jedoch von Schulaufsichts wegen die dem M. zu zahlende Entschädigung auf 6,25 ℳ pro Woche fest. Diese Festsetzung wurde dem Vorsitzenden des Schulvorstandes vom Landrat mit dem Ersuchen übersandt, die Schulvertretungen zu D. darüber zu hören, ob sie bereit seien, dem Lehrer die festgesetzte Entschädigung zu zahlen, widrigenfalls Zwangsetatisierung erfolgen werde. Der Schulvorstand und die Gemeindevertretung zu D. bestritten jedoch die Verpflichtung, dem Lehrer eine Entschädigung für Mehrarbeit zahlen zu müssen; hierauf verfügte der Landrat gemäß § 35 ZustG. die Zwangsetatisierung. Die von der Gemeinde dagegen erhobene Klage hatte keinen Erfolg.

2. Allerdings hat § 35 ZustG. nur Leistungen im Auge, die einer Gemeinde gesetzlich obliegen und von der Behörde innerhalb der Grenzen ihrer Zuständigkeit festgestellt worden sind. Aber an beiden Erfordernissen mangelt es im vorliegenden Falle keineswegs. Indem die klagende Landgemeinde die gesamten Schullasten auf ihren Haushaltetat übernahm, unterwarf sie sich den gesetzlichen Verpflichtungen, welche einer Schulgemeinde obliegen. Die Bestimmung darüber, was die Schulgemeinde zur Befriedigung des Unterrichtsbedürfnisses zu leisten hat, steht nach § 18e RegInstr. der Schulaufsichtsbehörde zu, soweit nicht das LehrBesG. v. 3. III. 97 oder andere einschlägige Gesetze diese allgemeine Befugnis der Schulaufsichtsbehörde eingeschränkt haben. Eine solche gesetzliche Einschränkung ist bezüglich der Entschädigung für Vertretungen nicht erfolgt. Die Festsetzung der zwangsetatisierten Entschädigung durch die Schulaufsichtsbehörde bewegte sich daher inner-

halb der Grenzen ihrer Zuständigkeit und beruhte auf gesetzlicher Grundlage.

Das SchulAnfG. v. 26. V. 87 (GS. 175) setzt neue oder erhöhte Leistungen der Schulunterhaltungspflichtigen voraus, kann sich also nicht auf Fälle beziehen, wo eine bisher schon bewilligte Leistung durch eine andere geringere ersetzt wird. Daß dieser Fall hier vorliegt, ergibt sich aus § 2 Abs. 1 LehrBesG. ohne weiteres, denn nach den dort getroffenen Bestimmungen muß der von der Gemeinde während der Vakanzzeit ersparte Gehaltsteil die von der Schulaufsichtsbehörde geforderten Vertretungskosten unzweifelhaft übersteigen. Es ist anerkannten Rechtens, daß die Schulaufsichtsbehörde, ohne daß es einer Mitwirkung der Beschlußbehörden bedarf, die Verwendung von Ersparnissen an Besoldungen zur Bestreitung von Stellvertretungskosten anzuordnen befugt ist, sofern nur diese Kosten die Summe der Ersparnisse nicht überschreiten und in demselben Rechnungsjahr entstanden sind, für das die Besoldungen im Haushaltungsplan ausgeworfen waren.

3. Nicht minder verfehlt waren die an das Wort „Leistungen" geknüpften Ausführungen der Klägerin; § 35 ZustG. spricht von denjenigen Leistungen, welche die Behörde — in diesem Falle die Schulaufsichtsbehörde — zuständigerweise festgestellt hat; diese Leistungen beliefen sich auf 150 ℳ, von denen die Gemeinde nur 96 ℳ aufzubringen bereit gewesen war; den Rest von 54 ℳ zu bewilligen, hat die Gemeinde verweigert.

Nr. 3. Entsch. v. 8. Febr. 1907 (OVG. 50 168) VIII A 16/05.

1. Eine konfessionelle Schule verliert ihre rechtliche Natur nicht schon dadurch, daß an ihr ein Lehrer anderer Konfession — gleichviel ob bloß zur Erteilung besonderen Religionsunterrichts an die ihm glaubensverwandten Schüler oder auch zur Erteilung anderweitigen Unterrichts — angestellt wird; paritätische (Simultan-) Schulen sind vielmehr nur solche Schulen, an denen nach ihrer Grundverfassung Lehrer verschiedener Konfession nebeneinander anzustellen und ihrer Lehrbefähigung gemäß mit entsprechend gleichen Rechten tätig sind.

2. An diesen jetzt geltenden Grundsätzen hat das neue VolksschulunterhG. v. 28. VII. 06 nichts geändert.

3. Diese Rechtsgrundsätze wurden im vorliegenden Falle wie folgt begründet.

Dadurch allein, daß im Jahre 1810 die lutherische und die reformierte Schule „noch näher und zweckmäßiger miteinander vereinigt" wurden, ging der konfessionell evangelische Charakter der Schule nicht verloren. Die mancherlei in jener Zeit erfolgten Vereinigungen von reformierten und lutherischen Schulen hatten nicht entfernt den Zweck, den evangelisch-konfessionellen Charakter der Schulen zu beseitigen, sondern erfolgten in dem gerade damals lebhaft beförderten Bestreben einer Vereinigung beider evangelischen Bekenntnisse zu einer evangelisch-christlichen Kirche. So hat denn auch zu der fünften Stelle, die an der vereinigten Schule nun erforderlich wurde, der Magistrat, wie früher, als „Patron der evangelisch-lutherischen Schule" den Lehrer berufen. Daß später zwölf jüdische Kinder die Schule besuchten, änderte den konfessionellen Charakter ebensowenig; denn es besteht kein Hindernis, daß Konfessionsschulen von andersgläubigen Schülern besucht werden. Nicht minder blieb die Aufnahme eines Juden in den Schulvorstand auf die Eigenschaft der Schule als einer evangelischen ohne Einfluß. Der Magistrat fand sich zur Aufnahme des Juden bewogen, weil die „jüdische Gemeinde um die Aufnahme ihrer zwölf schulfähigen Kinder in die Stadtschule besonders nachgesucht und sich nicht allein zur Zahlung eines höheren Schulgeldes, sondern auch zu verhältnismäßigen Beiträgen zu den Reparaturen der Schulgebäude freiwillig anheischig gemacht" hatte. Sorgte so die Stadt für das Schulbedürfnis auch der jüdischen Kinder, so war es zulässig, daß bei der umfassenden Aufgabe der Schuldeputation zur Beaufsichtigung des gesamten städtischen Schulwesens auch ein Jude der Schuldeputation angehörte. Keinesfalls ist daher aus jenem Umstande zu schließen, daß der konfessionelle Charakter der Schule aufgegeben worden sei. Wie dies in der Folge dadurch geschehen sein sollte, daß in dem Ausschreiben zur Besetzung der Lehrstellen das evangelische Bekenntnis nicht ausdrücklich als Anstellungsbedingung angeführt wurde, ist nicht abzusehen. Ohne Zustimmung der Schulaufsichtsbehörde würde der Magistrat gar nicht in der Lage gewesen sein, jene Wirkung herbeizuführen. Die Zustimmung der Schulaufsichtsbehörde aber könnte nicht darin gefunden werden, daß in den Bestätigungsurkunden die konfessionelle Bezeichnung der Schule weggeblieben ist, — was übrigens auch nur Ende der neunziger Jahre geschah. Erheblich allein ist, daß nur evangelische Lehrer angestellt sind, wie denn auch in verschiedenen Berufungsurkunden (so in den Jahren 1811, 1847) die Schule eine evangelische genannt wird.

Schließlich kann auch nicht anerkannt werden, daß mit dem Jahre 1896 ein Wandel eingetreten sei. Am 1. IV. 96 schrieb die Schulaufsichtsbehörde an den Magistrat und die Schuldeputation: Da sich in den E.er Volksschulen 16 katholische Kinder befänden, demnach gemäß dem MErl. v. 18. V. 86 (Schneider und von Bremen, Volksschulwesen im preußischen Staate **3** 444ff.) für diese Kinder konfessioneller Unterricht eingerichtet werden müsse und die Verpflichtung der Stadt, auch für den Religionsunterricht der konfessionellen Minderheit zu sorgen, feststehe, so werde der Magistrat ersucht, für den konfessionellen Religionsunterricht jener katholischen Kinder zu sorgen. Wenn daraufhin der katholische Lehrer G. und nach seinem Abgange der katholische Lehrer A. angestellt wurden, so ging damit der evangelisch-konfessionelle Charakter der Schule nicht verloren. Es bestand keine andere Absicht, als der konfessionellen Minderheit den ihrem Bekenntnis entsprechenden Religionsunterricht zu verschaffen; keineswegs aber beabsichtigte man oder brachte zum Ausdrucke, daß fortan und grundsätzlich eine der Lehrerstellen mit einem Katholiken besetzt werden müsse. Vielmehr war nicht ausgeschlossen, in die Lehrstelle wieder einen Evangelischen zu berufen, falls das Bedürfnis und damit die Verpflichtung, für katholischen Religionsunterricht zu sorgen, wegfiel. Die bloße Erfüllung jener Verpflichtung ändert den konfessionellen Charakter nicht. Belanglos ist hierbei, ob die Pflicht dadurch geleistet wird, daß den besonderen Religionsunterricht ein Geistlicher oder ein Wanderlehrer oder ein in den Lehrkörper eingegliederter Schullehrer erteilt. Daß, falls die Anstellung eines Schullehrers erfolgt, dieser nicht auf die Erteilung des Religionsunterrichts beschränkt bleibt, sondern ihm auch anderweitiger Unterricht anvertraut wird, liegt in der „Natur der Sache"; im Wesen der Einrichtung kann das nichts ändern.

Schulen, bei denen ein Lehrer der konfessionellen Minderheit zur Erteilung des Religionsunterrichts angestellt ist, gehören nicht zu den paritätischen. Es ist nur das Ergebnis des bisher schon geltenden Rechtes, wenn § 39 Abs. 4 VolksschulunterhG. v. 28. VII. 06 eine nach § 37 Abs. 3 das. eingerichtete Volksschule im Sinne der Abs. 1—3 des § 39 den lediglich mit konfessionell gleichen Lehrkräften besetzten Volksschulen gleichstellt.

Nun sollen allerdings paritätische Schulen solche sein, in denen Lehrer verschiedener Konfession nebeneinander angestellt und ihrer Befähigung gemäß mit entsprechend gleichen Rechten tätig sind. Aber dies bedarf noch der näheren Bestimmung: Paritätisch ist eine Schule nicht schon dann, wenn durch Anstellung eines besonderen Religionslehrers für die Erteilung des konfessionellen

Religionsunterrichts überall genügende Sorge getragen ist, sondern erst dann, wenn grundsätzlich und verfassungsmäßig Lehrer beider Konfessionen an ihr angestellt werden.

2. Begriff und Umfang der Schulbaulast.

Nr. 1. Entsch. v. 4. Mai 1906 (OVG. 48 202) VIII C 33/04.

LehrBesG. § 16.

1. Kosten, die in einem Schulverbande wegen Nichtvorhandenseins verfügbarer eigener Gebäude durch Anmietung von Unterrichts- oder Wohnräumen entstehen, haben die rechtliche Natur von Schulbaukosten und fallen den Schulbaupflichtigen zur Last. Ueber ihre Oberverteilung in deren Kreise hat im Streitfalle die Schulaufsichtsbehörde durch Beschluß vorbehaltlich des Verwaltungsstreitverfahrens zu entscheiden.

2. Mietentschädigungen dagegen im Sinne des LehrBesG. v. 3. III. 97 § 16 für Lehrpersonen, die nach dem Gesetz oder der Ortsschulverfassung Anspruch auf Dienstwohnung haben, kennzeichnen sich als ein persönlicher Dienstaufwand; für derartige Entschädigungen aufzukommen, liegt nicht den Trägern der Schulbau-, sondern den Trägern der allgemeinen Schulunterhaltungslast ob, denen gegenüber sie, sofern es sich um neue oder erhöhte Leistungen handelt, in Ermangelung des Einverständnisses der Verpflichteten im Wege des SchulAnfG. v. 26. V. 87 festzustellen sind. Zu ihrer Unterverteilung auf die Pflichtigen ist der Schulvorstand zuständig.

Nr. 2. Entsch. v. 19. Febr. 1907 (PrVerwBl. 29 172) VIII C 109/96*).

1. Der Zaun um Schulgehöft und Schulgebäude ist Zubehör des letzteren im Sinne der §§ 42 ff., 75 ff. I 2 ALR., während er nach §§ 93 bis 98 BGB. weder als Bestandteil noch als Zubehör des Schulgebäudes angesehen werden könnte.

2. Die Vorschriften des ALR. über die Substanz und die Pertinenzstücke eines Wohngebäudes sind, soweit sie sich auf die Regelung der öffentlich-rechtlichen Schulbaupflicht beziehen, weder durch das BGB. noch durch das AGBGB. aufgehoben, da letzteres die Vorschriften des ALR. nur insoweit aufgehoben hat, als sie sich nicht auf das öffentliche Recht beziehen.

Nr. 3. Entsch. v. 18. Juni 1907 (OVG. 50 156) VIII C 35/06.

ALR. I 2 §§ 42 ff., 75 ff.; II 12 § 36; BGB. §§ 93—98 und EGBGB. Art. 55, 132; AGBGB. Art. 89 1b

1. Die Frage, ob sich die gesetzliche Verpflichtung des Gutsherrn zur Hergabe der Baumaterialien auf Umwährungen miterstrecke, ist allerdings in einer Reihe von Erlassen des Unterrichtsministers mit Hinweis auf eine OTr. 17. VII. 40 (Koch, SchlesArch. 4 150) verneint worden. Allein die Entsch., die lediglich den Umfang einer Bauholzgerechtigkeit erörterte, bezog sich auf den § 36 II 12 ALR. überhaupt nicht. In einem späteren Urt. v. 4. V. 64 (OTr. 52 307) hat das OTr. die Bestimmungen des § 36 aaO. bei einem Zaune um einen Schulgarten für unanwendbar erklärt, aber dahingestellt gelassen, wie es sich mit einem Zaune um das Schulgehöft verhalte. Dort heißt es in den Gründen: Hinsichtlich der Nebengebäude des

---

*) Abweichend von OVG. 12. IV. 01 (39 153 f.).

Schulhauses gelte dasselbe, was hinsichtlich der Schulgebäude vorgeschrieben sei, doch müsse die Baulichkeit die Eigenschaft einer Nebensache oder Pertinenz des Schulgebäudes haben, und ein Garten könne nicht „ohne weiteres" als Pertinenz eines Gebäudes angesehen werden.

2. Was die Rechtsprechung des OVG. auf diesem Gebiete anlangt, so hat für das landrechtliche Gebiet das OVG. (OVG. **35** 205ff.) ausgesprochen: „Die dem Gutsherrn des Schulorts gemäß § 36 II 12 ALR. obliegende Verpflichtung zur Hergabe von Baumaterialien erstrecke sich auch auf das Zubehör des Schulhauses nebst Lehrerwohnung oder eines besonderen Lehrerwohngebäudes, und es sei nicht ausgeschlossen, dem Zubehör einen den Hof umgebenden Zaun oder die Umzäunung eines mit der Lehrerwohnung in Verbindung gebrachten Gartens beizuzählen." Von denselben Grundsätzen ist der Gerichtshof in der Entsch. eines Streitfalls aus der Prov. Posen v. 19. II. 07 — VIII C 109/06 — ausgegangen, die sich außerdem mit der Frage beschäftigte, ob die Zubehöreigenschaft von Umwährungen auf Schulgrundstücken auch heute noch nach dem ALR. oder ob sie etwa nach dem BGB. zu beurteilen sei. Auch damals handelte es sich, genau so wie im vorliegenden Falle, um einen mit dem Schulhaus in Verbindung zu bringenden Zaun eines Vorgartens, der vor dem Schulhaus und der darin befindlichen Lehrerwohnung lag, das Gebäude von der Straße trennte und von jedermann, der von der Straße her zur Schule oder Lehrerwohnung wollte, durchschritten werden mußte. Zu diesem Zaune das erforderliche, auf dem Gute des Schulorts abgeblich vorhandene Holz unentgeltlich zu verabfolgen, wurde der Gutsherr mit folgender Begründung verurteilt: „Daß der Zaun eines Vorgartens der vorbezeichneten Art im Sinne der §§ 42ff., 75ff. I 2 ALR. als Zubehör des Schulgebäudes anzusehen ist, kann nach OVG. **35** 198ff., 206, keinem Zweifel unterliegen. Anderseits ist ebenso zweifelsfrei, daß der Zaun nach den Vorschriften des BGB. (§§ 93—98) weder als Bestandteil noch als Zubehör des Schulgebäudes gelten kann.

Da nun nach § 36 II 12 ALR. die Gutsherrschaft auf dem Lande beim Bauen der Schulgebäude die auf dem Gute gewachsenen Materialien, soweit selbige hinreichend vorhanden und zum Baue notwendig sind, unentgeltlich verabfolgen muß, hier aber zugestandenermaßen das für den Zaun nötige Holz auf dem Gute vorhanden ist, so würde, wenn der landrechtliche Zubehörbegriff maßgebend wäre, die streitige Verpflichtung der klagenden Gutsherrschaft bestehen; dagegen müßte, wenn die Frage nach dem BGB. zu beantworten wäre, das Bestehen der Verpflichtung verneint werden. Alsdann würde mithin die Einführung des BGB. die Wirkung äußern, daß der Umfang der dem Gutsherrn obliegenden Schulbaulast eingeschränkt worden wäre, es würden daher die landesgesetzlichen Vorschriften über die Schulbaulast durch das BGB. geändert worden sein. Das EGBGB. schreibt im Art. 132 ausdrücklich vor, daß jene landesgesetzlichen Vorschriften unberührt bleiben sollen. Wie daraus folgt, ist es durch das Gesetz selbst ausgeschlossen, den Begriff des Schulgebäudes im § 36 II 12 ALR. nach den Vorschriften des zweiten Abschnitts des ersten Buches des BGB. zu bestimmen.

Maßgebend für diese Bestimmung können vielmehr auch heute noch allein die landrechtlichen Vorschriften über Substanz und Pertinenz sein. Dagegen läßt sich nicht einwenden, daß diese Vorschriften an sich privatrechtlicher Natur sind. Denn wenn es sich auch um landesgesetzliche privatrechtliche Vorschriften handelt, so traten doch solche nach Art. 55 EGBGB. mit dem 1. I. 00 nur so weit außer Kraft, als nicht im BGB. oder im EGBGB. ein anderes bestimmt war. In dem letzteren Gesetze war aber bestimmt (Art. 132), daß die landesgesetzlichen Vorschriften über die Schulbaulast unberührt bleiben sollten. Es mußten also die landrechtlichen Vorschriften über Substanz und Pertinenz insoweit bestehen bleiben, als sie bisher den Umfang der Beitragspflicht des Gutsherrn zur Unterhaltung des Schulgebäudes bestimmt hatten; denn insoweit waren es Vorschriften, die die Schulbaulast regelten, also, da diese dem öffentlichen Rechte angehört, öffentliches Recht zum Gegenstande hatten. Sie sind deshalb insoweit auch durch die preußische Landesgesetzgebung nicht mit dem 1. I. 00 außer Kraft gesetzt worden. Zwar hob Art. 89 1b PrAGBGB. den ganzen zweiten Titel des ersten Teils des ALR. auf, wo sich die bezeichneten Bestimmungen finden. Aber die Aufhebung der Vorschriften ist ausdrücklich nur erfolgt, „soweit sie sich nicht auf öffentliches Recht beziehen". Das aber ist gerade vorliegend der Fall. Nach diesen Darlegungen kann der erkennende Senat, auf den inzwischen die Schulangelegenheiten übergegangen sind, an den Ausführungen im OVG. **39** 153, 154, soweit sie abweichen, nicht mehr festhalten.

Nr. 4. Entsch. v. 27. Sept. 1907 (OVG. 51 166) VIII B 46/06.

Nach feststehender Rechtsprechung ist eine der Voraussetzungen für die Bejahung der „Notwendigkeit" eines Schulbaues, daß dessen Kosten in einem angemessenen Verhältnisse zu der Bedeutung des Baues für das öffentliche Volksschulwesen stehen, daß die Größe des dem Träger der Unterhaltungslast angesonnenen Opfers dem Interesse des Unterrichts und der Erziehung gerade an diesem Baue entspricht. Der Begriff des Notwendigen steht nicht allgemein fest, sondern ist dehnbar, einmal je nach der fortschreitenden Entwickelung des Schulwesens, sodann je nach den in Betracht kommenden besonderen örtlichen Umständen, die vornehmlich mit Rücksicht auf die Ziele der Volksschule und auf das Leistungsvermögen der Baupflichtigen zu beurteilen sind. Von diesem Gesichtspunkte aus erachtet, wie hier vorweg bemerkt sei, die Zentralinstanz der Unterrichtsverwaltung selbst eine Turnhalle nicht als ein unbedingt und unter allen Umständen unentbehrliches Hilfsmittel. Sogar ein nicht unbeträchtlicher Teil der Stadtschulen hat so keine Turnhalle, während eine solche auf dem Lande zu den Seltenheiten gehört. Um so mehr hätte es eines überzeugenden Nachweises bedurft, daß gerade in der kleinen, nur 6218 Seelen zählenden Stadt G. eine Turnhalle in dem vorentwickelten Sinne „nötig" sei. Ein ausreichender Nachweis hierfür ist aber nicht erbracht worden.

Nach der allgemeinen Vf. des Unterrichtsministers, betr. Einrichtung, Aufgabe und Ziel der preuß. Volksschulen v. 15. X. 72 (ZBlUV. 586) gehört zwar das Turnen zu den Lehrgegenständen für die Knaben. Dieser Bestimmung spricht die Klägerin für den Bezirk der Prov. Schleswig-Holstein die verbindliche Geltung ab, weil die dort als Gesetz erlassene, mithin einer Aenderung durch MErl. entzogene allgemeine SchulO. v. 14. VIII. 1814 ausweislich ihrer Entstehungsgeschichte das Turnen von den Unterrichtsfächern habe ausschließen wollen. Ob der Klägerin darin beizutreten sein würde, kann auf sich beruhen; denn jedenfalls ist auch nach der Absicht der ministeriellen Vf. v. 15. X. 72 das Turnen, obwohl es unter den für Knaben regelmäßig zu betreibenden Lehrgegenständen aufgeführt wird, nicht in demselben Maße und in derselben Weise obligatorisch wie die grundlegenden, von alters her das Wesen des Volksschulunterrichts ausmachenden Gegenstände, zB. Religion oder Schreiben, Lesen und Rechnen. In diesen Fächern muß im Bereiche der KabO., betr. die Schulpflicht und die Schulzucht v. 14. V. 25 (GS. 149) ein bestimmtes, nämlich das für jeden vernünftigen Menschen (seines Standes) notwendige, Maß von Kenntnissen erworben sein, damit der Schüler entlassen werden kann. Hinsichtlich des Turnens dagegen ist die Entlassung von der Erlangung eines bestimmten Maßes von Fertigkeiten unabhängig.

Danach stellt sich das Turnen, wie wichtig es auch für die harmonische Ausbildung des einzelnen und nicht minder für das Gemeinwohl im Rahmen der Jugenderziehung unzweifelhaft ist, gleichwohl als ein Lehrgegenstand dar, der den oben hervorgehobenen Fächern nicht als in jedem Betracht gleichwertig an die Seite gestellt werden kann. Was ferner in einer Großstadt mit ihrer regelmäßig beschränkten Gelegenheit zur Bewegung der Volksschüler im Freien und zu Körperübungen einerseits, bei deren durchschnittlich großer Leistungsfähigkeit anderseits in der Regel als notwendig anzuerkennen sein mag, ist nicht unter allen Umständen auch für eine kleine Landstadt mit wesentlich anderen Verhältnissen geboten und durchführbar.

Nun ist allerdings an der G.er Volksschule nach den amtlichen Aufzeichnungen der Turnunterricht im Winter so oft ausgefallen, daß von seiner regelmäßigen Erteilung nicht mehr die Rede sein kann. Aber zunächst ergeben die amtlichen Aufzeichnungen lediglich die Tatsache eines häufig vorgekommenen Ausfalls, und daraus allein läßt sich nicht ohne weiteres folgern, daß der Ausfall jedesmal wirklich unvermeidlich gewesen wäre. Ueber den Ausfall entscheidet das, wenn auch pflichtgemäße, so doch immerhin subjektive Ermessen des Lehrers. Die Bestimmung wird jeweilig anders ausfallen, je nach dem der Bestimmende größere oder geringere Anforderungen an Schutz vor unfreundlichem Wetter stellt und je nach dem er mehr oder minder geneigt und seinem eigenen Gesundheitszustande nach imstande ist, die Turnschüler zum Ertragen von Unbequemlichkeiten oder Beschwerden anzuleiten und ihnen darin mit einem guten Beispiele voranzugehen. Außerdem ist in keiner Weise erkennbar, ob nicht vielfach statt gänzlichen Ausfalls eine Verlegung der Turnstunde möglich gewesen sein würde, — ein Ausweg, der in Anbetracht der mäßigen Zahl von Wochenstunden — nur zwei für jede Klasse der Mittel- und Oberstufen — nahe lag. Unter diesen Umständen kann der Zahl der im Winter ausgefallenen Turnstunden keine entscheidende Bedeutung beigelegt werden.

3. Die Schulunterhaltungspflichtigen.

a) Uebernahme der Schullasten auf die politischen Gemeinden.

Nr. 1. Entsch. v. 6. Jan. 1905 (PrVerwBl. 27 628) VIII 33.

1. Wenn die politische Gemeinde den Schulbedarf eine Zeitlang auf ihren Etat übernommen hatte, so ist dadurch am Charakter der Schullasten nichts geändert worden.

2. Durch die wiederholte Aenderung des Beitragsfußes wird die Steuerpflicht, also auch der Charakter der Schulbeiträge, soweit solche etwa als dingliche auf dem Grundbesitze gelastet haben sollten, ebenfalls nicht ohne weiteres geändert.

b) Sonstige Träger der Schullasten.

α) Im Geltungsgebiet des Allgemeinen Landrechts.

aa) Abgaben und Leistungen mit Ausnahme der Schulbaulast.

αα) Begriff und Beitragspflicht der Hausväter.

Nr. 1. Entsch. v. 6. Jan. 1905 (PrVerwBl. 27 665) VIII 32.

ALR. II 12 § 29.

1. Observanzen, die entgegen dem § 29 II 12 ALR., wonach sämtliche Hausväter die Schullast zu tragen haben, diese Last dem Grundbesitz zuweisen, sind durch Einführung des ALR. nicht aufgehoben worden.

Für Ostfriesland ist ein Provinzialgesetzbuch nicht zustande gekommen. Der Grundsatz der Dinglichkeit der Schulunterhaltungspflicht gehört nicht dem geschriebenen Rechte an, sondern soll auf Herkommen beruhen. Er widerspricht der Vorschrift des ALR., wonach die sämtlichen Hausväter jeden Ortes schulunterhaltungspflichtig sind, während auf die Zulässigkeit einer anderweiten Rechtsbildung durch Observanz nicht hingewiesen ist. Diese Vorschrift ist für Ostfriesland durch die nachmalige hannoversche Gesetzgebung nicht berührt worden. Es folgt daher gemäß Nr. VII PublPat. v. 5. II. 1794, §§ 3f., 60 Einl. z. ALR., daß nach Einführung des Landrechts die behauptete Observanz sich nicht hat bilden können. Wohl aber steht nichts entgegen, eine früher schon bestandene Observanz anzuerkennen. Die Observanzen gehören, wie Provinzialgesetze und Statuten, nicht dem allgemeinen Rechte an. Das Landrecht trat aber nur an die Stelle des römischen, gemeinen, Sachsenrechts und anderer fremden subsidiarischen Rechte und der gemeinen Landesgesetze; zu den provinziellen und lokalen Rechten dagegen nahm es in der Regel nur dieselbe subsidiäre Stellung ein wie früher das gemeine Recht. Selbstverständlich verdrängte es jene Rechte auch da, wo mit dem allgemeinen Staatsinteresse und der öffentlichen Ordnung der frühere Rechtszustand unverträglich war, insbesondere mit einem landrechtlichen Verbotsgesetz im Widerspruche stand. Diese Säze dahin zu verallgemeinern, daß das frühere provinzielle und lokale Recht so weit, als es nur irgendeine nach heutiger Anschauung dem öffentlichen Rechte beizuzählende Norm enthält, mit Einführung des Landrechts in Wegfall gekommen sei, dafür fehlt es an jedem Anlaß. Es besteht daher auch heute in der Theorie und Rechtsprechung völlige Uebereinstimmung dahin, daß das frühere Provinzial- und Lokalrecht bestehen geblieben ist, soweit nicht im einzelnen Falle erkennbar ist, daß mit den speziellen Vorschriften des Landrechts ein einheitlicher Rechtszustand geschaffen und jenes Recht hat beseitigt werden sollen.

2. Wie in diesem Punkte, so kann den Ausführungen des Revisionsklägers auch nicht darin beigetreten werden, daß mit der landrechtlichen Ordnung der Schulunterhaltungspflicht jede abweichende Ordnung habe abgeschafft werden sollen. Auf die verschiedenartige Fassung der §§ 710, 788 II 11 ALR. einerseits und § 29 II 12 das. anderseits kann sich der Kläger hierfür nicht berufen. Denn Nr. VII PublPat., §§ 3f., 60f. Einl. z. ALR. ergeben zweifelsfrei, daß die Verschiedenheit der Fassung den Zweck verfolgt, in dem einen Falle auch der künftigen Entwickelung der Norm durch das provinzielle und lokale Recht Spielraum zu lassen, in dem anderen Falle aber nicht. Der Annahme des Klägers, daß § 29 II 12 ALR. an die Stelle aller früheren im Gebiete des ALR. in Geltung gewesenen Lokalrechte habe treten sollen, steht denn auch die gesamte Praxis der Verwaltungsbehörden und der Gerichte entgegen.

3. Danach fragt sich, ob die behauptete vorlandrechtliche Observanz in Geltung gewesen ist. Der Beklagte hatte behauptet, daß in W. erst 1880 eine besondere Schulkasse eingerichtet worden sei. Nach der Angabe des Klägers sollen bis 1880 überhaupt keine Schulabgaben erhoben, sondern bis dahin die Bedürfnisse der Schule aus der Kirchenkasse bestritten worden sein. Diese Behauptungen des Klägers sind aber schon dadurch widerlegt, daß er selbst die Angabe des Beklagten, der Königliche Forstfiskus habe für den Lehrer jährlich Michaelisgefälle entrichtet, nicht bestritten, sondern angeführt hat, diese Abgaben seien 1861, worauf auch der Beklagte schon hingewiesen hatte, abgelöst worden. Demgegenüber kann nicht in Betracht kommen, daß der Kläger bestreitet, es sei ihm bekannt gewesen, wie aus den zur Kirchenkasse erhobenen Abgaben Schullasten gedeckt worden seien. Vielmehr ist davon auszugehen, daß auch früher schon Schulabgaben entrichtet wurden, wenngleich sie mit den Kirchenabgaben

gemeinsam erhoben wurden. Es kann nicht in Zweifel gezogen werden, daß die Schule in W. auch schon in vorlandrechtlicher Zeit als eine Veranstaltung des Staates und nicht als eine Einrichtung der Kirche anzusehen war. Denn mag auch, was nicht weiter aufgeklärt ist, diese Schule als eine Anstalt der Kirche mit vorwiegend kirchlichen Zwecken ins Leben gerufen sein, so ist doch in Ostfriesland, wie überall in Deutschland, im Laufe der Zeit die Aufgabe der Schule, dem Bedürfnisse der Bevölkerung nach Unterricht und Erziehung der Jugend zu dienen, mehr und mehr in den Vordergrund getreten. Infolge hiervon ging allmählich die Fürsorge für die Schule und ihre ersprießliche Wirksamkeit von der Kirche auf den Staat über, der sie unter seine Obhut und Oberaufsicht nahm, und dem es infolge davon oblag, die Unterhaltungspflicht zu ordnen. In Ostfriesland vollzog sich jene Umgestaltung, wenn nicht schon früher, so jedenfalls mit dem Erlasse des General-LandschulRegl. v. 12. VIII. 1763, das den staatlichen Schulzwang einführte. Die zur Kirchenkasse entrichteten Beiträge der Pflichtigen, die für die Unterhaltung der Schule gegeben und verwendet wurden, waren also nicht Kirchenabgaben, sondern Schulunterhaltungsleistungen. Eine Schulunterhaltungspflicht bestand daher auch in W. seit alters. Daß die Behörden 1880 die Bildung einer besonderen Schulkasse verlangten, sollte und konnte nicht die Bedeutung haben, jetzt erst eine Schulunterhaltungspflicht ins Leben zu rufen. Diese Verwaltungsanordnung hatte vielmehr gerade zur Voraussetzung, daß eine Kasse vorhanden war, die das Kirchenvermögen und das Schulvermögen in sich vereinigte und von der die Schulkasse abgetrennt werden konnte. Kann somit kein Bedenken darüber bestehen, daß nicht die Kirche aus ihrer Kasse die Schule wie eine ihr zugehörige Einrichtung unterhalten hat, sondern daß bis zu jener behördlichen Anordnung die Schulabgaben gemeinsam mit den kirchlichen Abgaben zur Kirchenkasse von denselben Pflichtigen abgeführt wurden, so ergibt sich ohne weiteres, daß, wenn schon in vorlandrechtlicher Zeit observanzmäßig die Kirchenabgaben von dem Grundbesitze geleistet wurden, ebendasselbe auch für die Schulbeiträge gelten muß.

Nach dem vorliegenden Materiale war aber die Observanz bezüglich der kirchlichen Lasten unbedenklich als dargetan anzusehen.

Besteht nach dem allen die Observanz wegen der Kirchenlasten, so war dies auch wegen der mit jenen zugleich zu entrichtenden Schullasten der Fall.

Nr. 2. Entsch. v. 20. Juni 1905 (PrVerwBl. 27 718) VIII 986.

ALR. I 7 §§ 86, 126; I 9 §§ 625 ff., 656 ff.; II 12 § 29.

1. Eine Befreiung von Hausväterbeiträgen kann aus Privilegien oder sonstigen Rechtstiteln, die aus der Zeit vor Einführung des ALR. datieren, nicht hergeleitet werden.

Im vorliegenden Falle beriefen sich 16 Hausväter zu P. auf einen Vergleich aus dem Jahre 1728. Der durch diesen Vergleich beigelegte Streit betraf die von der Herrschaft behauptete, von den Eingepfarrten bestrittene Immunität des Gutes P. von Kirchen- und Schulleistungen. Gegen die im Vergleiche bestimmten Gegenleistungen erlangte die Herrschaft, daß diese Immunität vertraglich dahin festgelegt wurde:

„Dagegen das Guth P. und die iezo darzu gehörige Bauer-Güther, Müller, Schäffer, Trescher, Fischer, und Häußler von allen Beytrage, Fuhren und Diensten zum Geistlichen-, Kirchen- und Schulen-Oneribus, sie bestehen, worinn sie wollen, nach wie vor biß zu ewigen Zeiten gänzlich ausgenommen und befreyet bleiben.“

Mit den gutsherrlichen, auf dem Gute und den dazu gehörigen Bauerngütern, Mühlen-, Schäfer-, Drescher-, Fischer- und Häuslergrundstücken ruhenden Lasten, von denen durch den Vergleich Befreiung gewährt wurde, haben nun aber die Heranziehungen zu den persönlichen Hausväterbeiträgen nichts gemein. Lasten dieser Art bestanden zur Zeit des Vergleichsabschlusses gesetzlich noch nicht, sondern wurden erst durch das ALR. begründet, welches durch Pat. v. 15. XI. 1816 in den chemals sächsischen Landesteilen eingeführt wurde. Schon aus diesem Grunde konnten die Hausväterbeiträge nicht Gegenstand des Vergleichs sein. Nur wenn von den Klägern Leistungen gefordert wären, die ihren Grund in der Gutsherrlichkeit oder in der dinglichen Belastung der Grundstücke hätten, könnte in Frage kommen, ob nach dem Vergleich eine Befreiung bestände. Wäre das der Fall gewesen, so würde allerdings nicht den Klägern entgegengehalten werden können, daß sie sich auf den Vergleich nur gegenüber der Gesamtheit der Eingepfarrten zu W., nicht aber gegenüber dem Schulverbande zu P.-W. berufen dürften. Denn darüber würde kein Zweifel bestehen können, daß dem unter Genehmigung des Oberkonsistoriums geschlossenen Vergleiche die Bedeutung eines öffentlich-rechtlichen Vertrages und einer Bestimmung der örtlichen Schulverfassung beizulegen ist. Steht aber der Vergleich mit Schulbeiträgen der Art, wie sie den Klägern abgefordert werden, in keinem Zusammenhange, so bedarf es nicht des Eingehens auf diejenigen Anführungen, mit denen die Kläger die Zugehörigeit ihrer Besitzungen zu denjenigen nachweisen wollen, deren Immunität durch den Vergleich von 1728 ausgemacht worden ist.

2. Dagegen ist der Einwand zu prüfen, die Veranlagung der Kläger sei der Höhe der Beiträge nach unberechtigt; wenn überhaupt eine Veranlagung stattfinden dürfte, so hätte auch das Freigut P. herangezogen werden müssen, und wenn dies geschehen wäre, so hätten nur geringe Beiträge auf die Kläger entfallen können. Allerdings kann grundsätzlich ein Steuerpflichtiger seine Reklamation nicht mit der Behauptung stützen, ein anderer Steuerpflichtiger sei übergangen oder zu niedrig veranlagt worden, allein zulässig erscheint der Einwand, wenn die Heranziehung eines Reklamanten zu einem bestimmten Steuerbetrage nicht nach Maßgabe eines verfassungsmäßigen Beschlusses des steuerberechtigten Verbandes erfolgt ist (OVG. 30 95), sondern lediglich die notwendige Folge einer dem Ortssteuerrechte nicht entsprechenden Uebergehung eines anderen Zensiten bildet, und in der Uebergehung zugleich eine unrichtige Anwendung des Ortssteuerrechts gegen den Reklamanten liegt, so daß für diesen damit sich der Angriff gegen die Heranziehung ergibt. Dennoch kann auch dieser Einwand der Kläger nicht durchgreifen, weil der Gutsbesitzer als solcher an den Hausväterlasten überhaupt nicht teilnimmt, sondern auf die nach §§ 33, 36 II 12 ALR. bezeichneten Leistungen beschränkt sein würde, sofern ihm nicht etwa Befreiung auch von diesen kraft besonderen Rechtstitels zusteht.

3. In der Revisionsschrift haben die Kläger unter Berufung auf §§ 656 ff. I 9 ALR. behauptet, daß sie niemals Schulbeiträge gezahlt hätten. Ganz abgesehen von der Unzulässigkeit des neuen Vorbringens in der Revisionsinstanz würde die Voraussetzung der im § 656 aaO. bezeichneten Vermutung, daß nämlich eine Aufforderung zur Leistung und darauf eine Weigerung und ihr folgend die Freilassung erfolgt sei, nach den eigenen Angaben der Kläger nicht einmal zutreffen; denn die Kläger behaupten gerade, niemals zu Schulbeiträgen herangezogen worden zu sein. Aber die §§ 656 ff. aaO. sind überhaupt nicht anwendbar, da sie nur auf an den Staat zu entrichtende Abgaben sich beziehen. Vielmehr würden nur die Vorschriften der §§ 625 ff. aaO., §§ 86, 126 I 7 ALR. in Frage kommen können, nach denen durch vollständigen redlichen Besitz während dreißig Jahre die Abgaben-

freiheit ersessen werden kann; die angezogenen Gesetzesstellen setzen aber ebenfalls voraus, daß die Steuer gefordert und verweigert und danach von ihrer Einforderung und Einziehung Abstand genommen worden ist, eine Voraussetzung, an der es im vorliegenden Falle eben fehlt.

ββ) Begriff und Beitragspflicht der Gutsherren (Rittergutsbesitzer).

Nr. 1. Entsch. v. 9. Juli 1907 (OVG. 50 146) VIII C 112/05.

Durch die Vorschrift des G. v. 15. VII. 86 (GS. 185), wonach die Anstellung der Volksschullehrer in der Prov. Posen mit gewissen Maßgaben durch den Staat erfolgt, sind früher entstandene, auf öffentlich-rechtlicher Widmung für Schulzwecke (Stiftung) beruhende Leistungspflichten eines Gutsbesitzers selbst dann nicht erloschen, wenn der Gutsbesitzer sie in der Voraussetzung und unter der Bedingung übernommen hatte, daß ihm und seinen Besitznachfolgern das immerwährende Recht, den Lehrer auszuwählen, zustehen werde.

Hiernach ist auch bei einer auf diese Weise entstandenen Verpflichtung zur Brennholzlieferung der Umstand unerheblich, daß der Gutsbesitzer sie machte, um das Lehrerberufungsrecht zu erlangen, daß er annahm, dieses Recht werde seinen Nachfolgern im Besitze des Gutes verbleiben, und daß er vielleicht die Möglichkeit einer Entziehung jenes Rechtes durch Gesetz gar nicht in Betracht zog. Selbstverständlich konnte die Regierung dafür, daß eine gesetzliche Entziehung des Lehrerberufungsrechts nicht erfolgen werde, keine Gewähr leisten. Sie konnte aber auch die Stiftung des Gutsbesitzers nicht in dem Sinne genehmigen, daß die Verpflichtungen ein Ende von selbst haben sollten, sobald das Lehrerberufungsrecht etwa durch Gesetz aufgehoben würde; denn damit würde sie einen wesentlichen Bestandteil der örtlichen Schulverfassung in Frage gestellt haben. Alles dies lag so sehr auf der Hand, daß es sich auch der Gutsbesitzer sagen mußte.

Daß auch Leistungsverpflichtungen zu den Stiftungen im Sinne des § 29 II 12 ALR. gehören, ist anerkannten Rechtens. Insbesondere sind auch die Gutsherren befugt, die Voraussetzungen und den Umfang ihrer Leistungen für Schulzwecke über das Maß ihrer gesetzlichen Verpflichtung hinaus im Wege der Stiftung festzustellen und unter Zustimmung der staatlichen Aufsichtsbehörde objektives Ortsrecht zu begründen, das auch für ihre Nachfolger in der Gutsherrschaft Geltung hat.

bb) Die Schulbaupflichtigen.

ββ) Bei Schul- und Küsterhäusern insbesondere.

Nr. 1. Entsch. v. 19. Jan. 1906 (OVG. 48 197) VIII C 47/05.

ALR. II 11 §§ 710ff., 789ff.; 12 § 37; SchulKüstHsG. §§ 3, 5f.

1. Nach § 37 II 12 ALR. muß, wo das Schulhaus zugleich die Küsterwohnung ist, seine Unterhaltung in der Regel auf ebendie Art, wie bei Pfarrbauten vorgeschrieben ist, besorgt werden. Ueber Pfarrbauten schreiben die §§ 710ff., 789ff. II 11 aaO. vor, daß die Kosten, sofern sich nicht aus provinzial- oder lokalgesetzlichen Normen oder aus besonderen Rechtstiteln ein anderes ergibt, beim Nichtvorhandensein ausreichenden Kirchenvermögens vom Patron und den Eingepfarrten, auf dem Lande nach dem Verhältnisse von 2

zu 1, aufzubringen sind. Eine Abweichung hiervon tritt — um den Ausnahmefall der Küstereien an Filialkirchen im Bereiche der Vd. v. 2. V. 1811 (GS. 193) beiseite zu lassen — nur ein, wenn die Voraussetzungen des G. v. 21. VII. 46 (GS. 392) zutreffen. Nach §§ 1 und 3 des letztgedachten Gesetzes, das auch auf schlesische Pfarrschulen Anwendung findet, fallen die Kosten einer durch die Entwickelung des Schulwesens bedingten Herstellung von Räumen für neue Klassen oder von Wohnungen für neue Lehrer den Schulunterhaltungspflichtigen zu. Um einen derartigen Erweiterungsbau handelt es sich, wie sogleich nachgewiesen werden soll, im vorliegenden Falle nicht. Es war deshalb berechtigt, wenn die Schulaufsichtsbehörde lediglich eine Verteilung zwischen der Kirchengemeinde und der Patronin vornahm. Der baubeitragspflichtige Patron hat nicht als Mitglied der Kirchengemeinde, sondern als ein statt der Kirchengemeinde oder neben ihr Verpflichteter zu leisten. Die Festsetzung seines Anteils gegenüber dem der Kirchengemeinde stellt sich somit nicht als eine Unterverteilung innerhalb der letzteren, die allerdings dem Kirchenvorstand überlassen bleibt, sondern als diejenige Oberverteilung zwischen mehreren Trägern der Last dar, zu der in den §§ 47 Abs. 1 und 49 Abs. 1 ZustG. die Schulaufsichtsbehörde berufen ist.

2. In der Sache selbst ist zunächst davon auszugehen, daß ein Fall des § 37 II 12 ALR. gegeben ist. Das Stallgebäude gehört zu dem Schul- und Küstergrundstücke, das Schulhaus ist zugleich Küsterwohnung. Grundsätzlich hat also die Verteilung auf eben die Art, wie bei Pfarrbauten vorgeschrieben ist, zu geschehen. Nur dann sind die Schulbaupflichtigen heranzuziehen, wenn der streitige Bau

a) ein Erweiterungsbau ist und
b) die Erweiterung durch das Schulbedürfnis erfordert ist.

Das Stallgebäude, worin sich der Abort befindet, wird durch den Umbau in seinem Flächenumfange nicht erweitert, sondern es wird nur der Abortraum innerhalb des Gebäudes unter Einbeziehung des Schweinestalls, der ebenda untergebracht war, vergrößert; dadurch soll Raum gewonnen werden, um an Stelle der bisherigen zwei Abortzellen deren drei anzulegen. Wenn sonach auch der Abortraum erweitert wird, so handelt es sich doch nicht um eine Erweiterung des Gebäudes, das von dem Bau betroffen wird. Vielmehr ist lediglich eine Vervollständigung (ampliatio) der Abortanlage im Stallgebäude in Frage, für die allein die Kirchbaupflichtigen aufzukommen haben. Den Kirchbaupflichtigen, denen vor Erlaß des G. v. 21. VII. 46 die Unterhaltung des Schulhauses, das zugleich die Küsterwohnung ist, nach § 37 II 12 ALR. allein oblag, sollte durch das genannte Gesetz von dieser Pflicht nichts abgenommen werden, lediglich das fortan mit der Entwickelung des Schulwesens erweiterte Bedürfnis sollten nicht sie, sondern die Schulbaupflichtigen befriedigen. In den Grenzen, in denen bis zum Jahre 1846 die Kirchbaupflichtigen für Befriedigung des Schulbedürfnisses sorgten, hatten sie es auch künftig zu tun, also die Verpflichtungen, wie früher, auch nach dem Maße des jeweiligen Bedürfnisses zu erfüllen. Die Kirchbaupflichtigen haben daher das, was nach den heutigen hygienischen oder pädagogischen Anforderungen notwendig ist, zu leisten. Diesen Anforderungen widerspricht es aber, daß für Knaben und Mädchen eine einzige Abortzelle dient. Daher ist die dritte Abortzelle nicht eines Schulbedürfnisses wegen nötig, welches sich durch die Entwickelung der Schulverhältnisse in D. herausgestellt hätte, namentlich hat nicht eine Vermehrung der Schülerzahl die Ursache dazu gegeben. In diesem Sinne hat schon früher der Gerichtshof gebilligt, daß der Patron und die Eingepfarrten die Kosten eines zweiten Abortgebäudes dann zu tragen haben, wenn das Bedürfnis zu dessen Errichtung nicht durch Vermehrung der

Schulkinder, sondern durch den pädagogisch nicht mehr zu duldenden Zustand, daß Lehrer und Kinder dieselbe Gelegenheit benutzen mußten, hervorgerufen war.

Die kirchlichen Interessenten haben daher auch hier die Kosten des Baues, dessen Notwendigkeit nicht bestritten wird, zu tragen.

Nr. 2. Entsch. v. 16. Febr. 1906 (OVG. 49 190) VIII C 78/04.

ALR. II 12 § 37, II 11 §§ 710ff., 790; SchulKüstHsG. §§ 3, 6.

1. Die Anwendbarkeit des § 37 II 12 ALR. ist keineswegs um deswillen ausgeschlossen, weil Schulhaus und Küsterwohnung nicht unter einem Dache liegen. Der angezogenen gesetzlichen Bestimmung liegt der Gedanke zugrunde, daß diejenigen Schulen nach den Regeln über die Pfarrbaulast unterhalten werden sollen, bei denen der Lehrer zugleich im Dienste der Kirche, gleichviel für welche Verrichtungen, als Küster oder als Organist, angestellt ist und das Schulgebäude die rechtliche Natur eines geistlichen Gebäudes hat. Die im § 37 gebrauchten Worte: „wo das Schulhaus zugleich die Küsterwohnung ist" haben den gemeingewöhnlichen Regelfall im Auge, bezwecken aber nicht die hinsichtlich der Baulast gegebene Vorschrift auf den Fall einzuschränken, daß der bezeichnete tatsächliche Zustand wirklich vorliegt, d. h. daß sich das Schulhaus und die Wohnung für den Inhaber des vereinigten Kirchen- und Schulamts unter einem Dache befinden. Zweckbestimmung jener Worte ist vielmehr nur, ein äußeres Erkennungszeichen für den im Laufe der Zeiten oft verdunkelten Zusammenhang der Schule mit der Kirche, für die Eigenschaft des Schulhauses als eines Zubehörs der Kirche, an die Hand zu geben.

2. Während nach § 37 aaO. alle Bauten an Schul- und Küsterhäusern von den Pfarrbaupflichtigen, mithin gemäß §§ 710ff., 790 Tit. 11 aaO. beim Nichtbestehen anderer Normen von dem Patron und den Eingepfarrten auszuführen waren, auch soweit sie lediglich den Zwecken der Schule dienten, nimmt für die Kosten der Bauten letztgedachter Art das G. v. 21. VII. 46 im § 3 und § 6 diejenigen, welchen in Ermangelung eines Küsterhauses der Bau und die Unterhaltung einer gemeinen Schule am Orte obliegen würde, in Anspruch, und zwar ohne Unterschied, ob in dem Falle, wenn bis dahin die bauliche Unterhaltung sich nach Provinzial- oder Lokalgesetzen oder nach einem Herkommen geregelt hatte, diese Rechtsquellen mit dem § 37 aaO. oder den dort in Bezug genommenen Vorschriften über die Pfarrbaupflicht übereinstimmten oder davon abwichen.

β) Im Geltungsbereich der PrSchulO. v. 11. XII. 45.

aa) Unterhaltung der Elementarschulen im allgemeinen (§§ 38—42, 48 das.).

Nr. 1. Entsch. v. 12. Juni 1906 (PrVerwBl. 29 625) VIII C 71/04.

PrSchulO. v. 11. XII. 45 (GS. **46**) §§ 32, 39f., 55ff.

1. Nach feststehender Rechtsprechung bestehen im Geltungsbereich der PrSchulO. die Obliegenheiten des Schulvorstandes bei einer Schule, zu der mehrere Gemeinden oder Güter oder Teile von solchen gehören, in der Oberverteilung des durch Umlagen zu deckenden Kassenbedarfs. Der Schulvorstand hat zu beschließen, welche Anteilsumme dieses Bedarfs nach dem geltenden Verteilungsmaßstabe auf die Gemeinde oder das Gut entfällt, und hat alsdann die von ihm ermittelte Summe von dem Gemeinde- und Gutsvorstand einzufordern. Den letzteren steht gegen die Anforderung die dreimonatliche Reklamationsfrist der §§ 1, 14 des VerjährungsG. v. 18. VI.

40 (GS. 140) offen und gegen den Bescheid die Klage aus § 46, 2 ZustG. Weiter hat der Gemeinde- und Gutsvorstand den von der Gemeinde und dem Gute aufzubringenden Teil auf die Pflichtigen unterzuverteilen. Das geschieht in der Gemeinde mit den übrigen Kommunalbedürfnissen; in dem Gute, soweit die Anwohner und der Grundherr in Betracht kommen, nach den Vorschriften der §§ 55ff. daselbst. Gegen die Unterverteilung sind die Rechtsbehelfe aus dem § 69 Abs. 1—4, und § 70 Abs. 2 KommAbgG. gegeben.

2. Die gesetzlich geordneten Obliegenheiten des Schulvorstandes können durch Observanz, Verträge oder andere besondere Rechtstitel nicht abgeändert und erweitert werden.

Der § 40 SchulO. läßt für die Oberverteilung einen anderen Maßstab zu als den dort vorgesehenen nach Haushaltungen, etwa nach dem Hufenstande, dem Steueraufkommen und dergleichen, er bringt nicht zum Ausdruck, durch Vertrag oder andere Titel könnten die in Abschn. III SchulO. geregelten Aufgaben des Schulvorstandes geändert, die Oberverteilung ausgeschaltet, dem Gemeinde- und Gutsvorstand das Einspruchsrecht genommen werden. Damit entstände eine der PrSchulO. fremde Schulgemeinschaft. Mit einer Observanz (Herkommen) läßt sich die Regelvorschrift des § 40 nach feststehender Rechtsprechung nicht bekämpfen.

bb) Die Leistungen der Gutsherren.

αα) Lieferung von Brennmaterial.

Nr. 1. Entsch. v. 5. Jan. 1906 (PrVerwBl. 28 514) VIII 21.

PrSchulO. §§ 45—47, 54.

1. Gehören zum Bezirk einer Schule sowohl Ortschaften, die unter der Gutsherrlichkeit des Domänenfiskus stehen („Domänendörfer"), als auch Ortschaften, die einer privaten Gutsherrlichkeit unterworfen sind, so hat nach §§ 45—47 PrSchulO. der Fiskus, wenn nicht Herkommen oder besondere Rechtstitel etwas anderes bestimmen, den nach der Zahl der Haushaltungen auf die Domänendörfer entfallenden Teil des Brennbedarfs zu liefern, jedoch keinesfalls mehr als 15 Klafter (50,1 rm) weichen Klobenholzes für jede Klasse.

Die Differenz der Berechnungen der Parteien beruht darin, daß der Beklagte in allen drei Klassen der hier in Frage kommenden Schule den Fiskus mit 164 Haushaltungen von den im ganzen 185 Haushaltungen beteiligen will, während der Fiskus mit den 37 Haushaltungen des Gutsbezirks J. überhaupt nicht und ferner für die II. und III. Klasse auch mit L. nicht beteiligt sein will.

2. Es ist völlig außer Streit, daß L. dem Fiskus nicht gutsuntertänig gewesen ist. Nun hat der Fiskus selbst anerkannt, daß er durch Observanz zur Leistung für die erste Klasse verpflichtet sei. Geht man hiervon aus, so ergibt sich doch aus § 54 PrSchulO., daß die von der SchulO. abweichende Norm eine Ausdehnung nicht bei Errichtung von Schulen, die durch die wachsende Einwohnerschaft der Schulgemeinde selbst notwendig wird, erfährt, sondern daß für das erweiterte Bedürfnis die Vorschriften der Schulordnung eintreten sollen. Der Vorderrichter hat daher mit Recht angenommen, daß es in bezug auf das erweiterte Bedürfnis der zweiten und dritten Klasse bei der gesetzlichen Regel, wonach der Fiskus nur den auf seine Domanialeinsassen fallenden Teil des Brennmaterials zu liefern habe, verbleiben müsse, also für ihn eine Verpflichtung zur Lieferung für die zweite und dritte Klasse nicht bestehe.

3. Der Gutsbezirk J. ist mit der Landgemeinde vereinigt worden. War Gut J. vorher nicht domänenfiskalisch, so konnte es durch die Vereinigung nicht die Eigenschaft erhalten, die die Gemeinde J. als Domänendorf hatte. Denn diese Eigenschaft folgte aus der Untertänigkeit gegenüber dem Fiskus, und seit der KrO. war die Begründung eines Untertänigkeitsverhältnisses nicht mehr möglich.

Wenn daher aus der Eingemeindung sich für die Verpflichtung des Fiskus nichts ergibt, so ist der vor der Eingemeindung bestehende Rechtszustand des Gutes J. in Betracht zu ziehen. Nun war durch rechtskräftiges Urteil des Kreisausschusses 1891 entschieden worden: „daß dem Gut J. auch fernerhin die Qualität eines selbständigen Gutsbezirks zuzuerkennen sei." Dies nach § 26 Abs. 2 Satz 2 ZustG. ergangene Urteil schaffte Rechtskraft gegen jedermann. Es bestand daher jedenfalls von da ab keine domänenfiskalische Untertänigkeit. Den vorher bestehenden Rechtszustand zu untersuchen, ist mithin nicht angängig. Beruhte etwa das Kreisausschußurteil auf irrigen Annahmen, hatte vielmehr das Gut J. rechtlich im Untertänigkeitsverhältnis zum Fiskus gestanden und dieser also das Brennholz mit vollem Rechte geliefert, so fiel mit der Rechtskraft des Urteils die Verpflichtung weg. Anderenfalls würde der Fiskus vorher in der irrtümlichen Meinung seiner Gutsherrlichkeit geleistet haben, was die Bildung eines Herkommens gehindert haben würde. Wäre gleichwohl eine solche Bildung eines Herkommens denkbar gewesen, so würde es aber auch nach der Rechtskraft des Kreisausschußurteils nicht mehr von Bedeutung sein. Nach Erlaß jenes Urteils konnte sich aber ein Herkommen schon deshalb nicht bilden, weil es dazu einer solchen Dauer der Uebung, wie sie hier nicht vorliegt, bedurft haben würde.

c) In der Provinz Hannover.

Nr. 1. Entsch. v. 24. Nov. 1905 (OVG. 48 215) VIII C 72/04.

Ein örtliches Gewohnheitsrecht, wonach zu den Unterhaltungslasten einer hannoverschen konfessionellen Schulgemeinde auch Andersgläubige und forensalische Grundbesitzer beizutragen haben, gilt nur innerhalb des Sonderkreises, der sich aus den der Schulgemeinde angehörenden Religionsverwandten einerseits und den im Schulbezirke wohnhaften Andersgläubigen sowie den forensalischen Grundbesitzern daselbst anderseits zusammensetzt, nicht aber für den räumlichen Bezirk der Schulgemeinde als solchen und nicht für eine andere Schulgemeinde, die in demselben Bezirke neu gebildet wird und an der das Herkommen begründenden Uebung nicht beteiligt gewesen ist. Die hiervon abweichenden Ausführungen des Beklagten beruhen auf Rechtsirrtum. Als die durch einen gemeinsamen Zustand zusammengehaltene Klasse oder als der Inbegriff von Personen, die hinsichtlich der auf diese Gemeinschaft bezüglichen Angelegenheiten untereinander durch Observanz verpflichtet werden können, können sehr wohl die einem bestehenden Schulverbande angehörenden Religionsverwandten einerseits und die Grundbesitzer des Schulbezirkes anderseits in Betracht kommen; es handelt sich dann um die Rechtsgewohnheit eines Sonderkreises innerhalb eines räumlichen Bezirkes, die Teil der Verfassung jener Korporation geworden ist. Diese Rechtsgewohnheit bildet sich kraft fortgesetzter, als Recht und als Rechtspflicht betätigter Uebung der Abgabenerhebung durch die Vertretung der Schulgemeinde, der Abgabenleistung durch die Grundbesitzer. Für eine neu errichtete, konfessionelle Schulgemeinde gilt die gesetzliche Regel, wonach nur die ihr angehörenden Mitglieder beitragspflichtig sind, nicht dagegen die Grundbesitzer als solche*).

4. Die Heranziehung zur Schulunterhaltung und die Rechtsmittel dagegen.

a) Allgemeine Grundsätze; Ausschreibung und Einziehung.

Nr. 1. Entsch. v. 31. Okt. 1905 (PrVerwBl. 28 127).

Die Heranziehung zu Schulabgaben erfolgt, sobald ein Schriftstück zugestellt ist, aus dem die Forderung einer Schulabgabe in bestimmter Höhe zu ersehen ist.

Hiernach ist in der Zustellung des Haushaltsanschlages und der Verteilungsnachweisung der sächlichen Schullasten an die Gutsherrschaft eine rechtswirksame Heranziehung der letzteren zu erblicken, wenn aus der Verteilungsnachweisung hervorgeht, daß und nach welchem Maßstabe der Gesamtbetrag der Schullasten auf die Gutsherrschaft und auf die Gemeinde zu verteilen ist, und daß die Gutsherrschaft einen Betrag von so und soviel Mark zahlen soll. Es läßt danach die so vom Schulvorstand aufgestellte und unterzeichnete Nachweisung die Forderung des Schulvorstandes an die Gutsherrschaft genau erkennen**).

Nr. 2. Entsch. v. 15. Dez. 1905 (PrVerwBl. 27 579) VIII 1965.
ZustG. § 46.

Die dauernde Vereinigung eines Kirchenamts mit dem Amte eines öffentlichen Volksschullehrers hat nicht zur Folge, daß die auf § 46 Abs. 1 u. 3 ZustG. sich gründende Zuständigkeit der Schulvorstände auf Leistungen, die dem Inhaber des Amts aus kirchlichen Mitteln zufließen, ausgedehnt wird. Die durch diese Vorschrift der örtlichen Schulbehörde übertragene Befugnis erstreckt sich nur auf solche nach öffentlichem Rechte zu fordernden Leistungen, die für Schulen, die der allgemeinen Schulpflicht dienen, bestimmt sind. Zu den Leistungen der letzteren Art gehören aber bei dauernder Vereinigung eines Schul- und Kirchenamts nicht diejenigen Einkünfte, die dem Inhaber eines solchen vereinigten Amtes aus kirchlichen Quellen zustehen. Denn ungeachtet der dauernden Vereinigung eines Schul- und Kirchenamts haben die dem Amtsinhaber aus kirchlichen Mitteln zufließenden Einkommensteile ihren kirchlichen Charakter nicht verloren und können daher als Abgaben oder Leistungen für eine öffentliche Volksschule im Sinne des § 46 Abs. 1 und 3 ZustG. überhaupt nicht gelten.

Nr. 3. Entsch. v. 16. Febr. 1906 (OVG. 49 180) VIII C 75/04.

Das OVG. hat in OVG. 45 54, das eine Heranziehung zur städtischen Einkommensteuer zum Gegenstande hatte, zwar einerseits darauf hingewiesen, daß eine Heranziehung, um ordnungsmäßig zu sein, den vom Steuer-

---

*) Das hier in Frage kommende Gewohnheitsrecht ist zwar durch das VolksschulunterhG. v. 28. VII. 06 aufgehoben. Der Rechtsgrundsatz hat aber als Analogon seine Bedeutung und ist daher abgedruckt.

**) Der Rest der Entscheidung ist veraltet.

schuldner zu zahlenden Betrag erkennen lassen müsse, anderseits aber unter Bezugnahme auf § 69 KommAbgG. betont, daß der Einspruch gegenüber einer nicht regelrechten Heranziehung keineswegs schlechthin aus dem Gesichtspunkt unzulässig sei, weil einer solchen keine Bedeutung beigemessen werden könne. Es möge schwierig sein, in Fällen, in denen nicht regelrechte Heranziehungen, wohl aber Anforderungen in Frage ständen, die sich in derselben Richtung bewegten, die unentbehrlichen Merkmale einer einspruchsfähigen „Heranziehung" durch eine erschöpfende Begriffsbestimmung festzustellen. Das sei aber auch nach Lage der Sache nicht nötig. Denn es handle sich um eine Verfügung des Gemeindevorstandes, die den klar erkennbaren Zweck verfolge, eine konkrete Verpflichtung zur Zahlung einer Gemeindeabgabe zu begründen, und damit um eine einspruchsfähige Heranziehung. Dasselbe gilt von einer Heranziehung zur Teilnahme an der Schulunterhaltung. Verfügungen eines Schulvorstandes, die erkennbar den Zweck verfolgen, eine Verpflichtung zur Leistung von Schulbeiträgen vollstreckbar zu begründen, sind mittels Einspruchs auch dann anfechtbar, wenn sie nicht allen Erfordernissen einer regelrechten Heranziehung genügen, namentlich hinsichtlich der Höhe der Beitragsanforderung ausreichender Bestimmtheit entbehren.

Nr. 4. Entsch. v. 12. März 1907 (PrVerwBl. 29 245) VIII C 88/05.

1. Die Berechtigung des Vorstandes eines Schulverbandes zur selbständigen — fingierten — Einschätzung eines Pflichtigen ist davon abhängig, ob für den Schulverband eine örtliche Steuerverfassung besteht, die zu solcher Einschätzung ermächtigt.

2. Einkommen aus einem Ziegeleibetriebe ist Einkommen aus Handel und Gewerbe, nicht aber Einkommen aus Grundbesitz. Wenn die Revision betont, ein Ziegeleibetrieb sei „ohne Verbindung mit dem Grund und Boden gar nicht denkbar", der „gesamte Gewinn des Klägers aus seinem Ziegeleibetriebe" sei „als aus dem Grundstück herrührend anzusehen", mindestens aber insoweit, als „der Kaufwert der dem Grundstücke zur Ziegeleifabrikation entnommenen Erde, der Pachtwert des Grundstücks und der Mietswert der darauf stehenden Baulichkeiten" in Frage stehe, als „Einkommen aus Grundbesitz" anzusprechen, so verkennt der Revisionskläger zunächst, daß der zum Gewerbebetriebe benutzte, ihm dauernd gewidmete Grundbesitz zu den gewerblichen Betriebsmitteln zählt (vgl. § 23 GewStG. Art. 17 AAnw. v. 4. XI. 95). Diese Eigenschaft hat ein Grundstück der bezeichneten Art, mag es zur Gewinnung der Ziegelerde oder zur Verwendung als bloße Betriebsstätte, etwa als Grundlage der Fabrikbaulichkeiten dienen. Im übrigen verkennt der Revisionskläger, daß der Ertrag aus Grundbesitz, der in der oben gedachten Weise zum Gewerbebetriebe benutzt wird, in der Besteuerung des Gesamtertrages des Gewerbebetriebes zur Besteuerung gelangt, und daß keineswegs jede Einnahme, zu deren Erzielung der Grundbesitz eine zufällige oder selbst notwendige Voraussetzung bildet, schon dieserhalb als aus Grundbesitz fließendes Einkommen gilt.

Nr. 5. Entsch. v. 14. Mai 1907 (OVG. 50 176) VIII A 108/06.

ALR. II 12 §§ 1, 9, 11, 16 f., 29 ff.; ZustG. § 48; RegInstr. § 18.

1. Wenn der Schulverband einer Stadtschule die ihm nach öffentlichem Rechte obliegenden, von der Behörde innerhalb der Grenzen ihrer Zuständigkeit festgestellten Leistungen auf den Haushaltsetat zu bringen unterläßt oder verweigert, so darf nach § 48 Abs. 1 ZustG. der Regierungspräsident die

Eintragung in den Etat verfügen. Auf die gemäß Abs. 2 aaO. alsdann zulässige Klage des Schulverbandes ist die Feststellungsverfügung, die der Zwangsetatisierung vorangehen muß, von dem Verwaltungsrichter nicht nach Gesichtspunkten der Notwendigkeit und Zweckmäßigkeit, sondern, dem Wesen der Rechtskontrolle entsprechend, nur auf ihre Rechtmäßigkeit zu prüfen, d. h. daraufhin, ob die Leistung von der zuständigen Behörde festgestellt ist und ob sie nicht den Normen des bestehenden Rechtes widerstreitet, eine Beschränkung, die allerdings nicht ausschließt, daß der Feststellungsverfügung das Anerkenntnis verbindlicher Geltung auch dann zu versagen sein würde, wenn sie sich als offenbar sachwidrig oder willkürlich und um deswillen zugleich als rechtswidrig kennzeichnen sollte.

2. Unstreitig liegt der in Anspruch genommenen katholischen Schulgemeinde die Unterhaltung ihrer Schule im Rahmen der Grundsätze der §§ 29ff. II 12 ALR., also auch die Besoldung der an der Schule angestellten Lehrer ob. Während demnach die unterhaltungspflichtige Schulgemeinde nach öffentlichem Rechte alles zur Befriedigung des Unterrichtsbedürfnisses Notwendige zu leisten hat, ist es Aufgabe der Schulaufsichtsbehörde, Maß und Umfang des Notwendigen zu bestimmen. Das SchulAnfG. v. 26. V. 87 (GS. 175) hat in der Prov. Posen keine Geltung (s. § 6). Dort kommen daher auf dem in Rede stehenden Gebiete noch jetzt die Bestimmungen des § 18 RegInstr. uneingeschränkt zur Anwendung. Der § 18 aaO. weist unter Buchst. e den Kirchen- und Schulabteilungen der Regierungen „die Aufsicht und Verwaltung des gesamten Elementarschulwesens", mithin auch die Errichtung von neuen Lehrstellen und die Festsetzung des Einkommens der Lehrpersonen zu. Die Schulaufsichtsbehörde hat daher nach pflichtmäßigem Ermessen zu befinden, ob an einer Volksschule Lehrpersonen in ausreichender Anzahl vorhanden sind oder nicht. Das Bedürfnis der Schule kann in dieser Beziehung innerhalb kurzer Zeiträume einem schnellen Wechsel unterworfen sein, wenn Umstände eintreten, die die Erreichung des der Schule gesteckten Zieles mit den vorhandenen Lehrkräften unmöglich machen. Als einen solchen Umstand hat die Schulaufsichtsbehörde das plötzlich veränderte Verhalten der Schulkinder angesehen, die auf Weisung ihrer Eltern den Lehrern den Gehorsam verweigerten, indem sie im Religionsunterrichte nicht mehr in deutscher Sprache antworteten. Daß durch die Widersetzlichkeit einer verhältnismäßig großen Anzahl von Kindern die Schuldisziplin erheblich gelockert und gefährdet werden mußte, kann nicht bestritten werden; auch ist anzuerkennen, daß zur Erhaltung der Schuldisziplin unter so erschwerten Verhältnissen die Vermehrung der Lehrkräfte als ein geeignetes Mittel erscheinen konnte. Die Schulaufsichtsbehörde handelte daher weder sach- noch rechtswidrig, wenn sie eine Vermehrung der Lehrstellen unter den eingetretenen außerordentlichen Verhältnissen verlangte.

Ueber den Umfang der festgesetzten Vermehrung der Lehrstellen zu befinden, liegt nicht innerhalb der Befugnisse des Verwaltungsrichters, sondern auf dem Gebiete der Zweckmäßigkeit und Notwendigkeit; hier ist ausschlaggebend nur dieses, daß die getroffene Festsetzung keine willkürliche, weder sach- noch rechtswidrige Maßregel war, sondern nach pflichtmäßigem Ermessen der Schulaufsichtsbehörde durch das Schulbedürfnis geboten erschien.

3. Die in dem Feststellungsbeschlusse geforderten Leistungen tragen auch keineswegs den Charakter einer gegen die Hausväter verhängten Strafe. Gerade der Umstand, daß auch die kinderlosen und die an der Widersetzlichkeit der Kinder nicht beteiligten Hausväter mit betroffen werden, beweist auf das Deutlichste, daß von der Absicht einer Bestrafung im strafrechtlichen Sinne nicht die Rede sein konnte. Hiernach hat der Feststellungsbeschluß die rechtliche Natur einer dem Gebiete des Strafrechts fernliegenden,

im Schulrechte wurzelnden und dem Schulbedürfnisse dienenden Verwaltungsmaßregel der Schulaufsichtsbehörde. Da die Behörde mit dem Beschlusse die Grenzen ihrer Zuständigkeit in keiner Weise überschritten hat, so erweist sich auch die mit der Klage angefochtene Zwangsetatisierungsverfügung als rechtsbeständig.

4. Die Bestimmung über die Unterrichtssprache für den Religionsunterricht in der Volksschule steht der Schulaufsichtsbehörde zu, die dabei an eine Zustimmung kirchlicher Organe nicht gebunden ist. Die Berufung auf das Tridentiner Konzil, das den Bischöfen vorgeschrieben habe, „daß die Religion dem Volke in der Muttersprache (lingua vernacula) zu erteilen" sei (sessio 24 caput VII de reformatione), ist unzutreffend.

Eine unbedingt verbindliche, zwingende Vorschrift ist hier nicht gegeben. Auch ist unter lingua vernacula wie lingua vulgaris nicht die Muttersprache in der Bedeutung zu verstehen, welche die Klägerin dem Ausdruck unterlegt, sondern die Landessprache, die Volkssprache, im Gegensatze zum Lateinischen, der damaligen Sprache der katholischen Kirche und der Gelehrten. Außerdem bezieht sich aber die ganze Stelle, wie schon die Ueberschrift des Kapitels beweist, auf den Empfang der Sakramente und den Gottesdienst, nicht auf den Schulunterricht, und konnte sich auf letzteren auch gar nicht beziehen, weil es öffentliche Volksschulen im Sinne der Gegenwart damals überhaupt nicht gab. Abgesehen ferner davon, daß die erörterte Stelle des Tridentinums auf die Frage der Unterrichtssprache nicht Bezug hat, so ist sie auch nicht vermittels der Bulle De salute animarum durch die KabO. v. 23. VIII. 21 (GS. 113) „staatlich sanktioniert" worden; denn diese Kabinettsorder erteilt nur demjenigen Teile der Bulle die „Königliche Billigung und Sanktion", der die „Einrichtung, Ausstattung und Begrenzung der Erzbistümer und Bistümer der katholischen Kirche des Staates und aller darauf Bezug habenden Gegenstände" betrifft.

Nicht minder verfehlt ist die Bezugnahme auf Art. 12 VUrk. v. 31. I. 50. Die dort gewährleistete Freiheit des religiösen Bekenntnisses, der Vereinigung zu Religionsgesellschaften und der gemeinsamen häuslichen und öffentlichen Religionsübung hat nichts mit der Frage zu tun, welche Unterrichtssprache im schulplanmäßigen Religionsunterrichte der öffentlichen Volksschulen gebraucht werden soll. Die Frage hiernach gehört nicht dem rein religiösen Gebiet an. Wenn eine Religionsgesellschaft die Bestimmung der Unterrichtssprache im Religionsunterrichte der Schule zum Glaubenssatz erheben wollte, so würde dies für den Staat nicht bindend sein. Denn die Wahl der Unterrichtssprache im Schulunterrichte wird vom Staate bestimmt, dessen Veranstaltung die Schule ist. Die Bestimmung erfolgt vorwiegend nach Zweckmäßigkeitsrücksichten; im Hinblick auf die Erreichung des Unterrichtszwecks wird daher den Schulkindern polnischer Zunge der Religionsunterricht nur dann deutsch erteilt, wenn sie in der Kenntnis der deutschen Sprache so weit vorgeschritten sind, daß ein richtiges Verständnis auch bei deutscher Unterweisung erreicht werden kann. Die Entscheidung darüber, ob diese Voraussetzung vorliegt, hat die Regierung zu treffen. Hierbei ist sie an die Genehmigung der katholischen Kirche oder ihrer Organe nicht gebunden.

Die Forderung einer Zustimmung der Kirche kann auch nicht auf Art. 24 Abs. 2 VUrk. gestützt werden; denn die Art. 21—25 sind mit Rücksicht auf den früheren Art. 112, jetzt Art. 26 in der Fassung des G. v. 10. VII. 06 (GS. 333), nur als Richtlinien für die Gesetzgebung zu betrachten. Soweit sie daher in besondere Gesetze aufgenommen worden sind, haben sie zwingende Geltung erlangt; soweit das bisher nicht geschehen ist, können noch jetzt Rechtsansprüche im einzelnen Falle aus ihnen nicht hergeleitet werden. Der Art. 24 Abs. 2

entbehrt noch der gesetzlichen Ausführung; seine Deutung kann daher auf sich beruhen, da er jedenfalls nicht Rechtsvorschriften enthält, die einer unmittelbaren Anwendung im Einzelfalle fähig wären.

Die Vorschriften des ALR. stehen der Klägerin gleichfalls nicht zur Seite; denn sie bestimmen, daß Schulen Veranstaltungen des Staates sind und unter der Aufsicht des Staates stehen, der Religionsunterricht aber ist ein Teil des Schulunterrichts (§§ 1, 9, 11, 16f. II 12 ALR.). In welcher Sprache der Schulunterricht, einschließlich des Unterrichts in der Religion erteilt werden soll, hat daher auch nach den landrechtlichen Vorschriften der Staat kraft seines allgemeinen Aufsichtsrechts zu bestimmen. Die zuständigen Organe der Unterrichtsverwaltung sind der Unterrichtsminister, die Oberpräsidenten und die Schulabteilungen der Regierungen. Die Regierung in Posen stützt ihre Anordnung wegen Einführung der deutschen Sprache für den Religionsunterricht in der Ober- und Mittelstufe der katholischen Schule zu K. auf den Oberpräsidialerlaß, betr. Bestimmungen über den Sprachunterricht in den von Kindern polnischer Zunge besuchten Volksschulen der Prov. Posen, v. 27. X. 73, dessen hier in Betracht kommende Teile — in allem Wesentlichen wörtlich gleichlautend mit dem durch AhBd. v. 9. VI. 73 genehmigten Erlasse des Unterrichtsministers v. 23. desselben Monats — durchaus auf gesetzlichem Boden stehen. (Folgt Begründung.)

Nr. 6. Entsch. v. 15. Nov. 1907 (OVG. 51 170) VIII C 61/07.

Die Zugehörigkeit zur evangelischen Kirche und demgemäß die Steuerpflicht gegenüber einer evangelischen Volksschule im Bereiche des ALR., neben der für denselben Bezirk auch eine katholische Volksschule besteht, wird durch die Taufe nach evangelischem Gebrauche, nicht durch die Konfirmation bestimmt; die der letzteren zukommende Wirkung besteht in dem Erwerbe der Kirchengemeindemitgliedschaft mit den in ihr einbegriffenen Rechten und Pflichten, denen ein Einfluß auf die Teilnahme an der Schulunterhaltungslast nicht zukommt.

Dem evangelischen Bekenntnisse kann man auch angehören, ohne Gemeindemitglied zu sein. Insbesondere setzt § 2 KirchO. für die evangelischen Gemeinden der Prov. Westfalen und der Rheinprovinz v. 5. III. 35 das Vorhandensein des evangelischen Glaubensbekenntnisses sowohl für Erlangung der Rechte und Pflichten eines Eingepfarrten voraus, indem sie diese noch weiter von dem Wohnsitz in der Parochie abhängig macht, als auch für Erlangung der Gemeindemitgliedschaft, für die außer dem evangelischen Bekenntnis und außer der Einpfarrung als drittes Erfordernis die Aufnahme — entweder durch die Konfirmation oder auf ein eingereichtes Kirchenzeugnis — hinzutreten muß. Die Kirchenordnung erkennt daher an, daß jemand innerhalb des Gemeindebezirkes dem evangelischen Glaubensbekenntnis angehören kann, ohne „Mitglied der Gemeinde" zu sein.

b) Beschlußfassung der Aufsichtsbehörde gemäß § 47 Abs. 1 ZustG.

Nr. 1. Entsch. v. 10. Okt. 1905 (OVG. 48 193) VIII B 71/03.

ZustG. § 47.

Eine Bauanordnung der Schulaufsichtsbehörde muß zu verständlichem Ausdrucke bringen, welche Herstellungen gefordert werden. Wenn es hieran fehlt, unterliegt die Anordnung auf Klage des in Anspruch Genommenen der Aufhebung.

Nr. 2. Entsch. v. 18. Dez. 1906 (OVG. 50 152) VIII C 53/05.

ZustG. § 47.

1. Weist der durch Beschluß der Schulaufsichtsbehörde auf Schulbaukosten in Anspruch Genommene im Wege der Abbürdungsklage einen anderen nach, der statt seiner aus Gründen des öffentlichen Rechtes verpflichtet ist, so wird er dadurch der Behörde gegenüber selbst dann frei, wenn der mitbeklagte Drittverpflichtete dartut, daß er wegen Unvermögens außerstande ist, die geforderte Leistung zu gewähren. Denn es ist für das Verhältnis zwischen der anordnenden Behörde und dem von ihr Belangten ohne Bedeutung, ob der von letzterem statt seiner benannte und nachgewiesene Schuldner die nach öffentlichem Rechte ihm obliegenden Leistungen auch tatsächlich ausführen kann.

2. Anderseits ist es mit der Natur des Schulbauresoluts unvereinbar, daß infolge der Abbürdungsklage an Stelle einer einheitlichen und untrennbaren Anordnung eine nicht ausführbare Entscheidung gesetzt wird. Dies geschieht aber auch dann, wenn einem unvermögenden Pflichtigen Bauleistungen auferlegt werden.

Ein Baubeschluß, der sich wegen Leistungsunfähigkeit des Pflichtigen als unausführbar erweist, ist daher seinem ganzen Inhalte nach außer Kraft zu setzen.

Nr. 3. Entsch. v. 29. Jan. 1907 (OVG. 49 184) VIII C 18/05.

ZustG. §§ 46 f.

1. Eine bürgerliche Gemeinde kann auf Grund der Annahme, daß kraft örtlichen Rechtes ihr an Stelle der Hausväter die bauliche Unterhaltung einer Sozietätsschule obliege, zu Baukosten nur von dem Schulvorstande gemäß § 46 ZustG., nicht von der Schulaufsichtsbehörde durch Beschluß aus § 47 aaO. herangezogen werden.

Die im § 47 Abs. 1 der Schulaufsichtsbehörde übertragene Befugnis, über die öffentlich-rechtliche Verpflichtung zur Aufbringung von Schulbaukosten sowie über deren Verteilung auf Gemeinden (Gutsbezirke), Schulverbände und Dritte, statt ihrer oder neben ihnen Verpflichtete, sofern Streit entsteht, zu beschließen, erstreckt sich nur auf solche Anforderungen, die gegen die aaO. aufgeführten Verbände und die ebenda bezeichneten Dritten, d. h. gegen die Träger der Schulbaulast, gerichtet sind.

Die Landgemeinde G. hat die von den Hausvätern der Gemeinde aufzubringenden Schullasten auf den Gemeindeetat, dagegen nicht die Schule als Gemeindeanstalt, übernommen. Die Schulgemeinde ist nicht aufgelöst worden, nur ist an die Stelle der Hausväter die Landgemeinde getreten. Als Träger der Unterhaltungslast steht der Schulaufsichtsbehörde gegenüber nach wie vor die Schulgemeinde da. Ist sonach die Landgemeinde nicht statt oder neben der Schulgemeinde zu Schulbauleistungen aus Gründen des öffentlichen Rechtes verpflichtet, so gehört sie nicht zu den in § 47 Abs. 1 aaO. aufgeführten Verbänden und dort bezeichneten Dritten. Gegenüber der Weigerung der Gemeinde zur Zahlung der von ihr erforderten Beträge konnte mithin eine Feststellung ihrer Verpflichtung durch einen Baubeschluß der Regierung überhaupt nicht in Frage kommen, wie denn auch die Regierung es aus guten Gründen unterlassen hat, einen solchen Feststellungsbeschluß gegen die Landgemeinde zu fassen. Es handelt sich hier nicht um die von der Schulaufsichtsbehörde zu bewirkende Oberverteilung, sondern um eine Unterverteilung auf die Mitglieder des Schulverbandes; denn als Mitglied der Schulgemeinde ist die klagende Landgemeinde zu den von der Schulgemeinde aufzubringenden Baukosten herangezogen worden. Zur

Unterverteilung von Baukosten auf die Mitglieder des Schulverbandes, seien das die Hausväter oder die politischen Gemeinden, die an deren Stelle getreten sind, ist aber innerhalb der landrechtlichen Schulsozietäten allein der Schulvorstand berufen.

2. Im vorliegenden Falle war folgender Gemeindebeschluß gefaßt worden:

„Nach vorgängiger Beratung beschloß die Versammlung einstimmig, daß diejenigen besonderen Ausgaben der Schulkasse, welche durch deren Einnahmen nicht gedeckt werden, durch einen Zuschuß der politischen Gemeinde in eben der Weise zu tragen sind, wie die gewöhnlichen Gemeindebeiträge."

Der Beschluß der Gemeinde geht sonach auf Uebernahme der durch eigene Einnahmen nicht gedeckten „besonderen" Ausgaben der Schulkasse. Da die Gemeinde freiwillig eine ihr an sich nicht obliegende Last übernommen hat, findet an sich der Grundsatz Anwendung, daß im zweifelhaften Falle bloß wohltätige Verträge allemal zur Erleichterung des Verpflichteten auszudeuten sind (§ 269 I 5 ALR.). Aber auch bei Berücksichtigung dieses Rechtssatzes hat der Gerichtshof die Behauptung der Klägerin nicht für zutreffend erachten können. In den Worten des Beschlusses „besondere Ausgaben der Schulkasse" ist eine Einschränkung der Schullast in ihrem gemeingewöhnlichen Begriffe nicht zu finden. Zur Schullast gehören sowohl die persönlichen wie die sächlichen Ausgaben, zu letzteren sind auch die Baukosten zu rechnen, und diese begreifen sowohl die Ausgaben für die erste Herstellung wie die für die Erneuerung und die für die Unterhaltung der Schulgebäude in sich. Die Worte „besondere Ausgaben der Schulkasse" ergeben keinen Unterschied zwischen den Aufwendungen für Lehrerbezüge und den Baukosten und sonstigen Kosten der sächlichen Schulunterhaltung. Noch weniger läßt sich aus diesen Worten entnehmen, daß etwa nur die Ausgaben für Reparaturen, vielleicht auch noch für Um- und Ausbauten, nicht aber für Neubauten von der Gemeinde hätten übernommen werden sollen. Unter den besonderen Ausgaben sind sonach sämtliche Ausgaben der Schulkasse zu verstehen, die von ihr nicht bestritten werden können, gleichviel ob persönliche oder sächliche (im weiteren Sinne) in Frage stehen.

d) Verwaltungsstreitverfahren.

α) Nach § 46 ZustG.

Nr. 1. Entsch. v. 7. Juli 1905 (OVG. 47 194) VIII C 87/03.

ZustG. §§ 46 f.

1. Mitgliedern einer Schulgemeinde steht als Beteiligten im Sinne des § 46 Abs. 3 ZustG. das Streitverfahren über ihre im öffentlichen Rechte begründete Pflicht der Beitragsleistung zu den Kosten eines Schulbaues auch dann offen, wenn der Bau weder von der Schulaufsichtsbehörde durch Beschluß gegenüber der Schulgemeinde angeordnet, noch dessen Ausführung von der Schulgemeinde beschlossen worden war.

Erachtet ein Mitglied einen in Aussicht genommenen Schulbau für entbehrlich oder die empfohlene Art der Ausführung für zweckwidrig, so bleibt ihm überlassen, für eine Entschließung des Schulvorstandes oder der vom Schulvorstande zusammenzuberufenden Verbandsgenossen dahin zu sorgen, daß der Bau überhaupt nicht oder daß er anders ausgeführt werden solle. Den Entschließungen des Verbandes aber muß er sich, wenn er überstimmt wird, fügen — ein Vorgang, der sich auf anderen Gebieten der Verwaltung, zB. im Bereiche der Landgemeindeordnungen, alltäglich ereignet. Ein Anlaß und zugleich die Befugnis zur Entscheidung durch Beschluß vorbehaltlich des Verwaltungsstreitverfahrens erwächst für die Aufsichtsbehörde erst, wenn der Verband oder wenn ein statt seiner oder neben ihm Verpflichteter (wie etwa ein Kirchenpatron, eine Kirchengemeinde kraft gesetzlicher Regelvorschrift oder sonst ein auf Grund speziellen öffentlich-rechtlichen Titels wirklich oder vermeintlich pflichtiger Dritter) Widerspruch erhebt. Sind Kosten eines Baues, gleichviel ob er auf Anordnung der Aufsichtsbehörde oder ohne eine solche hergestellt worden ist, im Kreise der Verbandsgenossen umzulegen, so fällt das unter den Begriff der Unterverteilung, die nicht im § 47, sondern im § 46 ZustG. geregelt ist. Nach feststehender Rechtsprechung ist nun nicht einmal, wenn im Rahmen des § 47 die Beteiligten untereinander über ihre öffentlich-rechtlichen Schulbauverbindlichkeiten streiten, die Zulässigkeit der Klage von einer vorhergegangenen Bauanordnung der Aufsichtsbehörde abhängig. Noch weniger kann davon die Rede sein, daß es einer derartigen Anordnung oder daß es eines förmlichen, auf Vornahme des Baues gerichteten Beschlusses der Schulgemeinde oder ihres gesetzlichen Organs, des Schulvorstandes, bedürfen sollte, um einem Verbandsgenossen gegenüber dem anderen die Klage aus Abs. 3 des § 46 zu eröffnen.

2. Der Anspruch eines Beteiligten gegen einen anderen Beteiligten auf Erstattung von Schulbaukosten setzt jedoch, sofern er ohne das Vorangehen eines derartigen Beschlusses erhoben wird, die wenigstens stillschweigende Genehmigung des Baues durch die Schulgemeinde und die Schulaufsichtsbehörde voraus.

Das Klagerecht aus § 46 Abs. 3 ZustG. erstreckt sich auch auf solche im öffentlichen Schulrechte (hier der Baubeitragspflicht) wurzelnden Ansprüche, die zugleich auf den privatrechtlichen Verpflichtungsgrund der nützlichen Verwendung oder der ungerechtfertigten Bereicherung zurückgehen. Geschäftsführung ohne Auftrag kommt hier nicht in Betracht. Der Bezirksausschuß hat nun die Klage unter anderem rechtsirrig deshalb abgewiesen, weil ihr mangels eines gültigen Beschlusses des Schulvorstandes, zu bauen, eine öffentlich-rechtliche Verbindlichkeit nicht zugrunde liege. Auch dieser Grund ist unhaltbar. Ohne Zweifel haben der Schulvorstand und die Schulgemeinde den Bau (stillschweigend) genehmigt. Das Korporationsvermögen ist durch den Bau vermehrt worden. Demgegenüber ist es für die Erstattungsklage belanglos, ob der Vorstand oder richtiger die Schulgemeinde, da der Vorstand allein zur Beschlußfassung über einen außerordentlichen Bau nicht zuständig ist, vor Beginn des Baues Beschluß über dessen Ausführung gefaßt hatte. Nach der zutreffenden Ausführung des Klägers hat der Mangel eines vorgängigen Beschlusses lediglich die Folge, daß ihm die Beweislast über Notwendigkeit und Sachgemäßheit des Baues und über die Angemessenheit der Preise obliegt. Die Beweislast bezüglich der Erstattungspflicht der Mitverpflichteten (der andern „Beteiligten") ist dadurch nicht berührt oder verschoben worden. Der Kläger hat nach wie vor zu erweisen, daß und in welcher Höhe ein von ihm in Anspruch genommener Mitverpflichteter wegen ungerechtfertigter Bereicherung ihm Erstattung schulde.

β) Nach § 47 ZustG.

Nr. 1. Entsch. v. 17. März 1905 (OVG. 47 184) VIII C 57/04.

ZustG. § 47.

1. In Schulbaustreitigkeiten kann nicht unabhängig von den Parteianträgen über die Aufbringung und Verteilung der Baukosten ent-

schieden, auch nicht zu der einem Mitkläger auferlegten Leistung ein anderer Mitkläger verurteilt werden.

Es ist nicht richtig, daß ein Prozeß der vorliegenden Art ein judicium duplex sei und daß darin in freier Weise und unabhängig von den Parteianträgen eine Verurteilung erfolgen könne, vorausgesetzt nur, daß der vom Gerichte für verpflichtet Erkannte überhaupt irgendwie am Prozesse beteiligt sei. Das Verfahren, das nach § 47 Abs. 2 Satz 2 ZustG. in Verbindung mit der Klage gegen den Beschluß der Schulaufsichtsbehörde angestellt werden kann, ist vielmehr ebenso ein Prozeß zwischen Parteien, wie das Verwaltungsstreitverfahren auf Erstattung des Geleisteten gegen einen aus Gründen des öffentlichen Rechtes verpflichteten Dritten (§ 47 Abs. 3, 4 aaO.). Sowenig wie in einem Prozesse der letzteren Art der zu Verklagende zugleich Kläger oder Mitkläger sein kann, ebensowenig ist dies in dem auf Abwälzung der angesonnenen Leistung abzielenden Verfahren möglich. Es gibt kein Prozeßverfahren und insbesondere kein Verwaltungsstreitverfahren, in welchem der Kläger, auch wenn er als Mitkläger auftritt, seine eigene Verurteilung erbitten, oder in welchem von mehreren Mitklägern einer die Verurteilung des anderen beantragen könnte. Eine solche Klage unterliegt der Abweisung.

2. Für den Fall, daß der in Anspruch Genommene die ihm angesonnene Leistung auf einen Dritten abbürden will, geben ihm die Gesetze zur Durchführung seines Anspruchs den Rechtsbehelf des Verwaltungsstreitverfahrens. Dessen Formen muß er beachten, wenn er von dem Rechtsbehelfe Gebrauch machen will, ohne daß es einen Unterschied begründet, ob der Dritte seinen Anspruch bestreitet oder anerkennt. Da hier aber die Klage nicht gegen die Kirchengemeinde als die vermeintlich Verpflichtete gerichtet ist, so erweist sich die Revisionsbeschwerde, daß die Kirchengemeinde zu Unrecht nicht verurteilt worden sei, als unbegründet, und es ist in dem anhängig gewordenen Verfahren nicht darüber zu befinden, ob die in Anspruch genommene bürgerliche Gemeinde die Baupflicht hat. Nur dieser wird, außer dem Fiskus, im Baubeschluß eine Leistung angesonnen, nicht aber der Schulgemeinde oder der Kirchengemeinde. Den beiden letzteren fehlt daher jeder Anlaß zur Klageerhebung. Ihre Klage auf Aufhebung des Baubeschlusses ist deshalb wegen Mangels der Aktivlegitimation unbegründet.

3. Im übrigen macht die Revision geltend, der Beschluß der Schulaufsichtsbehörde habe nicht erlassen werden dürfen, weil kein Streit bestanden habe. Dieser auf § 47 Abs. 1 ZustG. gestützte Einwand ist, da er die Zuständigkeit der beschließenden Behörden angreift, erheblich, aber er ist nicht begründet. Allerdings haben der Gemeindekirchenrat und die kirchliche Gemeindevertretung beschlossen, daß derjenige Baukostenbedarf, welcher nach Abzug des vom Fiskus als Patron zu leistenden Anteils verbleibe, durch Kirchengemeindeumlage aufgebracht werden solle, und die bürgerliche Gemeinde war hiermit einverstanden. Darum fehlte es jedoch nicht an der Voraussetzung des Bestehens eines Streites; denn der Beschluß der Kirchengemeinde war weder von der Kirchen- noch von der Staatsaufsichtsbehörde genehmigt worden. Solange deren Genehmigung noch ausstand, war die Einigkeit der Beteiligten untereinander ohne entscheidende Bedeutung. Die Klägerinnen behaupten zwar, der Beschluß der Kirchengemeinde sei zur Genehmigung von Aufsichts wegen geeignet, die Genehmigung müsse erteilt werden. Aber es ist nicht ersichtlich, wie die Schulaufsichtsbehörde, die es bei Erlaß des Baubeschlusses mit den ihr vorliegenden Tatsachen zu tun hatte, berufen sein konnte, jene Frage zu prüfen.

Nr. 2. Entsch. v. 9. März 1906 (OVG. 49 196) VIII C 104/05.

ZustG. § 47.

1. Bei Prüfung der Frage, ob und inwieweit Träger der Schulbaulast fähig sind, durch Beschluß der Schulaufsichtsbehörde ihnen angesonnene Leistungen aufzubringen, sind sowohl ihre wirtschaftliche Lage im allgemeinen wie ihre Belastung mit öffentlichen Abgaben aller Art, und zwar nicht allein der für Schulbedürfnisse, sondern auch der für andere Zwecke bestimmten zu berücksichtigen, daher u. a. auch Grundrenten und Schuldenzinsen, desgleichen Hand- und Spanndienste, mögen sie in Natur verrichtet oder verdungen werden, in Betracht zu ziehen.

Die Frage, bis zu welcher Grenze die Leistungsfähigkeit einer Korporation reicht, deckt sich mit derjenigen, wo eine Ueberbürdung, d. i. eine übermäßige, die wirtschaftliche und steuerliche Leistungsfähigkeit übersteigende Inanspruchnahme der Korporationsmitglieder, beginnt. Das läßt sich aber richtig nur beurteilen, wenn alle Leistungen, denen sich die Mitglieder nach öffentlichem Rechte nicht entziehen können, berücksichtigt werden, mögen sie in Geldleistungen, Naturaldiensten oder Naturalleistungen bestehen, sofern sich nur letztere als eine die Leistungsfähigkeit unter den gesamten Verhältnissen mitbeeinflussende Belastung darstellen. Ferner wirkt auf die Leistungsfähigkeit nicht nur die Höhe der Belastung mit öffentlich-rechtlichen Leistungen an Gelde oder Geldeswert ein, sondern auch die Gesamtheit der wirtschaftlichen Verhältnisse, unter denen die Pflichtigen ihrem sie regelmäßig erst zu Abgaben und Leistungen befähigenden Erwerbe nachgehen. Die Leistungsfähigkeit einer Gemeinde kann auch nicht danach verschieden beurteilt werden, ob die Hand- und Spanndienste in Natur geleistet oder gegen Entgelt verdungen werden. In beiden Fällen ist die Belastung dieselbe, nur mag sie sich im ersteren Falle den einzelnen weniger fühlbar machen.

Wie demnach die Hand- und Spanndienste bei Prüfung der Leistungsfähigkeit mit in Betracht zu ziehen sind, so muß das nämliche auch für die von den Pflichtigen aufzubringenden Renten gelten. Beruht es sonach auf einem Rechtsirrtume, wenn der Vorderrichter die Renten grundsätzlich außer acht gelassen hat, so ist ihm im einzelnen auch darin nicht beizustimmen, daß es hier auf die Rentenbelastung deshalb nicht ankomme, weil ihr schon bei Feststellung des Staatssteuersolls Rechnung getragen sei. Allerdings bilden Renten ebenso wie andere Abzüge, z. B. Schuldenzinsen, Merkmale der Veranlagung zur Staatseinkommensteuer, sie werden von dem gesamten Roheinkommen abgezogen und beeinflussen demgemäß den Steuersatz. Aber durch alles dies wird keineswegs ausgeschlossen, daß die Belastung mit Renten auf die Fähigkeit zur Aufbringung anderer öffentlicher Abgaben einwirkt, also auch bei Prüfung in Anschlag zu bringen ist. Auch die Hypothekenzinsen werden bei der Einkommensteuerveranlagung vom Roheinkommen abgezogen; aber es ist bisher noch niemals bezweifelt worden, daß große Verschuldung allgemein die Leistungsfähigkeit mindert und bei deren Beurteilung mit ins Auge zu fassen ist, obgleich die Schuldenzinsen schon durch Abzug bei Festsetzung des Staatssteuersatzes Berücksichtigung finden.

2. Abgesehen von diesen rechtlichen Irrtümern beruht das angefochtene Urteil insofern auf einem wesentlichen Verfahrensmangel, als der Vorderrichter es an einer zureichenden Begründung der von ihm bejahten Leistungsfähigkeit der Klägerinnen hat fehlen lassen. Deren Belastung mit 168 Prozent Zuschlägen zu den direkten Staatssteuern schließt nicht unter allen Umständen eine Ueberbürdung aus. Es bedurfte vielmehr der Feststellung und Begründung, daß und weshalb gerade unter den besonderen Verhältnissen in L. eine Belastung mit 168% noch keine Ueberbürdung bedeute. In dem Urteile hätte also auf jene besonderen Verhältnisse

näher eingegangen werden müssen, insbesondere auf die Vermögens- und Nahrungsverhältnisse der Einwohner von L., die Verteilung des Einkommens, den Umfang und die Verschuldung des Grundbesitzes, den Grundsteuerreinertrag und Gebäudesteuernutzungswert, die Zahl der angesessenen und nicht angesessenen, der bäuerlichen und nicht bäuerlichen Einwohner.

3. Bevor die Grenze der in Streit stehenden Leistungsfähigkeit festgestellt wird, sind zunächst ausreichende Unterlagen für eine derartige Feststellung zu beschaffen. Auch wird eine gutachtliche Aeußerung der Finanzabteilung der Regierung herbeizuführen sein; denn diese Amtsstelle ist nach ihren berufsmäßigen Aufgaben besonders geeignet, alle für die Leistungsfähigkeit ins Gewicht fallenden Umstände sachgemäß gegeneinander abzuwägen. Bei der großen Verschiedenheit der Verhältnisse im Gutsbezirk und im Dorfe empfiehlt es sich, die Leistungsfähigkeit der Einwohner eines jeden Bezirkes je für sich zu beurteilen, um Klarheit darüber zu gewinnen, wie weit die Leistungsfähigkeit bei der Gesamtheit der Einwohnerschaft reicht. Je nach den Umständen mögen dabei die Rechtsgrundsätze, die hinsichtlich der Ueberbürdungsfrage im Geltungsbereiche des § 53 KommAbgG. vom OVG. aufgestellt worden sind, einen Anhalt zu gewähren, geeignet sein. Etwaige Staatsbeihilfen kommen nur in Anrechnung, soweit sie zuständigenorts bestimmt zugesagt worden sind.

V.

Personenstand und Staatsangehörigkeit.

Literatur: Bender-Dillmann: Handbuch für Standesbeamte[4] (Wiesbaden 1907). — v. Brauchitsch: Die neuen preuß. Verwaltungsgesetze, herausgeg. von v. Studt und v. Braunbehrens[15] 4 (5. Bearb.) (Berlin 1906). — Grill: Die Reichsgesetze über den Erwerb und Verlust der Bundes- und Staatsangehörigkeit und über die Freizügigkeit[3] (München 1906). — Hauschild: Die Staatsangehörigkeit in den Kolonien (Tübingen 1900). — Illing-Kautz: Handbuch für preuß. Verwaltungsbeamte[9] 1 (Berlin 1905). — Isay: Die Staatsangehörigkeit der juristischen Personen (Tübingen 1907). — Kahn: Das Reichsgesetz über die Erwerbung und den Verlust der Bundes- und Staatsangehörigkeit v. 1. VI. 70[3] (Berlin 1908). — Derselbe: Zur Reform des Reichs- und Staatsangehörigkeitsgesetzes (Berlin 1908). — Kalch: Die Reichsgesetze über den Unterstützungswohnsitz — in der Fassung der Nov. v. 12. III. 94 —, die Freizügigkeit aus dem Erwerb und Verlust der Bundes- und Staatsangehörigkeit[6] (Berlin 1907). — Reger-Dames: Handausgabe des Reichsgesetzes über die Beurkundung des Personenstandes und die Eheschließung v. 6. II. 75 in der v. 1. I. 00 ab geltenden Fassung[4] (Ansbach 1908). — Reimann: Handbuch für Standesbeamte[7] (Leipzig 1905).

Nr. 1. Entsch. v. 24. Febr. 1905 (PrVerwBl. 27 626) I 223.

StAngG. § 25; RMilG. § 11.

Ein Recht auf Wiederaufnahme in den Preußischen Untertanenverband steht demjenigen, der sich ununterbrochen fünf Jahre lang in den Vereinigten Staaten von Nordamerika aufgehalten und die dortige Staatsangehörigkeit erworben hat, auch dann nicht zu, wenn er diese Staatsangehörigkeit wieder verloren und sich weniger als zehn Jahre im Auslande aufgehalten hat.

Der Kläger ist der Ansicht, daß das Gesetz, wenn es dem Deutschen, der durch zehnjährige Abwesenheit seiner Staatsangehörigkeit verlustig gegangen ist, das Recht auf Wiederaufnahme zugestehe, unmöglich dieses Recht für den Fall habe entziehen wollen, daß der Rückwanderer sich weniger als zehn Jahre im

Auslande aufgehalten, inzwischen aber eine fremde Staatsangehörigkeit erworben habe. Dieser Ansicht liegt die Annahme zugrunde, daß der § 21 Abs. 5 StAngG. Anwendung findet, ohne Unterschied, ob der Rückwanderer inzwischen eine fremde Staatsangehörigkeit erlangt habe oder nicht. Diese Annahme ist unzutreffend. Vgl. OVG. 14 394 ff., 26 377, 38 399.

Dadurch, daß der Kläger inzwischen aufgehört hat, Amerikanischer Staatsangehöriger zu sein, wird er nicht zu einem Rückwanderer, der die Reichsangehörigkeit lediglich durch zehnjährigen Aufenthalt im Auslande verloren hat. Nur einem solchen Rückwanderer aber ist die Befugnis durch § 21 Abs. 5 zugesprochen, die Staatsangehörigkeit in dem Bundesstaate, wo er sich niedergelassen hat, durch Aufnahme zu erwerben. Hieran hat auch der § 11 RMilG. nichts geändert. Der § 11 verdankt seine Entstehung lediglich der Absicht, das Privileg der Heimatlosen, die keinem Staate untertan und daher auch der Militärpflicht keines Staates unterworfen sind, zu beseitigen. Ein Rückwanderer, der beim Vorliegen der Voraussetzungen des § 11 zur Truppe ausgehoben wird, bleibt gleichwohl Ausländer. Ein Anspruch auf Wiederverleihung der Staatsangehörigkeit in einem Bundesstaate ist ihm nicht zugesichert.

Nr. 2. Entsch. v. 25. Mai 1906 (OVG. 49 395) I A 48/06.

StAngG. §§ 15, 17.

Nach § 15 ReichsG. v. 1. VI. 70 wird unterschieden, ob der die Entlassung Nachsuchende Reichsangehöriger bleibt und nur Angehöriger eines anderen Bundesstaats werden will, oder ob er Ausländer zu werden beabsichtigt. In letzterem Falle bezeichnet Abs. 2 unter drei Nummern diejenigen Voraussetzungen, unter denen die Entlassung nicht erteilt werden darf. Der Beklagte behauptet nun nicht, daß eine der drei Voraussetzungen für die Versagung der Entlassung gegeben sei, sondern stützt seine Verfügung auf den in Abs. 2 nicht enthaltenen Tatbestand, daß die Eheleute F. im Inland in Strafverfahren verwickelt seien. Diese Begründung verstößt gegen das Gesetz, nach dessen § 17 in Friedenszeiten aus anderen als den im § 15 bezeichneten Gründen die Entlassung nicht verweigert werden darf. Damit ist der Grundsatz der Auswanderungsfreiheit für Friedenszeiten, vorbehaltlich der Ausnahmen des § 15 Abs. 2 Nr. 1, 2, 3 aufgestellt und jede landesrechtliche Vorschrift beseitigt, nach der aus anderen Gründen die Entlassung aus dem Staatsverbande verweigert oder verzögert werden durfte. Nach dem Wortlaute wie nach der Begründung des Gesetzes kann die Landespolizeibehörde die Entlassung insbesondere nicht bis zur Berichtigung etwaiger Steuerrückstände verweigern. Auch für die Sicherung der Strafverfolgung des die Entlassung Nachsuchenden ist eine Ausnahme von dem Grundsatze der Auswanderungsfreiheit nicht gemacht.

VI.

Fürsorgeerziehung.

Literatur: Aschrott: Gesetz über die Fürsorgeerziehung Minderjähriger v. 2. VII. 00² (Berlin 1907). — Gordan, Lehmann und Riese: Gesetz über die Fürsorgeerziehung Minderjähriger v. 2. VII. 00 (Berlin 1907). — Klumker und Polligkeit: Jahrbuch der Fürsorge. 2. (Dresden 1907). — Landsberg: Das Recht der Zwangs- und Fürsorgeerziehung. Einführung. Kritik. Vorschläge (Berlin-Wilmersdorf 1908). — Schiller: Die Fürsorgeerziehung Minderjähriger (Leipzig 1906). — Schmitz: Die Fürsorgeerziehung Minderjähriger. Preuß. G. v. 2. VII. 00⁴ (Düsseldorf 1908). — Verhandlungen über die Wirksamkeit des Fürsorgeerziehungsgesetzes. Konferenz der Zentralstelle für Jugendfürsorge in Berlin am 15. und 16. VI. 06 (Berlin 1907).

Nr. 1. Entsch. v. 6. Okt. 1905 (OVG. 48 432) I A 30/05.

FEG. §§ 5, 20, 22.

1. Die vorläufige Unterbringung Minderjähriger auf Grund des § 5 Abs. 1 FEG. beginnt nicht schon mit der Zustellung des Beschlusses des Vormundschaftsgerichts, sondern erst mit seiner Ausführung durch die Polizeibehörde, für welche mit der Zustellung das Recht und die Pflicht erwächst, die zur Ausführung des Beschlusses erforderlichen Maßregeln zu treffen. Diese müssen aber nicht notwendig in der Unterbringung in einer Familie oder Erziehungs- oder Besserungsanstalt bestehen, sondern können ebenso, wie die zur Ausführung der endgültig angeordneten Fürsorgeerziehung zu treffenden, in der Unterbringung in einem Krankenhause bestehen, wenn der Gesundheitszustand des Minderjährigen Krankenhauspflege erfordert. Das will auch der Kläger nicht ganz in Abrede stellen, vielmehr nur unterschieden wissen zwischen denjenigen Fällen, in denen die Krankenhauspflege erst nach Beginn der Fürsorgeerziehung oder der vorläufigen Unterbringung in einer Familie oder Anstalt erforderlich wird, und denjenigen, in denen die Notwendigkeit der Krankenhauspflege schon vorher eintritt; er meint, daß nur im ersteren Falle die Krankenhauspflege als Teil der Fürsorgeerziehung oder vorläufigen Unterbringung anzusehen sei, im letzteren aber der Regel nach nicht und ausnahmsweise nur dann, wenn der Zweck der Fürsorgeerziehung gerade die Erzwingung der Heilbehandlung in einem Krankenhause sei. Für diese Unterscheidung bietet weder das Gesetz, noch die OVG. 27. V. 04 (45 430) eine Unterlage.

Was von der endgültig angeordneten Fürsorgeerziehung gilt, muß auch von der vorläufigen Unterbringung gelten; denn sie hat in den Fällen, in denen die Unterbringung zur Fürsorgeerziehung endgültig angeordnet wird, denselben rechtlichen Charakter wie diese. Daher konnte auch die vorläufige Unterbringung der R. mit der Ueberführung in ein Krankenhaus zur Heilung ansteckender Geschlechtskrankheit beginnen. Ist dem aber so, dann ist nicht erfindlich, weshalb sie nicht mit der Belassung in demselben Krankenhaus, in dem das Mädchen sich befand, beginnen konnte, und nur zu prüfen, ob sie tatsächlich mit ihr begonnen hat. Zweifel könnten entstehen, wenn die Polizeibehörde sich jeder zur Ausführung des Fürsorgebeschlusses dienlichen Maßregel enthalten hätte. Das ist aber nicht geschehen; die Polizeibehörde hat vielmehr den Beschluß alsbald nach seinem Eingange dem Inspektor des städtischen Obdachs vorlegen lassen und ihn ersucht, die R. nach erfolgter Heilung dem Polizeireviere zur weiteren Veranlassung zuführen zu lassen. Hierdurch hat sie dem Vorsteher der Krankenanstalt zu erkennen gegeben, daß die R. nunmehr als eine auf Anordnung des Vormundschaftsgerichts vorläufig untergebrachte Minderjährige zu behandeln sei. Dies genügte, um den Beginn der vorläufigen Unterbringung und damit die Erstattungspflicht des zur Ausführung der Fürsorgeerziehung verpflichteten Kommunalverbandes zu begründen.

2. War hiernach auch festzustellen, daß die Erstattung der von der Polizeibehörde vorgeschossenen Pflegekosten eine dem Kläger (Provinzialverband) gesetzlich obliegende Leistung darstellt, so mußte doch gleichwohl der Klage stattgegeben werden, weil der Zwangsetatisierungsverfügung eine Feststellung der erforderten Leistung nicht vorausgegangen ist.

An und für sich sind Zweifel an der Zuständigkeit des beklagten Oberpräsidenten nicht begründet. Eine besondere Bestimmung über die Zuständigkeit zur Feststellung der Ansprüche der Polizeibehörden auf Erstattung der von ihnen vorgeschossenen Kosten der vorläufigen Unterbringung Minderjähriger ist im Gesetze nur insoweit getroffen, als § 5 Abs. 3 vorschreibt, daß über die Angemessenheit der dem Erstattungspflichtigen in Rechnung gestellten Vorschüsse der Polizeibehörde der Bezirksausschuß entscheidet. Damit ist jedoch dem Bezirksausschusse nicht die Feststellung der Erstattungspflicht oder ihres Umfanges, sondern nur die Entscheidung eines einzelnen Streitpunkts, der für die Feststellung des Umfanges der Erstattungspflicht von maßgebender Bedeutung ist, übertragen worden. Daher ist in den Fällen, in denen ein Streit über die Angemessenheit der Vorschüsse nicht besteht, die Aufsichtsbehörde über die Verwaltung der Angelegenheiten des in Anspruch genommenen Verbandes so berechtigt, wie verpflichtet, die Erstattungspflicht sowohl dem Grunde wie dem Betrage nach festzustellen; denn die schleunige Erstattung der von der Polizeibehörde gemachten Vorschüsse liegt im Interesse einer geordneten Fortführung der Polizeiverwaltung. Da im vorliegenden Fall ein Streit über die Angemessenheit der geleisteten Vorschüsse nicht besteht, so ist auch die Zuständigkeit des beklagten Oberpräsidenten, die streitige Leistung dem Grunde und dem Betrage nach festzustellen, nach § 114 ProvO. v. 29. VI. 75 unter der Voraussetzung anzuerkennen, daß eine Erstattungspflicht des Provinzialverbandes besteht. Wenn dies deshalb bezweifelt wird, weil die streitigen Kosten sich dann, wenn die endgültige Ueberweisung zur Fürsorgeerziehung nicht ausgesprochen worden wäre, als Kosten der Polizeiverwaltung darstellen würden, so ist dies verfehlt; denn für die Entscheidung der Frage, welche Behörde zur Feststellung zuständig war, kann nur diejenige rechtliche Natur maßgebend sein, welche die Kosten nach den gegebenen Umständen haben, nicht diejenige, welche sie unter andern Umständen hätten haben können. Die Ansicht aber, daß der Minister des Innern ausschließlich zur Kostenfeststellung zuständig sei, ist unzutreffend. Durch die Bestimmung im § 22 FEG., die aus § 19 des älteren G. betr. die Unterbringung verwahrloster Kinder v. 13. III. 78, übernommen wurde, ist freilich dem Minister des Innern die Ausführung des Gesetzes übertragen; daraus folgt aber nicht, daß die Befugnisse der Aufsichtsbehörden auf ihn allein übergegangen sind. Das Gegenteil ergibt sich vielmehr aus § 20 aaO., wonach die staatlichen Aufsichtsbehörden die Oberaufsicht über die zur Unterbringung von Zöglingen getroffenen Veranstaltungen zu führen haben. Ob der Minister sich als Aufsichtsbehörde höherer Instanz an Stelle des Oberpräsidenten hätte setzen und die streitige Leistung unmittelbar feststellen dürfen, bedarf keiner Erörterung, da er dies nicht getan hat.

Hiernach hängt die Entscheidung davon ab, ob in der betr. Verfügung des Oberpräsidenten eine Feststellung der streitigen Leistung gefunden werden kann, und das war zu verneinen. Wenn auch bestimmte Formen für die Feststellungsverfügungen der Aufsichtsbehörde nicht vorgeschrieben sind, namentlich der Gebrauch einer an die Fassung der gesetzlichen Vorschriften über die Zwangetatisierung sich anlehnenden Ausdrucksweise nicht unerläßlich ist, so muß doch zum Ausdrucke gebracht werden, daß die Uebernahme der streitigen Leistung nicht dem Belieben des in Anspruch genommenen Kommunalverbandes überlassen, sondern von Aufsichts wegen von ihm gefordert wird. Daß dies durch die Uebersendung eines die Verpflichtung zur Leistung aussprechenden, aber die Leistung nicht festsetzenden Ministerialerlasses „zur Aeußerung" in ausreichender und für den in Anspruch genommenen Provinzialverband erkennbarer Weise geschehen sei, ist nicht anzuerkennen. Denn diese Verfügung konnte von dem Landeshauptmann, an den sie gerichtet war, sehr wohl dahin aufgefaßt werden, daß der beklagte Oberpräsident zu dem Inhalte des übersandten Ministerialerlasses überhaupt noch keine Stellung genommen habe, vielmehr das weitere Vorgehen von der zunächst erforderten Aeußerung abhängig mache. Darin allein, daß der Oberpräsident den Erlaß weiter gegeben und den Provinzialverband von der ihm zugegangenenen Weisung in Kenntnis gesetzt hat, kann nicht gefolgert werden, daß er den vom Polizeipräsidenten zu B. erhobenen und vom Minister des Innern als begründet anerkannten Anspruch auch seinerseits habe anerkennen wollen.

Dritte Abteilung.

Polizeiliche Angelegenheiten.

I.

Besondere polizeiliche Angelegenheiten.

A. Wasserpolizei und die damit im Zusammenhange stehenden Streitigkeiten der Beteiligten.

Gesetzliche Grundlagen (nebst Materialien): QuellenschutzG. v. 14. V. 08 (GS. 105). VhdlAH. 1907/8: Drucks. Nr. 14, 131, zu Nr. 131, 179, 181, 191, 195—198, 202, 234, 235; StenB. 164, 3819, 4340; HH. 1907/8: Drucks. Nr. 57, 88, 99; StenB. 333.

Literatur: v. Brauchitsch: Die neuen preuß. Verwaltungsgesetze, herausgeg. von v. Studt und v. Braunbehrens 4 — 5. Bearb. — (Berlin 1907). — Illing-Kautz: Handbuch für preuß. Verwaltungsbeamte[9] 2 (Berlin 1906). — Klötz: Das deutsche Wasserrecht (Halle 1908). — Riemann: Das Wasserrecht der Prov. Schlesien[2] (Breslau 1907).

a) Wasserpolizeiliche Verfügungen im Sinne des § 66 ZustG.; Räumung von Gräben, Bächen und Wasserläufen (Privatflüssen); Streitigkeiten der Beteiligten.

Nr. 1. Entsch. v. 11. Jan 1906 — III 61.

G. v. 28. II 43 § 7.

Wenn ein See einen Abfluß hat, gilt er im Sinne des PrivFlG. v. 28. II. 43 als Privatfluß (§ 1). Seine Räumung für Zwecke der Vorflut liegt den Uferbesitzern ob, wenn ihnen die Gesamtheit der Nutzungsrechte und in diesem Sinn das Eigentum an dem See zusteht, andernfalls demjenigen, dem das Eigentum an dem See zusteht. Daß § 7 die Räumungspflicht nur unter der erwähnten Voraussetzung für die Uferbesitzer begründet und daß sie andernfalls entsprechend dem im § 1 geregelten Nutzungsrecht dem von den Uferbesitzern verschiedenen Eigentümer des Privatflusses und also auch des Sees mit einem Abfluß zufällt, davon ist von dem OVG. in ständiger Rechtsprechung ausgegangen (OVG. 13 323).

Nr. 2. Entsch. v. 6. Nov. 1905 — III 2132.

ZustG. § 66.

Unter den Beteiligten ohne prozessuale Mitwirkung der Wasserpolizeibehörde gibt es über Räumungsangelegenheiten nur zwei Klagen im Verwaltungsstreitverfahren, die eine nach § 66 Abs. 3 ZustG. über die „abstrakte öffentlich-rechtliche Verbindlichkeit, Gräben und Privatflüsse zu räumen", und die andere nach § 66 Abs. 4 „auf Erstattung des Geleisteten gegen einen aus Gründen des öffentlichen Rechts Verpflichteten", und zwar seitens dessen, der durch Anordnung der Wasserpolizeibehörde zu einer Räumung veranlaßt ist und sie ausgeführt hat, was nach der Praxis des Oberverwaltungsgerichts auch auf den ausgedehnt ist, der ohne behördliche Anordnung freiwillig eine Räumung vorgenommen hat und glaubt, daß ein anderer öffentlich-rechtlich dazu verpflichtet gewesen wäre. Nur im letzteren Falle hat der Verwaltungsrichter bei einer Klage allein unter den Beteiligten auch eventuell über die Notwendigkeit der stattgehabten Räumung zu urteilen, um festzustellen, ob der in Anspruch genommene Dritte zu dieser ganz bestimmten Räumung verpflichtet gewesen wäre (OVG. 26 249). Die Anerkennung der Notwendigkeit der Räumung eines Wasserlaufes kann aber sonst nicht allein Gegenstand einer Klage unter den Beteiligten sein, dafür fehlt eine gesetzliche Bestimmung, wie sie nach § 7 LVG. notwendig wäre.

b) Oertliche Wasserpolizei; Schaurichter; Strom-, Schiffahrts- und Hafenpolizei; ihre verschiedenen Zuständigkeiten; öffentliche Flüsse und ihre Schiffbarkeit; Leinpfad; Uferbauten; Fähren; Strombauverwaltungsgesetz; Wasserbauinspektionen; Schlesisches Hochwassergesetz.

Nr. 1. Entsch. v. 30. März 1905 (OVG. 47 294) III A 37/04.

ALR. II 17 § 710.

Das OVG. ist in ständiger Rechtsprechung davon ausgegangen, daß die Polizeibehörde auf Grund des § 10 II 17 ALR. die Beseitigung eines polizeiwidrigen, gefahrdrohenden Zustandes von demjenigen verlangen könne, der sein Urheber ist, und hat diesen Grundsatz auch bereits wiederholt auf die Beseitigung von Wracks, die eine Gefahr für die Schiffahrt bilden, angewendet (OVG. 1. X. 98 36 432 und 19. XI. 03 46 418). Derjenige, der den polizeilichen Zustand veranlaßt hat, ist der Urheber und zur Beseitigung verpflichtet. Diese Voraussetzung ist auch dann gegeben, wenn jemand den polizeiwidrigen Zustand in Ausübung eines freiwillig übernommenen Auftrags, den abzulehnen ihm freistand, herbeigeführt hat. (Es handelte sich um die Beseitigung eines Wracks, das eine Bergungsgesellschaft nach einer Bucht geschleppt hatte, wo es der Schiffahrt hinderlich war.)

Nr. 2. Entsch. v. 4. Dez. 1905 (OVG. 48 268) III A 10/05.

LVG. § 138.

Für den Rhein ist eine besondere, unmittelbar von dem Handelsminister ressortierende Behörde mit der Verwaltung der Strompolizei beauftragt (OVG. 11 239; 30 285). Sie ist befugt, Anordnungen wegen Verunreinigungen des Rheinwassers, und überhaupt Anordnungen zu erlassen, um den Strom als solchen in einem durch das öffentliche Interesse erforderten Zustand zu erhalten. Die ordentliche Landespolizeibehörde ist dazu nicht berufen.

Nr. 3. Entsch. v. 11. Juni 1906 — III 1191.

ALR. II 15 § 57.

Die Ufereigentümer dürfen an öffentlichen Strömen nicht Zäune, Barrieren usw. errichten, die das Landen und Befestigen der Schiffe hindern (§ 57 II 15 ALR.). Die Strompolizei kann die Wegschaffung anordnen.

Nr. 4. Entsch. v. 21. Juni 1906 (OVG. 49 281) IV A 6/06.

1. Die Entsch. des OVG. v. 9. VI. 02 (PrVerwBl. 24 23) handelt von einer wegebaupolizeilichen Verfügung, betr. eine zu einer Chaussee gehörige Brücke über einen künstlichen Schiffahrtskanal. Es wurde ausgeführt, bei der Anlegung und Unterhaltung öffentlicher Wege habe die Wegepolizeibehörde nicht einseitig die Interessen des Verkehrs, sondern auch die übrigen der Obhut der Polizei anvertrauten öffentlichen Interessen zu beachten, und der Träger der Wegebaulast habe dementsprechend die Verpflichtung, die öffentlichen Wege in einer allen diesen Interessen Genüge leistenden Beschaffenheit erstmalig anzulegen und dauernd zu unterhalten. Daraus folge, daß Brücken über von Natur schiffbare öffentliche Ströme von dem Träger der Brückenunterhaltungslast vor allem auch den Interessen der Schiffahrt entsprechend angelegt und nötigenfalls abgeändert, insbesondere erhöht werden müßten. Künstliche Schiffahrtkanäle gehörten nicht zu den (von Natur schiffbaren) öffentlichen Strömen; sie seien aber vom Staate für den öffentlichen Schiffahrtsbetrieb bestimmt, mithin seien die Brücken über derartige Kanäle von den zu ihrer Unterhaltung öffentlich-rechtlich Verpflichteten dauernd in demjenigen Zustande zu erhalten, welcher den jeweiligen, im Interesse der öffentlichen Schiffahrt zu stellenden Anforderungen genüge. Jene Brücke lag im Gebiete des ALR. Die mitgeteilten Sätze gelten aber auch von Brücken über öffentliche Ströme im Gebiete des gemeinen Rechtes, die nicht selbständige Verkehrsanstalten sind, sondern in der Regel wegerechtlich zu den öffentlichen Wegen gehören, in deren Zuge sie liegen (OVG. 17. V. 00 37 257). Die damalige Verfügung war eine wegebaupolizeiliche.

2. Nicht alle Einrichtungen oder Maßnahmen, welche auf oder an öffentlichen Wegen oder Bestandteile öffentlicher Wege bildenden Brücken erforderlich sind, um sie in einen den polizeilichen Interessen entsprechenden Zustand zu versetzen, sind Gegenstand der Wegebaulast und von deren Träger herzustellen, sondern nur diejenigen, welche sich auf ihre, dem auf sie gewiesenen Landverkehre dienende, bauliche Gestaltung beziehen. Das Gegenteil gilt zum Beispiel von der polizeimäßigen Reinigung und von der Beleuchtung (OVG. 15. XI. 78 5 405 und 22. I. 00 36 240). Ebensowenig gehört es zur Wegebaulast, farbige Scheiben und Laternen, die bestimmt sind, den Schiffern die Fahrtrichtung zu weisen, über den Brückenöffnungen anzubringen.

3. Wenn der Regierungspräsident eine Auflage macht, farbige Scheiben und Laternen an einer Brücke anzubringen, die bestimmt sind, den Schiffen die Fahrtrichtung zu weisen, so liegt eine schiffahrtspolizeiliche Anordnung vor.

4. Der Eigentümer der Brücke, der an sich die Verpflichtung hat, die Brücke in einem polizeimäßigen Zustande zu erhalten, braucht als solcher die Scheiben und Laternen nicht anzubringen, weil für diese öffentlich-rechtliche Pflicht besondere Rechtsnormen bestehen (OVG. 16 321, 18 414, 30 219). Diese Rechtsnorm ist nach ALR. wie nach gemeinem Rechte die Vorschrift, daß der Staat für die Sicherheit und Bequemlichkeit der Schiffahrt auf öffentlichen Strömen zu sorgen hat.

Nr. 5. Entsch. v. 25. Sept. 1905 (OVG. 48 266) III A 29/04.

StrombVerwG. v. 20. VIII. 83, §§ 11, 13 f.

Was im § 13 StrombVerwG. v. 20. VIII. 83. unter einer Anordnung gemeint ist, ergibt der Abs. 1. Danach ist es die Ausübung der den Strombaubeamten gegenüber den Uferbesitzern in den §§ 3—11 und § 14 zugestandenen Befugnisse, soweit die Rechtsmittel hiergegen nicht anderweit geregelt sind (s. §§ 4 und 9). Wie die Anordnung gegenüber den Uferbesitzern zwangsweise durchzuführen ist, darüber findet sich in den §§ 3–11 keine Bestimmung. Auch im § 14 Abs. 2 ist, obschon hier dem Strombaubeamten die Zwangsbefugnis zur Beseitigung nicht genehmigter Anpflanzungen zugestanden worden ist, wegen der hiergegen zulässigen Rechtsbehelfe auf die Klage nach § 13 nicht verwiesen. Hieraus ist zu entnehmen, daß unter einer Anordnung nur diejenige Willensäußerung des Strombaubeamten zu verstehen ist, durch die er in Uebung seiner sachlichen Zuständigkeit den Uferbesitzern gegenüber ein Gebot oder Verbot erläßt oder die ihm vorbehaltene Genehmigung versagt, und nicht auch eine solche, die zum Zwecke der Durchführung eines vorausgegangenen Gebots oder Verbots und zur Verhinderung von Handlungen, für die er die Genehmigung versagt hat, Zwangsmaßregeln androht oder vollstreckt. Es würde auch den Grundsätzen, die im übrigen für die Abgrenzung der Zuständigkeit der Verwaltungsgerichte maßgebend gewesen sind, nicht entsprochen haben, das Oberverwaltungsgericht mit der Nachprüfung der Rechtmäßigkeit sowohl einer Anordnung, als auch der zu ihrer Durchführung getroffenen Zwangsmaßnahmen zu befassen. Nur dann enthält übrigens die Anwendung unmittelbaren Zwanges eine Anordnung, wenn ihr ein mündliches oder schriftliches Gebot oder Verbot des Strombaubeamten nicht vorausgegangen ist.

2. Wenn auch die Tätigkeit der Strombaubeamten auf Grund des StrombVerwG. als strompolizeilicher Akt zu beurteilen ist, wie dies in der Begründung zu dem am 12. II. 83 vorgelegten Gesetzentwurfe (§ 9) angenommen worden ist und auch von dem RG. in dem Urt. v. 14. VII. 94 (RGZ. 33 333) vertreten wird, so ist doch die Klage an das OVG. gegen ihre Zwangsmaßnahmen behufs Durchführung einer vorausgegangenen Anordnung durch kein anderes Gesetz eröffnet. Der im vorstehenden vertretene Standpunkt entspricht auch der Ansicht der Minister. In dem Erl. v. 17. II. 88 haben sie die Befugnis der Strombaubeamten zur Anwendung von Zwangsmaßregeln zum Zwecke der Durchführung ihrer Verfügungen grundsätzlich auch für das G. v. 20. VIII. 83 anerkannt. In dem Erl. v. 22. I. 95 hat der Minister für öffentliche Arbeiten die Strombaubeamten insbesondere auch hinsichtlich des Schutzes gegen Störungen der den Uferbesitzern bekannt gegebenen Besitznahme von Anlandungen auf die administrativen Zwangsmittel verwiesen.

3. Hat der Baubeamte Zwangsmaßregeln vollstreckt zum Zwecke der Durchsetzung eines vorausgegangenen Gebots oder Verbots, so findet die Klage gegen die Vollstreckung nicht statt.

c) Wassergenossenschaften.

Nr. 1. Entsch. v. 25. Mai 1905 (OVG. 47 296) III B 130/04.

WassGenG. v. 1. IV. 79 (GS. 297) u. AbG. dazu v. 19. V. 91 (GS. 97) Art. 3, §§ 1 ff.

1. Art. 3 G. v. 19. V. 91 lautet im Eingange:

„Im übrigen finden die für Genossenschaften zur Ent- und Bewässerung von Grundstücken für Zwecke der Landeskultur gegebenen besonderen Vorschriften der §§ 66—70 G. v. 1. IV. 79 mit den aus folgenden Paragraphen sich ergebenden Maßgaben entsprechende Anwendung."

Es folgen dann die §§ 1, 2 (Abs. 1—3) und § 3. Der Abs. 1 des § 2 lautet:

„Eigentümer von gewerblichen Anlagen, welche nach Begründung der Genossenschaften den Betrieb der Anlage auf die Benutzung des Wassers der Sammelbecken oder der aus denselben fließenden Wasserläufe einrichten, dürfen das Wasser erst benutzen, nachdem sie der Genossenschaft beigetreten sind."

Und § 3 bestimmt:

„Streitigkeiten in den Fällen der §§ 1f. unterliegen mit Ausschluß des ordentlichen Rechtsweges der Entscheidung des Bezirksausschusses."

Der § 3 unterstellt daher seinem klaren Wortlaute nach Streitigkeiten nicht nur in den Fällen des § 1 und der Abs. 2f. des § 2, sondern schlechthin in allen Fällen der §§ 1f., also auch im Falle des § 2 Abs. 1 der Entscheidung des Bezirksausschusses. Der Eigentümer einer gewerblichen Anlage, der bei einer Streitigkeit aus § 2 Abs. 1 gegenüber der Genossenschaft unterliegt, wird regelmäßig, wenn er seinen Betrieb überhaupt fortführen will, gezwungen sein, gemäß Abs. 2 des § 2 den Antrag auf Aufnahme in die Genossenschaft zu stellen. Die aus einem derartigen Antrag entstehenden Streitigkeiten unterliegen alsdann nach § 3 der Entscheidung des Bezirksausschusses; mit Rücksicht hierauf mußte es sich dem Gesetzgeber empfehlen, die Zuständigkeit eben dieses Bezirksausschusses auch für die vorhergehende Streitigkeit aus Abs. 1 des § 2 zu bestimmen, nicht aber für sie den ordentlichen Rechtsweg zuzulassen und für die sich daranschließenden weiteren Streitigkeiten die Zuständigkeit des Bezirksausschusses zu begründen.

2. Die Vorschrift des § 2 Abs. 1 findet auch dann Anwendung, wenn der Eigentümer einer gewerblichen Anlage zwar schon vor Begründung der Genossenschaft Wasser aus dem in Frage stehenden Wasserlaufe entnommen hat, nach deren Begründung aber den Betrieb seiner Anlage anderweit auf eine vermehrte Benutzung des Wassers der Sammelbecken oder der aus ihnen fließenden Wasserläufe einrichtet. Die Fassung der Bestimmung des § 2 Abs. 1 steht der vorstehenden Annahme nicht entgegen, denn eine Einrichtung der Anlage auf die Benutzung des Wassers der Genossenschaft liegt auch dann vor, wenn es sich um die Einrichtung der Anlage auf einen vermehrten Wasserverbrauch, also um die Benutzung von Wassermengen handelt, die bisher nicht benutzt wurden. Das entspricht auch der entsprechenden Vorschrift des § 1 Art. 3 und den Ausführungen der dem Gesetzentwurfe beigegebenen Begründung zu Art. 1 und Art. 3.

Nr. 2. Entsch. v. 30. Mai 1905 (OVG. **47** 300) I B 6/05.

WassGenG. v. 1. IV. 79 §§ 49f.

Gemäß § 50 WassGenG. v. 1. IV. 79 kann einer Wassergenossenschaft im Wege einer Zwangsetatisierungsverfügung die Aufbringung von Mitteln nur für solche Leistungen aufgegeben werden, zu denen sie „gesetz- oder statutenmäßig" verbunden ist. Verbesserungen der Genossenschaftsanlagen, die im Statut nicht vorgesehen sind, gehören dazu nicht.

Nr. 3. Entsch. v. 14. März 1907 (OVG. **50** 332) III B 114/06.

WassGenG. v. 1. IV. 79 § 66; AbG. v. 19. V. 91 (GS. 97) Art. 3.

Nach Art. 3 G. v. 19. V. 91 findet auf die Genossenschaften zur Anlegung, Benutzung und Unterhaltung von Sammelbecken für gewerbliche Anlagen im Gebiete der Wupper und ihrer Nebenflüsse die für Genossenschaften zur Ent- und Bewässerung von Grundstücken für Zwecke der Landeskultur gegebene besondere Vorschrift des § 66 WassGenG. v. 1. IV. 79 Anwendung. Danach kann ein Genosse den Erlaß von Beiträgen zur Genossenschaft verlangen, wenn sich nach Ausführung des Ent- und Bewässerungsunternehmens ergibt, daß sein Grundstück von dem Unternehmen keinen Vorteil hat, und das Ausscheiden des Grundstücks aus der Genossenschaft fordern, wenn sich ergibt, daß es dauernden Nachteil von dem Unternehmen hat. Daß hierbei nur ein Nachteil in Betracht kommt, der für das Grundstück aus dem Ent- oder Bewässerungsunternehmen unmittelbar entsteht, und also mit ihm in ursächlichem Zusammenhange steht, kommt im Wortlaute zum zweifelsfreien Ausdrucke. Nach dem Ziele des Gesetzes, die Landeskultur durch Ent- oder Bewässerung der Grundstücke zu fördern, ist es indes auch selbstverständlich, daß die Freistellung von der Beitragspflicht von einem Genossen nicht gefordert werden darf, der sich die Vorteile des genossenschaftlichen Unternehmens zum Zwecke der Ent- oder Bewässerung seines Grundstücks nutzbar machen kann, aber nicht nutzbar macht, sei es, daß er nicht die erforderlichen Folgeeinrichtungen auf seinem Grundstücke trifft, sei es, daß er nach der Art der Benutzung seines Grundstücks der Vorteile aus der genossenschaftlichen Ent- oder Bewässerung nicht teilhaftig werden kann (OVG. 9. III. 98 33 309, 314 und 23. VI. 00 — PrVerwBl. 22 167).

2. Die Rechtslage ist jedoch für das G. v. 19. V. 91 nicht die gleiche, soweit es sich um die Freistellung von der Beitragspflicht handelt, weil die genossenschaftliche Anlage keinen Vorteil bietet. Der Genossenschaft gehört die gewerbliche Anlage und nicht das Grundstück an, auf dem sie errichtet worden ist. Ein Beitrittszwang findet nur solchen gewerblichen Anlagen gegenüber statt, denen das genossenschaftliche Unternehmen eine bessere Ausnutzung der gewerblichen Triebkraft eines Wasserlaufs oder eine bessere Ausnutzung des Wassers zu sonstigen gewerblichen Zwecken ermöglicht. Auch dies dann nicht, wenn das genossenschaftliche Unternehmen eine erhöhte Ertragsfähigkeit der gewerblichen Anlage nicht in Aussicht stellt (Art. 1).

3. Die Beitragspflicht hat also zur Voraussetzung, daß die in die Genossenschaft einbezogene gewerbliche Anlage besteht und unter Nutzung des genossenschaftlichen Unternehmens und des dadurch zugeführten Wassers betrieben werden kann. Sie besteht nicht fort, wenn der Eigentümer das die Wassernutzung ermöglichende Stauwehr beseitigt. Dasselbe muß für den im Wege der Enteignung und also zufolge gesetzlicher Vorschrift erzwungenen völligen Abschluß der gewerblichen Anlage von dem genossenschaftlichen Unternehmen gelten, wenn damit für die gewerbliche Anlage die Möglichkeit zur Nutzung des genossenschaftlichen Unternehmens wegfällt.

e) Uferbesitz; Eigentum an Privatflüssen und an Flußbetten; Nutzungen; Wassernutzung; Bewässerung.

Nr. 1. Entsch. v. 18. Dez. 1905 (OVG. 48 270) III C 114/05.

ZustG. § 75; G. v. 28. II. 43 §§ 16 a und b, 17, 23 Abs. 1 und 2.

1. Das ZustG. begründet im § 75 die Zuständigkeit des Kreisausschusses zur Entscheidung im Verwaltungsstreitverfahren keineswegs für alle Streitigkeiten über die Zulässigkeit von Bewässerungsanlagen in Privatflüssen, vielmehr beruft es den Kreisausschuß nur zur Entscheidung über Widersprüche gegen eine Bewässerungsanlage des Uferbesitzers und auch insoweit nur in dem durch die angezogenen Gesetzesstellen begrenzten Umfange. Demgemäß hat das OVG. bereits in der Entsch. v. 13. X. 87 15 334 ausgesprochen, daß die Vorschrift des § 75 sich nur auf die im polizeilichen Vermittelungs-

verfahren erhobenen Widersprüche beziehe, während die Entscheidung über die außerhalb dieses Verfahrens erhobenen Widersprüche nach wie vor dem ordentlichen Richter verblieben sei. Und ferner ist in dem OVG. v. 9. V. 04 45 319 ausgeführt worden, daß die Entscheidung über die bestrittene Rechtsgültigkeit eines zwischen dem Unternehmer der Bewässerungsanlage und dem Widersprechenden abgeschlossenen Vergleichs betr. die Zurücknahme des Widerspruchs von dem Unternehmer, der die Rechtsgültigkeit des Vergleichs geltend machen will, nur im ordentlichen Rechtswege herbeigeführt werden könne.

2. Der Abschn. II des PrivFlG., dem die im § 75 ZustG. in bezug genommenen §§ 16f. und 23 angehören, befaßt sich aber nur mit solchen Anlagen, welche der Uferbesitzer zur Benutzung des Wassers in Gemäßheit des ihm nach §§ 1 und 13 zustehenden Rechtes unternimmt (vgl. § 16), und demgemäß lautet die Ueberschrift dieses zweiten Abschnitts ausdrücklich: „Nähere Bestimmungen der Rechte der Uferbesitzer". Keine der Bestimmungen des PrivFlG. bietet eine Grundlage für den Anspruch des Unternehmers einer Bewässerungsanlage zur Errichtung dieser Anlage an einer Stelle des Flusses, an der sich keines der beiden Ufer in seinem Eigentume befindet (OVG. 7 270). Ob der Unternehmer zur Errichtung einer derartigen Anlage aus Gründen des Privatrechts gegenüber den Widersprechenden befugt ist, kann nicht im Rahmen jenes § 75 entschieden werden. Das Verwaltungsstreitverfahren ist vielmehr unzulässig und daran vermag auch der Umstand nichts zu ändern, daß ein Vermittelungsverfahren auf Grund des § 20, das überhaupt nicht eingeleitet werden darf, vorausgegangen ist.

Nr. 2. Entsch. v. 21. Mai 1906 — III B 123/02.

1. Hat jemand das ausschließliche Eigentum an einem Privatflusse, so liegt ihm, nicht den Uferbesitzern, die Räumungspflicht ob.

2. Das OVG. hat niemals die Ansicht vertreten, daß das an einem Privatgewässer nachgewiesene Eigentum durch die Uebertragung einzelner im Eigentume liegender Rechte an dritte Personen aufgehoben werde. In dieser Beziehung kann auf ein am 18. I. 06 in Sachen der Gemeinde Dammer wider den Amtsvorsteher des Amtsbezirks Sterzendorf und den Rittergutsbesitzer von Sp. beschlossenes Urteil (III 103 III C 166 05) verwiesen werden, in dem sich u. a. folgendes ausgeführt findet:

> „daß der Mühlbach aus dem Eigentum des Gutsherrn geschieden ist, dafür liegt ein bestimmter Nachweis nicht vor . . . . Es erhellt auch sonst nicht, daß auf die Bauern oder die Gemeinde die Gesamtheit der Nutzungsrechte übergegangen ist. Unerheblich wäre hierfür insbesondere, wenn der Gutsherrschaft das ausschließliche Verfügungsrecht über das Wasser nicht mehr zustehen sollte, wie behauptet wird, da die Aufgabe eines einzelnen Nutzungsrechtes den Uebergang des Eigentums auf einen anderen nicht zur Folge hat."

Nr. 3. Entsch. v. 2. Mai 1907 (PrVerwBl. 29 646) III C 270/06.

PrivFlG. v. 28. II. 43 § 16 Buchst. b.

1. Wegen des Betriebes einer bei Publikation des G. v. 28. II. 43 rechtmäßig bestehenden Mühle „in dem bisherigen Umfange" kann nicht bloß der tatsächlich stattgefundene Gewerbebetrieb entscheiden; sondern es kommt dabei wesentlich auch die Betriebsfähigkeit der Mühle und ihre durch solche bedingte Leistungsfähigkeit in Betracht (OTr. v. 13. II. 57 35 176; GruchotsBeitr. 31 418; PrVerwBl. 18 505; Jurist. Wochenschr. 1887 S. 22 Nr. 36).

2. Mühlen, die erst nach dem Inkrafttreten des Gesetzes errichtet sind, haben nur den Anspruch, daß das abgeleitete Wasser, soweit es nicht verdunstet oder versickert, dem Flusse wieder zugeleitet wird, bevor es das Ufer eines fremden Grundstücks berührt.

f) Stauanlagen für Wassertriebwerke; Merkpfahlsetzung.

Nr. 1. Entsch. v. 30. März 1905 (OVG. 47 304) III B 84/04.

RGewO. §§ 16ff., 49 f.

1. Der § 49 Abs. 3 RGewO. bestimmt:

„Hat der Inhaber einer solchen Genehmigung seinen Gewerbebetrieb während eines Zeitraums von drei Jahren eingestellt, ohne eine Fristung nachgesucht und erhalten zu haben, so erlischt dieselbe."

Nach § 50 „finden die im § 49 bestimmten Fristen auf die Inhaber der bereits vor dem Erscheinen des gegenwärtigen Gesetzes erteilten Genehmigungen ebenfalls Anwendung." Handelt es sich um eine Stauanlage für Wassertriebwerke im Sinne der Bestimmungen der §§ 16 und 23, so steht der polizeilichen Auflage, welche die Entfernung der Stauanlage verlangt, die ihrem Inhaber zur Zeit der früheren Errichtung der Mühle erteilte Genehmigung nicht mehr entgegen, wenn er seinen Gewerbebetrieb während eines Zeitraums von drei Jahren vor Erlaß der Verfügung eingestellt hat.

2. Entscheidend ist dabei nicht, ob die Stauanlage für sich allein, losgelöst von dem Wassertriebwerke, dem zu dienen sie bestimmt ist, während des in Betracht kommenden Zeitraums von drei Jahren noch bestanden hat, sondern ob der auf der Stauanlage beruhende und aus ihr seine Triebkraft entnehmende Gewerbebetrieb, zB. der Mühlenbetrieb, der mit der Stauanlage ein einheitliches Ganze bildet, während dieses Zeitraums eingestellt gewesen ist.

3. Nach den §§ 1 und 13 PrivFlG. v. 28. II. 43 ist jeder Uferbesitzer an Privatflüssen, sofern nicht jemand das ausschließliche Eigentum des Flusses hat, berechtigt, das an seinem Grundstücke vorüberfließende Wasser zu seinem besonderen Vorteile zu benutzen und zu diesem Zwecke auch aufzustauen. § 1 bestimmt jedoch weiter, daß es in Ansehung der Benutzung des Wassers zu Mühlen und anderen Triebwerken bei den bestehenden gesetzlichen Vorschriften verbleibt.

4. Die hauptsächlich im Interesse der Beförderung der Landeskultur durch Herstellung von Bewässerungsanlagen gegebenen singulären Bestimmungen des Gesetzes gestatten keine ausdehnende Auslegung zugunsten anderer Anlagen, welche in das Flußbett eingreifen. Solche Anlagen unterstehen vielmehr dem allgemeinen, in den Bestimmungen des ersten Abschnitts des Gesetzes zum Ausdrucke gelangten Grundgedanken, daß bei der Wichtigkeit, die der Privatfluß für die Wohlfahrt und die gesamten wirtschaftlichen Verhältnisse der von ihm durchströmten Landesteile, insbesondere in Beziehung auf deren Versorgung mit Wasser sowie die Entwässerung und die Darbietung von Triebkräften hat, die Erhaltung seines Laufes in einem diesen Zwecken möglichst entsprechenden Zustande ein Gegenstand des öffentlichen Interesses ist und daher der Fürsorge der Polizeibehörde unterliegt .... Ein Recht der Uferbesitzer, nicht nur das an ihren Grundstücken vorüberfließende Wasser (§ 1), sondern auch das Flußbett selbst zu ihrem besonderen Vorteile zu benutzen, ist mithin vom Gesetze — von den in den §§ 13ff. gedachten Anlagen abgesehen — nicht anerkannt (OVG. 26. II. 98 43 307).

Nr. 2. Entsch. v. 4. Dez. 1905 (PrVerwBl. 28 769) III 2361.

VorflutG. §§ 1 ff.

In der Entsch. des OVG. v. 24. II. 03 43 258 ist schon ausgesprochen, daß das Merkpfahlsetzungsverfahren nach dem VorflutG. bei einer Stauanlage an einem Privatflusse nicht zulässig ist, wenn die treibende Kraft des dadurch angespannten Wassers für die Mühle nicht unmittelbar verwendet wird.

Nr. 3. Entsch v. 11. April 1907 (OVG. 51 289) III C 127/06.

ZustG. §§ 109 ff; NassVd. v. 27. VII. 58 §§ 87 ff.

1. Wenn es sich um die Genehmigung einer Stauanlage für ein Wassertriebwerk handelt, so findet neben dem Verfahren aus § 109 ZustG. kein Verwaltungsstreitverfahren zwischen dem Antragsteller und den Nachbarn (Widersprechenden) statt. Vielmehr hat die genehmigende Behörde alle Einwendungen der Widersprechenden vollständig zu erörtern und die Einwendungen aus besonderen privatrechtlichen Titeln auf den Rechtsweg zu verweisen (§§ 18 f. RGewO.).

2. Die formellen Vorschriften der §§ 87^2, 89 Abs. 1^4 und Abs. 2 NassVd. v. 27. VII. 58 sind neben den Vorschriften im § 23 GewO. nicht anwendbar (OVG. 5. X. 93, — PrVerwBl. 15 231 und 5. XII. 95 29 279, sowie OVG. 19 XI. 94 — PrVerwBl. 16 334).

g) Hannoversches Wasserrecht.

Nr. 1. Entsch. v. 4. Jan. 1906 (OVG. 48 274) III C 184/05.

ZustG. §§ 66, 83 f.

1. Das Ziel einer mit dem Rechtsbehelfe nach § 66 ZustG. angreifbaren Verfügung darf allein auf die Anordnung der Räumung eines bestehenden Wasserlaufes behufs Erhaltung der Vorflut gerichtet sein und nicht auch auf die Herstellung eines Grabens behufs Verschaffung der Vorflut. Die Verschaffung neuer Vorflut ist der Verfügungsgewalt des Landrats in Hannover entzogen; sie regelt sich für den Geltungsbereich des HannG. v. 22. VIII. 47 auf Antrag dessen, der die Herstellung eines Grabens auf fremdem Besitze gegen Entschädigung erreichen will, nach den §§ 83 f. ZustG.

2. Hat der Landrat als Wasserpolizeibehörde im Widerspruch mit §§ 83 f. ZustG. durch polizeiliche Verfügung die Herstellung eines Grabens verlangt, so sind nicht die Rechtsmittel aus § 66 ZustG., sondern die aus §§ 127 ff. LVG. gegeben. Die Herstellung eines Grabens ist keine Räumung.

Nr. 2. Entsch. v. 23. April 1906 (OVG. 50 340) III C 63/05.

ZustG. §§ 83 f.; HannG. v. 22. VIII. 47 § 72.

1. Die auf Grund des § 83 ZustG. vom Kreis- oder Bezirksausschusse gefaßten Beschlüsse können nur mit der Beschwerde an den Bezirksausschuß oder den Provinzialrat angegriffen werden. Das Verwaltungsstreitverfahren ist unzulässig.

2. Der Kreis-(Stadt-)Ausschuß beschließt nach § 84 ZustG. über Anträge 1. auf Zulassung neuer Entwässerungs-, Bewässerungs- oder Stauanlagen, oder auf Aenderung oder Wegräumung derartiger Anlagen gegen den Widerspruch Beteiligter (§ 97 aaO.); 2. auf Setzung eines Stauziels usw. (§§ 75 bis 77 aaO.) für vorhandene Stauanlagen (§ 79 aaO.). Was zunächst die hier unter Ziff. 1 gegebenen Vorschriften angeht, so ist danach allerdings, wenn Widersprüche Dritter gegen eine Stauanlage geltend gemacht werden, über

deren Zulassung gegen die Widersprüche unabhängig von der gemäß § 83 zu erledigenden Genehmigung zwischen dem Unternehmer und den Widersprechenden zu beschließen und, sofern ein Antrag auf mündliche Verhandlung gestellt wird, im Verwaltungsstreitverfahren zu entscheiden. Nach der gleichmäßigen Rechtsprechung des OVG. sind dabei aber nur auf Gesetz oder auf besonderen Rechtstiteln beruhende Widerspruchsrechte zu berücksichtigen (OVG. 28 295, 34 298, 42 250 und 257).

3. Auf Stauanlagen, die in einem künstlichen Graben errichtet werden, finden die Vorschriften im § 84² keine Anwendung.

Nr. 3. Entsch. v. 8. April 1907 (OVG. 50 344) III B 84/06.

HannG. v. 22. VIII. 47 §§ 74, 86 ff.

1. Die §§ 86 ff. HannG. v. 22. VIII. 47 über Ent- und Bewässerung der Grundstücke sowie über Stauanlagen, welche die Ueberschrift „3. Aenderungen der Stauanlagen" tragen, finden auf solche Stauanlagen Anwendung, die bereits vor Erlaß des Gesetzes errichtet worden sind, unter seiner Herrschaft aber der Erneuerung im Sinne des § 87 unterzogen werden sollen. Das OVG. hat dies in einem Urt. v. 3. XII. 98 — III 1661 bereits ausgesprochen.

2. Der § 87 des Gesetzes lautet:

„In denjenigen Fällen, für welche § 74 vorgängige Genehmigung der zuständigen Behörde vorschreibt, ist diese auch zur Aufnahme und Erneuerung des Grund- oder Fachbaums, der Schleusenflügel usw. (§ 76) erforderlich."

Wenn eingewendet wird, daß die Vorschrift auf die Wiederherstellung einer von dritter Hand böswillig zerstörten Anlage nicht angewendet werden könne, so findet eine derartige Unterscheidung in der gesetzlichen Bestimmung keinerlei Anhalt und kann daher in sie nicht hineingetragen werden.

Nr. 4. Entsch. v. 8. März 1906 (OVG. 50 346) III B 70/05.

HannG. v. 22. VIII. 47 § 74.

Das G. v. 22. VIII. 47 macht allerdings die Errichtung jeder Stauanlage von der behördlichen Genehmigung abhängig und insbesondere auch derjenigen, die der Förderung der landwirtschaftlichen Nutzung von Grundstücken zu dienen bestimmt sind, wenn die im § 74 zu 2 angegebene Voraussetzung zutrifft. Es enthält aber keine Vorschrift, daß für Stauanlagen, die bei seinem Inkrafttreten bereits bestanden haben, die Genehmigung nachträglich einzuholen sei, oder daß sie schlechthin zu beseitigen seien. Sofern eine Stauanlage bereits vor dem Inkrafttreten des Wassergesetzes bestanden hat, kann demnach ihre Beseitigung nicht schon deshalb angeordnet werden, weil das Wassergesetz die Errichtung von Stauanlagen in Zukunft an die Genehmigung der zuständigen Behörde bindet. Vor dem Inkrafttreten des Gesetzes war die Errichtung von einer Genehmigung nicht abhängig. Die Beteiligten waren zum Schutz ihrer Rechte gegenüber dem Inhaber der Stauanlage auf die Grundsätze des gemeinen Rechtes verwiesen und diesen Schutz hatten sie im Rechtswege zu suchen. Zur Wahrung dieser Rechte war die Polizeibehörde, weil es sich um einen Streit privatrechtlicher Art handelte, nicht berufen. Hieran ist durch die Einführung des Gesetzes eine Aenderung nur insofern eingetreten, als die Polizeibehörde nunmehr das zur Erhaltung der Vorflut Erforderliche auch gegenüber dem Inhaber einer Stauanlage, wenn auch vorbehaltlich seiner Entschädigung, anordnen darf, gleichviel, ob sie vor dem Inkrafttreten des Gesetzes ohne behördliche Genehmigung oder demnächst mit solcher Genehmigung errichtet worden ist (s. §§ 88 ff.).

h) Schleswig-Holsteinisches und Lauenburgisches Wasserrecht.

Nr. 1. Entsch. v. 23. Okt. 1905 (OVG. 49 271) III C 103/03

HolstWassLösO. v. 16. VII. 57 §§ 6, 9; ZustG. § 82.

1. Die WassLösO. v. 16. VII. 57 bestimmt im § 6, daß die vorhandenen Wasserstauungen, d. h. also Stauanlagen, den landwirtschaftlichen Erfordernissen entsprechend, auf das dem Zwecke ihrer Anlage Genügende in den Fällen zu beschränken und durch feste Merkmale zu bestimmen sind, in denen es entweder an einer gehörigen Begrenzung solcher Anlagen seither überhaupt gemangelt hat oder die vorhandene Begrenzung über ihren Zweck hinausgeht. Der § 9 lautet:

„Die Regulierung und Beaufsichtigung von Wasserlösungen und Stauanlagen sowie die Entscheidung der betreffenden Streitigkeiten nach Maßgabe der vorstehenden Bestimmungen gehört zum Geschäftskreis der administrativen Polizei, und bleibt in diesen Sachen die richterliche Kognition und Entscheidung auf die Feststellung derjenigen Verhältnisse beschränkt, deren Regulierung nach Maßgabe der angegebenen Normen (§§ 1—7) auf Grund eines behaupteten speziellen Rechtstitels bestritten und deshalb von der beikommenden Verwaltungsbehörde zur gerichtlichen Entscheidung verwiesen wird."

Der Sinn beider Vorschriften ist, daß bei vorhandenen Stauanlagen, die eines Merkpfahls entbehren, ein solcher, wenn nicht ein anderes durch einen speziellen Rechtstitel ausgemacht ist, in derjenigen Höhe zu setzen ist, die sich unter Berücksichtigung der landwirtschaftlichen Erfordernisse einerseits und des Zweckes der Anlage anderseits rechtfertigt, gleichviel ob der Antragsteller hiermit eine völlige oder teilweise Freihaltung seiner Ländereien von der Ueberflutung erreicht oder ob es nicht der Fall ist und ob das Interesse des Antragstellers oder des Müllers von größerem Werte ist. Andernfalls ist der Merkpfahl in der durch den speziellen Rechtstitel bestimmten Höhe zu setzen.

Daß an der nach § 9 WassLösO. begründeten Zuständigkeit der ordentlichen Gerichte für die Entscheidung von Streitigkeiten über die auf Grund eines speziellen Rechtstitels in Anspruch genommenen Staurechte durch § 82 ZustG. nichts geändert worden ist, davon ist bereits in dem Urt. v. 29. X. 98 — PrVerwBl. 20 181 — ausgegangen worden. Hieran hat das OVG. festgehalten.

2. Die Zuständigkeit der Verwaltungsgerichte rechtfertigt sich nicht schon deshalb, weil aus der Verweisung des § 82 auf § 9 WassLösO. ein sicherer Schluß auf die Aufrechterhaltung der Zuständigkeit der ordentlichen Gerichte nicht zu ziehen ist, sondern nur dann, wenn im § 82 die Uebertragung der Zuständigkeit der ordentlichen Gerichte auf die Verwaltungsgerichte ihren Ausdruck gefunden hat. Dies ist nicht geschehen.*)

Nr. 2. Entsch. v. 27. Nov. 1905 (OVG. 48 277) III B 58/05.

HolstWassLösO. v. 16. VII. 57 § 1.

1. Nach § 1 HolstWassLösO. v. 16. VII. 57 kann der Besitzer eines Teiches, den er trocken legen und zuschütten will, nicht verlangen, daß der Unterlieger das Wasser aufnehme.

2. Hat der Landrat gemäß § 82 ZustG. bei einem Streite des Teichbesitzers und des Unterliegers eine Entscheidung getroffen, so kann jeder Teil gegen den andern klagen; der Landrat selbst ist Partei.

---

*) Der Entscheidung kann nicht beigetreten werden. Es verdient die Ansicht den Vorzug, daß wie nach §§ 67 und 83 der Gesetzgeber auch in Holstein den Verwaltungsgerichten die Entscheidung über den speziellen Rechstitel überweisen wollte und überwiesen hat (Kunze, Verwaltungsstreitverfahren).

Nr. 3. Entsch. v. 28. Febr. 1907 (OVG. 50 336) III C 53/06.

WassLösO. v. 16. VII. 57 §§ 15 f., 19; ZustG. § 82.

1. Bei der Anwendung der Vorschrift des § 19 WassLösO. v. 16. VII. 57 ist zunächst klar, daß darin nicht der § 15, sondern der § 16 des Gesetzes hat genannt werden sollen. Dieses geht aus dem Gesetze selbst unmittelbar hervor, weil die Befugnis zum Erlasse von Regulativen, auf welche im § 19 Bezug genommen wird, allein im § 16 erteilt ist. Aber auch der weitere Schluß, daß die im § 19 festgesetzte Befugnis zum Erlasse von Regulativen lediglich eine Kompetenzvorschrift, nicht dagegen die Ausdehnung sachlicher Bestimmungen auf die Marschdistrikte enthalte, erweist sich bereits nach dem Inhalte des § 19 als begründet.

2. In demselben § 19, in welchem die Befugnis zum Erlaß von Regulativen erteilt wird, ist ausgesprochen, daß es in den Marschdistrikten bei der bestehenden Ordnung des Wasserlösungswesens bewende, dagegen in den Fällen, in denen bei einer und derselben Wasserlösung Marsch- und Geestdistrikte beteiligt seien, die Anwendbarkeit der Wasserlösungsordnung eintrete. Diese Vorschriften können in ihrem Zusammenhange nur dahin verstanden werden, daß zwar die Zuständigkeit zum Erlasse von Regulativen für die Marschdistrikte dem Ministerium in demselben Umfang übertragen werde, in welchem dieses durch § 16 WassLösO. für die Geestdistrikte geschieht, daß hierdurch aber an der sachlichen Verschiedenheit der für die Marschdistrikte einerseits und die Geestdistrikte anderseits bestehenden Regelung des Wasserlösungswesens nichts geändert werden solle.

3. Aus der Vorschrift des § 82 Abs. 3 ZustG. kann nicht entnommen werden, daß, wie nach § 19 WassLösO. das dort genannte Ministerium, so nunmehr der Kreisausschuß befugt sein solle, auch für die Marschdistrikte Regulative zu erlassen. Dagegen spricht schon, daß der § 19 WassLösO. im ZustG. nicht erwähnt ist. Ferner bezieht sich der hier allein in Betracht kommende § 82 ZustG. seiner Ueberschrift und seinem gesamten Inhalte nach ausschließlich auf die Geestdistrikte. Insbesondere wäre der Abs. 4 des § 82, wonach vor dem Beschlusse über Regulierungen die Schaukommissionen zu hören sind, auf Marschdistrikte überhaupt unanwendbar, da es dort solche Kommissionen nicht gibt. Endlich aber ist in dem Abs. 3 des § 82, der die Zuständigkeit für Regulierungen festsetzt, ausschließlich von denjenigen Regulativen die Rede, welche nach Maßgabe der nur für die Geestdistrikte geltenden sachlichen Bestimmungen der WassLösO. v. 16. VII. 57 erlassen werden. Danach soll der Kreisausschuß nur über den Erlaß solcher Regulative beschließen, welche in den sachlichen Vorschriften der WassLösO. ihre Grundlage haben. Die Beschlußfassung über Regulative für Marschdistrikte ist ihm nicht übertragen worden; denn solche können nicht nach Maßgabe der nur für Geestdistrikte gültigen Bestimmungen der §§ 2—9 und 11 WassLösO. erlassen werden. Es behält nach § 19 vielmehr für die Marschdistrikte bei der bestehenden Ordnung sein Bewenden.

B. Deichpolizei.

Nr. 1. Entsch. v. 24. Sept. 1906 (OVG. 50 296) IV C 24/06.

DeichG. v. 28. I. 48 §§ 1, 4; G. v. 11. IV. 72 (GS. 377) § 96².

1. Die Befugnis des Bezirksausschusses aus § 96² ZustG., die Wiederherstellung von Deichen bis zu der früheren Höhe und Stärke zu fordern, bezieht sich nach § 4 DeichG. v. 28. I. 48 nur auf Deiche selbst, nicht auch auf deichähnliche Erhöhungen der Erdoberfläche. Für beide Arten von

Anlagen gilt nach § 1, daß sie nicht anders als mit ausdrücklicher Genehmigung des Bezirksausschusses neu angelegt, verlegt, erhöht sowie ganz oder teilweise zerstört werden dürfen. Handelt es sich nur darum, einen durch Naturgewalt zerstörten Damm in der Weise herzustellen, wie er früher bestanden hat, so bedarf es einer Anordnung oder Genehmigung des Bezirksausschusses (§ 96 ZustG.) nur bei einem Deiche, nicht bei einer deichähnlichen Erhöhung.

2. Der Unterschied zwischen einem Deiche und einer deichähnlichen Erderhöhung liegt darin, daß Deiche zum Schutze der Ländereien benachbarter Besitzer, wenn auch nicht notwendig ausschließlich zu diesem Zwecke, bestimmt sein müssen, während unter deichähnlichen Erhöhungen, abgesehen von natürlichen Erhebungen der Erdoberfläche, zum Beispiel Dünen (Lette und von Rönne, Landeskulturgesetzgebung 2 Abt. II 685), solche Anlagen zu verstehen sind, die zwar zu einem anderen Zwecke bestimmt sind, allein ähnlich wie die Deiche auf das Ueberschwemmungsgebiet einwirken.

3. Das DeichG. v. 28. I. 48, welches durch das G. v. 11. IV. 72 in Schleswig-Holstein mit Ausnahme der Marschdistrikte, eingeführt worden ist, rechnet mit allen zeitweise aus ihren Ufern tretenden Gewässern, mit allen Fällen, wo ein Ueberschwemmungsgebiet vorhanden ist. In seinem Geltungsgebiete handelt es sich hauptsächlich um Flüsse (von Brauchitsch, Die neuen Preußischen Verwaltungsgesetze[14] 4, 162, Anm. 4 zu § 1 G. v. 28. I. 48). Seedeiche kommen hauptsächlich in den Geltungsgebieten der durch das G. v. 11. IV. 72 aufrecht erhaltenen Verordnungen vor, für Schleswig-Holstein also des Pat., betr. die einzuführende Aufsicht über die Deiche der sämtlichen Marschkommünen, adligen Marschgüter und oktroyierten Köge in den Herzogtümern, v. 29. I. 1800 (ChronS. v. 1800 S. 4) und des AllgDeichRegl. für die sämtlichen Marschkommünen usw. v. 6. IV. 1803, (aaO. 1803 17). Allein das G. v. 28. I. 48 ist gleichfalls auf den Schutz gegen Ueberflutungen durch das Meer anzuwenden, wo dafür die tatsächlichen Voraussetzungen vorliegen; denn Deiche sind künstliche Schutzdämme gegen die Fluten ebensowohl des Meeres wie der Flüsse (Handwörterbuch der Staatswissenschaften von Conrad[2] 3 141 unter „Deichwesen"). Das gilt auch von dem östlichen Teile der Prov. Schleswig-Holstein, obwohl das Deichwesen dort, weil es in diesem Landesteile nicht von hervorragender Bedeutung ist, vor Erlaß des G. v. 11. IV. 72 keine gesetzliche Regelung erhalten hatte (Nieberding-Frank, Wasserrecht[2], § 72 S. 383).

C. Fischereipolizei.

Gesetzliche Grundlagen (nebst Materialien): G., betr. die Koppelfischerei im RegBez. Kassel, v. 19. V. 08 (GS. 133). VhdlAH. 1907/8: Drucks. Nr. 272, 331—339, 341; StenB. 4779, 4832, 4857, 4925 f.; HH. 1907/8: Drucks. Nr. 52, 58; StenB. 154.

Nr. 1. Entsch. v. 22. Nov. 1906 — III 123/05.

FischG. v. 30. V. 74 § 20.

Als ständige Fischereivorrichtung gilt auch eine solche, die ständig nur für gewisse Jahreszeiten oder für die Dauer der Wanderung gewisser Fischarten gehalten wird.

Nr. 2. Entsch. v. 6. Febr. 1905 (PrVerwBl. 28 296) III 221.

ALR. I 9 § 187; FischG. v. 30. V. 74 § 20.

Ein Müller hatte in dem Freigraben einen eisernen Fischrechen (ohne Fangvorrichtung) angebracht. Die Ortspolizei ordnete die Beseitigung an; das OVG. wies die dagegen eingelegte Klage ab. Aus der Entscheidung sind folgende Stellen bemerkenswert:

1. Die Aufstellung eines Fischrechens ist an eine gewerbepolizeiliche Genehmigung nicht gebunden; er bildet keine Stauanlage. Der Begriff der Stauanlage als eines Bauwerks zum Zweck der teilweisen oder gänzlichen Anstauung des Wassers ist auf Fischrechen, die nach ihrer Eigenart den Abfluß des Wassers nicht gänzlich zu behindern und demgemäß es auch nicht gänzlich anzustauen vermögen, unanwendbar.

2. Für den Geltungsbereich des PrivFlG. v. 28. II. 43 ist in dem in OVG. 33 305 ff. veröffentlichten Urteil angenommen, daß wie in öffentlichen so auch in Privatflüssen ein Recht auf Einbauten nicht besteht und daß das genannte Gesetz im § 13 insoweit eine Ausnahme zwar hinsichtlich der Stauanlage statuiere, daß diese Vorschrift aber eine ausdehnende Auslegung zugunsten anderer Anlagen nicht gestatte. Demgemäß ist eine Polizeiverordnung, die in der Regel die Errichtung von Waschbänken nur unter näher bestimmten Voraussetzungen zuläßt, als rechtsgültig anerkannt und einer solchen Regelung die Bedeutung beigemessen, daß damit das Verbot von Waschbänken, die den bestimmten Voraussetzungen nicht entsprechen, in das durch den Verwaltungsrichter und zwar lediglich dahin, ob Willkür vorliege, nachzuprüfende Ermessen der Polizeibehörde gestellt sei.

Der in jenem Urteil ausgesprochene Grundsatz, daß für das PrivFlG. hinsichtlich der Einbauten in Privatflüssen die Stauanlagen die allein zulässige Ausnahme bildeten, ist nicht in dem Sinne wörtlich gemeint, daß andere Gesetze über die Zulassung gewisser Einbauten in den Privatflüssen gänzlich außer Betracht zu bleiben haben. Soweit die Fischereigesetze insbesondere Anlagen in den Privatflüssen zum Zweck der Fischzucht oder des Fischfanges ausdrücklich zulassen oder Vorschriften enthalten, für die von der Zulässigkeit solcher Anlagen ausgegangen ist, bleiben sie für die Anwendung des PrivFlG. maßgebend. Derartige Anlagen dürfen alsdann von der Polizeibehörde nur dann beanstandet werden, wenn anderweite polizeilich zu schützende Interessen, wie zB. die Rücksicht auf die Vorflut, es erfordern.

3. Außer Betracht bleibt § 20 FischG. v. 30. V. 74, der die Versperrung der Gewässer zum Zweck des Fischfanges durch ständige Fischereivorrichtungen auf mehr als die Hälfte der Breite verbietet. Denn bei den Fischrechen, die an den betreffenden Ein- und Ausläufern die Wasserfläche auf der ganzen Breite verstellen, handelt es sich nicht um eine Fangvorrichtung, und unter ständigen Fischereivorrichtungen zum Zweck des Fischfanges sind im Sinn des § 20 Fangvorrichtungen gemeint. Gitter und Fischrechen ohne eine Fangvorrichtung unterliegen dem § 20 nicht.

4. Zu berücksichtigen ist jedoch § 187 I 9 ALR., wonach auch in Privatflüssen, worin mehrere die Fischereigerechtigkeit haben, niemand, der nicht ein besonderes Recht dazu erworben hat, durch Versetzung des Flusses ober- oder unterhalb den freien Gang der Fische hindern darf. Diese Vorschrift rechtfertigt die Schlußfolgerung, daß nur derjenige den Fluß versetzen darf, der in ihm allein das Fischereirecht hat oder hierzu ein besonderes Recht erworben hat.

D. Jagdpolizei.

Gesetzliche Grundlagen (nebst Materialien): Jagdordnung v. 15. VII. 07 (GS. 207). VhdlAH. 1907: Drucks. Nr. 10, 322, 346—387, 461, 467—471, 474f., 496; StenB. 952, 958, 961, 964, 5083, 5128, 5199, 5218f., 5308, 5436; HH. 1907: Drucks. Nr. 111, 122, 125, 133f., 138; StenB. 345, 358. G. v. 30. V. 08 (RGBl. 314) zur Abänderung des G., betr. den Schutz von Vögeln v. 22. III. 88 und zur Einführung des Vogelschutzgesetzes in Helgoland. VhdlRT. 1907/8: Drucks. Nr. 351, 842, 853, 863, 872, 894, 898, 900, 902, 971f.; StenB. 2307, 4899, 5227, 5231.

Literatur: Brandis: Die Jagdordnung für die preuß. Monarchie nebst ergänzenden Reichs- und Landesgesetzen (Köthen 1907). — v. Brauchitsch: Die neuen preuß. Verwaltungsgesetze, herausgeg. von v. Studt und v. Braunbehrens 4 — 5. Bearb. — (Berlin 1907). — Dalcke-Delius: Preuß. Jagdrecht[5] (Breslau 1908). — Ebner: Die preuß. Jagdgesetze[5] (Berlin 1908). — Derselbe: Das preuß. Jagdrecht (Berlin 1908). — Engelhard und Dankelmann: Das Jagdrecht im Geltungsbereich der preuß. Jagdordnung v. 15. VII. 07 (Berlin 1908). — Illing-Kautz: Handbuch für preuß. Verwaltungsbeamte[9] 2 (Berlin 1906). — Kunze und Kühnemann: Die preuß. Jagdpolizeigesetze[2] (Berlin 1908). — Reincke: Die Jagdordnung[2] (Münster i. W. 1908). — Schultz und Frhr. v. Seherr-Thoß: Die Jagdgesetzgebung. Jagdrecht — Jagdausübung — Jagdschutz[2] (Berlin 1908).

b) Allgemeine jagdpolizeiliche Verfügungen; Tötung von Hunden; Streitigkeiten der Beteiligten, gemeinschaftliche und Einzeljagdbezirke, Waldenklaven; Jagdverträge und ihre Verteilung.

Nr. 1. Entsch. v. 21. März 1907 (OVG. 50 353) III A 16/06.

ZustG. § 103 Abs. 1, § 105[2].

Nach § 105[2] ZustG. unterliegen zwar Streitigkeiten unter den Beteiligten über den Ausschluß von Grundstücken aus einem gemeinschaftlichen Jagdbezirke der Entscheidung im Verwaltungsstreitverfahren. Dies hindert jedoch die Jagdpolizeibehörde nicht, bis zum Ergehen eines rechtskräftigen Urteils auf Grund des § 103 Abs. 1 im öffentlichen Interesse vorläufige Anordnungen zur Erhaltung der jagdlichen öffentlichen Ordnung zu treffen (OVG. v. 25. II. 99 35 313).

Nr. 2. Entsch. v. 21. März 1907 (OVG. 50 353) III A 16/06.

ALR. II 4 § 72; EGBGB. Art. 59.

Nach Art. 59 EGBGB. v. 18. VIII. 96 bleiben die landesgesetzlichen Vorschriften über Familienfideikommisse usw. unberührt. Es wird daher auch nach dem Inkrafttreten des BGB. die rechtliche Stellung des Fideikommißbesitzers durch die Satzungen des ALR. bestimmt. Nach § 72 II 4 des letzteren gebührt dem jedesmaligen Fideikommißbesitzer das nutzbare Eigentum des Fideikommisses. Ein solches nutzbares Eigentum legt das Landrecht, wie sich aus dem im übrigen durch Art. 89 PrAGBGB. v. 20. IX. 99 beseitigten § 20 I 8 ALR. ergibt, demjenigen bei, welcher Miteigner der Proprietät ist und zugleich das Nutzungsrecht hat. Danach hat im Sinne des Landrechts der Fideikommißbesitzer ein Eigentumsrecht an dem Fideikommiß und das Recht auf die Nutzung. Es kann dahingestellt bleiben, inwieweit sein Eigentumsrecht in privatrechtlicher Beziehung Einschränkungen erleidet, auf dem Gebiete des § 2 JagdPolG. v. 7. III. 50 spielen die Sonderverhältnisse des Fideikommißrechts keine Rolle. Der Fideikommißbesitzer ist bezüglich der Jagdausübung der einzige unter den Fideikommißberechtigten, welcher als Eigentümer im Sinne des § 2 unter a in Betracht kommen kann. Vom bloßen Nießbraucher unterscheidet sich der Fideikommißbesitzer dadurch, daß er ein Eigentumsrecht hat, während jenem nur die Nutzung zusteht und vom Miteigentümer dadurch, daß das Nutzungsrecht des letzteren seinem Wesen nach durch das gleiche Recht der übrigen Miteigentümer beschränkt ist, er dagegen — abgesehen von besonderen Bestimmungen des Stiftungsbriefs (§ 74 II 4 ALR.) — grundsätzlich der zur Nutzung allein Berechtigte ist. Deshalb hat das OVG. dem Nießbraucher und dem Miteigentümer den nach § 2 unter a JagdPolG. zur Zusammenlegung mit eigenen Grundstücken erforderlichen Besitz abgesprochen und hat anderseits in einer ungedruckten Entsch. v. 4. VI. 96 — Rep. III C 124/95 —, wenn auch nur beiläufig, bereits den Lehns- und Fideikommißbesitz dem vollen Eigentume bezüglich des § 2 unter a gleichgestellt. Für den Bereich des HannG. v. 29. VII. 50 ist diese Gleichstellung im Gesetze selbst ausdrücklich anerkannt; denn sein § 3 bestimmt, daß jedem Grundeigentümer — auch dem mit erblichem Nutzungsrechte versehenen Besitzer (dominus utilis) unter Ausschluß des Obereigentümers (dominus directus) — das Jagdrecht auf eigenem Grund und Boden zusteht (Kunze, Die preußischen JagdPolgesetze. 4 und Bauer, Die Jagdgesetze Preußens[3] 1904 35, 38).*)

Nr. 3. Entsch. v. 14. Nov. 1905 — I 1265.

Pat. v. 13. XII. 1721 Art. 4; Pat. v. 13. VII. 1729.

Ob und unter welchen tatsächlichen Voraussetzungen Hunde, die sich auf fremdem Jagdgebiet befinden, getötet werden dürfen, ist in Neu-Vorpommern und Rügen nach den Pat. v. 13. XII. 1721, 9. V. 1725 und 13. VII. 1729 (abgedruckt in: Neueste Grundgesetze der Staatsverfassung in Pommern und Rügen, Greifswald 1757, S. 78 bis 81, 201 und 238/239) zu beurteilen. Daß diese Patente in fortdauernder Geltung stehen, ist mehrfach in Gerichtsentscheidungen bezeugt und dadurch bestätigt, daß ihr Inhalt in den §§ 1785 bis 1801 des Entwurfs eines Provinzialrechts für Neu-Vorpommern und Rügen (Greifswald 1837, Bd. V S. 52/55, 110/125) Aufnahme gefunden hat (Dalcke, Das Preußische Jagdrecht, S. 138, und Bauer, Das in Deutschland geltende Recht, revierende Hunde und Katzen zu töten, S. 50/51).

In Neu-Vorpommern und Rügen dürfen Hunde jeder Art, die ungeknüppelt auf fremdem Jagdgebiet angetroffen werden, erschossen werden, und dies zu tun ist den Forstbeamten, die an Stelle der „Heyde-Reuter" getreten sind, zur Pflicht gemacht. Eine Unterscheidung zwischen Jagd- und anderen Hunden findet in den gesetzlichen Vorschriften keinen Anhalt. Was die „überjagenden" Hunde betrifft, so ist zwar im Art. X Pat. v. 13. XII. 1721 den Forstbeamten nur „das Aufkoppeln" zur Pflicht gemacht und das Erschießen der Hunde nur für den Fall angedroht, daß der Eigentümer den Hund nicht aufsuchen oder bei Beschreiten des fremden Jagdbezirks die zur Verhinderung unbefugter Jagdausübung vorgeschriebenen Sicherungsmaßregeln nicht beachten sollte. Indessen ist dieser Standpunkt in dem Pat.

*) Die Ausführung hinsichtlich des Fideikommisses gilt auch für die JagdO. v. 15. VII. 07. Der § 28 HohenzJagdO. v. 10. III. 02 stellt den Eigentümer dem gleich, dem die Jagdausübung kraft eines „andern dinglichen Rechts am Grundstücke zusteht" (Erbbaurecht, Dienstbarkeiten, Nießbrauch). Miete und Pacht fallen nicht unter § 28 (vgl. Kunze-Kühnmann JagdPolG. 326.)

v. 13. VII. 1729 verlassen und das sofortige Totschießen jedes Jagdhundes „ohne Unterschied", der in Kgl. Gehegen und Wildbahnen betroffen wird, angeordnet.

Nr. 4. Entsch. v. 13. Dez. 1906 — III 2461.

G. v. 4. VII. 05 § 1 Abs. 2.

Wenn der Landrat den Jagdvorsteher anweist, die Jagd von neuem zur Verpachtung zu bringen, weil der bereits abgeschlossene Vertrag nichtig sei, so ist gegen diese Aufsichtsverfügung nicht die Klage im Verwaltungsstreitverfahren, sondern nur die Beschwerde an den Regierungspräsidenten (Aufsichtsbehörde) gegeben.*)

Nr. 5. Entsch. v. 9. April 1906 (OVG. 49 291) III C 199/05.

JagdPolG. v. 7. III. 50 § 2a.

Eine dreihundert Morgen große zusammenhängende Fläche kann nicht gemäß § 2a JagdPolG. v. 7. III. 50 ausscheiden und einen eigenen Jagdbezirk bilden, wenn nur ein Teil davon im Alleineigentume einer Person steht, während der übrige Teil noch mit einer zweiten gemeinsam besessen wird. Es fehlt die Einheitlichkeit des Eigentumsverhältnisses der ganzen auszuscheidenden Fläche.**)

Nr. 6. Entsch. v. 9. Jan. 1905 (OVG. 47 307) III B 95/04.

JagdPolG. v. 7. III. 50 §§ 9 f.; EGBGB. Art. 69; LGemO. v. 3. VII. 91 § 88⁷.

1. Die Form, in welcher Jagdpachtverträge rechtsgültig zustande kommen, bestimmt sich nach Landesrecht (Art. 69 EGBGB.; RGZ. 51 279). Maßgebend sind gemäß §§ 9 f. JagdPolG. v. 7. III. 50 noch die Vorschriften, nach denen sich die Form für Verträge in Gemeindeangelegenheiten landesgesetzlich vor dem Inkrafttreten des BGB. regelte, soweit nicht landesgesetzlich inzwischen für Verträge über die Jagdpacht eine andere Form vorgeschrieben worden ist. Nach § 88⁷ LGemO. v. 3. VII. 91 ist die Schriftform innezuhalten, jedoch bedarf es, um die von dem Gemeindevorsteher vertretenen Grundbesitzer gegenüber den Pächtern zu verpflichten, nicht mehr der Vollziehung des Vertrags durch alle Schöffen, es genügt vielmehr die Vollziehung durch den Gemeindevorsteher und einen Schöffen.

2. Verträge über die Jagdpacht, die unter Beachtung der gesetzlich vorgeschriebenen Form zustande gekommen sind, zu beanstanden oder gar für nichtig zu erklären, ist der Landrat nicht kraft seines Aufsichtsrechts über die Gemeinde- und Jagdangelegenheiten ermächtigt.***)

Nr. 7. Entsch. v. 18. Sept. 1905 (OVG. 48 279) III C 45/05.

JagdPolG. v. 7. III. 50 §§ 7, 24; WildSchadG. v. 11. VII. 91 § 3.

1. Der Verwaltungsrichter ist für die Feststellung des Pachtzinses nur für die ganz oder größtenteils von einem über 3000 Morgen im Zusammen-

*) Dies trifft auch für den Geltungsbereich der JagdO. v. 15. VII. 07 zu.

**) Diese Entscheidung hat auch jetzt nach der JagdO. v. 15. VII. 07 Geltung.

***) Abgesehen davon, daß die Annahme, die Pachtverträge über die Jagd auf dem gemeinschaftlichen Jagdbezirke seien von einem Schöffen mitzuunterschreiben, unrichtig ist und im Widerspruch mit früheren Entsch. der OVG. steht, ist die Ausführung zu 1. im Hinblick auf die JagdO. v. 15. VII. 07 jetzt hinfällig geworden. Jetzt wird wegen der Nichtigkeit im Verwaltungsstreitverfahren gestritten. Sind aber bei Abschluß des Vertrages solche Verstöße gegen die öffentliche Jagdordnung vorgekommen, die von Jagdpolizei wegen nicht geduldet werden können, so kann die Jagdpolizei dagegen selbständig einschreiten (Kunze, Verwaltungsstreitverfahren).

hange großen Walde umschlossenen Grundstücke zuständig und auch dies nur dann, wenn der Besitzer der umschlossenen Grundstücke und der Waldbesitzer mit der Verpachtung der Jagd an den letzteren einverstanden sind. Ein erzwingbares Recht auf die Anpachtung steht weder dem einen noch dem andern zu. Im Falle der Weigerung des Besitzers der eingeschlossenen Grundstücke tritt die Wirkung ein, daß er das Recht zur eigenen Ausübung der Jagd nicht erlangt, wenn es ihm nicht etwa von dem Landrate gemäß § 24 JagdPolG. v. 7. III. 50 zugestanden wird, und daß ihm auch der Wildschaden nicht vergütet wird, während er im Falle der Weigerung des Waldbesitzers das Jagdrecht und daneben den Anspruch auf Ersatz des Wildschadens erlangt. Der Anspruch auf Ersatz des Wildschadens verbleibt ihm auch bei der Verpachtung der Jagd an den Waldbesitzer (s. § 7 JagdPolG. und § 3 WildSchadG. v. 11. VII. 91).

2. Bei dieser Rechtslage kann der Enklavenbesitzer das Recht auf eigene Ausübung der Jagd auf der Enklave nicht deshalb für die Dauer in Anspruch nehmen, weil der Waldbesitzer früher die Anpachtung der Jagd abgelehnt hat. Dies schließt vielmehr nicht aus, daß der Waldbesitzer nunmehr die Anpachtung der Jagd in Anspruch nimmt und daß gegen den Enklavenbesitzer obige Wirkungen eintreten, wenn er sich gegenüber dem neuerlichen Verlangen des Waldbesitzers ablehnend verhält. Der Enklavenbesitzer hat auch keinen Anspruch darauf, daß der Waldbesitzer die Jagd auf anderen Grundstücken als der umschlossenen Parzelle pachtet.

3. Der Pachtzins ist, wie § 7 besagt, nach dem Jagdertrage des zu verpachtenden Grundstücks zu bemessen. Die Feststellung muß also unter Berücksichtigung des auf dem Grundstücke bei Ausübung der Jagd in den gesetzlichen Schranken erzielbaren Erlöses abzüglich der Unkosten ermittelt werden. Es kommt nicht darauf an, welcher Zins auf anderen Enklaven oder für andere Forsten im Durchschnitt erzielt wird; der Pachtzins ist vielmehr für die Enklave unter Berücksichtigung der etwa gegebenen größeren und leichteren Möglichkeit zur Erlegung von Wild zu ermitteln (Bauer, JagdG. 3 98).*)

Nr. 8. Entsch. v. 3. Jan. 1907 (OVG. 50 348) III C 118/06.

JagdPolG. v. 7. III. 50 § 7 Abs. 3; JagdO. v. 15. VII. 07 §§ 10 f.

Macht der Waldeigentümer von seiner Befugnis, die Jagd auf einer Waldenklave zu verpachten, beim Anerbieten des Besitzers nicht Gebrauch, so steht dem letzteren die Ausübung der Jagd auf der Enklave zu.

Der Waldeigentümer kann aber sowohl der Selbstbejagung durch den Enklavenbesitzer als auch dem abgeleiteten Jagdrechte eines Dritten (Pächters) jederzeit dadurch ein Ende machen, daß er die früher von ihm selbst oder seinem Rechtsvorgänger abgelehnte Anpachtung nunmehr in Anspruch nimmt.**)

Nr. 9. Entsch. v. 4. Febr. 1907 — III C 138/06.

JagdPolG. v. 7. III. 50 § 7 (vgl. JagdO. v. 15. VII. 07 § 7).

Was unter Wald zu verstehen ist, hat das OVG. in der Entsch. v. 25. IX. 82 (OVG. 10 143) näher dargelegt. Dem Umstande, ob die Fläche mit hohen Bäumen oder mit jungem, über das aufschießende

---

*) Diese Entscheidung ist auch für das Geltungsgebiet der JagdO. v. 15. VII. 07 nicht ohne Bedeutung.

**) Dasselbe Recht hat der Waldbesitzer gemäß § 11 Abs. 2 JagdO. v. 15. VII. 07.

Gras noch kaum hervorragenden Holznachwuchse bestanden ist, kann eine entscheidende Bedeutung nicht eingeräumt werden, da eine zur Holzzucht bestimmte und tatsächlich benutzte Fläche ihren Charakter als Wald nicht dadurch verlieren kann, daß der zum Abtriebe reife Bestand abgeholzt wird, sofern die Fläche zur bestimmungsmäßigen Erzielung neuen Holzaufwuchses als Schonung liegen bleibt. Und eine andere Beurteilung kann auch dann nicht Platz greifen, wenn es sich um die Neuaufforstung einer Fläche zum Zwecke ihrer künftigen Benutzung zur Holzerzeugung handelt. Da im ordnungsmäßigen Umtriebe notwendig mit verschiedenen Altersklassen des Holzbestandes gerechnet werden muß, so würde der Charakter einer Fläche als Wald einem fortdauernden Wechsel unterliegen müssen, wenn der Begriff des Waldes von der Höhe und dem Alter der Bestände abhängig zu machen wäre. Ob eine Fläche aber ihrer Größe und Gestaltung nach als Wald angesehen werden kann, läßt sich nur nach den tatsächlichen Verhältnissen des einzelnen Falles beurteilen.

Nr. 10. Entsch. v. 4. Nov. 1907 (OVG. 51 294) III C 86/07.

JagdverwG. v. 4. VII. 05 §§ 4, 6 f., jetzt JagdO. v. 15. VII. 07 §§ 21, 23, 26.

1. Das JagdverwG. v. 4. VII. 05 gibt den Jagdgenossen zwei verschiedene Einsprüche, denjenigen des § 4 Abs. 4 und denjenigen des § 6 Abs. 2. Die erstere Gesetzesvorschrift bestimmt, daß jeder Jagdgenosse befugt ist, gegen die Art der Verpachtung und gegen die Pachtbedingungen während der Auslegungsfrist Einspruch beim Kreisausschuß, in Stadtkreisen beim Bezirksausschusse, zu erheben. Der § 6 Abs. 2 lautet:

„Jeder Jagdgenosse kann während der Auslegungsfrist beim Kreisausschuß, in Stadtkreisen beim Bezirksausschusse, gegen den Pachtvertrag Einspruch erheben. Dieser darf sich jedoch gegen die Art der Verpachtung und gegen die Pachtbedingungen insofern nicht richten, als dieselben durch das im § 4 vorgeschriebene Verfahren festgestellt sind."

Nach § 9 ist der Beschluß in den Fällen des § 4 Abs. 4 und des § 6 endgültig, jedoch steht dem Jagdvorsteher innerhalb zwei Wochen gegen den Beschluß des Kreisausschusses die Beschwerde an den Bezirksausschuß, gegen den in erster Instanz ergehenden Beschluß des Bezirksausschusses die Beschwerde an den Provinzialrat zu (vgl. jetzt die §§ 21 Abs. 4, 23 Abs. 2, 26 JagdO. v. 15. VII. 07 — GS. 207).

2. Aus dem Wortlaute sowohl wie aus der Entstehungsgeschichte des Gesetzes muß gefolgert werden, daß ein auf Grund des § 6 Abs. 2 ergehender endgültiger Beschluß der Beschlußbehörde für den Verwaltungsrichter bindend ist. Es ergibt sich das insbesondere daraus, daß das Gesetz diesen Beschluß — unter Zulassung eines Beschwerderechts nur für den Jagdvorsteher — im § 9 als einen endgültigen bezeichnet, und daß durch diese vom Gesetzgeber beabsichtigte Ausnahme von der Regel des LVG. ein langwieriges Verfahren vermieden und die schnelle Schaffung einer klaren Rechtslage erreicht werden sollte. Der Verwaltungsrichter kann deshalb nicht für befugt erachtet werden, in dem durch den § 7 Abs. 2 gegebenen Verwaltungsstreitverfahren (Klage auf Nichtigkeit des Jagdvertrages) über die Rechtsgültigkeit eines von den Beschlußbehörden auf Grund des § 6 Abs. 2 gefaßten Beschlusses zu befinden.

c) Hannoversches Jagdrecht.

Nr. 1. Entsch. v. 18. Nov. 1907 (OVG. 51 299) III C 218/08.

HannJagdO. v. 11. III. 59 §§ 2, 4.

Der im § 2 HannJagdO. ausgesprochene Grundsatz, daß die Trennung, welche Wege oder Gewässer bilden, als eine Unterbrechung des Zusammenhanges einer solchen Jagdfläche nicht anzusehen sind, hat überhaupt nur Bedeutung für Einzeljagdbezirke, da nur für diese, nicht aber für die (die Wege mitumfassenden) Feldmarksjagdbezirke von einer Unterbrechung des Zusammenhangs durch Wege die Rede sein kann. Soweit in der Entsch. v. 26. II. 03 OVG. 43 282 von einer abweichenden Rechtsauffassung ausgegangen worden ist, kann daran nicht festgehalten werden.

f) Wildschaden.

Nr. 1. Entsch. v. 8. Okt. 1906 (OVG. 50 356) III A 36/05.

WildSchadG. v. 11. VII. 91 § 12 (JagdO. v. 15. VII. 07 § 12).

Die nach § 12 WildSchadG. v. 11. VII. 91 zu treffende Anordnung der Jagdpolizeibehörde ist für einen bestimmten Zeitraum zu treffen, der kalendermäßig, also nach Tagen, Wochen, Monaten, zu bemessen ist und nicht auf eine bestimmte Stückzahl von Wild beschränkt werden darf.*)

Nr. 2. Entsch. v. 14. Febr. 1907 (Zeitschr. für Jagdrecht 2 152).

WildSchadG. §§ 7 ff.

Das Urteil des Verwaltungsrichters kann nur auf Aberkennung oder Zubilligung des Anspruchs auf Wildschadenersatz lauten; eine Zurückverweisung der Sache an die Polizeibehörde ist unzulässig.

Nr. 3. Entsch. v. 18. Febr. 1904 — III 343.

WildSchadG. v. 11. VII. 91 §§ 1, 6.

Wird ein Grundstück im Laufe eines Jahres nacheinander zu wiederholten Malen von Wild der im § 1 WildSchadG. bezeichneten Art beschädigt und meldet in diesem Falle der Ersatzberechtigte erst nach Kenntnis der zuletzt stattgehabten Beschädigung innerhalb der im § 6 vorgesehenen Frist einen Anspruch auf Ersatz von Wildschaden an, so ist es Sache der ersatzpflichtigen Grundbesitzer, ihrerseits zu behaupten und unter Beweis zu stellen, daß in dem neuen Schaden auch alte Schäden enthalten seien, deren Aussonderung es bedürfe, weil das Gesetz ihre Berücksichtigung ausschließt. Insbesondere liegt alsdann auch ihnen die Verpflichtung ob, den Sachverständigen, soweit dies notwendig wird, diejenigen Unterlagen zu beschaffen, welche die Ermittelung des auf den Gesamtschaden entfallenden alten Schadens ermöglichen. Wollte man das Gegenteil annehmen und die Erbringung der erforderlichen Nachweise von den Ersatzberechtigten verlangen, so würde man diesen, was nicht in der Absicht des Gesetzgebers gelegen haben kann, bei der Schwierigkeit der in Betracht kommenden Beweisführung die erfolgreiche Geltendmachung ihrer Ansprüche häufig geradezu unmöglich machen.

Nr. 4. Entsch. v. 25. März 1907 (PrVerwBl. 29 581) III C 105/06.

JagdO. v. 15. VII. 07 §§ 55, 57.

1. Jeder Partei steht in Wildschadensachen das Recht zu, in dem von der Ortspolizei anberaumten Schätzungstermine zu beantragen, daß die

*) Dies gilt auch für § 12 JagdO. v. 15. VII. 07.

Schätzung des Schadens erst in einem zweiten, kurz vor der Ernte abzuhaltenden Termine erfolge (§ 57 JagdO.). Ist nach der ersten Anmeldung ein weiterer Schaden entstanden und rechtzeitig (§ 55) bei der Ortspolizeibehörde angemeldet, so ist auch dieser Schaden auf Antrag in dem zweiten Termine abzuschätzen.

2. Dem Beschädigten liegt nicht die Beweispflicht für die Rechtzeitigkeit der Anmeldung ob; der Jagdvorsteher ist für die Versäumnis der Frist beweispflichtig. Der Jagdvorsteher hat auch geeignetenfalls zu behaupten und unter Beweis zu stellen, daß in dem neuen Schaden auch alle Schäden enthalten seien, deren Aussonderung es bedürfe, weil ihre Berücksichtigung nicht zulässig sei.

E. Schutzwaldungen; Waldgenossenschaften; gemeinschaftliche Holzungen.

Literatur: Radtke: Handbuch für den preuß. Förster[4] (Neudamm 1908). — Reichmuth: Das Recht der Forstbeamten zum Waffengebrauch (Neudamm 1908). — Rotering: Das Feld- und Forstpolizeigesetz v. 1. IV. 80[2] (Berlin 1908).

Nr. 1. Entsch. v. 22. Mai 1905 (OVG. 47 311) III A 20/04.

G. über gemeinschaftl. Holzungen v. 14. III 81 (GS. 261) §§ 1ff.

1. Das G. über gemeinschaftliche Holzungen v. 14. III. 81 findet nach der Vorschrift des § 1 unter 1 daselbst Anwendung

„auf Holzungen und die damit im örtlichen Zusammenhange stehenden Waldblößen, an welchen bei dem Inkrafttreten desselben das Eigentum mehreren Personen gemeinschaftlich zusteht, sofern nicht nachgewiesen wird, daß die Gemeinschaft durch ein besonderes privatrechtliches Verhältnis entstanden ist, insbesondere auf die Holzungen der Realgemeinden, Nutzungsgemeinden, Markgenossenschaften, Gehöferschaften, Erbgenossenschaften und gleichartiger Genossenschaften".

Für die Anwendbarkeit des Gesetzes sind die Eigentumsverhältnisse zur Zeit des Inkrafttretens desselben entscheidend. Es bleiben daher Holzungen, welche zu diesem Zeitpunkte gemeinschaftliches Eigentum mehrerer Personen gewesen sind, dem Gesetze unterworfen, auch wenn sie später in das Alleineigentum einer Person übergehen.

2. Nach § 2 unterliegen die Holzungen, auf welche das Gesetz nach § 1 Anwendung findet, insoweit sie sich nach ihrer Beschaffenheit und ihrem Umfange zu einer forstmäßigen Bewirtschaftung eignen, hinsichtlich des Forstbetriebs und der Benutzung der Aufsicht des Staates nach Maßgabe der gesetzlichen Bestimmungen, welche in den einzelnen Landesteilen für die Holzungen der Gemeinden gelten. Für die sechs östlichen Provinzen kommt in dieser Beziehung das G. betr. die Verwaltung der den Gemeinden und öffentlichen Anstalten gehörigen Holzungen v. 15. VIII. 76 in Betracht, dessen § 11 „gegen die auf Grund der §§ 2—7 und § 10 von dem Regierungspräsidenten erlassenen Verfügungen" die Beschwerde an den Oberpräsidenten und gegen dessen Bescheid die Klage beim Oberverwaltungsgericht zuläßt. Eine gleiche Bestimmung besteht aber für den Bezirk des früheren Kurfürstentums Hessen nicht. Der die Gemeindewaldungen unter die Leitung und Aufsicht der Forstbehörden stellende § 68 KurhGemO. v. 23. X. 34 ist durch § 44 HNLGemO. v. 4. VIII. 97 und § 60 HNStO. vom gleichen Tage aufrecht erhalten worden. Diese Aufsicht über die Holzungen der Gemeinden wird nach Maßgabe des KurhRegl. v. 5. III. 40

über die Einleitung und Ausführung des Forstbetriebs und der Handhabung des Forstschutzes in den gemeinschaftlichen Waldungen geführt, und zwar nach § 18 LVG. durch den **Regierungspräsidenten**. Weder eine der vorstehenden, nach § 2 G. v. 14. III. 81 für den Bezirk des früheren Kurfürstentums Hessen in Betracht kommenden Bestimmungen, noch das G. v. 14. III. 81 selbst läßt das **Verwaltungsstreitverfahren**, insbesondere die Anrufung der Entscheidung des Oberverwaltungsgerichts gegen den auf Beschwerde über die Anordnung der Aufsichtsbehörde ergangenen Bescheid des Oberpräsidenten zu.

F. Ansiedelungen und Kolonien; Errichtung von Feuerstellen in der Nähe von Waldungen.

Gesetzliche Grundlagen (nebst Materialien): G. **über Maßnahmen zur Stärkung des Deutschtums in den Prov. Westpreußen und Posen** v. 20. III. 08 (GS. 29). VhdlAH. 1907/8: Drucks. Nr. 12, zu Nr. 12, 42, zu Nr. 42, 50, 52f., 56, 58, 151; StenB. 7, 35, 106, 630, 711, 3103. HH. 1907/8: Drucks. Nr. 23, 38, 42f.; StenB. 20, 39, 47, 75, 103.

Literatur: **Rummler**: Persönliche Ansiedelungsbeschränkungen (Berlin 1906). — **Wagner**: Enteignung und Einspruchsrecht in der Ostmark[2] (Berlin 1908).

a) Ansiedelungen nach den G. v. 25. VIII. 76 und v. 10. VIII. 04.

Nr. 1. Entsch. v. 6. Jan. 1905 (OVG. **47** 421) I A 94/03.

AnsiedlG. v. 25. VIII. 76 §§ 18f.

1. Der MErl. v. 24. VII. 92 (MBl. 338), welcher die Zuständigkeit der **Generalkommission zur Genehmigung der infolge der Bildung von Rentengütern** entstehenden Ansiedelungen und Kolonien bejaht, leitet aus § 4 G. über Rentengüter v. 27. VI. 90 und aus §§ 2, 4 und 8 G. betr. die Beförderung der Errichtung von Rentengütern v. 7. VII. 91 den Satz ab, daß der Gesetzgeber unter einem **Rentengute** der Regel nach ein zur **Besiedlung** bestimmtes Gut verstehe und voraussetze, der Rentengutserwerber werde auf dem Rentengute selbst seinen **Wohnsitz** nehmen. Die Generalkommission habe daher in Erfüllung der ihr im § 12 G. v. 7. VII. 91 gestellten Aufgabe alles das zu tun, was zur Begründung des Rentenguts erforderlich sei, auch die Voraussetzung der Besiedlung festzustellen und unter Berücksichtigung aller Umstände zu bestimmen, daß und wo die Ansiedlung zu errichten sei. Mithin stelle sich eine derartige Bestimmung als eine **obrigkeitliche Festsetzung** dar, deren es zur Begründung des Rentenguts bedürfe, und falle sie in die Zuständigkeit der Generalkommission nach den gemäß § 12 Abs. 4 G. v. 7. VII. 91 auch auf die Bildung von Rentengütern anzuwendenden Vorschriften über das Verfahren in Gemeinheitsteilungssachen, insbesondere nach § 7 Vd. v. 30. VI. 34, wonach die **Generalkommissionen** in den bei ihnen anhängigen Angelegenheiten nicht bloß den Hauptgegenstand der Auseinandersetzung, sondern auch alle anderweitigen **Rechtsverhältnisse**, die bei vorschriftsmäßiger Ausführung der Auseinandersetzung nicht in der bisherigen Lage verbleiben könnten, zu regeln und alle zur vollständigen Ausführung der Auseinandersetzung erforderlichen obrigkeitlichen Festsetzungen zu erlassen hätten. Hiernach sei die Generalkommission, wenn eine Kolonie oder Ansiedlung unter ihrer Mitwirkung entstehe, auch zur **Erteilung der Genehmigung** zuständig, während die endgültige **Regelung der Gemeinde-, Kirchen- und Schulverhältnisse** den **ordentlichen Verwaltungsbehörden** vorbehaltlich der in der AllgVf. v. 16. XI. 91

(MBl. 236) getroffenen Bestimmungen verbleibe. In dieser Verfügung wird indes lediglich gesagt, daß bei der Verteilung eines ganzen Gutes oder eines größeren Teiles eines solchen eine sorgfältige örtliche Prüfung aller Verhältnisse vorzunehmen sei, die sich unter anderem darauf zu erstrecken habe, in welcher Weise die Gemeinde, Kirchen- und Schulverhältnisse zu regeln seien; es wird dort der Generalkommission oder dem von ihr zu beauftragenden Spezialkommissare die Aufgabe gestellt, auch diese Frage mit den Beteiligten zu erörtern, zugleich aber darauf hingewiesen, daß die endgültige Regelung der zu erörternden Verhältnisse in mehrfacher Beziehung zur Zuständigkeit der ordentlichen Verwaltungsbehörden gehöre, und mit Rücksicht hierauf empfohlen, sich gegebenenfalls mit ihnen wegen der in Aussicht zu nehmenden Regelung rechtzeitig ins Einvernehmen zu setzen. Gegen den Inhalt der Erlasse sind Bedenken nicht zu erheben.

2. Daraus folgt aber nicht, daß die Staatsaufsichtsbehörden befugt sind, dem Unternehmer einer Kolonie Leistungen zu dem Zwecke einer dem öffentlichen Interesse entsprechenden Ordnung ihrer Gemeindeverhältnisse wider seinen Willen aufzulegen. Eine gesetzliche Bestimmung, die dem, der eine Kolonie gegründet hat, die Verpflichtung auferlegte, bei Leistungsunfähigkeit der von ihm angesetzten Kolonisten zur Erfüllung der ihnen obliegenden Gemeinde-, Kirchen- und Schullasten für sie einzutreten, besteht nicht, abgesehen von der besonderen Vorschrift im § 65 SchulO. für die Elementarschulen in der Prov. Preußen v. 11. XII. 45. Die Verpflichtung des Gründers einer Kolonie, eine daraus gebildete Gemeinde durch Zuschüsse an Kapital oder laufender Beihilfe zur Erfüllung der Aufgaben, die den Gemeinden für den Bereich ihres Gemeindebezirkes im öffentlichen Interesse gesetzlich obliegen, instand zu setzen, entspringt nicht unmittelbar aus dem Gesetz, insbesondere nicht aus §§ 18f. G. v. 25. VIII. 76. Zwar hat die Bestimmung im letzten Satze des § 18, wonach mit dem Antrag auf Genehmigung zur Anlegung einer Kolonie ein Plan vorzulegen und darin nachzuweisen ist, in welcher Art die Gemeinde-, Kirchen- und Schulverhältnisse geordnet werden sollen, nicht bloß den Sinn, daß der Unternehmer Vorschläge über die Ordnung der Gemeinde-, Kirchen- und Schulverhältnisse machen soll, sondern auch den weiteren Sinn, daß er die Ausführbarkeit seiner Vorschläge und die Uebereinstimmung mit den Anforderungen des öffentlichen Interesses nachzuweisen hat; es kann ihm deshalb auch von der zur Erteilung der Genehmigung berufenen Behörde angesonnen werden, daß er Bedenken gegen die Möglichkeit einer dem öffentlichen Interesse entsprechenden Ordnung durch Uebernahme eigener Leistungen beseitige, aber eine Weigerung in dieser Beziehung hat nach § 19 nur die Folge, daß die beantragte Genehmigung zu versagen ist. Daraus folgt zwar, daß die Erteilung der Genehmigung von der Uebernahme solcher Leistungen abhängig gemacht werden kann, die geeignet sind, eine dem öffentlichen Interesse entsprechende Ordnung der Gemeinde-, Kirchen- und Schulverhältnisse der neuen Kolonie sicher zu stellen, aber es folgt daraus nicht, daß dem Unternehmer außerhalb des Genehmigungsverfahrens oder nach seinem Abschlusse zum Zwecke der Ordnung der Gemeinde-, Kirchen- und Schulverhältnisse von den zu deren Regelung zuständigen Behörden Leistungen, die er nicht übernommen hat, auferlegt werden dürfen. Dies ist selbst dann nicht zulässig, wenn eine Kolonie ohne die erforderliche Genehmigung begründet worden ist. Wer eine Kolonie ohne Genehmigung anlegt, setzt sich zwar dem aus, daß diejenigen Einrichtungen, welche zur Bewohnung der besiedelten Grundstücke dienen, auf polizeiliche Anordnung beseitigt werden müssen, aber er überkommt nicht die Verpflichtung, die Ordnung der Gemeinde-, Kirchen- und Schulverhältnisse durch eigene Leistungen zu fördern. Allerdings kann der Gründer der Kolonie darauf hingewiesen werden, daß er die Beseitigung der

wohnlichen Einrichtung auf den Grundstücken, aus denen die Kolonie besteht, durch einen begründeten Antrag auf nachträgliche Genehmigung abwenden kann; weigert er sich aber, einen solchen Antrag zu stellen oder wird der Antrag abgewiesen, weil er es ablehnt, die zur Ordnung der Gemeinde-, Kirchen- und Schulverhältnisse im öffentlichen Interesse erforderlichen Leistungen zu übernehmen, so kann immer nur auf dem Wege polizeilicher Verfügung die Beseitigung der wohnlichen Einrichtungen in den auf den Grundstücken der Kolonie errichteten Gebäuden angeordnet werden. Daß mit einem solchen Vorgehen Uebelstände und Härten verbunden sind, die nicht allein den Unternehmer der Kolonie, sondern vorzugsweise die von ihm angesetzten Kolonisten treffen, ist nicht zu verkennen; allein diese Schwierigkeiten können nicht dadurch umgangen werden, daß die Kolonie als solche bestehen bleibt und dem Unternehmer durch Verfügung oder Beschluß der zur Ordnung ihrer Gemeinde-, Kirchen- und Schulverhältnisse zuständigen Behörden diejenigen Leistungen auferlegt werden, welche zu einer dem öffentlichen Interesse entsprechenden Ordnung dieser Verhältnisse erforderlich erscheinen, denn für eine derartige Regelung der öffentlich-rechtlichen Verhältnisse fehlt die gesetzliche Grundlage.

3. Anders stellt sich die Rechtslage, wenn der Unternehmer im Laufe der Verhandlung über die Anlegung der Kolonie Leistungen zum Zwecke der Sicherstellung einer dem öffentlichen Interesse entsprechenden Ordnung der Gemeinde-, Kirchen- und Schulverhältnisse übernommen und auf Grund einer solchen Erklärung die erforderliche Genehmigung erhalten hat. Ist dies geschehen, so entsteht eine zwar auf besonderem Rechtstitel beruhende, aber im öffentlichen Rechte wurzelnde Verpflichtung, welche die zu der endgültigen Ordnung jener Verhältnisse zuständigen Behörden gegen den Unternehmer geltend zu machen befugt sind. Auf demselben Standpunkte stehen auch die MErl. v. 17. II. und 22. IX. 98 (MBl. 224).

Nr. 2. Entsch. v. 2. Febr. 1905, v. 13. April 1905 u. v. 5. Juni 1905 (OVG. 47 403, 405 u. 407) IV C 24/05, IV C. 90/05 u. IV A 41/04.

AnsiedlG. v. 25. VIII. 76/10. VIII. 04 §§ 13[e], 16, 18 f.

1. Die Frage nach der Zuständigkeit für die Erteilung einer Ansiedelungsgenehmigung richtet sich nach dem zur Zeit des Erlasses des Bescheides geltenden Rechte. Die bisher zuständige Behörde (Ortspolizeibehörde) hat nach Inkrafttreten des G. v. 10. VIII. 04 im Verwaltungsstreitverfahren die Rechtmäßigkeit des Bescheides als Partei zu vertreten.

2. Ist unter der Herrschaft des alten Gesetzes (G. v. 25. VIII. 76) noch kein Bescheid erteilt, so kommt das neue Gesetz zur Anwendung.

3. Wird die Ansiedelungsgenehmigung nicht erteilt, weil die Bescheinigung des Regierungspräsidenten nicht beigebracht ist, so ist gegen eine derartige Versagung das Verwaltungsstreitverfahren gegeben.

4. Gegen die Verfügung des Regierungspräsidenten, durch die die Bescheinigung versagt wird, ist nur die Beschwerde an den Oberpräsidenten ohne nachfolgendes Verwaltungsstreitverfahren, eröffnet.

Nr. 3. Entsch. v. 19. Sept. 1907 (OVG. 51 218) IV C. 153/07.

Ist eine Kolonie unter der Herrschaft des G. v. 25. VIII. 76 genehmigt worden, so ändert sich die Rechtslage nicht durch das Inkrafttreten des G. v. 10. VIII. 04, das den Begriff der Kolonie nicht kennt.

Nr. 4. Entsch. v. 2. Okt. 1905 (OVG. 48 385) IV C 104/05.

AnsiedlG. v. 10. VIII. 04 § 13[a].

1. Wird die Rechtsgültigkeit einer vor dem Inkrafttreten des AnsiedlG. v. 10. VIII. 04 die Genehmigung versagenden Verfügung später vom Verwaltungsrichter geprüft, so ist nicht das neue Gesetz maßgebend (vgl. OVG. 13. VI. 77 2 377).

2. Wird nach Abweisung der Klage eine neue Genehmigung nachgesucht, so ist nunmehr der Antrag nach dem neuen Gesetze zu behandeln.

Nr. 5. Entsch. v. 30. Nov. 1905 (OVG. 48 387) IV C 138/05.

G. v. 10. VIII. 04, §§ 14, 17—19.

1. Derjenige, der Einspruch erhoben hat, ist bei Zurückweisung seines Einspruchs in der Rolle des Klägers; die Klage geht gegen den Unternehmer als Beklagten.

2. In dem Streitverfahren nach § 18 G. v. 10. VIII. 04 muß der Vorsitzende des Kreisausschusses stets einen Vertreter des öffentlichen Interesses ernennen. Sonst ist das ganze Verfahren zu beanstanden. Daß zu dem Verfahren nur der Unternehmer der Ansiedelung und diejenigen, welche Einspruch erhoben haben, hinzugezogen werden, genügt nicht; es würde an der Partei fehlen, die im Streitverfahren über den angegriffenen Bescheid des Kreisausschusses das öffentliche polizeiliche Interesse zu vertreten hat. Das tritt noch klarer hervor, wenn der Bescheid die Ansiedelungsgenehmigung, ohne daß Einsprüche erhoben worden sind, aus § 14 versagt. In solchen Fällen würde es, wenn kein Vertreter des öffentlichen Interesses bestellt wird, an einem Gegner des Klägers überhaupt fehlen. Die Vorschrift im § 18 unterscheidet aber nicht zwischen den verschiedenen Gründen, auf welche der Bescheid sich stützen kann.

3. Von einem Ersatzbau kann nur die Rede sein, wenn an Stelle eines bestehenden Wohngebäudes ein anderes errichtet wird, das dem früheren wirtschaftlich im wesentlichen gleichsteht.

4. Der Verwaltungsrichter ist nicht befugt, in dem Verfahren auf Einspruch gegen die vom Kreisausschuß erteilte Ansiedelungsgenehmigung einen anderen Versagungsgrund von Amts wegen geltend zu machen, auf den der Einspruch nicht gestützt ist und nicht gestützt werden durfte. Bei der Klage des Einspruchserhebers ist vielmehr lediglich zu prüfen, ob sein Einspruch gesetzlich zulässig und tatsächlich begründet ist (OVG. v. 29. V. 91 21 398, 399 und 13. VII. 03 43 408).

Nr. 6. Entsch. v. 17. Jan. 1907 (PrVerwBl. 28 694) IV 100.

Daß die Personen, welche Einspruch erhoben haben, auf die Klage des Ansiedelungsunternehmers neben dem Vertreter des öffentlichen Interesses als Mitbekagte, nicht bloß als Beigeladene, zu dem Verwaltungsstreitverfahren hinzugezogen werden müssen, hat das OVG. für das G. v. 25. VIII. 76 wiederholt ausgesprochen mit der Begründung, im Falle der Klage des Antragstellers seien die erhobenen Einsprüche und deren Anerkennung durch die Polizeibehörde Gegenstand der Klage, deren Urheber also die Beklagten (OVG. 4 381, 5 403, 30 393, 44 410). Hierin ist auch durch das Inkrafttreten des AnsiedlG. v. 10. VIII. 04 nichts geändert worden, vielmehr bestehen die Gründe fort, die zu den älteren Entscheidungen geführt haben (Petersen, Das G. v. 10. VIII. 04, Anm. 4 zu § 18 S. 102). Dagegen ist insofern eine Aenderung eingetreten, als jetzt, abgesehen von den Stadtkreisen, nicht mehr die Ortspolizeibehörde, sondern der Kreisausschuß für die Erteilung oder Versagung der Ansiedelungsgenehmigung zuständig ist. Deshalb hat der § 18 ausdrücklich hervorgehoben, daß, wenn gegen einen derartigen Bescheid eines Kreisausschusses die mündliche Verhandlung im Verwaltungsstreitverfahren beantragt worden ist, der Vorsitzende des Kreisausschusses einen Vertreter des öffentlichen Interesses zu bestellen hat. Daß dieser allein die Parteirolle des Beklagten zu übernehmen habe, ist hiermit nicht bestimmt. Wenn sonach der Verwaltungsrichter nicht sämtliche an dem Streite als Parteien beteiligte Personen herangezogen hat, so leidet sein Verfahren an einem wesentlichen Mangel.

Nr. 7. Entsch. v. 3. Juni 1907 — IV C 39/07.

AnsiedlG. v. 10. VIII. 04 § 18 Abs. 2.

Der Einspruch gegen den Ansiedelungsbescheid des Kreisausschusses ist formlos; es kann ferner ohne Angabe von Gründen der Antrag auf münd- mündliche Verhandlung gestellt werden.

Nr. 8. Entsch. v. 17. Jan. 1907 — IV 98.

1. Wenn Einspruch erhoben ist, weil die Ansiedelung die Nutzungen benachbarter Grundstücke gefährdet, so ist der Einsprechende Partei und nicht beizuladen.

2. Es genügt nach § 14 G. v. 10. VIII. 04 ein Privatweg; es braucht kein öffentlicher Weg zu sein; er muß nur kraft Privatrechts ein stets offener sein. Darüber hat sich der Verwaltungsrichter schlüssig zu machen.

3. Der Verwaltungsrichter hat nicht auf Erteilung der Genehmigung zu erkennen; er hebt den Bescheid auf oder weist die Klage ab.

Nr. 9. Entsch. v. 26. April 1906 (OVG. 48 404) IV A 2/06.

AnsiedlG. v. 10. VIII. 04 §§ 13, 13a.

1. Handelt es sich um die Frage, ob eine Ortschaft im Zusammenhange bebaut ist, so kommen nicht bloß Wohngebäude, sondern auch die zwischen einzelnen Gebäuden liegenden Gärten und Höfe in Betracht.

2. Das Gesetz sagt nicht, was es unter einer ländlichen Stelle verstanden wissen will, und auch die Begründung des Gesetzentwurfes gibt keine nähere Erklärung über den Begriff der „ländlichen Stelle“. Jedoch kann darüber kein Zweifel sein, daß darunter nicht alle Wohnstellen fallen, zu denen irgendeine landwirtschaftlich benutzte Fläche gehört. So sagt die AAnwAnsiedlG. v. 28. XII. 04 (MBl. 1905 2):

„Als ‚ländliche Stellen‘ sind nicht anzusehen Wohnstellen für Industriearbeiter, auch wenn sie mit etwas Land ausgestattet sind“ (zu Art. I § 13a).

3. Man wird unter „ländlichen Stellen“ solche Wohnstätten zu verstehen haben, welche einem selbständigen landwirtschaftlichen Betriebe gewidmet sind, oder welche für selbständige ländliche Arbeiter bestimmt werden, auch wenn die zugewiesenen Landflächen nur gärtnerisch oder zur Viehzucht genutzt werden (vgl. den Aufsatz von Dr. Jung im PrVerwBl. 26 672, 675).

Nr. 10. Entsch. v. 5. Okt. 1905 (OVG. 48 408) IV A 13/05.

AnsiedlG. v. 10. VIII. 04 §§ 13, 13a.

Der § 13 AnsiedlG. schreibt vor, daß einer Ansiedelungsgenehmigung bedarf, wer außerhalb einer im Zusammenhange gebauten Ortschaft „ein Wohnhaus errichten oder ein vorhandenes Gebäude zum Wohnhaus einrichten will". Unter § 13 fällt daher nur die Schaffung einer neuen menschlichen Wohnstätte, mag es sich dabei um die Errichtung eines neuen Wohnhauses oder um die Umwandlung eines Gebäudes, welches bisher nicht zu Wohnzwecken diente, in ein Wohnhaus handeln. Wenn dann der § 13a bestimmt:

> „Die Ansiedelungsgenehmigung ist ferner erforderlich, wenn infolge oder zum Zwecke der Umwandlung eines Landguts oder eines Teiles eines solchen in mehrere ländliche Stellen innerhalb einer im Zusammenhange gebauten Ortschaft .... ein Wohnhaus errichtet oder ein vorhandenes Gebäude zum Wohnhaus eingerichtet werden soll,"

so wird hier wie im § 13 die Ansiedelungsgenehmigung auch nur für die Errichtung oder Einrichtung neuer Wohnstätten gefordert. — Nicht schon die Umwandlung eines Landguts in mehrere Stellen soll von der Erteilung einer Ansiedelungsgenehmigung abhängig gemacht werden, sondern erst die Schaffung neuer Wohnstätten infolge oder bei einer solchen Umwandlung.

Damit stimmt übrigens auch die AAnw. v. 28. XII. 04 zu § 13a überein. Auch hier ist betont, daß der § 13a die Errichtung von Wohnstätten und die Einrichtung vorhandener Gutsgebäude zu Wohnhäusern betrifft. Dabei kann die Einrichtung „vorhandener Gutsgebäude zu Wohnhäusern" nicht anders verstanden werden, wie die Worte der §§ 13, 13a selbst: „oder ein vorhandenes Gebäude zum Wohnhaus eingerichtet werden soll," nämlich dahin, daß ein Gutsgebäude, welches bisher nicht zu Wohnzwecken, nicht als Wohnhaus diente, zum Wohnhause, zur Wohnstätte für Menschen eingerichtet werden soll. Hätte die Anweisung aber darunter auch die Einrichtung eines bereits auf dem Gute vorhandenen Wohngebäudes für die besonderen Zwecke einer neuen ländlichen Stelle mitbegreifen wollen — was, wie gesagt, nicht angenommen werden kann —, so würde die Anweisung als mit dem Gesetze selbst in Widerspruch stehend rechtlich nicht in Betracht kommen können.

Nr. 11. Entsch. v. 31. Mai 1906 (OVG. 49 382) IV A 17/06.

AnsiedlG. v. 10. VIII. 04 (GS. 227) §§ 13, 13a.

1. Der Tatbestand des § 13a G. v. 10. VIII. 04 liegt vor, wenn ein Landgut in mehrere ländliche Stellen umgewandelt wird, wenn statt des vorher einheitlichen Gutes eine größere Zahl selbständiger landwirtschaftlicher Betriebe besteht. Ob diese in Art und Umfang mehr oder weniger verschieden sind und ob einzelne Teile des Landguts einem bereits vorhandenen Betriebe zugelegt wurden, kommt dabei nicht in Betracht.

2. Ein Wohnhaus wird auch nicht „infolge" der Umwandlung erbaut, wenn das Haus gerade auf einer der bei der Umwandlung neu geschaffenen Stellen errichtet wird. Eine „Folge" kann auch dann vorliegen, wenn das Haus auf dem Restgut oder auf einem früher zum Gute gehörigen Teile errichtet wird, der einer bereits vorhandenen ländlichen Stelle einverleibt wird. Notwendig ist nur, daß die Errichtung des Hauses mit der Umwandlung des Landguts zu mehreren Stellen in ursächlichem Zusammenhange steht.

3. Wenn geltend gemacht wird, die Vorschrift im § 13a widerspreche dem FreizG. v. 1. XI. 67, so ist das verfehlt. Allerdings gewährt dieses Gesetz jedem Reichsangehörigen das Recht, sich innerhalb des Reiches an jedem Orte aufzuhalten und niederzulassen, auch darf er in Ausübung dieser Befugnis weder durch die Obrigkeit seiner Heimat noch durch die Obrigkeit des Ortes, an welchem er sich aufhalten oder niederlassen will, gehindert oder durch lästige Bedingungen beschränkt werden. Aber es wird übersehen, daß aus dem Aufenthalts- und Niederlassungsrechte keineswegs die unbeschränkbare

Befugnis folgt, sich an jedem beliebigen Orte ein Wohnhaus zu errichten. Das Landesrecht kann also darüber, an welchen Orten und unter welchen Voraussetzungen Wohngebäude errichtet werden dürfen, ebenso Anordnungen treffen, wie über die Beschaffenheit und Einrichtung der Gebäude im Interesse der Bau-, Feuer- und Gesundheitspolizei.

Nr. 12. Entsch. v. 22. Okt. 1906 (OVG. 49 387) IV A 17/06.

AnsiedlG. v. 10. VIII. 04 § 13a.

1. Zur Anwendung des § 13a G. v. 10. VIII. 04 genügt es, wenn die Errichtung des Wohnhauses überhaupt in ursächlichem Zusammenhange mit der Gutsteilung steht.

2. § 13a steht nicht mit dem Art. 9 VerfUrk. v. 31. I. 50 in Widerspruch. Der in dem Art. 9 ausgesprochene Grundsatz, daß das Eigentum unverletzlich ist und nur aus Gründen des öffentlichen Wohles gegen Entschädigung entzogen oder beschränkt werden kann, hindert nicht, daß die Befugnisse der Grundeigentümer in der Benutzung ihres Eigentums und damit der Inhalt ihres Eigentumsrechts durch Gesetze eingeschränkt werden (OVG. 5. XII. 81 8 327). Ueberdies würde die Prüfung der Rechtsgültigkeit eines solchen einschränkenden, gehörig verkündeten preußischen Gesetzes dem Richter nicht zustehen (Art. 106).

Nr. 13. Entsch. v. 27. Sept. 1906 (OVG. 49 389) IV C 108/06.

AnsiedlG. v. 10. VIII. 04 §§ 13, 13a, 13b.

1. Dadurch, daß der Regierungspräsident dem Ansiedler die Bescheinigung aus § 13b AnsiedlG. v. 10. VIII. 04 versagt hat, ist noch keineswegs bindend festgestellt, daß das Vorhaben der Ansiedlungsgenehmigung bedarf. Der Verwaltungsrichter hat vielmehr in dem Streitverfahren über eine Verfügung, welche die Bauerlaubnis ablehnt, trotz jener Versagung selbständig zu prüfen, ob nach dem Gesetze eine Ansiedlungsgenehmigung erforderlich war.

2. Nicht jeder „ländliche Besitz" ist ein „Landgut" im Sinne von § 13a. Wenngleich hier unter „Landgut" nicht nur „Güter" im gewöhnlichen Sprachgebrauche zu verstehen sind, sondern auch bäuerliche, kleinbäuerliche und ähnliche Besitzungen — wie dies schon bei der Beratung des Gesetzes mehrfach betont worden und ebenso in der Ausführungsanweisung hervorgehoben ist (Petersen, Das G. v. 10. VIII. 04 S. 59, 128 und Aufsatz von Jung im PrVerwBl. 26 675), so bildet das entscheidende Kennzeichen doch immer, daß es sich um eine selbständige Ackernahrung handeln muß, also um einen landwirtschaftlichen Betrieb, der groß genug ist, das wirtschaftliche Leben des Besitzers ganz oder doch zum größten Teile auszufüllen.

3. Nicht jeder Garten neben einem Wohnhause macht das Besitztum zu einer ländlichen Stelle (vgl. OVG. 26. IV. 06 48 407).

Nr. 14. Entsch. v. 27. Sept. 1906 (OVG. 49 392) IV A 49/06.

AnsiedlG. v. 10. VIII. 04 §§ 13, 13a, 13b.

Im Falle des § 13b Abs. 4 AnsiedlG. v. 10. VIII. 04 ist nur die vom Regierungspräsidenten nach Abs. 1 zu erteilende besondere Bescheinigung nicht erforderlich, die Notwendigkeit der Ansiedelungsgenehmigung nach § 13 und § 13a bleibt dagegen unberührt.

Nr. 15. Entsch. v. 20. Juni 1907 (OVG. 51 212) IV A 8/07.

AnsiedlG. v. 4. VIII. 04 §§ 13a, 20.

1. Wenn ein ländlicher Besitzer sein Besitztum bis auf eine Baustelle veräußert, auf dieser Baustelle für sich eine Altsitzerwohnung und eine zweite Wohnung zum Vermieten oder zur Unterbringung eines Angehörigen errichten will, ohne daß er selbst oder der Mieter landwirtschaftlich benutzte Flächen erhält, so kann von der Schaffung einer neuen ländlichen Stelle nicht die Rede sein. Eine solche könnte nur entstehen, wenn eine Wohnung an einen Landwirt mit selbständiger Ackernutzung oder an einen ländlichen Arbeiter unter Zuteilung landwirtschaftlich benutzbarer Flächen vermietet würde (OVG. 48 405).

2. Lediglich Vermutungen über eine solche Absicht rechtfertigen nicht die Anwendung des § 13a G. v. 4. VIII. 04.

Nr. 16. Entsch. v. 20. Juni 1907 (OVG. 51 214) IV A 79/06.

AnsiedlG. v. 25. VIII. 76 §§ 18f.

Eine Genossenschaft hatte auf Grund der §§ 18f. AnsiedlG. v. 25. VIII. 76 die Genehmigung erhalten, eine Kolonie mit 22 Ansiedlerstellen zu errichten. Später erweiterte die Genossenschaft ihren Plan und errichtete mehr Stellen. Die Polizei ist nur befugt, gegen die Errichtung der nicht genehmigten Stellen einzuschreiten; der genehmigte Plan ist für die örtliche Lage der darin zugelassenen Stellen maßgebend, wobei unbedeutende Abweichungen, die nicht zur Folge haben, daß sich das Unternehmen in Rücksicht der maßgebenden Gesichtspunkte, zB. Zugänglichkeit durch einen jederzeit offenen Weg, als etwas Neues darstellt, unschädlich sind (OVG. 31 389).

Nr. 17. Entsch. v. 4. Jan. 1906 (OVG. 48 398) IV C 185/05.

AnsiedlG. v. 25. VIII. 76 § 20.

Die Bestimmung im § 20 AnsiedlG. v. 25. VIII. 76 stellt das Einschreiten gegen nicht genehmigte Anlagen keineswegs in das freie Ermessen der Polizeibehörde, sondern soll nur zum Ausdruck bringen, daß neben der im ersten Satze des § 20 angedrohten Bestrafung desjenigen, welcher eine Ansiedelung oder Kolonie ohne Genehmigung beginnt, der Polizei auch das Recht zusteht, gegen die nicht genehmigten Anlagen einzuschreiten.

Die ohne Genehmigung errichtete Ansiedelung widerspricht der zwingenden Vorschrift im § 13. Die Polizei darf mithin diesen ungesetzlichen Zustand nicht fortbestehen lassen. Sie hat nicht nur das Recht, sondern auch die Pflicht zum Einschreiten; denn sie darf nicht nach ihrem Ermessen einen dem zwingenden öffentlichen Rechte widersprechenden Zustand fortbestehen lassen. Eine bloße Duldung könnte auch den ungesetzlichen Zustand der Anlage nicht zu einem gesetzlichen machen, da sie niemals die erforderliche, in einem vom Gesetze besonders geregelten Verfahren zu erteilende Ansiedelungsgenehmigung zu ersetzen vermöchte. Bis zu einer ausdrücklichen Ansiedelungsgenehmigung würde das Haus dauernd den Charakter einer ungesetzlichen, dem öffentlichen Rechte widersprechenden Anlage behalten. Diese unannehmbare Folge zeigt klar, daß die Polizei zum Einschreiten verpflichtet ist. Ein Ermessen der Polizei kommt nur zur Geltung, wenn es sich darum handelt, ob die Genehmigung nach §§ 15, 15a zu versagen sei; es ist dagegen ausgeschlossen bei der Frage, ob gegen eine nicht genehmigte Ansiedelung eingeschritten werden soll.

Nr. 18. Entsch. v. 29. März 1906 (OVG. 48 402) IV A 44/03.
AnsiedlG. v. 10. VIII. 04 § 13; LVG. § 126.

Wenn der Kreisausschuß eine Ansiedlungsgenehmigung schlechthin erteilt (§ 13 G. v. 10. VIII. 04), so ist der Beschluß endgültig; er kann aber mit Klage aus § 126 LVG. angefochten werden.

Daß ein Beschluß, der mit dem gleichen Inhalt in einem Stadtkreise von der Ortspolizeibehörde (§ 13 Abs. 1) oder von der Generalkommission (Art. III) erlassen worden wäre, mit der Klage aus § 126 LVG. nicht angefochten werden könnte, weil der § 126 auf die Beschlüsse anderer als der darin genannten Behörden nicht ausgedehnt werden darf, steht seiner Anwendung gegenüber dem Beschluß eines Kreisausschusses nicht entgegen. Dieselbe Rechtslage ist auch anderweit vorhanden; so ist in den vom § 161 Abs. 2 ZustG. getroffenen Fällen der Erteilung einer Erlaubnis (Genehmigung) die Klage gegen den Beschluß nicht möglich, der vom Polizeipräsidenten erlassen worden ist, während sie gegen einen ebenso lautenden Beschluß des Bezirksausschusses stattfindet (von Brauchitsch, Verwaltungsgesetze[19] 1 458, 459 Anm. 25, S. 475 Anm. 56 usw.).*)

Nr. 19. Entsch. v. 7. März 1907 (OVG. 50 219) IV C 182/06.
AnsiedlG. v. 10. VIII. 04 § 15.

1. Der im Grundbuche eingetragene Eigentümer, der auf dem Grundstücke ein Wohnhaus erbauen und dann die Besitzung verkaufen will, ist zum Antrage auf Erteilung der Ansiedelungsgenehmigung berechtigt, selbst wenn er den Kaufvertrag abgeschlossen, aber noch nicht aufgelassen hat.

2. Eine Störung der Ruhe des Wildes allein fällt nicht unter die Gefährdung der Jagdnutzung (OVG. 7. VII. 02 — PrVerwBl. 24 40).

3. Das G. v. 10. VIII. 04 kennt den Unterschied von Einzelansiedlungen und Kolonien nicht mehr; jede Ansiedlung ist für sich lediglich nach der Gestaltung und dem Umfange zu beurteilen, welche der dem Antrage zugrunde liegende Plan darstellt. Die Genehmigung erstreckt sich immer nur auf das durch Plan und Antrag begrenzte Vorhaben; seine Grenzen sind aber auch für die Prüfung des Vorhabens maßgebend. Was der Antragsteller außerdem noch für die Zukunft in Aussicht genommen, aber noch nicht zum Gegenstande des Antrags gemacht hat, muß außer Betracht bleiben. Jedes weitere Ansiedelungsvorhaben unterliegt vielmehr einer neuen selbständigen Prüfung nach Maßgabe des Gesetzes. Gegen jede künftige Ansiedelung auf dem Grundstück kann der Berechtigte Einspruch erheben und dabei neue Tatsachen für die Gefährdung der Nutzungen jener Grundstücke geltend machen.

Nr. 20. Entsch. v. 14. März 1907 (OVG. 50 222) IV C 7/07.
AnsiedlG. v. 10. VIII. 04 § 13, 16.

1. Das Recht, die Ansiedelungsgenehmigung zu beantragen, ist nur dem gegeben, welcher außerhalb einer im Zusammenhange gebauten Ortschaft ein Wohnhaus errichten oder ein vorhandenes Gebäude zum Wohnhaus einrichten will (§ 13 G. v. 10. VIII. 04). Deshalb ist derjenige nicht zum Antrage berechtigt, der gar nicht die Absicht hat, seinerseits das Wohnhaus herzustellen, sondern der nur für das Ansiedelungsverfahren als Antragsteller vorgeschoben wird, um die Person dessen zu verdecken, welcher in Wahrheit

---

*) Der Grund, warum eine Klage aus § 126 LVG. gegen die von der Ortspolizei oder der Landespolizei erteilten Genehmigungen nicht zugelassen ist, ist der, daß diese Genehmigungen auf Anweisung der Aufsichtsbehörde zurückgenommen werden können. Eine solche Zurücknahme ist aber nicht zulässig bei Beschlüssen des Kreisausschusses usw.

die Ansiedelung errichten will, aber aus irgendwelchen Gründen zu vermeiden sucht, daß sein Name dabei genannt werde. Die Bekanntmachung des Ansiedelungsantrags nach § 16 soll den Einspruchsberechtigten nicht nur von der Lage, der Art und dem Umfange der geplanten Ansiedelung Kenntnis verschaffen, sondern auch von der Person des Ansiedlers; denn auch seine persönlichen Verhältnisse können ihnen Anlaß zum Einspruch gegen die Ansiedelung geben (OVG. 5. V. 80, 3. IV. 80, 20. XII. 00 und 10. XII. 03 6 331 f., 338; 38 384; 44 411). Voraussetzung des Ansiedelungsverfahrens bildet also, daß der Antragsteller auch der Ansiedler ist. Ob diese Voraussetzung zutrifft, kann deshalb auch jederzeit im Laufe des Verfahrens geprüft werden, und das Revisionsgericht ist dabei nicht an die Schranken von § 94 LVG. gebunden.

2. Die Berechtigung zur Stellung des Ansiedelungsantrags ist nicht unbedingt von dem Nachweis abhängig, daß der Antragsteller Eigentümer des zu besiedelnden Grundstücks sei (OVG. 10. XII. 03 44 410).

Nr. 21. Entsch. v. 1. Nov. 1906 (OVG. 50 226) IV C 140/06.

G. v. 10. VIII. 04 § 13.

Im § 13 Abs. 2 G. v. 10. VIII. 04 ist mit einem „bereits bebauten Grundstücke nicht jede einzelne im Kataster oder Grundbuche besonders bezeichnete Parzelle gemeint, sondern jedes bebaute Grundstück in seiner wirtschaftlichen Begrenzung als Baugrundstück, also zB. ein Gehöft.

Nr. 22. Entsch. v. 11. April 1907 (OVG. 50 229 i. d. Anm.) IV C 23/07.

G. v. 10. VIII. 04 § 13.

Für die Frage, ob ein Haus als ein die Ansiedelungsgenehmigung nicht erfordernder Ersatzbau zu betrachten ist, kann immer nur dasjenige alte Gebäude berücksichtigt werden, an dessen Stelle das neue Haus auf demselben Baugrundstücke errichtet werden soll. Es ist daher unerheblich, ob auf einem anderen Grundstücke noch ein weiterer Neubau oder Umbau stattfinden soll. Auch wenn diese Bauten auf den verschiedenen Grundstücken gleichzeitig erfolgen sollen und mit ihnen ein gemeinsamer wirtschaftlicher Zweck verfolgt wird, bilden sie doch niemals eine derartige Einheit, daß für die Anwendung des § 13 Abs. 1 G. v. 10. VIII. 04 die Vergrößerung des einen durch die Verkleinerung des anderen ausgeglichen werden könnte. Ein solches Verhältnis der Bauten zueinander kann wohl ins Gewicht fallen bei der Erwägung, ob die Ansiedelungsgenehmigung zu erteilen sei, muß dagegen für die Frage nach der Notwendigkeit dieser Genehmigung ausscheiden.

Nr. 23. Entsch. v. 7. März 1907 (OVG. 50 230) IV C 232/06.

G. v. 16. IX. 99, § 15a.

1. Die Rechtsauffassung, es sei nach § 15a unter a G. v. 16. IX. 99 zu prüfen, ob die Bergpolizeibehörde das Stehenlassen von Sicherheitspfeilern anordnen würde, oder ob nach den Anschauungen dieser Behörde auch andere Maßregeln ausreichen würden, ist zutreffend. Nach dem klaren Wortlaute des Gesetzes kommt es darauf an, ob den Beschädigungen durch bergpolizeilich anzuordnendes Stehenlassen von Sicherheitspfeilern vorzubeugen sein würde. Daß dafür allein das Urteil der Bergpolizeibehörde, nicht aber die Meinung anderer Sachverständiger über die Entbehrlichkeit des Stehenlassens von Sicherheitspfeilern maßgebend sein kann, liegt in der Natur der Sache, wird außerdem noch dadurch bestätigt, daß § 16 Abs. 4 die Einholung einer gut-

achtlichen Aeußerung der zuständigen Bergpolizeibehörde ausdrücklich vorschreibt.

2. Bei der durch das Gesetz vorgeschriebenen Abwägung der wirtschaftlichen Bedeutung einerseits der Ansiedelung, anderseits des uneingeschränkten Abbaues der Mineralien sind die Interessen der im Einzelfalle Beteiligten zu vergleichen, nicht aber die allgemein volkswirtschaftliche und soziale Bedeutung der fortschreitenden Besiedelung und der dadurch geförderten Vermehrung der Bevölkerung auf der einen Seite und des ungehinderten Bergbaues auf der anderen Seite.

3. Ueberwiegend öffentliche Interessen können für die Erteilung, nicht aber für die Versagung der Genehmigung bestimmend sein.

4. Der Verwaltungsrichter hat selbständig zu erwägen, ob von der Ermächtigung zur Versagung der Genehmigung Gebrauch gemacht werden soll.

Nr. 24. Entsch. v. 11. Dez. 1905 (OVG. 48 392) IV C 164/05.

AnsiedlG. v. 10. VIII. 04 §§ 13, 16.

1. Das OVG. hat für das frühere AnsiedlG. v. 25. VIII. 76 wiederholt dargelegt, daß die Klage sich nur gegen den Bescheid der Genehmigungsbehörde richtet und deshalb der Verwaltungsrichter lediglich darüber zu entscheiden hat, ob der Bescheid außer Kraft zu setzen oder die Klage abzuweisen ist, daß aber nicht auf Erteilung der Ansiedelungsgenehmigung erkannt werden darf (OVG. 25. III. 96 30 397). An diesen Grundsätzen muß auch für das neue G. v. 10. VIII. 04 festgehalten werden. Dies bedarf für die Ansiedelung in Stadtkreisen keiner Ausführung, da in diesen Fällen, wie früher, die Ortspolizeibehörde den Bescheid zu erteilen hat (§§ 13 Abs. 1, 18). Bei den übrigen Ansiedelungen ist jetzt — ebenso wie früher bei den Anträgen auf Genehmigung einer Kolonie (§ 18 G. v. 25. VIII. 76) — der Bescheid vom Kreisausschusse zu erteilen, gegen dessen Bescheid dann der Antrag auf mündliche Verhandlung im Verwaltungsstreitverfahren gegeben ist (§ 18 G. v. 10. VIII. 04). Indessen auch für diese Fälle sind jene Grundsätze maßgebend. Die Entschließung über die Ansiedelung erfolgt durch einen Bescheid, den der Kreisausschuß als Verwaltungsbehörde, nicht als Verwaltungsgericht erteilt. Wird dann der Antrag auf mündliche Verhandlung gestellt, so tritt der Kreisausschuß als Verwaltungsgericht in Tätigkeit und hat über seinen eigenen Bescheid, aber auch nur über diesen zu entscheiden. Ergibt sich, daß der Bescheid aus tatsächlichen oder rechtlichen Gründen unhaltbar ist, so muß er aufgehoben werden. Der Kreisausschuß kann aber nicht als Verwaltungsgericht gleichzeitig die Genehmigung erteilen, sondern hat die weitere Prüfung des Ansiedelungsantrags dem Beschlußverfahren zu überlassen. Dasselbe gilt für den Bezirksausschuß als Berufungsgericht.

2. Dies entspricht der Stellung, welche das Gesetz der Genehmigungsbehörde und dem Verwaltungsrichter zugewiesen hat. Der letztere soll nicht — wie teilweise auf dem Gebiete des Gewerberechts (vgl. OVG. v. 5. X. 03 44 364) — abschließend über den Antrag auf Ansiedelungsgenehmigung befinden, er hat vielmehr nur den Bescheid der Genehmigungsbehörde zu prüfen, aber nicht selbst an deren Stelle zu treten und die Verwaltungshandlung, die dieser vorbehalten ist, zu vollziehen. Die Stellung des Verwaltungsrichters ist hier ähnlich wie gegenüber den polizeilichen Verfügungen aus §§ 127 ff. LVG., insbesondere gegenüber den Verfügungen, welche die Versagung einer Bauerlaubnis aussprechen (vgl. OVG. 23. VI. 00 37 309, 317).

3. Der Kreisausschuß hat vielmehr im Streitverfahren lediglich zu prüfen, ob der Bescheid mit Recht die Notwendigkeit einer Ansiedelungsgenehmigung verneint hat. Kommt er bei dieser Prüfung zu dem Er-

gebnisse, daß eine solche Genehmigung erforderlich sei, so muß er den Bescheid aufheben. Dann ist im Beschlußverfahren weiter zu erörtern, ob die Ansiedelungsgenehmigung nach den Bestimmungen des Gesetzes zu erteilen oder zu versagen sei.

4. Einspruch kann nur auf die in den §§ 15 und 15a G. v. 10. VIII. 04 benannten Gründe gestützt werden. Das Bestehen oder Nichtbestehen eines Bebauungsplanes gehört nicht dazu, überhaupt nicht Gründe, die die Behörde von Amts wegen zu prüfen hat.

5. Erst wenn das Verfahren zur Feststellung eines Bebauungsplanes beendet ist, gilt der Plan als festgestellt. Es ist nicht zutreffend, daß ein Bebauungsplan auch schon vor seiner förmlichen Feststellung im Sinne des § 8 G. v. 2. VII. 75 die Ansiedelungsgenehmigung überflüssig macht.

b) Ansiedelungen in den Provinzen Hannover und Hessen-Nassau.

Nr. 1. Entsch. v. 31. Okt. 1907 (OVG. 51 219) IV B 4/07.

Ist die Ansiedelungsgenehmigung versagt, weil es an einem jederzeit offenen Wege fehlt, so kann der Verwaltungsrichter die Klage abweisen, wenn er diesen Versagungsgrund für stichhaltig ansieht; er braucht dann auf den erhobenen Einspruch nicht einzugehen und er kann unbeachtet lassen, daß das Vorhaben nicht öffentlich bekannt gemacht worden ist (§ 17 HannAnsiedlG. v. 4. VII. 87 -- GS. 324).

Nr. 2. Entsch. v. 11. Juni 1906 (OVG. 49 393) IV B 30/06.

AnsiedlG. für Hessen-Nassau v. 11. VI. 90 (GS. 173) § 3.

Der Antragsteller hat seine Klage nicht nur gegen die Behörde zu richten, welche die Ansiedelungsgenehmigung auf Grund von Einsprüchen benachbarter Besitzer versagt, sondern auch gegen die Einsprechenden selbst. Die Behörde hat ihm deshalb, wenngleich dies im Gesetze nicht besonders hervorgehoben ist, in ihrem Bescheid auch die Namen der Einsprechenden anzugeben. Aber der Mangel einer solchen Angabe macht den Bescheid nicht hinfällig und gibt keinen ausreichenden Grund zu seiner Aufhebung. Denn die Personen der Einsprechenden stehen durch das Einspruchsverfahren fest, ihre Namen ergeben sich ohne weiteres aus den Verhandlungen der Behörde, und der Verwaltungsrichter ist also in der Lage, sie als Beklagte an dem Streitverfahren zu beteiligen, auch wenn der Kläger ihre Namen nicht kannte und sie deshalb auch in der Klageschrift nicht mit Namen aufführen konnte. Die Beteiligung der Einsprechenden am Verfahren hat auch dann zu erfolgen, wenn der Verwaltungsrichter ihre Namen erst nach Ablauf der Klagefrist feststellen konnte. Es genügte, daß die Klage überhaupt innerhalb der Frist bei dem Verwaltungsgericht einging; denn wenn auch nur die Behörde ausdrücklich als Beklagte bezeichnet war, so galt die Klage damit doch auch als gegen die Einsprechenden erhoben, da sie sich gegen den Bescheid richtete, der auf Grund der Einsprüche erlassen war. Deshalb können auch nach Ablauf der Frist die Einsprechenden benannt und am Verfahren beteiligt werden (OVG. 14. IX. 78 4 381, 4. VI. 79 5 403, 28. X. 96 30 393 und 13. VII. 03 43 410).

Nr. 3. Entsch. v. 2. April 1906 (PrVerwBl. 27 839) IV 513.

G. v. 11. VI. 90 (GS. 173).

1. Eine Ansiedelungsgenehmigung ist erforderlich, gleichviel, ob ein zu errichtendes neues Gebäude neben einem alten errichtet werden, oder ob es an

die Stelle eines alten Gebäudes treten soll. Im letzteren Falle ist zu beachten, daß, wenn auch das G. v. 11. VI. 90, ebenso wie die G. v. 25. VIII. 76 und v. 10. VIII. 04, sich nur auf neue Ansiedelungen bezieht, eine solche vorliegt, sobald die Bebauung des Grundstücks durch ein mehrstöckiges Mietshaus, das an Stelle eines kleinen einstöckigen Gebäudes treten soll, unter wesentlich anderen Umständen erfolgt und sich deshalb als eine selbständige anderweitige Besiedelung des Grundstücks darstellt (OVG. 13. VII. 03 43 404).

2. Bleibt das alte Gebäude bestehen, so liegt der Ausnahmefall des § 1 Abs. 2 G. v. 11. VI. 90 nicht vor, wonach eine Ansiedelungsgenehmigung für Wohnhäuser, die auf einem bereits bebauten Grundstück im Zusammenhange mit bewohnten Gebäuden errichtet werden sollen, nicht erforderlich ist. Denn unter dem „Zusammenhang" mit einem bewohnten Gebäude ist nicht lediglich ein mechanischer Zusammenhang zu verstehen, sondern es wird hierfür vorausgesetzt, daß das neue Gebäude in wirtschaftliche Abhängigkeit zu dem alten tritt (OVG. 30. IV. 84 11 363).

c) Errichtung von Feuerstellen in der Nähe von Waldungen.

Nr. 1. Entsch. v. 9. März 1905 (OVG. 47 470) IV C 91/04.

AnsiedlG. v. 25. VIII. 76/10. VIII. 04; FFPolG. v. 1. IV. 80 §§ 47ff., 52 Abs. 2.

Wenn auch mit der Aufhebung des § 52 Abs. 2 FFPolG. v. 1. IV. 80 die Notwendigkeit weggefallen ist, das in §§ 47ff. dieses Gesetzes vorgesehene Verfahren mit dem Ansiedelungsverfahren zu verbinden, so wird doch dadurch die Zulässigkeit einer solchen Verbindung für das Anwendungsgebiet des AnsiedlG. v. 25. VIII. 76/10. VIII. 04 nicht ausgeschlossen, wie dies schon vordem im Geltungsbereiche der anderen provinziellen Ansiedelungsgesetze nicht der Fall war (OVG. 4. XII. 95 29 417).

G. Dismembrationssachen.

Literatur: Haack: Verfassung, Verfahren und Wirksamkeit der Auseinandersetzungsbehörden (Berlin 1908).

H. Baupolizei.

Literatur: Lindenberg: Der Schutz des Reichsgerichts gegen widerrechtliche Versagung der Bauerlaubnis (Leipzig 1908).

Nr. 1. Entsch. v. 12. Juni 1906 (PrVerwBl. 29 709) VIII A 109/04.

ALR. II. 17 § 10.

1. Wenn die Polizeibehörde anordnet, daß vor einem Schaufenster eine Schutzstange angebracht wird, damit Personen auf der Straße in die Scheiben nicht hineingedrängt und verletzt werden, so liegt darin eine baupolizeiliche Verfügung; ihr Inhalt besteht in der polizeimäßigen Aptierung eines Gebäudes durch eine bauliche Maßnahme (OVG. 27 386, 32 338, 39 368, 41 362).

2. Gefahr im Sinne des § 10 II 17 ALR. ist die erkennbare Möglichkeit des Eintritts einer Beschädigung. Aber nicht jede bloß denkbare, entfernte Möglichkeit genügt, sondern nur diejenige, bei welcher der Eintritt des

Schadens im natürlichen Verlaufe der Dinge nach verständigem Ermessen mit größerer oder geringerer, aber immerhin einiger Wahrscheinlichkeit zu erwarten ist.

Nr. 2. Entsch. v. 8. Juni 1906 (OVG. 49 365) VIII A 6/06.

G. v. 11. III. 50 §§ 2, 6.

1. Nach der Bek. der Regierung zu Posen v. 6. III. 88 ist auf Grund des § 2 PolVerwG. v. 11. III. 50 von dem Minister des Innern die Baupolizei mit Einschluß der Straßenbaupolizei in der Stadt Posen, soweit deren Verwaltung nicht schon früher dem Magistrate zustand, der Stadtgemeinde Posen zur eigenen Verwaltung vom 1. IV. 88 ab übertragen worden.

2. Die Sorge für Leben und Gesundheit ist nach §§ 6 ff. PolVerwG. v. 11. III. 50 ein Zweck der Baupolizei. Bedroht daher der Zustand eines Gebäudes das Leben oder die Gesundheit, so muß die Abwendung dieser Gefahr als eine der Baupolizei zugewiesene Aufgabe angesehen werden (OVG. 7. X. 04 — PrVerwBl. 26 719).

3. Wie das OVG. bereits wiederholt ausgesprochen hat, ist es nicht ein allgemein gültiges Kennzeichen einer baupolizeilichen Verfügung, daß sie eine bauliche Maßnahme vorschreibt. In Posen ist eine Verfügung, eine Wohnung zu räumen, weil deren bauliche Beschaffenheit die menschliche Gesundheit gefährde, nicht von der Königlichen Polizeidirektion, sondern der städtischen Polizeiverwaltung (Baupolizei) zu erlassen.

Nr. 3. Entsch. v. 4. Dez. 1906 (PrVerwBl. 29 479) VIII A 67/06.

Wenn Wohnräume unter der Herrschaft einer Baupolizeiordnung bereits hergestellt sind, nach den Bestimmungen einer neuen Ordnung zu Wohnzwecken aber nicht benutzt, auch entsprechend nicht umgeändert werden können, so folgt daraus nicht, daß die Polizei machtlos ist, sondern daß sie befugt ist, die Räumung der Wohnungen anzuordnen.

Nr. 4. Entsch. v. 19. April 1907 (OVG. 51 387) VIII A 48/06.

Verstößt eine bauliche Anlage gegen zwingende Vorschriften des Baurechts, so ist die Polizei nicht befugt, sie auch nur bedingungsweise zu genehmigen.

Nr. 5. Entsch. v. 15. Okt. 1907 (OVG. 51 391) VIII C 55/06.

ALR. II 17 § 10.

1. Es ist anerkannten Rechtes, daß sich, wo durch eine Polizeiverordnung ein für allemal die Anforderungen geregelt sind, denen bei der Ausführung von Bauten zum Schutze des Publikums oder in anderer das öffentliche Interesse berührender Richtung genügt werden muß, Maß und Umfang der dem Unternehmer und der Baupolizeibehörde zustehenden Rechte und obliegenden Pflichten regelmäßig nicht mehr nach den im § 10 II 17 ALR. — entsprechend den begriffsmäßigen Aufgaben der Polizei — noch besonders hervorgehobenen Gesichtspunkten, sondern nach den Vorschriften des geltenden örtlichen Baurechts bestimmen. Widerspricht das Bewohnen eines Gebäudes oder einzelner seiner Teile der Bauordnung, so wird der hierdurch geschaffene polizeiwidrige Zustand dadurch beseitigt, daß die weitere Benutzung des Gebäudes oder der einzelnen Räume zu den bisherigen Zwecken eingestellt wird. Die Polizei muß also für berechtigt erachtet werden, solchenfalls die Räumung von den Bewohnern zu fordern.

2. Nach § 62^{6} und § 64^{1} der im Streite gewesenen Bauordnung dürfen Gebäude und Gebäudeteile nicht vor der Erteilung des Rohbauabnahmescheins und falls sie zum dauernden Aufenthalte für Menschen oder

zu gewerblichen Anlagen dienen sollen, nicht vor der Erteilung des Gebrauchsabnahmescheins benutzt werden. Diese Vorschrift gehört ebenso wie die im § 57 aaO. enthaltene Bestimmung, daß gewisse Bauarbeiten nicht ohne baupolizeiliche Erlaubnis ausgeführt werden dürfen, dem formellen Baurechte an. Ein Verstoß hiergegen macht daher zwar nach § 71 strafbar, der Bauherr stellt aber dadurch, daß er ein Gebäude oder einen Gebäudeteil vor Empfang des Rohbau- oder Gebrauchsabnahmescheins in Benutzung nimmt, noch nicht ohne weiteres einen unstatthaften, von der Polizeibehörde zu beseitigenden Zustand her. Denn ein solcher ist erst dann vorhanden, wenn das bestehende, dem Schutze der Polizeibehörde anvertraute materielle öffentliche Recht verletzt ist (vgl. hierzu OVG. 18. III. 86 13 393, 24. V. 92 23 359, 28. III. 93 24 342 und 24. X. 05 48 361f.). Die Tatsache allein, daß der Kläger bisher weder einen Rohbau- noch einen Gebrauchsabnahmeschein erhalten hat, gewährt daher der Beklagten noch nicht das Recht, den Auszug des Klägers aus dem Hause zu fordern.

3. Gemäß § $62^{1 \text{ und } 3}$ und § 64^{2} aaO. findet nach der Vollendung eines Baues in seinen Wänden, Eisenkonstruktionen einschließlich der unverbrennlichen Treppen und Decken sowie in Dach und Balkenlagen einschließlich der Staakdecken, Dachdeckung usw. die Rohbauabnahme statt, auf Grund deren nach vorschriftsmäßiger, dem genehmigten Bauplan entsprechender Ausführung durch die Baupolizeibehörde die Abnahme des Rohbaues bescheinigt wird. Die Gebrauchsabnahme soll in der Regel nicht früher als vier Monate nach Ausfertigung des Rohbauabnahmescheins erfolgen. Hieraus ergibt sich in Verbindung mit § 62^{6} und § 64^{1} aaO., daß nach der Bauordnung grundsätzlich ein Gebäude oder ein Gebäudeteil nicht vor Ablauf einer viermonatigen Austrocknungsfrist zum dauernden Aufenthalte für Menschen oder zu gewerblichen Anlagen in Gebrauch genommen werden darf. Dieses Verbot ist aus der Erwägung hervorgegangen, daß die alsbaldige Benutzung eines Neubaues zu den erwähnten Zwecken nicht mit dem polizeilich zu schützenden gesundheitlichen Interesse im Einklang stehen würde, und bildet einen Bestandteil des materiellen öffentlichen Baurechts. Vorzeitige Ingebrauchnahme kann von der Polizei bis zum Ablaufe der gestellten Frist unter allen Umständen, darüber hinaus nur insoweit zwangsweise verhindert oder wieder beseitigt werden, als es sich um die Wahrung polizeilich zu schützender Interessen (zB. Verhütung von Gesundheitsgefahr) handelt.

Nr. 6. Entsch. v. 12. April 1907 (OVG. 51 303) VIII A 13/06.

ALR. II 17 § 10.

Der aus dem Schornsteine eines Waschhauses ausströmende Rauch gefährdete die Gesundheit der Bewohner eines Nachbarhauses. Die Polizei forderte den Besitzer des Waschhauses auf, durch Erhöhung des Schornsteins oder auf sonst geeignete Weise die Gesundheitsgefahr zu beseitigen. Das OVG. wies die Klage ab, den Einwand, das Nachbarhaus sei nach dem Waschhause erbaut worden, als unerheblich verwerfend.

Nr. 7. Entsch. v. 26. Mai 1903 (PrVerwBl. 27 875) VIII 845.

ALR. II 17 § 10; PolVerwG. v. 11. III. 50 § 6f und g.

Der § 10 II 17 ALR. überträgt wie § 6f PolVerwG. v. 11. III. 50 der Polizei ganz allgemein den Schutz und die Sorge für Leben und Gesundheit des Publikums. Es liegt in der Natur der Sache, daß die Polizeiverordnungen, auf Grund deren Baukonsense erteilt werden, nicht alle möglichen Unzuträglichkeiten speziell berücksichtigen können, die sich aus der Art der

Benutzung der konsentierten Räumlichkeiten in der Folge etwa ergeben. Das OVG. hat daher in ständiger Rechtsprechung daran festgehalten, daß die Polizeibehörde auch bei konsentierten und konsensmäßig ausgeführten Baulichkeiten nachträglich diejenigen Vorkehrungen fordern darf, welche sich bei Gebäuden, in welchen feuergefährliche gewerbliche Betriebsstätten bestehen, im Interesse der Fürsorge gegen Feuersgefahr, namentlich auch mit Rücksicht auf die in jenen Betrieben ständig tätigen Personen, als notwendig herausstellten. Dieser Rechtslage entsprechen die in den §§ 38, 40⁴ BauPolO. für den Stadtkreis Berlin v. 15. VIII. 97 enthaltenen Bestimmungen. Die Anforderungen, welche zu solchem Zwecke zu stellen sind, richten sich nach der Erfahrung, über welche die Polizeibehörde bei der Nachprüfung von Baulichkeiten der in Rede stehenden Art verfügt, und es kann daher nicht eingewandt werden, daß die Polizei bei ihrem nachträglichen Vorgehen nicht weitergehende Anforderungen erheben dürfe, vielmehr auf diejenigen Schutzvorkehrungen beschränkt sei, welche sie bei der Prüfung des Baugesuches auf Grundlage der Bauordnungen ins Auge gefaßt hatte. Eine derartige Bindung der polizeilichen Verfügungsgewalt ist insbesondere auch nicht etwa aus § 6g PolVerwG. v. 11. III. 50 abzuleiten.

Nr. 8. Entsch. v. 24. April 1906 (PrVerwBl. 28 8) VIII 645.

Wenn der Baukonsens auf Grund von ungenügenden Unterlagen nachgesucht wird und die Polizeibehörde nur deshalb das Gesuch abweist, so sind im Verwaltungsstreitverfahren nur diejenigen tatsächlichen Voraussetzungen zu prüfen, die bis dahin vorlagen und der Verwaltungsrichter muß sich begnügen festzustellen, ob die Abweisung damals gerechtfertigt war. Die nachträgliche Beibringung der richtigen Unterlagen schützt nicht vor Abweisung der Klage. Auf eine weitergehende materielle Beurteilung von Dingen, die die Polizei noch gar nicht zu prüfen in der Lage war und nicht geprüft hat, hat sich der Verwaltungsrichter nicht einzulassen.

Nr. 9. Entsch. v. 24. Okt. 1905 (OVG. 48 360) VIII B 58/04.

StGB. § 367¹⁵; ALR. I 8 §§ 67, 71.

1. Das OVG. hat schon in dem Urt. v. 18. III. 86 (OVG. 13 393) dargelegt: „Bei der Annahme, daß durch die Errichtung einer nicht genehmigten baulichen Anlage ein dem § 367¹⁵ StGB. widersprechender, also polizeiwidriger Zustand geschaffen sei, werde dieser Vorschrift eine ihr nicht zukommende Bedeutung beigelegt. Zwar mache das Bauen ohne Genehmigung den Bauherrn straffällig, aber in jener Bestimmung sei nicht angeordnet, daß die im Wege der Uebertretung errichtete Anlage zu beseitigen sei. Auch nach allgemeinen Rechtsgrundsätzen bewirke der Mangel der polizeilichen Erlaubnis zu einem ausgeführten Baue noch nicht ohne weiteres einen unstatthaften, von der Polizeibehörde abzustellenden Zustand; ein solcher sei vielmehr erst dann vorhanden, wenn die Anlage gegen das bestehende, dem Schutze der Polizeibehörde anvertraute öffentliche Recht verstoße. So solle ein ohne vorgängige Anzeige bei der Obrigkeit (§ 67 I 8 ALR.) vorgenommener Bau nicht unter allen Umständen beseitigt werden; vielmehr habe die Obrigkeit nach § 71 nur dann einzuschreiten, wenn der Bau schädlich oder gefährlich für das Publikum sei oder zur groben Verunstaltung einer Straße oder eines Platzes gereiche."

2. Zur Einreichung eines Baugenehmigungsgesuches kann niemand polizeilich gezwungen werden.

Nr. 10. Entsch. v. 4. Mai 1906 (OVG. 48 366) VIII A 19/05.

1. Seit dem Inkrafttreten des EisenbG. v. 3. XI. 38 ist in mehreren Ministerialverfügungen auf den Erlaß polizeilicher Vorschriften gegen die mit dem Eisenbahnbetriebe verbundene Feuersgefahr bei der Errichtung von Gebäuden und bei der Lagerung von Materialien in der Nähe von Eisenbahnen hingewiesen worden. Die für den Polizeibezirk der Stadt Berlin geltende Vd. v. 16. XII. 80, durch deren § 4 die daselbst genannte weitergehende Vd. v. 26. II. 75 für den Polizeibezirk Berlin aufgehoben wurde, hat zum Gegenstande nur den Schutz der Gebäude gegen Feuersgefahr durch den Bahnbetrieb. Gemäß § 1 Abs. 1 müssen Gebäude und Gebäudeteile, welche nicht in der vorgesehenen Weise gegen Entzündung durch Funken gesichert sind, ferner alle nicht durch starkes, fest eingemauertes Glas abgeschlossene Oeffnungen in Gebäuden von Eisenbahnen eine von der Mitte des nächstbelegenen Schienengleises ab zu berechnende Entfernung von mindestens 4 m einhalten. Für Gebäudeteile und Oeffnungen, welche unterhalb der Schienenoberkante liegen, tritt nach Abs. 2 an Stelle des Entfernungsmaßes von 4 m ein solches von 5 m. Die hier vorgesehenen Beschränkungen des Eigentümers in der Bebauung seines Grundstücks sind eingreifender, als dies sonst nach allgemeinen Polizeiverordnungen gewöhnlich der Fall ist. Doch treten sie nicht notwendig für jeden Bauherrn in der Nähe der Eisenbahn ein. Laut Abs. 3 des § 1 kann nach Lage der Verhältnisse die Feuersgefahr auch bei Nichteinhaltung der Mindestmaße für ausgeschlossen gelten.

2. Der Inhalt der Verordnung schließt somit nicht aus, daß daneben sonstige allgemeine örtliche Vorschriften bestehen und anzuwenden sind, welche ebenfalls auf feuer- oder sicherheitspolizeilichen Rücksichten beruhen. Hierzu gehören die Bestimmungen in den §§ 5 und 7 BerlBauO. über die Entfernung der Gebäude voneinander und von den Nachbargrenzen, sowie über die Beschaffenheit der Umfassungswände der Gebäude.

Nr. 11. Entsch. v. 6. Juli 1906 (OVG. 49 361) VIII A 103/05.

BerlBauPolO. v. 15. VIII. 97 § 37.

1. Der § 37¹ BerlBauPolO. v. 15. VIII. 97 untersagt, daß „in einem Gebäude" mehr als fünf zum dauernden Aufenthalte von Menschen bestimmte Geschosse „übereinander" angelegt werden. Diese Vorschrift gilt nach ihrer klaren Fassung nur für ein und dasselbe Gebäude, nicht aber im Verhältnisse mehrerer auf demselben Baugrundstück errichteten selbständigen Gebäude.

2. Steht ein einheitliches Gebäude in Frage, so ist es gleichgültig, ob die zum dauernden Aufenthalte von Menschen bestimmten Räume des einen Geschosses genau über den demselben Zwecke dienenden Räumen des anderen Geschosses liegen. Es genügt vielmehr, daß sich in mehr als fünf übereinander liegenden Geschossen desselben Gebäudes zum dauernden Aufenthalte von Menschen bestimmte Räume befinden, um den Tatbestand eines Verstoßes gegen § 37¹ herzustellen. Damit ferner ein Geschoß als zum dauernden Aufenthalte von Menschen bestimmt gelte, genügt es, wenn auch nur ein Raum des Geschosses diese Zweckbestimmung hat (Baltz, PreußBaupolizeirecht³, 344 Anm. 13 zu § 37 BerlBauPolO. v. 1897 und die dort angezogenen Urteile des OVG.).

Nr. 12. Entsch. v. 12. März 1907 — VIII A 10/05.

Unter „Dachgeschoß" ist derjenige Gebäudeteil zu verstehen, der unmittelbar unter dem Dache liegt, von den Dachflächen eingeschlossen wird und den Dachstuhl enthält; durch diese bauliche Gestaltung unterscheidet sich das Dachgeschoß von einem obersten voll ausgebauten Geschosse.

Nr. 13. Entsch. v. 19. Mai 1905 (OVG. 47 396) VIII B 48/04.

Nach § 40 Abs. 1 BerlBauPolO. v. 15. VIII. 97 finden auf Veränderungen vorhandener baulicher Anlagen in der Regel die Vorschriften dieser Baupolizeiordnung Anwendung, also auch diejenigen des § 3^1b^. Die dort gegebene Vorschrift bringt die zulässige Höhe der hinteren Gebäude in eine Wechselwirkung mit der Ausdehnung des Hofraums vor ihnen; zwischen der Höhe der hinteren Gebäude und der Ausdehnung des vor ihnen liegenden Hofraums soll ein bestimmtes Verhältnis bestehen. Daraus folgt, daß, wenn dieses Verhältnis in einem einzelnen Falle nicht vorhanden ist, eine weitere Verschlechterung unbedingt verboten ist. Mag auch das Verhältnis den Vorschriften derjenigen Baupolizeiverordnung entsprochen haben, welche zur Zeit der Errichtung schon vorhandener Bauten galt, so ist doch die Zulässigkeit einer unter dem heutigen Baurechte sich vollziehenden Aenderung in dem Verhältnisse zwischen Höhe der Hintergebäude und Hofraum ausschließlich nach der jetzt geltenden Baupolizeiordnung zu beurteilen.

Nr. 14. Entsch. v. 18. Okt. 1907 (OVG. 51 386) VIII B 29/07

ALR. I 8 § 66.

Die Vorschrift einer Baupolizeiordnung, daß ein Gebäude nicht hinter, sondern in der Baufluchtlinie zu erbauen sei, findet ihre rechtliche Begründung in der Befugnis der Polizei, einer Verunstaltung der Städte und öffentlichen Plätze durch Bauten entgegenzutreten.

Nr. 15. Entsch. v. 23. März 1906 (OVG. 48 373) VIII B 11/05.

BauflG. §§ 1 ff. 8.

1. Gewiß ist die Polizeibehörde zur Versagung einer Bauerlaubnis auch schon dann berechtigt, wenn die Gemeindebehörden (Gemeindevertretung und Vorstand) über eine bestimmte Fluchtlinie, welche neuerdings festgestellt werden soll, sich geeinigt haben, und zwar gilt dies sowohl im Falle der Abänderung einer schon bestehenden rechtsgültigen Fluchtlinienfestsetzung, als auch da, wo bisher eine Fluchtlinie überhaupt noch nicht festgestellt war. Das Gesetz hat aber mit einer Einigung der Gemeindebehörden, durch welche die Beschränkung der Baufreiheit vorläufig — d. i. unter Vorbehalt der demnächstigen Offenlegung, ordnungsmäßigen Erledigung etwaiger Einwendungen und endgültigen Planfeststellung — eintritt, nur eine solche im Auge, die einen notwendigen in sich abgeschlossenen Teil eines förmlichen, neuen Fluchtlinienfestsetzungsverfahrens bildet, die einen ersten Schritt auf dem Wege zur endgültigen Fluchtlinienfestsetzung darstellt.

2. Sind in dem Plane die beabsichtigten Fluchtlinien nicht erkennbar, so entbehrt er der Rechtswirksamkeit; er erlangt sie auch nicht dadurch, daß durch übereinstimmenden Beschluß der Gemeindebehörden und der Polizei der angeblich beabsichtigte Verlauf der Fluchtlinien später „deklariert" worden ist; zur wirklichen Beseitigung der ersten Mängel gehört die Wiederholung des ganzen Verfahrens und Beendigung nach Vorschrift des Gesetzes.

Nr. 16. Entsch. v. 3. Okt. 1905 (OVG. 48 381) VIII A 60/04.

Verlangt eine Polizeiverordnung, daß Vorgärten mit einer „aus Gitterwerk bestehenden Einfriedigung" zu versehen seien, so kann die Polizei nicht ein eisernes Gitter auf massivem Sockel verlangen.

Nr. 17. Entsch. v. 14. Dez. 1906 (OVG 49 374) VIII B 13/06.

Eine Firma hatte zu Reklamezwecken in zahlreichen Vorgärten eines Vororts von Berlin an den Vorgartengittern Reklameschilder anbringen lassen. Die Polizei ordnete die Wegnahme an. Die dagegen eingelegte Klage wurde im Hinblick auf die §§ 93f. StraßenO. v. 31. XII. 99 (ABl. Potsdam 00 164) abgewiesen.

Nr. 18. Entsch. v. 15. Jan. 1907 (OVG. 49 371) VIII A 31/06.

In einem Vorgarten eines Vororts von Berlin hatte der Eigentümer ein Reklameschild von 1 m Höhe und 2,55 m Breite errichtet. Die Polizei ordnete auf Grund des § 11 BauPolO. v. 21. IV. 03 die Wegnahme an. Die dagegen eingelegte Klage wurde abgewiesen.

Nr. 19. Entsch. v. 31. Okt. 1905 — VIII 1693.

Wenn auch Vorgärten gartenmäßig auszugestalten sind, so dürfen doch durch dieselben Wege zu den Eingängen hergestellt werden.

Nr. 20. Entsch. v. 14. Dez. 1906 — VIII 1884.

BauflG. v. 2. VII. 75 § 11.

Der Fall des § 11 G. v. 2. VII. 75 liegt auch dann vor, wenn nur der umzubauende oder durch den Umbau zu schaffende Raum von der Fluchtlinie getroffen wird (OVG. 40 377).

Nr. 21. Entsch. v. 9. Febr. 1906 (OVG. 48 369) VIII B 42/04.

BauflG. v. 2. VII. 75 § 11.

Das Erkenntnis wiederholt, daß unter Neu-, Aus- oder Umbauten Einfriedigungen nicht zu verstehen sind, ohne Unterscheidung zwischen bebauten und unbebauten Grundstücken. Es heißt da:

1. Wenn in dem OVG. 22. IX. 93 25 379 auf die Vorschrift des § 1 Abs. 4 BauflG. hingewiesen worden ist, so erhellt schon hieraus klar, daß das OVG. auch bebaute Grundstücke im Auge gehabt haben muß, da ein Vorgarten begrifflich eine Bebauung des Grundstücks voraussetzt und erst mit dieser entsteht (OVG. 26. IX. 89 18 373). Den namentlich aus der letztgedachten Entscheidung zu entnehmenden Grundsatz hat das OVG. auch weiterhin, wo es sich um Einfriedigungen der gekennzeichneten Art und um bebaute Grundstücke handelte, gleichmäßig angewendet.

2. Im Anwendungsbereiche des BauflG. sind unter Neu-, Aus- und Umbauten nur die auf die Bebauung des Grundbesitzes abzielenden Bauwerke und nicht auch die nach ihrer Eigenart sich als ein Bauwerk darstellenden Einfriedigungen zur Sicherung des Nutzungsrechts am Grund und Boden zu verstehen.

3. Das Gesetz läßt das Nutzungsrecht des Eigentümers am Grund und Boden bis zur tatsächlichen Durchführung der Fluchtlinie unberührt und schließt bis dahin dessen Berechtigung zur Einfriedigung seines von Fluchtlinien betroffenen Besitzes nicht aus.

Nr. 22. Entsch. v. 30. Okt. 1906 (OVG. 50 417) VIII B 10/06.

BauflG. § 11.

1. Nach § 11 BauflG. kann die Polizeibehörde Neubauten, Um- und Ausbauten über die Fluchtlinie hinaus untersagen. Ein Umbau ist da anzunehmen, wo es sich um eine mehr oder minder eingreifende, das Bau-

werk teilweise umgestaltende Veränderung der Substanz im Innern oder Aeußern handelt.

2. Es steht in dem Ermessen der Polizei, Neubauten, Um- oder Ausbauten, die über die Fluchtlinie hinaus vorgenommen werden sollen, durch ein Verbot zu verhindern oder ihre Vornahme zu gestatten. Danach kann eine Verfügung, durch die eine Bauerlaubnis auf Grund der Vorschrift im § 11 BauflG. versagt wird, in der Regel nicht als unrechtmäßig im Verwaltungsstreitverfahren angefochten werden. Dies gilt auch dann, wenn der Bauherr ausdrücklich für sich und seine Rechtsnachfolger darauf verzichtet, daß bei Verbreiterung der Straße der durch den Bau herbeigeführte Mehrwert des Hauses ersetzt werde; denn auch ein solcher Verzicht legt der Polizei nicht die Pflicht zur Erteilung der Genehmigung auf. Der Polizei sind nur insofern Schranken gesetzt, als sie durch die Ablehnung nicht ein Vorgehen der Gemeinde unterstützen darf, durch das sich diese widerrechtlich ihr nicht zukommende Vorteile verschaffen will. In einem solchen Falle würde die Verfügung der Polizei nicht aus objektiven polizeilichen Beweggründen hervorgegangen sein und sie würde daher als rechtswidrig der Anfechtung im Verwaltungsstreitverfahren unterliegen.

3. Die Beweggründe aber, welche die städtische Verwaltung bei der Verweigerung ihrer Zustimmung geleitet haben, unterliegen in keinem Falle der Nachprüfung des Verwaltungsrichters.

Nr. 23. Entsch. v. 1. März 1907 (OVG. 50 422) VIII B 26/05.

BauflG. §§ 1, 12, 15.

1. Die Vorgärten setzen schon begrifflich eine Bebauung des Grundstücks voraus und entstehen erst mit letzterer; auf einem unbebauten Grundstück kann ein Vorgarten nicht angelegt werden (OVG. 26. IX. 89 28 373 und 381).

2. Ortsstatute, wie sie nach den §§ 12 und 15 BauflG. zulässig sind, haben zur Voraussetzung, daß die betr. Gebäude an der unfertigen oder an der neuen Straße liegen, eine gleiche Vorschrift enthält aber § 1 Abs. 4 nicht. Dem Begriffe des Vorgartens wird damit völlig genügt, daß das Haus in seiner baulichen Ausgestaltung und Zweckbestimmung nicht völlig außer Beziehung zur Straße steht, für welche eine von der Straßenfluchtlinie verschiedene Baufluchtlinie festgesetzt ist. Einen Ausgang nach der Straße braucht das Haus nicht zu haben.

Nr. 24. Entsch. v. 3. Mai 1907 (OVG. 50 425) VIII A 24/06.

Sind keine Baufluchtlinien ordnungsmäßig festgesetzt, so kann solche die Polizei bei Genehmigung eines Baues nicht durch Einzelverfügung vorschreiben. Polizeiverordnungen sind zulässig, die allgemein für Gebäude gewisse Entfernungen von öffentlichen Wegen vorschreiben.

Nr. 25. Entsch. v. 4. Mai 1906 (PrVerwBl. 27 805) VIII 707.

BauflG. v. 2. VII. 75.

Jedenfalls seit dem Inkrafttreten des sog. BauflG. v. 2. VII. 75 können Fluchtlinien nur in dem durch dieses Gesetz geregelten Verfahren festgesetzt werden. Die Baupolizeibehörde kann keineswegs die Baufluchtlinie von Fall zu Fall festsetzen, indem sie im Wege der polizeilichen Einzelverfügung, insbesondere durch eine Baubedingung anläßlich der Erteilung der Bauerlaubnis nach freiem Ermessen vorschreibt, daß ein Bau eine bestimmte Fluchtlinie einhalten müsse.

Nr. 26. Entsch. v. 23. Febr. 1905 (OVG. 47 388) IV A 81/03.
BauflG. v. 2. VII. 75 §§ 12, 15.

1. Hat der Chausseebaupflichtige eine Chausseestrecke so gestaltet, daß sie den für fertige Ortsstraßen erlassenen Bestimmungen entspricht, während allerdings von der Ortsgemeinde kein Ausbau vorgenommen worden ist und ist eine derartige Chausseestrecke von der Gemeinde durch Festsetzung von Fluchtlinien oder in anderer Weise bereits zu einer projektierten Ortsstraße gemacht worden, so unterliegt es keinem Bedenken, daß alsdann der Bau von Wohnhäusern nicht verboten werden kann, obwohl die Strecke mangels Uebernahme durch die Gemeinde noch keine Gemeindestraße geworden ist. Die Sache liegt hier anders als bei § 15 G. v. 2. VII. 75. Für dessen Anwendung ist eine Chausseestrecke als städtische Straße nicht vorhanden, solange sie nicht von der Gemeinde übernommen oder wenigstens mit Einwilligung der Gemeinde .für den Verkehr und Anbau bestimmt ist, ihm nicht nur tatsächlich dient. Daß die Unterhaltungspflicht nicht der Gemeinde, sondern etwa den Anliegern oder dem Chausseebaupflichtigen obliegt, ist auch bei § 15 kein Hindernis. Noch mehr ist das bei der Anwendung des § 12 anzunehmen. Das Recht des Eigentümers, sein Grundstück mit Gebäuden, also auch mit Wohnhäusern, zu besetzen, ist bei künftigen Ortsstraßen beschränkt, die Beschränkung fällt aber fort, wenn die Straße den baupolizeilichen Bestimmungen gemäß für den öffentlichen Verkehr und den Anbau fertiggestellt ist. Daß sie auch für den öffentlichen Verkehr und Anbau von der Gemeinde — ausdrücklich oder stillschweigend — bestimmt sein müsse, fordert der § 12 nicht.

2. Entspricht die Wegestrecke seit Inkrafttreten einer entsprechenden Polizeiverordnung den für die Fertigstellung von Straßen maßgebenden baupolizeilichen Bestimmungen des Ortes, so kann sie dem Bauverbote durch die Einführung schärferer Anforderungen nicht wieder unterworfen werden (OVG. 11. X. 97 32 361 und 3. II. 98 34 399).

Nr. 27. Entsch. v. 18. Okt. 1906 (OVG. 49 379) IV B 55/06.
BauflG. v. 2. VII. 75 §§ 12, 15.

1. In Uebereinstimmung mit § 12 BauflG. bestimmt § 16 des Ortsstatuts zu B., daß an Straßen, welche noch nicht gemäß den baupolizeilichen Bestimmungen für den öffentlichen Verkehr und den Anbau fertig hergestellt sind, Wohngebäude, die nach diesen Straßen einen Ausgang haben, nicht errichtet werden dürfen.

2. Das Ortsstatut untersagt nicht jede Errichtung eines Wohnhauses an einer unfertigen Straße, sondern im Einklange mit dem Gesetze nur die Errichtung eines Wohnhauses mit einem Ausgange nach der unfertigen Straße. Das Verbot bezieht sich also wesentlich auf die Herstellung solcher Ausgänge. Daraus ergibt sich, daß nicht die Verhältnisse bei dem Bau des Hauses, sondern die bei Herstellung des Ausganges in Betracht kommen müssen. Es kann daher nicht entscheiden, ob die Straße beim Bau des Hauses noch gar nicht bestand, sondern ob bei Herstellung des Ausganges nach der unfertigen Straße das Haus als an dieser Straße errichtet angesehen werden kann. Deshalb hat das OVG. schon wiederholt ausgesprochen, daß die nachträgliche Herstellung eines Ausganges nach einer unfertigen Straße der Errichtung eines Wohngebäudes mit einem Ausgange nach einer solchen Straße gleichzustellen ist (Friedrichs, Das Gesetz v. 2. VII. 75, Bem. 7c zu § 12, 5. Aufl. S. 131). Dagegen kann auch nicht geltend gemacht werden, daß die Beitragspflicht aus § 15 nicht wegen solcher Gebäude entsteht, welche vor Anlegung der Straße errichtet sind, an welche also die Straße erst nachträglich herangelegt wird (Friedrichs, Bem. 7a zu § 15 S. 182); denn in dieser Be-

ziehung liegen die Fälle des § 12 und die des § 15 nicht gleich. Dem Erbauer eines Hauses sollen durch die spätere Heranlegung einer Straße keine Nachteile entstehen, er soll nicht zu den Kosten einer Straße herangezogen werden, welche er zur Zeit seines Baues gar nicht berücksichtigen konnte. Schafft sich dagegen der Erbauer eines Hauses einen Ausgang nach einer später angelegten Straße, so handelt es sich nicht um die Abwehr von Nachteilen, sondern um den Erwerb von Vorteilen, auf die er keinen Anspruch hat. Dem soll, solange die Straße unfertig ist, das Verbot aus § 12 im Interesse der Gemeinde entgegentreten.

3. Dabei ist aber festzuhalten, daß die Anwendung des Ortsstatuts in solchen Fällen immer zwei Voraussetzungen hat. Einmal wird die Herstellung eines neuen Ausganges nach der unfertigen Straße, also eine Tätigkeit des Eigentümers, erfordert, durch welche die Verbindung des Hauses mit der Straße geschaffen wird. Ferner muß diese Verbindung solche Beziehungen des Hauses mit der Straße schaffen, daß das Haus — sofern es nicht schon an der Straße selbst liegt — doch als „an ihr" errichtet angesehen werden kann.

Nr. 28. Entsch. v. 23. Sept. 1907 — IV C 114/07.

Die Frage, ob ein Gebäude an der Straße errichtet ist, namentlich wenn es sich um ein Eckgrundstück oder um ein zwischen zwei Straßen belegenes Grundstück handelt, ist wesentlich tatsächlicher Natur und nach den wirtschaftlichen Beziehungen des Gebäudes zu der Straße zu beantworten. Nicht jedes Gebäude, welches auf einem an zwei Straßen liegenden Grundstück errichtet wird, ist schon darum als an beiden Straßen errichtet anzusehen. Auch ist es nicht richtig, daß hierbei die wirtschaftliche Einheit des Grundstücks entscheidend sei. Es kann sehr wohl das an mehrere Straßen angrenzende Grundstück eine wirtschaftliche Einheit bilden, ohne daß deshalb jedes auf diesem Grundstück errichtete und zu der wirtschaftlichen Grundstückseinheit gehörige Gebäude als an beiden Straßen errichtet gelten muß. Die wirtschaftliche Einheit des Grundstücks ist nur, wenn das Errichten eines Gebäudes feststeht, entscheidend für die Länge der beitragspflichtigen Straßengrenze.

J. Wegepolizei.

Gesetzliche Grundlagen (nebst Materialien): G. v. 8. VI. 08 (GS. 157) betr. Abänderung der Wegeordnung für die Provinz Sachsen v. 11. VI. 91. VhdlAH. 1907/8: Drucks. Nr. 165, 171, 293, 330, 340; StenB. 4413f., 4834; HH. 1907/8: Drucks. Nr. 92, 95; StenB. 329. Wegeordnung für die Provinz Posen v. 15. VII. 07 (GS. 243). VhdlAH. 1907: Drucks. Nr. 340, 424, 449, 465; StenB. 5216, 5358, 5395; HH. 1907: Drucks. Nr. 44, 74, 91, 128, 135; StenB. 81, 266, 360. G. v. 8. VI. 08 (GS. 165), betr. Abänderung der Wegeordnung für die Provinz Westpreußen v. 27. IX. 05. VhdlAH. 1807/8: Drucks. Nr. 243, 318, 350; StenB. 4784, 4834, 4842. HH. 1907/8: Drucks. Nr. 90, 94; StenB. 328.

Literatur: v. Brauchitsch: Die neuen preuß. Verwaltungsgesetze, herausgeg. von v. Studt und v. Braunbehrens[15] 4 — 5. Bearb. — (Berlin 1907.) — Ecker: Rheinisches Wegerecht (Berlin 1907). — Friedenthal: Preußisches Wegerecht unter besonderer Berücksichtigung des schles. Provinzialrechts (Breslau 1906). — Germershausen: Das Wegerecht und die Wegeverwaltung in Preußen[3] 1 u. 2 (Berlin 1907). — Illing: Kautz: Handbuch für preuß. Verwaltungsbeamte[9] 2 (Berlin 1906).

a) Popularklagen; Beteiligte in verschiedenen Polizeibezirken; Amtsvorsteher als ordentliche Wegepolizei; Wegepolizei auf Deichen; persönliche Beteiligung des Beamten; Nachbarhilfe; Guts- und Gemeindevorsteher; Oeffentlichkeit von Wegen; Gemeingebrauch.

Nr. 1. Entsch. v. 20. Dez. 1906 (OVG. 50 263) IV B 52/05.

ALR. IX 17 § 10; G. v. 11. III. 50 § 6; Vd. v. 20. IX. 67 § 6.

1. Handelt es sich um einen Interessentenweg, also einen Privatweg, so steht nach allgemeinen Grundsätzen der Polizei nicht das Recht zu, den Verkehr auf ihm zu regeln, sowie Anordnungen über seine Benutzung durch die einzelnen Interessenten zu treffen. Das OVG. hat wiederholt dargelegt, daß nach den Grundsätzen des preußischen Polizeirechts, wie sie im § 10 II 17 ALR., im § 6 PolVerwG. v. 11. III. 50 und im § 6 PolVerwVd. v. 20. IX. 67 ihren gesetzlichen Ausdruck gefunden haben, den Polizeibehörden eine Sorge von der bezeichneten Art für Interessentenwege nicht übertragen ist, eine solche Zuständigkeit der Polizei insbesondere nicht aus den Bestimmungen im § 6h und § 6i G. v. 11. III. 50 usw. abgeleitet werden kann, mithin auch die Feldpolizeibehörden Verfügungen, welche die Benutzung der privaten Feldwege regeln sollen, nicht erlassen dürfen (OVG. 25. V. 81 6 379, 14. VI. 82 9 359, 373 und 13. V. 01 39 278, 280, 282).

2. Es ist aber möglich, daß sich für bestimmte Bezirke des gemeinen Rechtes im Laufe der geschichtlichen Entwickelung die polizeiliche Behandlung der Interessentenwege der der öffentlichen Wege mehr oder weniger gleichartig gestaltet hat, wie ja auch die wirtschaftliche Bedeutung von Interessentenwegen sich der der öffentlichen Wege vielfach annähert. Aus einer solchen Entwickelung kann sich ein besonderes Gewohnheitsrecht ergeben, welches der Polizei die Befugnis zu einer größeren Einwirkung auf Interessentenwege verleiht, als ihr sonst nach allgemeinen Grundsätzen zusteht. Das hat das OVG. auch in den Urt. v. 13. V. 95 und v. 4. VI. 96 (BochmMitt. 2 105 und 3 106) ausgesprochen. Ein solches Gewohnheitsrecht würde dann auch nicht durch die Vd. v. 20. IX. 67 beseitigt worden sein.

Nr. 2. Entsch. v. 2. April 1906 (PrVerwBl. 27 855) IV 516.

ALR. I 22 § 63.

Mit Rücksicht auf § 63 I 22 ALR., wonach die Benutzung von Fußsteigen über offenes Feld jedermann gestattet ist, ergibt sich aus einer selbst jahrzehntelangen Benutzung allein noch nichts für die Oeffentlichkeit, und der Eigentümer blieb stets berechtigt, den Fußweg zu verbieten (OVG. 21. XI. 88 — PrVerwBl. 10 155).

Nr. 3. Entsch. v. 22. Jan. 1906 — IV 117.

Bei einem Streite über die Oeffentlichkeit eines seiner Begrenzung nach bestimmten Weges kommt es nicht entscheidend darauf an, ob der Wegekörper sich im Privateigentume befindet oder nicht. Allein, sobald die Begrenzung eines öffentlichen Weges gegen ein anstoßendes Privatgrundstück in Frage steht, handelt es sich in erster Linie um den Umfang des Privatgrundstücks, und wenn das Eigentum des Anliegers an der streitigen Fläche feststeht, so spricht eine Vermutung für die Freiheit des Privateigentums. Es ist alsdann Aufgabe der Wegepolizeibehörde, die bestrittene Zugehörigkeit zum öffentlichen Wege darzutun (vgl. OVG. 22. XII. 04 46 245).

Nr. 4. Entsch. v. 20. Juni 1907 — IV B 71/06.

LVG. § 127; ALR. II 17 § 10.

Die Polizei hatte von einer Stadtgemeinde als Eigentümerin eines nicht öffentlichen Weges auf Grund des § 10 II 17 ALR. eine Besserung des Weges zur Behinderung von Gefahren des mit Genehmigung der Stadtgemeinde darauf verkehrenden Publikums gefordert. Die Polizei war berechtigt, von dem Eigentümer des Wegekörpers diejenigen Vorkehrungen zu verlangen, die notwendig sind, um das Publikum vor einer Gefahr zu sichern, die ihm aus dem polizeiwidrigen Zustande des Weges erwächst. Ihre Verfügung muß sich aber darauf beschränken, das zur Erreichung dieses Zweckes Nötige zu fordern. Sie darf nicht solche Veranstaltungen begehren, die, über diese Grenzen hinausgehend, die Erleichterung und Verbesserung des Verkehrs zum Gegenstande haben. Wie in dem OVG. 9. X. 95 — PrVerwBl. 17 227 — näher ausgeführt ist, steht der Umstand, daß die Verfügung nur nach Maßgabe des § 127 LVG. angefochten werden kann und daher keine Nachprüfung der Zweckmäßigkeit des Verfügten durch den Verwaltungsrichter stattfindet, einer Prüfung im Verwaltungsstreitverfahren insoweit nicht entgegen, als es sich um die Feststellung handelt, ob die getroffene Anordnung sich innerhalb der durch das sicherheitspolizeiliche Bedürfnis gebotenen Grenzen hält.

Nr. 5. Entsch. v. 23. März 1905 (OVG. 47 227) IV C 170/04.

ALR. II 17 §§ 377 f.; BGB. §§ 1443, 1445.

Ein Gutsbesitzer, der mit seiner Ehefrau in Gütergemeinschaft gelebt (§§ 377 ff. II 17 ALR.), und in Ausübung der Verwaltung des gemeinschaftlichen Vermögens die öffentlich-rechtliche Wegeunterhaltungslast übernommen hat, brauchte dazu nicht die Zustimmung der Ehefrau. Er bindet den Rechtsnachfolger im Besitz. Das gleiche findet bei einem Fideikommißbesitzer statt. Die Uebernahme der Wegebaulast ist keine Verfügung über die Substanz.

Nr. 6. Entsch. v. 25. März 1907 (OVG. 50 284) IV A 15/06.

1. Die unbeschränkt öffentlichen Fahrwege stehen jedem zur Benutzung mit Fuhrwerken offen, und die Polizei ist nicht berechtigt, einem Mitgliede des Publikums diese Benutzung zu verbieten (§ 7 II 15 ALR., § 3 WegeO. für die Prov. Sachsen v. 11. VII. 91, § 4 WegeO. für die Prov. Westpreußen v. 27. IX. 05). Aber diese Benutzung der öffentlichen Wege muß sich in den Grenzen des gemeinen, jedem Mitgliede des Publikums gleichermaßen zustehenden Gebrauchs der Wege halten; zu einer Benutzung, die über diesen Gemeingebrauch hinausgeht, ist niemand berechtigt (OVG. 22. XII. 83 10 194, Germershausen, Das Wegerecht und die Wegeverwaltung in Preußen³ 1 § 5³ S. 98). Darüber, was unter den Gemeingebrauch zu rechnen ist, bestehen keine festen Normen, vielmehr muß dies nach dem jeweiligen Stande des öffentlichen Verkehrs, nach der Entwickelung der Verkehrsbedürfnisse und Verkehrsmittel beurteilt werden. Danach mag zurzeit die Benutzung der öffentlichen Wege mit Fahrrädern und Kraftfahrzeugen (Automobilen) der Regel nach unter den Gemeingebrauch fallen. Aber das Befahren der Wege mit Straßenlokomotiven, welche dabei noch auf Anhängewagen Lasten befördern sollen, kann nach dem jetzigen Stande des öffentlichen Verkehrs nicht zum Gemeingebrauche gerechnet werden (Germershausen § 5 ¹ und ⁴, S. 93, 101; Just, Die WegeO. für die Prov. Westpreußen 21; von Bitter, Handwörterbuch der Pr. Verwaltung, 2 556, 776f.; G. betr. wegepolizeiliche Vorschriften für die Prov. Schleswig-Holstein v. 15. VI.

85 — GS. 289 § 9: „Das Befahren der Straßen mit Maschinen, welche durch Dampfkraft bewegt werden, ist nur mit besonderer Erlaubnis zulässig").

2. Die Wegepolizeibehörde hat darüber zu befinden, ob die Zulassung von Straßenlokomotiven zulässig ist.

Nr. 7. Entsch. v. 14. März 1907 (OVG. 50 285 i. d. Anm.) IV C 211/06.

Wegegräben sind in der Regel nur dazu bestimmt, zur Entwässerung des Weges zu dienen, nicht aber zur Aufnahme der sich auf den anliegenden, bebauten Grundstücken sammelnden Abwässer. Eine derartige Benutzung geht über den Gemeingebrauch des Weges, den bestimmungsmäßigen Gebrauch für die Zwecke des Verkehrs, hinaus und bedarf der Zustimmung der Wegepolizeibehörde, des Wegebaupflichtigen und des etwa davon verschiedenen Eigentümers des Wegegrundstücks. Wenn es hieran fehlt, ist die Polizeibehörde befugt, den Zustand der zum Wege gehörigen Gräben gegen die Einführung von Flüssigkeiten, zu deren Aufnahme sie nicht bestimmt sind, zu schützen, selbst wenn die Flüssigkeiten nicht gesundheitsgefährlich und nicht einmal belästigend sind.

Nr. 8. Entsch. v. 3. Okt. 1907 (OVG. 51 246) IV B 3/07.

1. Die Wegepolizei hat auch dafür zu sorgen, daß der ordnungsmäßigen Unterhaltung eines Weges nicht durch zweckwidrige Einwirkungen auf den Wegekörper Schwierigkeiten bereitet werden. Insofern kann sie auch gegen Einwirkungen vorgehen, die sich unter der Oberfläche des Dammes erstrecken.

2. Die Wegepolizei hat den Bestand eines öffentlichen Weges mit polizeilichen Mitteln zu wahren.

Nr. 9. Entsch. v. 19. Dez. 1907 (OVG. 51 249) IV C 197/06.

RheinBürgGB. Art. 681; PrAGBGB. v. 20. IX. 99 Art. 89².

Art. 681 Code civil, der nach Art. 89² PrAGBGB. noch in Geltung steht, bestimmt, daß jeder Eigentümer seine Dächer so einzurichten hat, daß das Regenwasser auf seinen eigenen Grund und Boden oder auf die öffentliche Straße fällt. Auf das Grundstück seines Nachbarn soll er es dagegen nicht abfließen lassen (Ecker, Rheinisches Wegerecht 56f., 94, 138, 156f.). Dieses Recht des Anliegers, sein Dachwasser auf die öffentliche Straße fallen zu lassen, kann die Polizei ihm nicht ganz verschränken; sie würde nur befugt sein, eine Regelung des Zuflusses vorzuschreiben. Ein Verbot wäre selbst dann nicht gerechtfertigt, wenn durch das Herabfallen des Wassers der Verkehr auf der Straße gestört würde.

b) Rechtsmittel gegen Anordnungen der Wegepolizeibehörde und Streitigkeiten der Beteiligten (§§ 55f. ZustG.).

Nr. 1. Entsch. v. 28. Febr. 1907 — IV 371.

ZustG. § 56 Abs. 4.

1. Ist die Frist zur Einlegung des Einspruchs versäumt, so ist eine stillschweigende Wiedereinsetzung in den vorigen Stand (§ 52 LVG.) anzunehmen, wenn die Behörde die Fristversäumnis erkennt und bewußt darüber hinweggegangen ist (OVG. 35 138).

Nr. 2. Entsch. v. 11. Mai 1905 (OVG. 47 270) IV C 36/05.

ZustG. § 56 Abs. 4 und 7.

Nach fruchtlosem Einspruche klagte der wegen einer Wegebesserung in Anspruch genommene Fiskus gegen die Wegepolizeibehörde mit der sog. Abbürdungsklage (ZustG. § 56 Abs. 4) und auch gegen den Provinzialverband und zwei Gemeinden, mit dem Antrage, den Provinzialverband oder die Gemeinden ihm zu substituieren. Die Klage wurde beim Kreisausschusse angebracht. Für die Klage gegen den Provinzialverband ist aber der Bezirksausschuß zuständig (§ 56 Abs. 7), für die Klage gegen die Gemeinden der Kreisausschuß. Das OVG. wies die Klage ab, weil sie nicht bei dem Bezirksausschusse angebracht gewesen. In dem Erkenntnis heißt es:

Nach § 56 Abs. 4 und 7 ZustG. tritt für eine Abbürdungsklage nach fruchtlosem Einspruche gegen eine die Unterhaltung eines öffentlichen Weges betreffende Anordnung der Wegepolizeibehörde nicht die regelmäßige Zuständigkeit des Kreisausschusses, sondern diejenige des Bezirksausschusses ein, „sofern ein Provinzialverband als solcher beteiligt ist". Die Beteiligung des mitbeklagten Provinzialverbandes ist aber nicht bloß für den in erster Linie ihm gegenüber erhobenen Anspruch, sondern auch für den hiermit in einer Klage verbundenen Anspruch gegen die beiden Gemeinden, für welche sonst ebenso wie für den Amtsvorsteher der Kreisausschuß zuständig sein würde, also im Umfange der ganzen Klage vorhanden. Denn sowohl bei jenem als bei diesem Anspruche handelt es sich um dieselbe polizeiliche Anordnung und die gesamten darin dem Kläger angesonnenen Leistungen, darum, daß in die Anordnung statt des Klägers als andere Verpflichtete entweder der Provinzialverband oder die Gemeinden eingestellt werden. Die Klage mußte daher überhaupt und nicht bloß insoweit, als sie gegen den Provinzialverband gerichtet worden ist, beim Bezirksausschusse angestellt werden. Die Annahme des Klägers, daß wegen der Unzuständigkeit des Kreisausschusses nur der Antrag gegen den Provinzialverband hätte zurückgewiesen werden dürfen, nicht auch die Abweisung der Klage gegen den Amtsvorsteher und die beiden Gemeinden gerechtfertigt sei, trifft infolge der Beteiligung des Provinzialverbandes an dem ganzen Rechtsstreite nicht zu.*)

Nr. 3. Entsch. v. 8. Jan. 1906 (OVG. 48 245) IV B 76/04.

ZustG. § 56.

Hält die Wegepolizei den Einspruch (§ 56 ZustG.) für begründet, so hebt sie die Verfügung auf und wenn sie, davon ausgehend, daß statt des Inanspruchgenommenen ein Dritter wegebaupflichtig sei, den Dritten im Beschlusse als verpflichtet einsetzt und den Beschluß dem Dritten zustellt, so hat letzterer gegen den Beschluß nicht mehr Einspruch von neuem, sondern er hat sofort Klage zu erheben.**)

Nr. 4. Entsch. v. 9. Nov. 1905 (OVG. 48 254) IV B 29/05.

ZustG. § 56 Abs. 4 und 7.

Es kann zwar aus § 56 Abs. 4 ZustG. eine Klage auch gegen die Wegepolizeibehörde allein erhoben werden. Wird sie aber außerdem gegen einen Dritten gerichtet, so liegt doch nur eine Klage vor, nicht zwei Klagen, die nur äußerlich verbunden sind. Bei der Klageerhebung auf Grund des § 56

---

*) Die Entscheidung erscheint in einem Punkte bedenklich. Es durfte nicht mit dem Antrage, entweder den Provinzialverband oder die Gemeinden zu verurteilen, geklagt werden. Kläger mußte den Beklagten bestimmt bezeichnen und auswählen. Der IV. Senat des OVG. läßt solche fehlerhaften Klagen allerdings in gleichmäßiger Rechtsprechung zu.

**) Kunze, Verwaltungsstreitverfahren 237.

Abs. 4 kann es sich immer nur um eine einheitliche Klage handeln. Mit der Ausdehnung der Klage gegen einen Kreisverband wird der Kreisausschuß für die ganze Klage, also auch in ihrer Richtung gegen die Polizeibehörde, unzuständig und die Zuständigkeit des Bezirksausschusses tritt für die ganze Klage ein. Der Bezirksausschuß hat demgemäß zu prüfen, ob diese einheitliche Klage bei ihm rechtzeitig erhoben ist. Die Anträge gegen Polizeibehörde und Kreis bilden für den Bezirksausschuß eine Einheit; für ihn, für das zuständige Gericht, ist die Klage in beiden Richtungen erst mit dem Eingange bei ihm erhoben, wie sie ja auch, wenn sie sich mit gegen den Kreis richten soll, nur einheitlich von Anfang an bei dem Bezirksausschusse erhoben werden kann. Die einheitlich zu betrachtende Klage ist nur als Ganzes entweder verspätet oder nicht verspätet (vgl. OVG. 11. V. 05 47 270).

Nr. 5. Entsch. v. 21. Mai 1906 (OVG. 48 257) IV C 182/04.

ZustG. § 56 Abs. 4 und 7.

Den in Nr. 4 ausgesprochenen Grundsatz hat das OVG. auch hier festgehalten. Daher kann eine Klage, die zunächst rechtzeitig nur gegen die Wegepolizeibehörden bei dem Kreisausschusse angestellt ist, nach Ablauf der Klagefrist mit Erfolg nicht mehr gegen einen Kreis usw. gerichtet werden; sie hätte gleich anfangs beim Bezirksausschuß angebracht werden müssen.

Nr. 6. Entsch. v. 18. Juni 1906 (OVG. 49 227) IV C 15/06.

ZustG. § 56 Abs. 4; WegeO. für Westpreußen v. 27. IX. 05 § 39.

Das OVG. hat wiederholt ausgesprochen, daß, wer zur Zeit der Behändigung des von der Wegepolizeibehörde auf Einspruch gefaßten Beschlusses wegebaupflichtig war, von der geforderten einzelnen Leistung dadurch nicht befreit werde, daß seine Unterhaltungspflicht später gesetzlich aufhöre. In den Entsch. des OVG. 26. I. 03, 19. I. 03, 13. X. 02 42 230, 233 handelte es sich um Veränderungen in der rechtlichen Eigenschaft des Weges (Deklassierung von Landstraßen) und um den Wechsel im Besitze des Gutes. Dasselbe muß von der Einführung neuer gesetzlicher Bestimmungen über die Wegebaulast gelten. In allen Fällen ist entscheidend, daß es darauf ankommt, wer zu der Zeit der polizeilichen Aufforderung zu der streitigen Einzelleistung verpflichtet war; Gegenstand des Streites ist, ob der in Anspruch Genommene sich damals mit Recht geweigert habe. Ist das nicht der Fall, so war er verpflichtet, sofort zu erfüllen, und konnte sich seiner Verpflichtung durch unberechtigte Hinausschiebung der Erfüllung nicht entziehen. Daß sich die neue WestprWegeO. eine weitergehende Rückwirkung auf die bereits entstandenen Einzelverpflichtungen habe beilegen wollen, ist aus ihrem § 39, wonach sie mit dem 1. X. 05 in Kraft tritt und von diesem Zeitpunkt ab an Stelle aller bisherigen, nicht ausdrücklich aufrecht erhaltenen, allgemeinen und besonderen gesetzlichen Vorschriften, Ordnungen, Gewohnheitsrechte und Observanzen in Beziehung auf die Wegebaulast tritt, nicht zu entnehmen.

Nr. 7. Entsch. v. 4. Okt. 1906 (PrVerwBl. 28 806) IV 1511.

ZustG. § 56 Abs. 4ff.

Die Erstattungsklage ist zulässig, wenn die klagende Partei ihren Anspruch auf eine angeblich dem Gegner obliegende öffentlich-rechtliche Verpflichtung zur Unterhaltung des Weges stützt; es können damit Ersatzansprüche für Wegebesserungen verfolgt werden, die ohne Anordnung der

Wegepolizei zur Ausführung gelangt sind. Die Erstattungsklage kann aber nur Erfolg haben, wenn eine ungerechtfertigte Bereicherung des Gegners vorliegt, wenn er durch die Leistung des Klägers etwas ohne rechtlichen Grund erlangt hat (§ 812 BGB.).

Nr. 8. Entsch. v. 27. Sept. 1906 (OVG. 49 223) IV C 42/05.

ZustG. § 56 Abs. 5f.; ALR. I 13 §§ 248, 259f.

1. Die Voraussetzung für eine Erstattungsklage aus § 56 Abs. 5f. ZustG. ist dann gegeben, wenn es sich um eine dem Beklagten nach dem öffentlichen Wegebaurecht obliegende Verpflichtung handelt, welche der Kläger erfüllt zu haben behauptet. Zu der Begründung eines Klageanspruchs aus § 56 Abs. 5f. gehört außer dem Nachweise der öffentlich-rechtlichen Pflicht des Beklagten die Darlegung des privatrechtlichen Titels — Geschäftsführung ohne Auftrag, nützliche Verwendung, Bereicherung —, auf welchem der Anspruch beruht (Germershausen, Das Wegerecht und die Wegeunterhaltung in Preußen[3], 1 Kap. 42[5] S. 648).

2. Liegt die von dem Kläger vorgenommene Wegeherstellung im öffentlichen Verkehrsinteresse, so hat er für den Beklagten etwas geleistet, was dieser hätte leisten müssen, auch wenn er dazu von der Polizei nicht angehalten worden wäre. Durch das Vorgehen des Klägers ist dem Beklagten ein Vorteil erwachsen.

3. Macht der Beklagte eine Gegenforderung geltend, die lediglich dem Privatrechte angehört und mit der Ersatzforderung in keinem dem öffentlichen Rechte angehörenden Zusammenhange steht, so hat sich der Verwaltungsrichter der Prüfung der Gegenforderung zu enthalten.

Nr. 9. Entsch. v. 22. Nov. 1906 (PrVerwBl. 29 109) IV C 148/05.

ZustG. § 56 Abs. 5.

Haben die ordentlichen Gerichte vor Erlaß der KreisO. über die abstrakte öffentliche Wegeunterhaltungslast zwischen den Beteiligten erkannt, so liegt für diese res judicata vor; es kann aus § 56 Abs. 5 ZustG. nicht von neuem geklagt werden.

Nr. 10. Entsch. v. 24. Okt. 1907 (OVG. 51 252) IV C 138/06.

LGemO. v. 3. VII. 91 §§ 128ff., 146; KrO. v. 13. XII. 72 § 53.

1. Schon nach älterem Rechte, vor dem Inkrafttreten des jetzt durch §§ 128ff. (vgl. § 146) LGemO. v. 3. VII. 91 ersetzten § 53 KrO. v. 13. XII .72, war die Bildung besonderer Zweckverbände zur Erfüllung öffentlich-rechtlicher Wegebaupflichten möglich. Selbständige Träger der Wegebaulast können solche Verbände aber nur sein, wenn sie die erforderliche Organisation besitzen, welche gestattet, daß ihnen wegepolizeiliche Auflagen gemacht werden, und daß sie im Verwaltungsstreitverfahren gegenüber anderen Wegeunterhaltungspflichtigen als Kläger oder Beklagte auftreten. In diesen Fällen hören die Kommunalbezirke (Guts- oder Gemeindebezirke), aus denen der Verband besteht, auf, Träger der Wegebaulast zu sein.

2. Davon zu unterscheiden sind die besonders auch in der Prov. Schlesien häufigen Fälle, daß verschiedene Kommunalbezirke, insbesondere die geschichtlich zusammengehörenden Guts- und Gemeindebezirke, durch Observanz Vertrag oder Rezeß zu gemeinschaftlicher Erfüllung der Wegebaulast vereinigt sind, ohne daß ein über den einzelnen Kommunen stehender organisierter Verband entstanden wäre, und ohne daß die einzelnen Kommunen aufgehört hätten, Träger der, allerdings inhaltlich gegenüber den allgemeinen,

gesetzlichen Normen veränderten, Wegebaupflicht zu sein. Auch hier wurde regelmäßig von Wegeverbänden, Wegebauverbänden gesprochen (Germershausen, Wegerecht[3], 1 § 28[1] S. 385; Friedenthal, PreußWegerecht, §§ 39 f. S. 141 ff.; OVG. 28. III. 01 39 208, 30. III. 05 47 266 und 28. VI. 06, 49 266).

3. Im § 7 SchlesWegeRegl. v. 11. I. 1767 handelt es sich um Gewährung von Nachbarhilfe für den einzelnen Baufall; sie setzt die Leistungsunfähigkeit des Wegebaupflichtigen voraus. Die Landespolizeibehörde hat sie zu regulieren. Diese Vorschriften scheiden aus, wenn gestritten wird, wer von den Parteien wegebaupflichtig ist (§ 56 Abs. 5 ZustG.; Germershausen 1 § 20[1]).

c) Entwässerung von Wegen; polizeiliche Reinigung; Beleuchtung; Bürgersteige.

Nr. 1. Entsch. v. 29. Mai 1905 (OVG. 47 409) IV B 81/04.

ZustG. § 55; LVG. §§ 127 ff.

Die Polizeibehörde ist befugt, die polizeiliche Reinigung aller Wegestrecken des Ortsbezirkes zu verlangen, die durch Einwirkung von Wirtschafts- und Gewerbebetrieb, durch Verweilen von Fuhrwerken oder ungewöhnlich starken Verkehr und die dadurch bedingte Häufung tierischer Exkremente stark verunreinigt werden und daher zur Wahrung polizeimäßiger Zustände, besonders zur Abwendung von Gesundheitsgefahr, ein gesteigertes Maß von Reinhaltung, welches die Pflichten des Trägers der Wegeunterhaltungslast überschreitet, erforderlich machen. Das Bedürfnis nach polizeimäßiger Reinigung entsteht in erster Linie durch den Anbau und den dadurch herbeigeführten Aufenthalt zahlreicher Menschen auf den den Weg begrenzenden Grundstücken, also bei Ortsstraßen, kann aber auch bei anderen Wegestrecken als bebauten Ortsstraßen, zB. bei Wegen nach Begräbnisplätzen, Bahnhöfen und dgl. anzuerkennen sein, wenn der Umfang und die sonstige Art der Benutzung eine über die Interessen des öffentlichen Verkehrs hinausgehende Reinhaltung aus anderen polizeilichen Gesichtspunkten, insbesondere im Interesse der Gesundheitspolizei geboten erscheinen lassen (OVG. 29. XI. 76 1 270, 16. XII. 93 — PrVerwBl. 15 255). Dies trifft auch für ungepflasterte Wege, insbesondere für Chausseen mit Sommerwegen zu, wenngleich die Beschaffenheit des Wegekörpers auf die Art der Ausführung der Reinigung nicht ohne Einfluß bleiben kann.

Nr. 2. Entsch. v. 2. April 1906 (PrVerwBl. 28 374) IV 188.

Die Stadt Neustadt ist in die Stadt Magdeburg eingemeindet worden. In ersterer bestand die Observanz, daß die Gemeinde die Straßenreinigung besorgte. Es frug sich, ob diese Observanz fortbestehe oder das Recht der Stadt Magdeburg Platz greife. Das OVG. hat sich für letzteres entschieden und ausgesprochen: „Die Rechtsauffassung, daß eine observanzmäßige Straßenreinigungspflicht, sei es der Stadt, sei es der Straßenanlieger, die in dem eingemeindeten Gemeindebezirk bestanden hat, nach der Eingemeindung noch fortbestehe, ist eine irrige und widerspricht der ständigen Rechtsprechung des OVG., die dahin geht, daß die infolge der Bezirksveränderung einer Gemeinde einverleibten Grundstücke und deren Besitzer, einerlei ob es sich dabei um die Eingemeindung ganzer Gemeinden oder nur um Teile derselben handelt, regelmäßig in die öffentlichen Rechte und Pflichten der Gemeinde, der sie nunmehr angehören, ohne weiteres eintreten. Dieser Erfolg ergibt sich unmittelbar aus dem neuen Verhältnisse der Eingemeindung, welches bedingt, daß die öffentlichen Rechte und Pflichten, welche den Grundstücken und Besitzern auf Grund der bisherigen kommunalen Zugehörigkeit zustanden und oblagen, untergehen. An dieser Auffassung, welche auch mit derjenigen der Verwaltungsbehörden sich im Einklang befindet, muß festgehalten werden, wiewohl dem OVG. bekannt ist, daß sie von verschiedenen deutschen Gerichtshöfen und auch namhaften Rechtslehrern, welche ihre abweichende Meinung mit dem Vergleiche der Inkorporation fremden Staatsgebiets begründen, nicht geteilt wird (OVG. 4 218, 13 75, 16 281, 37 407 und die Abhandlung von Jebens im PrVerwBl. 22 509). Es muß hiernach grundsätzlich als ausgeschlossen gelten, daß die Gemeindeangehörigen des eingemeindeten Bezirks auf Grund von Ortsstatuten, Ordnungen, Gemeindebeschlüssen des eingemeindeten Bezirks in dem neuen Gemeindewesen noch besondere Rechte oder Ansprüche geltend machen könnten. Solche Ortsstatute, Ordnungen usw. müssen vielmehr als beseitigt gelten, und genau so verhält es sich mit der durch Observanz begründeten Straßenreinigungspflicht. Wenn eine solche in Neustadt bestand, so ist sie untergegangen, und an ihre Stelle ist das entsprechende in der Altstadt bestehende Ortsrecht getreten, d. h. es ist die in Magdeburg bestehende observanzmäßige Pflicht der Anlieger, die Straßen bis zur Mitte mit Einschluß der Bürgersteige und des Rinnsteins oder der Kniffgosse vor ihren Grundstücken zu reinigen, zur Geltung gelangt.

Nr. 3. Entsch. v. 28. Nov. 1907 — IV B 39/07.

1. Im Geltungsbereiche des Regl. v. 7. VI. 44 steht in Städten, auch wenn sie keinen Stadtkreis bilden, mit Ausnahme der Chausseebaupolizei, die Chausseepolizei der Ortspolizeibehörde zu (nicht dem Landrate).

2. Die Bürgersteige sind regelmäßig Teile der öffentlichen Straße, an deren Zug sie sich anschließen (Germershausen, Wegerecht[3], § 27[1] S. 369). Allein eine Ausnahme findet gerade dann statt, wenn Bürgersteige neben Chausseen liegen. Davon ist der Fall zu unterscheiden, daß für den Fußgängerverkehr durch sogenannte Fußgängerbanketts gesorgt ist, welche keine in der Anlage und Benutzung und in den auf ihre Unterhaltung bezüglichen Rechtsverhältnissen abgesonderte und für sich bestehende Fußwege, sondern untergeordnete Teile der in erster Reihe für den Fahrverkehr bestimmten Chausseen sind.

Dagegen sind in allen diesen Beziehungen die Bürgersteige von den Chausseen gänzlich verschiedene, eigenartige Verkehrsmittel, auch wenn sie sich zur Seite einer Chaussee befinden (Germershausen § 27[6] S. 380f., OVG. 16. III. 87 14 279f. und 4. IV. 98 33 276).

Nr. 4. Entsch. v. 29. März 1906 (OVG. 49 230) IV B 30/05.

Jülich-Bergische PolO. v. 10. X. 1554.

1. Durch die PolO. v. 10. X. 1554 sind der Wegepolizei nicht bestimmte Grenzen gezogen, was der Wegebaupflichtige zu leisten habe. Die Wegebaupflicht umfaßt alle im Verkehrsinteresse notwendigen Leistungen (OVG. 22. II. 04 44 286).

2. Im Geltungsgebiete der PolO. v. 10. X. 1554 können sich Observanzen hinsichtlich der Unterhaltung der Bürgersteige bilden.

3. Observanzen, die die Pflicht der Anlieger zur Bürgersteigunterhaltung gegenüber der Wegepolizei begründen, sind durch § 96 Abs. 5 KommAbgG. v. 14. VII. 93 nicht aufgehoben (Jebens, Verwaltungsrechtliche Aufsätze 425).

e) Chausseen; Chausseegelderhebung.

Nr. 1. Entsch. v. 30. März 1905 (OVG. 47 287) IV B 27/04.

Sollte die Höhe des Chausseegeldes, das einem Chausseebaupflichtigen zusteht, nicht nach dem Maßstabe der ganzen Länge der Chaussee bemessen sein, so hat dies keinen Einfluß auf die Unterhaltung der Wegestrecke, der die Eigenschaft einer Chaussee verliehen worden ist.

f) Fähren in wegepolizeilicher Hinsicht; Brücken; Brücken- und Wegegelderhebung.

Nr. 1. Entsch. v. 8. Febr. 1906 (OVG. 48 228) IV C 120/05.

ZustG. §§ 55 f.; ALR. II 15 § 138.

1. Der § 56 ZustG. betrifft seinem Wortlaute nach nur öffentliche Weg und erwähnt die Brücken nicht besonders. Soweit diese nur Teile der öffentlichen Wege bilden — was auch bei Brücken über öffentliche Flüsse zutreffen kann (OVG. 10. III. 91 21 239, 5. V. 02 41 236 und 5. X. 03 44 263) — unterstehen sie unbedenklich allen Bestimmungen des § 56. Aber auch die Unterhaltung derjenigen Brücken über öffentliche Flüsse, welche nicht zum Wege gehören, sondern als selbständige Verkehrsanstalten anzusehen sind, regelt sich nach den im § 56 gegebenen Vorschriften, und ebenso sind alle Streitigkeiten über die öffentlich-rechtliche Pflicht zu ihrer Unterhaltung nach diesen Vorschriften zu behandeln. Dasselbe muß für die Erstattungsklage nach § 56 Abs. 5 f. gelten. Denn auch solche Brücken über öffentliche Flüsse fallen, solange sie bestehen, unter das öffentliche „Wegewesen" des § 55 und werden deshalb von der allgemeinen Bezeichnung der „öffentlichen Wege" im § 56 mitumfaßt (OVG. 26. IX. 89 18 227).

2. Der § 138 II 15 ALR. gilt (OVG. 30. XI. 04 46 274, 280) auch in den Fällen eines bereits in polnischer Zeit entstandenen Rechtes zur Abgabenerhebung. Danach liegt dem Hebungsberechtigten die Unterhaltung der Wegepolizeibehörde gegenüber ganz ob, und es ist eine öffentlich-rechtlich wirksame Abänderung dieser gesetzlichen Regelung nach der ständigen Rechtsprechung des OVG. nur durch Gesetz möglich, nicht aber durch Observanz, Rezeß oder Vertrag.

Nr. 2. Entsch. v. 6. Juli 1905 (OVG. 47 280) IV B 7/04.

ALR. II 15 §§ 52 f.; G. v. 8. VII. 75 (GS. 497).

1. Brücken über öffentliche Ströme bilden im Geltungsgebiete des ALR. besondere Kommunikationsanstalten, welche der Regel nach nicht zu den Wegen gehören, deren Verbindung sie bilden (OVG. 2. XI. 85 12 248 und 17. XI. 02 42 206). Das OVG. hat aber wiederholt dargelegt, daß diese Regel auch Ausnahmen erleidet, daß Brücken über öffentliche Ströme Teile des öffentlichen Weges, in dessen Zuge sie liegen, sein können, und daß sie dann auch allen für den Weg selbst geltenden Normen des Wegerechts, insbesondere hinsichtlich der Unterhaltungspflicht, unterstehen. Dies ist auch gerade für Fälle ausgesprochen worden, in denen die Brücke zum Teil einer Chaussee gemacht war (OVG. 10. III. 91 31 239, 5. V. 02 41 236 und 5. X. 03 44 263). In solchen Fällen hat der Chausseebaupflichtige auf Grund seiner Chausseebaulast auch die zur Chaussee gehörige

Brücke zu unterhalten. Seine abstrakte Unterhaltungspflicht kann dann nach § 56 Abs. 5 ZustG. auf die Klage eines Beteiligten im Streitverfahren festgestellt werden.

2. Der § 18 G. v. 8. VII. 75 bestimmt, daß den Provinzialverbänden die Verwaltung und Unterhaltung der ausgebauten Staatschausseen übertragen werde und zugleich mit der Unterhaltung das Eigentum an diesen Chausseen mit allen Pertinenzien auf die Verbände übergehe. Den Zeitpunkt für den Uebergang setzte § 22 auf den 1. I. 76 fest. Das OVG. hat in dem Urt. v. 14. II. 81 7 1 ausführlich dargelegt, daß nach diesen Vorschriften nur diejenigen Brücken in die Verwaltung und in das Eigentum und damit auch in die Unterhaltungspflicht der Provinz übergegangen sind, welche am 1. I. 76 aus Chausseebaufonds unterhalten wurden. Daran ist auch bei erneuter Prüfung festzuhalten (OVG. 17. V. 00 37 267).

3. Der Zweck des G. v. 8. VII. 75 war, die Chausseeverwaltung in ihrem gesamten Umfang auf die Provinzen zu übertragen; so wie diese Verwaltung bis zum 1. I. 76 vom Fiskus geführt worden war, sollte sie von der Provinz weitergeführt werden. Nun kann darüber kein Zweifel sein, daß auch die im Bau befindlichen Brücken mit dem 1. I. 76 auf die Provinz übergingen, sofern der Bau aus Chausseebaufonds erfolgte. Gerade die Entnahme der Kosten aus diesen Fonds sollte das maßgebende Kennzeichen sein, daß es sich um Brücken, die zur Chaussee gehörten, um Teile oder „Pertinenzien" der Chaussee handelte. Bestand bei der Erneuerung einer zu einer Chaussee gehörigen Brücke schon die Absicht, daß die Brücke nach ihrer Fertigstellung wieder Teil der Chaussee sein sollte, wie es die alte Brücke gewesen war, wurde es auch erkennbar gemacht, daß die Erneuerung der Brücke auf den Chausseezug ohne Einfluß, die Chaussee nach wie vor ein einheitliches Kommunikationsmittel einschließlich der Brücke bleiben und sein sollte, so kann es nicht darauf ankommen, daß der Neubau aus anderen Fonds, zB. der Wasserbauverwaltung, bestritten wurde. Die Brücke wurde dann von der Wasserbauverwaltung für die Chausseeverwaltung errichtet und trat mit ihrer Errichtung, wie die alte frühere Brücke, in die Unterhaltung der Chausseeverwaltung. Jedenfalls muß aber gefordert werden, daß der Wille, die neue Brücke zum Teil der Chaussee zu bestimmen, schon vor dem 1. I. 76 hervorgetreten ist, da alle Erklärungen nach diesem Zeitpunkte gegenüber der Tatsache, daß die Brücke aus Wasserbaufonds errichtet wurde, keine Bedeutung haben können.

4. Wenn demnach die Unterhaltung einer zu einer Chaussee gehörigen Brücke oder eines Teils von ihr der staatlichen Wasserbauverwaltung aus besonderen Gründen vorbehalten gewesen ist, zB. der Aufzugsklappen im Interesse der Schiffahrt, so hat der Wasserbaufiskus diesen Teil der Unterhaltung über den 1. I. 76 hinaus behalten.

Nr. 3. Entsch. v. 13. Juni 1907 — IV B 15/07.

An dem Grundsatze, daß Lage und Grenze von Brücken sich durch Veränderungen der Wasserläufe verschieben können, und sich hierdurch die Brückenbaulast anders gestaltet, muß festgehalten werden. Das OVG. hat wiederholt betont, daß es nicht darauf ankomme, wie in früherer Zeit die Grenzlinie zwischen Ufer und Fluß verlaufen sei, sondern daß es wesentlich sei, was gegenwärtig als Ufer und was als Flußbett angesehen werden müsse, so zB. im OVG. 22. IV. 99 35 301, und betreffs des Einflusses der Veränderungen des Bettes auf die Brückenbaulast insbesondere im OVG. 30. IX. 01 40 218.

h) Inanspruchnahme von Wegen für den öffentlichen Verkehr (§ 56 ZustG.); Privatrechte an öffentlichen Wegen.

Nr. 1. Entsch. v. 29. Nov. 1906 — IV 1899.

ZustG. § 56 Abs. 1.

Das OVG. hat in gleichbleibender Rechtsprechung die Inanspruchnahme eines Weges für den öffentlichen Verkehr schon dann als berechtigt angesehen, wenn jemand ein die Oeffentlichkeit beschränkendes Recht am Wege auch nur ausdrücklich behauptet. Denn schon diese Tatsache allein legt die Befürchtung nahe, daß künftig auf Grund eines solchen behaupteten Rechts der Verkehr auf dem Weg gestört werden könne, und die Wegepolizeibehörde ist unbedenklich befugt, solchen Störungen durch ihre Anordnungen vorzubeugen (OVG. 1. III. 00 37 223). Mit diesen Grundsätzen steht auch die OVG. 4. XII. 91 — PrVerwBl. 13 271 nicht im Widerspruch. Denn hier handelte es sich darum, daß es an einer bestimmten einzelnen Person, an die die Inanspruchnahmeverfügung gerichtet war, fehlte, indem die Wegepolizeibehörde nur mittels Aushangs an der Amtsstelle sowie durch Bekanntmachung im Amtsblatt und in verschiedenen Zeitungen zur öffentlichen Kenntnis gebracht hatte, daß sie einen bestimmten Weg für den öffentlichen Verkehr in Anspruch nehme. Dieser Mangel der bestimmten einzelnen Person, an welche die Inanspruchnahmeverfügung gerichtet war, nahm ihr den polizeilichen Charakter und, wenn es in der Entscheidung dann weiter hieß, daß eine wegepolizeiliche Anordnung, welche die Inanspruchnahme eines Weges für den öffentlichen Verkehr betreffe, nur aus Anlaß eines bestimmten konkreten Falles ergehen könne, so war hierbei kein Zweifel darüber gelassen, daß neben dem tatsächlichen Eingriff in den Bestand des Weges auch die ausdrückliche Behauptung des ausschließlichen Eigentums oder eines die Oeffentlichkeit beschränkenden Rechts genüge, um das Einschreiten der Wegepolizeibehörde gemäß § 56 Abs. 1 ZustG. zu rechtfertigen.

Nr. 2. Entsch. v. 27. Juni 1907 — IV B 20/07.

ZustG. § 56.

1. Ein Weg kann nur von der Polizei im Sinne des § 56 ZustG. für den öffentlichen Verkehr in Anspruch genommen werden.

2. Hat die Polizei nicht eine Verfügung aus § 56 ZustG., sondern aus § 127 LVG. erlassen, so ist der irrtümlich erhobene Einspruch als Gegenvorstellung zu behandeln (OVG. 20 309, 39 229, 44 417).

3. Die Frage nach der Oeffentlichkeit des Weges wird dabei im Verwaltungsstreitverfahren (§ 56 Abs. 4) als Zwischenfrage entschieden.

i) Einziehung und Verlegung öffentlicher Wege (§ 57 ZustG.).

Nr. 1. Entsch. v. 20. Sept. 1906 — IV 1438.

ZustG. § 57.

Ist ein Weg nicht öffentlich, so kann er nicht in dem durch § 57 ZustG. geregelten Verfahren eingezogen werden. Die Vorschrift kann weder unmittelbar noch analog auf die Einziehung nicht öffentlicher Wege durch die Feldpolizeibehörde angewendet werden.

Nr. 2. Entsch. v. 7. Nov. 1907 (OVG. 51 270) IV C 123/07.

ZustG. § 57.

1. Auch Furten, die durch Bäche gehen und zu einem öffentlichen Wege gehören, können eingezogen werden (vgl. WegeO. für Sachsen v. 11. VII. 91 § 6, für Posen v. 15. VII. 07 § 10).

2. § 57 ZustG. ist (OVG. 23. VI. 91 21 256) dahin zu verstehen, daß eine Bekanntmachung in ortsüblicher Weise nur in den Ortschaften unumgänglich ist, die unmittelbar durch den einzuziehenden oder zu verlegenden Weg miteinander verbunden werden.

3. Gemeinden, die außerhalb Preußens liegen, sind einspruchberechtigt.

Nr. 3. Entsch. v. 4. Febr. 1907 (OVG. 51 272 i. d. Anm.) IV C 189/06.

ZustG. § 57.

Der in Nr. 2 zu 2 ausgesprochene Grundsatz wird hier ebenfalls ausgesprochen und hinzugefügt:

„Daraus folgt aber keineswegs, daß die Veröffentlichung, wenn diese Gemeinden zu verschiedenen Kreisen und Regierungsbezirken gehören, deshalb in allen Kreis- und Amtsblättern stattfinden müßte. Die Veröffentlichung in mehreren Kreis- und Amtsblättern mag unter Umständen sehr zweckmäßig sein, aber notwendig ist sie nicht, und die Gültigkeit des Einziehungsverfahrens ist nicht von ihr abhängig. Da der § 57 nur „das“ Kreisblatt und „das“ Amtsblatt nennt, so kann als gesetzlich notwendig lediglich die Veröffentlichung im Kreisblatt und Amtsblatte desjenigen Kreises und Regierungsbezirkes angesehen werden, zu welchen die einzuziehende Wegestrecke selbst gehört.“

k) Heranziehung von Fabriken, Bergwerken und ähnlichen Unternehmungen zu Vorausleistungen.

Nr. 1. Entsch. v. 14. Dez. 1905 (OVG. 48 259) IV B 26/05.

G. v. 18. VIII. 02 §§ 1 f.

1. Der § 1 G. v. 18. VIII. 02 bestimmt, daß, wenn ein öffentlicher Weg .... erheblich und dauernd abgenutzt wird, auf Antrag derjenigen, deren Unterhaltungslast dadurch vermehrt wird, dem Unternehmer nach Verhältnis dieser Mehrbelastung ein angemessener Beitrag zu der Unterhaltung des betreffenden Weges auferlegt werden kann; das heißt aber: es soll nicht der Betrag der Abnutzung der Landstraßen im voraus allgemein, einerlei, welcher Betrieb und welche Straße in Betracht kommen, nach dem mutmaßlichen Materialverbrauche für alle Straßen gleichmäßig bestimmt werden, sondern der Beitrag des Unternehmers soll nach der Mehrbelastung bemessen werden, welche auf der betr. Straße oder Straßenstrecke sein Betrieb dem Wegebaupflichtigen verursacht hat. Es handelt sich also um eine angemessene Vergütung für die vorangegangene Benutzung des Weges, und zwar gerade durch die Verfrachtungen des Unternehmers, woraus einmal folgt, daß der Anspruch erst nachträglich geltend gemacht werden kann, und zum anderen, daß der Wegebaupflichtige nachweisen muß, in welchem Maße der durch den Einzelbetrieb des Unternehmers veranlaßte Verkehr an den in dem Abnutzungszeitraum entstandenen Gesamtunterhaltungskosten wirklich beteiligt ist. Daß ein solcher Nachweis in der Regel nicht anders zu erbringen ist, als dadurch, daß außer dem Einzelverkehr auch der Umfang des Gesamtverkehrs ermittelt wird, daß das Verhältnis zwischen Einzel- und Gesamtverkehr für die Feststellung des Anteils des Einzelbetriebs an den Gesamtunterhaltungskosten die zuverlässigste Grundlage darbietet und der Absicht der Vor-

ausleistungsgesetze, den Beitrag entsprechend der tatsächlichen Mehrbelastung zu bemessen, am meisten gerecht wird, darüber kann nach der gleichbleibenden Rechtsprechung des OVG. kein Zweifel bestehen. An diesem Rechtszustande hat auch das ErgG. v. 11. VII. 91 nichts geändert, wenn es im § 2 (jetzt § 4 G. v. 18. VIII. 02) zugelassen hat, Vorausleistungen für die Zukunft, d. h. für eine erst künftig zu erwartende Abnutzung, festzusetzen. Auch hier muß sich die Festsetzung für die Zukunft an eine für die Vergangenheit erfolgende Festsetzung anschließen, für ein abgelaufenes Jahr müssen der Gesamtverkehr und der Verkehr eines bestimmten Betriebs, mithin auch der Anteil eines jeden an den entstandenen Unterhaltungskosten, die Grundlagen für die Beitragsberechnung, bereits feststehen, und es muß außerdem damit zu rechnen sein, daß sich die Grundlagen voraussichtlich in den kommenden Jahren nicht wesentlich ändern werden. In einem solchen Falle soll die getroffene Beitragsfestsetzung für die Zukunft fortwirken dürfen, bis die tatsächlichen Voraussetzungen, von welchen dabei ausgegangen ist, das heißt jene Grundlagen, eine wesentliche Aenderung erfahren haben (vgl. OVG. 16. II. 99 35 270).

2. Danach ist das Verhältnis von Gesamt- und Einzelverkehr auch für die Festsetzung der in der Zukunft zu entrichtenden Beiträge von entscheidender Bedeutung.

3. Das neue Gesetz wie die früheren Gesetze haben eine gütliche Vereinbarung über die Beitragspflicht zugelassen und diese Vereinbarung an keine Schranken gebunden. Für die Vergangenheit sowie für die Zukunft können also Beiträge vereinbart werden, und es ist nicht vorgeschrieben, daß sich die Beteiligten, der Wegeunterhaltungspflichtige und der Unternehmer, dabei über die Grundlagen der Beitragsberechnung zuvor einigen. Nur das sei bemerkt, daß, wenn es sich um Beiträge für die Zukunft handelt und die Beteiligten in der Folge von dem ihnen im Gesetze (§ 4 Abs. 2 des neuen Gesetzes, § 2 Abs. 2 ErgG. v. 11. VII. 91) vorbehaltenen Rechte Gebrauch machen wollen, im Falle wesentlicher Aenderungen der tatsächlichen Voraussetzungen, von denen bei Festsetzung des Beitrags ausgegangen ist, auf anderweitige Festsetzung des Beitrags zu klagen, sie sich die Unterlagen hierfür sichern müssen, mithin auch gut tun werden, das jeweilige Verhältnis, das zwischen dem Gesamt- und dem Einzelverkehr zur Zeit der Vereinbarung besteht, gleichzeitig festzusetzen. Der vereinbarte Beitrag selbst muß aber ein fest bestimmter sein wie der durch Richterspruch festgesetzte Beitrag, dem er hinsichtlich der Beitreibung im Verwaltungszwangsverfahren durch § 7 G. v. 18. VIII. 02 gleichgestellt ist. Ein so vereinbarter Beitrag beseitigt dann jedes Klagerecht; denn nach § 6 ist die Klage nur in Ermangelung gütlicher Vereinbarung gegeben. Anders ist die Rechtslage, wenn kein fester Beitrag, sondern lediglich ein Beitragsverhältnis vereinbart wird, was gleichfalls gesetzlich für statthaft erklärt ist. In diesem Falle erstreckt sich die gütliche Vereinbarung nur auf das Maß, in welchem der Vorausleistungspflichtige an den zukünftigen Unterhaltungskosten beteiligt werden soll, das heißt, es ist noch die Frage offen, wie hoch sich die Kosten in jedem Jahre stellen werden. Dem steht gleich, wenn statt dessen bei im wesentlichen sich gleichbleibenden Unterhaltungskosten ein bestimmter Einheitssatz als Beitrag für das Tonnenkilometer des vorausleistungspflichtigen Betriebs vereinbart wird, so daß also nur die Feststellung des Umfanges des Einzelverkehrs, nämlich der Zahl der Tonnenkilometer, der Zukunft überlassen wird. Insoweit ist die Klage im Verwaltungsstreitverfahren nicht beseitigt. Sie hat die endgültige Festsetzung des geschuldeten Beitrags zum Ziele, und der Verwaltungsrichter hat über die durch die Vereinbarung nicht erledigten Streitpunkte zu entscheiden, ist aber im übrigen bei Bemessung des Beitrags an die getroffenen Vereinbarungen gebunden.

Nr. 2. Entsch. v. 28. Juni 1906 (OVG. 49 264) IV C 2/05.

LGemO. v. 3. VII. 91 §§ 128ff.; G. v. 18. VIII. 02.

Ist ein Zweckverband gegründet und sind auf ihn die öffentlich-rechtlichen Wegeunterhaltungsverpflichtungen der zum Zweckverbande gehörigen Gemeinden übergegangen, so kann später die einzelne Gemeinde keine Vorausleistung mehr fordern. Das Forderungsrecht hat nur der Zweckverband.

Nr. 3. Entsch. v. 4. Jan. 1906 (OVG. 49 259) IV C 57/05.

G. v. 18. VIII. 02 § 1.

1. Nur die Wegeunterhaltungspflichtigen sind nach § 1 G. v. 18. VIII. 02 ermächtigt, Anträge auf Festsetzung von Vorausleistungen zu stellen. Der § 1 gibt die Ausnahmen an.

2. Bei mehreren Unterhaltungspflichtigen kann jeder selbständig für seinen Teil Vorausleistungsbeiträge fordern. Der Gesetzgeber hat nicht ausgesprochen, daß eine Mehrzahl nur gemeinsam den Anspruch erheben dürfe.

Nr. 4. Entsch. v. 2. März 1905 (OVG. 47 292) IV B 90/04.

G. v. 18. VIII. 02 (GS. 315) § 1.

Wenn das G. v. 18. VIII. 02 — in Uebereinstimmung mit den früheren Gesetzen über die Vorausleistungen zum Wegebau — als beitragspflichtig die „Fabriken, Bergwerke, Steinbrüche, Ziegeleien oder ähnliche Unternehmungen“ aufführt, so sind darunter keineswegs lediglich die auf Produktion und Verarbeitung von Gütern gerichteten Unternehmungen im Gegensatze zu den Handels- und Transportunternehmungen zu verstehen. Auch diese können vielmehr beitragspflichtig sein, wenn die allgemeine Voraussetzung der Beitragspflicht bei ihnen zutrifft, die Lokalisierung der Warenbewegung auf bestimmten Wegen durch Einrichtung einer festen Betriebsstätte (OVG. 22. XII. 94 27 224, 230 und Jebens „Verwaltungsrechtliche Aufsätze“ 448: . . . „nicht einmal das Transportgewerbe darf grundsätzlich als ausgeschlossen angesehen werden“). Eine Lokalisierung der Warenbewegung würde bei einem Speditionsunternehmen dann anzunehmen sein, wenn die zu transportierenden Güter regelmäßig auf einer bestimmten Betriebsstätte (Speicher, Lagerplatz u. dgl.) gesammelt und dann von dort aus weiter verfrachtet würden. In einem solchen Falle würde die „Aehnlichkeit“ mit den im § 1 G. v. 18. VIII. 02 besonders genannten Unternehmungen dadurch gegeben sein, daß die Beförderung von Gütern durch eine erst von der Unternehmung geschaffene und ihr dienende feste Betriebsstätte auf bestimmte Wege geleitet wird.

Nr. 5. Entsch. v. 30. März 1905 (OVG. 47 290) IV B 26/04.

G. v. 16. IV. 89 (GS. 100).

Wenn das Chausseegeld nicht nach dem Maßstabe der ganzen Länge der Chaussee berechnet ist, so ist es doch bei der Festsetzung von Vorausleistungen der Fabriken usw. auf die Unterhaltungskosten der ganzen Chausseestrecke, für die ein Hebrecht besteht, anzurechnen.

Nr. 6. Entsch. v. 3. Juni 1907 — IV B 23/06.

G. v. 18. VIII. 02 § 1; G. v. 11. VII. 91 § 1.

Daß es weder die Absicht des G. v. 18. VIII. 02, noch die der diesem vorausgegangenen, die Vorausleistungen zum Wegebau betreffenden provinziellen Gesetze gewesen ist, das Eisenbahntransportgewerbe mit Beiträgen zur Unterhaltung öffentlicher Wege, auch wenn deren Verkehr durch den Eisenbahnbetrieb mittelbar vermehrt wird, heranzuziehen, steht nach den Motiven und Materialien zu den Gesetzen sowie nach der gleichbleibenden Rechtsprechung des OVG. fest. Eisenbahnen sind wie Flüsse und Kanäle öffentliche Verkehrsstraßen. Diejenigen, welche zur Förderung des Verkehrs eine solche Anlage geschaffen haben, sollen grundsätzlich, wie insbesondere in den Motiven des im Jahre 1877 von der Staatsregierung den Häusern des Landtags vorgelegten Wegegesetzentwurfs ausgesprochen ist, nicht außerdem noch dazu angehalten werden, für die aus einer solchen Förderung des Verkehrs sich ergebende erhöhte Wegebaulast aufzukommen (OVG. 13. X. 91 22 240 und 22. XII. 94 27 228). Die Eisenbahntransportgewerbe gehören daher nicht zu den im § 1 G. v. 18. VIII. 02 aufgeführten ähnlichen Unternehmungen, denen wegen der durch ihren Betrieb veranlaßten Abnutzung, wie den Fabriken, Bergwerken, Steinbrüchen und Ziegeleien Beiträge zur Unterhaltung der Wege auferlegt werden können. Daraus folgt aber weiter, daß ebensowenig die Anlegung einer Eisenbahn in Ansehung der dadurch bewirkten Abnutzung der Wege die Vorausleistungspflicht der Unternehmer begründet. Denn das G. v. 18. VIII. 02 hat, wie das ErgG. v. 11. VII. 91, im § 1 nur die Unternehmer von Fabriken, Bergwerken, Steinbrüchen und Ziegeleien und außerdem allein noch diejenigen diesen ähnlichen Unternehmungen wegen der infolge von deren Anlegung entstandenen Abnutzung der Wege für beitragspflichtig erklärt. Mag daher die Abnutzung eines Weges durch die Anfuhr der Baumaterialien, Maschinen, Arbeitsgeräte usw. noch so groß sein, ihre Verwendung beim Bau der Bahn, wozu selbstverständlich alle Teile dieses Baues, auch der Unterbau, gehören, kann nicht bewirken, daß der Unternehmer vorausleistungspflichtig wird.

Nr. 7. Entsch. v. 23. Dez. 1907 (PrVerwBl. 29 436) IV B 35/07.

G. v. 18. VIII. 02 § 1.

Von einem Automobil-Personenbeförderungsbetriebe ist keine Vorausleistung zum Wegebau nach § 1 G. v. 18. VIII. 02 zu fordern.

Nr. 8. Entsch. v. 7. Nov. 1907 (OVG. 51 274) IV B 33/06.

G. v. 18. VIII. 02 § 1.

Für die Auslegung des § 1 VorLeistG. v. 18. VIII. 02 kommt die Unterscheidung zwischen fabrikmäßigem und handwerksmäßigem Betrieb in dem Sinne, daß nur fabrikmäßig betriebene Unternehmungen unter das Gesetz fallen könnten, nicht in Betracht. Denn neben den Fabriken sind dort Bergwerke, Steinbrüche und Ziegeleien, also auch Betriebe, die nicht stets fabrikmäßig betrieben werden, als Beispiele aufgezählt, und dann erst wird dahin fortgefahren, daß auch ähnliche Unternehmungen, demnach nicht etwa bloß fabrikähnliche, sondern allen genannten Beispielen ähnliche Unternehmungen, durch deren Betrieb öffentliche Wege dauernd und erheblich abgenutzt werden, zu Wegebauvorausleistungen herangezogen werden können. Wie dies zu verstehen ist, hat das OVG. in dem Urt. v. 13. X. 91 22 240 unter Hinweis auf die Entstehungsgeschichte des seinem Wortlaute nach bereits in den früheren provinziellen Vorausleistungsgesetzen enthaltenen Paragraphen festgestellt.

Nr. 9. Entsch. v. 23. Dez. 1907 (OVG. 51 278) IV B 35/07.

G. v. 18. VIII. 02 § 1.

Das OVG. hat schon oft Veranlassung gehabt, die Frage, was unter den ähnlichen Unternehmungen im Sinne des § 1 G. v. 18. VIII. 02 zu verstehen sei, zu prüfen, sowohl unter der Herrschaft der früheren Vorausleistungsgesetze, insbesondere desjenigen für die Rheinprovinz v. 4. VIII. 91, als auch seit dem Inkrafttreten des G. v. 18. VIII. 02 für den Umfang der Monarchie. Dabei ist anerkannt worden, daß das Gesetz keineswegs lediglich die auf Herstellung und Verarbeitung von Gütern gerichteten Unternehmungen im Gegensatze zu den Handels- und Transportunternehmungen für vorausleistungspflichtig erklärt, daß vielmehr auch diese Unternehmungen beitragspflichtig sein können, wenn die allgemeine Voraussetzung der Beitragspflicht: die Lokalisierung der Warenbewegung auf bestimmten Wegen durch Einrichtung einer festen Betriebsstätte bei ihnen zutrifft (vgl. OVG. 2. III. 05 47 292). Warenbewegung, die, sobald sie auf bestimmten Wegen von oder zu einer festen Betriebsstätte stattfindet, unter Umständen auch das Transportgewerbe vorausleistungspflichtig machen kann, ist die Beförderung von Massengütern; denn gerade darin, daß der gewerbliche Fuhrverkehr zur Fortbewegung von Massengütern auf einem einzelnen Wege durch eine feste Betriebsstätte lokalisiert wird, liegt das entscheidende Merkmal für die Vergleichung der ähnlichen Unternehmungen mit Fabriken, Bergwerken, Steinbrüchen und Ziegeleien (OVG. 27 230 und 22 246). Nur in der hiernach sich ergebenden Beschränkung auf die Fortbewegung von Massengütern über öffentliche Wege können gewerbliche Transportunternehmungen als unter § 1 VorLeistG. fallend behandelt werden. Dagegen ist die Beförderung von Personen keine Waren- oder Güterbewegung und das Handgepäck, welches die Fahrgäste mit sich führen, gehört nicht zu den Massengütern. Letzteres trifft ebensowenig für mitbeförderte Postsachen zu.

Nr. 10. Entsch. v. 5. Dez. 1907 (OVG. 51 282) IV B 43/06.

G. v. 18. VIII 02 §§ 1, 7.

1. Es ist richtig, daß das G. v. 18. VIII. 02 für die gütlichen Vereinbarungen keine Schranken aufgestellt hat (OVG. 14. XII. 05 48 264). Mithin können auch gütliche Vereinbarungen, die lediglich nach dem bürgerlichen Rechte zu beurteilen sind, geschlossen werden.

2. Da aber nach § 7 die vereinbarten Beiträge der Beitreibung im Verwaltungszwangsverfahren unterliegen, so fällt die entsprechende Vereinbarung nicht unter das bürgerliche Recht. Die Bestimmungen des BGB. in den §§ 145ff., insbesondere im § 151, können daher für sie nicht unmittelbar gelten, vielmehr bei ihr lediglich insoweit zur Anwendung kommen, als darin der Ausdruck allgemeinerer Rechtsgedanken zu finden ist und ihnen deshalb ine über das bürgerliche Recht hinausgehende Tragweite beigelegt werden darf. Das ist beim § 151 nicht der Fall denn mit der hier und anderweit (§§ 157 und 242) für maßgebend erklärten Verkehrssitte ist allein oder doch vorwiegend nur das Gebräuchliche — die Sitte — bei dem rechtsgeschäftlichen Handeln — Verkehr — auf dem Gebiete des bürgerlichen Rechtes gemeint.

Nr. 11. Entsch. v. 21. Febr. 1907 (OVG. 50 323) IV C 223/05.

G. v. 18. VIII. 02 § 4.

1. Mit Bezug auf den § 4 G. v. 18. VIII. 02 (GS. 315) und die damit gleichlautenden Bestimmungen im § 2 ErgG. v. 11. VII. 91 (GS. 329) hat das OVG. wiederholt ausgesprochen, die Festsetzung eines Beitrags oder Beitragsverhältnisses für die Zukunft sei nur bei im wesentlichen gleichbleibenden Verhältnissen zulässig und müsse sich in der Regel an eine Festsetzung für die Vergangenheit oder Gegenwart anschließen, sie sei daher insbesondere dann ausgeschlossen, wenn die Verkehrsverhältnisse gerade in einer wesent-

lichen Umwandlung begriffen seien (OVG. 16. II. 99 35 267, 11. IV. 04 45 281, 17. XI. 04 46 299 und 14. XII. 05 48 259).

2. Die durch den Verwaltungsrichter festgesetzten Beiträge unterliegen der Beitreibung im Verwaltungszwangsverfahren. Ist nur ein Beitragsverhältnis in dem Urteil festgesetzt, so muß, wenn keine Einigung erfolgt, nochmals geklagt werden auf eine bestimmte Summe, die dann der Exekution unterliegt.

Nr. 12. Entsch. v. 14. März 1907 (OVG. 50 327) IV C 233/06.

G. v. 18. VIII. 02 § 8.

1. Soll auf Grund des § 6 VorLeistG. v. 18. VIII. 02 in Ermangelung gütlicher Vereinbarung auf Klage des Wegebaupflichtigen entschieden werden, so können die Vorausleistungen nicht rückständig und deshalb auch nicht gestundet werden, bevor die verwaltungsrichterliche Entscheidung ergangen ist; denn eine Schuld des Unternehmers entsteht erst durch den rechtskräftigen Ausspruch des Verwaltungsrichters (OVG. 17. II. 02 41 256).

2. Die im § 8 G. v. 18. VIII. 02 vorgeschriebene Frist ist keine Verjährungs-, sondern eine Ausschlußfrist, die nicht unterbrochen oder verlängert werden kann.

l. Provinzialrechte.

Nr. 1. Entsch. v. 26. April 1906 (OVG. 49 250) IV C 21/06.

ALR. II 15 §§ 11, 13, 15.

Die gemäß §§ 11, 13, 15 ALR. II 15 geltenden gesetzlichen Bestimmungen wonach die Unterhaltung der Landstraßen, abgesehen von den Hand- und Spanndiensten, dem Fiskus obliegt, sind, wie das OVG. in ständiger Rechtsprechung angenommen hat, zwingender Natur und können weder durch Observanz oder Rezeß noch durch freiwillige Uebernahme eines Dritten, selbst wenn diese die Zustimmung der Wegepolizeibehörde oder der Landespolizeibehörde gefunden haben sollte, außer Wirksamkeit gesetzt werden (OVG. 20. IX. 97 32 241).

Nr. 2. Entsch. v. 10. Juli 1905 (OVG. 47 231) IV C 84/04.

WestprWegeRegl. v. 4. V. 1796 § 5.

1. Im § 5 StrombVerwG. v. 20. VIII. 83 ist bestimmt: „Liegen die künstlichen Anlandungen vor öffentlichen Fähren, Anlandeplätzen usw., so hat die Strombauverwaltung deren Ausbildung und demnächstige Freigebung möglichst zu beschleunigen, auch Fürsorge für zweckentsprechenden Zugang zur Fähre zu treffen.“ In dem OVG. 23. XII. 96 31 207 ist ausgeführt, daß in dieser gesetzlichen Bestimmung der Strombauverwaltung keine erzwingbare Wegebaulast auferlegt sei, daß aber die Aufsichtsbehörde es als ihre Aufgabe zu betrachten haben werde, die Strombauverwaltung dazu anzuhalten, den vom Gesetzgeber gehegten Voraussetzungen gerecht zu werden. Dagegen ist nicht gesagt, daß dies nicht durch freiwillige Uebernahme einer öffentlich-rechtlichen Pflicht von seiten der Strombauverwaltung geschehen könne.

2. Die freiwillige Uebernahme eines Weges in die Unterhaltung ist ebenso ein Titel des öffentlichen Rechts wie die Observanz, beide zählen zu den „gültigen Privilegien“, welche an die Stelle der Regelvorschrift des § 5 WestprWegeRegl. treten können (OVG. 21. III. 90 19 260, 268 und 4. III. 96 29 240, 246).

Nr. 3. Entsch. v. 29. Juni 1905 (OVG. 47 237) IV C 32/04.

1. Auf dem Gebiete des neuvorpommerschen Wegerechts muß man nicht nur Verträgen, sondern auch der Observanz rechtsbildende Kraft zusprechen (OVG. 10. II. 91 20 239, Germershausen, Wegerecht² 1 § 18 S. 207; Entw. des Provinzialrechts § 1589 und die Begründung dazu; sowie Dähnert, Sammlung gemeiner und besonderer pommerscher und rügischer Landesurkunden, Gesetze usw. 3 379).

2. Ist durch gültige Verträge die Wegeunterhaltung einer Anzahl von Bauernhöfen auferlegt worden und werden die Höfe geteilt, so geht die Wegeunterhaltung anteilig auf die Parzellenbesitzer über.

3. Nach dem Provinzialrecht haben Parzellenerwerber die Wege zu unterhalten, die auf oder an den von ihnen erworbenen Grundstücken liegen (OVG. 25. I. 04 44 290).

Nr. 4. Entsch. v. 19. Okt. 1905 (OVG. 48 234) IV B 20/05.

WegeO. v. 11. VII. 91 §§ 44.

Es kann keinem Zweifel unterliegen, daß der im § 44 WegeO. für die Prov. Sachsen v. 11. VII. 91 gebrauchte Ausdruck „die Verpflichtung des Staates zur Unterhaltung gewisser Landstraßen und Landwege" einschränkend ausgelegt werden muß, weil andernfalls zB. alle bisher von dem Fiskus als Gutsherrn unterhaltenen Wege innerhalb der Domänen und Forstgutsbezirke, die von dem Eisenbahnfiskus zu unterhaltenden Wege u. dgl. von der Provinz zu übernehmen gewesen wären. Daß dies nicht der Sinn der Bestimmung sein sollte, ergibt die Begründung des Gesetzentwurfes (DrucksHH., Sess. 1890/91 Nr. 71). Daselbst wird in dem allgemeinen Teile angegeben, zurzeit liege dem Staate auf Grund verschiedener partikularrechtlicher Bestimmungen die Unterhaltung von Straßen von über 1100 km Länge ob. Die Pflicht zur Unterhaltung dieser Straßen einschließlich derjenigen, welche zu Kunststraßen im gesetzlichen Sinne erklärt seien, solle auf die Provinz übergehen. Diese Wege (Straßen) waren nur die aus fiskalischen Wegebaufonds unterhaltenen Wege (vgl. OVG. 28. IX. 99 36 247, 249 und 28. V. 03 43 204, 208).

Nr. 5. Entsch. v. 16. Febr. 1905 (OVG. 47 221) IV B 63/04.

ZustG. § 57.

Wenn die Rechtsbeteiligten in Hannover darüber einig sind, daß ein an einem öffentlichen Wege belegener Streifen Teil des öffentlichen Weges wird, so genügt dies dazu. Ein besonderer Beschluß der Gemeinde, wie ihn § 11 HannWegeG. v. 28. VII. 51 voraussetzt, ist nicht erforderlich. Nicht jede unbedeutende Regulierung eines Weges fällt unter die Verlegung eines Weges im Sinne des § 57 ZustG.

Nr. 6. Entsch. v. 30. März 1905 (OVG. 47 261) IV B 77/04.

HannWegeG. v. 28. VII. 51 (HannGS. Abt. I 141) § 24; HannKrO. v. 6. V. 84 §§ 24, 34.

1. Der Gemeindevorsteher in Hannover ist aus eigenem Rechte zum Erlasse wegebaupolizeilicher Anordnungen nicht befugt. Nach § 78 G. über die Gemeindewege und Landstraßen v. 28. VII. 51 steht die unmittelbare Aufsicht über die Gemeindewege in ländlichen Bezirken dem Gemeindebeamten zu. Das bezog sich in erster Linie auf die Wegeverwaltung, außerdem kamen die polizeilichen Funktionen in Betracht, die nach § 20 G., verschiedene Aenderungen des LVerfG. betr., v. 5. IX. 48, §§ 52ff. G., die

Landgemeinden betr., v. 4. V. 52, §§ 69ff. G., die Landgemeinden betr., v. 28. IV. 59 den Gemeinden übertragen worden waren. Dazu gehörte aber nicht der Erlaß wegebaupolizeilicher Anordnungen an die Träger der öffentlich-rechtlichen Wegebaulast. Diese waren nach § 78 Abs. 2f. WegeG. Sache der Obrigkeit, also der Aemter (vgl. § 12[11] Amtsordnungen v. 16. IX. 52 und v. 10. V. 59), und sind jetzt nach § 24 KrO. für die Prov. Hannover v. 6. V. 84 Sache der Landräte. Der Gemeindevorsteher ist nur das Organ des Landrats für die Polizeiverwaltung und hat das Erforderliche vorläufig anzuordnen, wo die Erhaltung der öffentlichen Ruhe, Ordnung und Sicherheit ein sofortiges polizeiliches Einschreiten notwendig macht (§ 34 a. a. O.)

2. Allerdings gibt es von der Regel, daß die Wegepolizei auf dem platten Lande den Landräten zusteht, Ausnahmen, insbesondere gilt noch die Bestimmung des § 79 GemWegeG.: „Wo die Aufsicht über die Gemeindewege nicht der ordentlichen Obrigkeit, sondern anderen Behörden, zB. Deichgerichten (Vorständen von Deich- und Sielachten), unterworfen ist, wird dieses Verhältnis durch die Bestimmung des vorstehenden Paragraphen nicht geändert" (OVG. 9. XII. 90 20 272 und 21. IX. 03 44 300).

3. Die Bauerschaft bildet in der Prov. Hannover, wie sonst in Nordwestdeutschland, insbesondere in Westfalen, in weitem Umfange die Grundlage der jetzigen Gemeinden, und zwar vielfach dergestalt, daß die Bezirke der letzteren mit denen der alten Bauerschaften zusammenfallen. In den Marschen aber stellte sich, wie Stüve in seinem 1851 erschienenen Buche „Wesen und Verfassung der Landgemeinden und des ländlichen Grundbesitzes in Niedersachsen und Westfalen" § 28 S. 182 bezeugt, ein anderes Verhältnis heraus. Hier herrschte durchaus das Kirchspiel und daher die große Gemeinde. Die Bauerschaftsverbände, wo solche vorhanden waren, bezogen sich der Regel nach nur auf die Verhältnisse der Abwässerung, mit den Deichen das wichtigste Kommuninteresse jener Gegenden. Die Wege pflegten mit den Deichen ebenfalls in Verbindung zu stehen. Ferner sagt Stüve § 30 S. 198: „In den Bremischen Marschen . . . hat man die großen, aus vielen Ortschaften zusammengesetzten Kirchspiele (der Domizilgemeinde) zugrunde gelegt."

4. Nach § 24 Abs. 1 WegeG. v. 28. VII. 51 trifft die Wegepflicht bei Gemeindewegen diejenige Ortsgemeinde (Stadt, Flecken, Bauerschaft) oder eine solche bildende selbständige Besitzung, durch deren Bezirk (Ort, Feldmark, Gemeinheit) der Weg läuft und soweit letzteres der Fall ist. Damit hat ausschließlich die politische Gemeinde als Trägerin der Wegebaulast bezeichnet werden sollen, nicht etwa auch Realgemeinden u. dgl. Danach muß angenommen werden, daß eine Bauerschaft auf Grund der Regelvorschrift des § 24 nur dann Trägerin der Wegebaulast ist, wenn sie eine Ortsgemeinde darstellt, ebenso wie die neben den Bauerschaften in der Klammer zur Erläuterung des Begriffes Ortsgemeinde aufgeführten Städte und Flecken.

5. Nach §§ 45 und 82 sind die bisherigen durch das WegeG. nicht aufrecht erhaltenen Verpflichtungen zur Anlegung oder Unterhaltung von Gemeindewegen . . ., es mögen solche Verpflichtungen auf gesetzlicher Vorschrift oder einem derselben gleichstehenden Rechtstitel beruhen, aufgehoben. Dies gilt auch von den Bestimmungen der DeichO. für das Herzogtum Bremen v. 29. VII. 1743, soweit darin wegerechtliche Normen enthalten sein sollten, unbeschadet ihrer fortdauernden Geltung als Deichgesetz. Die Pflicht der Gemeinde gegenüber der Wegepolizei wird auch nicht berührt, wenn der Weg etwa bisher nach Pfändern (Pfandwirtschaft, Anschußprinzip) von den Anliegern unterhalten worden ist; denn dabei handelt es sich nur um die Verteilung der Gemeindewegelast auf die Mitglieder der Gemeinde (WegeG. §§ 27, 29; OVG. 9. XII. 90 20 274 und 25. V. 03 43 218).

6. Der § 24 WegeG. erklärt jedoch zwei Ausnahmen von der im ersten Absatz ausgesprochenen Regel für zulässig, nämlich erstens die Verbindung mehrerer benachbarter Ortsgemeinden und zweitens die Teilung einer Ortsgemeinde in Unterbezirke zu abgesonderter Anlegung und Unterhaltung der vorzugsweise für den Verkehr eines solchen wichtigen Gemeindewege. Was den letzteren Fall anlangt, so ist § 24 dahin auszulegen, daß solche Unterbezirke Träger der öffentlichen Wegebaulast werden, innerhalb ihrer Grenzen an Stelle der Gemeinden die Gemeindewege zu unterhalten haben. Dabei kommt in Betracht, daß ein Unterbezirk die ihm im § 24² gestellte Aufgabe nur erfüllen kann, wenn er eine Organisation besitzt, welche gestattet, daß ihm wegebaupolizeiliche Auflagen gemacht werden, und daß er im Verwaltungsstreitverfahren gegenüber anderen Unterbezirken oder Gemeinden, insbesondere auch gegenüber der politischen Gemeinde, zu der er gehört, als Kläger oder Beklagter auftreten kann.

Nr. 7. Entsch. v. 11. Jan. 1906 (OVG. 47 267) IV B 32/05.

HannWegeG. v. 28. VII. 51 § 24.

1. Nach § 24² HannWegeG. ist die Teilung einer Ortsgemeinde in Unterbezirke zu abgesonderter Anlegung und Unterhaltung der vorzugsweise für den Verkehr eines solchen wichtigen Gemeindewege zulässig.

Es wird nun, wie in dem unter Nr. 6 oben abgedruckten OVG. 30. III. 05 ausgeführt, daß die Unterbezirke an Stelle der Gemeinden nur dann Träger der öffentlichen Wegebaulast werden können, wenn sie die dazu erforderliche Organisation besitzen. Dann heißt es weiter: Ist eine derartige Organisation nicht geschaffen, so ist auch ein Unterbezirk als Träger einer öffentlichen Wegebaulast nicht entstanden, die der Gemeinde obliegende Wegebaulast ist vielmehr bei ihr verblieben.

2. Es trifft nicht zu, daß beim Mangel einer besonderen Organisation der Gemeindevorsteher der politischen Gemeinde, zu welcher der Unterbezirk gehört, ihn ohne weiteres zu vertreten berechtigt sei. Dafür fehlt es an einer gesetzlichen Grundlage, insbesondere ist eine solche in dem G., die Landgemeinden betr., v. 28. IV. 59 nicht enthalten. Dieses Gesetz sowie die dazu an demselben Tage erlassene Ausführungsbekanntmachung des Ministeriums des Innern erwähnen die Unterbezirke im Sinne des § 24 WegeG. überhaupt nicht.

Nr. 8. Entsch. v. 13. April 1905 (OVG. 47 272) IV B 64/04.

ZustG. §§ 56 f.

1. Der Regierungspräsident hatte jemandem aufgegeben, die durch die Verlegung einer Brücke notwendig gewordenen neuen Brückenrampen und Nebenanlagen herzustellen und in der Folge zu unterhalten. Diese letztere Auflage steht mit dem Gesetze nicht im Einklange, da auf Grund des § 56 ZustG. erlassene wegebaupolizeiliche Verfügungen und Beschlüsse nur den einzelnen Baufall, nicht aber die Feststellung der Wegebaupflicht im allgemeinen zum Gegenstande haben dürfen (OVG. 23. IV. 87 15 284).

2. Im Geltungsgebiete des ALR. ist der Wasserbaufiskus, weil dort die Brücken selbständige Kommunikationsanstalten sind, in seiner Entschließung über deren Verlegung frei, und der Wegebaupflichtige muß sich ohne weiteres der neuen Brückenanlage anpassen. Dagegen unterliegen derartige Brücken in der Prov. Hannover, weil sie dort in der Regel zu den öffentlichen Wegen, in deren Zuge sie liegen, gehören, den Bestimmungen, die für die Verlegung des Weges gelten. Einzelne Teilstrecken von

Chausseen einzuziehen oder zu verlegen, ist der Regierungspräsident gemäß § 57 ZustG. befugt.

3. In der Prov. Hannover liegt den zur Unterhaltung der auf beiden Ufern an die Brücke heranführenden Wege öffentlich-rechtlich Verpflichteten die Herstellung der infolge der Verlegung einer Brücke notwendigen Veränderungen ob, und hiervon ist auch der Provinzialverband der Prov. Hannover nicht ausgenommen, wenn und soweit die von ihm zu unterhaltenden Provinzialchausseen in Betracht kommen (vgl. OVG. 21. II. 98 33 268, 17. V. 00 37 257, 268 und 17. XI. 02 42 203).

4. Insbesondere ist in OVG. 37 275 ausgeführt, auch in der Prov. Hannover sei der Staatsbehörde das Recht verblieben, die infolge einer im Interesse des öffentlichen Verkehrs erforderlichen Verschiebung der Chausseelinie notwendige Neuherstellung einer Chausseestrecke anzuordnen. Hierbei handle es sich darum, einen Teil einer bestehenden Chaussee den veränderten Verhältnissen und den Bedürfnissen des öffentlichen Verkehrs entsprechend umzugestalten, also um einen Akt der Unterhaltung einer bestehenden Chaussee. Die damit verbundene Herstellung einer im Vergleiche mit dem ganzen Chausseezuge kurzen Ersatzstrecke sei von der durch § 24 DotG. v. 8. VII. 75 ausgeschlossenen Neuanlegung einer Chaussee rechtlich ganz verschieden.

5. Die Verpflichtung des Trägers der Chausseebaulast, die Kosten der im Interesse des öffentlichen Verkehrs erforderlichen Umgestaltung der Chaussee zu tragen, ist nicht auf die Fälle beschränkt, in denen die Umgestaltung durch ein Verfahren gemäß § 57 ZustG. notwendig geworden ist. Sie besteht zB. auch, wenn, etwa durch Anlegung und Eindeichung eines den Chausseekörper durchbrechenden Flußarms, Aenderungen der Höhenlage erforderlich werden (OVG. 18. V. 99 35 281), und es liegt kein Grund vor, sie für beseitigt zu erachten, wenn die von dem Chausseezuge verlassene Wegestrecke für den allgemeinen Gebrauch unentbehrlich ist, mithin gemäß § 14 G. über den Chausseebau v. 20. VI. 51 (HannGS. Abt. I 119) als Landstraße oder Gemeindeweg erhalten bleibt.

Nr. 9. Entsch. v. 27. Mai 1907 (OVG. 51 259) IV B 100/05.

HannWegeG. v. 28. VII. 51/24. V. 94 §§ 56, 58; ChausseeBauG. v. 20. VI. 51 §§ 16, 18.

1. Die nach § 58 HannWegeG. v. 28. VII. 51/24. V. 94 auch auf Gemeindewege anwendbare Bestimmung im § 56 Abs. 2[3] daselbst schreibt vor, daß von der Gemeinde nicht zu unterhalten sind diejenigen Brücken und Durchlässe, welche im Grund- oder Oberbau mit anderen, dem Wege fremdartigen Werken, als Schleusen, Mühlen, Stauanlagen usw., dergestalt baulich verbunden sind, daß die zur Brücke oder zum Durchlasse gehörigen Teile von den sonstigen Teilen des verbundenen Werkes nach technischem Gutachten nicht unterschieden und abgesondert unterhalten werden können. Dabei liegt nach dem letzten Absatze des § 56 in Verbindung mit § 18 und § 16[2] Chausseebau G. v. 20. VI. 51 die Erhaltung der Fahr- und Fußbahn in Steinpflaster, Steinschlag, Holzpflaster und Bebohlung sowie auch derjenigen Geländer und Brüstungen, welche nicht zugleich für das verbundene Werk, zB. als Stau-, Abfluß- oder Schirmvorrichtung dienen, der Gemeinde ob.

2. Solche Brücken und Durchlässe sind kraft Gesetzes von dem jeweiligen Besitzer zu unterhalten.

3. Der Verwaltungsrichter hat zu prüfen, ob die Vereinssatzungen der Anwendbarkeit der §§ 56, 58 HannWegeG. unterliegen.

Nr. 10. Entsch. v. 8. Juli 1907 (OVG. 51 265) IV B 29/07.

HannWegeG. v. 28. VII. 51 § 24 Abs. 1.

Für Hannover und die Rheinprovinz hat der Grundsatz Geltung, daß für die Unterhaltung von Grenzwegen nicht die Längsteilung maßgebend ist, sondern die Unterhaltung den angrenzenden Unterhaltungspflichtigen gemeinsam nach ideellen Teilen obliegt (OVG. 28. VI. 92 23 190 — betrifft Kurhessen —, ferner WegeO. für Sachsen v. 11. VII. 91 § 17, für Westpreußen v. 27. IX. 05 § 19, für Posen v. 15. VII. 07 § 18).

Nr. 11. Entsch. v. 25. März 1907 (OVG. 50 284) IV A 15/06.

Die nach den §§ 17f. HannWegeG. v. 28. VII. 51 (§ 60 ZustG.) dem Kreisausschuß und dem Bezirksausschuß überwiesene Beschlußfassung über zeitweilige Beschränkung des Gebrauchs von Gemeindewegen und Landstraßen bezieht sich nur auf Beschränkungen des Gemeingebrauchs.

Nr. 12. Entsch. v. 20. Sept. 1906 (OVG. 49 238) IV C 91/06.

WegeVd. für Schleswig u. Holstein v. 1. III. 42 § 225.

1. Unter „Anschaffung" der fehlenden Materialvorräte im § 225 Vd. v. 1. III. 42 ist auch die Heranschaffung des Wegematerials zur Baustelle zu verstehen.

2. Observanzen über die Pflicht zur Unterhaltung der Nebenwege können sich auch nach Erlaß der Vd. v. 1. III. 42 bilden (OVG. 21. XI. 04 46 261, 264).

Nr. 13. Entsch. v. 24. Sept. 1906 (OVG. 50 296) IV C 24/06.

1. Der § 14 G. betr. die Abänderung der Wegegesetzgebung für die Prov. Schleswig-Holstein v. 26. II. 79, handelt von der Verteilung der von den früheren Verbänden auf die Gemeinden übergegangenen Wegebauverpflichtungen und läßt auch bei städtischen Gemeinden etwaige besondere Titel des öffentlichen Wegerechts unberührt.

2. Die Bestimmung des § 17 WegeO. für das Herzogtum Schleswig v. 29. X. 1784: „Sind . . . . zu der hinlänglichen Verbesserung einer großen oder kleinen Landstraße Stein- oder Kiesdämme, Brücken oder andere außerordentliche Einrichtungen vonnöten, so muß diese Bürde von dem ganzen anschließenden Kirchspiele . . . . getragen werden" kann auf gewöhnliche Kommunikationswege nicht ausgedehnt werden.

3. Führen solche Landstraßen nach Dörfern und Gütern, so sind sie in Ermangelung besonderer Observanzen von denen zu unterhalten, zu deren Nutzen sie gereichen (§ 17 Abs. 3).

4. Ein Erbpächter konnte in einem von dem Landesherrn bestätigten Erbpachtvertrage die Wegebaulast öffentlich rechtlich übernehmen.

Nr. 14. Entsch. v. 15. Nov. 1906 (OVG. 50 310) IV B 101/05.

1. Handelt es sich um eine alte Nebenlandstraße, die schon in dem Verzeichnisse zur WegeVd. für die Herzogtümer Schleswig und Holstein vom 1. III. 42 aufgeführt, aber noch nicht ausgebaut ist, so ist ihre Unterhaltung noch nicht auf die beteiligten Kreise übergegangen, sondern liegt noch den alten Wegedistrikten ob (§ 5 G. betr. die Wegegesetzgebung für die Prov. Schleswig-Holstein v. 26. II. 79 — GS. 94; OVG. 1. VII. 01 40 261; § 151 KrO. für Schleswig-Holstein v. 26. V. 88).

2. Nach § 31 WegeVd. v. 1. III. 42 „ergibt die bestehende Einteilung in Aemter und Landschaften, städtische, klösterliche und adelige Güterdistrikte .... zugleich die Begrenzung der einzelnen Wegedistrikte". Wegedistrikt ist also nicht das einzelne Gut, welches vielmehr regelmäßig eine Wegekommune bildet, sondern der „Güterdistrikt", der immer eine größere Zahl von Gütern umfaßte (§§ 35, 37, 45, 55 a. a. O.).

3. Das G. v. 26. II. 79 bestimmte im § 13 Abs. 1, daß nunmehr die Gemeinden und Gutsbezirke als solche die Wegekommunen bilden sollten.

4. Ein Güterdistrikt besteht lediglich aus den einzelnen ihm zugewiesenen Gütern, nicht aus einzelnen Grundstücken; es können ihm also Grundstücke, die zu der Wegekommune eines anderen Distrikts gehören, nicht mehr zugerechnet werden, auch wenn sie früher Teile eines ihm unterstellten Gutsbezirkes waren.

5. Nach den §§ 193 ff. WegeVd. kommt es für die Verteilung der Wegelast des Distrikts, der eine Nebenlandstraße zu unterhalten hat, darauf an, ob er auch, abgesehen von der Wegepflicht, einen gemeinschaftlichen Kommunalverband bildet oder nicht.

6. Gemäß § 197 WegeVd. hat die Kommune alles zu leisten, was ihr unmittelbar zur Verfügung steht, nämlich einmal die Hand- und Spanndienste ihrer Mitglieder und ferner auch das Material, welches sie besitzt oder unentgeltlich haben kann. Dagegen sollen Geldaufwendungen nicht von ihr allein getragen werden; die erforderlichen Geldmittel, sei es zur Beschaffung von Land, handwerksmäßigen Arbeiten oder auch von Material, soll der größere Verband aufbringen. Findet sich also das nötige Material zwar in den Grenzen ihrer Feldmark, aber nicht auf ihren eigenen Grundstücken (Sandgruben, Kiesgruben und dergleichen mehr), so ist sie nur dann zur „Anschaffung" des Materials verpflichtet, wenn es ihr unentgeltlich zur Verfügung gestellt wird.

7. Die Sichtung von Grand macht nicht „die Anstellung baukundiger Arbeiter oder Handwerker" (§ 197 a. a O.) erforderlich, erfolgt vielmehr durch „gewöhnliche Handarbeit", ist also von der Gemeinde gemäß § 196 zu bewirken. Diese Pflicht besteht auch aus § 197 unmittelbar gegenüber der Wegepolizei, da sie sich aus dem öffentlichen Wegerechte ergibt.

Nr. 15. Entsch. v. 22. Jan. 1906 (OVG. 48 230) IV C 98/05.

WegeVd. v. 1. III. 42.

Ehe die WegeVd. v. 1. III. 42 in Holstein in Kraft trat, waren in der Regel, von den Königlichen Aemtern und den Städten abgesehen, die Besitzer der adligen Güter wegebaupflichtig; die Gutsuntertanen hatten die Hand- und Spanndienste zu leisten. Davon konnten Abweichungen durch Observanzen, Verträge und freiwillige Uebernahme vorkommen.

Nr. 16. Entsch. v. 12. Dez. 1907 (PrVerwBl. 29 563) IV C 112/07.

WegeVd. v. 1. III. 42 § 5.

1. Im Geltungsbereiche der WegeVd. v. 1. III. 42 kann ein öffentlicher Weg durch die Zustimmung der Rechtsbeteiligten (Eigentümer, Unterhaltungspflichtigen, Wegepolizeibehörde) entstehen. Die Zustimmung kann in schlüssigen Handlungen bestehen.

2. Im § 5 ist nicht ausgesprochen, daß die wenigen Wege, die Ortschaften mit Gemeindeweiden verbinden, sämtlich Nebenwege (öffentliche Wege) sind.

Nr. 17. Entsch. v. 9. Juli 1906 (OVG. 49 243) IV C 48/06.

1. Der Begriff der öffentlichen Wege im Regierungsbezirke Cassel ist derselbe, wie in den sonstigen Teilen der Monarchie. Insbesondere sind Gemeindewege dann öffentliche Wege, wenn sie zur Verbindung mit anderen Ortschaften, Höfen, Mühlen usw. oder zum Verkehr im Orte (Ortsstraßen), jedenfalls aber für den öffentlichen Verkehr oder allgemeinen Gebrauch dienen, nicht aber solche der Gemeinde gehörige Wege, welche für den landwirtschaftlichen Betrieb der einzelnen Interessenten in der Feldmark bestimmt sind. Es gilt also dasselbe, was für die älteren preußischen Provinzen von dem OVG. wiederholt, so in den Entsch. v. 25. III. 96 OVG. 29 224, 231 und 3. V. 00 OVG. 37 232, 234 dargelegt worden ist.

2. Es mag sein, daß der Ausdruck „Feldweg" zuweilen auch von öffentlichen Wegen, nämlich von Verbindungswegen geringerer Bedeutung, gebraucht wird, wie dies zB. in dem den Regierungsbezirk Wiesbaden betreffenden Falle des OVG. 11. XI. 01 40 253 der Fall war. Auf den Namen kommt es jedoch ebensowenig entscheidend an, wie darauf, ob das Eigentum der Gemeinde zusteht, sondern darauf, ob die Wege unter die vorher gegebene Begriffsbestimmung fallen.

3. Durch das G. betr. Abänderung der Wegegesetze im Regierungsbezirk Cassel v. 16. III. 79 (GS. 225) ist die Observanz eine Grundlage zur Festsetzung der Wegebaupflicht bei Landwegen, Vizinal- (Verbindungs-) Wegen und Distriktsstraßen, nicht aber bei öffentlichen Wegen innerhalb der Gemeinde (Ortswegen oder Ortsstraßen) geworden.

Nr. 18. Entsch. v. 11. Mai 1905 (OVG. 47 243) IV C 140/04.

Ed. v. 10. IX. 1735; DorfO. für Minden v. 7. II. 1755.

Das für das Fürstentum Minden maßgebende Wegerecht, wie es in dem Edikte, die Wegebesserung in dem Fürstentum Minden usw. betr., v. 10. IX. 1735 (Schlüter, Provinzialrecht der Prov. Westfalen 2 117 ff.) und der DorfO. für das Fürstentum Minden v. 7. II. 1755 (Schlüter aaO. 158 ff.) zum Ausdrucke gebracht ist, setzt zwar eine subsidiäre Wegebaupflicht der Gemeinden (Städte, Freiheiten, Kirchspiele, Dörfer oder Bauerschaften) voraus, in erster Linie aber richtet sich die Wegebaulast danach, „wer von alters her und itzo die Wege zu unterhalten schuldig" (§ 7 Ed. v. 10. IX. 1735). Damit ist der Gestaltung der Rechtslage durch freiwillige Uebernahme und Observanz Raum gewährt, ohne daß dabei zwischen Landstraßen und gewöhnlichen Kommunikationswegen unterschieden würde.

Nr. 19. Entsch. v. 6. Febr. 1905 (OVG. 47 248) IV B 96/03.

1. Durch das G. v. 11. frimaire VII (1. XII. 1798), in den rheinischen Departements verkündigt am 21. nivose VII (von Daniels, Handbuch 3 786), ist die Wegebaupflicht in Ansehung der Gemeinde- und Vizinalwege den Gemeinden übertragen worden, und es folgt daraus, daß seitdem diesem Gesetz entgegenstehende, von dem ausgesprochenen Grundsatz abweichende Observanzen sich nicht mehr haben bilden können, damit aber auch sämtliche älteren, die Wegebaupflicht betreffenden Gewohnheitsrechte, Lokalobservanzen, grundsätzlich beseitigt worden sind. Auch die nachfolgende französische Gesetzgebung hat daran bis in die heutige Zeit stets festgehalten (vgl. Dufour, Droit administratif,[3] 3 318 ff., 371 ff.).

2. In Ansehung der älteren Observanzen (anciens usages) ist, jedoch ausschließlich soweit es sich dabei um die bis dahin von den Anliegern getragene Verpflichtung zur Unterhaltung des Pflasters der Ortsstraßen

handelt, durch das Staatsratsgutachten v. 25. III. 1807 das G. v. 11. frimaire VII, und zwar zugunsten der Aufrechterhaltung dieser Observanzen, deklariert und damit ein Rechtszustand geschaffen worden, welcher, wie er in Frankreich noch gegenwärtig unverändert fortbesteht (Dufour aaO. 8 390ff.; M. A. Blanche, Dictionnaire général d'administration, 1904, 2 1913ff.) so auch im linksrheinischen Teile der Rheinprovinz volle Geltung erlangt hat. Das Staatsratsgutachten ist in dem bulletin des lois publiziert (vgl. für die Rheinprovinz von Daniels aaO. 6 916 und 5 246). Seine Gesetzeskraft ist zwar in Frankreich von einzelnen Schriftstellern angefochten, die Rechtsverbindlichkeit aber vom conseil d'état und auch in der Verwaltungspraxis stets anerkannt worden; schließlich hat der französische Gesetzgeber selbst in einem EtatsG. v. 20. VII. 37 Art. 17 die Gesetzeskraft noch ausdrücklich bestätigt (bulletin des lois 1837 S. 202, Dufour aaO. 8 391).

3. Das OVG. ist der Auffassung, daß durch das Staatsratsgutachten an der Natur der observanzmäßigen Verpflichtung der Anlieger zur Unterhaltung der Bürgersteige nichts geändert worden ist.

4. Die Wegebaulast ist nach französischer Auffassung als eine öffentlich-rechtliche Verpflichtung anzusehen. In diesem Punkte sind die Anschauungen des französischen und des preußischen Wegerechts nicht wesentlich voneinander verschieden. Dagegen war, worauf bereits in dem OVG. 29. X. 92 23 215 hingewiesen worden ist, dem französischen Rechte der Begriff der Wegepolizeibehörde in dem in Preußen gebräuchlichen Sinne fremd. Der maire war Repräsentant der Gemeinde. Als solchem waren und sind ihm, abgesehen von seiner Stellung als Organ der Staatsgewalt, eine Reihe administrativer Befugnisse, teilweise unter Mitwirkung des Gemeinderats, zugeteilt, die auch für den städtischen Wegebau in Betracht kommen (vgl. darüber M. A. Blanche aaO. 1 Art. commune 491 und 2 Art. voirie urbaine 1908ff.); außerdem war er Inhaber der Ortspolizeigewalt. In letzterer Eigenschaft lag ihm ob, für die Sicherheit und Leichtigkeit des Verkehrs zu sorgen (vgl. Tit. XI Art. 3 G. v. 24. VIII. 1790; von Daniels aaO. 1 280). Es gehörte zu seinen Aufgaben vor allem, den Bestand der Wege zu wahren, gegen Usurpationen, Wegebeschädigungen einzuschreiten, auch darüber zu wachen, daß die Straßen in verkehrsfähigem Stande erhalten wurden (vgl. Dalloz, Dictionaire général partie supplémentaire, Art. pavage Nr. 31).

5. Wo der Ortsgebrauch in seiner ursprünglichen Form als selbständige Verpflichtung der Anlieger sich erhalten hat, da wird (auch heute noch) so verfahren, daß der maire die Verpflichteten zu einer Erklärung veranlaßt, ob sie einverstanden sind, daß die Gemeinde die Pflasterung übernehme. Willigen sie ein, so werden die Kosten verteilt und eingezogen, die Angelegenheit ist damit erledigt. Lehnen die Anlieger das Anerbieten ab, so werden sie vom maire aufgefordert, die Arbeiten innerhalb einer bestimmten Frist zu beginnen, und nach fruchtlosem Ablauf schreitet der maire entweder zur Vollstreckung oder er erläßt ein arrêté, worin er den Anliegern auferlegt, (enjoint aux riverains négligents) d'exécuter les travaux, sous peine des condamnations prononcées en vertu de l'article 471 du code pénal.

Damit ist die Erfüllung der Auflage den Anliegern selbst gegenüber auch durch Polizeistrafen sichergestellt. In ähnlicher Weise wird verfahren, wenn die bloße Unterhaltung in Betracht kommt und die Anlieger diese vernachlässigen, vorausgesetzt, daß der Ortsgebrauch sich auf die Unterhaltung miterstreckt, oder wenn unter der gleichen Voraussetzung Beschädigungen in Frage sind, deren Beseitigung das Verkehrsinteresse erfordert. Immer ist es die selbständige Unterhaltungslast der Anlieger, auf Grund welcher der maire auch in seiner Eigenschaft als Ortspolizeibehörde gegen die Anlieger vorgeht. Es leuchtet danach ein, daß es sich hier um eine Heranziehung der Anlieger zu kommunalen Verpflichtungen nicht handelt, wofür die Rechtslage in der Stadt Paris noch besonders bezeichnend ist, indem es hier der préfet de police war, welcher zur Ausbesserung von Verkehrsschäden die Anlieger, sofern sie unterhaltungspflichtig waren, unmittelbar in Anspruch nehmen durfte. Die Anlieger sind demgemäß da, wo der Ortsgebrauch sich in solcher Weise entwickelt hatte, die eigentlichen Träger der Unterhaltungspflicht bis heute geblieben, und es ist nicht erkennbar, daß etwa die Gemeinde an ihre Stelle getreten sei.

Nr. 20. Entsch. v. 26. Juni 1905 (OVG. **47** 257) IV B 70/03.

RhGemO. v. 23. VII. 45 (GS. 523).

Die Verfassung der Landgemeinden in dem linksrheinischen Gebiete der Rheinprovinz beruhte vor dem Erlasse der GemO. für die Rheinprovinz v. 23. VII. 45 auf den französischen Gesetzen, insbesondere dem G. v. 28. pluviose VIII (17. II. 1800) und den Erl. v. 22. I. 1801 (2. pluviose IX) und 23. VII. 1802 (4. thermidor X) — von Daniels, Handbuch der für die Rheinprovinz verkündeten Gesetze usw. aus der Zeit der Fremdherrschaft 4 124, 210, 408; auch Schmidt, Die Verfassung der rheinischen Landgemeinden 1 f. — Weder aus der Kantonalverfassung noch aus den Gemeindegesetzen ergibt sich ein Anhalt dafür, daß die Versammlung der Schöffen der zu einem canton vereinigten Gemeinden einer einzelnen Gemeinde irgendeine Verpflichtung, insbesondere eine ihr nach dem gemeinen Wegerechte nicht obliegende Wegebaulast auferlegen konnte. Auch in der späteren preußischen Gesetzgebung von 1815 bis 1845 sind dem Schöffenrate, der in der Instr. v. 24. I. 28 zur KrO. für die rheinischen Provinzen und Westfalen v. 13. VII. 27 mehrfach erwähnt wird, keinerlei dahingehende Befugnisse beigelegt.

K. Gewerbepolizei.

Gesetzliche Grundlagen (nebst Materialien): G. betr. Abänderung der Gewerbeordnung v. 7. I. 07 (RGBl. 3), VhdlRT. 1905/6: Drucks. Nr. 101, 552, 556, 566; StenB. 825, 3767, 3773, 3805, 4269. G. betr. Abänderung der Gewerbeordnung v. 30. V. 08 (RGBl. 356), VhdlRT. 1907/8: Drucks. Nr. 350, 897, 911, 949 ff., 954 f., 958, 981; StenB. 3429, 3462, 5033, 5224, 5227.

Literatur: Berger u. Wilhelmi: Gewerbeordnung, herausgeg. v. Spangenberg[17] (Berlin 1907). — v. Brauchitsch: Die neuen preuß. Verwaltungsgesetze, herausgeg. von v. Studt u. v. Braunbehrens[8] 5 — 4. Bearb. — (Berlin 1907). — Brenner: Die Gewerbeordnung für das Deutsche Reich (Stuttgart 1907). — Hoffmann: Die Gewerbeordnung mit den gesamten Ausführungsbestimmungen für das Deutsche Reich und Preußen[6] (Berlin 1907). — Illing-Kautz: Handbuch für preuß. Verwaltungsbeamte[9] 2 (Berlin 1906). — Klink: Der Gewerbetreibende (Küstrin 1908). — Kollmann: Die gesetzlichen Bestimmungen über die Presse (Düsseldorf 1908). — Landmann-Rohmer: Kommentar zur Gewerbeordnung[5] (München 1908). — Neukamp: Die Gewerbeordnung für das Deutsche Reich)[7] (Tübingen 1908).

a) Allgemeines; Gewerbefreiheit; Zulassung zum Gewerbebetriebe; Ausübung desselben.

Nr. 1. Entsch. v. 3. April 1905 (OVG. **47** 337) III A 61/04.

Ein Gewerbetreibender in der Prov. Posen nannte sich auf dem Ladenschilde mit Vornamen „Zygmont“. Dies ist der polnische Name für Sigismund. Letzterer Name war im Kirchenbuche als Taufname angegeben. Die Polizei untersagte die Führung des Namens „Zygmont“ (§ 15a GO.). Das OVG. hob die Verfügung auf. In dem Erkenntnis heißt es:

1. „In dem Urt. des Strafsenats des KG. v. 19. X. 03 (Jahrbuch 26 C 89) ist ausgeführt, daß die katholischen Geistlichen Posens nach den Vorschriften der Vd. v. 21. II. 20 bei den Kirchenbucheintragungen, insbesondere also auch bei der Eintragung der Vornamen, wenn die Anmeldung in einer Sprache erfolgte, die nicht mit der Sprache ihres Kirchenbuchs (lateinisch, polnisch, deutsch) übereinstimmte, zu übersetzen hatten. ‚Die Kirchenbücher, welche unter Beobachtung dieser Verordnung in Posen geführt sind,' heißt es in dem Urteile, ‚beanspruchen daher selbst bezüglich des Wortlauts der beurkundeten Vornamen keine buchstäbliche Genauigkeit. Sie sagen nur, daß der erteilte und angemeldete Vorname in der Buchsprache so wie geschrieben lautet. Sie sagen aber nicht und wollen nicht sagen, wie er wirklich erteilt und angemeldet ist, d. h. wie er richtig lautet. Der ‚richtige' Name ist anderweit zu ermitteln.'

2. „Das OVG. ist der Auffassung des KG. durchweg beigetreten, denn das Recht, den Vornamen ihres Kindes zu bestimmen, steht den Eltern, an erster Stelle dem Vater, zu. Das Kirchenbuch — und jetzt das Standesamtsregister — ist dazu bestimmt, Aufschluß über den von den Eltern oder den an ihrer Stelle dazu Berechtigten dem Kinde beigelegten Vornamen zu geben. Wird behauptet, daß die Eintragung des von ihnen gewählten Vornamens im Kirchenbuche unrichtig erfolgt sei, so ist der Gegenbeweis zulässig (§ 415 Abs. 2 ZPO.) Die Form und Schreibweise, die ein Name im Kirchenbuche hat, ist also nicht schlechthin ausschlaggebend, wie das OVG. dies auch in Beziehung auf Familiennamen in dem Erk. v. 18. VI. 01 (OVG. 39 403) bereits ausgesprochen hat. Insbesondere ist dem zur Führung des Kirchenbuchs berufenen Geistlichen — und jetzt dem Standesbeamten — die Befugnis, den von den Eltern gewählten Vornamen anders zu bestimmen oder mit der Wirkung abzuändern, daß der so abgeänderte Name an Stelle des von den Eltern gewählten Namens nunmehr der maßgebende Vorname sei, durch keine gesetzliche Bestimmung beigelegt worden. An diesem in der Prov. Posen ebenfalls geltenden Rechtszustande ist auch durch die Vd. des Oberpräsidenten zu Posen v. 21. II. 20 nichts geändert worden. Nach dem ganzen Inhalte der Verordnung ist es außer Zweifel, daß sie lediglich beabsichtigt hat, diejenigen formellen Schwierigkeiten, die sich aus der in der Prov. Posen herrschenden Sprachverschiedenheit in betreff der Führung der Kirchenbücher ergeben hatten, durch einheitliche, die Verständlichkeit der Einträge auch für die Behörden sicherstellende Vorschriften zu beseitigen, keineswegs aber, in den bestehenden die Erteilung und Führung von Vornamen betreffenden Rechtszustand einzugreifen. Es konnte nicht die Absicht der Verordnung sein, für die von deutschen Eltern katholischen Glaubens abstammenden Kinder lediglich lateinische oder, sofern der Probst nicht soviel Latein verstände, polnische Vornamen zuzulassen."

Nr. 2. Entsch. v. 11. Okt. 1906 (OVG. 49 299) III A 64/05.

ALR. II 17 § 10.

1. Unzweifelhaft ist, daß genügende, zB. auf Gesundheitsgefahr beruhende polizeiliche Gründe dazu führen können, das Verursachen bestimmter, durch Musizieren oder auf anderem Wege hervorgerufener Geräusche schlechthin zu untersagen. Zulässig ist auch die zeitliche Beschränkung geräuschvoller Veranstaltungen, sei es auf eine bestimmte Zeitdauer, zB. auf 3 Stunden für jeden Tag, sei es durch Festsetzung eines Schlußtermins, zB. 10 Uhr abends, sofern die Ueberschreitung jener Zeitdauer oder jenes Schlußtermins die der Polizei anvertrauten Interessen, namentlich die der Gesundheit, gefährdet. In allen diesen Fällen ist der Urheber des Geräusches gehalten, sein Interesse dem der Allgemeinheit in der bezeichneten Weise unterzuordnen. Weil aber die Polizei dem einzelnen nur die zur Er-

füllung ihrer Aufgaben nötigen Einschränkungen auferlegen darf, so bleibt es für die Zulässigkeit ihrer Anordnungen bei der Voraussetzung, daß das an den Urheber des Geräusches gestellte Ansinnen zur Erreichung des polizeilichen Zweckes unentbehrlich ist, von ihm also auch gegenüber dem Widerspruche des Betroffenen nicht abgesehen werden kann.

2. Die für das Musizieren frei zu gebenden Stunden darf die Polizei nicht willkürlich, sondern nur unter Berücksichtigung der Erwerbsinteressen des Gewerbetreibenden und daher regelmäßig nicht, ohne ihn zuvor zu hören, festsetzen.

Nr. 3. Entsch. v. 14. März 1907 (OVG. 50 370) III A 41/06.

1. Die Ortspolizeibehörde ist nicht befugt, dem Besitzer eines Kinematographentheaters, weil es stark besucht wurde und sich am Eingange große Menschenmassen ansammelten, zur Vermeidung von Gefahren des Publikums zu gebieten, daß die nach der Straße führenden Türen geschlossen gehalten werden.

2. Der Umstand, daß ein schaulustiges Publikum vor dem Lokale sich ansammelt, um Eintritt zu finden, vermag für sich allein ein polizeiliches Einschreiten dagegen nicht zu rechtfertigen.

Nr. 4. Entsch. v. 3. Okt. 1907 (OVG. 51 313) III B 139/06.

ALR. II 17 § 10.

Wenn die Polizei gegen das von einem Gewerbebetriebe ausgehende gesundheitsschädliche Geräusch einschreitet, so sind die gewerblichen Sonderinteressen des Gewerbetreibenden gegen die Interessen der Allgemeinheit sachgemäß abzuwägen, wozu die Ermittelung dieser Interessen erforderlich ist, zB. durch Anhörung der Nachbarn, des Gewerbetreibenden usw. Die Polizei darf dem letzteren nur die zur Beseitigung der Gesundheitsgefahr nötigen Beschränkungen, nicht mehr, auferlegen.

Nr. 5. Entsch. v. 27. Mai 1907 (OVG. 51 284) II I A 37/06.

ALR. II 17 § 10.

Die Polizei darf nur die zur Erfüllung ihrer Aufgaben nötigen Beschränkungen bestehender Rechte vornehmen. Ihr ist daher auch ein unvorhergesehener Eingriff in gewerbliche Interessen keineswegs schlechthin versagt, nämlich dann nicht, wenn er zur Erreichung des polizeilichen Zweckes unentbehrlich ist. Namentlich in den Fällen, in denen eine unmittelbar bevorstehende Gefahr anders als durch sofortiges Einschreiten der Polizei nicht abgewendet werden kann, ist dessen Zulässigkeit nicht zu beanstanden.

b) Gast- und Schankwirtschaft; Kleinhandel mit Branntwein, Spiritus und Bier; Stellvertretung in diesen Gewerben; Verlust und Entziehung der Konzession; polizeiliches Einschreiten gegen die Ausübung; Polizeistunde; die in den §§ 33a, 33b und 33c aufgeführten Gewerbe; Lustbarkeiten.

Nr. 1. Entsch. v. 24. Sept. 1906 — III 1846.

GewO. §§ 33, 49.

1. Die Konzession zum Betriebe der Schankwirtschaft erlischt nicht, wenn das Haus, in dem sie betrieben wird, zwangsweise versteigert wird; ebensowenig durch den freiwilligen Verkauf.

2. Die Polizei ist befugt, den Betrieb zu verbieten, wenn die konzessionierten Räume wesentlich verändert worden sind. Wird der alte Zustand wieder hergestellt, so kann der Wirt den Betrieb innerhalb dreier Jahre seit der Konzessionserteilung wieder aufnehmen.

Nr. 2. Entsch. v. 19. Febr. 1905 (PrVerwBl. 27 896) III 295.

GewO. §§ 33, 53.

Der Umstand, daß eine Schankwirtin verheiratet ist und mit ihrem Ehemanne in Gütergemeinschaft lebt, hat nur privatrechtliche Wirkungen für die von der Ehefrau in Betätigung ihres Gewerbebetriebes vorgenommenen Rechtsgeschäfte; in öffentlich-rechtlicher, namentlich in gewerbepolizeilicher Beziehung, ist er dagegen bedeutungslos. Auch enthält das Bürgerliche Gesetzbuch, nach welchem die Frage der Geschäftsfähigkeit der Frau, gleichviel ob sie verheiratet oder unverheiratet ist, lediglich den allgemeinen Vorschriften der §§ 104ff. unterliegt, keinerlei Bestimmungen, die dem Ehemann die Befugnis einräumten, die Leitung eines von seiner Ehefrau selbständig betriebenen Gewerbes für sich in Anspruch zu nehmen (von Landmann-Rohmer[4] 96 Anm. 2—4 zum § 11 RGewO.). Die in Gütergemeinschaft lebende Ehefrau als Inhaberin der Schankerlaubnis hat die polizeiliche Verantwortung für den Geschäftsbetrieb. Ihre Unterlassungen und Handlungen sind für die Entziehung der Schankerlaubnis maßgebend.

Nr. 3. Entsch. v. 3. Juni 1907 — III B 130/06.

GewO. §§ 33, 53 Abs. 2.

Ist der Ehemann einer Schankwirtin wegen Verbrechen gegen das Eigentum bestraft worden und wird ihm von der Inhaberin der Schankkonzession ein wesentlicher Einfluß auf den Gewerbebetrieb eingeräumt, so können die Voraussetzungen für die Entziehung der Konzession vorliegen. Wird der Ehemann im Schankgewerbe nur nebensächlich beschäftigt, so kann nicht ohne weiteres angenommen werden, daß die Hehlerei darin werde gefördert werden.

Nr. 4. Entsch. v. 29. Mai 1905 (OVG. 47 331) III B 131/04.

RGewO. §§ 33, 53; LVG. § 57[1].

Dasjenige Verwaltungsgericht ist zuständig für die Entziehung einer Schankkonzession, in dessen örtlichem Bezirke das konzessionierte Lokal liegt.

Nr. 5. Entsch. v. 22. Febr. 1906 (OVG. 50 361) III H 54/05.

1. Durch § 1 PolVd. v. 11. IV. 88 war für den Kreis H. die allgemeine Polizeistunde in den Stadt- und Landgemeinden auf 11 Uhr abends festgesetzt worden. Nach § 3 blieb es den Ortspolizeibehörden überlassen, Ausnahmen von dieser Vorschrift für einzelne Fälle oder auch unter dem Vorbehalte des Widerrufs für bestimmte Wirte ein für allemal zu gestatten. Die Polizeiverwaltung zu X. hatte dem Kläger am 4. X. 99 für seine Wirtschaft die Polizeistunde vorbehaltlich des jederzeitigen Widerrufs auf unbestimmte Zeit verlängert. Nach feststehender Rechtsprechung des OVG. kann aber dieser Widerruf nicht schon deshalb wirksam geltend gemacht werden, weil er vorbehalten ist, sondern es kann nur dann eine Aenderung zum Nachteile des Gewerbetreibenden bezüglich der Polizeistunde von der Polizeibehörde verfügt werden, wenn hierfür besondere polizeiliche Gründe aus

§ 10 ALR. II 17 (§ 6 PolVerwG. v. 11. III. 50, § 6 Vd. v. 20. IX. 67) vorliegen.

2. Als solcher Grund kann aber nicht angesehen werden, daß die Polizei anderen Wirten gegenüber die Polizeistunde herabsetzen müßte und es nach ihrer Ansicht nur unbillig wäre, dem Kläger eine verlängerte Polizeistunde zu belassen. Besondere polizeiliche Gründe müssen gegen den Kläger vorliegen, damit die Verfügung für rechtmäßig erachtet werden kann. Das OVG. hob die Verfügung auf, weil die Billigkeitsgründe vom Rechtsstandpunkte zur Beschränkung des dem Kläger eingeräumten Rechts nicht genügten.

Nr. 6. Entsch. v. 5. Nov. 1906 (OVG. 50 366) III A 3/06.

Die Ortspolizeibehörde ist nicht befugt, die Polizeistunde auf eine frühere Abendstunde festzusetzen, als die in der betr. Polizeiverordnung allgemein vorgeschriebene Stunde, es müßte ihr denn diese Befugnis in der Polizeiverordnung eingeräumt sein.

Nr. 7. Entsch. v. 3. Dez. 1906 (OVG. 50 367) III A 23/06.

1. Ist in einer Polizeiverordnung die Polizeistunde allgemein auf eine bestimmte Stunde festgesetzt, so hat der einzelne Schankwirt nur auf die Anwendung dieser Polizeistunde ein Recht. Zu der in der Polizeiverordnung an sich zugelassenen Verkürzung dieses Rechtes bedarf es besonderer polizeilicher Gründe, welche der Nachprüfung durch den Verwaltungsrichter unterliegen. Ist ein Recht auf Verlängerung der Polizeistunde dagegen durch die Polizeiverordnung dem einzelnen Schankwirte nicht eingeräumt, die Verlängerung vielmehr durch jene Vorschrift lediglich in das Ermessen der Polizeibehörde gestellt, so bedarf eine Ablehnung der Verlängerung durch die Polizeibehörde keiner besonderen Begründung, weil die Verwirklichung der mittels der Polizeiverordnung festgesetzten Norm durch die Polizeiverordnung selbst gedeckt, also durch diejenigen Erwägungen gerechtfertigt wird, welche dazu geführt haben, für die Schankwirtschaften allgemein die Polizeistunde vorzuschreiben.

2. Eine Klage könnte nur Erfolg haben, wenn das ablehnende Verhalten der Polizeibehörde nachweisbar weder auf den der Polizeiverordnung zugrunde liegenden noch überhaupt auf polizeilichen Erwägungen beruhte, wenn sich also dartun ließe, daß die Polizeibehörde bei der Versagung gar nicht auf die Erreichung polizeilicher Zwecke, sondern, unter Ueberschreitung der äußersten ihrem Ermessen gezogenen Grenzen, d. h. pflichtwidrig, auf die persönliche Verletzung und Schädigung des Klägers ausgegangen sei.

Nr. 8. Entsch. v. 8. Juli 1907 — III A 54/06.

Wenn eine Polizeiverordnung Ausnahmen von der Polizeistunde nach dem Ermessen der Polizeibehörde gestattet, so ist diese auch befugt, für einzelne Teile ein und desselben Schanklokals eine verschiedene Polizeistunde festzusetzen (OVG. 41 414), zB. dahin, daß das Zimmer mit Restaurationsbetrieb eine andere Polizeistunde hat wie das Zimmer für Destillationsbetrieb.

Nr. 9. Entsch. v. 8. Jan. 1906 (OVG. 48 308) III A 30/04.

GewO. §§ 33a, 49.

1. Der § 49 GewO. mit seinen Vorschriften über das Erlöschen der zu bestimmten Anlagen und Betrieben erforderlichen und erteilten Genehmi-

gung durch Nichtgebrauch gilt unter anderen auch von „der Genehmigung zu Schauspielunternehmungen". Von der Genehmigung zu Schauspielunternehmungen im Bereiche des stehenden Gewerbebetriebs, auf welchen sich der § 49 allein bezieht, handelte bei dem Inkrafttreten des § 49 ausschließlich der § 32. Später ist, und zwar durch das G. v. 1. VII. 83 (RGBl. 159), der § 33a in den Text der GewO. eingeschaltet, welcher für die Unternehmer gewisser Darbietungen und Veranstaltungen, unter welche auch theatralische Vorstellungen, Schauspiele usw. fallen können, eine besondere Genehmigungspflicht begründet.

2. Aber eine nach Maßgabe des § 33a erteilte Erlaubnis ist, auch soweit sie theatralische Vorstellungen, Schauspiele usw. betrifft, nicht als eine Genehmigung zu Schauspielunternehmungen anzusehen.

3. Folglich findet der § 49 auf die im § 33a genannten Gewerbe keine Anwendung.

Nr. 10. Entsch. v. 3. April 1905 (OVG. 47 328) III A 70/04.

RGewO. §§ 33a, 33b, 60a.

Nach § 33a GewO. bedarf der Erlaubnis, wer gewerbsmäßig Singspiele usw. in seinen Wirtschafts- oder sonstigen Räumen öffentlich veranstalten oder zu deren öffentlicher Veranstaltung seine Räume benutzen lassen will. Neben dieser allgemeinen Genehmigung sollte nach dem Entw. zur Nov. v. 1. VII. 83 die Darbietung von Musikaufführungen, Schaustellungen, theatralischen Vorstellungen oder sonstigen Lustbarkeiten, ohne daß ein höheres Interesse der Kunst oder Wissenschaft dabei obwaltet, von Haus zu Haus oder auf öffentlichen Wegen, Straßen, Plätzen oder an anderen öffentlichen Orten an die vorgängige Erlaubnis der Ortspolizeibehörde sowohl dann gebunden werden, wenn die Darbietung als stehendes Gewerbe, wie auch dann, wenn sie als Gewerbebetrieb im Umherziehen stattfindet. Dabei war für die Aufnahme der Worte „an anderen öffentlichen Orten" die Absicht maßgebend, hiermit auch Gast- und Schankwirtschaften, Kaffeewirtschaften, Sommerlokale und überhaupt alle der Oeffentlichkeit geöffneten Lokale zu treffen. Wesentlich aus Rücksicht auf die Inhaber derartiger Wirtschaften lehnte es jedoch der Reichstag ab, in solchen Lokalen neben der Genehmigung nach § 33a auch noch die einzelnen Darbietungen von der besonderen ortspolizeilichen Genehmigung abhängig zu machen, wenn sie in Ausübung eines stehenden Gewerbebetriebs erfolgen. Deshalb ist die Streichung der Worte „an anderen öffentlichen Orten" im § 33b beschlossen, während sie in dem den Gewerbebetrieb im Umherziehen regelnden § 60a beibehalten worden sind.

Infolge der Streichung der Worte „an anderen öffentlichen Orten" ist demnach die Darbietung der erwähnten Vorstellungen als stehender Gewerbebetrieb sowohl für den Inhaber des Lokals, der sie für seine eigene Rechnung veranstaltet, wie auch für die Dritten, denen der Inhaber des Lokals die Veranstaltung für ihre eigene Rechnung in seinem Lokale gestattet, von der im § 33b vorbehaltenen ortspolizeilichen Erlaubnis nicht abhängig. Die Dritten bedürfen, wenn sie sich auf stehenden Gewerbebetrieb beschränken, einer Erlaubnis überhaupt nicht. Für sie, wie auch für den Inhaber des Lokals bewendet es auch bei dem allgemeinen Grundsatze des § 41, wonach für sie in der Wahl des Arbeits- und Hilfspersonals keine anderen Beschränkungen stattfinden, als die durch die Gewerbeordnung festgestellten. In der Verwendung auswärtigen Personals für seine Rechnung, wenn auch gegen Ablohnung, ist aber weder der Inhaber des Lokals, noch der Dritte, dem für eigene Rechnung die Veranstaltung in Ausübung eines stehenden Gewerbes gestattet wird, durch eine gesetzliche Vorschrift beschränkt. Anders liegt es, wenn auswärtige Personen nicht auf vorgängige Bestellung und nicht gegen

Bezahlung durch den Besteller, sondern auf eigene Rechnung ohne Begründung einer gewerblichen Niederlassung in eigener Person Musikaufführungen, Schaustellungen, theatralische Vorstellungen oder sonstige Lustbarkeiten, ohne daß dabei ein höheres Interesse der Kunst oder Wissenschaft obwaltet, in einem öffentlichen Lokal darbieten. Sie bedürfen alsdann für sich und ihr Personal des Wandergewerbescheins nach § 55[4] und der ortspolizeilichen Genehmigung nach § 60a (Kayser-Steiniger GewO. 168, Landmann[4] 504 Anm. 5 zu § 60a).

Nr. 11. Entsch. v. 23. Okt. 1905 — III 935.

GewO. § 33b.

Das OVG. hat wiederholt ausgesprochen, daß zu den öffentlichen Plätzen im Sinne des § 33b GewO. Privatgrundstücke, welche dem Publikum zum Zwecke der Darbietung von Lustbarkeiten zugänglich gemacht werden, nicht gehören. Diese Auffassung ist in dem Urt. v. 19. XII. 04 (OVG. 46 343) gegenüber der abweichenden Rechtsprechung des KG. nochmals eingehend begründet worden; zugleich ist dort nachgewiesen, daß die gewerbsmäßige Darbietung von Lustbarkeiten der im § 33b bezeichneten Art auch von der Landesgesetzgebung nicht in weiterem Umfang, als der § 33b vorsieht, von einer polizeilichen Erlaubnis abhängig gemacht werden darf. In dem Urt. v. 16. III. 05 (GewArch. für das Deutsche Reich 5 73) hat sich nunmehr auch das KG. I StS. der Ansicht des OVG. angeschlossen. Rechtsprechung und Wissenschaft stimmen danach jetzt fast ausnahmslos in der oben näher dargelegten Auslegung des § 33b überein.

Nr. 12. Entsch. v. 30. April 1906 — III A 78/03.

GewO. §§ 16, 33a; ALR. II 17 § 10.

Durch eine auf Grund des § 33a GewO. erteilte Erlaubnis wird die polizeiliche Geltendmachung einer Gesundheitsgefahr nicht eingeschränkt. Jene Erlaubnis steht der Genehmigung einer Anlage nach § 16 nicht gleich. Eine Sicherheit dafür, daß die nach § 33a beabsichtigten Veranstaltungen polizeilich zu schützende Interessen nicht verletzen, wird durch die Erlaubnis nicht gegeben. Wird die Nachtruhe beeinträchtigt und dadurch die Gesundheit der Anwohner gefährdet, so kann die Polizei einschreiten.

c) Gewerbliche Einrichtungen und Anlagen. Ablösung von Gewerbeberechtigungen.

Literatur: Bauch: ReichsG. betr. die Kinderarbeit in gewerblichen Betrieben, v. 30. III. 03 (Potsdam 1907). — Schmidt-Ernsthausen: Das Kinderschutzgesetz (Stuttgart 1906).

Nr. 1. Entsch. v. 22. Nov. 1906 (OVG. 49 307) III A 17/06.

GewO. § 134 Abs. 3; ALR. II 17 § 10.

1. Der § 134 Abs. 3 GewO. stellt die Einrichtung eines Lohnzahlungsbuchs für jeden minderjährigen Arbeiter nicht in das Ermessen des Fabrikherrn, er schreibt ihm vielmehr die Einrichtung und Ausfüllung eines solchen Buches in bestimmten Worten vor. Der somit begründeten Verpflichtung des Arbeitgebers zur Einrichtung des Buches und Eintragung des Betrags des verdienten Lohnes entspricht die gesetzliche Verpflichtung des Empfängers, das Buch „vor der nächsten Lohnzahlung zurückzureichen". Nach § 139b Abs. 1 a. a. O. ist die Aufsicht über die Ausführung der Bestimmungen

der dort bezeichneten Paragraphen, unter denen sich auch der § 134 befindet, ausschließlich oder neben den ordentlichen Polizeibehörden besonderen von den Landesregierungen zu ernennenden Beamten zu übertragen. Nach Abs. 2 daselbst bleibt die Ordnung der Zuständigkeitsverhältnisse zwischen diesen Beamten und den ordentlichen Polizeibehörden der verfassungsmäßigen Regelung in den einzelnen Bundesstaaten vorbehalten. In Preußen ist die Regelung dahin erfolgt, daß im vorliegenden Falle die Ortspolizeibehörde zuständig ist. Damit ist sie gemäß der ausdrücklichen Vorschrift des § 139b Abs. 1 „zur Aufsicht über die Ausführung" der im § 134 Abs. 3 getroffenen Bestimmung berufen. Sie hat also, da diese Bestimmung eine zwingende und die Einrichtung und Ausfüllung der Lohnzahlungsbücher nicht etwa in das freie Ermessen der Arbeitgeber gestellt ist, mit den ihr gesetzlich zustehenden Mitteln (§§ 132ff. LVG.) dafür zu sorgen, daß die Lohnzahlungsbücher nach Maßgabe des § 134 Abs. 3 vom Arbeitgeber auf dessen Kosten eingerichtet werden und daß der Betrag des verdienten Lohnes in sie eingetragen wird. Das entspricht auch der im § 10 II 17 ALR. der Polizei übertragenen Aufgabe, die nötigen Anstalten zur Erhaltung der öffentlichen Ordnung zu treffen. Denn die Erhaltung der öffentlichen Ordnung begreift, woran das OVG. in gleichmäßiger Rechtsprechung festgehalten hat, auch die Erhaltung der gewerblichen öffentlichen Ordnung in sich.

2. Die Polizei kann zur Durchführung des § 134 Abs. 2 GewO. eine polizeiliche Verfügung (§§ 127ff. LVG.) erlassen. Daran wird sie nicht dadurch gehindert, daß der Gesetzgeber die Innehaltung der Verpflichtung nicht unter Strafe gestellt hat.

Nr. 2. Entsch. v. 3. Juli 1905 (OVG. 47 315) III B 27/05.

RGewO. §§ 16ff., 147 Abs. 2; ZustG. §§ 109ff.

1. Die Bedingungen, welche einem Gewerbetreibenden bei der Genehmigung einer gewerblichen Anlage (GewO. §§ 16ff.) von der genehmigenden Behörde (ZustG. §§ 109ff.) auferlegt werden, können nur in dem Rekursverfahren angefochten und abgeändert werden.

2. Die Polizeibehörde hat gegen Abweichung von den Bedingungen einzuschreiten. Wird gegen die Polizeibehörde geklagt, so hat der Verwaltungsrichter zu prüfen, ob die Genehmigung von einer sachlich oder örtlich zuständigen Behörde erteilt ist, nicht ob die Bedingungen zu Unrecht auferlegt sind. Dagegen kann nur der Rekurs schützen.

Nr. 3. Entsch. v. 4. Dez. 1905 (PrVerwBl. 28 893) III 2363.

GewO. §§ 16, 25.

Nach Abs. 1 des § 25 GewO. bleibt die Genehmigung zu einer der im § 16 daselbst bezeichneten Anlagen so lange in Kraft, als keine Aenderung in der Lage oder Beschaffenheit der Betriebsstätte vorgenommen wird, während, sobald eine Veränderung der Betriebsstätte stattfindet, dazu die Genehmigung der zuständigen Behörde notwendig ist.

Nach Abs. 2 gelten diese Bestimmungen auch für solche im § 16 daselbst bezeichneten gewerblichen Anlagen, welche bereits vor Erlaß dieses Gesetzes bestanden haben.

Unter Betriebsstätte im Sinne des § 25 ist der gesamte zur Ausübung des Gewerbes benutzte Raum mit allem Zubehör zu verstehen (OVG. 23. IX. 99 — PrVerwBl. 21 268). Daher können auch Lagerräume einen Teil der Betriebsstätte bilden.

Nr. 4. Entsch. v. 13. Juni 1907 (OVG. 51 310) III B 21/07.

GewO §§ 16ff.

Der Stadtausschuß erteilte einem Fabrikbesitzer die Erlaubnis für eine Kessel- und Kupferschmiede nebst Gelbgießerei unter dem Vorbehalt, daß für gute Abführung des Rauches und der Dämpfe Sorge zu tragen und die Nachbarschaft nicht durch Rauch oder Geräusch zu belästigen sei; etwa dennoch eintretende Belästigungen seien in kürzester Frist abzustellen. Die Ortspolizeibehörde untersagte ihm die Verrichtung von Arbeiten auf dem Hofe, weil sie die Nachbarschaft in gesundheitschädlicher Weise belästigten. Hieran knüpfte sie unter Androhung einer Geldstrafe das Gebot, solche mit Geräusch verbundenen Arbeiten nur im Innern der Gebäude bei vollständig geschlossenen Türen und Fenstern vornehmen zu lassen. Der Fabrikbesitzer erhob Klage und focht namentlich auch das Gebot an, die Fenster und Türen vollständig geschlossen zu halten. Der Bezirksausschuß setzte unter Abweisung des Klägers mit seinem weitergehenden Antrage die Verfügungen bezüglich des Gebots, geräuschvolle Arbeiten im Innern der Gebäude nur bei vollständig geschlossenen Türen und Fenstern vornehmen zu lassen, und bezüglich der Strafandrohung außer Kraft (ne bis in idem). Maßgebend war hierfür die Erwägung, daß das Gebot in den Bedingungen der Erlaubnis nicht seine Stütze finde und daß die Strafandrohung mit Rücksicht auf die im § 147² GewO. vorgesehene Strafe unzulässig sei. Gegen diese Entscheidung erhob die Ortspolizeibehörde Berufung, indem sie geltend machte, daß sich das streitige Gebot deshalb rechtfertige, weil dem Kläger die Erlaubnis nur unter der Bedingung erteilt worden sei, daß die Nachbarschaft durch Geräusche bei dem Betrieb nicht belästigt werde und daß etwaige Belästigungen alsbald abzustellen seien. Das OVG. bestätigte die Vorentscheidung und führte aus:

„Der Stadtausschuß war ermächtigt, die Erlaubnis zu versagen, falls seiner Ueberzeugung nach der Betrieb ohne Belästigung der Anwohner durch Geräusche nicht durchführbar war. Wenn er dieser Ueberzeugung nicht war, anderseits mit der Möglichkeit einer Belästigung nach Art des Betriebes rechnen zu müssen glaubte, so war er auch ermächtigt, die Erlaubnis von Einrichtungen technischer oder anderer Art abhängig zu machen, welche Belästigungen durch Geräusche auszuschließen vermögen. Sofern derartige Einrichtungen zur Bedingung gemacht worden wären, würde die Polizeibehörde zur Wahrung der öffentlichen Ordnung einen von der gestellten Bedingung abweichenden und deshalb strafbaren Betrieb zu verhindern befugt gewesen sein.

Die Bedeutung einer solchen Bedingung, welche die Polizeibehörde zum Einschreiten im Falle der Zuwiderhandlung ermächtigt, kann jedoch dem allgemeinen Vorbehalte wegen Vermeidung von Belästigungen der Anwohner nicht zugestanden werden. Begrifflich ist eine Bedingung im Sinne der GewO. eine Anordnung über die Art der Einrichtung der gewerblichen Anlage und ihres Betriebs zu dem Zwecke, den Schutz der Anwohner und des Publikums überhaupt vor Nachteilen, Gefahren oder Belästigungen zu sichern. Auf Grund eines allgemeinen Vorbehalts, wie er bei der Erteilung der Genehmigung hier gemacht worden ist, kann deshalb allein in Frage kommen, ob die genehmigende Behörde dem Unternehmer nachträglich erweiterte Auflagen machen darf, weil der Betrieb in der genehmigten Art zu einer Belästigung der Anwohner führt. Die Zuständigkeit hierfür darf die Polizeibehörde weder für sich in Anspruch nehmen, noch darf sie ihr von der genehmigenden Behörde übertragen werden. Die Rechtslage ist auch keine andere, wenn der Betrieb in der genehmigten Art die Gesundheit der Anwohner zu gefährden geeignet ist. Die Wahrung dieser an sich in das Gebiet der Polizei fallenden Rücksicht liegt der genehmigenden Behörde ebenso ob, wie es für andere polizeiliche Rücksichten zutrifft. Neben der Zuständigkeit der genehmigenden Behörde ist für eine selbständige Verfügungsgewalt der Polizeibehörde zur Wahrung der polizeilichen Rücksichten kein Raum. Hiervon ist das OVG. in ständiger Rechtsprechung und in Uebereinstimmung mit dem RG. ausgegangen (OVG. 5 289, 10 263, 23 257, 37 312 und RGZ. 64 117)*)."

Nr. 5. Entsch. v. 2. Dez. 1907 (OVG. 51 315) III B 43/06.

ZustG. § 133 Abs. 1.

1. Der § 133 Abs. 1 ZustG. bestimmt:

„Der Bezirksausschuß entscheidet über Anträge auf Ablösung von Gewerbeberechtigungen und auf Entschädigung für aufgehobene Gewerbeberechtigungen."

Diese Vorschrift bezieht sich auch auf Anträge eines Apothekenbesitzers auf Entschädigung wegen eines durch die Konzessionierung einer zweiten Apotheke erfolgten Eingriffs in die ihm für den Bezirk der Gemeinde verliehene ausschließliche Apothekergerechtigkeit.

2. Die Entscheidung über das Bestehen des Privilegiums und der daraus hergeleiteten Entschädigungspflicht steht dem ordentlichen Richter zu (RG. 29. X. 03, Jurist. Wochenschr. 423).

3. Der Feststellung der Entschädigung ist derjenige Wert zugrunde zu legen, welchen die Berechtigung am 1. XI. 1810 hatte. Der Wert des Grundstücks nebst Gebäude, Inventar und Apothekerwaren bleibt außer Betracht (§§ 34, 36 G. v. 7. IX. 1811). Der Inhaber der Berechtigung muß zu der ermittelten Entschädigung selbst beitragen (§ 46 G. v. 7. IX. 1811; § 5 Abs. 2 Dekl. v. 11. VII. 22), aber nur der hat beizusteuern, der das Gewerbe betreibt. Die Entschädigung ist nach billigem Ermessen festzusetzen.

d) Die in den §§ 34, 35, 36, 38 behandelten Gewerbe; Straßengewerbe; Hufbeschlaggewerbe, Seeschiffer, Schornsteinfeger, Hofprädikate.

Literatur: Hoffmann: Vorschriften für den Geschäftsbetrieb der Gesindevermieter und Stellenvermittler[2] (Berlin 1907).

Nr. 1. Entsch. v. 20. Nov. 1905 — III 560.

GewO. § 34.

Bei der Stellenvermittelung (GewO. § 34) liegt eine Tätigkeit vor, welche auf Abschluß eines Vertrages über gesuchte oder angebotene Stellen nach beiden Seiten, sowohl nach der Seite des Arbeitgebers als auch nach der des Arbeitsuchenden hin gerichtet ist; der Gewerbetreibende sucht beide einander zuzuführen und näher zu bringen und zwischen ihnen zu vermitteln (RGStr. v. 2. V. 03 36 233 und GewArch. 3 252). Um Gesinde allein braucht es sich dabei nicht zu handeln.

Nr. 2. Entsch. v. 25. Jan. 1906 (PrVerwBl. 28 107) III 156.

GewO. § 35; G. v. 20. IV. 92 § 13.

1. Es kann dahingestellt bleiben, ob bei der Gesellschaft mit beschränkter Haftung das individualistische oder das kollektivistische Prinzip über-

*) Die Entscheidung kann leicht mißverstanden werden. Die Konzession enthielt die Bedingung, daß die Nachbarschaft nicht durch Geräusch belästigt werden dürfe. Das war zulässig. Da die Arbeiten außerhalb des Gebäudes das verbotene Geräusch verursacht haben, durfte die Ortspolizei dieses Geräusch verbieten, weiter allerdings nicht gehen.

wiegt. Auch wenn sich gegen die von Parisius und Crüger (s. deren Kommentar[2] 20ff.) im letzteren Sinn vertretene Auffassung begründete Bedenken geltend machen ließen, so ergibt sich doch aus § 13 G. v. 20. IV. 92, daß die Gesellschaft als solche selbständig ihre Rechte und Pflichten hat und daß sie vor Gericht klagen und verklagt werden kann. Es ist aber nicht abzusehen, weshalb es den Verwaltungsbehörden grundsätzlich versagt sein sollte, in den Grenzen ihrer Zuständigkeit ihre Maßnahmen durch Verfügung oder durch Erhebung der Klage im Verwaltungsstreitverfahren ebenfalls gegenüber der Gesellschaft zur Geltung zu bringen, und weshalb der Gesellschaft die Klage im Verwaltungsstreitverfahren behufs Anfechtung von Anordnungen von Verwaltungsbehörden oder behufs Abwälzung einer ihr angesonnenen öffentlich-rechtlichen Pflicht auf Dritte verwehrt sein sollte. Wofür die Gesellschaft freilich grundsätzlich außer Betracht bleiben muß, betrifft das Strafverfahren, das sich sowohl dann, wenn es sich um die Sühne für eine im Betrieb der Gesellschaft verübte strafbare Handlung, wie auch dann, wenn es sich um die Erzwingung einer Handlung oder Unterlassung handelt, nur gegen die betr. physische Person und also gegebenenfalls gegen die verantwortlichen Gesellschafter richten darf (s. OVG. 42 242).

2. Es ist außer jedem Zweifel, daß der Betrieb solcher Gewerbe, die an eine behördliche Genehmigung nicht gebunden sind, auch von juristischen Personen, Gesellschaften, Vereinen usw. aufgenommen werden darf. Wollte man gleichwohl nicht anerkennen, daß die Untersagung des Gewerbebetriebes, wenn sie gesetzlich wegen Unzuverlässigkeit des Gewerbetreibenden zugelassen worden ist, gegen die juristischen Personen, Gesellschaften, Vereine usw. auszusprechen ist, dann käme man zu dem unannehmbaren Ergebnis, daß die Untersagung gegenüber juristischen Personen, weil bei ihnen physische Personen als Träger von Rechten und Pflichten nicht in Betracht kommen, unausführbar wäre und daß sie auch gegenüber Aktiengesellschaften mit Rücksicht auf die Schwierigkeit der Feststellung der jeweiligen Aktionäre kaum durchführbar wäre. Von der Zulässigkeit der Untersagung des Gewerbebetriebes gegen juristische Personen, Aktiengesellschaften usw. geht u. a. das Gesetz über die privaten Versicherungsunternehmungen v. 29. V. 01 aus und auf dem gleichen Standpunkt steht auch das Gesetz über die Gesellschaften mit beschränkter Haftung. Die nach § 62 zulässige Klage auf Auflösung der Gesellschaft findet gegen die Gesellschaft und nicht gegen die Gesellschafter statt, wiewohl die Auflösung nur auf Grund der Feststellung, daß die Gesellschaft das Gemeinwohl gefährdet und also insoweit der Zuverlässigkeit entbehrt, erfolgen darf.

3. Ob ein Mangel an Zuverlässigkeit bei der Gesellschaft anzunehmen ist, und ob sich deshalb die Untersagung eines Gewerbebetriebes gemäß § 35 GewO. rechtfertigt, dafür ist freilich das Verhalten der Gesellschafter in Betracht zu nehmen. Wenn auch die Feststellung der Unzuverlässigkeit nicht an dieselben Voraussetzungen gebunden ist, die das Gesetz im § 62 für die Auflösung der Gesellschaft aufstellt, nämlich dahin, daß die Gesellschafter gesetzwidrige Beschlüsse fassen oder gesetzwidrige Handlungen der Geschäftsführer wissentlich geschehen lassen, so wird sich immerhin eine solche Feststellung wie bei der als Unternehmer in Betracht kommenden physischen Person, so auch bei der Gesellschaft wegen Verfehlungen des Geschäftsführer nur dann rechtfertigen, wenn sie den Umständen nach, sei es auch nur wegen vernachlässigter Aufsicht, den Gesellschaftern anzurechnen sind.

Nr. 3. Entsch. v. 8. Febr. 1906 (OVG. 49 303) III B 119/05.

GewO. § 35 Abs. 3; Nov. v. 30. VI. 00.

1. Die Besorgung fremder Rechtsangelegenheiten bildet einen Teil des in § 35 Abs. 3 GewO. einheitlich zusammengefaßten Gewerbes „der

gewerbsmäßigen Besorgung fremder Rechtsangelegenheiten und bei Behörden wahrzunehmender Geschäfte, insbesondere der Abfassung der darauf bezüglichen schriftlichen Aufsätze", wie dies in der Entsch. v. 11. XII. 02 — III 2074 (GewArch. 2 620) näher dargelegt worden ist. Dies Gewerbe ist daher, wenn die Voraussetzungen dazu vorliegen, ganz zu untersagen, mag es auch nur nach der einen oder anderen Seite betrieben werden. Daß unter den Begriff zum Teil auch die Tätigkeit fällt, die Privatdetektivs ausüben, insbesondere die Herbeischaffung von Beweismaterial in Zivil- und Strafprozessen, hat das OVG. in dem Urt. v. 21. III. 00 (37 336) ausgesprochen.

2. Die durch die Nov. v. 30. VI. 00 in § 35 Abs. 3 GewO. eingeschobenen Worte „von der gewerbsmäßigen Auskunfterteilung über Vermögensverhältnisse oder persönliche Angelegenheiten" bezeichnen ebenfalls ein einheitliches Gewerbe — nämlich das der Auskunfterteilung — nach seinen verschiedenen Seiten hin. Die Untersagung hat daher ebenfalls diesen ganzen einheitlichen Gewerbebetrieb zu umfassen, und es ist deshalb ganz gleichgültig, ob der Gewerbetreibende sich nur mit der Auskunfterteilung über persönliche Angelegenheiten und nicht mit der über Vermögensverhältnisse befaßt hat.

3. Das Privatdetektivgewerbe, das vielfach gerade die Beschaffung von Auskunft über persönliche oder Vermögensangelegenheiten zum Gegenstande hat, fällt insoweit unter die Vorschrift der Novelle über die Auskunfterteilung (Kayser-Steiniger, GewO., Anm. 17 zu § 35; Neukamp, Anm. 12 zu § 35; Schicker, Anm. 12 zu § 35; Rohrscheidt, Anm. 26, 29f. zu § 35). Je nach den verschiedenen Seiten des Privatdetektivgewerbes unterliegt dieser Gewerbebetrieb demnach den Vorschriften des § 35 Abs. 3 über die gewerbsmäßige Besorgung fremder Rechtsangelegenheiten oder über die gewerbsmäßige Auskunfterteilung.

4. Erklärt der Gewerbetreibende, daß er das Gewerbe einstelle, so kann die Untersagung doch stattfinden, wenn keine Gewähr dafür vorliegt, daß der Betrieb nicht wieder werde aufgenommen werden.

Nr. 4. Entsch. v. 21. Dez. 1905 (OVG. 48 294) III B 100/05.

GewO. § 35 Abs. 2.

Zu dem Begriffe des Trödelhandels gehört es notwendig, daß diejenigen Waren, welche den Gegenstand eines Trödelhandels bilden, von dem Geschäftsinhaber nicht nur eingekauft, sondern demnächst auch weiter veräußert werden. Fehlt es an dieser letzteren Voraussetzung, so liegt der Betrieb eines Trödelhandels nicht vor. Etwas hiervon Abweichendes ist auch nicht in dem OVG. 20. IV. 91 (21 325) ausgesprochen, indem damals der Wiederverkauf des eingekauften alten Metallgeräts durch den Geschäftsinhaber als unstreitig vorausgesetzt, und nur die Art des Wiederverkaufs, ob sie im großen oder im kleinen geschehe, für unerheblich erachtet worden ist angesichts der Tatsache, daß der Einkauf im kleinen stattfand. Die Annahme des Wiederverkaufs behufs Feststellung des Begriffs des Trödelhandels ist nun zwar nicht davon abhängig, daß die Waren genau in demselben Zustand, in welchem sie eingekauft worden sind, wieder veräußert werden, und in demselben Sinne hat auch das KG. in seiner Entsch. v. 2. VII. 03 ausgesprochen, daß der Ein- und Verkauf alter Stiefel Trödelhandel bleibe, auch wenn diese vor dem Verkaufe handwerksmäßig ausgebessert würden (GewArch. 3 262); wohl aber kann von einem Wiederverkauf nur da die Rede sein, wo die eingekauften Waren ihrem Bestande nach im wesentlichen noch vorhanden und in ihrer Identität erkennbar sind (Erl. v. 26. VII. 02 — MBl. d. Hand.- u. GewVerw. 299).

Nr. 5. Entsch. v. 18. Jan. 1906 (OVG. 48 296) III B 110/05.

GewO. § 35 Abs. 4.

1. Das Wort „wiederholt" in § 35 Abs. 4 GewO. bedeutet „mindestens zweimal".

2. Die Vorschrift in § 35 Abs. 4 bezweckt die Unterdrückung des sog. Winkelschanks.

3. Die Bestrafungen durch rechtskräftigen Strafbefehl genügen.

Nr. 6. Entsch. v. 7. Febr. 1907 (OVG. 50 374) III B 93/06.

GewO. § 35.

Nach § 33c GewO. richtet sich die Abhaltung von Tanzlustbarkeiten nach den landesrechtlichen Bestimmungen. Für die nach preußischem Rechte zulässige Beschränkung der Tanzlustbarkeiten durch Polizeiverordnung kommt hauptsächlich der Gesichtspunkt in Betracht, daß nicht durch zu häufiges Gestatten solcher Lustbarkeiten die Arbeitsscheu und Sittenverderbnis gefördert werden soll. Der Zweck der Beschränkung ist also, die Tanzlustbarkeiten auf dasjenige Maß einzuschränken, welches mit dem Interesse der öffentlichen Ordnung und Sittlichkeit vereinbar ist. Danach ist es keineswegs grundsätzlich ausgeschlossen, aus der Tatsache, daß ein Tanzlehrer unter dem Deckmantel der Erteilung von Tanzunterricht öffentliche Tanzlustbarkeiten veranstaltet und sonach den im Interesse der öffentlichen Ordnung und Sittlichkeit erlassenen Polizeivorschriften zuwiderhandelt, im Sinne des § 36 GewO. einen Schluß auf seine Unzuverlässigkeit in bezug auf den Gewerbebetrieb als Tanzlehrer herzuleiten (Urt. des bayerischen Obersten Landesgerichts v. 24. I. 05, 5 225 der Entsch. dieses Gerichtshofs).

Nr. 7. Entsch. v. 19. März 1906 (PrVerwBl. 28 855) III 565.

GewO. §§ 36, 53.

Nach § 36 GewO bleiben die verfassungsmäßig dazu befugten Staats- oder Kommunalbehörden oder Korporationen auch ferner berechtigt, Personen, welche die in diesem Paragraphen genannten Gewerbe, unter denen auch das Gewerbe der Wäger besonders aufgeführt ist, „betreiben wollen", auf die Beobachtung der bestehenden Vorschriften zu beeidigen und öffentlich anzustellen. Nach § 53 Abs. 1 in Verbindung mit den Eingangsworten des Abs. 2 daselbst können die im § 36 bezeichneten Bestallungen „zurückgenommen werden, wenn die Unrichtigkeit der Nachweise dargetan wird, auf Grund deren solche erteilt worden sind".

Wie die Worte „Personen, welche betreiben wollen", im § 36 ergeben, knüpft das Gesetz die Bestallung als Wäger nicht an die Voraussetzung, daß der Antragsteller dies Gewerbe bereits selbständig betreibt. Vielmehr kann die Beeidigung und öffentliche Anstellung der im § 36 genannten Gewerbetreibenden, was bei manchen dieser Gewerbe sogar die Regel bildet, dem Beginne des Gewerbebetriebs vorausgehen. Gesetzlich steht daher auch nichts im Wege, daß Personen eine solche Anstellung nachsuchen, die noch nicht selbständig sind, sondern die Kenntnisse und Fähigkeiten, auf Grund deren sie die Erteilung der Bestallung beantragen, zurzeit im Dienste eines anderen Gewerbetreibenden verwerten. Ebensowenig bietet das Gesetz eine Handhabe, um Personen, die die Anstellung nach § 36 erhalten haben, zur tatsächlichen Ausübung des Gewerbebetriebs zu zwingen. Insbesondere bildet die Nichtausübung, wie das OVG. bereits in der Entsch. v. 30. XI. 03 — III 2284 (GewArch. 3 453) näher dargelegt hat, auch keine Grundlage zur Entziehung der Bestallung nach Maßgabe des 53 Abs. 2 GewO. In dieser Beziehung ist in der Entscheidung ausgeführt:

„dem Beklagten ist darin beizupflichten, daß die Voraussetzungen für die Anwendung dieser Vorschrift (nämlich des § 53 Abs. 2) nicht vorliegen. Denn die Klägerin hat zur Begründung ihrer Klage lediglich vorgebracht, daß die Beklagten keine selbständigen Gewerbetreibenden seien, also, mit anderen Worten ausgedrückt, daß sie das Gewerbe als Wäger nicht ausüben. Die bloße Nichtausübung desjenigen Gewerbes, auf das sich die zurückzunehmende Genehmigung oder Bestallung bezieht, ist aber nicht eine Handlung oder Unterlassung des Inhabers, aus der auf den Mangel der bei der Erteilung der Genehmigung oder Bestallung vorausgesetzten Eigenschaften geschlossen werden könnte."

Dagegen ist es richtig, daß die Bestallung nach Maßgabe des Abs. 1 des § 53 dann zurückgenommen werden könnte, wenn die Handelskammer auf Grund eines unrichtigen Nachweises über die von ihr als wesentlich erachtete selbständige gewerbliche Tätigkeit des Wägers die Beeidigung und Anstellung vorgenommen hätte. Und zwar würde es auch nur auf die objektive Unrichtigkeit des Nachweises und nicht darauf ankommen, ob der Wäger sie selbst veranlaßt habe (Landmann Anm. 3 zu § 53 GewO.). Es ist aber die Unrichtigkeit eines Nachweises erforderlich.

Nr. 8. Entsch. v. 19. Jan. 1905 (OVG. 47 319) III B 66/04

GewO. §§ 36 Abs. 1, 53 Abs. 2.

Die Bestallung eines vereideten Landmessers kann zurückgenommen werden, wenn er gegen die Vorschriften des § 39 Anweisung II des Finanzministers v. 21. II. 96 handelt.

Nr. 9. Entsch. v. 19. Juni 1905 (OVG. 47 324) III B 16/05.

GewO. §§ 36 Abs. 1, 53 Abs. 2.

Nach § 53 Abs. 2 GewO. können die im § 36 bezeichneten Genehmigungen und Bestallungen zurückgenommen werden, „wenn aus Handlungen oder Unterlassungen des Inhabers der Mangel derjenigen Eigenschaften, welche bei der Erteilung der Genehmigung oder Bestallung nach der Vorschrift dieses Gesetzes vorausgesetzt werden mußten, klar erhellt". Ueber die Frage, ob in der eidlichen Verpflichtung eines Feldmessers zugleich seine öffentliche Anstellung im Sinne des § 36 GewO. liege oder ob es dazu zum mindesten noch der amtlichen Bekanntmachung der stattgefundenen Beeidigung bedürfe, hat sich das OVG. in einer Entsch. v. 4. I. 04 III 14 dahin geäußert:

„Den Gegenstand des Verfahrens bildet lediglich die Zurücknahme der im § 36 RGewO. bezeichneten öffentlichen Anstellung als beeideter Feldmesser. Diese Anstellung liegt nach der allgemeinen Verfügung der Minister der öffentlichen Arbeiten und für Handel und Gewerbe vom 27. IV. 80 (MBl. 116), ohne daß es noch eines besonderen Anstellungsakts oder der Erteilung eines Patents bedarf, in der Vereidigung der Feldmesser und ist hinsichtlich des Beklagten durch seine auf Verfügung der Regierung, Abteilung des Innern, bewirkte Vereidigung als Feldmesser erfolgt."

Die MVf. v. 27. IV. 80 lautet:

„Der Königlichen Regierung erwidern wir auf den Bericht vom 27. v. Mts., daß in der Vereidigung der Feldmesser die öffentliche Anstellung im Sinne des § 36 GewO. liegt und es daher weder einer besonderen Anstellung noch der Erteilung eines Patents für die Feldmesser bedarf."

Auf den gleichen Standpunkt hat sich auch das RG. in einem den Gewerbebetrieb eines Auktionators betreffenden Urt. v. 28. III. 88 (Reger, Entsch 9 13) gestellt. Hier heißt es:

„Endlich geht auch aus § 266[3] Strafgesetzbuchs hervor, daß die Versteigerer unerachtet ihrer obrigkeitlichen Verpflichtung Gewerbetreibende bleiben. Allerdings spricht er nur von der obrigkeitlichen Verpflichtung der Versteigerer, während im § 35 GewO. von den angestellten und im § 36 GewO. von beeidigten und angestellten Auktionatoren geredet wird. Aber gerade diese wechselnde Ausdrucksweise läßt erkennen, daß nicht etwa dem Worte „anstellen" eine besondere technische Bedeutung hatte beigelegt und vielmehr lediglich hatte gesagt werden sollen, die Anstellung der Auktionatoren verlange eine eidliche Verpflichtung, diese eidliche Verpflichtung aber sei gleichbedeutend mit der Anstellung."

Und unter Bezugnahme auf die vorstehende Entscheidung heißt es in einem späteren RG. 20. VI. 88 (Reger 9 214):

„Es ist deshalb die eidliche Verpflichtung bereits vom Reichsgericht als gleichbedeutend mit der Anstellung aufgefaßt worden."

Der Auffassung des RG. sind auch zum überwiegenden Teile die Kommentatoren der GewO. beigetreten.

Nr. 10. Entsch. v. 19. März 1906 (OVG. 50 376) III A 34/05.

GewO. § 38 Abs. 1.

Nach Nr. 31 Vschr. v. 10. VII. 02 (MBl. der Hand.- u. GewVerw. 279) darf der Versteigerer nur auf Grund einer Bescheinigung der Ortspolizeibehörde Versteigerungen vornehmen. Gemäß Nr. 33 Abs. 2 kann die Bescheinigung u. a. versagt werden, wenn es der Versteigerung an einem hinreichend begründeten Anlasse fehlt, insbesondere wenn sie eine empfindliche Schädigung der angesessenen Gewerbetreibenden herbeiführen würde. Diese Bestimmungen beruhen auf § 38 Abs. 1 GewO. Die Bestimmungen der Nr. 31 und 33 stehen mit dem Gesetz im vollen Einklange. Für ihre Anwendung im Einzelfall aber kann nicht von der Polizeibehörde der Nachweis verlangt werden, daß eine bestimmte Schädigung mit Namen zu bezeichnender Gewerbetreibender durch die Versteigerung stattfinden würde, da ein solcher Nachweis nicht wohl möglich ist, sondern die Polizeibehörde hat pflichtgemäß zu erwägen, ob eine Schädigung der angesessenen Gewerbetreibenden nach Lage der in Betracht kommenden Verhältnisse zu besorgen ist. Dies muß als im Sinne der ministeriellen Vorschriften liegend angesehen werden. Der Verwaltungsrichter hat demgemäß nur nachzuprüfen, ob bei der Versagung der Erlaubnis zur Versteigerung Willkür oder Schikane mitgewirkt haben.

Nr. 11. Entsch. v. 1. Febr. 1906 (PrVerwBl. 28 709) III 201.

GewO. § 38.

Der § 38 Abs. 4 GewO. bestimmt folgendes

„Die Zentralbehörden sind ferner befugt, Vorschriften darüber zu erlassen, in welcher Weise die im § 35 Abs. 2f. verzeichneten Gewerbetreibenden ihre Bücher zu führen und welcher polizeilichen Kontrolle über den Umfang und die Art ihres Geschäftsbetriebes sie sich zu unterwerfen haben."

Von der hier erteilten Ermächtigung hat der preußische Minister für Handel und Gewerbe Gebrauch gemacht und die Vorschriften für den Gewerbebetrieb der Personen, die fremde Rechtsangelegenheiten und bei Behörden wahrzunehmende Geschäfte besorgen, v. 28. XI. 01 erlassen (HMBl. 349). Die Ziff. 9 Abs. 1 dieser Vorschriften schreibt folgendes vor:

„Die Polizeibehörde und ihre Organe können von dem Geschäftsbetriebe Kenntnis nehmen und zu diesem Zwecke die für den Betrieb bestimmten Räume jederzeit betreten und dort die Geschäftsbücher, Geld- und Urkundenbücher, sowie die Handakten einsehen. Sie können auch verlangen, daß diese Bücher und Schriftstücke im Dienstraume der Polizeibehörde vorgelegt werden und daß ihnen über den Geschäftsbetrieb Auskunft erteilt wird."

Die Rechtsgültigkeit dieser Bestimmungen kann nicht beanstandet werden, da sie sich völlig im Rahmen der den Zentralbehörden durch den § 38 Abs. 4 eingeräumten weitgehenden Befugnisse halten. Auch muß anerkannt werden, daß hier, wenngleich es nicht zu besonderem Ausdruck gelangt ist, den Polizeibehörden das Recht beigelegt worden ist, abgesehen von Ausnahmefällen — wie zB. bei Behinderungen durch Krankheit u. dgl. — das persönliche Erscheinen der Rechtskonsulenten im Dienstraume der Behörde zu beanspruchen.

Nr. 12. Entsch. v. 8. Nov. 1906 — III B 69/06.

GewO. §§ 38, 72—78.

Inwieweit polizeiliche Taxen zulässig sind, bestimmt sich nach den §§ 72 bis 78 GewO. Die Vorschriften, zu denen die Zentralbehörden im § 38 über den Umfang der Befugnisse und Verpflichtungen sowie über den Geschäftsbetrieb der Pfandleiher, Pfandvermittler, Gesindevermieter, Stellenvermittler und Auktionatoren ermächtigt worden sind, dürfen sich demnach nicht auf die Festsetzung von Taxen erstrecken. Im § 78 sind die Behörden zum Erlaß von Taxen aber nur für die gemäß § 36 beeidigten und angestellten Versteigerer ermächtigt (Hoffmann, Geschäftsbetrieb der Versteigerer 110).

Nr. 13. Entsch. v. 5. Juni 1905 (OVG. 48 286) III B 11/05.

GewO. § 31 Abs. 3; ZustG. § 120[4].

Der Bezirksausschuß entscheidet auf Klage der zuständigen Behörde über die Zurücknahme der Patente der Stromschiffer (§ 31 Abs. 3 GewO.; § 120[4] ZustG.). Dies gilt auch im Hinblick auf § 13 Abs. 3 Additionalakte v. 13. IV. 48 (GS. 457). Der Regierungspräsident darf aber nicht durch Verfügung das Patent zurücknehmen, es muß Klage angestellt werden.

Nr. 14. Entsch. v. 4. Dez. 1905 (OVG. 48 289) III B 3/05.

GewO. §§ 31 Abs. 3, 53; ZustG. § 120.

1. Der Bezirksausschuß ist zuständig auf Klage der Polizeibehörde, einem Stromschiffer das Patent zu entziehen.

2. Die Zuständigkeit zur Erhebung der Klage gegen einen Stromschiffer auf Entziehung des Schifferpatents ist nicht davon abhängig, an welchem Orte er seinen Wohnsitz hat; vielmehr ist diejenige Behörde zuständig, welcher die Strom- und Schiffahrtspolizei auf dem Strome zusteht, für den ihm die Erlaubnis zur Führung eines Schiffes erteilt worden ist, und auf dem er danach die Schiffahrt ausübt. Diese Behörde ist aber, sofern in Gemäßheit des § 138 LVG. mit der Verwaltung der Strom- und Schiffahrtspolizei eine besondere, unmittelbar von dem Minister für Handel und Gewerbe ressortierende Behörde beauftragt worden ist, die mit diesem Auftrage versehene Behörde und nicht der Regierungspräsident, sofern nicht gerade ihm der Auftrag erteilt worden ist. Die Strom-, Schiffahrts- und Hafenpolizei auf dem Elbstrom ist auf den Oberpräsidenten der Prov. Sachsen als Chef der Elbstrombauverwaltung übertragen worden, ohne daß dabei die Zuständigkeit zur Erhebung der Klage bei dem Bezirksausschuß auf Zurücknahme der Stromschifferpatente im Sinne des § 120[4] ZustG. dem Regierungspräsidenten,

in dessen Bezirke das Patent erteilt ist, vorbehalten worden wäre (vgl. Urt. v. 27. X. 90 und v. 22. IV. 92 OVG. 20 343 und 22 318).

3. Die Vorschrift im Schlußsatze des § 39 AAnw. zur GewO. v. 1. V. 04 ist daher rechtsungültig.

e) Wandergewerbescheine; Feilbieten von Druckschriften, Anschlagwesen; Legitimationsscheine; Legitimationskarten.

Nr. 1. Entsch. v. 25. Jan. 1906 (OVG. 48 313) III C 158/05.

GewO. § 56[12].

Der § 56[12] GewO. bestimmt, daß vom Feilbieten und Aufsuchen von Bestellungen im Umherziehen ausgeschlossen sind: Druckschriften, insofern sie in sittlicher oder religiöser Beziehung Aergernis zu geben geeignet sind. Diese Bestimmung kann nicht dahin aufgefaßt werden, daß nur solche Druckschriften ausgeschlossen sein sollen, welche bei allen Personen mit religiösem Empfinden Aergernis erregen müssen; es soll vielmehr auch dasjenige Aergernis vermieden werden, welches nur bei einem Teile der Bevölkerung infolge seiner Zugehörigkeit zu einem bestimmten Glaubensbekenntnisse durch die Verbreitung einer Druckschrift hervorgerufen werden würde.

Nr. 2. Entsch. v. 18. Mai 1905 (OVG. 47 335) III A 48/04.

PreßG. v. 7. V. 74 § 2.

Unter das PreßG. v. 7. V. 74 § 2 fallen auch Bilder, die mechanisch oder chemisch vervielfältigt sind. (Es hatte ein Gastwirt in seinem Lokale Bildnisse polnischer Nationalhelden und Könige an den Wänden aufgehängt. Das Gebot der Polizeiverwaltung, die Bilder zu entfernen, hob das OVG. auf, vgl. OVG. 3. X. 91 40 295 und 298.)

Nr. 3. Entsch. v. 27. Nov. 1905 (PrVerwBl. 28 353) III 1326.

GewO §§ 44, 44a.

Die GewO. in ihrer ursprünglichen Fassung v. 21. VI. 69 gestattete im § 44 Kaufleuten, Fabrikanten und anderen Personen, welche ein stehendes Gewerbe betreiben, schlechthin, außerhalb des Ortes ihrer gewerblichen Niederlassung persönlich oder durch in ihren Diensten stehende Reisende Waren aufzukaufen und Bestellungen auf Waren zu suchen. Nach Abs. 2 des § 44 bedurften sie dazu eines Legitimationsscheins. Beschränkungen sah das Gesetz nur insofern vor, als nach Abs. 3 des § 44 der Inhaber eines solchen Legitimationsscheins aufgekaufte Waren nur behufs deren Beförderung nach dem Bestimmungsorte und von den Waren, auf welche er Bestellungen suchte, nur Proben oder Muster mit sich führen durfte. Das Aufsuchen von Bestellungen auch bei anderen Personen als Gewerbetreibenden (das sog. Detailreisen) war nach der GewO. von 1869 also frei; insbesondere bedurften die Detailreisenden dazu keines Wandergewerbescheins. Auch die Nov. v. 1. VII. 83, welche im § 44a die Lösung einer „Legitimationskarte" vorschrieb und im § 44 Abs. 3 bestimmte, daß das Aufkaufen von Waren ferner nur bei Kaufleuten oder solchen Personen, welche die Waren produzieren, oder in offenen Verkaufsstellen erfolgen dürfe, beschränkte das Aufsuchen von Bestellungen als Ausfluß des stehenden Gewerbebetriebs nicht. Erst durch die Nov. v. 6. VIII. 96 (RGBl. 685) ist dem Abs. 3 des § 44 folgender Zusatz angefügt worden:

„Ingleichen darf das Aufsuchen von Bestellungen auf Waren, mit Ausnahme von Druckschriften, Schriften und Bildwerken und, soweit nicht der Bundesrat noch für andere Waren oder Gegenstände oder Gruppen von Gewerbetreibenden Ausnahmen zuläßt ohne vorgängige ausdrückliche Aufforderung nur bei Kaufleuten in deren Geschäftsräumen, oder bei solchen Personen geschehen, in deren Geschäftsbetriebe Waren der angebotenen Art Verwendung finden."

Sodann ist im Abs. 4 des § 44 bestimmt:

„Hinsichtlich des Aufsuchens von Bestellungen auf Druckschriften, andere Schriften und Bildwerke finden die Vorschriften des § 56 Abs. 3 entsprechende Anwendung."

Danach ist das Aufsuchen von Warenbestellungen seit dem Inkrafttreten der Novelle, also seit dem 1. 1. 97, ohne Wandergewerbeschein nur noch insoweit zulässig, als die im § 44 Abs. 3 aufgeführten Ausnahmen vorliegen. Insoweit dies zutrifft, ist das Aufsuchen von Bestellungen auf Waren ohne vorgängige ausdrückliche Aufforderung auch gegenwärtig noch bei Privatpersonen in gleicher Weise wie früher zulässig.

Unter den ganz allgemein gebrauchten Ausdruck „Druckschriften" fallen selbstverständlich auch Zeitungen.

f) Privatkranken-, Privatentbindungs- und Privatirrenanstalten (GewO. § 30).

Nr. 1. Entsch. v. 13. April 1905 (PrVerwBl. 27 611) III 712.

GewO. § 53.

Ist bei der Genehmigung des Betriebes einer Krankenanstalt die Bedingung gestellt, daß ein approbierter Arzt den Betrieb dauernd beaufsichtigt, so kann die Genehmigung entzogen werden, wenn der Konzessionär nach seinem Verhalten für die Zukunft keinerlei Gewähr dafür bietet, daß er die Bedingung einhalten werde (Erk. v. 14. VI. 99 — PrVerwBl. 21 219).

g) Aerzte; Apotheker; Drogenhändler; Handel mit Giften; Zahnärzte; Genfer Kreuz; Kaiserlicher Adler; Wappen; Impfzwang; Abdeckereien.

Literatur: Berendes: Das Apothekenwesen (Stuttgart 1907). — Borgstette: Die Apothekengesetze in Preußen[4] (Münster 1907). — Böttger: Die Apothekengesetze[3] (Berlin 1907). — Kuhn: Apotheken und Krankenkassen (Essen 1908). — Laux: Preußische Apothekerordnung[4] (Berlin 1908). — Räuber: Die Bestimmungen über den Verkehr mit Giften, Arzneimitteln und Geheimmitteln außerhalb der Apotheken[2] (Düsseldorf 1908).

Nr. 1. Entsch. v. 19. Juni 1905 (PrVerwBl. 28 571) III 1253.

GewO. § 6.

Durch Verfügung der Polizeibehörde war einer Person, die die Heilkunde, ohne Arzt zu sein, ausübte, durch polizeiliche Verfügung aufgegeben worden, ein Krankenbuch zu führen, das verschiedene Rubriken enthalten sollte. Das OVG. hob die Verfügung auf, weil sie sich auf § 10 II 17 ALR. nicht stützen ließ und führte aus: „Durch die GewO. ist die gewerbsmäßige Ausübung der Heilkunde grundsätzlich freigegeben, und von diesem die GewO. beherrschenden Grundgedanken aus kann dem daselbst im § 6 getroffenen Vorbehalt keine weitere Bedeutung beigemessen werden, als daß die Art der Ausübung der Heilkunde der landesgesetzlichen Regelung überlassen ist, vorbehaltlich jedoch der reichsgesetzlich zugestandenen Freiheit auch dieses Gewerbes und soweit die Reichsgesetze hierüber nicht unmittelbar verfügen (OVG. 22. IV. 95 28 324). Es könnte daher nur in Frage kommen, ob die in der polizeilichen Verfügung getroffene Anordnung durch die im § 10 II 17 ALR. zur Anerkennung gebrachten Grundsätze gerechtfertigt werden kann. Dies war zu verneinen."

Nr. 2. Entsch. v. 2. Nov. 1905 (OVG. 48 297) III A 45/04.

GewO. § 45.

1. Der § 45 GewO., lautend: „Die Befugnisse zum stehenden Gewerbebetriebe können durch Stellvertreter ausgeübt werden; diese müssen jedoch den für das in Rede stehende Gewerbe insbesondere vorgeschriebenen Erfordernissen genügen" findet auch auf das Apothekergewerbe Anwendung.

2. Die GewO. enthält in den §§ 6, 29 Abs. 1, 3 und 5, 40, 41 Abs. 2, 53, 80 Abs. 1, 148[8], 151 Abs. 2 und 154 Abs. 1 Bestimmungen über das Apothekergewerbe. Aus den Vorschriften in den §§ 6 Abs. 1, 41 Abs. 2, 154 Abs. 1 erhellt, daß die GewO. den Apothekenbetrieb, der seiner Natur nach zweifellos ein Gewerbe ist, auch als ein solches ansieht; denn sie würde sonst nicht im § 6 einen Vorbehalt hinsichtlich des Apothekergewerbes treffen und bei denjenigen Vorschriften, die für Apotheker nicht gelten sollen, dies besonders anordnen können. Stellt aber der Apothekenbetrieb ein Gewerbe im Sinne der GewO. dar, so muß auch der § 45 auf ihn Anwendung finden, insofern nicht die oben wiedergegebenen Bestimmungen die gegenteilige Annahme rechtfertigen. Das ist aber nicht der Fall.

3. Das Erkenntnis begründet die Ansicht des OVG. noch näher und führt aus, daß der § 2 ApothBetrO. v. 12. II. 02 der Rechtsgültigkeit entbehrt.

Nr. 3. Entsch. v. 18. Febr. 1907 (OVG. 50 381) III A 60/04.

RevApothO. v. 11. X. 1801 Tit. II § 1, § 15 b Tit. I.

1. Eine gesetzliche Bestimmung darüber, wem die Kosten der schon im Tit. II § 1 RevApothO. v. 11. X. 1801 vorgesehenen außerordentlichen Visitationen der Apotheken und der Nachbesichtigungen zur Last fallen, besteht nicht. Der § 6, die einzige gesetzliche Norm, die von den Kosten der Apothekenbesichtigungen handelt, verordnet nur das Nachstehende:

„Die auf die gewöhnlichen Visitationen gehenden Gebühren und Kosten, wie solche in der Medizinalordnung pag. 72 und in dem hier beiliegenden Zirkular Unseres Generaldirektorii v. 6. II. 1798 bestimmt sind, tragen die Stadtkämmerei und die Apotheker zu gleichen Teilen."

Ob diese Vorschrift überhaupt noch Gültigkeit besitzt, oder ob sie nicht vielmehr als außer Kraft gesetzt anzusehen ist, erscheint fraglich; denn sie ist seit dem Jahre 1812 nach dem Willen der Kgl. Staatsregierung nicht mehr zur Anwendung gebracht worden, indem die Kosten der gewöhnlichen Besichtigungen von da ab auf die Diätenfonds der Regierungen, also auf die Staatskasse übernommen worden sind (vgl. die bei von Rönne und Simon, Das Medizinalwesen des Preußischen Staates 1 744ff. abgedruckten Ministerialerlasse — insbesondere denjenigen v. 20. V. 1812 — und Instruktionen, sowie den vom Kultusminister in Abschrift mitgeteilten Erl. des MdJ. v. 5. II. 1812, der mit dem Satze beginnt: „Da die Visitation der Apotheken ein rein polizeilicher Gegenstand ist, so wünscht das Departement der allgemeinen Polizei die Apotheker mit allen dabei vorfallenden Kosten zu verschonen und diese auf den Polizeifonds zu bringen"). Die obige Frage kann jedoch dahingestellt bleiben.

Ausgeschlossen erscheint es auf alle Fälle, den § 6 auf andere Revisionen, als die gewöhnlichen anzuwenden.

2. Die außerordentlichen Besichtigungen und die Nachbesichtigungen der Apotheken dienen demselben Zwecke wie die regelmäßigen Besichtigungen. Beide finden nicht im Interesse des Apothekers, sondern im öffentlichen Interesse statt, um Gesundheit und Leben vor den Gefahren zu schützen, die durch eine nachlässige und unordentliche Verwaltung der Apotheken hervorgerufen werden. Beide bilden mithin einen rein polizeilichen Gegenstand. Von den Kosten der Nachbesichtigungen muß deshalb dasselbe gelten, was von den Kosten der regelmäßigen Besichtigungen gilt. Jene haben wie diese die Eigenschaft von Polizeikosten. Derartige Kosten fallen aber nach preußischem Verwaltungsrechte nicht den beteiligten Privatpersonen zur Last, mögen sie, worauf die Anw. v. 18. II. 02 anscheinend ein ausschlaggebendes Gewicht legt, von diesen verschuldet sein oder nicht (OVG. 11. I. 97 31 310 und 5. IV. 95 28 107). Wo eine Abweichung von diesem Grundsatze stattfindet, da beruht dies auf einer die Verpflichtung begründenden besonderen gesetzlichen Vorschrift, wie sie beispielsweise in dem § 3 G. betr. den Betrieb der Dampfkessel v. 3. V. 72 (GS. 515) und in dem § 1 G. betr. die Kosten der Prüfung überwachungsbedürftiger Anlagen, v. 8. VII. 05 (GS. 317) gegeben ist. Eine solche ausdrückliche und klare Bestimmung besteht hier aber nicht. Und bei dieser Rechtslage kann es endlich auch nicht darauf ankommen, daß die Kosten der Nachbesichtigungen bisher von den Apothekenvorständen getragen worden sind.

3. Die RevApothO. v. 11. X. 1801 sieht im § 15b Tit. I. die Möglichkeit vor, den Apothekern das Recht zum Halten von Lehrlingen zu entziehen. Es findet sich dort aber nur folgendes verordnet:

„Ergäbe sich aber, daß die Schuld der Versäumnis in den Lehrjahren weniger am Lehrlinge als vielmehr am Lehrherrn selbst liege, sie bestehe nun in vorsätzlicher Vernachlässigung des Lehrlings oder in erwiesener Unfähigkeit, brauchbare Subjekte zu bilden, so soll einem solchen Apotheker die weitere Befugnis, Lehrlinge zu halten, gänzlich untersagt werden."

Hiernach ist die Entziehung der Befugnis, Lehrlinge zu halten, nur wegen Verletzung der dem Lehrherrn obliegenden Lehrpflicht zulässig. Der § 45 der vom Kultusminister am 18. II. 02 erlassenen ApothBetriebsO. (vgl. MBl. für Medizinal- und medizinische Unterrichtsangelegenheiten 63), bestimmt nun allerdings:

„Einem Apothekenvorstand, welcher seine Pflichten als Lehrherr nicht erfüllt oder sich anderweitig in sachlicher oder sittlicher Beziehung unzuverlässig erweist, kann die Befugnis, Lehrlinge auszubilden, durch den Regierungspräsidenten auf Zeit oder dauernd entzogen werden."

Die Betriebsordnung geht also einerseits weiter als die Apothekerordnung, während sie anderseits insofern hinter dieser zurückbleibt, als sie nur die Berechtigung, Lehrlinge auszubilden, begreift, nicht diejenige, Lehrlinge zu halten. Nach allgemeinen Rechtsgrundsätzen unterliegt es jedoch keinem Zweifel, daß die ApothBetriebsO. die durch Gesetz (die RevApothO.) geregelte Entziehungsbefugnis nicht erweitern und auf andere Fälle, als die gesetzlich vorgesehenen, nicht ausdehnen durfte. Der § 45 ist deshalb für den Geltungsbereich der RevApothO. nur gültig, insoweit er die gedachte Befugnis auf die Verletzung der Lehrpflicht gründet. Die Unzuverlässigkeit in sachlicher oder sittlicher Beziehung muß dabei als Entziehungsgrund ausscheiden (Kuhn, Die Rechtsverhältnisse der Apotheker in Preußen im VerwArch. 15 60).

Nr. 4. Entsch. v. 8. Juni 1905 (PrVerwBl. 27 773) III 1176.

Der Ausdruck „Medizinal-Drogerie" auf dem Schilde einer Drogerie ist polizeilich nicht zu beanstanden.

Nr. 5. Entsch. v. 14. Mai 1906 (OVG. 49 293) III A 21/04.

ALR. II 17 § 10.

Wenn sich ein Abdeckereiprivilegium nicht auf eine bestimmte Schinderstätte erstreckt, so kann die Polizei gegen das Vergraben von Kadavern einschreiten, wenn dies die Gesundheit des Publikums schädigt.

Nr. 6. Entsch. v. 21. Juni 1906 (OVG. 49 295) III C 30/06.

GewO. §§ 24ff., 51; ALR. II 17 § 10.

Wenn in einem Abdeckereiprivilegium weder die Betriebsart noch eine bestimmte Betriebsstätte konzessioniert ist, so genießt der Betrieb nicht die Privilegien der Anlagen nach §§ 16ff. GewO., vielmehr kann die Polizei gegen durch den Betrieb entstehende Gefahren des Publikums einschreiten. Sie kann nicht auf § 51 GewO. verwiesen werden.

b) Hebammen.

Literatur: Meyer: Die Hebammengesetze (Halle 1907).

Nr. 1. Entsch. v. 17. Dez. 1906 — III A 32/06.

GewO. §§ 6, 30 Abs. 2, 53.

Im Anschlusse an das Urt. v. 11. VI. 98 — III A 16/98 — ist zu bemerken, daß das Prüfungszeugnis einer Hebamme nach landesrechtlichen Normen erteilt wird, und daß ebenso das Landesrecht die materiellen Voraussetzungen seiner Zurücknahme festsetzt. Richtig ist auch, daß die Ausübung der Hebammentätigkeit nach Art und Ort durch landesrechtliche Bestimmungen geregelt werden darf. Jedoch ist die Befugnis, das Hebammengewerbe zu betreiben, in der RGewO. (§ 30 Abs. 2) allein von dem Besitze eines Prüfungszeugnisses abhängig gemacht. Ebenso sind im § 53 die Gründe angegeben, aus denen allein das erworbene Zeugnis zurückgenommen und damit die Befugnis zur Ausübung des Gewerbebetriebes entzogen werden kann. Diese Bestimmungen sind, unbeschadet der oben bezeichneten, der Landesgesetzgebung überlassenen Zuständigkeit, erschöpfend. Es würde mit ihnen in Widerspruch treten, wenn die Polizei berechtigt sein sollte, einer Hebamme, welche das Prüfungszeugnis und damit die Befugnis zur Ausübung des Gewerbes besitzt, diese Befugnis zeitweilig oder dauernd durch polizeiliche Verfügung zu entziehen. Für die Landesgesetzgebung und ihre Anwendung ist aber nur insoweit Raum, als die RGewO. nicht entgegensteht. Deshalb ist auch die Anwendbarkeit des § 74 PrGewO. v. 17. I. 45 (§ 73 Abs. 1) fortgefallen. Zum Zwecke der Beseitigung unzuverlässiger Hebammen besteht mithin seit dem Erlasse der GewO. das auf § 30 Abs. 2 und § 53 Abs. 2 beruhende und auf die Zurücknahme des Prüfungszeugnisses abzielende besondere Verfahren. Diese Regelung schließt es aus, daß dieselben Gründe, welche zu einer Zurücknahme des Prüfungszeugnisses zu führen geeignet sind, gleichzeitig auch die polizeiliche Untersagung des Gewerbebetriebes rechtfertigen können. Die Befugnis der Polizei im Falle eines Notstandes, zB. bei Geisteskrankheit der Hebamme, hindernd einzugreifen, wird hierdurch nicht berührt. Dieser Vorbehalt besteht, obwohl er dort nicht besonders gemacht ist, auch nach den Ausführungen des Urt. v. 11. VI. 98.

Nr. 2. Entsch. v. 13. April 1905 — III 297.

GewO. §§ 30, 53; AllgVf. v. 6. VIII. 83 § 3f.

Zweifellos ist, daß eine Hebamme der erforderlichen Zuverlässigkeit für ihren Beruf, welche nach § 3 Abs. 4² und § 4 AllgVf. v. 6. VIII. 83 bei der Erteilung des Prüfungszeugnisses vorausgesetzt werden mußte, dann entbehrt, wenn sie hierher gehörige wesentliche Bestimmungen fortgesetzt übertritt. Ueberdies wird durch § 1 HebammenInstr. jede Hebamme noch ausdrücklich verpflichtet, den ihren Beruf betreffenden Verordnungen treue Folge zu leisten. Zu den letzteren gehört als eine besonders wichtige die im § 12 derselben Instruktion dahin erlassene Vorschrift, daß die Hebammen sich in allen Fällen, welche nicht in dem Lehrbuche näher bezeichnet sind, der Empfehlung und Anwendung von Heilmitteln enthalten sollen. Und zwar bezieht sich diese Bestimmung offenbar nicht nur auf das Verhalten der Hebammen bei der Ausübung ihrer Hebammentätigkeit. Vielmehr ist damit ganz allgemein vorgeschrieben, daß die Hebammen sich in der Ausübung der Heilkunde auf die ihnen im Lehrbuche ausdrücklich zugewiesenen Fälle zu beschränken haben. Nur innerhalb der durch das Lehrbuch gezogenen Grenzen ist ihnen die Ausübung der Heilkunde gestattet, darüber hinaus aber untersagt, wobei sich als die leitende Absicht namentlich die ergibt, zu verhindern, daß das Publikum durch das in die Hebamme als in eine geprüfte Medizinalperson gesetzte Vertrauen veranlaßt werde, ihre Ratschläge auch dort zu befolgen, wo dieselben über den Rahmen ihrer staatlich gewährleisteten Qualifikation hinausgehen.

i) Innungen; Lehrlinge.

Nr. 1. Entsch. v. 21. Jan. 1907 (OVG. 50 378) III B 56/06.

GewO. § 97 Abs. 1 Ziff. 1.

Der § 97 Abs. 1 Ziff. 1 GewO. lautet:

„Die Schließung einer Innung kann erfolgen: 1. wenn sich ergibt, daß nach § 84 die Genehmigung hätte versagt werden müssen und die erforderliche Aenderung des Statuts innerhalb einer zu setzenden Frist nicht bewirkt wird."

Diese Vorschrift kann nach ihrem klaren Wortlaut — „und die erforderliche Aenderung" — nur dann Anwendung finden, wenn es sich um die Abänderung eines vorhandenen, von der höheren Verwaltungsbehörde genehmigten Innungsstatuts handelt. Dagegen ist ihre Anwendbarkeit in solchen Fällen ausgeschlossen, in denen die völlige Beseitigung eines Statuts und damit zugleich die Beseitigung einer nach der Auffassung der Aufsichtsbehörde zu Unrecht errichteten Innung in Frage steht (PrAAnw. zur GewO. v. 1. V. 04 Ziff. 93 und § 48a KrankVG., woselbst die Beseitigung eines Kassenstatuts, dem die Genehmigung hätte versagt werden müssen, nicht vorgesehen ist).

n) Schauspielunternehmungen; Theaterpolizei.

Nr. 1. Entsch. v. 19. Juni 1905 (OVG. 47 332) III A 62/04.

ALR. II 17 § 10.

1. Nach der gleichmäßigen Rechtsprechung des OVG. (Opet, Theaterrecht 139 und die dort in der Anm. 38 angezogenen Urteile; ferner PrVerwBl. 22 204; OVG. 43 300) rechtfertigt der Inhalt eines dramatischen Werkes das Verbot seiner Aufführung nur dann, wenn er sich als eine Verletzung bestehender Strafgesetze oder sonstiger Rechtsnormen kennzeichnet.

2. Die Kritik von Regierungsmaßnahmen des Monarchen, welche

staatsrechtlich in der Regel auch nicht als dessen Akte gelten, ist an sich nicht unzulässig. Auch der Schaubühne ist die Darstellung zeitgenössischer Regierungsmaßnahmen und der sich anschließenden Konflikte nicht grundsätzlich und auch nicht schon deshalb versagt, weil sie das Publikum zu kritischen Betrachtungen anzuregen vermag. Dagegen würde in einem monarchischen Staate die öffentliche Ordnung dadurch verletzt werden, daß die Person des regierenden Monarchen unmittelbar auf die Bühne gebracht und auf diese Weise der beifälligen oder abfälligen Beurteilung der Zuschauer ausgesetzt würde. Daraus, daß eine Aufführung vielen Personen unerwünscht ist und taktlos erscheint, selbst einzelne Teile der Bevölkerung in ihrem Innersten lebhaft beunruhigt, kann die Polizei kein Recht herleiten, die Aufführung zu verbieten. Eine Gefahr, wie sie § 10 II 17 ALR. voraussetzt, ist dies nicht.

p) Versicherungsanstalten; staatliche Aufsicht über Privatversicherungsanstalten.

Nr. 1. Entsch. v. 24. Sept. 1906 — III 1841.

G. v. 12. V. 01 § 64 Abs. 2.

Der § 64 Abs. 2 G. über die privaten Versicherungsunternehmungen v. 12. V. 01 lautet:

„Sie" — nämlich die Aufsichtsbehörde — „ist befugt, diejenigen Anordnungen zu treffen, welche geeignet sind, den Geschäftsbetrieb mit den gesetzlichen Vorschriften und dem Geschäftsplan im Einklange zu erhalten oder Mißstände zu beseitigen, durch welche die Interessen der Versicherten gefährdet werden oder der Geschäftsbetrieb mit den guten Sitten in Widerspruch gerät."

Aus der Begründung dieser Vorschrift muß entnommen werden, daß durch sie der Aufsichtsbehörde im wesentlichen die Befugnis hat beigelegt werden sollen, das Einreißen von Mißbräuchen zu verhindern, durch welche die Interessen der Versicherten oder das Gemeinwohl geschädigt werden, sowie einem Geschäftsgebaren entgegenzutreten, das weiten Kreisen zum Nachteil gereicht.

Nr. 2. Entsch. v. 9. Juli 1906 (OVG. 49 313) III A 2/06.

G. v. 12. V. 01 §§ 7, 125 Abs. 2; Vd. v. 30. VI. 01 (GS. 141).

1. Nach der Vd. v. 30. VI. 01 ist die Beaufsichtigung der Versicherungsunternehmer, soweit sie nach §§ 2, 3 Abs. 2 G. v. 12. V. 01 durch Landesbehörden zu erfolgen hat, den Regierungspräsidenten, in deren Bezirken die Versicherungsunternehmer ihren Sitz haben, übertragen. Seine Verfügungen sind durch Klage anfechtbar.

2. Ein Bundesstaat kann mehrere Aufsichtsbehörden bestellen unter örtlicher Abgrenzung ihrer Zuständigkeit.

3. Wenn eine Schlächterinnung den Geschäftsbetrieb eines Schlachtviehversicherungsvereins unternimmt, so fällt er unter das G. v. 12. V. 01 (OVG. 1. II. 04 45 354). Ein öffentliches Unternehmen ist dieser Verein nicht. Es ist eine Privatunternehmung.

Nr. 3. Entsch. v. 15. Nov. 1906 (OVG. 50 387) III A 4/06.

G. v. 12. V. 01 §§ 7, 13.

Die Worte im § 7² G. v. 12. V. 01: „wenn nach dem Geschäftsplane die Interessen der Versicherten nicht hinreichend gewahrt sind", sollen sich auf die Sicherung der Interessen der Versicherten nach der rechtlichen Seite, insbesondere in bezug auf die Fassung der allgemeinen Versicherungsbedingungen beziehen, während die weiteren Worte „oder die dauernde Erfüllbarkeit der aus den Versicherungen sich ergebenden Verpflichtungen nicht genügend dargetan ist" die Prüfung des materiellen Interesses der Versicherten dahin, daß die Grundlage des Unternehmens gesund und die Mittel ausreichend sind, ermöglichen sollen.

Nr. 4. Entsch. v. 21. Nov. 1907 (OVG. 51 322) III A 50/06.

G. v. 12. V. 01 §§ 24, 64, 69.

1. Nach dem klaren Wortlaute des § 24 Abs. 1 G. v. 12. V. 01 ist auch bei Versicherungsunternehmungen auf Gegenseitigkeit, welche das menschliche Leben und Sterben zum Gegenstande haben, eine Statutenbestimmung, wonach die Deckung der Ausgaben durch Umlegung von Beiträgen nach Maßgabe des eingetretenen Bedarfs erfolgen soll, gesetzlich nicht unzulässig.

2. Die Verf. des Ministers des Innern betr. das Umlageverfahren bei Sterbekassen v. 25. I. 02 (MBl. 31) will, wie ihrem ganzen Inhalte nach anzunehmen ist, nicht die Rechtsfrage, ob das Umlageverfahren bei Sterbekassen gesetzlich zulässig sei, erörtern, sondern nur die Unzweckmäßigkeit und die durch die Erfahrung erwiesene praktische Unbrauchbarkeit einer derartigen Grundlage für solche Vereine klarlegen. Das geht auch daraus hervor, daß am Schlusse der Ministerialverfügung die Beibehaltung des Umlageverfahrens für bestehende Sterbekassen beim Vorhandensein bestimmter Voraussetzungen ausdrücklich als zulässig bezeichnet worden ist. In demselben Sinne hat sich das Kaiserl. Aufsichtsamt für Privatversicherung in dem Geschäftsberichte vom 31. V. 03 (Veröffentlichungen des Aufsichtsamts 2 91) geäußert.

3. Der Vorstand der Sterbekasse, die nach Ansicht des Regierungspräsidenten zur Erfüllung ihrer Verpflichtungen für die Dauer nicht mehr imstande ist (§ 69), kann nicht gezwungen werden, das versicherungstechnische Gutachten, das die Aufsichtsbehörde als Unterlage für die von ihr nach § 69 zu treffenden Anordnungen für erforderlich erachtet, selbst zu beschaffen.

Nr. 5. Entsch. v. 6. Jan. 1908 (OVG. 51 328) III A 12/07.

G. v. 12. V. 01 §§ 7, 24, 84; Bd. v. 30. VI. 01 (GS. 141).

Die Aufsichtsbehörde begründete die Versagung der Erlaubnis zum Geschäftsbetriebe eines Viehversicherungsvereins auf Gegenseitigkeit damit, daß zwar nach § 24 Abs. 2 ReichsG. v. 12. V. 01 grundsätzlich die Wahl zwischen festen Prämien und Umlagen zulässig, daß aber diese Bestimmung nicht zwingender Natur sei, vielmehr die Aufsichtsbehörde bei Prüfung gemäß § 7 im Einzelfalle zu entscheiden habe, ob sie die Art der Beitragserhebung billige und ob die Interessen der Versicherten gewahrt seien. Demgegenüber wies das OVG. darauf hin, daß nach der ausdrücklichen Vorschrift im § 7 Abs. 1 die Erlaubnis zum Geschäftsbetriebe nur versagt werden darf bei dem Vorhandensein einer der daselbst unter 1—3 aufgeführten Voraussetzungen. Das Vorhandensein einer solchen Voraussetzung unterliege nach erfolgter Versagung der Erlaubnis in einem demnächst stattfindenden Verwaltungsstreitverfahren der Nachprüfung des Verwaltungsrichters. Im vorliegenden Falle konnte es sich nach der von dem OVG. der Vorschrift des § 7 Abs. 1 Nr. 2 gegebenen Auslegung im OVG. 15. XI. 06 50 387 nur darum handeln, ob im Hinblick auf die Bestimmung des Statuts, daß die Deckung der Ausgaben im wesentlichen durch Beiträge, die nach Maßgabe des eingetretenen Bedarfes umgelegt werden, erfolgen soll, die dauernde Erfüllbarkeit der aus den Versicherungen sich ergebenden Verpflichtungen nicht genügend dargetan ist. Dies hat das Gericht verneint. Es führte aus: „Es handelt sich um eine Viehversicherung auf Gegenseitigkeit, und es ist weder aus den Vorschriften des Gesetzes noch aus der Natur der Sache zu entnehmen, daß bei dieser Art von Versicherungen die Deckung der Ausgaben im Wege des Umlageverfahrens zur Wahrung der Vorschrift des § 7 grundsätzlich ausgeschlossen sein soll. Damit stimmen auch die Darlegungen in dem Geschäftsberichte des Kaiserlichen Aufsichtsamtes für Privatversicherung für das Jahr 1904 über die Entwickelung, welche die Verhältnisse der Viehversicherungsgesellschaften auf Gegenseitigkeit seit dem Inkrafttreten des G. v. 12. V. 01 genommen haben, überein (Veröffentlichungen des Aufsichtsamtes 4 68ff.).

L. Vereinspolizei; Hebung der deutschen Sprache; Prozessionen; Religionsunterricht; Freimaurer; Erwerbs- und Wirtschaftsgenossenschaften; Einspruch gegen die Eintragung in das Vereinsregister.

Gesetzliche Grundlagen (nebst Materialien): VereinsG. v. 19. IV. 08 (RGBl. 151) VhdlRT. 1907/8: Druckf. Nr. 422, 482, 819, 834, 862, 870; StenB. 2091, 2125, 2160, 4556, 4594, 4635, 4698, 4789, 4819, 4837. G. über Maßnahmen zur Stärkung des Deutschtums in den Provinzen Westpreußen und Posen v. 20. III. 08 (GS. 29) VhdlAH. 1907/8: Druckf. Nr. 12, zu Nr. 12, 42, zu Nr. 42, 50, 52f., 56, 58, 151; StenB. 7, 35, 106, 630, 711, 3103; HH. 1907/8: Druckf. Nr. 23, 38, 42f.; StenB. 20, 39, 47, 75, 103.

Literatur: Adolph: Vereinsgesetz vom 19. April 1908 (Leipzig 1908). — Delius: Deutsches Vereins- und Versammlungsrecht[4] (Berlin 1908). — Friedenthal: Das Reichsvereinsgesetz (Berlin 1908). — Göhrke: Das Reichsvereinsgesetz vom 19. April 1908 (Dortmund 1908). — Heine: Desgl. (Berlin 1908). — Hieber und Bazille: Das Vereinsgesetz vom 19. April 1908 (Stuttgart 1908). — Neubecker: Vereine ohne Rechtsfähigkeit (Leipzig 1908). — Puschmann: Das Reichsvereinsgesetz[4] (Gießen 1908). Romen: Das Reichsvereinsgesetz[2] (Berlin 1908). — Schiffer: Anleitung zur Inanspruchnahme des deutschen Vereins- und Versammlungsrechts auf Grund des Reichsvereinsgesetzes[2] (Köln 1908). — Frhr. v. Sautor: Vereinsgesetz vom 19. April 1908 (München 1908). — Wiedemann: Beiträge zur Lehre von den idealen Vereinen (Zürich 1907).

Krüger: Einführung in das deutsche Genossenschaftswesen (Berlin 1908). — Merzbacher: Das Reichsgesetz betr. Erwerbs- und Wirtschaftsgenossenschaften in der Fassung der Bek. v. 20. V. 98[2] (München 1907). — Parisius und Krüger: Das Reichsgesetz betr. die Erwerbs- und Wirtschaftsgenossenschaften (Berlin 1906). — Puschmann: Das Deutsche Vereins- und Genossenschaftswesen (Gießen 1908).

Nr. 1. Entsch. v. 24. Nov. 1905 (PrVerwBl. 27 893) I 1302.

VerG. § 1.

1. Das OVG., das in dem Erk. v. 15. V. 02 (OVG. 41 309) dargelegt hat, daß, um der äußeren Heilighaltung bestimmter Kirchenfeste und des Karfreitags zu dienen, gewisse Veranstaltungen schon für die Vorabende dieser Kirchenfeste und für die Dauer der Karwoche durch eine gemäß der KabO. v. 7. II. 37 erlassene Verordnung verboten werden können, hat bereits vorher in den OVG. 9. VI. 99 25 424 und 18. II. 02 31 404 nachgewiesen, daß eine solche Verordnung auch auf öffentliche Versammlungen unter der Voraussetzung anwendbar ist, daß sie alle gleichartigen Verhältnisse gleichartig behandelt und nicht etwa die Versammlungen als solche einer im übrigen nicht eingeführten Beschränkung unterstellt. Diese Voraussetzung erfüllt die PolVd. des Oberpräsidenten der Prov. Brandenburg v. 4. VII. 98. Da sie für den Totensonntag nicht nur öffentliche Versammlungen und Aufzüge, die nicht gottesdienstlichen Zwecken

dienen, untersagt, sondern auch öffentliche Lustbarkeiten und Bälle, Vorträge, Schaustellungen und Musikaufführungen, soweit sie in cafés chantants (Tingel-Tangel) stattfinden, unbedingt, im übrigen aber, falls nicht der ernste Charakter gewahrt ist, verbietet, mithin nicht das Versammlungsrecht allein beeinträchtigt, vielmehr allgemein Veranstaltungen, die mit der äußeren Heilighaltung gerade des Totensonntags unverträglich sind, ausschließt, so ist auch die Rechtsgültigkeit ihres § 10 Satz 1 nicht zu beanstanden.

2. Eine Versammlung ist, ohne Unterschied, ob in ihr eine Erörterung oder Beratung stattfindet oder nicht, und, ersterenfalls gleichviel, ob die Erörterung und Beratung eine private oder nicht private Angelegenheit zum Gegenstande hat, eine öffentliche, sofern ihre Teilnehmer keine geschlossene Gesellschaft ausmachen.

Nr. 2. Entsch. v. 10. März 1905 (PrVerwBl. 27 575) I 282.

ALR. II 17 § 10; VerG. v. 11. III. 50 § 1.

1. Wenn zur Verhütung von Gefahren, die aus dem Zusammentreten einer größeren Anzahl von Menschen in einem geschlossenen Raume zu einer Versammlung erwachsen können, durch eine Polizeiverordnung bestimmt worden ist, welche Beschaffenheit und Einrichtung ein solcher Raum haben muß, so ist die Polizei befugt, eine öffentliche Versammlung in einem Raume zu untersagen, der diesen Anforderungen nicht entspricht. Es hängt dann die Zulässigkeit dieses Verbots im einzelnen Falle nicht davon ab, ob die Voraussetzungen des § 10 II 17 ALR. vorliegen, nämlich eine Gefährdung der Versammelten durch ihr Zusammentreten in dem der Polizeiverordnung nicht entsprechenden Raume.

2. Die Anmeldebescheinigung ist nach § 1 VerG. v. 11. III. 50 bei rechtzeitiger Anmeldung der Versammlung in jedem Falle und ohne Rücksicht darauf zu erteilen, ob die Versammlung zulässig ist oder nicht.

Nr. 3. Entsch. v. 17. Dez. 1907 (OVG. 51 242) I C 40/07.

Werden aus Rücksicht auf die Sicherheit der Versammelten für die Zahl und Größe der Ausgänge eines Versammlungsraums durch Polizeiverordnung oder polizeiliche Verfügung bestimmte Vorschriften gegeben, so kann damit nur gemeint sein, daß während der Dauer der Versammlung die geforderten Ausgänge vorhanden, insbesondere die vorgeschriebenen Türen geöffnet sein sollen. Ist der Raum überhaupt mit den zu seiner Räumung erforderlichen Oeffnungen versehen, so entspricht er in dieser Hinsicht den polizeilichen Anforderungen und kann nicht darum beanstandet werden, weil die Polizei die Besorgnis hegt, es könne vielleicht zur Zeit der Benutzung des Versammlungsraumes eine der nötigen Oeffnungen verschlossen sein. Vielmehr ist es die Aufgabe der Polizei, Sorge zu tragen, daß während der Versammlung die Ausgänge auch geöffnet sind und, falls dies nicht geschehen, den Mangel abstellen zu lassen. Sofern die Möglichkeit besteht, den vorschriftswidrigen Zustand des Raumes in einen vorschriftsmäßigen umzugestalten, darf die Abhaltung einer Versammlung nicht im voraus untersagt werden (OVG. 30. XI. 06 49 432).

Nr. 4. Entsch. v. 29. Juni 1906 (OVG. 49 433) I C 9/06.

Wird eine Versammlung verboten (oder aufgelöst), so ist zur Erhebung der Klage nicht bloß derjenige, der sie polizeilich angemeldet hat, berechtigt, sondern auch der Unternehmer der Versammlung, selbst wenn das polizeiliche Verbot an ihn nicht gerichtet ist.

Nr. 5. Entsch. v. 28. Febr. 1905 (PrVerwBl. 27 591) I 239.

1. Die Polizei muß die Anzeige über eine beabsichtigte öffentliche Versammlung unverzüglich entgegennehmen und die gesetzliche Bescheinigung ausstellen.

2. Ist der Polizei bekannt, daß der Wirt die Versammlung bei sich nicht abhalten lassen will, so ist dies kein gesetzlicher Grund, die Bescheinigung zu verweigern.

3. Wird die für ein Lokal angemeldete Versammlung in einem anderen Lokale abgehalten, so kann die Polizei dagegen einschreiten.

Nr. 6. Entsch. v. 18. Jan. 1907 (OVG. 50 278) I A 19/06.

VerG. v. 11. III, 50 §§ 1, 8.

1. Bei Anmeldung einer Versammlung braucht der Unternehmer nach § 1 VerG. nur anzugeben, wo und wann die Versammlung stattfinden werde. Eine Angabe über den Kreis der Teilnehmer ist nicht vorgeschrieben. Ist lediglich eine Versammlung ohne weiteren Zusatz für den bestimmten Ort und für die bestimmte Zeit angemeldet, so ist die Anmelduug nicht wegen der Zusammensetzung der Versammlung zu beanstanden. Nur auf die Identität des Unternehmers würde es angekommen sein, weil die Anmeldung nur auf die von dem betreffenden Unternehmer veranstaltete Versammlung bezogen werden kann (KG. 31 C 28ff.). Wird aber bei der Anmeldung die Art der Versammlung durch eine nach dem Gesetze zwar nicht vorgeschriebene, aber auch nicht ausgeschlossene und zulässige Angabe über den Kreis der Teilnehmer genauer bestimmt, so kann auch nur eine derart zusammengesetzte Versammlung als angemeldet gelten. Daraus folgt, daß im Falle der Anmeldung einer Versammlung der Mitglieder eines Vereins das Erfordernis der Anmeldung nur dann für erfüllt erachtet werden kann, wenn sich die Versammlung auch wirklich als eine Versammlung der Vereinsmitglieder darstellt.

2. Wenn der Vorstand eines Vereins bei der Polizeibehörde eine „Versammlung des Vereins" anmeldet, so ist anzunehmen, daß eine Versammlung der Mitglieder des Vereins gemeint ist. Allerdings hat das OVG. unter den Versammlungen politischer Vereine im Sinne des § 8 Abs. 3 alle von den politischen Vereinen veranstalteten Versammlungen verstanden (Urt. v. 12. IV. 04 — PrVerwBl. 26 387, sowie Urt. v. 8. VII. 02 — OVG. 42 404). Das hängt aber mit dem besonderen Zwecke der Vorschrift im § 8 zusammen. Bei einer Anmeldung der Versammlung eines Vereins, durch dessen Vorstand rechtfertigt sich jedoch die Annahme, daß eine Versammlung der Vereinsmitglieder beabsichtigt ist.

3. Die Vorschrift im § 3, wonach es für die einzelnen Versammlungen eines Vereins keiner besonderen Anzeige bedarf, kommt nicht in Betracht, wenn eine besondere Anzeige erstattet worden ist. Sofern aber danach für die Versammlungen eines Vereins eine Erleichterung gewährt worden ist (OVG. 9. VII. 92 23 404 und KG. 31 C 30), so hat diese Erleichterung offenbar nur für Versammlungen der Vereinsmitglieder, nicht etwa für alle von dem Verein irgendwie veranstalteten Versammlungen gewährt werden sollen, so daß also das VerG. im § 3 unter den Versammlungen eines Vereins nur die Versammlungen seiner Mitglieder verstehen kann. Mithin unterscheidet auch das Gesetz von anderen Versammlungen die Versammlungen der Mitglieder eines Vereins.

Nr. 7. Entsch. v. 4. Mai 1906 (OVG. 49 419) I A 8/06.

VerG. v. 11. III. 50 §§ 1f., 4f.

1. Die Bestimmungen im § 5 VerG. v. 11. III. 50, wonach eine Versammlung aufgelöst werden darf, wenn eine Bescheinigung über die An-

meldung nicht vorgelegt werden kann, bezieht sich nur auf Versammlungen, in denen öffentliche Angelegenheiten erörtert oder beraten werden sollen. Denn nur von solchen Versammlungen ist nach § 1 Anzeige bei der Ortspolizeibehörde zu machen. Auch für die Versammlungen eines Vereins, der eine Einwirkung auf öffentliche Angelegenheiten bezweckt (§ 2), besteht die Anmeldepflicht nur unter der Voraussetzung, daß die Versammlungen der Erörterung oder Beratung öffentlicher Angelegenheiten dienen (OVG. 23 399, vgl. über die Praxis des KG. Delius, Vereinsrecht³, 129 Anm. 1a). Aus dem Zusammenhange mit § 4 VerG., wo bestimmt ist, daß die Ortspolizeibehörde in jede Versammlung, in der öffentliche Angelegenheiten erörtert oder beraten werden sollen, einen oder zwei Abgeordnete entsenden darf, ergibt sich ebenfalls, daß auch bei der Bestimmung über die Auflösungsbefugnis wegen Fehlens einer Anzeigebescheinigung im § 5 nur an Versammlungen gedacht ist, die zur Erörterung oder Beratung öffentlicher Angelegenheiten bestimmt sind. Auch für die politischen Vereine im Sinne des § 8 gilt hinsichtlich der Pflicht zur Anzeige der Versammlungen keine besondere Vorschrift (OVG. 23 405). Zwar ist die Erklärung des Unternehmers über den Zweck der Versammlung nicht allein entscheidend, und eine Versammlung, die angeblich nur zu Turnübungen (es handelte sich um einen Sokolverein) dienen soll, muß angemeldet werden, wenn sie in Wahrheit mit zur Erörterung oder Beratung öffentlicher Angelegenheiten bestimmt ist oder ohne Widerspruch des Leiters tatsächlich hierzu mitbenutzt wird.

2. Wird bei den Turnübungen zugleich im Wege der Privatunterhaltung von den einzelnen Teilnehmern untereinander polnische Agitation betrieben, so ist darum doch nicht anzunehmen, daß in der Versammlung als solcher, d. i. vor oder gegenüber der Versammlung, politische Erörterungen stattfinden (Delius 88 Abs. 3; Groschuff, Preuß. Strafgesetze², 47 Anm. 3).

3. Es ist nicht unzulässig, in angeblich bloß zu Turnübungen zusammentretende Vereinsversammlungen Polizeibeamte zum Zwecke der Ueberwachung zu schicken. Allerdings ist der Ortspolizeibehörde durch § 4 nur die Befugnis beigelegt, in Versammlungen, in denen öffentliche Angelegenheiten erörtert oder beraten werden sollen, Abgeordnete zu entsenden. Falls jedoch Tatsachen vorliegen, die auch nur den Verdacht begründen, daß eine Versammlung zur Erörterung oder Beratung öffentlicher Angelegenheiten bestimmt ist, muß die Polizeibehörde für berechtigt erachtet werden, sich durch anwesende Polizeibeamte die Gewißheit zu verschaffen, ob eine solche Versammlung ohne die vorgeschriebene Anzeige abgehalten wird. Sonst würde die Polizeibehörde nicht in der Lage sein, die Beobachtung der Vorschrift über die Anmeldung von Versammlungen, die zur Erörterung oder Beratung öffentlicher Angelegenheiten bestimmt sind, zu überwachen und unangemeldete Versammlungen, in denen öffentliche Angelegenheiten erörtert oder beraten werden sollen, zu verhindern (OVG. 23 407, 43 448; PrVerwBl. 24 231).

Nr. 8. Entsch. v. 30. Nov. 1906 (OVG. 50 267) I A 130/06.

VerG. v. 11. III. 50 §§ 7, 9.

1. Wenn im § 7 VerG. verboten ist, in einer Versammlung bewaffnet zu erscheinen, so kann diese Bestimmung zur Stütze des polizeilichen Verbots, ein Gildeschießen abzuhalten, nicht herangezogen werden, wenn die Versammlungen durch die von der Aufsichtsbehörde genehmigten Satzungen zugelassen sind.

2. Wird der Gilde verboten, einen Umzug zu machen oder Schießübungen abzuhalten, so kann jedes Mitglied dagegen klagen.

Nr. 9. Entsch. v. 11. Mai 1906 (OVG. 49 425) I A 103/05.

VerG. v. 11. III. 50 § 2, 8 f.

1. In dem OVG. 24. I. 05 46 435 ist dargetan, daß eine Versammlung in einer Scheune auch dann, wenn das Scheunentor offen steht, nicht ohne weiteres als Versammlung unter freiem Himmel anzusehen ist, vielmehr in eine solche erst dann übergeht, wenn infolge des Zuströmens von Personen, die außerhalb des Versammlungsraums bleiben, die Verhandlungen nicht mehr im wesentlichen innerhalb des Raumes stattfinden, was insbesondere dann vorliegt, wenn auch nur eine außerhalb des Versammlungsraums befindliche Person sich aktiv an den Erörterungen beteiligt.

2. Die Einrichtung eines Versammlungsraums muß so beschaffen sein, daß sie dem oder den Abgeordneten der Ortspolizeibehörde eine sachgemäße Ueberwachung der Versammlung ermöglicht. Dazu gehört auch eine angemessene Beleuchtung des Raumes, die überdies aus allgemeinen sicherheits- und ordnungspolizeilichen Rücksichten erforderlich erscheint.

3. Der Ueberfüllung eines Raumes kann die Polizei gebotenenfalls durch Festsetzung der Höchstzahl der zum Zutritte zu verstattenden Teilnehmer vorbeugen (OVG. 6 370, 11 382).

Nr. 10. Entsch. v. 30. Nov. 1906 (OVG. 49 430) I A 98/06.

VerG. v. 11. III 50 § 8.

1. Ist die Abhaltung einer Versammlung einer geschlossenen Gesellschaft in Aussicht genommen, so kann das Verbot der Versammlung nicht darauf gestützt werden, daß der Versammlungsraum nicht den Anforderungen entspräche, die nach den bestehenden polizeilichen Vorschriften an Räume zu stellen sind, in denen öffentliche Versammlungen stattfinden sollen. Gewiß kann auch die Versammlung einer geschlossenen Gesellschaft mit Rücksicht auf die Beschaffenheit des Lokals dann verboten werden, wenn mit der Benutzung des Lokals Gefahren verknüpft sind, denen auf andere Weise, als dadurch, daß die Versammlung unterbleibt, nicht vorgebeugt werden kann.

2. In der polizeilichen Festsetzung bestimmter Anforderungen für Räume, die besonderen Zwecken dienen, liegt zugleich das Verbot, nicht entsprechende Räume für den Zweck zu verwenden (OVG. 19 371). Stellt daher eine Polizeiverordnung an die bauliche Anlage und an die innere Einrichtung öffentlicher Versammlungsräume gewisse Anforderungen, so ist auch die Veranstaltung einer öffentlichen Versammlung in einem Raume, der diesen Anforderungen nicht genügt, unzulässig. Eine polizeiliche Verfügung, durch welche die Abhaltung einer öffentlichen Versammlung in einem vorschriftswidrigen Raume untersagt wird, ist danach gerechtfertigt, es sei denn, daß die Möglichkeit besteht, inzwischen den vorschriftswidrigen Zustand des Raumes in einen vorschriftsmäßigen umzugestalten.

Nr. 11. Entsch. v. 3. Mai 1907 (OVG. 51 234) I A 27/06.

VerG. v. 11. III. 50 § 8.

Die polnischen Sokolvereine sind politische Vereine im Sinne des § 8 VerG. v. 11. III. 50. Sie wollen das Nationalbewußtsein unter der polnisch redenden Bevölkerung stärken und die nationalpolnische Bewegung fördern. Sie haben sich die Aufgabe gesetzt, nationale Aufklärungen unter sich und unter dem Volke zu verbreiten, das sind politische Ziele. Als Mittel dienen die Versammlungen und die darin stattfindenden Erörterungen.

Nr. 12. Entsch. v. 28. Juni 1907 (OVG. 51 238) I A 104/06.

VerG. v. 11. III. 50 § 16.

1. Ist ein Verein von der Polizei vorläufig geschlossen, so darf er keinerlei Vereinstätigkeit ausüben, namentlich keine Versammlungen abhalten. Selbst eine dem Verein nicht angehörige Person darf eine Versammlung nicht einberufen und abhalten, die in Wirklichkeit den Vereinszwecken dient.

2. Versammlungen, die strafgesetzwidrige Zwecke verfolgen, können von der Polizei im voraus verboten werden.

Nr. 13. Entsch. v. 22. Dez. 1905 (PrVerwBl. 27 818) I 1431.

BGB. § 62.

Die Polizeibehörde hatte gegen die Eintragung des Vereins „Verband Deutscher Grenz-, Zoll-, Revisions- und Steueraufseher" in das Vereinsregister Einspruch erhoben. Das OVG. erachtete den Einspruch für begründet, indem es den Verein als sozialpolitischen erachtete, weil er anstrebe, daß das Anfangs- und Endgehalt, die Bewachungs- und Begleitungsgebühren der Aufseher erhöht und diesen Beamten der Rang der Subalternbeamten verliehen werde. Es solle also das Interesse des ganzen Standes gefördert werden.

M. Gesindepolizei.

Literatur: Aron: Herrschaft und Gesinde. Die Gesindeordnung vom 19. August 1844 für die Rheinprovinz[3] (Düsseldorf 1908). — Frormann: Die schleswig-holsteinische Gesindeordnung vom 25. Februar 1840 (Kiel 1907). — Illing-Kautz: Handbuch für preußische Verwaltungsbeamte[9] 1 (Berlin 1905). — Jacobi: Die Gesindeordnung vom 8. November 1810 und ihre Ergänzungsgesetze[9] (Berlin 1907). — Klein: Das preußische Gesinderecht (Berlin 1908). — Knoop: Dienstbotenordnung für Ostfriesland und Harlinger Land vom 10. Juli 1859 (Aurich 1907). — Lindenberg: Das preußische Gesinderecht im Geltungsbereich der Gesindeordnung vom 8. November 1810[7] (Berlin 1907).

Nr. 1. Entsch. v. 16. Febr. 1906 — I 202.

DienstbotenO. v. 15. VIII. 44 (HannGS. Abt. I S. 161) § 52.

Nach § 52 DienstbotenO. für die Landdrosteibezirke Hannover, Hildesheim, Lüneburg und für den Harzbezirk v. 15. VIII. 44 ist ein Dienstbote, der ohne rechtsgenügenden Grund den Dienst verläßt, auf Antrag des Dienstherrn zur Fortsetzung des Dienstes anzuhalten. Hierzu ist die Ortspolizeibehörde desjenigen Bezirks berufen, wo der Dienstvertrag erfüllt werden soll. Ihr liegt es ob, nach Prüfung des Bestehens einer rechtlichen Verpflichtung zur Fortsetzung des Dienstes dem Gesinde durch polizeiliche Verfügung die Wiederaufnahme des Dienstes aufzugeben, und zwar unter Androhung der im § 132 LVG. bezeichneten Zwangsmittel.

Nr. 2. Entsch. v. 20. Okt. 1905 (OVG. 48 418) I B 20/05.

DienstbotenO. v. 15. VIII. 44 (HannGS. Abt. I S. 161.)

Im § 52 DienstbotenO. v. 15. VIII. 44 wird bestimmt, daß ein Dienstbote, der ohne rechtsgenügenden Grund den Dienst verläßt, auf Antrag des Dienstherrn zur Fortsetzung des Dienstes anzuhalten ist. Unter Wiederholung dieser Vorschrift wird dann im § 74 die Zuständigkeit für die hierzu nötigen einstweiligen Maßnahmen den Polizeiobrigkeiten unter Vorbehalt des Rechtswegs übertragen. Das Gesetz beschränkt die polizeiliche Zuständigkeit nicht auf die Ortspolizeibehörde und schneidet demzufolge die Anrufung der höheren Polizeibehörde, damit auch nach der jetzigen Rechtslage die Rechtsmittel aus den §§ 127ff. LVG., nicht ab. Ebensowenig bezeichnet es die Beschreitung des Rechtswegs als Rechtsmittel gegen die polizeilichen Maßnahmen, sondern behält diesen Behelf als selbständigen Weg zum endgültigen Austrage der Gesindestreitigkeit neben dem polizeilichen Einschreiten vor. Träfe diese Auffassung zu, so wäre damit entweder die Ortspolizeibehörde zum Sondergerichte für Gesindestreitsachen gemacht oder die Rechtskontrolle über die polizeiliche Anordnung dem ordentlichen Richter übertragen. Beides erscheint nicht annehmbar. Die Polizei ist zum Einschreiten in Gesindesachen nicht berufen, um privatrechtliche Streitigkeiten zwischen Herrschaft und Gesinde zu schlichten oder zu entscheiden, sondern um die öffentliche Ordnung auf dem Gebiete des Gesindewesens aufrecht zu erhalten, und sie hat sich mit den privatrechtlichen Streitfragen nur insofern und insoweit zu befassen, als dies für die Entschließung über ihr Einschreiten unerläßlich ist (OVG. 29. XI. 01 — PrVerwBl. 23 659). Dessen ist man sich auch beim Erlasse der DienstbotenO. v. 15. VIII. 44 wohl bewußt gewesen. In der Begründung des Gesetzentwurfes (Aktenstücke der 8. allgemeinen Ständeversammlung des Königreiches Hannover 2. Diät S. 586) ist über den § 74 folgendes gesagt:

„Streitigkeiten zwischen Dienstherren und Dienstboten in bezug auf das Dienstverhältnis sind an sich privatrechtlicher Natur, mithin zivilrechtlicher Entscheidung unterworfen. Dennoch wird, soll das Gesetz seinen Zweck erreichen, der polizeilichen Obrigkeit, welche schon nach bestehenden allgemeinen Bestimmungen Pflichtwidrigkeiten der Dienstboten zu strafen hat, daneben das Recht erteilt werden müssen, die nötigen einstweiligen Maßregeln, vorbehaltlich des Rechtswegs, zu treffen und den Dienstboten durch geeignete Zwangsmittel zur Pflicht anzuhalten. Die Konnexität dieser Maßregeln mit dem polizeilichen Bestrafungsverfahren rechtfertigt, und Gründe der Zweckmäßigkeit erfordern dies, indem die Formen des gerichtlichen Verfahrens die notwendige rasche Verfügung erschweren."

Das polizeiliche Zwangsverfahren sollte also wie das Strafverfahren als selbständiges Verfahren neben den Rechtsweg treten, nicht diesem ein- oder angegliedert werden. Daraus ergibt sich zugleich, daß es dem Gesetzgeber fern gelegen hat, etwa dem ordentlichen Richter die Rechtskontrolle über die polizeiliche Anordnung zu übertragen.

Nr. 3. Entsch. v. 25. Mai 1906 (OVG. 48 421) I A 72/05.

GesO. v. 8. XI. 1810 § 138.

Die Vorschrift des § 138 GesO. 8. XI. 1810 findet nicht erst Anwendung, wenn eine Verleitung zu unsittlichen Handlungen vorliegt; vielmehr ist der Tatbestand gegeben, wenn die Handlung sich mit den Anforderungen der guten Sitte nicht vereinigen läßt. Diesen Anforderungen entspricht es nicht, wenn ein siebzehnjähriges Mädchen von ihrem Dienstherrn genötigt wird, das Bett mit ihrem zwölfjährigen Bruder zu teilen.

Nr. 4. Entsch. v. 6. Febr. 1906 (PrVerwBl. 27 802) I 162.

GesO. v. 8. XI. 1810 §§ 52, 136ff.

Eine sog. Stütze der Hausfrau gehört nicht zum Gesinde.

N. Polizeiliche Verfügungen vermischten Inhalts.

Nr. 1. Entsch. v. 14. Nov. 1905 (PrVerwBl. 27 910) I 1263.

Vschr. v. 8. VIII. 35 (GS. 240) §§ 19f.; ReichsG. v. 30. VI. 00; G. v. 28. VIII. 05 (GS. 373).

Da der Inhaber von Räumen (der Haushaltungsvorstand) dafür verantwortlich ist, daß sich diese im polizeimäßigen Zustande befinden (OVG. 7 351), so hat er auch für die nach den §§ 19f. der sanitätspolizeilichen Vschr. v. 8. VIII. 35 erforderliche Desinfektion zu sorgen und es fallen ihm, auch ohne besondere gesetzliche Bestimmung, die dadurch entstehenden Kosten zur Last. Die Verpflichtung des Inhabers der Räume, für die Desinfektion auf seine Kosten zu sorgen, wird nicht dadurch ausgeschlossen, daß sich der Kranke anderwärts die Krankheit zugezogen hat; denn der Inhaber der Räume muß für die Beseitigung des polizeiwidrigen Zustandes sorgen, gleichviel ob er ihn verschuldet hat. Eine Befreiung von der Pflicht, die Kosten der Desinfektion infolge einer Typhuserkrankung zu tragen, kann der Haushaltungsvorstand nicht aus § 37 Abs. 3 ReichsG. betr. die Bekämpfung gemeingefährlicher Krankheiten v. 30. VI. 00 herleiten, weil sich das ReichsG. auf den Typhus (Unterleibstyphus) nicht mitbezieht. Das auf den Typhus (Unterleibstyphus) mitbezügliche G. betr. die Bekämpfung übertragbarer Krankheiten v. 28. VIII. 05 (GS. 373) gewährt im § 26 die Freiheit von der Pflicht zur Zahlung der Desinfektionskosten nur unter der Voraussetzung, daß nach Feststellung der Polizeibehörde der Zahlungspflichtige ohne Beeinträchtigung des für ihn und seine Familie notwendigen Unterhalts diese Kosten nicht zu tragen vermag.

Nr. 2. Entsch. v. 5. Febr. 1906 — III 228.

ALR. II 17 § 10.

Soweit eine Handlung, die das Vermögen dritter Personen zu schädigen geeignet ist, durch das Gesetz für strafbar erklärt worden ist, darf die Polizei sie verbieten und ihre Ausführung verhindern, aber nicht deshalb, weil sie berufen ist, eine Benachteiligung oder Schädigung am Vermögen zu verhindern, sondern deshalb, weil sie die Begehung strafbarer Handlungen als eine Verletzung der öffentlichen Ordnung zu verhindern berufen ist. Soweit im übrigen Handlungen das Vermögen dritter Personen zu schädigen geeignet sind, hat die Polizeibehörde grundsätzlich sich des Eingriffs zu enthalten und den vermutlich Geschädigten zu überlassen, den Schutz im ordentlichen Rechtswege zu suchen. Für die Polizei kommt in Fällen dieser Art nur die Anwendung von eigentlichen Notständen in Frage. Als solcher Notstand gilt die Abwendung erheblicher Vermögensnachteile auch dann, wenn den Beteiligten die nach den Gesetzen mögliche Hilfe bei dem zuständigen Gerichte den Umständen nach nicht rechtzeitig erreichbar ist (OVG. 32 425, 35 382, 38 291, 39 278).

Nr. 3. Entsch. v. 7. Febr. 1907 (PrVerwBl. 29 8) IV 235.

G. v. 6. IV. 92 (RGBl. 467) §§ 12f.; G. v. 18. XII. 99 (RGBl. 705) §§ 5f.

Die Rechtsverhältnisse der Telegraphenlinien der Reichstelegraphenverwaltung zu anderen, die Verkehrswege benutzenden elektrischen Anlagen sind durch die §§ 12f. G. über das Telegraphenwesen des Deutschen Reichs v. 6. IV. 92 und die §§ 5f. TelWG. v. 18. XII. 99 geregelt. Durch diese Bestimmungen sind die allgemeinen Befugnisse der Polizeibehörden, bei gefahrdrohenden Zuständen einzuschreiten (§ 10 II 17 ALR.), nicht berührt worden. Der polizeiliche Schutz der Telegraphen- und Fernsprechanlagen des Reichs gegenüber anderen elektrischen Anlagen beschränkt sich demgemäß auf den allgemeinen Schutz für Leben und Eigentum, also auf den Schutz für den Bestand der Telegraphen- und Fernsprechanlagen und auf den Schutz für Leben und Gesundheit des Bedienungspersonals, wie dies auch in der Vf. der Minister des Innern und der öffentlichen Arbeiten v. 3. IV. 04 (MBl. 120) ausdrücklich hervorgehoben worden ist.

Nr. 4. Entsch. v. 4. Febr. 1907 — III C 110/06.

ALR. II 17 § 10.

Ein allgemeiner Grundsatz dahin, daß die Polizeibehörde nicht befugt sei, die Einstellung eines die Nachtruhe der Anwohner durch Geräusch in gesundheitsschädigender Weise störenden Gewerbebetriebs zu untersagen, vielmehr dem Gewerbetreibenden nur die Beseitigung des Geräusches aufgeben dürfe, läßt sich nicht aufstellen. Das OVG. hat vielmehr in zahlreichen Fällen solche Verbote für gerechtfertigt erachtet, insbesondere auch in der Entsch. v. 2. III. 05 (PrVerwBl. 27 855), in der es sich um das Verbot des die Nachtruhe störenden Kegelschiebens nach 11 Uhr abends handelte. Auch das Urt. v. 28. V. 03 (PrVerwBl. 25 132) steht nicht auf einem entgegengesetzten Standpunkte. Ob eine derartige Auflage gerechtfertigt ist, läßt sich nicht grundsätzlich, sondern nur nach der Gesamtlage des einzelnen Falles beurteilen.

Nr. 5. Entsch. v. 2. März 1905 (PrVerwBl. 27 855).

ALR. II 17 § 10.

Wenn durch Kegelschieben die Nachtruhe in Nachbarhäusern gestört wird, so kann die Polizei dagegen einschreiten, sofern die Gesundheit der Bewohner gefährdet wird. Auch einzelne Personen ist die Polizei zu schützen befugt.

Nr. 6. Entsch. v. 5. Nov. 1907 (PrVerwBl. 29 560) I A 188/06.

ALR. II 17 § 10.

1. Die Polizei kann einen Brunnen schließen lassen, wenn er unterirdisch mit einem verseuchten Flußlaufe in Zusammenhang steht, der gefährliche Krankheitserreger enthält (PrVerwBl. 19 343; 23 549; 25 746).

2. Es ist bei Anstellung der Klage gegen die Schließung des Brunnens kein stichhaltiger Einwand, daß die Polizei unterlassen hat, andere Brunnen zu schließen, die ebenso gefährlich sind.

Nr. 7. Entsch. v. 12. Jan. 1906 (OVG. 48 415) I A 78/05.

ALR. II 17 § 10.

Am Grabe der „Märzgefallenen" war ein Kranz mit einer Schleife, enthaltend die Aufschrift: „Den Militärdespotismus schafft man nicht auf parlamentarischem Wege ab, deshalb nehme ich kein Reichstagsmandat an. Johann Jacoby" niedergelegt worden. Die Schleife wurde polizeilich abgetrennt, weil die Umstände ergaben, daß die Aufschrift wie eine Aufreizung zur Revolution wirken könne. Die Möglichkeit, daß die Aufreizung zur Revolution durch den Hinweis auf die Worte von Johann Jacoby zu einer Störung der öffentlichen Ordnung führen würde, lag nahe, da sie an dem Jahrestage der Revolution auf dem Friedhofe der „Märzgefallenen" stattfand, wo sich zur Erinnerung an diese eine große mit den Bestrebungen der „Märzgefallenen" sympathisierende Menschenmenge zusammenfand, die von den Aufschriften auf den Kranzschleifen Kenntnis nahm oder doch nehmen konnte. Bei der zur Ehrung der „Märzgefallenen" zusammenkommenden Menschenmenge durfte eine **innere politische Erregung** vermutet werden, in der leicht Ausschreitungen begangen werden. Auch mußte die Polizei damit rechnen, daß sich unter der Menschenmasse unreife und unbesonnene Elemente befänden, die geneigt wären, sich zu Störungen der öffentlichen Ordnung hinreißen zu lassen.

Nr. 8. Entsch. v. 17. Nov. 1905 (OVG. 48 423) I A 83/05.

RegInstr. v. 23. X. 1817 § 2[3].

1. Das Erkenntnis behandelt den Unterschied zwischen **Erziehungsanstalten** und **Rettungsanstalten** im Sinne des § 2[3] RegInstr. v. 23. X. 1817. Zur **Schließung** der ersteren ist nur die Regierung, Abt. für Kirchen- und Schulwesen, nicht der Regierungspräsident zuständig, zur Schließung der letzteren die **Ortspolizeibehörde**.

2. Der Begriff der **Rettungsanstalt** beschränkt sich auf **polizeiliche Veranstaltungen**, welche die Rettung aus leiblicher Gefahr (Feuer-, Wasserwehren, Unfallstationen, Einrichtungen zur Rettung Schiffbrüchiger oder Ertrinkender u. dgl.) bezwecken, erstreckt sich aber nicht auf Einrichtungen, die dem Zwecke **religiöser oder sittlicher Bewahrung** dienen. Mögen auch Anstalten der letzteren Art im gemeinen Sprachgebrauch als „Rettungshäuser" bezeichnet werden, so haben sie doch mit den im § 2[3] genannten Rettungsanstalten nichts als den Namen gemein, gehören vielmehr lediglich zu den **Erziehungsanstalten**. **Erziehungsanstalten** unterliegen besonderer behördlicher Aufsicht, aber diese steht nicht dem Regierungspräsidenten, sondern der Schulabteilung der Regierung und deren Organen zu (§ 2[6] RegInstr.; KabO. v. 31. XII. 25 — GS. 26 5 unter D II 2; Schneider und von Bremen, Das Volksschulwesen im Preußischen Staate 3 § 354).

3. Die Regierung hat die Schließung einer Erziehungsanstalt entweder mit Hilfe ihrer eigenen Zwangsgewalt oder unter Inanspruchnahme der Mitwirkung ihrer Organe oder auch der Polizei durchzusetzen (OVG. 11 398, 26 409; PrVerwBl. 19 542, 21 267, 25 577). Gegen die Schließung und die zu ihrer Vollziehung ergehenden Anordnungen findet lediglich die Anrufung der vorgesetzten Behörde und nicht das Verwaltungsstreitverfahren statt.

Nr. 9. Entsch. v. 30. Nov. 1906 (OVG. 50 238) I A 82/05.

KabO. v. 27. VIII. 20 (Ann. 4 532); Décret sur lessépultures v. 23 Prairial XII Art. 15.

In der **Rheinprovinz** hat der **Regierungspräsident** (wie in den alten Provinzen) wegen der konfessionellen **Teilung** eines **kommunalen Begräbnisplatzes** Verfügung zu treffen, die wie jede andere polizeiliche Verfügung des Regierungspräsidenten angreifbar ist (§ 130 LVG.). Die Zivilgemeinden sind zur Einrichtung von Begräbnisplätzen verpflichtet.

Nr. 10. Entsch. v. 1. Febr. 1907 (OVG. 50 261) I A 179/05.

Das Kammergericht hat in dem Urt. v. 20. II. 90 (Johows Jahrb. 10 275) dargelegt, daß eine **Polizeiverordnung**, welche den **Schankwirten untersagt**, einen erklärten **Trunkenbold** in ihren Lokalen zu dulden, nur dahin verstanden werden könne, daß der Trunkenbold nicht **als Gast** zu dulden sei, und daß daher eine Verordnung, die unter allen Umständen einem Schankwirte verbieten würde, einem Trunkenbolde den Aufenthalt in seinem Lokale zu gestatten, also auch wenn dessen Verkehr sich auf Verhandlungen und Gegenstände beschränkt, die den Schankbetrieb gar nicht berühren, unzulässigerweise in das Gebiet der Handlungsfreiheit eingreife. Dieser Ansicht, der beizutreten ist, entspricht es, daß auch dem erklärten Trunkenbolde nicht ausnahmslos jedes Betreten eines zum Ausschanke geistiger Getränke bestimmten Lokals untersagt werden darf. Die öffentliche Ordnung und Sicherheit wird nicht gefährdet, wenn ein Trunkenbold ein solches Lokal lediglich zB. zu dem Zwecke betritt, um dort Arbeiten, die in sein Fach schlagen, auszuführen. Das öffentliche Interesse wird erst dann beeinträchtigt, wenn er das Lokal allein oder mit zu dem Zwecke betritt, um dort geistige Getränke, sei es zum Mitnehmen oder zum Genuß auf der Stelle, zu erwerben.

Nr. 11. Entsch. v. 18. Okt. 1907 (OVG. 51 228) I A 73/06.
ALR. II 17 § 10.

Von einem Rittergute R. war eine größere Fläche abgetrennt und einer benachbarten Gemeinde L. zugeschlagen worden. Im Grundbuche war die Fläche mit R. Bd. 1 Bl. 1 bezeichnet. Der auf der Fläche wohnende Pächter derselben datierte seine Briefe nicht von L., sondern vom Rittergute R. (er schrieb zB.: R. 1 den 16. Dez. 1905). Der Amtsvorsteher untersagte dem Pächter, einen anderen Namen als L. im schriftlichen Verkehr mit Privatpersonen, Instituten, Behörden und Beamten zu gebrauchen. Das OVG. setzte die Verfügung außer Kraft. In dem Erkenntnis heißt es:

„In der Rechtsprechung ist zwar der Satz, daß ein Gebot der öffentlichen Ordnung das Bestehen einer für den amtlichen Verkehr maßgebenden Bezeichnung der Ortschaften und Schreibweise der Ortschaftsnamen erfordert, wiederholt ausgesprochen (Urt. des OVG. v. 21. IX. 00 38 422). Aus dieser Rechtsauffassung kann indes nur gefolgert werden, daß die Bestimmungen, welche von der Landespolizeibehörde über die Bezeichnung der Ortschaften und die Schreibweise ihrer Namen getroffen sind, oder von alters her mit rechtlicher Wirksamkeit bestehen, einen Teil der öffentlichen Ordnung bilden, aber nicht, daß jede von diesen Bestimmungen abweichende Bezeichnung einer Ortschaft eine Störung der öffentlichen Ordnung ist. Vielmehr kann dies nur von solchen gesagt werden, die in öffentlichen Kundgebungen enthalten sind. Das trifft bei dem Gebrauch abweichender Bezeichnungen, die im schriftlichen Verkehre der Bewohner mit anderen, namentlich in ihren Briefen und Eingaben vorkommen, nicht zu. Derartige Schriftstücke wenden sich nicht an einen unbestimmten Kreis von Personen, sondern nur an ganz bestimmte Personen oder Personengesellschaften, an die sie gerichtet sind, und können nur durch Zutun dieser öffentlich bekannt werden, wozu sie vom Absender nicht bestimmt sind. Daher kann das Verbot, den Wohnort im schriftlichen Verkehre mit einer anderen Benennung, die von der amtlich festgestellten abweicht, zu bezeichnen, nicht auf die Aufgabe der Polizeibehörde gestützt werden, die zur Erhaltung der öffentlichen Ordnung erforderlichen Anstalten zu treffen."

Nr. 12. Entsch. v. 18. April 1907 (OVG. 51 302) III C 152/06.
ALR. II 17 § 10; StGB. § 366 a.

Die Polizei hatte der Klägerin jegliches Ausschachten von Ziegelerde auf ihren Ländereien in der Nähe des Wattenmeeres untersagt. Das OVG. hob die Vorentscheidung auf und wies die Sache in die Vorinstanz zur näheren Aufklärung zurück und führte aus: „Nach der im § 10 II 17 ALR. gegebenen Vorschrift, welche inhaltlich auch für die Prov. Schleswig-Holstein gilt, weil sie lediglich die aus dem Begriffe der Polizei folgenden Befugnisse feststellt, hat die Polizei die zur Erhaltung der öffentlichen Sicherheit und zur Abwendung der dem Publikum bevorstehenden Gefahr nötigen Anstalten zu treffen. Wegen des Bestehens einer Gefahr für die öffentliche Sicherheit hat das OVG. u. a. das polizeiliche Einschreiten gegen solche Ausschachtungen für gerechtfertigt erachtet, durch welche eine Eisenbahnanlage gefährdet oder dem Ufer eines Flusses die erforderliche Festigkeit gegen Hochwasserdurchbrüche entzogen oder die Sicherheit des Verkehrs auf einem Wege beeinträchtigt wurde. Was insbesondere die Meeresufer betrifft, so ist im § 366a StGB. die Uebertretung derjenigen Polizeiverordnungen mit Strafe bedroht, welche zum Schutze der Dünen und der Fluß- und Meeresufer, sowie der auf denselben vorhandenen Anpflanzungen und Anlagen erlassen sind. Durch solche Polizeiverordnungen könnten auch Ausschachtungen in der Nähe des Meeresufers unter dem Gesichtspunkt untersagt werden, daß sie geeignet seien, nicht nur die anstoßenden Grundstücke zu benachteiligen, sondern darüber hinaus, durch die Schwächung der gegenüber der Macht der Meereswogen bestehenden natürlichen Schutzwehren eine Gefahr für die öffentliche Sicherheit hervorzurufen. Wäre in solcher Weise durch den Erlaß einer Polizeiverordnung das Drohen gemeiner Gefahr unter zutreffenden tatsächlichen Voraussetzungen festgestellt, so würde dadurch bei Uebertretung der Polizeiverordnung der Nachweis, daß die Gefahr auch im gegebenen Einzelfalle bestehe, entbehrlich. Weil aber das den Gegenstand des vorliegenden Rechtsstreits bildende polizeiliche Verbot auf eine Polizeiverordnung nicht gestützt wird, kommt es hier darauf an, zu ermitteln, ob es sich dabei nur um den Schutz von Privateigentum innerhalb bestimmter räumlicher Grenzen oder vielmehr um die Abwehr einer gemeinen, nach Art und Umfang nicht übersehbaren Gefahr handelt. Im letzteren Falle wäre das Verbot gerechtfertigt, im ersteren nicht.

Nr. 13. Entsch. v. 2. Mai 1907 (OVG. 51 304) III C 168/06.

Der Erlaß von Polizeiverordnungen zum Schutze gemeinnütziger Heilquellen ist zulässig (Erk. v. 9. I. 93 — III 27, v. 29. IX. und 8. XI. 00 OVG. 38 291, 295). Danach können Erdarbeiten in gewisser Tiefe von polizeilicher Erlaubnis abhängig gemacht werden.

II.

Allgemeines über polizeiliche Verfügungen.

(LVG. §§ 127 f.)

Gesetzliche Grundlagen (nebst Materialien): G. betr. die Erweiterung des Landespolizeibezirks Berlin v. 27. III. 07 (GS. 37) VhdlAH. 1907: Druckf. Nr. 72; StenB. 922, 1040; HH. 1907: Druckf. Nr. 21, 26; StenB. 18. Desgl. G. v. 7. III. 08 (GS. 21) VhdlAH. 1907/8: Druckf. Nr. 86; StenB. 1570, 1812. HH. 1907/8: Druckf. Nr. 10, 12, 31; StenB. 14. G. v. 22. VI. 07 (GS. 145) zur Abänderung des G. betr. den Erlaß polizeilicher Strafverfügungen wegen Uebertretungen v. 23. VI. 83 (GS. 65) VhdlAH. 1907: Druckf. Nr. 148; StenB. 3133, 3353. HH. 1907/8: Druckf. Nr. 14, 17; StenB. 19. G. gegen die Verunstaltung von Ortschaften und landschaftlich hervorragenden Gegenden v. 15. VII. 07 (GS. 260) VhdlAH. 1907: Druckf. Nr. 9, 227, 288—292, 319f., 323—327, 333, 337, 342f.; StenB. 922, 952, 4881, 4935, 5061. HH. 1907: Druckf. Nr. 105, 118 zu 3; StenB. 320. G. betr. die Uebertragung polizeilicher Befugnisse in Gemeinde- u. Gutsbezirken der Umgebung von Potsdam an den Polizeidirektor in Potsdam v. 7. III. 08 (GS. 37) VhdlAH. 1907/8: Druckf. Nr. 87; StenB. 1571, 1812. HH. 1907/8: Druckf. Nr. 11, 13; StenB. 15. PolKostG. v. 3. VI. 08 (GS. 149) VhdlAH. 1907/08: Druckf. Nr. 21, zu Nr. 21, 271, zu Nr. 271, 315ff., 325; StenB. 254, 4785, 4832. HH. 1907/8: Druckf. Nr. 89, 105; StenB. 291, 340.

Literatur: v. Arnstedt: Das preußische Polizeirecht 2 (Berlin 1907). — Eiben: Die Ortspolizei (Köln 1908). — Illing-Kautz: Handbuch für preußische Verwaltungsbeamte[9] 1 (Berlin 1905).

A. Inhalt polizeilicher Verfügungen; Form; Rechtsbeständigkeit; Rechtsmittel; persönliche Beteiligung.

Nr. 1. Entsch. v. 13. Okt. 1905 — I 1096.

LVG. §§ 127 f.

Es gibt keine gesetzliche Bestimmung, welche die Verwaltungsgerichte zur Entscheidung auf Klagen beruft, mit denen Entschädigungsansprüche auf Grund der Behauptung geltend gemacht werden, daß eine polizeiliche Verfügung einen Eingriff in Privatrechte enthalte, für den nach den gesetzlichen Vorschriften über Aufopferungen der Rechte und Vorteile des Einzelnen im Interesse des Allgemeinen Entschädigung gewährt werden müsse, insbesondere ist eine solche Bestimmung nicht in §§ 127 ff. LVG. zu finden. Selbst wenn die Verweigerung einer Entschädigung für im polizeilichen Interesse erforderte Leistungen durch die Polizeibehörde als eine polizeiliche Verfügung im Sinne der angeführten Vorschrift anzusehen wäre, so würde doch die Entscheidung des mit der Klage aus § 127 oder § 128 LVG. angerufenen Verwaltungsgerichts nur auf Aufhebung der erlassenen Verfügung, aber nicht auf Feststellung der beanspruchten Entschädigung gehen können. Es ist aber auch nicht anzuerkennen, daß die Versagung einer Entschädigung für geleistete Dienste den Charakter einer polizeilichen Verfügung in jenem Sinne hat; denn als solche ist nicht jede von einer Polizeibehörde ausgehende Verfügung anzusehen, sondern nur eine solche, die eine polizeiliche Anordnung, ein Gebot oder Verbot, oder die Versagung einer zur Ausübung der Rechte des Einzelnen erforderlichen Erlaubnis enthält.

Nr. 2. Entsch. v. 9. Juli 1906 (OVG. 48 248) IV B 2/05.

Keine Polizeibehörde ist befugt, mit ihren Anordnungen in einen fremden Polizeibezirk überzugreifen. Deshalb dürfen sie auch nicht gegen Polizeiwidrigkeiten einschreiten, die außerhalb ihrer Bezirke vorkommen (vgl. OVG. 25. XI. 04 46 423, 433); ebensowenig ist eine Polizeibehörde befugt, einer Person das Führen von Kraftfahrzeugen allgemein in fremden Polizeibezirken zu verbieten.

Nr 3. Entsch. v. 8. Jan. 1907 (OVG. 50 248) I A 7/06.

1. Bei der Zwangsvollstreckung in Geldforderungen zum Zwecke der Deckung polizeilicher Auslagen hat die Vollstreckungsbehörde nach §§ 36, 39 f. Vd. v. 15. XI. 99, Art. 75 AAnw. v. 28. XI. 99 die Pfändung der Forderung durch Zustellung eines Zahlungsverbots an den Drittschuldner bei gleichzeitigem Erlaß eines Verfügungsverbots an den Schuldner zu bewirken und entweder gleichzeitig oder in der Folge die gepfändete Forderung demjenigen, für dessen Rechnung die Zwangsvollstreckung erfolgt, zur Einziehung zu überweisen. Mit der Ueberweisung der Forderung schließt die Tätigkeit und Zuständigkeit der Vollstreckungsbehörde ab. Die Einziehung der überwiesenen Forderung ist nicht ihre Aufgabe. Insoweit sind diese Maßnahmen, wenn sie von einer Polizeibehörde ausgehen, keine polizeilichen Verfügungen im Sinne der §§ 127 ff. LVG.

2. Dagegen liegt eine polizeiliche Verfügung vor, wenn von der Polizeibehörde nicht als Vollstreckungsbehörde gehandelt wird. Denn ein von einer Polizeibehörde zur Deckung polizeilicher Auslagen, zumal unter Zwangsandrohung gegen einen Dritten, erlassenes Zahlungsgebot hat im allgemeinen als polizeiliche Verfügung zu gelten, sofern nicht dargetan wird, daß eine andere rechtliche Eigenschaft tatsächlich gewollt war und rechtlich möglich ist (OVG. 4 391, 16 288, 31 310, 39 377, 41 440).

3. Ein Zahlungsgebot durch polizeiliche Verfügung zur Einziehung gepfändeter Forderungen ist unzulässig. Nur der ordentliche Rechtsweg ist gegeben.

Nr. 4. Entsch. v. 16. Febr. 1905 (OVG. 47 221) IV B 63/04.
LVG. §§ 127 ff.; ZustG. § 56.

In einer hannoverschen Stadt war bei dem Bau eines Hauses zwischen dem Hause und dem Bürgersteige ein schmaler Streifen liegen geblieben, den die Stadt befestigen ließ wie den Bürgersteig und der nun wie der Bürgersteig benutzt wurde. Der Hausbesitzer, dem die Unterhaltung des Bürgersteiges oblag, erstattete der Stadt die Kosten der Befestigung. Als der Hausbesitzer die Befestigung später entfernen lassen wollte, weil sie auf seinem Grundstücke ausgeführt worden, erging an ihn eine polizeiliche Verfügung, die ihm dies untersagte. Die Verfügung war vom Magistrat als Wegepolizeibehörde und von der Polizeidirektion als Verkehrspolizeibehörde unterzeichnet worden. Dies erklärte das OVG. als unzulässig und führte aus: „Die Ortspolizei ist unter den Magistrat und die Polizeidirektion geteilt. Daraus folgt aber nicht, daß beide Behörden in Fällen, in denen sie über ihre Zuständigkeit zweifelhaft sind, gemeinsam eine Anordnung zu treffen hätten. Ein derartiges Vorgehen würde eine Anomalie darstellen, die niemals aus der Teilung der örtlichen Polizeigewalt allein hergeleitet werden kann. Dies hat das OVG. bereits mehrfach, insbesondere in dem Urt. v. 14. XI. 94 (OVG. 27 386) dargelegt und dabei hinzugefügt, daß regelmäßig immer nur eine der in Betracht kommenden polizeilichen Behörden zum Erlaß einer einheitlichen ortspolizeilichen Verfügung für zuständig erachtet werden könne. Der gemeinsame Erlaß einer Verfügung durch mehrere Polizeibehörden würde auch zu unannehmbaren Ergebnissen führen; denn die einheitliche Verfügung könnte doch niemals gegenüber der einen Behörde aufrecht erhalten, gegenüber der anderen außer Kraft gesetzt werden. Auch wäre nicht abzusehen, von welcher Behörde die gemeinsam angedrohten Zwangsmittel durchgeführt werden sollten, insbesondere wenn etwa unter den beiden Behörden verschiedene Ansichten über die Notwendigkeit der zwangsweisen Durchführung, sowie über die Art und den Umfang des anzuwendenden Zwanges entständen.

Nr. 5. Entsch. v. 29. Jan. 1907 (OVG. 50 255) I A 61/06.
LVG. § 127; PolVerwG. v. 11. III. 50 § 20 Abs. 3; VollstrO. v. 30. VII. 53 (GS. 909) § 1.

Eine Gutsherrschaft hatte polnische Saisonarbeiter beschäftigt, vorher sich der Polizei gegenüber verpflichtet, die etwaigen Kosten des Rücktransports zu bezahlen. Einzelne Arbeiter wurden polizeilich ausgewiesen und zurückgebracht. Die Ortspolizeibehörde verlangte von der Gutsherrschaft die Erstattung der Kosten. Das OVG. hob die Verfügung auf und führte aus:

Die Ausweisung ist eine polizeiliche Verfügung; die Frage, wer die durch deren Durchführung erwachsenden Kosten zu tragen hat, bemißt sich daher nach den insoweit für die polizeilichen Verfügungen geltenden Bestimmungen. Nach § 20 Abs. 3 PolVerwG. v. 11. III. 50 in Verbindung mit § 1[14] VollstrO. v. 30. VII. 53 (GS. 909) ist dies derjenige, gegen den die polizeiliche Verfügung ergangen war. Danach konnte sich die Polizei wegen der Kosten an die Ausgewiesenen selbst halten. Für einen Rückgriff auf die Gutsherrschaft bietet die bestehende Gesetzeslage keinen Anhalt, auch nicht aus dem Gesichtspunkte, daß die Ausweisung in die Rechte der Gutsherrschaft eingriff oder daß die Ausweisung im letzten Grunde auf der gegen die Genehmigung verstoßenden Annahme der Familien beruhte. Der Eingriff in ihre Rechte hätte die Gutsherrschaft zur selbständigen, wenn auch aussichtslosen, Anfechtung der Ausweisung berechtigt, begründete aber für sie keine irgendwie geartete Verpflichtung zur Erstattung der mit der Durchführung dieses Eingriffs verbundenen Kosten. Ebensowenig kann die Forderung darauf gestützt werden, daß der durch die Ausweisung beseitigte polizeiliche Mißstand des Aufenthalts lästiger Ausländer im Inlande durch die Gutsherrschaft verursacht oder mitverursacht worden sei. Einmal bedurfte es für die Einführung der Ausländer keiner rechtsverbindlich festgestellten Genehmigung (vgl. Urt. v. 16. XII. 04 — PrVerwBl. 26 447); der polizeiliche Mißstand wurde also nicht schon durch die, wenngleich entgegen dem Verpflichtungsschein erfolgte Annahme der Familien, sondern erst dadurch geschaffen, daß deren fernerer Aufenthalt im Inlande polizeilicherseits beanstandet wurde. Ob und welche Abmachungen etwa zwischen der Gutsverwaltung und den Ausgewiesenen wegen der Kosten der Heimbeförderung bestanden, bleibt dabei ohne Belang.

Entscheidend ist, ob ein Dritter der Polizei gegenüber sich mit öffentlich-rechtlicher Wirkung zur Uebernahme von Kosten verpflichten kann, die durch die gegen einen anderen gerichtete polizeiliche Maßnahme erwachsen. Diese Frage ist zu verneinen. Das Gesetz bestimmt, wer die Kosten der Durchführung einer polizeilichen Maßnahme zu tragen oder zu erstatten hat. Es besteht aber weder eine allgemeine, noch eine im vorliegenden Falle anwendbare besondere, gesetzliche oder gesetzesgleiche Norm, welche die Gutsherrschaft zur Kostenerstattung verpflichtete. Die Polizei hat sich nur an denjenigen zu halten, der durch Gesetz zur Kostenerstattung verbunden ist; sie hat aber keinen Beruf, sich mit öffentlich-rechtlicher Wirksamkeit Deckung für ihre Auslagen durch Abmachungen mit Dritten oder Uebernahmeerklärungen Dritter zu beschaffen.

Nr. 6. Entsch. v. 25. Nov. 1904 (OVG. 47 393) VIII B 59/03.

LVG. §§ 127, 132.

1. Es trifft zwar zu, daß polizeiliche Verfügungen regelmäßig schriftlich entworfen, von dem Träger der polizeilichen Verfügungsgewalt gezeichnet und zu den Akten genommen werden; damit soll der Behörde die Möglichkeit gewahrt werden, sich über die Vorgänge, welche zu einem polizeilichen Einschreiten geführt haben, sowie über die getroffenen Maßnahmen jederzeit zuverlässig aus den in ihren Akten befindlichen, dort vollständig und abgeschlossen vorliegenden Schriftstücken unterrichten zu können. Nirgends aber ist in den Gesetzen gesagt, daß ein zu den Akten der Behörde gebrachter Entwurf einer polizeilichen Verfügung vorhanden sein müsse, um die Gültigkeit einer dem Adressaten zugegangenen, von dem zuständigen Beamten vollzogenen Ausfertigung zu begründen. Für polizeiliche Verfügungen hat das Gesetz eine besondere Form überhaupt nicht vorgeschrieben. Nur die Androhung gewisser Zwangsmittel (§ 132[2] letzter Abs. LVG.) muß schriftlich erlassen werden. Eine polizeiliche Anordnung kann daher auch mündlich erfolgen (OVG. 1. II. 96 — PrVerwBl. 18 103 und 17. I. 89 OVG. 17 442). Die Polizeibehörden müssen je nach Lage der Verhältnisse oft genug unter Abstandnahme von dem Erlaß einer schriftlichen Verfügung unmittelbar tatsächlich eingreifen, dem hierdurch Betroffenen stehen die gegen polizeiliche

Verfügungen gegebenen Rechtsmittel zu (OVG. 28. IV. 88 16 286 und 9. III. 92 22 421).

2. Wird schriftliche Androhung verlangt, so hat das den Sinn und Zweck, daß aus dem Schriftstück einmal der Inhalt der Androhung hervorgehen und ferner für den Empfänger erkennbar sein soll, von welcher Behörde die Androhung ausgeht. Der Empfänger muß aus dem Schriftstücke ersehen können, ob die Androhung von der zuständigen Behörde erlassen ist, auf der Tätigkeit und Entschließung dieser Behörde beruht (OVG. 2. XII. 96 31 428). Das wird durch die Unterschrift des zuständigen Beamten erkennbar gemacht. Dagegen ist bei schriftlichen polizeilichen Verfügungen für die Frage ihrer formellen Rechtsgültigkeit allein maßgebend, ob das dem Empfänger zugehende Schriftstück von dem zuständigen Beamten vollzogen ist. Ob dabei die Polizeibehörde von Anfertigung eines in den Akten zurückbleibenden Entwurfes ganz abgesehen hat, und ob ein etwa vorhandener Entwurf überhaupt von dem zuständigen Beamten nicht gezeichnet ist, entzieht sich der Rüge des Empfängers wie der Nachprüfung des Verwaltungsrichters.

Nr. 7. Entsch. v. 24. Febr. 1905 (OVG. 47 407) I A 168/04.

LVG. § 132.

Die Androhung des Zwangsmittels muß nach § 132 LVG. schriftlich erfolgen. Allein eine schriftliche Verfügung einer Behörde liegt nur dann vor, wenn sie die Unterschrift eines Beamten trägt, der zur Vertretung der Behörde befugt ist. Der Empfänger der Verfügung muß aus ihr ersehen können, von welchem Beamten sie erlassen ist, um dessen Zuständigkeit prüfen zu können. Hierzu bedarf es allerdings nicht einer handschriftlichen Unterzeichnung. Auch die Herstellung des Namens auf mechanischem Wege, insbesondere durch Druck oder einen Stempel, ist zulässig (OVG. 2. XII. 96 31 428).

Nr. 8. Entsch. v. 24. April 1906 (OVG. 48 430) I B 30/05.

ReichsG. v. 6. VI. 70 § 63.

1. Die Polizei hat zwar das Recht auf Erteilung von Auskunft insoweit, als sie der Auskunft zur Erfüllung ihrer Aufgaben bedarf, und sie kann verlangen, daß ihre in dieser Beziehung gestellten Anforderungen im Wege der mündlichen Verhandlung entgegengenommen und durch Abgabe entsprechender Erklärungen zu Protokoll erledigt werden. Die Polizei kann das ihr zustehende Recht auf Auskunfterteilung nicht anderen Behörden übertragen.

2. Der § 63 ReichsG. v. 6. VI. 70 regelt lediglich die Rechtshilfepflicht für die Verwaltungs- und Polizeibehörden gegenüber den Armenverbänden, und diese Pflicht ist nur so weit zu leisten, als die ersuchte Behörde innerhalb ihres Geschäftskreises hierzu in der Lage ist. Auf die Verpflichtungen der Auskunftspersonen bezieht sich der §§ 63 nicht. Eine polizeilich erzwingbare Pflicht zur Auskunfterteilung ist nur der Polizei selbst gegenüber begründet. Wenn dem Armenverbande an bestimmten Ermittelungen über die Heimats-, Familien- und Aufenthaltsverhältnisse eines Hilfsbedürftigen gelegen ist, so muß er sich mit dem Ersuchen um Erledigung der bestimmt zu bezeichnenden Feststellungen an die Polizeibehörde wenden. Die Polizei hat alsdann zu prüfen, ob und wieweit es zur Erledigung des Ersuchens einer Auskunfterteilung durch eine bestimmte Person bedurfte, und wenn sie nötig ist, diese vor seine Organe zu laden und durch diese vernehmen zu lassen.

Nr. 9. Entsch. v. 7. Okt. 1907 — IV B 38/07.

KrO. v. 13. XII. 72 § 57 Abs. 5; LVG. § 59.

Wenn es sich um die Beteiligung des Kreisverbandes handelt, so ist der eigene Kreisausschuß nicht behindert, für den mitbeteiligten Amtsvorsteher einen anderen Amtsvorsteher usw. mit der Erledigung des Geschäfts (§ 57 Abs. 3 KrO.) zu betrauen. Der § 59 LVG. greift nicht Platz.

Nr. 10. Entsch. v. 10. Jan. 1907 (OVG. 50 290) IV C 52/06.

Hinsichtlich der persönlichen Beteiligung schreibt § 21 DistAnw. für die Ortspolizeibehörden des platten Landes der Prov. Posen v. 30. IX. 37 (Ann. 21 727, 731) vor:

„In Angelegenheiten, in denen sie mit einem Privatinteresse beteiligt sind, haben sie sich jeder Einwirkung zu enthalten. In Fällen dieser Art erstattet der Rittergutsbesitzer dem Landrate ... zur weiteren Verfügung Bericht."

Danach scheidet in Angelegenheiten, bei denen der Rittergutsbesitzer persönlich beteiligt ist, der letztere für die Verwaltung der Polizei gänzlich aus; es kommt dann nicht mehr eine über ihre Verwaltung zu führende Aufsicht in Betracht, sondern eine selbständige polizeiliche Anordnung, die dem Rittergutsbesitzer gegenüber nicht in seiner Eigenschaft als Verwalter der Ortspolizei, sondern lediglich als Eigentümer des Gutes zu treffen ist. Insoweit befindet er sich in demselben Verhältnisse, wie jeder andere Rittergutsbesitzer, dem die Verwaltung der Polizei nicht zusteht, und für diese gilt nach dem letzten Satze von Ziff. 5 KabO. v. 10. XII. 36 (Ann. 20 942, 945) folgendes:

„Diejenigen Rittergutsbesitzer, welche von dieser Befugnis keinen Gebrauch machen wollen, haben dies dem Landrate anzuzeigen, welcher dann wegen der Verwaltung auf den Rittergütern durch den Distriktskommissar die nötigen Anordnungen treffen wird."

Daraus ergibt sich, daß bei persönlicher Beteiligung des die Ortspolizei verwaltenden Rittergutsbesitzers der Landrat berechtigt ist, die erforderlichen Anordnungen selbst zu treffen, daß er aber auch — auf Grund der allgemeinen Bestimmung in Ziff. 1 der ebengedachten KabO.: „Die Distriktskommissarien sind bestimmt, den Landräten in allen Gegenständen ihres Wirkungskreises als Gehilfen und Organe zu dienen" — den Erlaß der Anordnungen einem Distriktskommissar übertragen kann.

Nr. 11. Entsch. v. 28. Juni 1907 (OVG. 51 377) VIII B 53/05.

Nach feststehender Rechtsprechung (vgl. OVG. 11. V. und 16. X. 96 30 293, 412) sind nicht nur die Landespolizeibehörden befugt, sich der ihnen nachgeordneten Behörden und Beamten als ihrer Organe bei der Wahrnehmung ihrer Amtsobliegenheiten zu bedienen, sondern es kann auch der zuständige Träger der Ortspolizeigewalt deren Handhabung in der Weise regeln, daß er ihm nachgeordnete Beamte als seine Organe mit dem Erlasse polizeilicher Anordnungen ein für allemal beauftragt; alsdann sind die Anordnungen des Stellvertreters oder Beauftragten Verfügungen des Trägers der Polizeigewalt und von diesem im Verwaltungsstreitverfahren zu vertreten, falls er sie nicht etwa mißbilligt und aufhebt.

Nr. 12. Entsch. v. 6. Dez. 1907 (OVG. 51 444) I B 39/06.

G. v. 28. VI. 02 (GS. 229) §§ 14 Abs. 2, 16, 18; FleischbeschauG. v. 3. VI. 00; ABest. v. 20. III. 03.

Nach § 14 Abs. 2 G., betr. Ausführung des Schlachtvieh- und FleischbeschauG., v. 28. VI. 02 gelten die Kosten der Schlachtvieh- und Fleischbeschau einschließlich der Trichinenschau als Kosten der örtlichen Polizeiverwaltung, doch können zur Deckung der Kosten von den Besitzern der Schlachttiere und des Fleisches Gebühren erhoben werden. Weiter ist im § 16 bestimmt, daß die auf Grund des FleischbeschauG. v. 3. VI. 00 und des AusfG. zu entrichtenden Gebühren und Kosten im Verwaltungszwangsverfahren beigetrieben werden, und im § 18, daß gegen polizeiliche Verfügungen, die auf Grund des FleischbeschauG., des AusfG. und der zu diesen Gesetzen erlassenen ABest. ergehen, mit Ausschluß des Verwaltungsstreitverfahrens nur das Rechtsmittel der Beschwerde zulässig ist. Wiewohl auch die Aufforderung zur Zahlung einer Geldsumme eine polizeiliche Verfügung darstellen und der Anfechtung im Verwaltungsstreitverfahren nach §§ 127ff. LVG. unterliegen kann, so trifft dies doch nicht zu bei der Einziehung von Gebühren für eine Amtshandlung, die im Verwaltungszwangsverfahren beizutreiben sind (OVG. 1. VII. 02 41 439; vgl. auch 31 313). Dabei macht es keinen Unterschied, wenn die Gebühren, welche nach § 14 Abs. 2 G. v. 28. VI. 02 zur Deckung der Kosten der örtlichen Polizeiverwaltung bestimmt sind, dem Beschauer überlassen und auch regelmäßig durch ihn selbst eingezogen werden (vgl. § 63f. ABest. v. 20. III. 03). In diesem Falle steht der Anspruch auf die Gebühren gegenüber den Besitzern der Schlachttiere gleichfalls der Behörde zu, und zwar für die amtliche Untersuchung der Tiere, die durch einen amtlich bestellten Schauer bewirkt wird (vgl. § 1 Abs. 1 FleischbeschauG., § 1 Abs. 1 G. v. 28. VI. 02). Der amtliche Charakter der Untersuchung hängt nicht davon ab, daß der Beschauer selbst die Eigenschaft eines Beamten besitzt (vgl. MErl. v. 30. XII. 03 — MBl. 04 47). Die gesetzliche Bestimmung, ohne welche nach Art. 102 PrVerf. derartige Gebühren nicht erhoben werden dürfen, ist im § 14 Abs. 2 G. v. 28. VI. 02 gegeben. Anders würde es sich verhalten, wenn — wie nach früherem Rechte — nur der Beschauer selbst gegen den Schlachtviehbesitzer einen Anspruch auf die Gebühren erlangte und ein Verwaltungszwangsverfahren unzulässig wäre (vgl. MErl. v. 25. V. 83 — MBl. 165). Selbst wenn aber nach dem FleischbeschauG. und nach dem AusfG. in der Einziehung der Gebühren eine polizeiliche Verfügung im Sinne der §§ 127ff. LVG. zu erblicken wäre, so würde doch durch die Vorschrift im § 18 AusfG. das Verwaltungsstreitverfahren ausgeschlossen sein.

Nr. 13. Entsch. v. 28. Febr. 1907 — III B 109/06.

LVG. §§ 127 ff.

1. Das Klagerecht gegen eine polizeiliche Verfügung steht jedem zu, dem die Verfügung als Adressaten zugestellt ist.

2. Das OVG. hat wiederholt dargelegt, daß sich die Polizei an den Angestellten, Beauftragten oder Bevollmächtigten eines Eigentümers oder Unternehmers nicht so weit halten kann, als dessen tatsächliche Macht, sondern nur so weit, als seine Vertretungsbefugnis reicht (vgl. OVG. 6. II. 95 28 392 und 16. X. 96 — PrVerwBl. 18 357).

Nr. 14. Entsch. v. 19. Febr. 1906 — III 352.

LVG. §§ 127 ff.

Nach § 127 LVG. v. 30. Juli 83 kann die Klage nur darauf gestützt werden, daß der angefochtene Bescheid durch unrichtige Anwendung des bestehenden Rechtes den Kläger in seinen Rechten verletze oder daß die tatsächlichen Voraussetzungen nicht vorhanden seien, welche die Polizeibehörde zum Erlasse der Verfügung berechtigt haben würden. Die Beschwerdeinstanzen sind befugt, die tatsächlichen Anführungen in der angefochtenen polizeilichen Verfügung zu ergänzen und der Verwaltungsrichter hat bei der Entscheidung über eine Klage gegen den in letzter Instanz ergangenen Beschwerdebescheid des Regierungspräsidenten oder des Oberpräsidenten alles zur Begründung der polizeilichen Verfügung geeignete tatsächliche Material zu berücksichtigen, was vom Beklagten beigebracht wird.

Nr. 15. Entsch. v. 2. Juli 1907 (OVG. 51 223) I B 10/07.

ALR. II 17 § 10; LVG. §§ 127 ff.

1. Die Ortspolizeibehörde hat nach § 10 II 17 ALR. die nötigen Anstalten zu treffen, um das Publikum vor Gefahren zu schützen, die von gemeingefährlichen Geisteskranken ausgehen, und darf daher nötigenfalls im sicherheitspolizeilichen Interesse auch die Unterbringung eines gemeingefährlichen Geisteskranken in einer Irrenanstalt anordnen. Da die Ortspolizeibehörde für den dauernden Schutz gegen die von den Geisteskranken ausgehenden Gefahren sorgen muß, so erschöpft sich ihre Zuständigkeit nicht in der Anordnung der Einlieferung in die Anstalt, sondern sie kann den dauernden Verbleib des Geisteskranken in der Anstalt anordnen. Eine solche Anordnung richtet sich nicht gegen die Leitung der Anstalt, welche über die Aufnahme und Entlassung zu befinden hat, sondern gegen den Geisteskranken selbst, der auf Grund der polizeilichen Anordnung gegen seinen Willen in der Anstalt zurückgehalten werden darf.

2. Wenn die Polizei einen Irrsinnigen aufgreift und ihn in ein Irrenhaus bringt, so liegt darin außer dem unmittelbaren Zwange eine polizeiliche Verfügung. Die Klagefrist beginnt, sobald der Kläger von dem Erlasse und dem Inhalte der Verfügung sichere und vollständige Kenntnis erhalten hat (OVG. 3. XI. 04 46 406). Die Klage erscheint unbegründet, wenn der Kläger gemeingefährlich geisteskrank ist.

3. Beantragt der Kläger bei der Polizei seine Entlassung und lehnt die Polizei den Antrag ab, so stellt die Ablehnung eine neue polizeiliche Verfügung dar, gegen die die Rechtsmittel aus den §§ 127ff. LVG. wieder gegeben sind.

Nr. 16. Entsch. v. 25. Mai 1906 (OVG. 49 397) 1 B 28/05.

LVG. § 127.

Darüber, daß das Tragen von Waffen durch Polizeiverordnung verboten oder Beschränkungen unterworfen werden kann, herrscht zwischen dem Reichsgerichte (RG. 20 43, 36 109, 248) und dem Kammergerichte (KGJ. 26 C 85) Uebereinstimmung. Besteht danach kein allgemeines Recht, Waffen zu tragen, kann vielmehr die Polizei — vorbehaltlich besonderer gesetzlicher Bestimmungen — ganz allgemein die Führung von Waffen durch Polizeiverordnung verbieten, so ist sie auch in der Lage, über die Zulassung von Ausnahmen von solchem Verbote frei zu befinden und die Voraussetzungen für die Zulassung solcher Ausnahmen frei zu bestimmen. Von der Regelung dieser Voraussetzungen in der Polizeiverordnung hängt es ab, ob den Beteiligten ein Rechtsanspruch auf die Zulassung der Ausnahme zugestanden wird oder ob diese dem, unbeschadet seiner Pflichtmäßigkeit, freien Ermessen der Polizei vorbehalten bleibt. Hat die Polizei über die Erteilung des Scheines nach freiem Ermessen zu befinden, so unterliegt dessen Anwendung im Einzelfalle der Nachprüfung durch den Verwaltungsrichter nur nach der Richtung hin, ob für die polizeiliche Entschließung überhaupt objektive polizeiliche Beweggründe erkennbar sind, oder ob sie bei deren Mangel lediglich als auf Willkür und Schikane beruhend anzusehen und alsdann, aber auch nur dann, aufzuheben ist.

Nr. 17. Entsch. v. 14. Dez. 1906 (OVG. 50 272) I A 108/06.

In einer Polizeiverordnung des Regierungspräsidenten war ein Verbot der Mitwirkung oder Anwesenheit von Kindern bei öffentlichen Schaustellungen erlassen mit dem Hinzufügen:

„Ausnahmen von dieser Vorschrift kann die Ortspolizeibehörde — bei schulpflichtigen Kindern mit Zustimmung des Kreisschulinspektors — gestatten."

Damit war das polizeiliche Verfügungsrecht auf eine andere Behörde übertragen, das polizeiliche Ermessen an die Entschließung einer anderen Amtsstelle gebunden. Dies ist unzulässig und ohne rechtliche Wirkung (OVG. 13. II. 84 10 207).

Nr. 18. Entsch. v. 15. Jan. 1907 (OVG. 49 369) VIII B 15/06.

ALR. II 17 § 10.

Eine Polizeiverordnung, welche die Anbringung und Benutzung von Hängegerüsten zum Gegenstande hat, besteht für die Stadt R. nicht. Wenn die Polizeibehörde meint, daß ihr der § 10 II 17 ALR. eine Handhabe biete, im Wege der Einzelverfügung den Gebrauch von Hängegerüsten überall da zu untersagen, wo die Verwendung eines anderen, mehr Sicherheit für die Arbeiter und das Publikum gewährenden Gerüsts möglich ist, so übersieht sie einen wesentlichen, in der Natur der Sache begründeten Unterschied zwischen einer Polizeiverordnung und einer Polizeiverfügung. Zwar muß auch eine Polizeiverordnung stets auf einem polizeilichen Motive beruhen. Während aber Gebote und Verbote, die in einer zu Recht bestehenden Polizeiverordnung enthalten sind, gesetzliche Kraft haben und daher alle Fälle, die von den gegebenen Vorschriften betroffen werden, unbedingt und ausnahmslos nach diesen Vorschriften beurteilt und erledigt werden müssen, auch wenn sie, an und für sich betrachtet, ein polizeiliches Einschreiten wegen Mangels der Voraussetzungen des § 10 II 17 aaO. nicht rechtfertigen würden, erfordert die Rechtsgültigkeit einer Polizeiverfügung, daß jene Voraussetzungen im einzelnen Falle zutreffen (OVG. 18. III. 86 13 389). Ihr Vorhandensein bildet also allein die Grundlage für eine Polizeiverfügung, welche die Anbringung eines Hängegerüsts verbietet oder dessen Beseitigung verlangt.

Nr. 19. Entsch. v. 25. Mai 1906 (OVG. 49 397) I B 28/05.

LVG. §§ 127 ff.

1. In dem Verwaltungsstreitverfahren aus §§ 127 ff. LVG. kann nur auf Außerkraftsetzung der polizeilichen Verfügung — in ihrem ganzen Umfang oder teilweise — oder auf entsprechende Abweisung der Klage erkannt, niemals aber eine Genehmigung, welche die angegriffene Verfügung versagt hatte, erteilt werden (vgl. OVG. 40 372, 37 317).

2. Eine Polizeiverordnung darf die gesetzlichen Zuständigkeiten der Behörden nicht verschieben (OVG. 18 393, 26 383).

B. Polizeiliche Zwangsmittel.

(LVG. §§ 132 f.)

Literatur: Kaup: Das Verwaltungszwangsverfahren wegen Beitreibung von Geldbeträgen[3] (Berlin 1907).

Nr. 1. Entsch. v. 26. Mai 1891 (OVG. 21 292) IV C 18/91.

LVG. § 132[1].

Arbeiten, die eine Wegebesserung bezwecken, können im Sinne des § 132[1] LVG. nur unter ganz besonderen Umständen zu solchen Handlungen gerechnet werden, deren Ausführung durch Dritte nicht tunlich ist. Deshalb steht die Androhung einer Geldstrafe in der Regel mit dem geltenden Rechte in Widerspruch.

Nr. 2. Entsch. v. 8. Jan. 1907 — VIII 33.

StGB. § 367[15]; LVG. § 132.

Der § 367[15] StGB. stellt unter Strafe das nicht konsentierte Bauen. Es darf dagegen die Polizei nicht eine besondere Strafe (LVG. § 132, ne bis in idem) androhen. Sie kann aber durch unmittelbaren Zwang die Fortsetzung des Baues hindern.

Nr. 3. Entsch. v. 4. Febr. 1907 — III C 110/06.

LVG. § 132.

Was eine Androhung von Geldstrafe ohne gleichzeitige Substituierung einer Haftstrafe (§ 132[2] Abs. 2 LVG.) anbetrifft, so hat das OVG. in gleichmäßiger Rechtsprechung daran festgehalten, daß eine polizeiliche Anordnung ungeachtet der Androhung eines seiner Art nach unzulässigen Zwangsmittels und unbeschadet der Aufhebung einer solchen Androhung ihre Gültigkeit an sich nicht verliert. Um so weniger kann daher eine nur unvollständige, an sich aber dem Gesetz inhaltlich entsprechende Androhung eines Zwangsmittels die Aufhebung der Anordnung zur Folge haben. Die Annahme, daß die Verfügung wegen der unvollständigen Androhung der Aufhebung unterliegen müsse, trifft nicht zu. Aber auch die Androhung selbst unterliegt nicht der Aufhebung, weil die Unterlassung der Substituierung einer Haftstrafe den Betroffenen in seinen Rechten nicht verletzt.

Nr. 4. Entsch. v. 24. April 1906 (OVG. 48 363) VIII A 97/05.

BGB. § 903; LVG. §§ 127 ff., 132.

Die offene Handelsgesellschaft kann unter ihrer Firma Rechte erwerben und Verbindlichkeiten eingehen, Eigentum und andere dingliche Rechte an Grundstücken erwerben, vor Gericht klagen und verklagt werden. Ist sie aber fähig, Eigentum zu erwerben, so kann das selbstverständlich nur in dem Sinne geschehen, in welchem das Recht den Begriff des Eigentums überhaupt versteht. Eine von jeder Schranke befreite Herrschaft über die Sache ist aber das Eigentum nicht, vielmehr erkennt das Gesetz nur an, daß der Eigentümer, soweit nicht das Gesetz entgegensteht, mit der Sache nach Belieben verfahren kann (BGB. § 903). Da nun nach dem bestehenden Rechte der Eigentümer eines Grundstücks als solcher der Polizeibehörde gegenüber verpflichtet ist, das Grundstück in einem polizeigemäßen Zustande jederzeit zu erhalten, so ist dies eine dem Eigentum an einem Grundstück anhaftende öffentlich-rechtliche Pflicht, und niemand, der nach dem Gesetz Eigentümer eines

Grundstücks werden kann, vermag ein Grundstück zu Eigentum zu erwerben, ohne gleichzeitig damit jene öffentlich-rechtliche Pflicht zu überkommen. Daher hat auch die offene Handelsgesellschaft für den polizeimäßigen Zustand eines ihr gehörigen Grundstücks der Polizeibehörde gegenüber einzustehen. Es ist deswegen rechtlich nicht zu beanstanden, daß in dieser Richtung polizeiliche Anordnungen an sie erlassen werden. Ebensowenig ist es grundsätzlich unstatthaft, solchen Anordnungen auch Androhungen und Festsetzungen von Zwangsmitteln folgen zu lassen. Durch das LVG. ist die Befugnis der Polizeibehörden, die Zwangsmittel des § 132 zur Anwendung zu bringen, bezüglich des zu zwingenden Rechtssubjekts in keiner Weise beschränkt (OVG. 28 IX. 92 23 377), sie können daher auch gegen die offene Handelsgesellschaft angewendet werden, soweit das nicht durch ein anderes Gesetz oder durch die Natur des Zwangsmittels ausgeschlossen ist (vgl. Erk. v. 15. X. 96 — PrVerwBl. 18 187)[1].

Nr. 5. Entsch. v. 5. Nov. 1907 — I A 188/06.

LVG. § 132.

Die Polizei hatte einem Hausbesitzer wegen Gesundheitsgefahr aufgegeben, seinen Brunnen bei Vermeidung einer Geldstrafe, im Unvermögensfalle einer „entsprechenden" Haft, zu schließen, zugleich angedroht, die Schließung auf seine Kosten zu bewirken. Das OVG. hob die Androhung der Geldstrafe auf, weil die gleichzeitige Androhung zweier verschiedener Zwangsmittel unzulässig sei (OVG. 32 290); ferner setzte es die Androhung einer „entsprechenden" Haftstrafe außer Kraft, weil außerdem der Höchstbetrag hätte angedroht werden sollen (PrVerwBl. 23 198).

III.

Polizeiverordnungen.

Nr. 1. Entsch. v. 28. Juni 1907 (OVG. 51 377) VIII B 53/05).

Bei der Publikation einer Polizeiverordnung in einem öffentlichen maßgebenden Blatte war in einzelnen Nummern das Datum der Verordnung durch einen Druckfehler weggelassen. Die Anzahl dieser Nummern ließ sich nicht ermitteln. Das OVG. nahm an, daß dadurch die Verordnung nicht ungültig sei.

---

[1]) Gegen eine juristische Person darf eine Haftstrafe nicht angedroht werden (OVG. 42 240 u. Kunze, Verwaltungsstreitverfahren 174).

Vierte Abteilung.

Anderweitige Zuständigkeiten der Verwaltungsgerichte.

I.

Eingeschriebene Hilfskassen.

Literatur: v. Brauchitsch: Die neuen preußischen Verwaltungsgesetze, herausgegeben von v. Studt und v. Braunbehrens[4] 6, 3. Bearb. (Berlin 1906). — Hoffmann: Das Krankenversicherungsgesetz mit dem Hilfskassengesetz und den Ausführungsbestimmungen, große Ausgabe (Berlin 1908). — Derselbe: Desgleichen, kleine Ausgabe[6] (Berlin 1908). — Illing-Kautz: Handbuch für preußische Verwaltungsbeamte[9] 2 (Berlin 1906). — Leyers: Die Hilfskassen in Gegenwart und Zukunft (Tübingen 1908).

Nr. 1. Entsch. v. 13. April 1905 (OVG. 47 382) III C 17/05).

HilfskG. v. 1. VI. 84 § 15.

1. Das Statut einer Hilfskasse kann bestimmen, daß Mitglieder, die ihren Wohnsitz aus dem Kassenbezirke verlegen, mit dem Tage des Wegganges aus der Kasse ausscheiden, ohne daß es erforderlich ist, einen entsprechenden Beschluß der Kassenorgane herbeizuführen (contra Olshausen im VerwArch. 10 197).

2. Nach den Grundsätzen des Privatrechts ist die Rechtsgültigkeit einer statutarischen Satzung, die an den Eintritt bestimmter Tatsachen die Lösung der Mitgliedschaft bei Vereinen und Versicherungsanstalten vorbehaltlich der bereits erworbenen Ansprüche knüpft, nicht zu beanstanden, sofern sie nicht etwa gegen die guten Sitten oder gegen Treu und Glauben verstößt. Für die auf freier Uebereinkunft beruhenden Hilfskassen, auf die das HilfskG. v. 7. IV. 76 nach Erlaß der Nov. v. 1. VI. 84 allein noch anwendbar ist, bleibt für die Regelung der Beziehungen der Kasse zu ihren Mitgliedern das Privatrecht maßgebend, soweit sie nicht nach den Grundsätzen und dem Ziele des Hilfskassengesetzes eine abweichende Regelung erfahren haben.

3. Das OVG. 2. III. 01 39 315 beschränkt sich auf die Anerkennung der Rechtsgültigkeit statutarischer Satzungen, die vorbehaltlich der bereits erworbenen Ansprüche den Verlust der Kassenmitgliedschaft unmittelbar an das Ausscheiden aus dem Kassenbezirke knüpfen, innerhalb dessen allein die Kasse den Abschluß von Versicherungen ermöglichen will. Ob die gleiche Wirkung statutarisch auch dem nachträglichen Eintritt anderer Tatsachen beigemessen werden darf, darauf ist in dem Urteile nicht eingegangen. Es kann demnach nicht unterstellt werden, daß das OVG. mit der Möglichkeit der Rechtsgültigkeit einer statutarischen Satzung gerechnet habe, die den Verlust der Kassenmitgliedschaft an den Eintritt solcher Tatsachen knüpft, die, wie die Säumnis in Erfüllung der Beitragspflicht nach § 15 HilfskG. zur Lösung der Kassenmitgliedschaft nur auf Grund einer förmlichen Ausschließung durch die Kassenorgane führen dürfen oder die, wie die Ueberschreitung der für den Erwerb der Mitgliedschaft bestimmten Altersgrenze und der Verlust der Mitgliedschaft bei einem Vereine

nach zweijähriger oder längerer Kassenmitgliedschaft, die Ausschließung nach der Vorschrift des § 15 überhaupt nicht rechtfertigen. Aus dem Zwecke der Kasse, mit dem die Zulässigkeit der statutarischen Satzung begründet worden ist, läßt sich die Zulässigkeit der Lösung der Kassenmitgliedschaft unmittelbar zufolge des nachträglichen Eintritts solcher Tatumstände nicht herleiten, die im Sinne des Gesetzes die Lösung der Mitgliedschaft überhaupt nicht oder nur im Wege des förmlichen Ausschlusses rechtfertigen.

Nr. 2. Entsch. v. 28. Sept. 1905 (OVG. 48 327) III B 51/05.
HilfsKG. v. 7. IV. 76/1. VI. 84 §§ 13, 29[6].

1. Die Beiträge der Mitglieder und das Vermögen der Hilfskasse dürfen nach § 13 HilfsKG. nur zu den Unterstützungen und zu den Verwaltungskosten verwendet werden. Als Verwaltungskosten kommen begrifflich solche Ausgaben in Betracht, deren es notwendiger- oder zweckmäßigerweise bedarf, um der Kasse die Erfüllung ihrer Aufgabe zu ermöglichen. Insbesondere gehört hierzu auch die Vergütung, die den Beamten der Kasse und den gesetzlich zur unentgeltlichen Dienstleistung nicht verpflichteten Mitgliedern des Vorstandes und des Ausschusses für ihre Leistungen bewilligt wird. Die Beschlußnahme hierüber gebührt der Generalversammlung, sofern nicht durch Statut oder durch Beschluß der Generalversammlung ein anderes bestimmt worden ist

2. Ferner gehören die Gebühren für die Abfassung der Protokolle, die dem Schriftführer bewilligt werden, und eine Pauschalvergütung an den Hauptkassierer für Fuhrgeld, an die Mitglieder des Vorstandes für die Errichtung von Aufnahmestellen und die Ermittelung eines Lokals für Generalversammlungen usw. begrifflich zu den Verwaltungskosten.

3. Die Schließung einer Kasse kann nicht deshalb erfolgen, weil der Vorstand von der ihm statutarisch zustehenden Befugnis zur Ausschließung von Mitgliedern in einzelnen Fällen einen pflichtwidrigen oder übermäßig engherzigen Gebrauch gemacht sowie die Aufbewahrung der aktenmäßigen Vorgänge und die Erstattung der erhobenen Beiträge an solche Mitglieder unterlassen hat, die wegen unrichtiger Angaben über ihre persönlichen Verhältnisse bei ihrer Aufnahme ausgeschlossen worden sind.

4. Die Schließung der Kasse darf nach § 29[6] nur erfolgen, wenn Mitglieder aus einem nach dem Gesetze unzulässigen Grunde aus der Kasse ausgeschlossen werden. Eine solche nach dem Gesetze unzulässige Ausschließung aus der Kasse liegt dann vor, wenn die Ausschließung den im § 15 aufgestellten Grundsätzen widerspricht, und also auch dann, wenn sie wegen Veränderung des Gesundheitszustandes erfolgt, von welchem nach den Bestimmungen des Statuts die Aufnahme abhängig gemacht ist.

II.

Kranken-, Unfall-, Invaliditäts- und Altersversicherung.

Literatur: v. Brauchitsch: Die neuen preußischen Verwaltungsgesetze, herausgegeben von v. Studt und v. Braunbehrens[4] 6, 3. Bearb. (Berlin 1906). — Funke: Das Streitverfahren in den Arbeiterversicherungsgesetzen (Frankfurt a. M. 1908). — Illing-Kautz: Handbuch für preußische Verwaltungsbeamte[9] 2 (Berlin 1906). — v. List: Das geltende deutsche Arbeiterversicherungsrecht und das Problem seiner künftigen Vereinheitlichung (Grunewald-Berlin 1906). — Lohmar: Die deutsche Arbeiterversicherung (Köln 1908). — Meesmann: Die Reform der Arbeiterversicherung (Mainz 1907). — Michaelis: Das deutsche Gewerbe- und Arbeiterversicherungsrecht (Bremen 1907). — Siefart: Der Begriff der Erwerbsunfähigkeit auf dem Gebiete des Versicherungswesens[2] (Berlin 1907). — Wagner: Die deutsche Arbeiterversicherung, ihre Entstehung und Fortentwickelung (Grunewald-Berlin 1906). — Zacher: Die Arbeiterversicherung im Auslande, Heft IIIb in Norwegen, 2. Nachtrag (Berlin 1908).

Fiebig & Hanauer: Die Krankenkontrolle (Berlin 1906). — Hahn: Das Krankenversicherungsgesetz[5] (Grunewald-Berlin 1907). — Hoffmann: Das Krankenversicherungsgesetz mit dem Hilfskassengesetz und den Ausführungsbestimmungen, große Ausgabe (Berlin 1908). — Derselbe: Desgleichen, kleine Ausgabe[6] (Berlin 1908). — v. Köbke: Die Rechtspraxis der Krankenversicherung (Frankfurt a. M. 1908). — Kuhn: Apotheken und Krankenkassen (Essen 1908). — Petersen: Krankenversicherungsgesetz[6] (Hamburg 1908). — Reger-Henle: Handausgabe des Krankenversicherungsgesetzes[8] (Ansbach 1908).

Schoplick: Die land- und forstwirtschaftliche Unfallversicherung im Bereiche der Kreis- und unteren Verwaltungsbehörden (Breslau 1907). — v. Woedtke-Caspar: Gewerbeunfallversicherungsgesetz[9] (Berlin 1907).

Elle: Das Invalidenversicherungsgesetz in der Fassung der Bek. vom 13. Juli 1899 (Eisenach 1906). — Ellering: Der Kreis der nach dem Invalidenversicherungsgesetz vom 13. Juli 1899 versicherungspflichtigen Personen (Grunewald-Berlin 1906). — Freund: Das Invalidenversicherungsgesetz vom 13. Juli 1899[3] (Berlin 1906). — Hoffmann: Invalidenversicherungsgesetz vom 13. Juli 1899 (Berlin 1906). — Meyer: Führer durch das Invalidenversicherungsgesetz vom 13. Juli 1899[4] (Berlin 1907). — Trutzer: Das Invalidenversicherungsgesetz vom 13. Juli 1899 (Ansbach 1907). — v. Woedtke-Follmann: Invalidenversicherungsgesetz vom 13. Juli 1899[10] (Berlin 1906)

Nr. 1. Entsch. v. 23. Okt. 1905 (OVG. 48 344) III C 156/05.

KrankVG. § 1.

Das KrankVG. knüpft die Versicherung an die Beschäftigung. Es ist dies aber, wie in der Theorie und Praxis, insbesondere auch in der Rechtsprechung des OVG. anerkannt ist, nicht in dem Sinne **wörtlich** zu nehmen, daß die Versicherung nur während der **Zeit** besteht, in welcher **Arbeit tatsächlich geleistet** wird. Wer am Tage arbeitet, ist auch während der Nacht, und wer während der Nacht arbeitet, ist auch während des Tages versichert, sofern den Umständen nach anzunehmen ist, daß er in der **Zwischenzeit**, in der er **nicht Arbeit zu leisten** hat, zur Verfügung des Arbeitgebers steht. Auch für die Frage, wann eine **Beschäftigung begonnen** hat, ist, sofern hierüber nichts besonderes verabredet worden, entscheidend nicht der **Beginn der tatsächlichen Arbeitsleistung**, wenn den Umständen nach anzunehmen ist, daß der Arbeiter sich bereits **vor** Beginn der Arbeitsleistung **zur Verfügung des Arbeitgebers halten muß**. Trifft letzteres zu, dann hat das Beschäftigungsverhältnis und damit die Beschäftigung im Sinne des KrankVG. schon mit dem Zeitpunkte begonnen, von welchem ab der Arbeiter zur Verfügung des Arbeitgebers steht.

Nr. 2. Entsch. v. 7. Nov. 1907 (OVG. 51 344) III C 100/07.

KrankVG. §§ 4, 19, 26 a, 27.

1. Bei einem **Einkommen** von jährlich mehr als 2000 ℳ sind **Handlungsgehilfen**, wie übrigens auch **Betriebsbeamte, Werkmeister und Techniker**, weder versicherungspflichtig noch zum Beitritte zu einer Krankenkasse berechtigt (§§ 2b, 4 Abs. 2 und 19 Abs. 3 KrankVG.). Die **Erhöhung** ihres **Einkommens** auf mehr als 2000 ℳ während ihrer Beschäftigung in einem versicherungspflichtigen Betriebe hat für sie demnach den **Verlust** der Kassenmitgliedschaft zur Folge.

2. Das Invalidenversicherungsgesetz läßt Betriebsbeamte, Handlungsgehilfen usw. mit einem Jahresarbeitsverdienste von mehr als 2000, aber nicht über 3000 *M* bis zur Vollendung des 40. Lebensjahrs zur Selbstversicherung und auch zu ihrer Fortsetzung beim Ausscheiden aus dem die Berechtigung zur Selbstversicherung begründenden Verhältnis und aus dem die Versicherungspflicht begründenden Verhältnis insbesondere zu (§ 14). Für die Krankenversicherung ist die Zulassung zum freiwilligen Beitritte durch die Nov. v. 10. IV. 92 §§ 4, 19 und 26a entsprechend dem Beschlusse der Reichstagskommission auf Personen mit einem jährlichen Gesamteinkommen von nicht über 2000 *M* beschränkt worden. Maßgebend war hierfür nach dem Kommissionsberichte die Erwägung, daß kein Anlaß vorliege, Vorsorge für Personen mit einem jährlichen Einkommen von mehr als 2000 *M* zu treffen, zumal hierdurch die Aerzte geschädigt werden würden. Auch die Nov. v. 25. V. 03 befaßt sich mit dieser Frage nicht, obschon sie streitig geworden war (s. ArbVers. **10** 82, 191, 502; **11** 132).

3. Nach §§ 11, 27 ist die freiwillige Fortsetzung der Kassenmitgliedschaft denjenigen gestattet, die aus der die Mitgliedschaft begründenden Beschäftigung ausscheiden und nicht zu einer anderen versicherungspflichtigen Beschäftigung übergehen. Für Arbeiter, die dem Versicherungszwang ohne Rücksicht auf die Höhe ihres Jahreseinkommens und also auch bei einem solchen über 2000 *M* unterliegen, hat die freiwillige Fortsetzung der Kassenmitgliedschaft zur Voraussetzung, daß sie aus der bisherigen versicherungspflichtigen Beschäftigung überhaupt ausscheiden. Für Arbeiter, die in dem bisherigen Betriebe zu Werkmeistern, Betriebsbeamten usw. mit einem Jahreseinkommen von mehr als 2000 *M* aufsteigen, und ebenso für Werkmeister, Betriebsbeamte, Handlungsgehilfen usw., die während ihrer Beschäftigung in einem versicherungspflichtigen Betrieb eine Erhöhung ihres Jahreseinkommens auf mehr als 2000 *M* erreichen, läßt sich die Befugnis zur freiwilligen Kassenmitgliedschaft nur dann anerkennen, wenn die durch die Erhöhung des Einkommens bedingte Aenderung des Beschäftigungsverhältnisses aus einem versicherungspflichtigen in ein nicht versicherungspflichtiges ebenfalls die Bedeutung eines Ausscheidens aus der die Mitgliedschaft begründenden Beschäftigung im Sinne der §§ 11, 27 hat.

Dieser letzteren, von dem sächsischen Minister des Innern (Reger, **19** 55, vgl. auch ArbVers **15** 291) und überwiegend auch in den Kommt. zum KrankVG. (s. v. Woedtke, Hahn zu den angeführten Paragraphen) vertretenen Ansicht schließt sich das OVG. um so mehr an, als für die freiwillige Fortsetzung der Kassenmitgliedschaft die Höhe des Jahreseinkommens überhaupt nicht in Betracht kommt.

Nr. 3. Entsch. v. 11. April 1907 (OVG. 50 409) III C 267/06.

KrankVG. § 6.

1. Wie das OVG. in ständiger Rechtsprechung dargelegt hat (Beschd. v. 1. XII. 04, OVG. 46 363), knüpft das KrankVG. die Versicherung der Arbeiter gegen Krankheit an die Leistung von Lohnarbeit in einer der im Gesetze genannten Betriebsarten, ohne zu unterscheiden, ob die Arbeiter bei Uebernahme der Arbeit gesund oder krank sind, ob sie bei noch vorhandener Arbeitsfähigkeit wegen der Krankheit, von der sie betroffen sind, einer Heilbehandlung bedürfen oder ob sie die Arbeit nur unter Gefährdung der Gesundheit oder einer Verschlimmerung der Krankheit zu leisten vermögen.

2. Es schließt weder jede Leistung von Lohnarbeit noch auch der auf Grund von Gesetz oder Vertrag nach der Einstellung einer Arbeitstätigkeit stattfindende Fortbezug von Lohn oder Gehalt den Anspruch auf

Krankengeld aus. Wenn jedoch ein Arbeiter diejenige seiner Vorbildung und Gewohnheit angemessene Beschäftigung, welche seine Versicherung bei einer bestimmten Krankenkasse überhaupt erst begründet, gegen vollen Lohn ununterbrochen fortsetzt, so kann für die Dauer dieser Arbeitsleistung von einem Anspruche auf Krankengeld gegenüber der Kasse nicht die Rede sein. Bei Arbeitern, welche nicht in festen Bezügen stehen, soll nach der unverkennbaren Absicht des KrankVG. das Krankengeld den Ausfall an Arbeitsverdienst teilweise ersetzen.

3. Unberührt bleibt in den Fällen, in welchen die Arbeit nur mit der Gefahr einer Verschlechterung des Gesundheitszustandes fortgesetzt werden kann, die Befugnis des Arbeiters, nach Niederlegung der Arbeit den Anspruch auf Krankengeld zu erheben.

Nr. 4. Entsch. v. 4. März 1907 — III C 178/06.

Wie das OVG. wiederholt dargelegt hat, knüpft das KrankVG. die Versicherung der Arbeiter gegen Krankheit an die Leistung von Lohnarbeit in einer der im Gesetze genannten Betriebsarten ohne Unterschied, ob sie bei Uebernahme der Arbeit gesund oder krank sind. Nur dann tritt die Versicherung nicht ein, wenn der Arbeiter bei Uebernahme der Arbeit bereits so krank ist, daß es bei einem bloßen Versuche zu arbeiten bleibt, wirkliche Arbeit aber nicht mehr geleistet wird. Dies gilt ohne Unterschied, ob es sich um körperliche oder geistige Krankheit handelt. Einen Grundsatz, wonach ernstlich geleistete, an sich versicherungspflichtige Arbeit deshalb die Versicherungspflicht und die Kassenzugehörigkeit nicht begründete, weil der Arbeiter nicht im Besitze normaler Arbeits- und Erwerbsfähigkeit ist, kennt das Krankenversicherungsgesetz nicht. Ein solcher Grundsatz würde auch die Durchführung der Krankenversicherung aufs schwerste gefährden, und zu fortdauernden Streitigkeiten und Prozessen Veranlassung geben, da zahlreiche an ernsten chronischen Krankheiten leidende Menschen (zB. Schwindsüchtige, Epileptiker) in versicherungspflichtiger Beschäftigung stehen und auf sie als ihre einzige Erwerbsquelle angewiesen sind.

Nr. 5. Entsch. v. 31. Jan. 1907 — III C 116/06.

KrankVG. § 1[a].

Eine Herberge zur Heimat kann ein stehender Gewerbebetrieb sowohl dann sein, wenn die Gesellschaft freiwilliger Armenfreunde sie betreibt, als auch dann, wenn sie von einem Dritten betrieben wird. Im ersteren Fall schließt der Umstand, daß die Gesellschaft lediglich humanitäre Zwecke verfolgt, die Annahme eines Gewerbebetriebs dann nicht aus, wenn bei dem Betriebe der Herberge ein Gewinn erstrebt wird, selbst wenn er von der Gesellschaft lediglich im Interesse der Arbeiter oder sonst zu humanitären Zwecken verwendet wird (Landmann-Rohmer[4] 1, Einl. S. 37 und Anm. 5a zu § 33 S. 253).

Nr. 6. Entsch. v. 8. Febr. 1906 — III 261.

KrankVG. § 20[1].

Der § 20[1] KrankVG. bestimmt die Mindestleistungen der Ortskrankenkassen an Krankengeld, welches im Falle einer Krankheit oder durch Krankheit herbeigeführten Erwerbsunfähigkeit zu gewähren ist. Wenn das Vorhandensein einer durch Krankheit herbeigeführten Erwerbsunfähigkeit von der Fortdauer eines Heilverfahrens abhängig gemacht werden soll, so entspricht dies nicht der angeführten gesetzlichen Vorschrift und ihrer Auslegung durch die ständige Rechtsprechung des OVG. Es mag hier auf das Urt. v. 10. IV. 02 (ArbVers. 19 588 und PrVerwBl. 23 602) verwiesen werden. In demselben ist folgendes ausgeführt:

„Der Begriff der Krankheit ist für das Krankenversicherungsgesetz einheitlich gegeben und zwar im Sinne eines anormalen körperlichen oder geistigen Zustandes, dessen Eintritt entweder lediglich die Notwendigkeit der Heilbehandlung des Menschen oder zugleich oder gar ausschließlich seine Erwerbsunfähigkeit zur Folge hat. Mit einer Krankheit im Sinne des Gesetzes ist, wie bei dessen Feststellung anerkannt worden ist, insbesondere auch dann zu rechnen, wenn die Erwerbsunfähigkeit besteht, ohne daß es der Heilbehandlung, weil sie keinen Erfolg haben kann, noch bedarf."

Nr. 7. Entsch. v. 5. Okt. 1905 (OVG. 48 331) III C 47/05.

KrankVG. §§ 21 Abs. 2, 64.

Der Abs. 2 des § 21 KrankVG. lautet:

„Auf weitere Unterstützungen, namentlich auf Invaliden-, Witwen- und Waisenunterstützungen, dürfen die Leistungen der Ortskrankenkassen nicht ausgedehnt werden."

Diese — nach § 64 auch für Betriebskrankenkassen geltende — gesetzliche Beschränkung des Rechtes der Kassen auf Gewährung von Mehrleistungen ist, wie die Motive zu den §§ 16ff., 26, 29 des Gesetzentwurfes ergeben, für nötig erachtet worden, damit „die Leistungsfähigkeit der Kassen dadurch nicht gefährdet und ihre Wirksamkeit nicht auf Versicherungen ausgedehnt werden kann, für welche ihre Organisation nicht ausreicht und ein Zwang in dieser Form nicht gerechtfertigt erscheint." „Demnach wird", heißt es in der Begründung, „vor allem die Verbindung der Invaliden-, Witwen- und Waisenversicherung mit der Krankenversicherung auszuschließen sein. Abgesehen davon, daß die Krankenkassen bei rationeller Einrichtung in der Regel einen zu geringen Umfang haben, um das Risiko dieser Versicherungszweige tragen zu können, würde der Zwang zur Beteiligung an den letzteren bei vereinzelten Krankenkassen zu unzulässigen Härten und Unbilligkeiten führen, weil er die Kassenmitglieder zu erheblichen Beiträgen nötigen würde, ohne ihnen die Möglichkeit zu bieten, die entsprechende Versicherung unter allen Umständen aufrecht zu erhalten. Jeder Orts- und Berufswechsel, welcher das Ausscheiden aus der Kasse zur Folge hat, würde den Arbeiter, auch wenn er diesen Wechsel wider Willen vornehmen müßte, seiner eventuellen Ansprüche verlustig gehen lassen." Die vorstehende Begründung steht durchaus im Einklange mit dem klaren Wortlaute der Bestimmung der Ziff. 2 des § 21.

Nr. 8. Entsch. v. 19. Jan. 1905 (OVG. 47 353) III C 139/04.

KrankVG. § 26a 2a.

Ein Ordnungsstrafrecht der Krankenkassen gegen Familienangehörige ihrer Mitglieder könnte nur dann für zulässig erachtet werden, wenn den Krankenkassen ein derartiges Recht durch eine besondere gesetzliche Vorschrift beigelegt wäre. An einer solchen fehlt es aber nach dem jetzt geltenden Rechte und es kann insbesondere die Vorschrift im § 26a ^{2a} KrankVG. in diesem Sinne nicht verwertet werden. Diese Bestimmung räumt den Krankenkassen ein Ordnungsstrafrecht nach ihrem ausdrücklichen Wortlaute nur gegen ihre Mitglieder ein. Zu den Mitgliedern gehören die zu unterstützenden Familienangehörigen nicht (OVG. 28. V. 88 16 359).

Nr. 9. Entsch. v. 22. März 1906 (OVG. 49 330) III C 7/06.

Durch ein Statut einer Krankenkasse kann nicht vorgeschrieben werden, daß die Wahl der Vorstandsmitglieder nur Geltung habe, wenn sie durch die Aufsichtsbehörde bestätigt ist.

Nr. 10. Entsch. v. 6. April 1905 (OVG. 47 355) III C 202/04.

KrankVG. § 23.

1. Den Krankenkassen als Einrichtungen des öffentlichen Rechtes mit Beitrittszwang steht die Befugnis zur Regelung ihrer Beziehung zu den Mitgliedern und auch ihrer Verwaltung nicht in demselben Umfange nach freiem Ermessen zu, in welchem sie sich für freie Hilfskassen und andere Vereinigungen ohne Beitrittszwang grundsätzlich rechtfertigt. Sie sind aber auch auf die statutarische Regelung nach ihrem Ermessen nicht lediglich für diejenigen Angelegenheiten beschränkt, für die das KrankVG. auf diese Regelung ausdrücklich verweist. Das KrankVG. schließt, wie dem letzten Absatze des § 23 zu entnehmen ist, statutarische Regelungen nur insoweit aus, als sie mit dem Zwecke der Kasse nicht in Verbindung stehen oder gesetzlichen Vorschriften zuwiderlaufen. Innerhalb dieser Begrenzung sind sie zulässig.

2. Mit dem Zwecke der Kassen steht zweifellos eine Einrichtung nicht außer Verbindung, die darauf abzielt, die Möglichkeit einer immer vollzähligen Generalversammlung zu fördern und damit zugleich Ersatzwahlen bei etwaigem Abgange der ordentlichen Mitglieder innerhalb der Wahlperiode entbehrlich zu machen. Daß aber die Wahl von Ersatzmännern stets im Gesetz angeordnet werden müßte, folgt nicht schon daraus, daß andere Gesetze auch die Wahl von Ersatzmännern unmittelbar regeln.

3. Das InvVG. in seiner ursprünglichen Fassung v. 22. VI. 89 enthielt in dem § 49 eine Vorschrift über die Wahl von Ersatzmännern. Indes daraus, daß hier die Wahl von zwei Ersatzmännern für jeden Vertreter zum Ausschuß anzuordnen für angemessen befunden worden ist, folgt nicht, daß die Einführung der Wahl von Ersatzmännern im Wege des Statuts unzulässig gewesen wäre, wenn das Gesetz hierfür nicht unmittelbar Vorsorge getroffen hätte. Daß die Wahl von Ersatzmännern nicht als eine Angelegenheit beurteilt wird, die der Regelung durch Statut grundsätzlich verschlossen ist, läßt sich dem § 77 des Gesetzes in der neuen Fassung v. 13. VII. 99 entnehmen. Hier ist bestimmt, wieviel Ersatzmänner mindestens für jeden Vertreter zum Ausschusse zu wählen sind, und damit zum Ausdrucke gebracht, daß statutarisch die Wahl einer größeren Zahl von Ersatzmännern vorgesehen werden darf.

4. Für die Gewerbeunfallversicherung ist die Einführung der Wahl von Ersatzmännern für die Mitglieder des Vorstandes durch Statut als zulässig erachtet, obschon das Gesetz die Wahl von Ersatzmännern zwar für die Vertreter der Arbeiter bei dem Schiedsgericht usw., nicht aber auch für die Mitglieder des Vorstandes vorgesehen hatte (s. §§ 16f., 41, 44 des Gesetzes in seiner alten Fassung v. 6. VII. 84). Hieran hat das Gesetz in seiner neuen Fassung v. 5. VII. 00 nichts geändert. Für das KrankVG. unterliegt, zumal im Hinblick auf den letzten Absatz des § 23, die Zulassung einer statutarischen Satzung [illegible] hier in Betracht kommenden Art keinem Bedenken.

Nr. 11. Entsch. v. 13. April 1905 (OVG. 47 358) III C 203/04.

KrankVG. §§ 23 Abs. 3, 29 Abs. 2.

1. Das KrankVG. verbietet in § 23 Abs. 3 die Aufnahme von Satzungen in das Statut, die mit dem Zwecke der Kasse nicht in Verbindung

stehen oder gesetzlichen Vorschriften zuwiderlaufen. Soweit Satzungen das Ausgaberecht der Kasse betreffen, ist ihre Zulässigkeit insbesondere auch unter Berücksichtigung des § 29 Abs. 2 zu prüfen, der dahin lautet:

„Zu anderen Zwecken als den statutenmäßigen Unterstützungen, der statutenmäßigen Ansammlung und Ergänzung des Reservefonds und der Deckung der Verwaltungskosten dürfen weder Beiträge von Mitgliedern erhoben werden noch Verwendungen aus dem Vermögen der Kasse erfolgen."

Der Sinn dieser Vorschrift ist, daß den Kassen zu anderen als den hier angegebenen Zwecken sowohl die Erhebung von besonderen Beiträgen als auch die Verwendung der zulässigen Beiträge und aller sonstigen Einnahmen, wie Ordnungsstrafen, Zinsen usw. untersagt wird. Was von den gesamten Einnahmen für die statutenmäßigen Unterstützungskosten nicht verbraucht wird, ist dem Reservefonds zuzuführen.

2. Statutenmäßige Unterstützungen sind im Sinne des Gesetzes nur insoweit zulässig, als es sich hierbei um Leistungen handelt, zu denen die Kassen durch das Gesetz ihren Mitgliedern gegenüber verpflichtet oder doch ermächtigt worden sind. Als solche dem eigentlichen Zwecke des Gesetzes entsprechende Leistungen kommen die zeitliche Unterstützung erkrankter Mitglieder oder ihrer Angehörigen, von Schwangeren und die Gewährung von Sterbegeld in Betracht. Hierüber hinaus sind die Kassen zur Unterstützung ihrer Mitglieder aus der Rücksicht, einer weiteren Gefährdung ihrer Gesundheit vorzubeugen, nur insofern ermächtigt, als sie erkrankten Mitgliedern, die trotz des Bezugs der Krankenunterstützung ihre volle Genesung nicht erlangt haben, während der Dauer der Wiedergenesung eine Fürsorge nach ihrem Ermessen zuteil werden lassen dürfen (§§ 21³ᵃ, 46³). Die Gewährung von Unterstützungen an die Mitglieder zum Zweck ihrer Bewahrung vor dem Eintritte von Krankheit oder Erwerbsunfähigkeit ist den Kassen in Ermangelung einer besonderen gesetzlichen Ermächtigung, wie sie den Invalidenversicherungsanstalten erteilt worden ist, versagt.

3. Darf die Kasse dem einzelnen Mitgliede den Schutz vor Erkrankung nicht unmittelbar durch Gewährung von Unterstützungen ermöglichen, dann ist sie hierzu auch nicht mittelbar durch Aufwendung von Kassenmitteln in anderer Art dem einzelnen Mitglied oder der Gesamtheit der Mitglieder gegenüber ermächtigt. Aus der Unzulässigkeit der Unterstützung der Kassenmitglieder behufs ihrer Bewahrung vor Erkrankung oder Erwerbsunfähigkeit folgt, daß Maßnahmen zu diesem Zwecke überhaupt und grundsätzlich außerhalb der gesetzlichen Aufgabe der Kasse liegen und demgemäß von ihr jedenfalls unter Aufwendung von Kassenmitteln nicht in Aussicht zu nehmen sind. Eine Unterscheidung je nach der Bedeutung und Kostspieligkeit der Maßnahme rechtfertigt sich hierbei gegenüber dem Gesetz ebensowenig, wie die mehrfach (ArbVers. 20 701) vertretene Ansicht, daß den Kassen Aufwendungen für derartige Zwecke nach verständigem Ermessen zuzugestehen seien (Rosin, Recht der Arbeiterversicherung 1 652).

4. Die Verwaltungstätigkeit der Organe der Kassen hat sich auf die gesetzlich zulässigen Aufgaben zu beschränken. Der Begriff der Verwaltungskosten ist in Ermangelung einer anderen gesetzlichen Erläuterung dahin festzustellen, daß er diejenigen Aufwendungen umfaßt, deren es für die Kassen nach ihrer auf dem Gesetze beruhenden Zweckbestimmung bedarf, um ihnen durch ihre Organe die Erhebung der Beiträge und die Erfüllung der ihnen gesetzlich zugewiesenen oder gestatteten Unterstützungspflicht zu ermöglichen. Lediglich innerhalb dieser Begrenzung haben die Kassen durch ihre Organe die Verwaltung nach verständigem Ermessen zu betätigen, wobei ihnen freilich auch die Aufwendung von Kassenmitteln und insbesondere auch von Reisekosten zu dem Zwecke nicht grundsätzlich versagt ist, ihren Organen die Aufklärung über

die gesetzlichen Aufgaben der Kassen und ihre eigene Aufgabe gegenüber den Kassen und deren Mitgliedern zu ermöglichen.

5. Solange § 29 eine anderweitige Fassung, wie sie von dem Zentralverbande der Ortskrankenkassen angeregt ist (ArbVers. 20 696), nicht erhalten hat, ist die Verwendung von Kassenmitteln für die Entsendung von Vertretern zu Beratungen von Verbänden, Kongressen usw., die sich mit anderen als den gesetzlichen Aufgaben der Krankenkassen befassen, unzulässig.

Nr. 12. Entsch. v. 16. Jan. 1908 (OVG. 51 350) III C 188/07.

KrankVG. §§ 34—42; HilfskG. §§ 16 ff.

1. Die §§ 34—42 KrankVG. in ihrer ursprünglichen Fassung sind im wesentlichen den §§ 16 ff. HilfskG. v. 7. IV. 76 nachgebildet, insbesondere die §§ 34, 37 f. den §§ 16 und 21. Dieses letztere Gesetz beschränkte sich auf die Anordnung, daß Arbeitgeber, welche Zuschüsse zu der Kasse leisten, auf Vertretung im Vorstande nach Maßgabe ihrer Zuschüsse bis zu einem Drittel der Stimmen und auf Stimmberechtigung in der Generalversammlung in einem unter Berücksichtigung ihrer Zuschüsse festzustellenden Maße bis zur Hälfte der den Kassenmitgliedern zustehenden Stimmen Anspruch haben. Die nähere Ausführung dieser Anordnung, insbesondere über die Stimmberechtigung der Arbeitgeber, war nach § 3⁶ dem Statute vorbehalten. Das Normalstatut sah vor, daß jedes Mitglied auf der Generalversammlung eine und jeder Arbeitgeber für je zwei bei ihm in Arbeit stehende Mitglieder gleichfalls eine Stimme führen sollte (§ 29). Hierzu war aber bemerkt, daß im einzelnen Falle zu ermessen sei, ob Bestimmungen dieser Art überhaupt aufzunehmen seien und ob die Bemessung des Stimmrechts der Arbeitgeber in der vorgesehenen Art zu erfolgen habe.

2. Der § 38 KrankVG. gibt jedem Arbeitgeber, der Zuschüsse zu zahlen hat, den Anspruch auf Vertretung im Vorstande und der Generalversammlung. Er kann aber nicht für jedes von ihm beschäftigte Kassenmitglied den Anspruch auf eine Stimme bei den Wahlen haben; vielmehr soll das Kassenstatut gemäß § 23⁵ die Art der Abstimmung der Arbeitgeber nach billigem Ermessen regeln.

Nr. 13. Entsch. v. 18. Okt. 1906 (OVG. 49 333) III C 51/06.

KrankVG. § 29.

In der OVG. 13. IV. 05 47 358 ist dargelegt, was unter Verwaltungskosten (§ 29 Abs. 2 KrankVG.) zu verstehen ist. Diese Darlegungen werden aufrecht erhalten. Unrichtig ist, daß alle Aufwendungen für Veranstaltungen, die mit dem Zwecke der Kasse in Verbindung stehen zu den Verwaltungskosten zu rechnen sind.

Nr. 14. Entsch. v. 8. Mai 1905 (OVG. 47 362) III C 26/05.

KrankVG. § 26a Abs. 2⁵.

1. Der § 26a Abs. 2⁵ KrankVG. gestattet den freiwilligen Eintritt in eine Krankenkasse für Familienangehörige, die nur im Haushalte der Mitglieder der Kasse tätig sind und Lohnarbeit nicht verrichten. Uebersteigt das Gesamteinkommen 2000 ℳ, so ist der Beitritt nicht gestattet.

2. Das Statut muß eine Bestimmung enthalten, nach welchen Grundsätzen die für solche freiwilligen Mitglieder maßgebende Beitragsklasse mit Bestimmtheit ermittelt werden kann, zB.:

Freiwilliger Eintritt für Familienangehörige; statutarische Bestimmungen 335
gemäß KrankVG. §§ 23, Abs. 2, 24; Überwachung durch die Aufsichtsbehörde.

„Familienangehörige der Kassenmitglieder von 14 bis 45 Jahren, auch wenn sie sich auf eine wirtschaftliche Tätigkeit im Haushalte des Kassenmitgliedes beschränken. Im Falle des Beitritts werden alsdann Ehefrauen derjenigen Klasse zugewiesen, die sich für sie ergibt, wenn für sie ein Drittel des Arbeitsverdienstes des Ehemanns in Anrechnung gebracht wird, alle übrigen Familienangehörigen der letzten Klasse."

Nr. 15. Entsch. v. 10. Jan. 1907 (OVG. 50 395) III C 177/06.

KrankVG. §§ 23 Abs. 2, 24.

1. Nach § 23 Abs. 2 KrankVG. darf das Kassenstatut keine Bestimmung enthalten, welche mit dem Zwecke der Kasse nicht in Verbindung steht oder gesetzlichen Vorschriften zuwiderläuft. Hiermit ist für die nach § 24 zur Genehmigung der Kassenstatute berufene Behörde die Richtschnur vorgeschrieben, nach der sie bei der Prüfung, ob die Genehmigung zu erteilen oder zu versagen sei, zu verfahren hat. Hinzugetreten ist inzwischen durch die Nov. v. 10. IV. 92 das weitere Erfordernis, daß die Bestimmung über die der Kasse zugehörigen Klassen von Personen nicht mit den Bestimmungen des Statuts einer anderen Kasse in Widerspruch stehen darf.

2. In ständiger Rechtsprechung hat deshalb das OVG. anerkannt, daß die Versagung der Genehmigung aus anderen Gründen unzulässig ist und daß sie insbesondere lediglich aus Zweckmäßigkeitsrücksichten nicht stattfindet. Es darf hierfür neben dem Urt. v. 17. IX. 96 30 365 das die Versagung der Genehmigung für einen Beschluß, wie ihn die Klägerin zu § 47 ihres Statuts gefaßt hat, für unberechtigt erklärt, u. a. auf die Urt. v. 6. und 13. IV. 05 (ArbVers. 22 335, 355) verwiesen werden.

3. Es kann im Statute bestimmt werden, daß von den mehreren Vorsitzenden einer Arbeitgeber und einer Arbeitnehmer sein muß.

Nr. 16. Entsch. v. 24. Jan. 1907 (OVG. 50 399) III C 179/06.

KrankVG. § 24.

Durch eine Abänderung des Statuts kann die Zahl der für die Bekanntmachungen der Kasse bisher bestimmten Zeitungen vermehrt werden.

Nr. 17. Entsch. v. 7. Jan. 1907 (OVG. 50 400) III C 230/06.

KrankVG. § 45 Abs. 1, Abs. 6; GewUnfVG. § 144.

1. Der Abs. 1 § 45 KrankVG. bestimmt:

„Die Aufsichtsbehörde überwacht die Befolgung der gesetzlichen und statutarischen Vorschriften und kann dieselbe durch Androhung, Festsetzung und Vollstreckung von Ordnungsstrafen gegen die Mitglieder des Kassenvorstandes erzwingen."

Daß unter den „gesetzlichen" Vorschriften im Abs. 1 nicht bloß diejenigen des KrankVG. sondern alle die Krankenkassen betreffenden gesetzlichen Vorschriften zu verstehen sind, kann bei der klaren Fassung der Worte keinem Zweifel unterliegen, wenn auch beim Erlasse des KrankVG. in erster Linie an dieses Gesetz selbst gedacht sein mag. Eine Einschränkung auf die Bestimmungen des letzteren ist dem Wortlaute des Abs. 1 gegenüber nicht möglich und es ist notwendig, daß auch die Befolgung anderer Gesetze gesichert wird.

2. Gegen Verfügungen der Aufsichtsbehörde aus Abs. 1 gibt der Abs. 6 des § 45 die Klage im Verwaltungsstreitverfahren,

„sofern die Anfechtung darauf gestützt wird, daß die getroffene Anordnung rechtlich nicht begründet und die Kasse oder das Vorstandsmitglied durch die Anordnung in einem Rechte verletzt oder mit einer rechtlich nicht begründeten Verbindlichkeit belastet sei."

Nach Abs. 1 „kann" zwar die Aufsichtsbehörde zur Durchführung ihrer Anordnungen Ordnungsstrafen androhen, festsetzen und vollstrecken; tut sie dies nicht, so beruht ihre zur Befolgung der gesetzlichen und statutarischen Vorschriften erlassene Verfügung doch immerhin auf Abs. 1 des § 45, und gegen alle derartigen Verfügungen findet gemäß Abs. 6 die Klage statt, sofern nur die oben bezeichneten Voraussetzungen vorliegen. Daß die Gesetzesworte: „in einem Rechte verletzt oder mit einer rechtlich nicht begründeten Verbindlichkeit belastet" begrifflich nicht durch „Androhen, Festsetzen und Vollstrecken einer Ordnungsstrafe" ersetzt und erschöpft werden können, liegt klar.

3. Der § 144 GewUnfVG. legt u. a. den Organen der Krankenkassen die Verpflichtung auf, den Organen der Berufsgenossenschaften (auch unaufgefordert) alle Mitteilungen zukommen zu lassen, welche für deren Geschäftsbetrieb von Wichtigkeit sind. Es ist selbstverständlich, daß im Sinne des § 144 die Berufsgenossenschaft im Bereich ihrer gesetzlichen Wirksamkeit in erster Linie zu erwägen hat, was für sie von Wichtigkeit ist, nicht aber das von ihr um Mitteilung ersuchte Krankenkassenorgan. Wäre das Umgekehrte der Fall, so würde die Erfüllung des Zweckes der im § 144 getroffenen Regelung wesentlich von der Stellungnahme der Kassenorgane abhängen, obwohl sie die Bedeutung der von der Berufsgenossenschaft geforderten Mitteilungen für deren Wirksamkeit nicht zu übersehen vermögen. Die Grenze des den Berufsgenossenschaften im § 144 gegebenen Rechtes wird jedoch überschritten, wenn Anforderungen auf Grund dieser Bestimmung gestellt werden, welche im Sinne der Vorschrift zweckwidrig oder zwecklos sind. Ob ein solcher Mißbrauch vorliegt, ist bei entstehendem Streite zunächst von der Aufsichtsbehörde und auf Klage vom Verwaltungsrichter zu entscheiden.

Nr. 18. Entsch. v. 1. Juli 1907 (OVG. 51 331) III C 55/07.

KrankVG. §§ 45 Abs. 1, 58 Abs. 4.

1. Der erste Absatz des § 45 KrankVG. lautet:

„Die Aufsichtsbehörde überwacht die Befolgung der gesetzlichen und statutarischen Vorschriften und kann dieselbe durch Androhung, Festsetzung und Vollstreckung von Ordnungsstrafen gegen die Mitglieder des Kassenvorstandes erzwingen."

Bei der Beratung des § 45 hat Einverständnis zwischen den Mitgliedern der Reichstagskommission und den Regierungsvertretern darüber bestanden, daß auf Grund des ersten Absatzes von der Aufsichtsbehörde solche Kassenleistungen nicht erzwungen werden könnten, welche zwischen Kassenmitgliedern und der Kassenverwaltung streitig seien, und daß sich auf derartige Leistungen § 58 Abs. 1 beziehe. Indes auch, wenn diese Erwägung in der Kommission nicht Ausdruck gefunden hätte, könnte es einem Zweifel nicht unterliegen, daß die der Aufsichtsbehörde in § 45 Abs. 1 zugestandene Ueberwachung und Ordnungsstrafgewalt sich auf die Erzwingung der Kassenleistungen gegenüber den Mitgliedern nicht erstreckt, nachdem im § 58 das Verfahren hierfür besonders geregelt worden ist.

2. Nach § 58 Abs. 4 kann die Entscheidung der Aufsichtsbehörde über Unterstützungsansprüche der Versicherten gegen die Krankenkasse von der Aufsichtsbehörde vorläufig vollstreckt werden.

Nr. 19. Entsch. v. 2. Dez. 1907 (OVG. 51 347) III C 16/07.

KrankVG. § 45.

Die Vorstände der Ortskrankenkassen sind nach den Bestimmungen des KrankVG. lediglich Verwaltungsorgane der durch sie vertretenen Kassen, und Vorstandsbeschlüsse, welche dieser gesetzlichen Zweckbestimmung nicht entsprechen, müssen als den gesetzlichen Vorschriften widersprechend angesehen werden. Ebenso, wie dies unter anderem bei einem etwaigen Vorstandsbeschluß angenommen werden müßte, welcher für die dem inneren Geschäftsbetriebe dienenden Sitzungen eines Vorstandes die Oeffentlichkeit einführen wollte, muß auch dasselbe für einen Vorstandsbeschluß gelten, durch welchen, wenn auch nur für einen Gegenstand der Beratung, der Kreis, der nach dem Gesetze zur Teilnahme an den Sitzungen des Vorstandes berufenen Personen erweitert werden soll. Das von Vorstandssitzungen Gesagte muß auch für Sitzungen von Kommissionen des Vorstandes gelten, welche von ihm aus seiner Mitte für einzelne bestimmte Verwaltungszwecke ernannt sind. Selbstverständlich bleibt es dem Vorstande oder der von ihm ernannten Kommission unbenommen, zu einer sachgemäßen Vorbereitung der Beratungen und Beschlüsse Sachverständige in einer Vorstands- oder Kommissionssitzung zu hören.

Nr. 20. Entsch. v. 16. Nov. 1905 (OVG. 48 346) III C 75/05.

KrankVG. §§ 45, 56a.

1. Anordnungen im Sinne des § 45 KrankVG. können von der Aufsichtsbehörde erlassen werden, solange die Organe der Kasse die Erfüllung ihrer gesetzlichen oder statutenmäßigen Obliegenheiten verweigern; sind solche Anordnungen erlassen worden, so unterliegen sie mit den aus dem § 45 Abs. 6 sich ergebenden Einschränkungen der Nachprüfung im Verwaltungsstreitverfahren.

2. Durch die reichsgesetzliche Krankenversicherung soll den Versicherten in erster Linie freie ärztliche Behandlung gewährleistet werden, und es besteht daher seit der Geltung der reichsgesetzlichen Krankenversicherung für die Organe der Ortskrankenkassen die unumgängliche Verpflichtung, ohne deren Erfüllung die Erreichung des Zweckes der gesetzlichen Krankenversicherung gar nicht gedacht werden kann, für die freie ärztliche Behandlung der Versicherten in ausreichendem Maße Sorge zu tragen. Wenn diese freie ärztliche Behandlung statutarisch regelmäßig durch einen Kassenarzt erfolgen soll, so ergibt sich daraus ohne weiteres die Verpflichtung der mit der Verwaltung der Angelegenheiten der Kassen betrauten Organe, d. h. des Vorstandes, qualifizierte Kassenärzte in ausreichendem Maße anzustellen. Insbesondere kann diese Verpflichtung und die aus ihrer Verweigerung nach § 45 Abs. 5 sich ergebende Folgerung nicht abgelehnt werden durch den Hinweis auf die Bestimmungen des § 56a. Das Verhältnis der genannten beiden Vorschriften zu einander ergibt sich unzweideutig aus ihrer Entstehungsgeschichte. Während die Vorschriften im § 45 Abs. 1—5 bereits in dem ursprünglichen G. v. 15. VI. 83 enthalten waren, gab es bis zum Erlasse der Nov. v. 10. IV. 92 eine dem § 56a des jetzt geltenden KrankVG. entsprechende Vorschrift überhaupt nicht. Naturgemäß konnte sich das Bedürfnis nach einer solchen Vorschrift bei der damaligen Rechtslage auch nicht geltend machen, weil bis zum Erlasse der Nov. v. 10. IV. 92 das Recht der freien Aerztewahl durch die Versicherungspflichtigen zum Zwecke der Erlangung einer Krankenunterstützung gesetzlich nicht beschränkt war. Erst als eine solche Einschränkung mit der Anstellung von Kassenärzten durch die im Jahre 1891 dem Reichstage vorgelegte Novelle in die Wege geleitet werden sollte, wurden aus der Mitte des Reichstags mehrfach Anträge gestellt, welche dazu dienen sollten, ein Gegengewicht gegen jene Einschränkung der freien Aerztewahl zum Schutze der Interessen der Versicherungspflichtigen zu bilden. Aus diesen Anträgen ist der durch das G. v. 10. IV. 92 sanktionierte § 56a hervorgegangen; seine endgültige Fassung hat er erhalten durch die Annahme eines von dem Abg. Freiherrn von Stumm-Halberg gestellten Antrags,

dessen Bedeutung von dem Antragsteller in der Sitzung des Reichstages vom 17. III. 92 eingehend erörtert worden ist. Daraus ergibt sich, daß durch den neu eingefügten § 56a nicht diejenigen Fälle getroffen werden sollten, in welchen schon nach dem damals geltenden Rechte die Erfüllung der gesetzlichen oder statutenmäßigen Obliegenheiten der Kassenorgane von der Aufsichtsbehörde erzwungen werden konnte, daß vielmehr der Gesetzgeber durch jene Sonderbestimmung lediglich der höheren Verwaltungsbehörde die freie, einer Nachprüfung im Verwaltungsstreitverfahren nicht unterliegende Befugnis hat übertragen wollen, den berechtigten Anforderungen der Versicherten über die Grenzen der den Kassenorganen obliegenden Verpflichtungen hinaus Geltung zu verschaffen, falls diese berechtigten Anforderungen infolge der Anstellung von Kassenärzten gegenüber der freien Aerztewahl nicht genügend berücksichtigt sein sollten.

3. Nach der ausdrücklichen Vorschrift des § 45 Abs. 5 ist ein Eingreifen der Aufsichtsbehörde, abgesehen von dem Falle, daß der Vorstand oder die Generalversammlung nicht zustande kommt, nur zulässig, wenn die Organe der Kasse ihre gesetzlichen oder statutenmäßigen Obliegenheiten nicht erfüllen und deren Erfüllung verweigern. Sind diese beiden für die Rechtsbeständigkeit der streitigen Anordnungen unerläßlichen Voraussetzungen nicht vorhanden, so sind die Anordnungen unter allen Umständen rechtlich nicht begründet und die Kasse sowohl als auch der Vorstand werden durch die Anordnungen in ihren Rechten verletzt bzw. mit einer rechtlich nicht begründeten Verbindlichkeit belastet. Dies selbständig zu prüfen ist der Verwaltungsrichter verpflichtet.

Nr. 21. Entsch. v. 1. Febr. 1906 (OVG. 49 323) III C 211/05.

KrankVG. § 45.

1. Die Gemeindebehörde als Aufsichtsbehörde ist nach § 45 Abs. 2 KrankVG. zwar befugt, von allen Verhandlungen, also auch von allen Beschlüssen der Kasse Einsicht zu nehmen. Sie kann zu diesem Zwecke auch die Einreichung der Verhandlungen und Beschlüsse verlangen. Die auf einem ganz andern Gebiete liegende Bestimmung, daß vor der Einreichung Schritte zur Ausführung der Beschlüsse nicht unternommen werden dürfen, findet dagegen in dem Gesetze keinen Anhalt. Hierbei handelt es sich nicht mehr um eine Einsichtnahme, sondern um einen Aufschub des Inkrafttretens von Vorstandsbeschlüssen. Die Befugnis zu der in bestimmten Grenzen wirkenden Suspension der Tätigkeit des Kassenvorstandes ist jedoch der Aufsichtsbehörde ebensowenig beigelegt, wie das Recht, Bestimmungen zu erlassen, wonach Vorstandsbeschlüsse einer Genehmigung bedürfen.

2. Das im § 45 Abs. 5 zugelassene Eingreifen der Aufsichtsbehörde hat die Nichterfüllung gesetzlicher oder statutenmäßiger Obliegenheiten zur Voraussetzung. Auf die Nichterfüllung formal unanfechtbar gewordener Verfügungen der Aufsichtsbehörde ist jene Befugnis nicht ausgedehnt. Die Nichterfüllnng einer im Gesetze oder Statute nicht begründeten Anordnung ermächtigt daher die Aufsichtsbehörde in keinem Falle zur eigenen Uebernahme der Kassengeschäfte.

Nr. 22. Entsch. v. 17. Okt. 1907 (OVG. 51 338) III C 95/06.

KrankVG. § 45.

1. Weder in dem KrankVG. noch in einem anderen Gesetze ist die Befugnis der Aufsichtsbehörde, an den Vorstandssitzungen und Generalversammlungen durch einen Vertreter teilzunehmen, festgestellt. Diese Befugnis ist so wichtig und eingreifend, daß angenommen werden muß, der

Gesetzgeber würde sie, wenn ihre Einführung beabsichtigt worden wäre, ausdrücklich festgesetzt haben. Gegen eine solche Absicht spricht überdies der Abs. 2 des § 45 KrankVG. Dort ist bestimmt, daß die Aufsichtsbehörde befugt ist, von allen Verhandlungen, Büchern und Rechnungen der Kasse Einsicht zu nehmen und die Kasse zu revidieren. Das Einsichtnehmen bezieht sich hier offenbar ausschließlich auf Schriftwerke. Unter den „Verhandlungen", von denen Einsicht genommen werden darf, sind daher die über die Verhandlungen lautenden schriftlichen Aufzeichnungen zu verstehen.

2. Die Versammlungen und Sitzungen der Organe der Selbstverwaltung sind, sofern es an einer die Oeffentlichkeit festsetzenden Vorschrift fehlt, nicht öffentlich. Für die Generalversammlungen der Krankenkassen ist die Oeffentlichkeit durch Gesetz nicht eingeführt. Alsdann aber steht es nicht im Belieben des Kassenvorstandes, durch die Einladung einer bestimmten Kategorie von Zuhörern, nämlich von Vertretern der Presse, eine wenngleich beschränkte Oeffentlichkeit herzustellen.

3. Die Aufsichtsbehörde kann anordnen, daß ihr die Protokollbücher über die Vorstandssitzungen und Generalversammlungen zur Einsicht in dem Amtslokale der Aufsichtsbehörde vorgelegt werden.

Nr. 23. Entsch. v. 16. Jan. 1908 (OVG. 51 353) III C 180/07.

KrankVG. §§ 6ff., 20, 45.

1. Der § 20 KrankVG. bestimmt, daß die Ortskrankenkassen die unter den Ziff. 1—3 daselbst aufgeführten Leistungen mindestens gewähren sollen. Nach der Ziff. 1 ist aber als diese Mindestleistung bezeichnet „eine Krankenunterstützung, welche nach §§ 6ff. mit der Maßgabe zu bemessen ist, daß der durchschnittliche Lohn . . . an die Stelle des ortsüblichen Tagelohnes gewöhnlicher Tagearbeiter tritt". Was demnach als Krankenunterstützung zu gewähren ist, kann nur aus den angezogenen §§ 6ff. entnommen werden. § 7 bestimmt aber, daß an Stelle der im § 6 vorgeschriebenen Leistungen freie Kur und Verpflegung in einem Krankenhause gewährt werden kann. Die Kasse ist demnach nach dem KrankVG. nicht verpflichtet, Krankenhauspflege eintreten zu lassen; es steht vielmehr in ihrem freien Ermessen, ob sie solche gewähren will oder nicht. An dieser Auslegung der Vorschriften des § 20 in Verbindung mit § 7 KrankVG. hat das OVG. in gleichmäßiger Rechtsprechung festgehalten (Urt. v. 5. XI. 94 — PrVerwBl. 16 208 — sowie 28. I. und 14. II. 95 — OVG. 27 359, 362).

2. In dieses dem Vorstande der Kasse nach Gesetz und Statut zustehende Wahlrecht einzugreifen und ihrerseits im einzelnen Falle zu bestimmen, daß Krankenhauspflege gewährt werden solle, ist die Aufsichtsbehörde gesetzlich nicht befugt. Nach § 45 des Gesetzes hat sie die Befolgung der gesetzlichen und statutarischen Vorschriften zu überwachen und kann dieselbe durch Androhung, Festsetzung und Vollstreckung von Ordnungsstrafen gegen die Mitglieder des Kassenvorstandes erzwingen. Das ermächtigt sie aber nicht, ein Wahlrecht, welches nach Gesetz und Statut dem Kassenvorstande zusteht, selbst auszuüben und dem Vorstande die Ausübung des ihm eingeräumten Ermessens zu verschränken.

Nr. 24. Entsch. v. 26. Okt. 1905 (OVG. 48 333) III C 55/05.

KrankVG. §§ 44f., 66.

1. Für Betriebskrankenkassen, deren Bezirk sich über den Bezirk einer Gemeinde hinaus erstreckt, muß die Aufsichtsbehörde (§§ 44f., 66 KrankVG.) von der höheren Verwaltungsbehörde und, wenn der Kassenbezirk sich

über den Bezirk mehrerer höherer Verwaltungsbehörden erstreckt, vom Minister für Handel und Gewerbe bestimmt werden (vgl. OVG. 31. V. 06 **48** 337).

2. Die Aufsichtsbehörde der Betriebskrankenkasse ist zur Anordnung und Erzwingung einer dem Gesetz und dem Statut entsprechenden Verwaltung seitens der Kassenorgane recht eigentlich berufen.

Nr. 25. Entsch. v. 31. Mai 1906 (OVG. 48 337) III A 42/05.

1. Bei der Auslegung der §§ 59, 60 Abs. 1 und 63 Abs. 1 KrankVG. darf der Rechtszustand, der in Beziehung auf das Krankenkassenwesen zur Zeit des Erlasses des KrankVG. herrschte, nicht unberücksichtigt bleiben. Nach dem damaligen Rechtszustande war der Unternehmer in keiner Weise gezwungen, für seinen gesamten Betrieb nur eine einzige Krankenkasse zu errichten. Tatsächlich bestanden damals auch Krankenkassen für Fabriken in den verschiedensten Bildungen und insbesondere auch in räumlicher Begrenzung, und dieser Zustand war den gesetzgebenden Faktoren bei Erlaß des HilfkG. v. 7. IV. 76 und des G. v. 8. IV. 76, betr. die Abänderung des Titels VIII der GewO., auch nicht unbekannt.

2. Die G. v. 7. und 8. IV. 76 haben in der Zulässigkeit der räumlichen Begrenzung solcher Kassen nichts geändert. Da nach Art. I — § **141** — des letztgenannten Gesetzes durch Ortsstatut die Bildung von Hilfskassen nach Maßgabe des HilfsKG. v. 7. IV. 76 zur Unterstützung von Gesellen, Gehilfen und Fabrikarbeitern angeordnet werden konnte und in diesem Falle die Gemeindebehörde ermächtigt war, nach Maßgabe des genannten Gesetzes die Einrichtung der Kassen nach Anhörung der Beteiligten zu regeln und die Verwaltung der Kassen sicher zu stellen, so konnte unter der Herrschaft dieses Gesetzes die Zulässigkeit je besonderer Kassen für Betriebe desselben Unternehmers in verschiedenen Gemeindebezirken auch nicht wohl zweifelhaft sein.

3. Daß das KrankVG., das diesen Rechtszustand vorfand und im § 85 die solchergestalt bestehenden Krankenkassen seinen Vorschriften unterstellte, die Neuerrichtung von Betriebs-(Fabrik-)Krankenkassen nur unter Ausdehnung auf den gesamten, verschiedene Orte umfassenden Betrieb eines Unternehmers habe zulassen wollen, dafür fehlt es nicht nur in dem Gesetze selbst, sondern auch in den Gesetzesmaterialien und den parlamentarischen Verhandlungen an jedem Anhalte.

4. Dementsprechend regeln die §§ 5 und 16 KrankVG. die örtliche Zuständigkeit, d. h. die Frage, bei welcher Gemeinde oder Kasse die Versicherung einzutreten hat, denn auch dahin, daß die Gemeinde des Beschäftigungsorts maßgebend ist. Der Beschäftigungsort bestimmt sich aber grundsätzlich nach der Arbeitsstätte und nicht nach dem Sitze des Betriebs (Hahn, Kommt.[4] 65 Anm. 1 zu § 5). Nur für Personen, welche in Gewerbebetrieben beschäftigt sind, deren Natur es mit sich bringt, daß einzelne Arbeiten an wechselnden Orten außerhalb der Betriebsstätte ausgeführt werden, gilt nach der durch die Nov. v. 10. IV. 92 getroffenen Ausnahmevorschrift des § 5a des Gesetzes auch für die Zeit, während welcher sie mit derartigen Arbeiten beschäftigt sind, als Beschäftigungsort der Sitz des Gewerbebetriebs. Auf Personen, welche bestimmungsgemäß dauernd an einem anderen Orte als dem Sitze des Gewerbebetriebs beschäftigt werden, findet diese Bestimmung aber keine Anwendung.

Nr. 26. Entsch. v. 8. April 1907 (OVG. 50 406) III C 245/06.

KrankVG. § 57.

Wenn ein Kassenmitglied nach einer mit Erwerbsunfähigkeit verbundenen Erkrankung trotz Aufnahme der Beschäftigung fortdauernd ärztliche oder arzneiliche Behandlung erfährt und bedarf, so stellt eine aus Armenmitteln bestrittene Unterstützung infolge erneuter Erwerbsunfähigkeit und schwerer Erkrankung eine Grundlage für den Anspruch des Armenverbandes gegen die Kasse dar, weil es sich um die Fortsetzung der früheren Krankheit und nicht um einen neuen Unterstützungsfall handelt.

Nr. 27. Entsch. v. 29. Juni 1905 (OVG. 47 366) III C 7/05.

KrankVG. §§ 56 f.

Nach § 56 KrankVG. verjähren die Unterstützungsansprüche auf Grund des KrankVG. in 2 Jahren nach ihrer Entstehung. Diese Vorschrift bezieht sich ebenfalls auf die Ansprüche, die auf einen Armenverband (§ 57) übergegangen sind.

Nr. 28. Entsch. v. 2. März 1905 (PrVerwBl. 27 896) III 401.

KrankVG. § 57; BGB. §§ 611 f. und 633 f.

1. Das BAH. hat in der Entsch. 24 72 seiner Rechtsprechung die Voraussetzung für die Uebung der Armenpflege verneint, weil dem Unterstützten ein Anspruch auf rückständigen Lohn zustand. Der Unterstützte war damals aber weder krank, noch befand er sich in einer Krankenanstalt. Rechtlich ist auch in dieser Entscheidung daran festgehalten, daß Hilfsbedürftigkeit im armenrechtlichen Sinne dann vorliegt, wenn die dem Unterstützten zustehenden Mittel zur Abhilfe des hervorgetretenen Notstandes entweder nicht bereit und verwendbar sind, oder deren Vorhandensein dem Armenverbande ohne Schuld unbekannt geblieben ist (OVG. 26. IX. 04 — ArbVers. 22 52).

2. Für die Entstehung der Versicherungspflicht ist es nicht wesentlich, ob der Betriebsinhaber mit der beschäftigten Person einen gültigen Vertrag über das Beschäftigungsverhältnis nach den Grundsätzen des Privatrechts abgeschlossen hat. Die Unfallversicherungsgesetze und das Invalidenversicherungsgesetz knüpfen die Versicherungspflicht an die Tatsache der Beschäftigung ohne Rücksicht darauf, ob ein Arbeitsvertrag vorliegt. Dasselbe gilt für das KrankVG., wenn auch mit der Maßgabe, daß eine durch die Natur ihres Gegenstandes oder im voraus durch den Arbeitsvertrag auf einen Zeitraum von weniger als einer Woche beschränkte Beschäftigung die Versicherungspflicht nicht unmittelbar kraft Gesetzes begründet. Aus der Erwähnung des Arbeitsvertrages in diesem Zusammenhange folgt aber nicht, daß der Abschluß eines nach den Grundsätzen des Privatrechtes rechtsgültigen Arbeitsvertrages die Voraussetzung für die Entstehung der Versicherungspflicht ist (OVG. 40 326, auch PrVerwBl. 24 439). Eine Ausnahme gilt für die von dem Betriebsunternehmer beschäftigten Familienangehörigen. Sie unterliegen unmittelbar zufolge des Gesetzes der Versicherungspflicht nur dann, wenn ihre Beschäftigung auf Grund eines Arbeitsvertrages erfolgt. Ihre Beschäftigung ohne Arbeitsvertrag hat für sie die Versicherungspflicht nur da zur Folge, wo sie statutarisch eingeführt ist.

3. Kommt es aber für die Versicherungspflicht auf das Vorhandensein eines Arbeitsvertrages grundsätzlich und von der erwähnten Ausnahme abgesehen nicht an, so ist den Beteiligten es auch versagt, die Versicherungspflicht für eine Beschäftigung, die in Ermangelung eines privatrechtlich gültigen Vertrages versicherungspflichtig wäre, durch ihre Abrede und also auch dadurch auszuschließen, daß sie über das Beschäftigungsverhältnis einen Werk- und nicht einen Dienstvertrag im Sinne des Privatrechts vereinbaren. Von Bedeutung wäre es, da die Versicherungspflicht zwar für die im Betrieb beschäftigten Arbeiter und nicht auch für die in ihm beschäftigten selbständigen Gewerbetreibenden und Unternehmer besteht, wenn derjenige, der sich zur Her-

stellung eines Werkes verpflichtet, damit zugleich die Eigenschaft eines Unternehmers im Sinne der Versicherungsgesetze erlangte. Dies ist allgemein und unbedingt nicht der Fall.

4. Für die Versicherungsgesetze gilt der Dienstverpflichtete wie auch der Unternehmer eines Werkes als Unternehmer im Gegensatz zum Arbeiter zwar dann, wenn der Dienst oder die Arbeit, die übernommen ist oder deren es zur Herstellung eines Werkes oder anderweiten Arbeitserfolges bedarf, nicht von ihnen persönlich geleistet wird. Ob sie aber rücksichtlich der persönlich geleisteten Dienste oder Arbeit als selbständige Unternehmer oder als Arbeiter für die Versicherungsgesetze gelten, dafür ist es unerheblich, daß der Unternehmer eines Werkes oder anderweiten Arbeitserfolges in den §§ 631 f. BGB. als Unternehmer benannt ist. Entscheidend ist hierfür allein, ob unter Berücksichtigung aller in Betracht kommenden Umstände, namentlich auch nach der wirtschaftlichen Stellung desjenigen, der die Arbeit leistet, anzunehmen ist, daß er sich zu dem Inhaber des Betriebes in die abhängige Stellung eines Arbeiters begeben oder ob er die Arbeit unter Wahrung seiner persönlichen Selbständigkeit übernommen hat. Insoweit ist auf die Grundsätze zu verweisen, nach denen die Eigenschaft als Heimarbeiter oder Hausgewerbetreibender bestimmt worden ist (ArbVers. 16 552ff., auch Handbuch für die Unfallversicherung 207 f.).

Nr. 29. Entsch. v. 18. Dez. 1905 (OVG. 48 329) III C 40/05.

KrankVG. § 57.

Der Armenverband darf sich zur Bewilligung notwendiger Krankenhauspflege an erkrankte Kassenmitglieder nach freiem Ermessen so lange für ermächtigt halten, als ihm nicht bekannt geworden ist, daß die Kasse das Mitglied auf ein anderes Krankenhaus angewiesen oder daß sie ein eigenes Krankenhaus errichtet oder daß sie sich allgemein für die Verweisung ihrer der Krankenhauspflege bedürftigen Mitglieder an ein bestimmtes Krankenhaus entschieden hat (vgl. OVG. 8. XII. 04 46 366).

Nr. 30. Entsch. v. 23. Sept. 1907 (OVG. 51 334) III C 65/07.

ReichsG. v. 30. VI. 00 (RGBl. 306); PrLandesG. v. 28. VIII. 05 (GS. 373); KrankVG. § 57.

1. Das ReichsG. betr. die Bekämpfung gemeingefährlicher Krankheiten v. 30. VI. 00 (§ 14) und das PrLandesG. betr. die Bekämpfung übertragbarer Krankheiten v. 28. VIII. 05 (§ 8 1 u. 8) ermächtigen die Ortspolizeibehörde, unter näher bestimmten Voraussetzungen die an derartigen Krankheiten erkrankten Personen abzusondern oder sie auch einem Krankenhause zu überweisen. Maßgebend für eine so weitgehende polizeiliche Ermächtigung war die Absicht, hierdurch die Möglichkeit zur Verhinderung einer weiteren Verbreitung der Krankheiten zu bieten. Deshalb wurde bei der Beratung des Reichsgesetzes beantragt, die Kosten der im öffentlichen Interesse erzwungenen polizeilichen Absonderung oder Ueberführung in ein Krankenhaus allgemein auf öffentliche Fonds zu übernehmen. Hieran wurde aber nicht festgehalten, nachdem einer Entlastung der zur Kostentragung fähigen Personen deshalb widersprochen worden war, weil die polizeiliche Abwehrmaßregel nicht bloß dem allgemeinen Interesse, sondern auch dem Nutzen und dem Schutze des Kranken diene. Das Gesetz eröffnet einen Entschädigungsanspruch nur wegen Beschränkung in der Wahl der Aufenthalts- und der Betriebsstätte und wegen Absonderung, sofern die betreffende Person erwerbsfähig war und der Invalidenversicherung unterlag, und außerdem nur noch wegen Beschädigung von Gegenständen bei der polizeilich angeordneten oder überwachten Desinfektion (§§ 28 ff.).

2. Auf demselben Standpunkte steht das Landesgesetz. Ein Antrag, die Kosten der polizeilich angeordneten Absonderung allgemein auf öffentliche Fonds zu übernehmen, fand keine Billigung (vgl. KommB. des AH. 1904/05 Anl. 5 Nr. 207 S. 2826ff., 2835, 6 Nr. 555 S. 3587). Die Kosten der Absonderung werden auf öffentliche Fonds nur dann übernommen, wenn die abgesonderten Personen während der Dauer der Absonderung nicht in einer ihre Arbeitsfähigkeit beeinträchtigenden Weise erkranken, und wenn der Zahlungspflichtige nach Feststellung der Polizeibehörde die Kosten ohne Beeinträchtigung des für ihn und seine Familie notwendigen Unterhaltes nicht zu tragen vermag (§ 26).

3. Nach beiden Gesetzen haben demnach grundsätzlich die Kranken oder die zu ihrem Unterhalte Verpflichteten die Kosten der polizeilich angeordneten Krankenhauspflege selbst zu tragen. Nur soweit sie hierzu außerstande sind, werden die Kosten auf öffentliche Fonds übernommen. Verpflichtet ist hierzu die Gemeinde; sie hat die zur Bekämpfung der gemeingefährlichen und übertragbaren Krankheiten erforderlichen Einrichtungen zu treffen und zu unterhalten (§ 23 ReichsG., § 29 LandesG.). Zu den Einrichtungen gehören insbesondere die Krankenhäuser. Der polizeilich angeordneten Ueberführung eines Kranken in den gesetzlich vorgesehenen Fällen darf die Gemeinde sich auch nicht deshalb entziehen, weil der erforderliche Kostenbetrag der Krankenhauspflege von dem Kranken nicht alsbald zur Verfügung gestellt wird oder wegen Mangels bereiter Mittel nicht zur Verfügung gestellt werden kann. Die Gemeinde muß die Krankenhauspflege vorbehaltlich ihres Rückgriffs an den Kranken oder an den zu seiner Unterhaltung Verpflichteten gewähren.

4. Der die Ersatzverpflichtung der Krankenkassen gegenüber den Armenverbänden regelnde § 57 KrankVG. bleibt demnach außer Anwendung.

Nr. 31. Entsch. v. 3. Jan. 1907 — III 10.

KrankVG. § 57a.

Nach § 57a KrankVG. erhält die Kasse für die Arzneien, Heilmittel und die ärztliche Behandlung der ihr von anderen Kassen überwiesenen Kranken die Hälfte des Krankengeldes, sofern nicht höhere Aufwendungen nachgewiesen sind. Als Aufwendung kommt nach allgemeinen Grundsätzen und weil das Gesetz nicht ein anderes bestimmt, jede Ausgabe in Betracht, mit der eine an sich notwendige Leistung angemessen vergütet wird. In Ermangelung einer entsprechenden Vorschrift besteht für die Kassen auch keine Nötigung, mit Apothekern, Aerzten oder anderen Personen zugunsten der ihr von anderen Kassen überwiesenen Kranken ihre Ablohnung unter Sätzen zu vereinbaren, die ihnen angemessen zu bewilligen sind. Die Kassen dürfen hierauf Bedacht nehmen. Wenn es aber nicht geschieht, folgt daraus nicht, daß sie das, was sie angemessen für Arzneien, Heilmittel und ärztliche Behandlung bewilligen müssen, zu dem über das halbe Krankengeld hinausgehenden Betrag aus eigenen Mitteln unter Ausschluß des Rückgriffs an diejenige Kasse, die ihr die Gewährung der Krankenunterstützung aufgetragen hat, zu tragen haben. Es kommt insbesondere auch nicht darauf an, ob die Apotheker, Aerzte und die sonst für die Lieferung von Heilmitteln in Betracht kommenden Personen zur Bewilligung einer Ermäßigung ihrer berechtigten Forderung sich auf gehörige Einwirkung seitens der beauftragten Kasse hätten bereit finden lassen.

Nr. 32. Entsch. v. 19. Febr. 1906 (OVG. 49 327) III C 160/05.

KrankVG. § 75.

1. Die Mitglieder einer freien, den Anforderungen des § 75 KrankVG. entsprechenden Hilfskasse sind berechtigt, der auf Grund ihrer Beschäftigung

für sie in Betracht kommenden Krankenkasse als Zwangsmitglieder anzugehören (Entsch. des BayerVerwGHf. v. 6. VI. 95; Reger 16 167; Hoffmann, KrankVG., Anm. 3 zu § 75; Hahn[4], Anm. 1 g ff. zu § 75). Es handelt sich dabei nicht um nichtversicherungspflichtige Personen, sondern vielmehr um Personen, welche als Mitglieder einer freien Hilfskasse zwar von der Verpflichtung, der Zwangskasse anzugehören, befreit sind, nach wie vor aber dem Versicherungszwange unterliegen und nur befugt, keineswegs aber gesetzlich verpflichtet sind, ihre Befreiung von dem Kassenzwange geltend zu machen. Verzichten sie auf die Geltendmachung ihrer Mitgliedschaft bei der Hilfskasse, so werden sie, wie jeder andere Arbeitnehmer, auf Grund ihrer versicherungspflichtigen Beschäftigung Mitglieder der Zwangskasse. Es besteht also nach den Vorschriften des KrankVG. ein wesentlicher Unterschied zwischen ihnen und solchen Personen, welche nicht auf Grund einer versicherungspflichtigen Beschäftigung, sondern, obwohl sie der Versicherungspflicht nicht unterliegen, lediglich zufolge der vom KrankVG. in den §§ 4 Abs. 2—4, 19 Abs. 3 und 6, 63 Abs. 2 und 4 und 72 Abs. 3 für nichtversicherungspflichtige Personen getroffenen besonderen Vorschriften der Kasse als freiwillige Mitglieder beitreten.

2. Gleichgültig ist es, ob die versicherungspflichtigen Mitglieder der Zwangskasse gegenüber von ihrem Beitrittsrecht alsbald nach dem Eintritt in die versicherungspflichtige Beschäftigung bei einem Arbeitgeber oder später erst während der Dauer dieser Beschäftigung Gebrauch machen. In dem einen wie in dem anderen Falle gilt der Grundsatz, daß der Arbeitnehmer die Mitgliedschaft bei der Krankenkasse zwar dann nicht mehr erwerben kann, wenn er derartig erkrankt ist, daß er ernstliche Arbeit überhaupt nicht mehr zu leisten vermag, daß er aber durch Leistung wirklicher Arbeit auch dann Mitglied der Kasse wird, wenn er die Arbeit im Interesse seiner Gesundheit hätte unterlassen sollen. Irgendein Grund, die dargelegten Regeln, welche zum Beispiel auch dann gelten, wenn ein Arbeitnehmer in bereits erkranktem Zustand aus einer nichtversicherungspflichtigen Beschäftigung (zB. in der Landwirtschaft) in eine versicherungspflichtige übergeht, für den Fall der nachträglichen Anmeldung eines Hilfskassenmitglieds bei der Zwangskasse nicht anzuwenden, ist nicht ersichtlich.

Nr. 33. Entsch. v. 6. April 1905 (PrVerwBl. 27 645) III 665.

KrankVG. §§ 58 Abs. 2, 85 Abs. 2.

1. Die Innungskrankenkassen sind nicht selbständige Rechtssubjekte, sondern Einrichtungen der Innungen und werden regelmäßig durch den Innungsvorstand gesetzlich vertreten. Nach § 85 Abs. 2 GewO. ist aber über die Einnahmen und Ausgaben der von der Innung errichteten Krankenkasse getrennt Rechnung zu führen und das hierfür bestimmte Vermögen gesondert von dem übrigen Innungsvermögen zu verwalten. Daraus folgt, daß bei Erhebung von Klagen ersichtlich gemacht werden muß, ob der Anspruch des Klägers sich gegen die Innung als solche oder gegen die von ihr geschaffene Krankenkasseneinrichtung richtet, und hier bietet sich als geeignete Bezeichnung von selbst der von dem Krankenkassengesetze gebrauchte Ausdruck „Innungskrankenkasse" dar (§ 73 KrankVG.). Die Bezeichnung der klagenden oder beklagten Kasse als Innungskrankenkasse unter Beifügung des Namens der Innung, die sie errichtet hat, ist dann im Verwaltungsstreitverfahren auch in täglicher Uebung und von dem OVG. ebenfalls regelmäßig angewendet worden.

2. Der § 58 Abs. 2 KrankVG. überweist dem Verwaltungsstreitverfahren Streitigkeiten über den Ersatz irrtümlich geleisteter Unterstützungen „zwischen Gemeindekrankenversicherungen und Krankenkassen". Aus dieser Ausdrucksweise kann aber nicht gefolgert werden, daß das Verwaltungsstreitverfahren

gesetzlich dann nicht gegeben sei, wenn solche Streitigkeiten zwischen zwei Krankenkassen entstehen, sondern nur dann, wenn auf der einen Seite eine Gemeindekrankenversicherung, auf der anderen Seite eine Krankenkasse stehe.

Nr. 34. Entsch. v. 7. Jan. 1907 (OVG. 50 404) III C 231/06.

KrankVG. §§ 76a u. e.

Die Bestimmungen der §§ 76a und e KrankVG. sind durch die Nov. v. 10. IV. 92 in das KrankVG. eingefügt worden. Nach ihnen sind u. a. die Vorstände der Krankenkassen verpflichtet, den Berufsgenossenschaften zu gestatten, zu dem dort angegebenen Zwecke durch Beauftragte von den Büchern und Listen der Kasse in deren Geschäftsräumen während der Geschäftsstunden Einsicht zu nehmen — § 76a Abs. 2 —, und es ist die Aufsichtsbehörde befugt, die Mitglieder der Kassenvorstände zur Erfüllung dieser Pflicht durch Geldstrafen bis zu 20 ℳ anzuhalten — § 76a Abs. 3 —. Gegen die getroffenen Strafverfügungen ist binnen zwei Wochen nach deren Eröffnung die Beschwerde an die der Aufsichtsbehörde nächst vorgesetzte Behörde zulässig; die Entscheidung der letzteren ist endgültig — § 76e Abs. 2 —.

Nr. 35. Entsch. v. 3. Jan. 1907 (OVG. 50 393) III C 159/06.

KrankVG. §§ 6 Abs. 2, 78a Abs. 2; ZPO. §§ 199f.

1. Die nach Wochen bestimmte Unterstützungsfrist endigt gemäß § 78a Abs. 2 KrankVG. mit dem Ablaufe des Tages der letzten Woche, der durch seine Benennung dem Tage entspricht, an welchem die Frist begonnen hat.

2. Hat die Erwerbsunfähigkeit nicht früher aufgehört, so ist das Krankengeld für 26 Wochen und einen Tag zu gewähren.

3. Allerdings regelt der § 78a KrankVG., den §§ 199ff. der damals geltenden ZPO. entsprechend, die Art der Berechnung der im KrankVG. vorgesehenen Fristen. Für die §§ 199f. bedeutete aber „Frist" einen Zeitraum, innerhalb dessen eine Rechtshandlung vorzunehmen, und nicht einen Zeitraum, während dessen fortgesetzt eine gewisse Leistung zu erfüllen ist. Daß das Wort „Frist" im § 78a in dem die Zeiträume beiderlei Art umfassenden Sinne gemeint ist, muß indes seinem letzten Absatze entnommen werden.

Nr. 36. Entsch. v. 20. Febr. 1905 (OVG. 47 367) III B 117/04.

GewUnfVG. v. 5. VII. 00 (RGBl. 585) §§ 8, 15, 38.

Die Trägerin der Verpflichtung zu allen nach dem GewUnfVG. in der Fassung v. 5. VII. 00 in Betracht kommenden Entschädigungen und also auch zur Zahlung des Sterbegeldes ist die Berufsgenossenschaft (§ 38 in Verbindung mit §§ 8, 15). Ihr ist die Einrichtung örtlich abgegrenzter Sektionen mit besonderen Vorständen gestattet und zwar nicht bloß zu dem Zwecke, um ihnen gewisse Befugnisse der Genossenschaft zur Ausübung zu übertragen, sondern auch zu dem Zwecke, um die Mitglieder in den Sektionen zur Aufbringung eines Teiles — bis zu höchstens 75% — der Entschädigungsbeträge für die im Sektionsbezirk eingetretenen Unfälle verpflichten zu können (§§ 38, 50). Mit der Rechtspersönlichkeit ausgestattet ist jedoch lediglich die Berufsgenossenschaft, und sie allein ist auch als diejenige bezeichnet, die vor Gericht klagen und verklagt werden kann (§ 28 Abs. 5). Den Sektionen ist die Rechtspersönlichkeit nicht beigelegt, und nach ihrer Eigenart als Verwaltungseinrichtungen der Berufsgenossenschaft konnte für sie die Verleihung der Rechtspersönlichkeit füglich ebensowenig in Frage kommen.

wie ihre Legitimation, vor Gericht zu klagen oder verklagt zu werden (OVG. 6. VII. 04 — III 806, ArbVers. 21 578).

Nr. 37. Entsch. v. 5. März 1906 (OVG. 50 412) III C 227/05.

GewUnfVG. §§ 25 f.

Die Verwaltungsgerichte sind zuständig zur Entscheidung über Ueberweisung nicht nur künftig fällig werdender, sondern auch angesammelter rückständiger Rentenbeträge (GewUnfVG. §§ 25 f.), mag die Klage auch gegen die Erben des Rentenberechtigten gerichtet sein. Die nach dem Tode des Rentenempfängers festgestellte Rente gehört zu seinem Nachlasse, dem sie ohne Zustimmung seiner Erben behufs Befriedigung der Krankenkasse nicht entzogen werden darf.

Nr. 38. Entsch. v. 21. Febr. 1907 (OVG. 50 415) III C 217/06.

GewUnfVG. § 25; BGB. § 196.

Die Ersatzansprüche der im § 25 GewUnfVG. benannten Kassen, Gemeinden und Armenverbände, die den verunglückten Arbeitern usw. Unterstützung gewährt haben, verjähren in 30 Jahren; der § 196[11] BGB. findet keine Anwendung.

Nr. 39. Entsch. v. 19. Sept. 1907 (OVG. 51 356) III C 73/07.

Der § 25 Abs. 1 GewUnfVG. v. 5. VII. 00 läßt die Verpflichtung der Krankenkasse, ihren von Unfällen betroffenen Mitgliedern die statutenmäßige Unterstützung zu gewähren, unberührt. Wiewohl vom Beginne der vierzehnten Woche (§ 9) die Berufsgenossenschaft die endgültige Fürsorge zu übernehmen hat, ist die Krankenkasse nicht berechtigt, von da ab ihre statutenmäßige Unterstützung einzustellen, selbst wenn die Berufsgenossenschaft eingetreten ist. Da die Heilbehandlung nur einmal geleistet werden kann, so ist diese von der Krankenkasse allerdings nicht zu gewähren, wohl aber, vorbehaltlich des ihr nach § 25 Abs. 4 f. zustehenden Ersatzanspruchs, das Krankengeld. Die Kürzung des Krankengeldes um den Betrag des Ersatzanspruchs ist nicht zulässig.

Nr. 40. Entsch. v. 23. Nov. 1905 (OVG. 48 357) III C 153/05.

GewUnfVG. §§ 22, 25 Abs. 1; InvVG. § 49.

1. Die Rechtslage auf Grund der §§ 25 ff. GewUnfVG. in seiner neuen Fassung ist gegenüber den Vorschriften im G. v. 6. VII. 84 eine andere geworden; die Kassen und Armenverbände sind nunmehr wegen ihres Ersatzes auf den während der Dauer ihrer Unterstützung bestehenden Entschädigungsanspruch grundsätzlich nicht mehr verwiesen. Das Bestehen eines Entschädigungsanspruchs während der Dauer ihrer Unterstützung ist zwar die unerläßliche Voraussetzung ihrer Ersatzberechtigung, aber sie dürfen, soweit das Gesetz in seiner neuen Fassung dem sonst nicht entgegensteht, den Ersatz auch aus dem nach Beendigung ihrer Unterstützung zur Entstehung gelangenden Entschädigungsanspruche begehren. Daß dies der Sinn des Gesetzes sein soll, ist in der Begründung zu §§ 49 ff. InvVG. in der Fassung des G. v. 13. VII. 99 (RGBl. 463) rücksichtlich der vorübergehenden Unterstützung zum zweifelsfreien Ausdrucke gebracht und der Wortlaut der §§ 49 ff. wie des ihm nachgebildeten § 25 läßt es auch klar erkennen.

2. Soweit es sich um eine vorübergehende Unterstützung der Kassen und Armenverbände handelt, darf gegenwärtig der nach der Beendigung der Unter-

stützung entstehende Entschädigungsanspruch und demgemäß auch die später fällige Unfallrente bis zur Höhe von drei halben Monatsraten in Anspruch genommen werden, gleichviel ob die Zahlung der Unfallrente während der Dauer der Unterstützung ruhte oder ob es nicht der Fall war. Daß dies rücksichtlich der fortlaufenden Unterstützung ebenfalls gelten soll, ist in der Begründung zu § 49 InvVG. freilich nicht ausdrücklich bemerkt.

3. Was im Sinne des Gesetzes unstatthaft ist, betrifft lediglich die Inanspruchnahme der Rente über die Hälfte hinaus.

Nr. 41. Entsch. v. 26. Okt. 1905 (OVG. 48 351) III C 131/05.

GewUnfVG. §§ 9, 25.

Für die Berufsgenossenschaft ist die Pflicht zum Schadensersatze nach § 9 nicht nur dann begründet, wenn die nach dem Unfall eingetretene Krankheit oder Beschränkung der Erwerbsfähigkeit nachweisbar eine unmittelbare oder ausschließliche Folge des Unfalls ist. Sie besteht, wie in der Rechtsprechung des Reichsversicherungsamtes zutreffend anerkannt worden ist (vgl. Handbuch zur Unfallversicherung² S. 147), auch dann, wenn die bei dem Unfall erlittene Verletzung nicht die alleinige Ursache der Erkrankung, der Beschränkung der Erwerbsfähigkeit oder der Tötung ist, sofern sie nur hierfür als eine von mehreren zusammenwirkenden Ursachen erheblich ins Gewicht fällt. Der Anspruch auf Entschädigung ist deshalb sowohl dann gerechtfertigt, wenn die Folgen des Unfalls für ein schon bestehendes Leiden sich in wesentlich erhöhtem Maße fühlbar machen, oder wenn sie den Eintritt oder den Grad der Erwerbsunfähigkeit wesentlich beeinflussen, wie auch dann, wenn die durch den Unfall herbeigeführte Verletzung infolge des Hinzutretens anderer Schädlichkeiten nachteilig auf den Gesundheitsstand oder die Erwerbsfähigkeit einwirkt.

Nr. 42. Entsch. v. 9. Nov. 1905 (OVG. 48 354) III C 90/05.

GewUnfVG. v. 5. VII. 00 (RGBl. 641) §§ 25 Abs. 1, 27, 29 Abs. 2.

1. Es handelt sich um eine Streitigkeit über einen Unterstützungsanspruch des Verletzten gegen die Gemeinde im Sinne des § 29 Abs. 1 LwUnfVG. v. 5. VII. 00. Das OVG. spricht aus: „Bei der Beurteilung des materiellen Rechtsverhältnisses ist davon auszugehen, daß der Verletzte, soweit er einen nach § 2⁶ KrankVG. statutarisch begründeten Anspruch auf die im § 6¹ angeführten Leistungen hat und diese Leistungen ihm nicht von der statutarisch verpflichteten Kasse gewährt werden, einen im Verwaltungsstreitverfahren verfolgbaren Anspruch von gleichem Umfange gegen die Gemeinde hat, vorbehaltlich des ebenfalls im Verwaltungsstreitverfahren verfolgbaren Ersatzanspruchs der Gemeinde gegen die statutarisch verpflichtete Kasse“ (vgl. OVG. 7. I. 04 45 380).

2. Im § 10 LwUnfVG. v. 5. V. 86 (RGBl. 132) standen die Worte: „auf Grund landesgesetzlicher Bestimmungen oder auf Grund der Krankenversicherung“.

Die Aenderung des Wortlauts dieser Bestimmung, wie sie im LwUnfVG. § 27 Abs. 1 in seiner jetzigen Fassung wiedergegeben ist, hat auf Grund eines Antrags der zur Vorberatung der Nov. v. 5. VII. 00 eingesetzten Reichstagskommission stattgefunden; der von dieser Kommission erstattete Bericht (Nr. 703b der Drucks. RT. 37) läßt erkennen, daß mit jener Aenderung keineswegs beabsichtigt gewesen ist, eine Aenderung des bisherigen Rechtszustandes in bezug auf die durch eine statutarische Krankenversicherung begründeten Ansprüche herbeizuführen. Der hiernach dem Verletzten gegen die Gemeinde zustehende und im Verwaltungsstreitverfahren verfolgbare Anspruch ist für den Fall einer statutarischen Krankenversicherung allerdings davon abhängig gemacht, daß die streitigen Leistungen nicht von der statutarisch verpflichteten Kasse erfüllt werden.

Nr. 43. Entsch. v. 22. Okt. 1906 (OVG. 49 355) III C 209/06.

KrankVG. §§ 21 Abs. 1², 64; GewUnfVG. §§ 11 Abs. 1, 25 Abs. 3.

1. Nach § 21 Abs. 1² KrankVG. ist „eine Erhöhung und Erweiterung der Ortskrankenkassen" insbesondere auch dahin zulässig, daß das Krankengeld" auf einen höheren Betrag und zwar bis zu drei Viertel des durchschnittlichen Tagelohnes (§ 20) festgesetzt werden" kann. Dasselbe gilt nach § 64 unter anderem auch für die Betriebskrankenkassen. Beabsichtigte der Gesetzgeber also, die im § 11 Abs. 1 und § 25 Abs. 3 GewUnfVG. geregelten Ersatzansprüche nach gleichen Grundsätzen und nicht nach dem zufälligen Umstande zu bemessen, ob und in welchem Maße die einzelne in Frage stehende Kasse von der ihr im § 21 KrankVG. erteilten Ermächtigung zur Erhöhung des Krankengeldes Gebrauch gemacht hatte, so mußte er eine Bestimmung dahin treffen, daß bei den Ersatzansprüchen gleichmäßig die nach § 21 des Gesetzes möglichen Mehrleistungen außer Betracht zu bleiben hätten (vgl. auch § 7 Abs. 2 das.). Da im § 21 Abs. 1 von einer Erhöhung und Erweiterung der Leistungen der Ortskrankenkassen die Rede ist, im § 20 aber von den Leistungen, die die Ortskrankenkassen mindestens gewähren sollen, so bot sich dem Gesetzgeber, wenn er die Ersatzansprüche lediglich nach der Höhe des im § 20 bestimmten Krankengeldes bemessen wissen wollte, ohne weiteres der Ausdruck „gesetzlicher Mindestbeitrag des Krankengeldes" dar. In diesem Sinne ist denn auch der Ausdruck, der sich bereits im § 57 KrankVG. findet, in Theorie und Praxis übereinstimmend verstanden und ausgelegt worden (von Woedtke, KrankVG.⁴, 363 Anm. 10 zu § 57; Hahn³, 286 Anm. 5a zu § 57; ArbVers. 21 272). Insbesondere ist dies auch von dem OVG. in gleichmäßiger Rechtsprechung geschehen.

2. Nach der ausdrücklichen Bestimmung des § 20 Abs. 1¹ KrankVG. tritt für die Bemessung der von den Ortskrankenkassen mindestens zu gewährenden Krankenunterstützung „der durchschnittliche Tagelohn derjenigen Klassen der Versicherten, für welche die Kasse errichtet wird, soweit er 4 ℳ für den Arbeitstag nicht überschreitet, an die Stelle des ortsüblichen Tagelohns gewöhnlicher Tagearbeiter".

Nr. 44. Entsch. v. 28. Juni 1906 (OVG. 49 336) III C 58/06.

GewUnfVG. v. 5. VII. 00 (RGBl. 573) §§ 25 ff.

1. Klagt die Ortskrankenkasse gegen die Berufsgenossenschaft auf Ersatz für geleistete Unterstützungen durch Ueberweisung von Rentenbeträgen, so braucht der Rentenempfänger nicht mit belangt zu werden, wenn er vorher sich ausreichend einverstanden erklärt hat, daß der Ortskrankenkasse der betr. Betrag erstattet werde.

2. Bei vorübergehenden Unterstützungen kann, auch wenn sie weniger als 3 Monate dauern, Ersatz in der Höhe von drei halben Monatsbeträgen der Rente in Anspruch genommen werden, wenn die Unterstützung soviel betragen hat. Die in der OVG. 30. I. 04 45 369 ausgesprochenen Rechtsgrundsätze werden aufrecht erhalten (ebenso Erk. v. 9. I. 05 — ArbVers. 22 274).

Nr. 45. Entsch. v. 7. Juli 1906 (OVG. 49 343) III C 80/05.

GewUnfVG. §§ 9, 25 ff.

1. Es ist anzunehmen, daß die Krankenkassen, deren Unterstützungen grundsätzlich als „vorübergehende" im Sinne des § 25 GewUnfVG. anzu-

sehen sind (OVG. 30. I. 04 45 369) und für die mithin die Vorschriften des Abs. 5 daselbst nicht Platz greifen können, nicht berechtigt sind, für die Kosten des Heilverfahrens Ersatz durch Ueberweisung von Rentenbeträgen zu fordern. Zu demselben Ergebnisse gelangt der Großherzoglich Hess. VerwGHf. in seinem in der ArbVers. 21 474 veröffentlichten Erk. v. 7. V. 04 und wie das RVA. in seiner Entsch. v. 6. I. 06 (ArbVers. 23 243).

2. Beansprucht die Krankenkasse Ersatz durch Barzahlung unter Bezugnahme auf § 9 Abs. 1[1] und nicht durch Ueberweisung von Rentenbeträgen nach §§ 25ff., so findet der ordentliche Rechtsweg statt.

3. Hat die Krankenkasse für einen Unfallverletzten Ersatz durch Ueberweisung von drei halben Monatsbeträgen der Unfallrente erhalten und tritt nach Beendigung der ersten Unterstützung ein zweiter neuer Unterstützungsfall ein, der mit dem Betriebsunfall ebenfalls ursächlich zusammenhängt (OVG. 23. VI. 04 46 370 und 10. X. 89 18 355), so entsteht für die unterstützende Kasse ein neuer Anspruch auf drei halbe Monatsraten als Ersatz für das von ihr gezahlte Krankengeld.

4. Wenn das Verhalten des Rentenempfängers nicht von der Zuziehung zum Verfahren befreit (OVG. 49 336), ist er als Partei zu behandeln.

Nr. 46. Entsch. v. 7. Juli 1906 (OVG. 49 350) III C 24/06.

GewUnfVG. §§ 25ff.

1. Das OVG. 30. I. 04 45 369 beurteilt die Unterstützung der auf Grund des KrankVG. errichteten Krankenkassen als eine vorübergehende im Sinne des § 25 GewUnfVG., weil ihre Unterstützungspflicht über den gesetzlich oder statutarisch bemessenen Zeitraum nicht hinausgeht. Im übrigen ist dafür, ob die Unterstützung eine vorübergehende oder fortlaufende ist, als entscheidend erachtet, ob sie den Umständen nach nur für absehbare Zeit und also nur vorübergehend notwendig ist oder ob sich der Zeitpunkt ihres Wegfalls nicht absehen läßt. Mit dem Wortlaut und auch mit der Begründung zu den §§ 49f. InvVG. v. 13. VII. 99, die für die Fassung der §§ 25f. GewUnfVG. vorbildlich gewesen sind, läßt sich die Auslegung nicht vereinbaren, daß für eine vorübergehende Unterstützung, die weniger als 3 Monate gedauert hat, Ersatz nur bis zur Höhe der auf die Unterstützungszeit entfallenden halben Rente zu gewähren ist.

2. Als vorübergehende Unterstützung ist die zeitlich beschränkte Krankenunterstützung derjenigen Mitglieder des Knappschaftsvereins anzusehen, die auf eine Berginvalidenrente oder auf eine Berginvalidenunterstützung keinen Anspruch haben. Dagegen gilt der Anspruch auf Gewährung freier Kur und Arznei nebst Heilmitteln vom Eintritte der Erkrankung bis zur Wiederherstellung, weil er im voraus zeitlich nicht beschränkt ist, als fortlaufende Unterstützung. Dasselbe gilt bezüglich des Anspruchs auf Gewährung einer fortlaufenden baren Unterstützung vom Eintritte der Arbeitsunfähigkeit bis zur Wiedererlangung der Arbeitsfähigkeit. Daß die in Geld zu gewährende Unterstützung dem Betrage nach während der Dauer der Arbeitsunfähigkeit wechselt und daß hierfür insbesondere die Rücksicht auf eine die Arbeitsunfähigkeit bedingende Erkrankung bestimmend ist, vermag die Zerlegung der ihrem Wesen nach einheitlichen Unterstützung in mehrere Unterstützungen nicht zu rechtfertigen. Unerheblich ist auch, daß für die Gewährung der auf der Arbeitsunfähigkeit beruhenden Unterstützung beim Knappschaftsverein verschiedene Kasseneinrichtungen vorgesehen sind. Auch wenn der Ersatz der Aufwendung von Krankengeld für die vom Eintritte der Arbeitsunfähigkeit ab zum Bezuge von Invalidenunterstützung berechtigten Mitglieder an die Krankenkasse nicht vorgesehen worden wäre, käme doch als Träger der Versicherung der

Knappschaftsverein in Betracht. Und daß er den zum Bezuge von Invalidenunterstützung berechtigten Mitgliedern für eine gewisse Dauer der Krankheit Krankengeld gewährt, hat seinen Grund offenbar in der Vorschrift des § 74 KrankVG. Gesetzlich stand dem nichts entgegen, daß im Statute statt des Krankengeldes eine Invalidenunterstützung in Höhe des gesetzlichen Mindestbetrags des Krankengeldes gemäß § 74 Abs. 2 an die zum Bezuge von Invalidenunterstützung berechtigten Mitglieder vorgesehen wurde.

Nr. 47. Entsch. v. 13. April 1905 (OVG. 47 370) III C 199/04.

LwUnfVG. 5. VII. 00 §§ 27 f., 65 (RGBl. 641).

1. Nach § 27 Abs. 1 Satz 1 LwUnfVG. v. 5. VII. 00 sind während der ersten 13 Wochen nach dem Unfall eines Arbeiters diesem die Kosten des Heilverfahrens in dem im § 6 Abs. 1 [1] KrankVG. bezeichneten Umfange von derjenigen Gemeinde zu gewähren, in deren Bezirke der Verletzte beschäftigt war. Nach Abs. 2 ebenda hat für außerhalb des im Abs. 1 genannten Gemeindebezirkes wohnhafte Arbeiter die Gemeinde ihres Wohnorts die gleichen Leistungen unter Vorbehalt des Anspruchs auf Ersatz der aufgewendeten Kosten zu übernehmen. Darüber, welcher Ort für solche Arbeiter, die zur Beschäftigung an wechselnden, in verschiedenen Gemeindebezirken belegenen Orten angenommen werden, als Beschäftigungsort anzusehen ist, trifft der § 28 die nachstehenden Bestimmungen:

„Als Beschäftigungsort im Sinne dieses Gesetzes gilt für Personen, welche in der Land- oder Forstwirtschaft zur Beschäftigung an wechselnden, in verschiedenen Gemeindebezirken belegenen Orten angenommen sind, der Sitz des Betriebs (§ 65).

Der § 65 Abs. 3 findet keine Anwendung auf die Bestimmung derjenigen Gemeinde, welche nach § 27 die Kosten des Heilverfahrens zu gewähren hat."

Hiernach muß, wie dem Hinweise im Abs. 1 zu entnehmen ist, die Frage, wo sich der Sitz eines land- oder forstwirtschaftlichen Betriebs befindet, nach dem § 65 beantwortet werden.

2. Es unterliegt nun nach den Materialien keinem Zweifel, daß durch den § 28 Abs. 2 die gesetzliche Fiktion des § 65 Abs. 3 mit der Wirkung hat beseitigt werden sollen und beseitigt worden ist, daß fortan die Gemeinde, in deren Bezirke sich der Unfall ereignet hat, für die Kosten des Heilverfahrens in der 13wöchigen Karenzzeit aufzukommen hat (von Woedtke-Radtke, LwUnfVG.[2], Anm. 2 zu § 28, und Piloty, UnfVG., Anm. zu § 28 aaO).

Nr. 48. Entsch. v. 28. Sept. 1905 (OVG. 47 380) III C 121/04.

InvVG. § 49.

Der Ersatzanspruch, den Armenverbände und Gemeinden gemäß § 49 InvVG. haben, ist nicht davon abhängig, daß Unterstützung und Rente auf demselben Leistungsgrunde beruhen. Abweichend von der Ueberweisung von Unfallrente (OVG. 23. VI. 04 46 370) verlangt das InvVG. für die Ueberweisung von Invaliden- und Altersrente nicht die Einheitlichkeit des Leistungsgrundes zwischen Unterstützung und Rente (Gerhard und Düttmann, InvVG.[2] 354 zu § 49 aaO.; Rosin, Das Recht der Arbeiterversicherung, 2. InvVG. 1058). So wie der Gesetzgeber die Frage, wann eine Person als invalide und rentenberechtigt zu erachten ist, gelöst hat, kann die Frage nach der Einheit des Leistungsgrundes überhaupt nicht gestellt werden; denn das Gesetz setzt für die Anerkennung der Invalidität eine bestimmte

Ursache ihres Eintretens nicht voraus, sondern läßt den vorhandenen Zustand allein entscheiden. Es muß als im Wesen des InvVG. und seiner Bestimmungen liegend erachtet werden, daß gerade so, wie bei der Gewährung der Rente nach einem bestimmten Grunde der Invalidität nicht gefragt wird — bei der gleichartig zu behandelnden Altersrente ist nicht einmal erweisliche Erwerbsunfähigkeit erforderlich —, die Frage nach dem Grunde der von einer Gemeinde oder einem Armenverband an hilfsbedürftige Rentenempfänger gewährten Unterstützung für den Anspruch auf Ueberweisung von Rentenbeträgen bedeutungslos ist.

Nr. 49. Entsch. v. 1. Mai 1905 (OVG. 47 378) III B 141/04.

InvVG. §§ 49 f.

Ist von einem Armenverbande eine hilfsbedürftige Person unterstützt worden, der eine Invalidenrente zusteht und die den Anspruch auf Rente an den Armenverband schriftlich abgetreten hat, und macht der Armenverband diesen Anspruch gegen die Landesversicherungsanstalt im Wege der Klage geltend, so ist das Verwaltungsgericht dafür nicht zuständig. Der § 50 Abs. 3 InvVG. ist nur anwendbar und das Verwaltungsstreitverfahren gegeben, wenn der Streit solche Ansprüche auf Ueberweisung von Entschädigungsbeträgen betrifft, die auf § 49 beruhen.

Nr. 50. Entsch. v. 20. Febr. 1905 (OVG. 47 375) III C 68/04.

InvVG. §§ 16, 48 ff.

1. Es ist in dem OVG. 17. XII. 03 (46 376 und ArbVers. 21 277) ausgesprochen, daß bei der Anwendung des § 49 Abs. 2 InvVG. diejenige öffentliche Armenunterstützung, welche einem von dem Rentenberechtigten abhängigen hilfsbedürftigen Familienmitgliede geleistet ist, grundsätzlich mitberücksichtigt werden muß.

2. Nach § 48 Abs. 1 Ziff. 3 ruht das Recht auf Bezug der Rente, solange der Berechtigte eine die Dauer von einem Monat übersteigende Freiheitsstrafe verbüßt. Nach Abs. 2 ist in diesem Falle, wenn der Rentenberechtigte eine im Inlande wohnende Familie besitzt, deren Unterhalt er bisher aus seinem Arbeitsverdienste bestritten hat, dieser die Rente zu überweisen.

3. Der § 48 Abs. 2 gewährt für die Zeit der Strafverbüßung (§ 48 Abs. 1 Ziff. 3) der Familie auf die dem Versicherten bewilligte Rente ein festes Recht. Nach dem Wortlaute des § 48 Abs. 2 ist „die Rente“, also diese selbst, zu überweisen und nicht nur eine Angehörigenunterstützung oder etwas dieser begrifflich Aehnliches zu gewähren. Es handelt sich um ein Recht der Familie auf den Rentenbezug, welches ihr als ein selbständiger Anspruch zusteht. Weil aber ferner im § 49 Abs. 2 lediglich „ein Anspruch auf Invaliden- oder Altersrente“ vorausgesetzt, eine Unterscheidung zwischen dem Rentenbezugsrechte des Versicherten selbst und dem seiner Familie dagegen nicht gemacht wird, muß auch der der Familie des Versicherten aus § 48 Abs. 2 erwachsende Rentenbezugsanspruch als von der Bestimmung des § 49 Abs. 2 mit ergriffen betrachtet werden. Daraus folgt, daß auch in den Fällen, in denen ein auf § 48 Abs. 2 beruhender Anspruch mit Armenunterstützung derselben Person zusammentrifft, die im § 49 daselbst über den Umfang und im § 50 über die Geltendmachung von Ersatzansprüchen gegebenen Vorschriften anzuwenden sind.

Nr. 51. Entsch. v. 7. Juli 1906 (OVG. 49 358) III C 23/06.

InvVG. v. 13. VII. 99 §§ 49 ff.

1. Der Anspruch auf Ueberweisung von Invalidenrente gemäß §§ 49 ff. G. v. 13. VII. 99 kann auf einen privatrechtlichen Abtretungsvertrag nicht gestützt werden.

2. Der Armenverband darf für die dem Rentenempfänger gewährte Unterstützung nur so weit Ersatz aus der Invalidenrente fordern, als sein Kostenaufwand durch die Arbeitsleistung des Unterstützten nicht bereits gedeckt ist.

Nr. 52. Entsch. v. 9. Jan. 1908 (OVG. 51 366) III C 141/07.

Ein Mitglied einer Betriebskrankenkasse bezog wegen der durch Betriebsunfall erlittenen Verstümmelung eines Beines von der Berufsgenossenschaft eine Unfallrente im Betrage von 50 % der Rente für volle Erwerbsunfähigkeit. Nachdem später ein als Folge desselben Betriebsunfalls anerkanntes Nervenleiden hinzugetreten war, fand eine Erhöhung der Unfallrente in wechselnden Beträgen und gleichzeitig die Gewährung von Krankenunterstützung durch die Krankenkasse statt. Der Ersatz verlangenden Krankenkasse erklärte die Berufsgenossenschaft, ihr nur diejenigen Beträge, um welche die ursprüngliche Unfallrente erhöht worden sei, für drei Monate zur Hälfte überweisen zu können, weil nur insoweit Einheit des Leistungsgrundes vorliege. Auf die von der Krankenkasse erhobene Klage wurde die Berufsgenossenschaft zur Ueberweisung von drei halben Monatsbeträgen der erhöhten Gesamtrente verurteilt. Das OVG. führte dabei aus:

„Der Unfallverletzte hat nach dem Hinzutreten des Nervenleidens nicht zwei Unfallrenten, sondern nach wie vor nur eine, jedoch wegen der Vermehrung der nachteiligen Folgen desselben Unfalls erhöhte Unfallrente bezogen. Die mehreren Folgen eines und desselben Betriebsunfalls sind nach den Grundsätzen der reichsgesetzlichen Unfallversicherung als Einheit aufzufassen; sie können nur der Festsetzung einer einheitlichen Unfallrente als Grundlage dienen. In gleicher Weise trägt aber auch der Krankheitszustand, welcher zu dem Eingreifen der klagenden Krankenkasse geführt hat, einen einheitlichen Charakter. Eine Unterscheidung dahin, inwieweit das Eintreten der Krankenkasse durch die Beinverstümmelung und inwieweit es durch das Nervenleiden veranlaßt wurde, hat hier, nachdem auch das Nervenleiden als Unfallfolge anerkannt worden ist, keinen Boden mehr. Sie würde übrigens auch nicht durchführbar sein, weil die Verstümmelung unverkennbar als Ursache des Nervenleidens mit in Betracht kommt."

Nr. 53. Entsch. v. 14. Okt. 1907 (OVG. 51 374) III C 104/07.

InvVG. §§ 5 Abs. 4, 15; KrankVG. §§ 6, 20.

Der Begriff der Erwerbsunfähigkeit ist nach dem KrankVG. nicht derselbe wie nach dem InvVG. Nach § 15 InvVG. erhält Invalidenrente derjenige Versicherte, „welcher im Sinne des § 5 Abs. 4 dauernd erwerbsunfähig ist." § 5 Abs. 4 lautet:

„Der Versicherungspflicht unterliegen endlich nicht diejenigen Personen, deren Erwerbsfähigkeit infolge von Alter, Krankheit oder anderen Gebrechen dauernd auf weniger als ein Drittel herabgesetzt ist, usw."

Nach dem KrankVG. (§§ 6, 20) ist dagegen erwerbsunfähig derjenige, welcher infolge Krankheit nicht imstande ist, durch Arbeit einen Erwerb zu gewinnen oder doch der Erwerbstätigkeit ohne die Gefahr der Verschlimmerung der Krankheit nachzugehen (OVG. 10. X. 89 18 355, 17. X. 01 40

359 und 1. XII. 04 46 363). Daraus folgt, daß für das KrankVG. ein Versicherter entweder erwerbsfähig oder erwerbsunfähig ist, je nachdem er, obwohl krank, seiner Erwerbstätigkeit nachzugehen vermag oder nicht, daß es aber Zwischenstufen einer teilweisen Erwerbsfähigkeit auf dem Gebiete des KrankVG. nicht gibt und daß deshalb insbesondere eine Abschätzung der Erwerbsfähigkeit eines Versicherten nach Bruchteilen oder Prozenten, wie auf dem Gebiete der Unfall- und Invalidenversicherung, hier nicht in Betracht kommen kann. Ebensowenig liegt Erwerbsunfähigkeit im Sinne des KrankVG. ohne weiteres schon dann vor, wenn die Voraussetzungen für die Einleitung des Heilverfahrens für einen Versicherten gemäß § 18 Abs. 1 InvVG. gegeben sind. Denn die Besorgnis, die Krankheit werde in ihrem weiteren Verlauf Erwerbsunfähigkeit zur Folge haben, wenn nicht rechtzeitig dagegen eingeschritten werde, kann sehr wohl begründet sein, auch wenn der Erkrankte zurzeit — beispielsweise in dem ersten Anfangsstadium der Krankheit oder bei sog. Krankheitsintervallen — seiner gewohnten Beschäftigung unbedenklich noch nachzugehen vermag.

Nr. 54. Entsch. v. 13. Mai 1907 (OVG. 51 367) III C 235/06.

InvVG. § 18; KrankVG. § 21³.

1. Unterwirft eine Landesversicherungsanstalt gemäß § 18 InvVG. einen Versicherten zur Abwendung seiner Erwerbsunfähigkeit einem Heilverfahren, so kann sie von der Krankenkasse nur Ersatz des Krankengeldes, nicht aber Erstattung der von ihr aufgewendeten Angehörigenunterstützung und des dem Verpflegten nach § 21³ KrankVG. gewährten besonderen Krankengeldes verlangen (BadVerwGHf. 20. IX. 04, Reger, ErgBd. 3 485).

2. Für § 5 GewUnfVG. in seiner ursprünglichen Fassung v. 6. VII. 84 ist das OVG. bereits in dem Urt. v. 8. III. 97 (ArbVers. 14 237) davon ausgegangen, daß unter dem Krankengeld, auf das die Berufsgenossenschaft infolge Gewährung des Heilverfahrens gegenüber der Krankenkasse nach § 76c KrankVG. Anspruch hat, dasjenige zu verstehen ist, das nach §§ 6, 20 daselbst von ihr dem Verletzten zu gewähren gewesen wäre. Dieses Krankengeld kommt auch für die Ersatzpflicht der Kassen nach § 18 Abs. 3 InvVG. allein in Frage.

Nr. 55. Entsch. v. 7. Okt. 1907 (OVG. 51 371) III B 26/07.

InvVG. v. 13. VII. 99 § 161 Abs. 2.

Nach § 161 Abs. 2 InvVG. sind die Arbeitgeber verpflichtet, den Versicherungsanstalten usw. die Quittungskarten auszuhändigen, über die Zahl der beschäftigten Personen Auskunft zu geben usw. Sie können hierzu von der Ortspolizeibehörde durch Geldstrafen angehalten werden. Das OVG. nimmt an, daß, wenn die Ortspolizeibehörde eine entsprechende Anordnung erläßt, diese nicht mit den Rechtsmitteln aus den §§ 127ff. LVG. angreifbar seien. Die Anordnung liege außerhalb des polizeilichen Tätigkeitsbereichs[1]).

---

[1]) Die Entscheidung ist anfechtbar. Sie nimmt Bezug auf das OVG. 15. XII. 99 **36** 434. Allein dort handelte es sich um die Exekutivgewalt einer Königl. Behörde, die kein Exekutivorgan hatte und daher die Polizei anging, die Exekution zu vollstrecken. In dem jetzigen Falle hat das InvVG. v. 13. VII. 99 der Polizei reichsgesetzlich eine eigene Verfügungsgewalt zugewiesen und die Angriffe gegen ihre Anordnungen unterliegen der durch die Landesgesetzgebung festgesetzten Kontrolle (§§ 127ff. LVG.), da über die Rechtsmittel in dem Reichsgesetze nichts gesagt ist.

III.

Verfahren in Disziplinarsachen.

Literatur: Müller: Das preußische Disziplinargesetz. Für Lehrer und Lehrerinnen. Nebst einem Anhang, enthaltend das Disziplinargesetz für ev. Kirchenbeamte (Berlin 1908). — Reulecke: Der Disziplinarprozeß in Preußen (Eilenburg 1908). — Stephan: Die Ausübung der Disziplinargewalt (Oldenburg 1908).

Nr. 1. Entsch. v. 14. April 1905 (OVG. 47 418) DS 38/04.

ALR. II 10 § 92; DiszG. v. 21. VII. 52 §§ 8 f.

1. Im § 8 DiszG. wird die im § 92 II 10 ALR. gegebene Regel der sog. Residenzpflicht des Beamten nach weiterer Richtung verfolgt. Beamte, die ohne Erlaubnis die Obliegenheiten ihres Dienstes nicht erfüllen, indem sie sich entfernen, sollen der Gegenleistung für den Dienst, des Diensteinkommens für die Dauer der Entfernung, verlustig gehen. Demnach ist das Fernhalten vom Amte im Sinne des § 8 gleichbedeutend mit der Versäumung der Amtsgeschäfte. Da einem suspendierten Beamten die Wahrnehmung seiner dienstlichen Geschäfte nicht möglich ist, er vielmehr mit dem Willen der vorgesetzten Behörde ihnen fernbleiben muß, kann bei ihm von einer unerlaubten Nichterfüllung der Dienstobliegenheiten, von einem Entfernen aus dem Amte im Sinne des § 8, nicht gesprochen werden. Verläßt der suspendierte Beamte ohne Erlaubnis seinen Amtssitz, so verletzt er die auch für ihn fortbestehende Residenzpflicht und macht sich disziplinarisch strafbar; aber die Entziehung der ihm verbliebenen Hälfte des Diensteinkommens läßt sich aus § 8 nicht herleiten, weil dort eine — bei ihm in zeitweiligen Fortfall gekommene — Verpflichtung zur Wahrnehmung von Amtsgeschäften vorausgesetzt wird. Hiermit stimmt der Erl. des Ministers der geistlichen usw. Angelegenheiten v. 22. IV. 69 (ZBlUV. 283) überein. Wenn dort hinzugefügt ist, daß von einer Versäumung des Amtes bei suspendierten Beamten „nur ausnahmsweise und unter besonderen Umständen" die Rede sein könne, so erscheint eine solche Einschränkung der Regel nicht begründet.

2. Im § 9 Abs. 2 wird vorausgesetzt, daß der ohne Erlaubnis vom Amte ferngebliebene Beamte dienstlich aufgefordert worden ist, „sein Amt anzutreten oder zu demselben zurückzukehren". Solche Aufforderung ist mit der Maßnahme der Suspendierung begrifflich unvereinbar, da der suspendierte Beamte sein Amt nicht wahrnehmen soll und also dahin nicht zurückkehren kann.

Nr. 2. Entsch. v. 3. März 1905 (OVG. 47 414) D.S 14/04.

DiszG. v. 21. VII. 52 § 13; ZPO. §§ 180 f., 190, 203.

1. Nach § 13 DiszG. v. 21. VII. 52 ist die dienstliche Aufforderung des Beamten, zu seinem Amte zurückzukehren, gültig und bewirkt den Lauf der Frist, „wenn sie demjenigen, an den sie ergeht, unter Beobachtung der für gerichtliche Insinuationen vorgeschriebenen Formen in Person zugestellt oder wenn sie in seiner letzten Wohnung an dem Orte insinuiert worden ist, wo er seinen letzten Wohnsitz im Inlande hatte. Die vereideten Verwaltungsbeamten haben dabei den Glauben der Gerichtsboten."

2. Der § 13 unterscheidet zwischen solchen Zustellungen, die an den Beamten „in Person" erfolgen können, und solchen, die „in seiner letzten Wohnung" auszuführen sind. Unbekannt ist ihm die öffentliche Zustellung, die nach §§ 203 ff. ZPO. erfolgen darf, wenn der Aufenthalt einer Partei unbekannt ist. Zu den Zustellungen „in Person" gehören nicht nur diejenigen Zustellungen, welche an die Person, der zugestellt werden soll, selbst bewirkt

werden (ZPO. § 180), sondern auch die Ersatzzustellungen, die nach §§ 181ff. zulässig sind, wenn jene Person am Orte der Zustellung eine Wohnung hat, aber dort nicht angetroffen wird. Die an Stelle der öffentlichen Zustellung zulässige Zustellung „in der letzten Wohnung“ kann nur stattfinden, wenn der Beamte seine bisherige Wohnung aufgegeben hat und eine Zustellung an einem anderen Orte an ihn selbst nicht ausführbar ist. Dann soll angenommen werden, daß seine letzte Wohnung noch seine jetzige Wohnung sei. Die Zustellung in dieser Wohnung hat in denselben Formen zu geschehen wie die Ersatzzustellung an eine Person, die eine Wohnung hat.

3. Für die Zustellungen im Disziplinarverfahren, wo die Vorschriften der ZPO. nicht unmittelbar, sondern nur entsprechend anzuwenden sind, kann bei einer durch einen vereideten Verwaltungsbeamten gemäß § 13 DiszG. zu bewirkenden Zustellung die Angabe des Grundes der Ersatzzustellung in der Zustellungsurkunde nicht für derart wesentlich angesehen werden, daß die Unterlassung dieser Angabe die Zustellung unwirksam macht.

4. Die von Amts wegen zu bewirkenden Zustellungen können auch im Zivilprozesse durch einen Gerichtsdiener erfolgen (ZPO. § 211). Die „Gerichtsboten“ im Sinne des § 13 DiszG., die bei den preußischen Gerichten vor Einführung der neuen Justizgesetze angestellt waren, hatten aber im wesentlichen dieselben amtlichen Aufgaben wie die jetzigen „Gerichtsdiener“. Hiernach können im Disziplinarverfahren die von Amts wegen zu bewirkenden Zustellungen, und ebenso auch die Zustellung der gemäß § 9 DiszG. zu erlassenden Aufforderung, durch vereidete Verwaltungsbeamte mit rechtlicher Wirkung ausgeführt werden.

Nr. 3. Entsch. v. 17. Okt. 1905 (OVG. 49 408) I A 21/05.

1. Ein Dienstvergehen fällt einem Kreisbeamten nur dann zur Last, wenn er den schuldigen Gehorsam versagt hat, also wenn seine Weigerung unberechtigt war. Dabei wird nicht in Frage gestellt, ob der Beamte zur Vornahme der ihm aufgetragenen Verrichtung zuständig war, sondern es handelt sich darum, ob der Beamte zur Erledigung des Dienstgeschäfts verpflichtet war, das die als Trägerin der laufenden Kreisverwaltung ihm vorgesetzte Behörde als zu den Angelegenheiten des Kreises gehörig erachtete und mit dem sie ihn vermöge seiner amtlichen Stellung in der Verwaltung des Kreises beauftragt hatte.

2. Es ist ein anerkannter Grundsatz auch des kommunalen Amtsrechts, daß die Bestimmung des Umfanges der von einem Beamten zu erledigenden Dienstgeschäfte der zuständigen Behörde nach freiem Ermessen zusteht. Der Beamte übernimmt mit dem Amte nicht eine Summe, sondern einen Inbegriff von Pflichten, der ihn verbindet, seine ganze Arbeitszeit und Arbeitskraft nach Maßgabe seiner Befähigung der zuständigen Dienstbehörde zur Verfügung zu stellen. Diese kann den Umfang, die Art und den Ort der dienstlichen Beschäftigung innerhalb der demnächst zu erwähnenden Schranken nach ihrem Ermessen ändern und erweitern, sei es durch allgemeine Instruktion, sei es durch Anweisung im einzelnen Falle, ohne daß dem Beamten hierdurch ein Recht zum Widerspruch erwüchse. Allerdings kann im Anstellungsvertrage die Tätigkeit des Beamten auf bestimmte Dienstgeschäfte beschränkt oder deren Umfang anderweit begrenzt werden. Das ist aber nur insofern und insoweit von rechtlicher Bedeutung, als darin ein Verzicht der Anstellungsbehörde auf das ihr zustehende freie Verfügungsrecht über die Dienste des Beamten gefunden werden kann.

3. Das freie Verfügungsrecht der vorgesetzten Dienstbehörde findet seine Schranke darin, daß dem Beamten nicht eine Beschäftigung zugemutet

werden darf, die seiner ganzen dienstlichen Stellung oder seiner Befähigung nicht entspricht.

4. Weiter darf ein Kommunalbeamter nicht wider seinen Willen zur Erledigung anderer Angelegenheiten als solcher derjenigen Kommune, für deren Dienst er angestellt ist, herangezogen werden.

Nr. 4. Entsch. v. 9. März 1906 (OVG. 49 415) DS 17/05.

G. v. 21. VII. 52 § 2².

1. Das OVG. ist zwar im Gegensatze zur Auffassung des Staatsministeriums und zu den Ausführungen in dem Werke von Seydel (G. v. 21. VII. 52², Erläuterungen zu § 2², S. 42 und 43, Anm. 3 und 4) stets davon ausgegangen, daß Handlungen, die ein Beamter vor dem ersten Eintritt in eine Beamtenstellung begangen hat, nicht den Gegenstand einer selbständigen Bestrafung im Disziplinarverfahren bilden können (OVG. 30. III. 92 22 423). Der Grund, auf dem diese Rechtsauffassung beruht, besteht allein in der Erwägung, daß das DiszG. v. 21. VII. 52 nur die Bestrafung der „Dienstvergehen" im Sinne des § 2 zum Gegenstande hat, solche aber nach der dort gegebenen Begriffsbestimmung nur von einem Beamten, also nicht von einer Person, die noch keinerlei Beamtenstellung erlangt hat, begangen werden können. Dieser Grund trifft jedoch nicht zu auf diejenigen Handlungen eines Beamten, die er in früheren Amtsstellungen begangen hat. Hierauf ist schon in dem angeführten Urteile dadurch hingewiesen, daß in den das Ergebnis der Erwägung zusammenfassenden Satz die in Klammer gesetzten Worte: „über die in früheren Aemtern begangenen verhält sich die OTr. v. 15. V. 65 — JMBl. 147" eingeschaltet und dem Worte „Handlungen" erläuternd beigesetzt sind. In späteren Entscheidungen hat das OVG. in Uebereinstimmung mit dem angeführten Urteile des OTr. ausdrücklich ausgesprochen, daß die Disziplinarbehörde, der ein Beamter vermöge seiner gegenwärtigen Amtsstellung unterstellt ist, auch die Befugnis hat, über seine in früheren Amtsstellungen begangenen Dienstvergehen zu urteilen, und zwar selbst dann, wenn nicht nur ein Wechsel des Amtes, sondern auch ein solcher des unmittelbaren Dienstherrn vorliegt, so zB. wenn ein unmittelbarer Staatsbeamter in den mittelbaren Staatsdienst übergeht. Dieser Satz findet seine Rechtfertigung darin, daß die Disziplinargewalt über mittelbare wie unmittelbare Staatsbeamte Ausfluß der einheitlichen Staatsgewalt ist, und ist wiederholt vom OVG. angewendet worden.

2. Die Ausübung der Disziplinargewalt, die sich als staatliche Strafgewalt kennzeichnet, kann ebensowenig wie die der strafrichterlichen Gewalt zum Gegenstande von Rechtsgeschäften und deshalb auch nicht zu dem eines rechtswirksamen Verzichts gemacht werden.

Nr. 5. Entsch. v. 5. Jan. 1906 (OVG. 50 428) I A 134/05.

Ein Beamter verletzt seine Amtspflicht, wenn er die Annahme eines nicht freigemachten Briefes der vorgesetzten Dienstbehörde deshalb verweigert, weil der Brief mit Porto unrichtig belastet ist. Der Beamte hat jederzeit der vorgesetzten Behörde zur Entgegennahme ihrer Anordnungen oder Mitteilungen zur Verfügung zu stehen; das ist eine Folge seiner Gehorsamspflicht. Wenn der Beamte nicht wissen kann, was ein an ihn gerichteter Brief enthält, muß er ihn annehmen und öffnen, um zu erfahren, was der Vorgesetzte ihm mitzuteilen oder aufzutragen habe; er gefährdet die Erfüllung seiner Amtspflichten, indem er sich weigert, das Schreiben in Empfang zu nehmen.

Nr. 6. Entsch. v. 19. Febr. 1907 (OVG. 50 431) D 4/07.

LVG. § 157²; G. v. 21. VII. 52 §§ 33 f.

1. Nach § 157² LVG. kann das Disziplinarverfahren mit Rücksicht auf den Ausfall der Voruntersuchung durch Beschluß der in erster Instanz zuständigen Behörde eingestellt werden. Auch wegen Aufhörens der Beamteneigenschaft darf dies geschehen. Zwar ist die Einstellung durch Beschluß in der Regel nicht mehr zulässig, wenn der Angeschuldigte unter Mitteilung der Anschuldigungsschrift zur mündlichen Verhandlung geladen und damit das Verfahren vor dem Disziplinargericht eröffnet worden ist. Der Einstellung steht aber der Umstand, daß die Anschuldigungsschrift bei dem Disziplinargericht eingegangen ist, solange sie dem Angeschuldigten nicht mitgeteilt und er auch nicht geladen worden ist, jedenfalls dann nicht entgegen, wenn sich die Behörde, von der das Disziplinarverfahren eingeleitet worden ist, mit dessen Einstellung einverstanden erklärt hat. Daß die Einstellung stets nur vor Eingang der Anschuldigungsschrift beschlossen werden könnte, ist im § 157² nicht gesagt und auch nicht aus den Bestimmungen des DiszG. v. 21. VII. 52 über die Einstellungsbefugnis des Ministers (vgl. §§ 33 f.) zu entnehmen. Insoweit bedürfen die vom OVG. früher ausgesprochenen Grundsätze (OVG. 11. V. 94 26 417) der Einschränkung.

2. Wenn das Disziplinargericht erster Instanz innerhalb seiner formellen Befugnis die Einstellung beschlossen hat, so kann der Angeschuldigte nicht im Wege der Beschwerde die Fortsetzung des gegen ihn selbst eingeleiteten Disziplinarverfahrens verlangen.

Nr. 7. Entsch. v. 22. Febr. 1907 (OVG. 50 434) I A 175/05.

StO. v. 30. V. 53 § 58; PersonenstandsG. v. 6. II. 75 § 4.

1. Dem Bürgermeister steht über den Beigeordneten nur eine beschränkte Disziplinargewalt zu, und soweit solche besteht, gründet sie sich nicht ohne weiteres auf § 58 StO. v. 30. V. 53 (OVG. 1. XII. 88 17 443).

2. Allerdings sind die nach § 4 G. v. 6. II. 75 berufenen Standesbeamten Gemeindebeamte, aber jene Gesetzesvorschrift hat nur die Bestimmung des Kreises der von der Gemeinde zu bestellenden im Gegensatze zu den vom Staate zu bestellenden Standesbeamten zum Gegenstand und beschäftigt sich nicht mit dem amtsrechtlichen Ueber- und Unterordnungsverhältnisse der einzelnen Beamten oder Beamtenklassen. Dies Verhältnis bemißt sich nach den einschlägigen landesrechtlichen Normen.

3. Zu den Gemeindebeamten rechnet die StO. nur diejenigen Beamten der Stadtgemeinden, die gemäß § 56⁶ vom Magistrat angestellt werden. Daraus folgt aber nicht, daß der Bürgermeister und die Magistratsmitglieder, insbesondere auch auf dem Gebiete der Wahrnehmung der Standesamtsgeschäfte, außerhalb jedes amtsrechtlichen Ueber- und Unterordnungsverhältnisses ständen; nur ist die Grundlage hierfür in anderweitigen gesetzlichen Normen zu finden.

4. Für die Bestellung der Standesbeamten eröffnet das PersonenstandsG. in den Fällen des § 4 verschiedene Möglichkeiten. In erster Linie beruft es den Vorsteher der Gemeinde (Bürgermeister oder dessen gesetzlichen Stellvertreter), läßt aber daneben vorbehaltlich der Genehmigung der Aufsichtsbehörde die Uebertragung der Geschäfte durch den Vorsteher auf einen anderen Gemeindebeamten oder die Anstellung besonderer Standesbeamten durch den Gemeindevorstand offen.

5. Wenn ein Beigeordneter in Vertretung des Bürgermeisters die Standesamtsgeschäfte verwaltet, ist er verpflichtet, den für die Verwaltung getroffenen Anordnungen Folge zu leisten.

6. Zur Uebernahme dieser Vertretung ist der Beigeordnete nach §§ 29, 62 II StO. in Verbindung mit §§ 20[12], 21 Instr. für die Stadtmagisträte v. 25. V. 35 (Oertel, StO.[4] 387, sowie Jebens im PrVerwBl. 22 233, 245) und § 4 PersonenstandsG. verpflichtet.

Nr. 8. Entsch. v. 5. April 1907 (OVG. 51 413) I A 1907.

Durch G. v. 30. III. 06 (GS. 90) ist die Landgemeinde W. der Stadtgemeinde C. (Rheinland) einverleibt worden. In der Landgemeinde war der Kläger Polizeikommissar. Er war unter der Oberleitung des Bürgermeisters Vorsteher und Leiter der örtlichen, insbesondere der exekutiven Polizeiverwaltung mit uneingeschränkter Aufsichtsbefugnis über das ihm unterstellte Beamtenpersonal. Nach der Eingemeindung beschloß der Magistrat zu C., den Kläger der indirekten Steuerverwaltung als Assistenten zu überweisen, indem er annahm, daß der Kläger sich leicht in die Geschäfte eines Assistenten bei jener Verwaltung würde einarbeiten können. Die Aufgabe der Assistenten beschränkt sich auf Erledigung von Bureaugeschäften, bei deren Wahrnehmung sie der Leitung eines anderen Gemeindebeamten, des Vorstehers der indirekten Steuerverwaltung, unterstellt sind. Da sich im Verhältnisse zu der so bestimmten Dienststellung der Assistenten diejenige des Polizeikommissars als eine wesentlich selbständigere und gehobenere darstellt und die durch dieses Amt bedingte Befähigung weiter reicht als die, die durch das Amt eines Assistenten erfordert und begründet wird, so nahm das OVG. an, daß der Kläger sich disziplinarisch nicht strafbar mache, wenn er die Beschäftigung in dieser Dienststelle ablehne. Nicht das Maß der Fähigkeit und Bildung, über welches der einzelne Beamte verfüge, sei bestimmend, sondern diejenige Befähigung, die objektiv für die Bekleidung des seither versehenen Amts vorausgesetzt wird.

Nr. 9. Entsch. v. 10. Mai 1907 (OVG. 51 425) I A 43/06.

ALR. § 92 II 10.

Der § 92 II 10 ALR., der auch für mittelbare Staatsbeamte Geltung hat, schreibt vor:

„Kein Beamter darf den zur Ausübung seines Amtes ihm angewiesenen Wohnort ohne Vorwissen und Genehmigung seiner Vorgesetzten verlassen".

Der § 92 enthält in erster Linie für den Beamten das Verbot, den ihm angewiesenen Wohnort ohne Vorwissen und Genehmigung der Vorgesetzten zu verlassen. Er bestimmt hiernach weitere aus der Residenzpflicht sich ergebende Pflichten, begründet diese Pflicht nicht erst, sondern setzt sie als allgemeinen Grundsatz des Beamtenrechts bereits voraus. Aus der Residenzpflicht folgt, daß die Gemeinde des Amtssitzes, auch ohne daß es einer ausdrücklichen Anweisung des Wohnortes durch die vorgesetzte Behörde bedürfte, schlechthin als der dem Beamten zugewiesene Wohnsitz anzusehen ist. Die Worte des § 92 „den zur Ausübung seines Amtes ihm angewiesenen Wohnort" zeigen nur, daß das Anstellungsrecht zugleich auch die Befugnis in sich schließt, den Wohnort des Beamten zu bestimmen; es folgt aber daraus nicht, daß die Anstellungsbehörde auch verpflichtet wäre, dem Beamten einen Wohnort bei der Anstellung in jedem einzelnen Falle noch ausdrücklich anzuweisen und nur in diesem Falle die dort vorgesehenen weiteren Folgen der Residenzpflicht eintreten sollten.

Nr. 10. Entsch. v. 17. Mai 1907 (OVG. 51 428) I B 1/07.

InvVG. v. 13. VII. 99 § 108.

Nach § 108 InvVG. v. 13. VII. 99 unterliegen die Versicherungsanstalten der Beaufsichtigung durch das Reichsversicherungsamt, dessen Aufsichtsrecht sich auf die Beobachtung der gesetzlichen und statutarischen Vorschriften erstreckt. Daher kann auch über die Organe der Versicherungsanstalten beim Reichsversicherungsamte Beschwerde geführt werden (vgl. von Landmann und von Rasp, Kommt. z. InvVG.[2] 586). Den Beamten der Versicherungsanstalten ist dies ebenfalls gestattet. Da über das Verfahren keine gesetzlichen Vorschriften bestehen, so ist eine unmittelbare Anrufung des Reichsversicherungsamts als der nächsten Aufsichtsinstanz zulässig, wie es für die Beschwerden bei den Aufsichtsbehörden die Regel ist. Mithin können sich auch die Beamten mit ihren Beschwerden unmittelbar an das Reichsversicherungsamt wenden. In dieser Befugnis dürfen sie nicht durch eine Anordnung des Vorstandes der Versicherungsanstalt oder seines Vorsitzenden beschränkt werden. Die Organe der Versicherungsanstalten sind nicht zuständig, Bestimmungen über die Anrufung der den Versicherungsanstalten übergeordneten Aufsichtsbehörde zu treffen, und dürfen daher auch nicht den bei den Versicherungsanstalten beschäftigten Beamten hierüber Vorschriften machen.

Nr. 11. Entsch. v. 2. Juli 1907 (OVG. 51 431) I A 46/06.

Der Gemeindevorsteher ist verpflichtet, dem ihn vertretenden Schöffen die zur Führung der Geschäfte erforderlichen Gegenstände (zB. das Dienstsiegel) zu übergeben.

Nr. 12. Entsch. v. 22. Nov. 1907 (OVG. 51 434) I B 2/07.

1. Das DiszG. v. 21. VII. 52 stellt das Verfahren bei Verhängung von Ordnungsstrafen lediglich in das Ermessen des Dienstvorgesetzten und schreibt, wie das OVG. in seinem Urt. v. 19. XII. 85 (PrVerwBl. 7 160) ausgeführt hat, nirgends die Anhörung des Beschuldigten vor.

2. Die Gehorsamspflicht des Beamten ist keine unbedingte, sondern besteht nur rechtmäßigen Anordnungen der Vorgesetzten gegenüber, eine bloße Einwendung gegen einen unberechtigten Befehl ist daher ebensowenig strafbar wie die gänzliche Unterlassung der Ausführung.

Nr. 13. Entsch. v. 22. Nov. 1907 (OVG. 51 438) I A 6/07.

Wenn es auch einer förmlichen Entlassung eines Beamten nicht in allen Fällen bedarf, und insbesondere mit dem Ablaufe der bestimmten Zeit die Beamteneigenschaft in der Regel von selbst erlischt (RG. 17. I. 02 — JuristWochenschr. 1903 32 89), so ist doch, wie die Bezugnahme auf § 97 im § 102 II 10 ALR. zeigt, nicht unbedingt ausgeschlossen, daß sich das Amtsverhältnis über die festgesetzte Zeit hinaus verlängert, wenn die Aufrechterhaltung des ordnungsmäßigen Dienstbetriebes es erfordert. Daher kann auch nicht angenommen werden, daß der Vorgesetzte die Dienstgewalt über den Beamten mit dem Ablaufe der Dienstzeit sofort verliert, wenn der Beamte die ihm obliegende Uebergabe der Dienstgeschäfte, Dienstutensilien usw. unterlassen oder doch dabei nicht ordnungsmäßig mitgewirkt hat, und daß gegenüber schweren Verletzungen der Disziplin, die sich der Beamte hierbei zuschulden kommen läßt, der Vorgesetzte von dem Augenblicke des Ablaufs der Dienstzeit an machtlos sein sollte. Vielmehr ist die Disziplinargewalt in einem solchen Falle noch bis zur disziplinarischen Bestrafung als fortdauernd anzusehen, wenn der Vorgesetzte ohne Verzug gegen den Beamten disziplinarisch einschreitet und ihm dadurch die Entlassung solange vorenthält.

Nr. 14. Entsch. v. 22. Nov. 1907 (OVG. 51 434) I B 2/07.

Im Verwaltungsstreitverfahren über Disziplinarstrafverfügungen bestimmt sich der Wert des Streitgegenstandes nicht nach der ziffermäßigen Höhe der Ordnungsstrafe, sondern nach dem Interesse des bestraften Beamten an der Aufhebung der Strafe, also nach Nr. 8 des Tarifs v. 27. II. 84.

IV.

Kleinbahnen und Privatanschlußbahnen.

Literatur: Gleim: Das Gesetz über Kleinbahnen und Privatanschlußbahnen vom 28. Juli 1892[4] (Berlin 1907).

Nr. 1. Entsch. v. 31. Mai 1906 (OVG. 49 252) IV B 27/06.

G. v. 28. VII. 92 § 6.

1. Der § 6 KleinBG. v. 28. VII. 92 schreibt vor:

„Soweit ein öffentlicher Weg benutzt werden soll, hat der Unternehmer die Zustimmung der aus Gründen des öffentlichen Rechts zur Unterhaltung des Weges Verpflichteten beizubringen.

Der Unternehmer ist mangels anderweitiger Vereinbarung zur Unterhaltung und Wiederherstellung des benutzten Wegeteiles verpflichtet und hat für diese Verpflichtung Sicherheit zu bestellen."

Danach kann kein Zweifel darüber sein, daß, wenn zwischen dem Unternehmer und dem Wegebaupflichtigen keine Vereinbarungen über die Unterhaltung der vom Unternehmer benutzten öffentlichen Wege getroffen worden sind, der Unternehmer kraft Gesetzes zur Unterhaltung der benutzten Wegeteile verpflichtet, diese Verpflichtung also eine öffentlich-rechtliche ist und gegenüber der Wegepolizeibehörde besteht (Eger, G. über die Kleinbahnen[2] 120; Gleim, G. über die Kleinbahnen[3] 85, 110; Germershausen, Wegerecht[2], 1 123; auch Vf. des Ministers der öffentlichen Arbeiten v. 19. II. 01 — MBl. 79). Aber in erster Linie sollen über Umfang und Art der Unterhaltungspflicht des Unternehmers die „Vereinbarungen" entscheiden; sind solche getroffen, so kommt die gesetzliche Pflicht, weil nur subsidiär, überhaupt nicht weiter in Betracht.

2. Abreden zwischen dem Unternehmer und dem Wegebaupflichtigen können dann keine öffentlich-rechtlichen Ansprüche und Verbindlichkeiten schaffen, wenn der Wille der Vertragschließenden gar nicht auf die Schaffung derartiger Rechte und Pflichten gerichtet ist, und wenn sie außerdem die Pflichten des Unternehmers so regeln, daß diese gar nicht den Inhalt einer öffentlich-rechtlichen Wegebaulast bilden können.

Nr. 2. Entsch. v. 4. Mai 1906 (OVG. 49 403) I B 11/05.

KleinBG. v. 28. VII. 92 §§ 3f., 22.

Die Unterstellung der Kleinbahnen unter die besondere Aufsicht der im G. v. 28. VII. 92 vorgesehenen Behörden befreit den Unternehmer nicht von der sich auf alle Lebensgebiete erstreckenden polizeilichen Aufsicht

(Gleim, G. über die Kleinbahnen[3] 138 Anm. 1 zu § 22; Eger, G. über Kleinbahnen und Privatanschlußbahnen[2] 79 Anm. 15 zu § 4). Die Zuständigkeit der Ortspolizeibehörden ist durch das KleinBG. weder eingeschränkt, noch auch, abgesehen von dem Falle des § 3[2c], erweitert worden. Zu den Bedingungen, die dem Unternehmer durch die Genehmigungsurkunde auferlegt werden können, gehören nun freilich auch Bestimmungen, die den Schutz gegen schädliche Einwirkungen der Anlage und des Betriebs, sowie die Wahrung der Interessen des öffentlichen Verkehrs betreffen. Es kann daher, da auch der Schutz der öffentlichen Sicherheit und die Fürsorge für die Ordnung, Sicherheit und Leichtigkeit des öffentlichen Verkehrs zu den Gegenständen ortspolizeilicher Vorschriften gehören, im einzelnen Falle die Frage entstehen, ob ortspolizeiliche Vorschriften dieses Inhalts auch für Kleinbahnunternehmungen verbindlich sind. Die Frage ist zu bejahen, sofern die Vorschriften sich im Rahmen der gewöhnlichen Sicherheits- und Verkehrspolizei halten, sich gegen jedermann richten und nicht das der Kleinbahnunternehmung eigentümliche Wesen betreffen (vgl. OVG. 21. XII. 03 44 402). Eine Polizeiverordnung, die das Plakatwesen ganz allgemein regelt, findet daher auch auf Kleinbahnunternehmungen Anwendung, es sei denn, daß die Plakate, wie zB. Fahrpläne und Tarife, einen Bestandteil des Unternehmens selbst bilden. Plakate, die öffentliche Anzeigen enthalten, haben mit dem Kleinbahnunternehmen als solchem nichts zu tun.

Nr. 3. Entsch. v. 8. Juli 1907 (OVG. 51 403) IV 20/05.

Ein Gutsbesitzer hatte dem Kreise, der eine Kleinbahn durch das Gut anlegen wollte, Bauerlaubnis erteilt. Den Bau sollte eine Eisenbahnbaugesellschaft bauen. Die Baugesellschaft zeigte dem Landrate an, daß aus einer dem Gutsbesitzer gehörigen Drahtseilbahn den Arbeitern bei dem Fortschreiten des Baues Gefahren entstehen würden; der Gutsbesitzer wollte sich zur Beseitigung der Anlage nicht verstehen. Darauf erließ die Polizeiverwaltung an den Gutsbesitzer eine Verfügung, wonach das Drahtseil anderweitig zu legen sei. Das OVG. hob die Verfügung auf und führte aus:

„Es ist davon auszugehen, daß es sich nicht um die Sicherung des Betriebs einer bereits dem öffentlichen Verkehre übergebenen Kleinbahn, sondern um Vorkehrungen handelt, welche den Bau und die bei den Bauarbeiten beschäftigten Arbeiter gegen eine Schädigung durch die bereits vor der Inangriffnahme der Bahnherstellung auf dem Gelände des Gutes vorhanden gewesene Drahtseilanlage sichern und die Herstellung der Bahn durch Beseitigung der ihr von dem Gutsbesitzer entgegengestellten Hindernisse ermöglichen sollen. Der Kreis hat in seiner Eigenschaft als Unternehmer einer Kleinbahn keine andere rechtliche Stellung als jeder andere Privatunternehmer einer solchen Anlage. Bestimmungen, welche — von den auf die Enteignung bezüglichen Vorschriften abgesehen — derartigen Unternehmern ein gesetzlich geschütztes Recht auf die Benutzung fremden Grund und Bodens für den Bahnbau verleihen, finden sich weder in dem KleinBG. v. 28. VII. 92 noch an anderer Stelle. Ebensowenig ist den zwischen den Kleinbahnunternehmern und den beteiligten Grundbesitzern getroffenen privatrechtlichen Abmachungen eine über diejenige anderweitiger Privatverträge hinausgehende Bedeutung gesetzlich beigelegt worden. Es handelte sich auch nicht um eine dringende Gefahr, die durch das Nebeneinanderbestehen zweier Anlagen hervorgerufen war, in welchem Falle die Polizeibehörde gegen jeden beteiligten Eigentümer einschreiten kann, sofern die Gefahr nicht etwa durch die rechtswidrige Beschaffenheit einer der kollidierenden Anlagen entstanden ist (OVG. 11. II. 01 38 371). Vielmehr wurde die Gefahr nur dadurch hervorgerufen, daß der Kreis auf Grund des von ihm behaupteten Privatrechts gegen den Willen und das ausgesprochene Verbot des Grundeigentümers an dem Bahnkörper auf seinem Gute fortarbeiten ließ. Ihm hierbei behilflich zu sein, war nicht Aufgabe der Polizeibehörde. Die Entscheidung über die privatrechtlichen Streitigkeiten zwischen dem Kreise und dem Kläger — dem Unternehmer und dem Grundeigentümer stand lediglich den ordentlichen Gerichten zu, die gegebenenfalles auf Anrufen einer der Parteien eine vorläufige Regelung im Wege einer einstweiligen Verfügung hätten vornehmen können (OVG. 27. IX. 00 38 447).

V.

Handelskammern, kaufmännische Korporationen und Börsen.

Gesetzliche Grundlagen (nebst Materialien): G. betr. Aenderung des BörsenG. v. 8. V. 08 (RGBl. 183). VhdlRT. 1907/8: Drucks. Nr. 483, 855f., 864, 871; StenB. 2192, 2220, 4747, 4838.

Literatur: Apt: Börsengesetz[5] (Berlin 1909).

Nr. 1. Entsch. v. 9. Nov. 1905 (OVG. 48 315) III C 48/05.

HandKG. v. 24. II. 70/19. VIII. 97 §§ 3[4], 27; GewStG. v. 24. VI. 91 § 38.

1. Wenn in einem Handelskammerbezirke mehrere Betriebsstätten liegen, die zu einem außerhalb dieses Bezirkes bestehenden Unternehmen gehören (§ 3[3] HandKG.), so ist für jede einzelne dieser Betriebsstätten die Notwendigkeit eines in kaufmännischer Weise eingerichteten Geschäftsbetriebs zu prüfen und nach dem Ergebnisse dieser Prüfung die Verpflichtung des Besitzers, zu den Kosten der Handelskammer für die in Betracht kommende Betriebsstätte beizutragen, festzustellen. Die einheitliche Bemessung der Beitragspflicht des Besitzers nach dem Gesamtumsatz aller seiner im Handelskammerbezirke belegenen Betriebsstätten ist unzulässig.

Handelt es sich um derartige Betriebsstätten in verschiedenen Kommunalbezirken, so ist der Gewerbesteuersatz nach § 38 GewStG. durch den veranlagenden Steuerausschuß von Amts wegen zu zerlegen. Liegen die Betriebsstätten dagegen in demselben Kommunalbezirke, so findet das im § 27 HandKG. vorgesehene Zerlegungsverfahren durch den Vorsitzenden des Steuerausschusses auf förmlichen Antrag der Handelskammer statt.

2. Die Beitragspflicht für eine Betriebsstätte ist nach § 3[4] G. v. 24. II. 70/19. VIII. 97 in erster Linie abhängig von der örtlichen Lage einer jeden einzelnen Betriebsstätte und bestimmt sich erst in zweiter Linie danach, ob sie nach Art und Umfang einen in kaufmännischer Weise eingerichteten Geschäftsbetrieb erfordert. Daraus folgt, daß auch das Vorhandensein dieser zweiten Voraussetzung lediglich nach Art und Umfang der einzelnen Betriebsstätte zu beurteilen ist. Das HandKG. bietet keinen Anhalt für die Annahme, daß mehrere in einem Handelskammerbezirke belegene Betriebsstätten im Verhältnisse zu der Handelskammer als eine Einheit zu betrachten seien, wohl aber ist es denkbar, daß in manchen Fällen bei der Entscheidung darüber, ob ein Betrieb in kaufmännischer Weise eingerichtet sein muß, gerade die Rücksicht auf die örtliche Lage der einzelnen Betriebsstätte von erheblicher Bedeutung sein kann.

3. Den Maßstab für die Heranziehung zu den streitigen Handelskammerbeiträgen bildet nach § 26 Abs. 1 HandKG. die staatlich veranlagte Gewerbesteuer. Diese wird nach § 38 GewStG. v. 24. VI. 91 von Amts

wegen für die auswärts belegenen Betriebsstätten im einzelnen nur soweit veranlagt, als die auswärtigen Betriebsstätten in verschiedenen Kommunalbezirken belegen sind. Handelt es sich dagegen um mehrere, innerhalb desselben Kommunalbezirkes belegene auswärtige Betriebsstätten, so bildet eine notwendige Voraussetzung für die rechtsgültige Heranziehung zu Handelskammerbeiträgen wegen solcher Betriebsstätten die Durchführung des zu diesem Zwecke im § 27 HandKG. besonders angeordneten sog. Zerlegungsverfahrens, welches nicht von Amts wegen, sondern nur auf Grund eines förmlichen Antrags der beteiligten Handelskammer eingeleitet wird. Dieser Rechtszustand ergibt sich nicht nur aus dem Wortlaute der §§ 26 und 27 HandKG., sondern auch aus der Entstehungsgeschichte dieser Vorschriften und aus den später zu ihrer Ausführung von dem Finanzminister und von dem Minister für Handel und Gewerbe erlassenen Anweisungen.

4. Von demselben Gesichtspunkte gehen auch der Erl. des Finanzministers v. 23. VII. 03 und der dort in bezug genommene Erl. des Ministers für Handel und Gewerbe v. 16. XI. 97 (HMBl. 03 270) aus. Es ist danach zwischen einem zweifachen sogenannten Zerlegungsverfahren zu unterscheiden. Das eine findet auf Grund des § 38 GewStG. und von Amts wegen statt, sobald es sich um Betriebsstätten in verschiedenen Kommunalbezirken handelt, und das Resultat dieses Verfahrens ist von den Vorsitzenden der Steuerausschüsse den Handelskammern von Amts wegen mitzuteilen. Im Gegensatze hierzu steht das im § 27 HandKG. neu eingeführte Zerlegungsverfahren, welches nur auf einen förmlichen Antrag der Handelskammer von dem Vorsitzenden des Steuerausschusses eingeleitet wird.

Nr. 2. Entsch. v. 2. März 1905 (PrVerwBl. 27 820) III 403.

HandKG. v. 24. II. 70/19. VIII. 97 §§ 11f., 16.

1. Der § 16 Abs. 3 Satz 1 HandKG. bestimmt allerdings:

„Die Ergänzungswahlen finden vor Schluß des Kalenderjahres statt." Hierbei handelt es sich um eine Bestimmung wesentlich instruktioneller Natur, deren tunlichste Befolgung zwar zu den Aufgaben der Handelskammer gehört, keineswegs aber eine unerläßliche Voraussetzung für die Gültigkeit der Wahlen bildet. Es ergibt sich dies schon daraus, daß auch nach Ablauf der im § 16 angeordneten Frist die Vornahme gültiger Wahlen noch möglich sein muß.

2. Weder die §§ 11f. HandKG., noch der zu ihm ergangene MErl. v. 31. VIII. 97 enthalten nähere Vorschriften über die Form der Bekanntmachungen. Dem Gesetze wird deshalb durch jede Bekanntmachung genügt, durch die der vom Gesetzgeber mit ihr verfolgte Zweck erreicht werden kann. Das geschieht durch eine Bekanntmachung, die einerseits an sich und anderseits nach Lage des in Betracht kommenden Einzelfalles geeignet ist, die Auslegung der Liste der Wahlberechtigten und die Bestimmung des Wahltermins den Beteiligten zur Kenntnis zu bringen. Mit dieser Beschränkung steht es im freien Ermessen der Handelskammer bzw. des Wahlkommissars, ein beliebiges Publikationsorgan zu wählen.

VI.

Feuerlöschwesen. Spritzenverbände.

Nr. 1. Entsch. v. 23. März 1906 (OVG. 48 319) I C 28/05.

ALR. II 7 §§ 37ff.; LGemO. v. 3. VII. 91 § 140; ZustG. §§ 139f.

1. Nach § 139 Abs. 2 ZustG. hat der Kreisausschuß über die gemeinschaftlichen Angelegenheiten jedes Spritzenverbandes, insbesondere die Aufbringung und die Verteilung der Kosten, die erforderlichen Festsetzungen durch ein von ihm festgestelltes Statut zu treffen, wenn eine Vereinbarung zwischen den Beteiligten nicht zustande kommt.

2. Uebernehmen unter der Herrschaft der LGemO. v. 3. VII. 91 die bisher zu einem Spritzenverbande nach § 139 ZustG. vereinigten Gemeinden und Gutsbezirke erweiterte Aufgaben in bezug auf das Feuerlöschwesen mit Genehmigung des Kreisausschusses, so kann dadurch die Umbildung des Spritzenverbandes in einen Gemeindeverband bewirkt werden, auf den dann die Bestimmungen der §§ 128ff. Anwendung finden. Trat aber dieser Rechtsakt vor dem Erlasse der LGemO. ein, so bewirkte er nicht etwa eine Erweiterung der Zwecke des bestehenden „Spritzenverbandes", sondern es entstand neben dem Spritzenverbande eine aus denselben Gliedern bestehende, aber von ihm verschiedene, auf privatrechtlicher Vereinbarung beruhende Gesellschaft, auf deren Angelegenheiten die Bestimmungen in §§ 139f. ZustG. keine Anwendung finden und deren Lasten, auch wenn sie von denselben Kommunalverbänden und nach demselben Maßstab aufzubringen sind, doch keine Verbandslasten, sondern von diesen verschiedene Leistungen darstellen. Rechtlich unmöglich aber ist es, eine Erweiterung der Zwecke eines Spritzenverbandes über die im § 139 Abs. 1 bestimmten Ziele hinaus durch eine Feststellung des Verbandsstatuts herbeizuführen, die der Kreisausschuß beim Mangel des Zustandekommens einer genehmigungsfähigen Vereinbarung bewirkt. Auch jetzt noch genügt ein Beschluß des Kreisausschusses nicht, um die Vereinigung von Gemeinden oder Gutsbezirken mit anderen Gemeinden oder Gutsbezirken zur gemeinschaftlichen Wahrnehmung kommunaler Angelegenheiten ohne oder wider den Willen der Beteiligten herbeizuführen; der ihre Zustimmung ergänzende Beschluß des Kreisausschusses ist vielmehr nur die Voraussetzung für die Anordnung des zur Bildung des Verbandes allein zuständigen Oberpräsidenten (§ 128 Abs. 2 LGemO. v. 3. VII. 91). Vor dem Erlasse dieses Gesetzes aber fehlte es an jeder rechtlichen Grundlage für die zwangsweise Bildung eines Verbandes mit weiteren Aufgaben als den in § 139 Abs. 1 ZustG. angegebenen eines Spritzenverbandes.

3. Zu den Lasten eines Spritzenverbandes im Sinne des § 140 Abs. 3 ZustG. gehören auch die Kosten für die Verwendung der Spritze auf der Brandstelle, die Kosten des Transports.

4. Erstattungsklagen einer am Spritzenverbande beteiligten Gemeinde gegen eine andere beteiligte Gemeinde wegen Erfüllung von Verbandsleistungen sind im Verwaltungsstreitverfahren auszutragen.

5. Die Pflicht zur Leistung der Feuerlöschhilfe bestimmt sich nicht nach den §§ 37ff. II 7 ALR., die nicht mehr geltendes Recht sind, sondern nach dem örtlichen Rechte, wie es in Rezessen, Urbarien, Observanzen usw. niedergelegt ist.

VII.
Konflikte.

Gesetzliche Grundlagen (nebst Materialien): G. v. 17. V. 07 (RGBl. 201) betr. Aenderungen des Reichsbeamtengesetzes v. 31. III. 73 (RGBl. 61). VhdlRT.: Drucks. Nr. 333, 440; StenB. 1198, 1594, 1604, 1642.

Literatur: Arndt: Das Reichsbeamtengesetz vom 31. März 1873 in der Fassung der Bekanntmachung v. 18. Mai 1907 (Berlin 1908). — Görres: Das Reichsbeamtengesetz, Beamtenunfallfürsorgegesetz und Beamtenhinterbliebenengesetz[16] (Berlin 1908).

Nr. 1. Entsch. v. 25. Okt. 1907 — I A 54/07.

Im Konfliktsverfahren kann eine angefochtene Amtshandlung nur dann als rechtlich zulässig befunden werden, wenn die tatsächlichen Voraussetzungen hierfür außer Zweifel gestellt sind, während in zweifelhaften Fällen der Rechtsweg zuzulassen ist[1]).

Nr. 2. Entsch. v. 15. Febr. 1907 — I 216.

G. v. 13. II. 54 § 1; ZPO. §§ 688ff.

Die Erhebung des Konflikts zugunsten eines Beamten setzt nach § 1 G. v. 13. II. 54 voraus, daß gegen ihn wegen einer in Ausübung oder in Veranlassung der Ausübung seines Amtes vorgenommenen Handlung oder wegen Unterlassung einer Amtshandlung eine gerichtliche Verfolgung im Wege des Zivil- oder Strafprozesses eingeleitet worden ist. Auch in der Zustellung eines Zahlungsbefehls nach §§ 688ff. ZPO. ist die Einleitung einer gerichtlichen Verfolgung im Wege des Zivilprozesses zu finden. Denn nach § 693 ZPO. treten mit der Zustellung des Zahlungsbefehls an den Schuldner die Wirkungen der Rechtshängigkeit ein; jede Partei kann, sofern die wegen des Anspruchs zu erhebende Klage vor die Amtsgerichte gehört, den Gegner zur mündlichen Verhandlung laden (§ 696 Abs. 2), und die Klage gilt, wenn rechtzeitig Widerspruch erhoben ist, mit der Zustellung des Zahlungsbefehls als beim Amtsgericht erhoben (Abs. 1 das.). Bei Ansprüchen gegen Beamte wegen Ueberschreitung ihrer amtlichen Befugnisse oder wegen pflichtwidriger Unterlassung von Amtshandlungen ist für Preußen ohne Rücksicht auf den Wert des Streitgegenstandes die ausschließliche Zuständigkeit der Landgerichte begründet (§ 70 Abs. 3 GVG., § 39[3] AusfG. v. 24. IV. 78). Daher erlöschen, wenn wegen eines solchen Anspruchs ein Zahlungsbefehl gegen einen Beamten erlassen ist, nach § 697 die Wirkungen der Rechtshängigkeit, falls nicht binnen einer sechsmonatigen Frist, welche von dem Tage der Benachrichtigung von der Erhebung des Widerspruchs läuft, die Klage bei dem zuständigen Landgericht erhoben wird.

Nr. 3. Entsch. v. 28. Sept. 1906 — I 1170.

G. v. 8. IV. 47 § 2; ZPO. § 304 Abs. 2.

1. Wenn nur ein Zwischenurteil ergangen ist — wenn auch ein solches, welches in betreff der Rechtsmittel als Endurteil anzusehen ist (§ 304 Abs. 2 ZPO.) —, so ist die Sache im Sinne des § 2 G. v. 8. IV. 47 bisher noch nicht rechtskräftig entschieden, gleichviel ob das Zwischenurteil die Rechtskraft erlangt hat oder nicht.

1) Die Richtigkeit dieses Satzes erregt Zweifel. Nach richtiger Meinung muß der Konfliktsrichter die Tatsachen durch eine umfangreichere Beweisaufnahme klarstellen und hierauf seine Ueberzeugung gründen. Zweifelhaft darf er keinen Fall lassen.

2. Sind die tatsächlichen Voraussetzungen für die Rechtmäßigkeit einer angefochtenen Amtshandlung nicht außer Zweifel gestellt, so darf der Konflikt nicht für begründet erachtet werden (vgl. Nr. 1 dieses Abschnitts).

Nr. 4. Entsch. v. 15. Dez. 1905 (OVG. 48 440) I A 145/05.

G. v. 13. II. 54 §§ 1, 3.

Wenn der Beamte selbst im Zivilwege klagt und gegen ihn eine Gegenforderung des Beklagten zum Zwecke der Aufrechnung geltend gemacht wird, so kann dagegen der Konflikt erhoben werden. Der Konfliktsrichter kann nach § 3 den Rechtsweg (die Rechtsverfolgung) gegen den Beamten für unzulässig erklären, nicht aber die Unzulässigkeit eines Verteidigungsmittels (Aufrechnung) aussprechen.

Nr. 5. Entsch. v. 14. Juni 1907 (OVG. 51 406) I A 49/07.

G. v. 31. III. 37 (GS. 65) §§ 1 f.

Nur einem mit der Uniform bekleideten oder mit einem amtlichen Abzeichen versehenen Forst- oder Jagdschutzbeamten ist der Waffengebrauch nach Maßgabe des § 1 G. v. 31. III. 37 gestattet.

Das Erkenntnis bringt die Entstehungsgeschichte des § 2.

VIII.

Kompetenzkonflikte.

Nr. 1. Entsch. v. 23. Okt. 1905 (OVG. 49 271) III C 103/05.

G. v. 22. V. 02 (GS. 145) Art. 3.

Nach Art. 3 G. betr. Aenderung der Vorschriften über die Kompetenzkonflikte zwischen den Gerichten und Verwaltungsbehörden v. 22. V. 02 dürfen sich die Verwaltungsbehörden und Verwaltungsgerichte nur dann auf Grund der Annahme der Zulässigkeit des Rechtswegs für unzuständig erklären, wenn das Reichsgericht selbst auf Unzulässigkeit des Rechtswegs erkannt hat, nicht aber, wenn das Reichsgericht lediglich die Revision gegen ein Erkenntnis des Oberlandesgerichts wegen eines Formfehlers usw. zurückgewiesen hat, ohne in der Sache selbst zu entscheiden, denn im letzteren Falle hat das Oberlandesgericht und nicht das Reichsgericht den Rechtsweg für unzulässig erachtet.

Fünfte Abteilung.

Verwaltungsstreitverfahren.

Literatur: Bartels: Das Verfahren vor den Verwaltungsgerichten (Berlin 1907). Kunze: Das Verwaltungsstreitverfahren (Berlin 1908).

Nr. 1. Entsch. v. 10. Okt. 1907 (OVG. 51 440) IV B 10/06.

LVG. § 63.

1. Wie ein jeder Prozeßrichter, darf auch in dem Verwaltungsstreitverfahren nach dem LVG. der Verwaltungsrichter sich der Beantwortung der zweifelhaften Frage nicht enthalten, ob er es mit einer Klage oder mit einem anderen Rechtsbehelfe, und, wenn eine Klage für vorliegend zu erachten ist, mit was für einer Klage er es zu tun hat. Eine derartige bestimmte Verantwortung bildet die notwendige Voraussetzung der von ihm zu treffenden Entscheidung. Er selbst muß prüfen und zuerst prüfen, womit er befaßt worden ist und sich deshalb seinerseits zu befassen hat. Läßt er dies dahingestellt, begnügt er sich mit verschiedenen Möglichkeiten und behandelt er die hiernach möglichen Rechtsbehelfe bloß als solche möglichen Rechtsbehelfe, so erfüllt er nicht die ihm obliegende Aufgabe, in dem Rechtsstreite eine feste Stellung zu nehmen und von der solchergestalt eingenommenen Stellung aus die notwendigen Folgerungen für die Entscheidung zu ziehen; denn seiner Entscheidung mangelt dann die erforderliche Bestimmtheit dessen, was wirklich entschieden worden ist, und ihre Tragweite ist völlig ungewiß.

2. Wie wenig ein entgegengesetztes Verfahren zulässig sein kann, zeigt sich nicht nur darin, daß es hierbei regelmäßig nicht möglich sein wird, den Wert des Streitgegenstandes, der nicht für jede der verschiedenen Möglichkeiten, sondern nur einmal für das einheitliche Streitverfahren festzusetzen ist, mit der gebotenen Bestimmtheit zu bezeichnen, sondern vor allem auch darin, daß unklar bleibt, welche Rechtskraftwirkung die Entscheidung äußert, ob gar keine, weil nichts fest entschieden ist, sondern bloß verschiedene Möglichkeiten behandelt sind, oder ob hinsichtlich jeder der Möglichkeiten oder hinsichtlich welcher von ihnen als der insoweit maßgebenden die Rechtskraftwirkung eintritt.

Nr. 2. Entsch v. 9. Juli 1906 (OVG. 49 243) IV C 48/06.

LVG. § 63.

Wenn sich mit hinreichender Deutlichkeit erkennen läßt, gegen wen eine Klage gerichtet ist, so schadet ein falsch gewähltes Rubrum nicht, der gesamte Inhalt der Klage ist entscheidend.

Nr. 3. Entsch. v. 23. Dez. 1907 (OVG. 51 449) IV C 109/06.

ZustG. § 56 Abs. 4; AnsiedlG. v. 10. VIII. 04 § 15; LVG. § 63.

Im Verwaltungsstreitverfahren kommt es im allgemeinen bei der Prüfung, gegen wen die Klage gerichtet ist, nicht bloß auf die Aufschrift der

Klage und den Wortlaut des Klageantrags an, vielmehr fragt es sich, was unter Berücksichtigung des Inhalts der Klage und des vorangegangenen Schriftwechsels als die Absicht des Klägers erkennbar ist. Gerade in Fällen, zB. des § 15 AnsiedlG. v. 25. VIII. 76 und § 15 G. v. 10. VIII. 04, ist es nicht erforderlich, die Einsprucherheber ausdrücklich als Mitbeklagte zu bezeichnen, vielmehr genügt es, wenn sich die Klage ersichtlich gegen einen auf Grund eines Einspruchs erlassenen Bescheid richtet. Hierdurch wird die Absicht, auch die Einspruchserheber als Mitbeklagte in Anspruch zu nehmen, außer Zweifel gestellt. Darum muß das Gericht die Einspruchserheber ohne weiteres als Mitbeklagte hinzuziehen, und es ist unschädlich, wenn der Kläger erst nach Ablauf der Klagefrist die Erklärung abgibt, daß die Klage auch gegen den Einsprechenden gerichtet sei (vgl. OVG. 11. VI. 06 **49** 393). Im Anschlusse hieran sei noch bemerkt, daß auch für das auf § 56 Abs. 4 ZustG. beruhende Verfahren in ständiger Rechtsprechung daran festgehalten worden ist, es sei die Klage bereits dann als gegen den Drittverpflichteten mit gerichtet anzusehen, wenn dieser zwar nicht in der Aufschrift ausdrücklich als Beklagter benannt ist, die Absicht, ihn statt des Klägers als öffentlichrechtlich verpflichtet in Anspruch zu nehmen, aber aus dem sonstigen Klageinhalt erkennbar sei. Der § 56 Abs. 6, welcher den Verwaltungsrichter ermächtigt, zur Vervollständigung der Klage eine angemessene Nachfrist zu erteilen, ist aber in der Rechtsprechung des Gerichtshofs dahin ausgelegt worden, daß dem Kläger bei Anbringung eines entsprechenden Gesuchs vor Ablauf der Klagefrist auch für die Vervollständigung der Klage durch Angabe der Person des statt des Klägers in Anspruch zu nehmenden Dritten eine Nachfrist gewährt werden kann (OVG. 15. III. 92 **22** 175).

Nr. 4. Entsch. v. 30. März 1906 (PrVerwBl. 27 803) II 730.

LVG. § 63.

Eine Widerklage kann in der Rechtsmittelinstanz nicht angebracht werden.

Nr. 5. Entsch. v. 20. Nov. 1905 (OVG. **48** 442) IV C 62/05.

KommAbgG. v. 14. VII. 93 § 70.

Gegen den Gemeindevorstand einer Landgemeinde schwebte ein Verwaltungsstreitverfahren vor dem Kreisausschusse wegen Heranziehung zu Gemeindeabgaben. Während des Streites wurde die Landgemeinde in eine Stadt einverleibt. Damit wurde der Bezirksausschuß zuständig und die Sache war dahin abzugeben.

Nr. 6. Entsch. v. 14. Febr. 1907 (PrVerwBl. 28 455) IV 241.

LVG. §§ 63 f.

Darüber, bei welchem Gerichte die Klage anzubringen ist, hat an sich der Kläger zu bestimmen. Wenn ein offenbarer Irrtum vorgekommen oder wenn nach Einreichung der Klage ein anderes Verwaltungsgericht zuständig geworden ist, so unterliegt die Abgabe durch Beschluß oder auch durch Verfügung keinem Bedenken (OVG. 20. XI. 05 **48** 444 und 19. IV. 06 — PrVerwBl. 27 912), vorausgesetzt, daß die Parteien damit einverstanden sind, und daß das andere Verwaltungsgericht unter Bejahung seiner Zuständigkeit zur Uebernahme der Sache bereit ist. Wenn diese Voraussetzungen nicht zutreffen, muß sich das Gericht, bei dem die Klage eingereicht worden ist, durch Urteil oder Vorbescheid für unzuständig erklären. Durch Beschluß oder Verfügung darf sich das Gericht nicht für unzuständig erklären. Beschluß und Verfügung sind nach § 110 LVG. angreifbar.

Nr. 7. Entsch. v. 18. April 1907 — IV C 23/06.

LVG. § 70.

Der Beigeladene hat ein gleiches Recht wie die Parteien auf Zustellung der Schriftsätze, sowie der Ladungen, Anordnungen und Entscheidungen des Gerichts (OVG. 34 450, 48 133).

Nr. 8. Entsch. v. 5. Jan. 1906 (OVG. 48 444) VIII C 138/05.

LVG. §§ 52, 56, 85 f.; ZPO. §§ 180—186.

1. Nach § 85 LVG. ist die Einlegung der Berufung an eine Frist von zwei Wochen gebunden, und nach § 86 Abs. 4 muß bei Fristversäumnis die Berufung zurückgewiesen werden. Alle Fristen im Verwaltungsstreitverfahren beginnen nach § 52, soweit nicht das Gesetz anderes vorschreibt, mit der Zustellung. Nun enthält zwar das LVG. selbst über Form und Art der Zustellung keine besonderen Vorschriften, indem § 52 Abs. 1 Satz 2 nur für die Berechnung der Fristen auf die Bürgerlichen Prozeßgesetze verweist. Selbstverständlich aber setzt, da sich sonst die mit den Versäumnisfolgen versehene Frist nicht würde berechnen lassen, das LVG. eine Zustellung voraus, die als solche nach Form und Art zu erkennen sein muß; danach ist von vornherein anzunehmen, daß das LVG. die in der ZPO. geordnete Zustellung im Sinne gehabt hat. Dies ist übrigens auch ausdrücklich ausgesprochen. Denn Form und Art der Zustellung gehören in den Geschäftsgang und das Verfahren des Kreisausschusses, und hierüber sollen (s. § 56) die vom Minister des Innern zu erlassenden Regulative bestimmen, die also keineswegs bloße Ordnungsvorschriften sind, sondern dem Gesetze gleichstehen. Nun sind für die Ausführung der Zustellungen der Kreisausschußentscheidungen nach § 17 Regl. für die Kreisausschüsse v. 28. II. 84 und des danach geltenden § 16^{VI} Regl. für das OVG. v. 22. II. 92 die Bestimmungen der §§ 180 bis 186 ZPO. maßgebend.

2. Nach § 183 Abs. 2 ZPO. ist die Zustellung an einen Gehilfen eines Rechtsanwalts nur wirksam, wenn der Rechtsanwalt in seinem Geschäftslokale nicht angetroffen wird und der Gehilfe darin anwesend ist. Die Zustellung an einen Gehilfen auf der Straße ist nicht zulässig, zumal wenn nicht einmal festgestellt ist, daß der Rechtsanwalt in seinem Geschäftslokale nicht anwesend war. Darauf, ob der Gehilfe zur Annahme bereit war, kommt es nicht an, während allerdings solche Bereitschaft, wenn dem Adressaten selbst zugestellt wird, vom Gesetze (§ 180 ZPO.) beachtet wird.

Nr. 9. Entsch. v. 15. März 1892 (OVG. 22 175) IV C 2/92.

ZustG. § 56 Abs. 4 und 6.

Die im § 56 ZustG. vorgeschriebenen Fristen sind Teile des öffentlichen Rechts und als solche von den Verwaltungsgerichten aller Instanzen von Amts wegen zu prüfen.

Nr. 10. Entsch. v. 25. März 1907 (OVG. 50 442) III C 158/06.

LVG. § 40; Regl. v. 28. II. 84 (MBl. 41) § 7 Abs. 1.

Der § 7 Abs. 1 Regl. zur Ordnung des Geschäftsganges und des Verfahrens bei den Kreisausschüssen v. 28. II. 84 lautet:

„Der Vorsitzende verteilt die Geschäfte unter die Mitglieder des Kollegiums. In den zur kollegialischen Beschlußfassung oder Entscheidung gelangenden Sachen bestellt der Vorsitzende aus der Zahl der Mitglieder einen Referenten und nach Befinden einen Korreferenten; auch kann er sich selbst und da, wo ein Syndikus angestellt ist, auch diesen zum Referenten oder zum Korreferenten ernennen."

Es ist richtig, daß die Vorschriften des Regulativs keineswegs bloße Ordnungsvorschriften sind, vielmehr dem Gesetze gleichstehen (OVG. 5. I. 06 48 445). Als Referent kann daher — abgesehen von dem Falle der Bestellung des Syndikus zum Referenten — nur ein Mitglied des Kreisausschusses bestellt werden und diesem steht als Berichterstatter nach § 40 LVG. in allen Fällen Stimmrecht zu. Das Gesetz verbietet aber keineswegs, daß der Referent in der Erstattung des Berichts und in dem Vortrage der Sache in der Sitzung des Kreisausschusses durch einen ihm zu diesem Zwecke vom Vorsitzenden zugeordneten Hilfsarbeiter unterstützt wird. Nur in diesem Sinne kann die Beauftragung eines Beamten, der weder Syndikus noch Mitglied des Kreisausschusses ist und daher das dem Mitglied als Berichterstatter nach § 40 in allen Fällen zukommende Stimmrecht gar nicht ausüben kann, aufgefaßt werden. Die Bezeichnung eines solchen Hilfsarbeiters als „Referent" ist dabei ganz wesentlich. Referent ist in Wahrheit das vom Vorsitzenden neben dem Hilfsarbeiter als Berichterstatter bestellte Mitglied des Kreisausschusses und, wenn ein solches nicht ausdrücklich bezeichnet ist, der Vorsitzende des Kreisausschusses selbst, sei es nun der Landrat oder sein in der Sitzung des Kreisausschusses den Vorsitz führender Stellvertreter.

Nr. 11. Entsch. v. 2. Mai 1907 — III C 270/06.

LVG. §§ 72, 94.

Für den Richter kommen die Sachverständigen nur als Gehilfen für die Urteilsfindung in Betracht. Deshalb läßt sich eine Revision mit Erfolg nicht schon darauf stützen, daß der Richter die beantragte Anhörung von Sachverständigen nicht in dem beantragten Umfange hat eintreten lassen. Die Kenntnisnahme von dem Inhalt der von einer Partei vorgelegten Gutachten Sachverständiger darf der Richter indes überhaupt nicht und vollends nicht schon deshalb ablehnen, weil er sich über die zu treffende Entscheidung bereits schlüssig gemacht habe. Er ist zur Kenntnisnahme von ihrem Inhalte ebenso verpflichtet, wie es für vorgelegte Beweisurkunden und tatsächliche Anführungen überhaupt zutrifft. Ihr Inhalt muß bei der mündlichen Verhandlung zum Vortrage gelangen. Für die Entscheidung darf von ihrer Würdigung dann nicht abgesehen werden, wenn sie eine von dem Richter für die Entscheidung als wesentlich erachtete Tatfrage betreffen.

Nr. 12. Entsch. v. 3. Mai 1906 (OVG. 49 443) III 825.

LVG. § 110; ZustG. § 114 Abs. 4.

1. Es bestimmt der § 110 LVG.:

„Auf Beschwerden, welche die Leitung des Verfahrens bei den Kreis- und Bezirksausschüssen zum Gegenstande haben, entscheidet das im Instanzenzuge zunächst höhere Gericht endgültig."

Dabei kann es sich, wenn anders dem eröffneten Beschwerderechte eine Bedeutung zukommen soll, nur um ein Verfahren handeln, welches noch im Gange ist und auf welches daher durch die Entscheidung der Beschwerdeinstanz eine Einwirkung ausgeübt werden kann.

2. Nach § 114 Abs. 4 ZustG. ist die über Anträge auf Erteilung der Erlaubnis zum Betriebe der Schankwirtschaft im Verwaltungsstreitverfahren ergangene Entscheidung des Bezirksausschusses endgültig. Hieraus folgt ohne weiteres, daß die Versagung der nachgesuchten Erlaubnis den Gegenstand eines Beschwerdeangriffs nicht bilden kann. Dasselbe gilt aber von dem der Entscheidung des Bezirksausschusses vorangegangenen Verfahren und von der in dem Urteile hinsichtlich der Kosten getroffenen Bestimmung. Auch in

diesen beiden Beziehungen wird durch die Endgültigkeit des ergangenen Urteils ein Beschwerdeverfahren ausgeschlossen. Das über den Schankerlaubnisantrag geführte Verfahren ist durch das Urteil des Bezirksausschusses abgeschlossen und erledigt. Eine Einwirkung der Beschwerdeinstanz auf dieses Verfahren ist danach vom Gesetze versagt.

Nr. 13. Entsch. v. 10. Jan. 1907 (OVG. 50 290) IV C 52/06.

LVG. §§ 64, 67, 89.

Es fragt sich, welche Bedeutung bei den Bescheiden aus §§ 64, 67, 89 LVG. die Unterlassung der dort vorgeschriebenen Belehrung oder die Erteilung einer unrichtigen Belehrung hat. In der ZirkVf. v. 26. IX. 76 (OVG. 1 437[4]), ist ein solcher Mangel auf Grund der damaligen Gesetzgebung (§ 37 G. v. 3. VII. 75 — GS. 375) als ein „wesentlicher" im Sinne von § 64[2] bezeichnet worden und in dem Urt. v. 20. III. 86 (PrVerwBl. 7 399) ist ausgesprochen, daß ein solcher Mangel den Bescheid nicht ipso jure nichtig mache, der Bescheid also, wenn nicht rechtzeitig angefochten, des Mangels ungeachtet rechtskräftig werde. Davon abweichend ist in einer Entsch. v. 9. II. 04 ausgeführt worden:

> Da die Vorschrift des § 64 Abs. 4 LVG. den Zweck verfolgt, daß die Beteiligten von den ihnen gegen den Vorbescheid zustehenden Rechtsbehelfen und von der Frist, in der diese geltend gemacht werden müssen, Kenntnis erhalten sollen, so können die Parteien mit jenen Rechtsbehelfen so lange nicht präkludiert werden, als ihnen diese Kenntnis nicht in der gesetzlich verordneten Weise zuteil geworden und alsdann die Frist abgelaufen ist.

An diesem Grundsatz ist festzuhalten (vgl. auch VerwArch. 6 505 Anm. 23).

Nr. 14. Entsch. v. 6. April 1905 (PrVerwBl. 27 644) III 665.

KrankVG. §§ 73, 86 Abs. 2; ZPO. § 245.

Ueber die Einrede der mangelnden Parteifähigkeit kann im Verwaltungsstreitverfahren nicht durch Zwischenurteil, wie im Zivilprozesse (ZPO. § 245), erkannt werden.

Nr. 15. Entsch. v. 18. Mai 1905 (PrVerwBl. 27 681) III 1006.

BGB. § 1363ff.; ZPO. § 739.

Der Ehemann ist im Falle gesetzlichen Güterrechts nach Maßgabe der §§ 1363ff. BGB. zu Passivprozessen bezüglich des eingebrachten Gutes der Ehefrau nicht legitimiert und die Ehefrau braucht die gegen den Ehemann ergehende Entscheidung nicht gelten zu lassen.

Nr. 16. Entsch. v. 1. Nov. 1906 (OVG. 49 436) IV B 4/06.

ZPO. § 319.

Wenngleich für das Verwaltungsstreitverfahren eine der Vorschrift des § 319 ZPO. entsprechende Bestimmung fehlt, ist es unbedenklich, die Zulässigkeit von Berichtigungen der dort bezeichneten Art als auf einer allgemein gültigen Regel des Prozeßrechts beruhend anzusehen. Auch kann vorkommendenfalls nach den in dem RG. v. 18. IX. 03 (RGZ. 55 278) dargelegten Grundsätzen verfahren werden. In diesem Beschluß ist es insbesondere für zulässig erklärt worden, in dem Falle, daß die Urteilsformel in dem vollständig abgefaßten Urteil infolge eines Versehens von der im Verkündigungstermine laut des Protokolls vorgelesenen Urteilsformel abweicht, eine Berichtigung des Fehlers durch Gerichtsbeschluß auszusprechen. Das Reichsgericht hat ferner angenommen, daß auch eine Auslassung eine einem Schreibfehler ähnliche offenbare Unrichtigkeit darstellen und demgemäß unter die Vorschrift des § 319 ZPO. fallen könne. Dies gilt auch für das Verwaltungsstreitverfahren.

Nr. 17. Entsch. v. 20. Juni 1907 — III C 94/06.

LVG. § 92; ZPO. § 268.

Der § 92 LVG., der jede „Abänderung der Klage" für die Berufungsinstanz ausschließt, steht nach der ständigen Rechtsprechung des OVG. nicht nur einer Aenderung des Klagegrundes, sondern auch jeder Erweiterung des Klageantrages entgegen. Es darf daher, wenn in der Klage eine Entschädigung von bestimmter Höhe gefordert worden ist, über deren Betrag in der Berufungsinstanz nicht hinausgegangen werden (OVG. 17. XI. 04 46 299 und für das frühere Preußische Zivilprozeßrecht § 22 AGO. I, 5, Koch, PO., Anm. zu § 22 aaO. und Heffter, Preuß. Zivilprozeß 138 bei d, Anm. 7). Eine gegenteilige, auf die Bestimmungen der ZPO. gestützte Ansicht geht fehl. Der § 92 LVG. erklärt die „Abänderung der Klage" ohne jede Einschränkung für unzulässig, während der § 268 ZPO. ausdrücklich vorschreibt: „Als eine Aenderung der Klage ist es nicht anzusehen, wenn ohne Aenderung des Klagegrundes: 1. usw. 2. der Klageantrag in der Hauptsache oder in bezug auf Nebenforderungen erweitert oder beschränkt wird."

Nr. 18. Entsch. v. 12. Okt. 1906 (OVG. 49 445) I C 39/05.

LVG. §§ 92, 98f.

1. Verschieden sind die Aufgaben des Berufungsrichters und des Revisionsrichters. Diesem liegt innerhalb der durch § 92 LVG. gezogenen Grenzen die Nachprüfung der angefochtenen Entscheidung ob. Ergibt die Prüfung, daß die Entscheidung auf der Nichtanwendung oder auf der unrichtigen Anwendung des bestehenden Rechtes, insbesondere auch der von den Behörden innerhalb ihrer Zuständigkeit erlassenen Verordnungen beruht, oder daß das Verfahren an wesentlichen Mängeln leidet, so hebt der Revisionsrichter die Entscheidung auf. Durch die Aufhebung und lediglich durch sie, erhält er freien Raum zur eigenen Beurteilung des Streitfalls. Erscheint bei dieser Beurteilung die Sache als nicht spruchreif, so weist der Revisionsrichter sie zur anderweitigen Entscheidung an die dazu nach der Sachlage geeignete Instanz zurück (§§ 98f.). Dem Berufungsrichter ist dagegen eine Nachprüfung des erstinstanzlichen Spruches durch das Gesetz nicht übertragen. Ihm steht vielmehr die Entschließung über die Klage auf Grund des ihm vorliegenden Tatbestandes in vollem Umfang und in ganz derselben Weise wie dem ersten Richter zu (OVG. 6 270, 35 95). Gelangt er daher zu einem anderen Ergebnis als jener, so hebt er nicht seine Entscheidung auf, sondern ändert sie ab. Erachtet er die Sache für nicht spruchreif, so ist er nicht genötigt, sie behufs Vornahme der erforderlichen Ermittelungen an die Vorinstanz zurückzuverweisen. Er ist befugt, seinerseits Untersuchungen an Ort und Stelle zu veranlassen, Zeugen und Sachverständige zu laden und eidlich zu vernehmen, überhaupt den angetretenen oder nach seinem Ermessen erforderlichen Beweis in vollem Umfange zu erheben (§§ 76, 92 Abs. 1 aaO.). Dieser Befugnis entspricht auch regelmäßig die Pflicht des Berufungsrichters, die erforderlichen Ermittelungen seinerseits vorzunehmen, wenn es ihm auch unter Umständen, insbesondere da, wo es sich um die Beurteilung örtlicher Verhält-

nisse handelt, freistehen mag, die Sache zu diesem Zwecke an den ersten Richter zurückzuverweisen (OVG. 1 407).

2. Weist der Berufungsrichter in die erste Instanz zurück, so muß sich u. a. erkennen lassen, ob die Zurückverweisung in der Erwägung erfolgt ist, daß besondere Gründe die Vornahme der für erforderlich erachteten Beweiserhebung durch die erste Instanz zweckmäßiger erscheinen lassen.

Nr. 19. Entsch. v. 4. Okt. 1906 (OVG. 50 315) IV C 51/06.

1. Wenn der Kreisausschuß eine Klage gegen eine polizeiliche Verfügung abweist, der Bezirksausschuß auf Berufung des Klägers die erste Entscheidung dahin abändert, daß die Klage zurückzuweisen, die Klageschrift als Einspruch gemäß § 56 ZustG. an die beklagte Polizeibehörde zur Beschlußfassung abzugeben, dem Kläger die baren Auslagen des Verfahrens aufzuerlegen, die außergerichtlichen Kosten der Parteien gegeneinander aufzurechnen und die Pauschquanten außer Ansatz zu lassen, so liegt hierin eine Abänderung zugunsten des Klägers und auf seine alleinige Revision kann das erste Erkenntnis nicht wieder hergestellt werden.

2. Durch das Erkenntnis des Bezirksausschusses wird die Wegepolizeibehörde nicht gehindert, den Einspruch zB. mit der Begründung abzuweisen, daß gar keine polizeiliche Verfügung erlassen worden sei.

Nr. 20. Entsch. v. 6. Febr. 1906 — II 283.

LVG. § 112.

Wenn nach § 112 LVG. ein unabwendbarer, die Wiedereinsetzung in den vorigen Stand rechtfertigender Umstand darin zu erblicken ist, daß der Antragsteller von einer Zustellung ohne sein Verschulden keine Kenntnis erhält, so ist der Antrag auf Wiedereinsetzung stets dann begründet, wenn der Antragsteller von der Ersatzzustellung, die den Beginn der Frist eröffnet hat, selbst keine Kenntnis erhalten hat und ihn hieran keine Schuld trifft, einerlei, ob im Falle seiner Abwesenheit etwa die Bestellung eines Bevollmächtigten angezeigt war oder nicht.

Nr. 21. Entsch. v. 18. Jan. 1906 (OVG. 48 251) IV C 94/05.

LVG. § 105; ZustG. § 56 Abs. 4.

Bisher war in der Rechtsprechung angenommen worden, daß die Anfechtung der Entscheidung über den Kostenpunkt im Wege des Anschlusses zulässig sei, wenn die Vorentscheidung in der Hauptsache von der Gegenpartei angefochten worden, weil damit dem Erfordernisse des § 105 LVG. genügt sei, daß nämlich das Nebeneinanderbestehen einer endgültig verbleibenden Entscheidung in der Hauptsache und einer etwa abweichenden Beurteilung derselben bei der Entscheidung über den Kostenpunkt in höherer Instanz vermieden wird. In diesem Sinne steht, wenn bei einem Verfahren gemäß § 56 Abs. 4 ZustG. ein Drittverpflichteter verklagt ist, die Wegepolizeibehörde zu diesem ebenso wie zu der klagenden Partei in dem Verhältnis einer Gegenpartei, weil es, wenn von einem der in Betracht kommenden drei Beteiligten in der Hauptsache ein zulässiges Rechtsmittel eingelegt ist, zu einer Entscheidung über die Hauptsache in höherer Instanz kommt, mithin eine Entscheidung über den Kostenpunkt allein vermieden wird.

Nr. 22. Entsch. v. 1. Febr. 1906 (OVG. 48 447) IV C 156/04.

1. Wenn eine Partei bei mehreren, in verschiedenen Streitsachen auf denselben Tag anberaumten Terminen durch denselben Bevollmächtigten vertreten worden ist, so sind, soweit sie obgesiegt hat, die erstattungsfähigen Auslagen auf die mehreren Streitsachen zu verteilen.

2. Nach rechtskräftiger Entscheidung sämtlicher Streitsachen kann die Partei den Betrag, für den ein Ersatz der ursprünglichen Verteilung gemäß nicht zu erlangen ist, noch nachträglich von den Gegnern, die endgültig unterlegen sind, einfordern.

Nr. 23. Entsch. v. 11. Mai 1906 (OVG. 49 447) VIII C 59/05.

LVG. §§ 103 f.

1. Das LVG. sieht eine Belastung des obsiegenden Klägers mit den Prozeßkosten nicht schon deshalb vor, weil der Beklagte durch sein Verhalten zur Erhebung der Klage keine Veranlassung gegeben habe (§ 93 ZPO.); der § 104 LVG. erlaubt vielmehr eine Verurteilung des obsiegenden Teiles in die Kosten und baren Auslagen nur, soweit dieser sie durch sein eigenes Verschulden verursacht hat. Damit ist aber nur ein Verschulden im Streitverfahren gemeint. Wegen Erhebung der an sich begründeten Klage dürfen dem Kläger um deswillen, weil er vor Erhebung der Klage noch andere Schritte zur Erlangung seiner Befriedigung hätte versuchen sollen, keine Kosten auferlegt werden.

2. Indem der § 94[1] LVG. die Aufhebung vorschreibt, wenn die Entscheidung auf einer Rechtsverletzung „beruht", bringt er zum Ausdruck, daß nur eine die Entscheidung beeinflussende Rechtsverletzung die Aufhebung nach sich zieht. Da nun ein Urteil zwei selbständige Entscheidungen enthalten kann, so darf auch die eine aufgehoben und die andere bestätigt werden, was mit der Rechtsprechung des OVG. im Einklang steht. In bezug auf Hauptsache und Kostenpunkt wird eine solche Scheidung regelmäßig nicht eintreten, weil nach der Regel des § 103 die Entscheidung des Kostenpunkts der der Hauptsache folgt, die Kosten dem unterliegenden Teile aufzuerlegen sind. Im Falle des § 104 ist dies anders; denn in dessen Anwendungsbereiche werden die Kosten, abweichend von der Regel des § 103, ohne Rücksicht auf die Entscheidung in der Hauptsache aus dem mit ihr ganz außer Zusammenhang stehenden besonderen Grunde eines Prozeßverschuldens des obsiegenden Teiles diesem auferlegt. Danach liegen aber zwei selbständige Entscheidungen vor, so daß eine Aufhebung bloß bezüglich des Kostenpunkts möglich ist (vgl. Urt. v. 22. III. 98 — PrVerwBl. 20 192).

Nr. 24. Beschl. v. 23. Sept. 1907 (OVG. 51 452) IV C 104/06.

GebO. v. 7. VII. 79/17. V. 98 § 7; LVG. § 103 Abs. 3.

Ein Rechtsanwalt hat, wenn er in einem Verwaltungsstreitverfahren selbst Partei ist, von der unterliegenden Partei die Gebühren nur dann zu beanspruchen, wenn sie seine baren Auslagen für die persönliche Wahrnehmung der mündlichen Verhandlung übersteigen.

Die Anwendung des § 7 GebO. v. 7. VII. 79/17. V. 98 wird nicht durch den Abs. 3 des § 103 LVG. „die Gebühren der Rechtsanwälte bestimmen sich nach den für dieselben bei den ordentlichen Gerichten geltenden Vorschriften" — gerechtfertigt, weil dieser Satz nur im Zusammenhange mit den vorausgegangenen Vorschriften zu verstehen ist, welche ausdrücklich bloß die Gebühren eines die obsiegende Partei vertretenden Rechtsanwalts behandeln. Nun bestimmt allerdings Art. 2 des Ges., enthaltend die landesgesetzlichen Vorschriften über die Gebühren der Rechtsanwälte und der Gerichtsvollzieher v. 27. IX. 99 in der Fassung der Bek. des Justizministers v. 6. X. 99: „Die Deutsche Gebührenordnung für Rechtsanwälte findet entsprechende Anwendung auf die Berufstätigkeit des Rechtsanwalts: ‚1. usw., 3. im Verwaltungsstreitverfahren'. Allein hier ist nur wiederholt, was schon § 103 Abs. 3 LVG vorschrieb, eine Aenderung des § 103 Abs. 1, der nur die Erstattung der erforderlichen baren Auslagen vorsieht, ist dadurch nicht beabsichtigt worden und nicht eingetreten.

(Beschl. v. 6. VI. 01 OVG. 39 459). Dies wird dadurch bestätigt, daß nach Art. 15 Abs. 2 G. v. 27. IX./6. X. 99 der § 7 GebO. in den Fällen der Art. 4—7 des Gesetzes (Zwangsversteigerung, Zwangsverwaltung, Verteilungsverfahren anderer Art, Verfahren der Zwangsliquidation einer Bahneinheit) Anwendung findet, also nicht in einem Falle wie der hier in Rede stehende.

Nr. 25. Entsch. v. 29. Nov. 1906 (OVG. 50 319) IV B 64/03.

LVG. § 60.

Gegen den Kläger war eine wegebaupolizeiliche Verfügung erlassen worden; auf Klage wurde einem Dritten, und nicht dem Kläger X, die Wegebesserung auferlegt. Inzwischen ließ die Wegepolizei den Weg ausbessern und zog von dem Kläger die Kosten ein. Im Wege der Vollstreckung eines Urteils gemäß § 60 LVG. beantragte der Kläger, die Kosten von X einzuziehen. Der Vorsitzende verfügte die Zwangsvollstreckung, im Wege der Beschwerde hob das OVG. die Verfügung auf, weil die Formel der rechtskräftigen Entscheidung nicht auf Erstattung des Geleisteten, sondern auf die Verpflichtung zur Wegebesserung gegangen sei. In dem Erkenntnis heißt es: Eine Vollstreckung im Verwaltungsstreitverfahren gemäß § 60 LVG. ist nur möglich, wenn und soweit die im Verwaltungsstreitverfahren ergangene rechtskräftige Entscheidung die erforderliche Unterlage bietet. Dabei ist die Formel der Entscheidung maßgebend; ihre Gründe können bloß benutzt werden, um die Bedeutung und Tragweite der Formel festzustellen. Die Zurückerstattung der Kosten hat nicht den Gegenstand des Verwaltungsstreitverfahrens gebildet. Der angefochtene Beschluß bewegt sich daher nicht mehr im Rahmen des § 60; durch ihn wird nicht die ergangene Entscheidung vollstreckt, sondern eine Folge aus ihr gezogen, was, selbst wenn die Folge an sich richtig sein sollte, doch im Wege einer bloßen Vollstreckung nicht geschehen darf. Dem Kläger bleibt nur übrig, gemäß § 56 Abs. 5f. ZustG. gegen X auf Erstattung zu klagen.

Nr. 26. Entsch. v. 8. Jan. 1906 (OVG. 48 308) III A 30/04.

LVG. § 126; GewO. § 49.

Der Beschluß des Kreisausschusses, durch den nach § 49 GewO. eine Fristverlängerung für den Beginn des Unternehmens gewährt wird, kann von dem Vorsitzenden durch Klage aus § 126 LVG. angefochten werden; der Beschluß ist endgültig.

Nr. 27. Entsch. v. 8. März 1906 (OVG. 49 440) III C 164/05.

ZustG. § 114 Abs. 4; LVG. § 126.

Nach § 114 Abs. 4 ZustG. ist die Entscheidung des Bezirksausschusses in der Berufungsinstanz über Anträge auf Erteilung der Schankerlaubnis endgültig. Das OVG. kann eine solche Entscheidung nicht abändern, denn es ist kein Rechtsmittel in der Hauptsache oder im Kostenpunkte gegeben.

Daß der Abs. 4 des § 114 ZustG. sich nicht nur auf die Fälle des Abs. 2 das., sondern auch auf diejenigen des Abs. 3 Satz 2 bezieht, ergibt sich klar aus dem Zusammenhange der dort getroffenen Bestimmungen. In dem OVG. 18. V. 86 30 334 hatte der Kreisausschuß die nachgesuchte Erlaubnis zur Ausübung der Schankwirtschaft im Beschlußverfahren nicht versagt, sondern erteilt. Die Revision wurde deshalb für zulässig und begründet erachtet, weil der die Erteilung aussprechende Beschluß endgültig ist, das Verwaltungsstreitverfahren mithin gar nicht eingeleitet werden durfte, die Verwaltungsgerichte also ihre Zuständigkeit überschritten hatten und aus diesem Grunde der § 114 Abs. 4 nicht anwendbar war. Das trifft aber dann, wenn der Kreisausschuß (Stadtausschuß) die erbetene Erlaubnis nur im Verwaltungsstreitverfahren erteilen durfte, dieses Verfahren also stattfinden mußte, nicht zu.

Zeitfolgeverzeichnis der Entscheidungen.

In der ersten Spalte wiederholen sich auch bei Entscheidungen gleichen Datums die Tagesziffern. Nur einmal steht die Tagesziffer, wenn ein und dieselbe Entscheidung auf mehreren Seiten dieses Bandes (fünfte Spalte) vorkommt, zuweilen auch unter verschiedenartiger Bezeichnung des „Gegenstandes" in der zweiten Spalte, vereinzelt auch der „Fundstelle" in der dritten und vierten Spalte.

Von den auf S. 932 des ersten Hauptbandes erwähnten „besonderen Abkürzungen" kommen hier nur folgende vor:

A. = **Arb**.Verf.
B. = **Bochm**.Mitt.
K. = **K.**G.J.
M. = **M.**Bl.
O. = **O.**V.G.
P. = **Pr.**Verw.Bl.
T. = O.**Tr.**

Außerdem:

Gew.A. = **Gew.Arch.**

Striche (— — | —) stehen in der dritten und vierten Spalte bei Entscheidungen, deren „Fundstelle" im Text dieses Bandes nicht angegeben und auch nicht anderweitig ermittelt worden ist.

Die Schrägstellung der Seitenziffern in der vierten Spalte bedeutet, daß die Entscheidung nur in einer Anmerkung des betr. Bandes vorkommt, in der fünften Spalte, daß sie auf der betr. Textseite nicht abgedruckt, sondern daselbst nur in bezug genommen sind.

Die Ziffern in der fünften Spalte verweisen auf die Seiten des vorliegenden Bandes.

Juli 1840 — März 1888.

Datum	Gegenstand	abgedruckt Band	abgedruckt Seite	Seite
1840 Juli 17.	Schulbaulast	Koch, SchlesA. 4	150[1]	*185*
1857 Febr. 13.	Wasserpolizei	T. 35	176	*218*
1864 Mai 4.	Schulbaulast	T. 52	307	*185*
1876 Sept. 26.	VerwStrVerf.	O. 1	407	*373*
Nov. 29.	Wegepolizei	O. 1	270	*261*
1877 Juni 13.	Ansiedelungen	O. 2	377	*236*
1878 März 2.	Poliz.Verfggen	O. 4	391	*317*
April 3.	Jagdpolizei	O. 4	213	*139*
Juni 27.	Jagdpolizei	O. 4	218	*262*
Sept. 14.	Ansiedelungen	O. 4	381	*236* *244*
28.	Schulunterhaltung	O. 4	195	*139*
Nov. 15.	Brücken	O. 5	405	*214*
1879 Juni 4.	Ansiedelungen	O. 5	403	*236* *244*
7.	Gewerbepolizei	O. 5	289	*289*
1880 April 3.	Ansiedelungen	O. 6	338	*242*
Mai 5.	Ansiedelungen	O. 6	331	*242*
Juni 5.	VerwStrVerf.	O. 6	270	*372*
26.	Poliz.Verfggen	O. 6	370	*308*
Nov. 10.	Poliz.Verfggen	O. 7	351	*311*
1881 Febr. 14.	Brücken	O. 7	1	*264*
März 3.	Wasserpolizei	O. 7	270	*218*
Mai 25.	Wegepolizei	O. 6	379	*255*
Dez. 5.	Baupolizei	O. 8	327	*239*
1882 Juni 14.	Wegepolizei	O. 9	373	*255*
1882 Sept. 25.	Jagdpolizei	O. 10	143	*229*
1883 Mai 25.	Fleischbeschauer	M. 83	165	*321*
Okt. 29.	Gewerbepolizei	O. 10	263	*289*
Dez. 22.	Wegepolizei	O. 10	194	*256*
1884 Febr. 13.	Poliz.Verfggen	O. 10	207	*323*
April 15.	Strompolizei	O. 11	239	*213*
30.	Ansiedelungen	O. 11	363	*245*
Okt. 11.	Poliz.Verfggen	O. 11	382	*308*
Dez. 13.	Poliz.Verfggen	O. 11	398	*313*
1885 Mai 1.	Schulunterhaltung	O. 12	217	*139*
30.	Gutsbezirk	O. 12	178	*67*
Nov. 2.	Brücken	O. 12	248	*263*
Dez. 19.	Disziplinarwesen	P. 7	160	*359*
1886 Febr. 6.	Kirchenvermögen	O. 13	191	*82*
März 18.	Poliz.Verfggen	O. 13	389	*323*
18.	Baupolizei	O. 13	393	*247* *248*
20.	VerwStrVerf.	P. 7	399	*371*
Mai 18.	VerwStrVerf.	O. 30	334	*375*
Juni 24.	Wasserpolizei	O. 13	323	*212*
Juli 6.	Gemeindewahlen	O. 13	75	*262*
Okt. 13.	Staats-angehörigkeit	O. 14	394	*208*
1887 März 16.	Wegepolizei	O. 14	279	*262*
April 23.	Wegebaupflicht	O. 15	284	*274*
Okt. 13.	Wasserpolizei	O. 15	334	*217*
29.	Schullasten	O. 15	225	*139*
1888 Jan. 2.	Kanalisation	O. 16	321	*214*
März 28.	Auktionatoren-gewerbe	Reger, Entsch. 9	13	*293*

[1]) T.

April 1888 — Dezember 1894.

Datum	Gegenstand	abgedruckt Band	abgedruckt Seite	Seite
1888 April 28.	Poliz.Verfggen	O. 16	288	317, 319
Mai 12.	Schullasten	O. 16	281	262
28.	KrankVers.	O. 16	359	331
Juni 20.	Auktionatoren-gewerbe	Reger. Entsch. 9	214	294
Sept. 14.	Gemeindewahlen	O. 17	117	115
Nov. 21.	Wegepolizei	P. 10	155	255
Dez. 1.	Disziplinarwesen	O. 17	443	357
1889 Jan. 17.	Poliz.Verfggen	O. 17	442	318
Sept. 26.	Baupolizei	O. 18	373	251, 252
26.	Brücken	O. 18	227	263
Okt. 10.	KrankUnfVers.	O. 18	355	349, 352
Nov. 14.	Waffentragen	RGSt. 20	43	322
23.	Wegepolizei	O. 18	414	214
25.	Baupolizei	O. 18	393	323
1890 Febr. 20.	Trunkenbold	K. 10	275	313
März 21.	Wegeunterhaltung	O. 19	260	271
April 11.	Baupolizei	O. 19	371	308
Okt. 27.	Gewerbepolizei	O. 20	343	296
Nov. 3.	Wasserpolizei	O. 20	309	265
Dez. 9.	Wegebaupolizei	O. 20	274	273
20.	Wegebaupolizei	O. 20	272	273
1891 Febr. 10.	Wegeunterhaltung	O. 20	239	272
März 10.	Brücken	O. 21	239	263
April 20.	Trödelhandel	O. 21	325	291
Mai 26.	Pol. Zwangsmittel	O. 21	292	324
29.	Ansiedelungen	O. 21	398	236
Juni 23.	Wegepolizei	O. 21	256	266

Datum	Gegenstand	abgedruckt Band	abgedruckt Seite	Seite
1891 Okt. 3.	Preßpolizei	O. 40	295	296
13.	Wegebaulast	O. 22	240	269, 270
Nov. 12.	Gewerbepolizei	O. 23	257	289
Dez. 4.	Wegepolizei	P. 13	271	265
1892 März 9.	Poliz.Verfggen	O. 22	421	319
15.	VerwStrVerf.	O. 22	175	368, 369
30.	Disziplinarwesen	O. 22	423	356
April 22.	Gewerbepolizei	O. 22	318	296
Mai 24.	Baupolizei	O. 23	359	247
Juni 28.	Wegeunterhaltung	O. 23	190	276
Juli 9.	Vereinsrecht	O. 23	404	306, 307
Nov. 28.	Pol. Zwangsmittel	O. 23	377	325
1893 März 28.	Baupolizei	O. 24	342	247
Sept. 22.	Baupolizei	O. 25	379	251
Okt. 5.	Wasserpolizei	P. 15	231	220
Dez. 12.	Pol.VdRecht	O. 26	383	323
16.	Wegepolizei	P. 15	255	261
1894 Jan. 24.	Kirchengemeinden	O. 26	155	148
Febr. 3.	Staats-angehörigkeit	O. 26	377	208
März 7.	Unterrichtswesen	O. 26	409	313
Mai 11.	Disziplinarwesen	O. 26	417	357
Juli 9.	Wasserpolizei	O. 26	249	213
14.	Strompolizei	RGZ. 33	333	215
Nov. 5.	KrankVers.	P. 16	208	339
14.	Baupolizei	O. 27	386	245, 317
19.	Wasserpolizei	P. 16	334	220
Dez. 22.	Wegebaulast	O. 27	228	268, 269, 270

Januar 1895 — Dezember 1899.

Datum	Gegenstand	abgedruckt Band	abgedruckt Seite	Seite
1895 Jan. 28.	KrankVers	O. 27	359	339
Febr. 6.	Poliz.Verfggen	O. 28	392	321
14.	KrankVers.	O. 27	362	339
März 25.	Wasserpolizei	O. 28	295	221
April 5.	Feuerlöschwesen	O. 28	107	299
22.	Gewerbebetrieb als Heilkundiger	O. 28	324	298
Mai 13.	Wegepolizei	B. 2	105	255
Dez. 4.	Ansiedelungen	O. 29	417	245
5.	Wasserpolizei	O. 29	279	220
1896 Febr. 1.	Poliz.Verfggen	P. 18	103	318
17.	Strompolizei	O. 30	285	213
März 4.	Wegeunterhaltung	O. 29	240	271
25.	Wegepolizei	O. 29	224	278
25.	Ansiedelungen	O. 30	397	243
Mai 11.	Poliz.Verfggen	O. 30	293	320
Juni 4.	Jagdpolizei	— —	—	227
4.	Wegepolizei	B. 3	106	255
Sept. 17.	KrankVers.	O. 30	365	335
Okt. 15.	Pol. Zwangsmittel	P. 18	187	325
16.	Poliz.Verfggen	O. 30	412	320
16.	Poliz.Verfggen	P. 18	357	321
28.	Schiffahrtspolizei	O. 30	219	214
28.	Ansiedelungen	O. 30	393	236 244
Nov. 11.	Gemeindeabgaben	O. 30	95	191
Dez. 2.	Poliz.Verfggen	O. 31	428	319
23.	Wegebaulast	O. 31	207	271
1897 Jan. 11.	Poliz.Verfggen	O. 31	310	299 317
März 8.	UnfVers.	A. 14	237	353
April 7.	Baupolizei	O. 32	338	245
28.	Ansiedelungen	O. 31	389	240
Mai 19.	Pol.Zwangsmittel	O. 32	290	325
Sept. 20.	Wegeunterhaltung	O. 32	241	271
1897 Okt. 11.	Baupolizei	O. 32	361	253
Nov. 4.	Poliz.Verfggen	O. 32	425	311
26.	Kirchengemeinden	O. 32	175	148
1898 Jan. 8.	Gemeindewahlen	— —	—	113
Febr. 3.	Baupolizei	O. 34	399	253
21.	Wegebaupflicht	O. 33	268	275
26.	Wasserpolizei	O. 33	305	225
26.	Wasserpolizei	O. 33	307	219
März 9.	Wasserpolizei	O. 33	309	217
22.	VerwStrVerf.	P. 20	192	374
April 4.	Wegepolizei	O. 33	276	262
Mai 20.	Schulbaulast	O. 35	198	186
Juni 11.	Hebeammen	— —	—	300
Okt. 1.	Schiffahrtspolizei	O. 36	432	213
6.	VerwStrVerf.	O. 34	450	369
19.	Wasserpolizei	O. 34	298	221
29.	Wasserpolizei	P. 20	181	222
Dez. 3.	Wasserpolizei	— —	—	221
1899 Jan. 3.	Pol.VerwKosten	O. 35	98	60
Febr. 16.	Vorausleistungen f. d. Wegebau	O. 35	267	267 271
25.	Jagdpolizei	O. 35	313	226
März 21.	Gemeindelasten	O. 35	138	257
27.	Poliz.Verfggen	O. 35	382	311
April 22.	Wasserpolizei	O. 35	301	264
Mai 18.	Chausseebaulast	O. 35	281	275
Juni 9.	Pol.Verf.	O. 35	424	304
14.	Privatkrankenanst.	P. 21	219	297
27.	VerwStrVerf.	O. 35	95	372
Sept. 23.	Gewerbepolizei	P. 21	268	287
28.	Wegeunterhaltung	O. 36	247	272
Dez. 15.	InvVerf.	O. 36	434	353
22.	VerwStrVerf.	P. 21	267	313

Januar 1900 — Januar 1903.

Datum	Gegenstand	abgedruckt Band	abgedruckt Seite	Seite
1900 Jan. 22.	Brücken	O. 36	240	*214*
März 1.	Wegepolizei	O. 37	223	*265*
21.	Gewerbepolizei	O. 37	336	*291*
Mai 3.	Wegepolizei	O. 37	232	*278*
17.	Brücken	O. 37	257	*214* *264* *275*
17.	Chausseebaulast	O. 37	275	*275*
22.	Staats=angehörigkeit	O. 38	399	*208*
Juni 18.	Baupolizei	O. 37	407	*262*
23.	Gewerbepolizei	O. 37	309	*243* *289* *323*
23.	Wasserpolizei	P. 22	167	*217*
Sept. 21.	Poliz.Verfggen	O. 38	422	*314*
22.	Schauspielunter=nehmer	P. 22	204	*301*
27.	Kleinbahnen	O. 38	447	*362*
29.	Poliz.Verfggen	O. 38	291	*311* *315*
Nov. 8.	Heilquellen	O. 38	295	*315*
Dez. 11.	Pol. Zwangsmittel	P. 23	198	*325*
20.	Ansiedelungen	O. 38	384	*242*
1901 Jan. 8.	Landgemeinden	O. 39	120	*68*
Febr. 11.	Kleinbahnen	O. 38	371	*361*
März 2.	Eingeschriebene Hilfskassen	O. 39	315	*326*
27.	Poliz.Verfggen	O. 39	377	*317*
28.	Wegebaulast	O. 39	208	*261* :
April 1.	Baupolizei	O. 39	368	*245*
12.	Schulbaulast	O. 39	153	*185* *187*
Mai 2.	Wegepolizei	O. 39	229	*265*
13.	Wegepolizei	O. 39	278	*255* *311*
Juni 6.	VerwStrVerf.	O. 39	459[1]	*375*
13.	Baupolizei	O. 40	377	*251*
18.	Kirchenbücher	O. 39	403	*281*
Juli 1.	Wegebaulast	O. 40	261	*276*
1901 Sept. 30.	Brücken	O. 40	218	*264*
Okt. 17.	KrankVers.	O. 40	359	*352*
24.	Poliz.Verfggen	O. 40	372	*323*
Nov. 8.	Brunnen	P. 23	549	*312*
11.	Wegepolizei	O. 40	253	*278*
28.	KrankVers	O. 40	326	*341*
29.	Gesindepolizei	P. 23	659	*310*
1902 Jan. 21.	Versamml.=Recht	P. 24	231	*307*
Febr. 3.	Amtsvorsteher	O. 41	251	*11*
17.	Vorausleistungen f. d. Wegebau	O. 41	256	*271*
18.	Pol.Vers.	O. 41	404	*304*
März 24.	Wasserpolizei	O. 42	250 u. 257	*221*
April 10.	KrankVers.	P. 23	602	*331*
10.	KrankVers.	A. 19	588	*331*
15.	Polizeistunde	O. 41	414	*284*
28.	Baupolizei	O. 41	362	*245*
Mai 5.	Brücken	O. 41	236	*263*
9.	Jagdpolizei	RGZ. 51	279	*228*
15.	Gewerbepolizei	O. 41	309	*304*
Juni 9.	Brückenunterhaltg.	P. 24	23	*214*
Juli 1.	Poliz.Verfggen	O. 41	439	*317* *321*
7.	Jagdpolizei	P. 24	40	*241*
8.	Vereinsrecht	O. 42	404	*306*
Sept. 22.	Pol. Zwangsmittel	O. 42	240	*290* *325*
Okt. 10.	Pol.VerwKosten	O. 42	77	*60*
13.	Wegepolizei	O. 42	233	*259*
Nov. 17.	Brücken	O. 42	203	*263* *275*
Dez. 11.	Gewerbepolizei	GewA. 2	620	*291*
1903 Jan. 19.	Schauspielunter=nehmer	O. 43	300	*301*
26.	Wegepolizei	O. 42	230	*259*

[1]) Beschluß.

Februar 1903 — Februar 1905.

Datum	Gegenstand	abgedruckt Band	abgedruckt Seite	Seite
1903 Febr. 19.	Waffentragen	RGSt. 36	109	322
24.	Wasserpolizei	O. 43	258	220
26.	Jagdpolizei	O. 43	282	231
Mai 2.	Stellenvermittler	RGSt. 36	233	289
20.	Waffentragen	RGSt. 36	248	322
25.	Wegebaupolizei	O. 43	218	273
26.	Baupolizei	P. 27	875	247
28.	Wegeunterhaltung	O. 43	204	272
28.	RuhestörendLärm	P. 25	132	312
Juli 2.	Trödelhandel	GewA. 3	262	291
13.	Ansiedelungen	O. 43	404	236 244 245
Sept. 18.	VerwStrVerf.	RGZ. 55	278	371
21.	Wegebaupolizei	O. 44	300	273
Okt. 5.	Brücken	O. 44	263	263
5.	VerwStrVerf.	O. 44	364	243
5.	Waffentragen	K. 26	C 85	322
19.	Kirchenbücher	K. 26	C 89	281
Nov. 13.	VerwStrVerf.	P. 25	577	313
19.	Schiffahrtspolizei	O. 46	418	213
30.	Gewerbepolizei	GewA. 3	453	292
Dez. 7.	Wegepolizei	O. 44	417	265
10.	Ansiedelungen	O. 44	410	236 242
17.	InvVerf.	O. 46	376	351
18.	Gesundheitspolizei	P. 25	746	312
21.	Kleinbahnen	O. 44	402	361
30.	Fleischbeschauer	M. 04	47	321
1904 Jan. 4.	Feldmesser	— —	—	293
7.	KrankUnfInvVerf.	O. 45	380	347
25.	Wegeunterhaltung	O. 44	290	272
30.	InvUnfVerf.	O. 45	369	348 349
Febr. 1.	Versicherungs-unternehmer	O. 45	354	302
18.	Jagdpolizei	— —	—	231
22.	Wegepolizei	O. 44	286	262
April 11.	Vorausleistungen f. d. Wegebau	O. 45	281	271
12.	Vereinsrecht	P. 26	387	306
22.	Gesundheitspolizei	O. 45	143	137
1904 Mai 7.	KrankUnfVerf.	A. 21	474[1]	349
9.	Wasserpolizei	O. 45	319	218
20.	Landgemeinden Auseinandsetzung.	P. 26	502	83
27.	Fürsorgeerziehung	O. 45	430	209
Juni 23.	InvUnfVerf.	O. 46	370	349 350
Juli 6.	UnfVerf.	A. 21	578	346
Okt. 7.	Baupolizei	P. 26	719	246
Nov. 3.	Poliz.Verfggen	O. 46	406	322
17.	Vorausleistungen f. d. Wegebau	O. 46	299	271 372
21.	Wegeunterhaltung	O. 46	261	276
25.	GemeindewählListe	O. 47	46	38
25.	Poliz.Verfggen.	O. 46	423	316
25.	Poliz.Verfggen.	O. 47	393	318
26.	KrankVerf.	A. 22	52	341
30.	Wegepolizei	O. 46	274	263
Dez. 1.	KrankVerf.	O. 46	363	329 353
8.	KrankVerf.	O. 46	366	342
9.	Bürgerrecht	O. 47	41	28
9.	GemeindewählListe	O. 47	43	37
16.	Lästige Ausländer	P. 26	447	318
19.	Lustbarkeiten	O. 46	343	286
22.	Wegepolizei	O. 46	245	255
1905 Jan. 6.	Schulunterhaltung	P. 27	628	188
6.	Schulunterhaltung	P. 27	665	188
6.	Ansiedelungen	O. 47	421	233
9.	Jagdpolizei	O. 47	307	228
9.	InvUnfVerf.	A. 22	274	348
13.	Kirchengemeinden	O. 48	180	145
19.	Landmesser	O. 47	319	293
19.	KrankVerf.	O. 47	353	331
24.	Versamml.-Recht	O. 46	435	308
24.	Bürgervorsteher	O. 47	51	48
24.	Gewerbepolizei	5	225[2]	292
Febr. 2.	Ansiedelungen	O. 47	403	235
6.	Wegebaulast	O. 47	248	278
6.	Fischereipolizei	P. 28	296	224
10.	SynagogGem.	O. 47	217	156

[1]) Hess. VerwGHf.
[2]) Bayerisches Oberstes Landesgericht.

Februar — Juni 1905.

Datum	Gegenstand	abgedruckt Band	abgedruckt Seite	Seite
1905 Febr.				
14.	Kommunale Zugehörigkeit	P. 27	643	24
16.	Wegepolizei	O. 47	221	272, 317
19.	Schankbetrieb	P. 27	896	283
20.	UnfVerf.	O. 47	367	345
20.	InvVerf.	O. 47	375	351
23.	Baupolizei	O. 47	388	253
24.	Poliz.Verfggen.	O. 47	407	319
24.	Volksschullehrer	O. 48	185	165
24.	Gemeindebeamte	P. 27	504	49
24.	Staatsangehörigkeit	P. 27	626	207
28.	Städtische Wahlen	O. 47	48	36, 38, 39
28.	Gemeindewasserleitung	O. 47	133	133
28.	Versamml.=Recht	P. 27	591	306
28.	Gemeindewahlen	P. 27	610	103
März				
2.	Vorausleistungen f. d. Wegebau	O. 47	292	268, *270*
2.	Handelskammer	P. 27	820	363
2.	RuhestörendLärm	P. 27	855	312
2.	KrankVerf.	P. 27	896	341
3.	Disziplinarwesen	O. 47	414	354
9.	Ansiedelungen	O. 47	470	245
10.	Gemeindehaushalt	O. 47	52	54
10.	Schulunterhaltung	O. 47	173	180, *181*
10.	Versamml.=Recht	P. 27	575	305
16.	Lustbarkeiten	Gew.A. 5	73	*286*
17.	Kreishundesteuer	O. 47	38	3
17.	Gemeindewahlen	O. 47	111	98
17.	Schulbaulast	O. 47	184	204
17.	Synagogenbeiträge	O. 47	215	158
21.	Pol.VerwKosten	O. 47	58	56
21.	Gemeindeanstalten	O. 47	164	128
23.	Wegebaulast	O. 47	227	256
30.	Wegepolizei	O. 47	287	263
30.	Vorausleistungen f.d.Wegebau	O. 47	290	268
30.	Schiffahrtspolizei	O. 47	294	213
30.	Wasserpolizei	O. 47	304	219
30.	Wegebaupolizei	O. 47	261	*261*, 272
April				
3.	Schauspielunternehmer	O. 47	328	285
3.	Gewerbepolizei	O. 47	337	280
4.	Gemeindewahlen	O. 47	118	111
6.	KrankVerf.	O. 47	355	332
1905 April				
6.	VerwStrVerf.	P. 27	644	371
6.	KrankVerf.	P. 27	645	344
6.	KrankVerf.	A. 22	335	*335*
13.	Wegebaupolizei	O. 47	272	274
13.	KrankVerf.	O. 47	358	332, *334*
13.	UnfVerf.	O. 47	370	350
13.	Eingeschr. Hilfskassen	O. 47	382	326
13.	Ansiedelungen	O. 47	405	235
13.	Privatkrankenanstalten	P. 27	611	297
13.	KrankVerf.	A. 22	355	*335*
13.	Hebammen	— —	—	301
14.	Synagogenbeiträge	O. 47	212	160
14.	Disziplinarwesen	O. 47	418	354
18.	Volksschullehrer	O. 47	205	170
18.	Volksschullehrer	P. 28	259	170, 173
28.	Kreistagswahlen	O. 47	24	5
Mai				
1.	InvVerf.	O. 47	378	351
2.	Volksschullehrer	P. 27	488	172
5.	Gemeindewahlen	O. 47	106	87
5.	Gemeindevertretung	O. 47	122	123
5.	Gemeindewahlen	O. 47	*129*	*125*
8.	KrankVerf.	O. 47	362	334
11.	Wegebaulast	O. 47	243	278
11.	Wegepolizei	O. 47	270	258, *259*
12.	Gutsbezirke	O. 47	136	72
18.	Preßpolizei	O. 47	335	296
18.	VerwStrVerf.	P. 27	681	371
19.	Baupolizei	O. 47	396	250
22.	Forstpolizei	O. 47	311	232
23.	Gemeindewahlen	O. 47	130	103
25.	Wasserpolizei	O. 47	296	215
29.	Wegepolizei	O. 47	409	261
30.	Wasserpolizei	O. 47	300	216
30.	Kreisbeihilfen	P. 27	556	24
Juni				
2.	Volksschullehrer	O. 47	187	170
2.	Schulgeld	O. 47	200	177
5.	Ansiedelungen	O. 47	407	235
5.	Gewerbepolizei	O. 48	286	295
8.	Gewerbepolizei	P. 27	773	300
19.	Feldmesser	O. 47	324	293
19.	Schauspielunternehmer	O. 47	332	301
19.	Gewerbebetrieb als Heilkundiger	P. 28	571	297
20.	Landarmenverbände	O. 47	6	14

Juni 1905 — Januar 1906.

Datum	Gegenstand	abgedruckt		Seite
		Band	Seite	
1905 Juni				
20.	Schulunterhaltung	P. 27	718	190
26.	Wegebaulast	O. 47	257	280
29.	Wegeunterhaltung	O. 47	237	272
29.	KrankVers.	O. 47	366	341
Juli				
3.	Gewerbl. Anlagen	O. 47	315	287
6.	Brücken	O. 47	280	263
7.	Schulbauten	O. 47	194	203
10.	Wegebaulast	O. 47	231	271
Sept.				
18.	Jagdpolizei	O. 48	279	228
22.	Gemeindewahlen	O. 48	130	91
22.	Komm. Zugehörigkeit v. Grundstücken	O. 48	149	79
22.	Gemeindewahlen	P. 27	836	114
25.	Strompolizei	O. 48	266	214
26.	Synagogenbeiträge	O. 50	215	162
28.	InvUnfVers.	O. 47	380	350
28.	Eingeschr. Hilfskassen	O. 48	327	327
Okt.				
2.	Ansiedelungen	O. 48	385	236
3.	Baupolizei	O. 48	381	250
5.	KrankVers.	O. 48	331	331
5.	Ansiedelungen	O. 48	408	237
6.	Fürsorgeerziehung	O. 48	432	209
10.	Schulbauten	O. 48	193	201
13.	Gemeindewahlen	O. 49	103	89
13.	Poliz.Verfggen	— —	—	316
17.	Disziplinarwesen	O. 49	408	355
19.	Wegeunterhaltung	O. 48	234	272
20.	Gesindepolizei	O. 48	418	309
23.	Wasserpolizei	O. 49	271	222
	Kompetenzkonflikt			366
23.	KrankVers.	O. 48	344	328
23.	Lustbarkeiten	— —	—	286
24.	Baupolizei	O. 48	360	*247* 248
26.	Privatschulen	O. 49	207	176
26.	KrankVers.	O. 48	333	339
26.	UnfVers.	O. 48	351	347
27.	Gemeindewahlen	O. 48	133	117 *369*
27.	Gemeindevorsteher	P. 28	139	121
27.	Gemeindewahlen	P. 28	372	115
31.	Schulunterhaltung	P. 28	127	197
31.	Baupolizei	— —	—	251
Nov.				
2.	Apotheker	O. 48	297	298
3.	Zwangsetatisierungen, Portokosten	O. 48	5	6
6.	Wasserpolizei	— —	—	212
9.	Wegepolizei	O. 48	254	258

Datum	Gegenstand	abgedruckt		Seite
		Band	Seite	
1905 Nov.				
9.	Handelskammer	O. 48	315	362
9.	UnfVers.	O. 48	354	347
10.	Volksschullehrer	O. 48	208	167
14.	Desinfektion	P. 27	910	311
14.	Jagdpolizei	— —	—	227
16.	KrankVers.	O. 48	346	337
17.	Erziehungsanstalten	O. 48	423	313
20.	VerwStrVerf.	O. 48	442	368
20.	Stellenvermittler	— —	—	289
23.	InvUnfVers.	O. 48	357	346
24.	Schulunterhaltung	O. 48	215	196
24.	Vereinspolizei	P. 27	893	304
27.	Wasserpolizei	O. 48	277	222
27.	Gewerbepolizei	P. 28	353	296
30.	Ansiedelungen	O. 48	387	236
Dez.				
1.	Volksschullehrer	O. 48	211	168
4.	Strompolizei	O. 48	268	213
4.	Gewerbepolizei	O. 48	289	295
4.	Wasserpolizei	P. 28	769	220
4.	Gewerbl. Anlagen	P. 28	893	287
8.	Landbürgermeisterei	O. 48	138	12
11.	Ansiedelungen	O. 48	392	243
14.	Vorausleistungen f.d.Wegebau	O. 48	259	266 *270* *271*
14.	Gemeindevorsteher	P. 27	664	122
15.	Konflikt	O. 48	440	366
15.	Schulunterhaltung	P. 27	579	197
18.	Wasserpolizei	O. 48	270	217
18.	KrankVers.	O. 48	329	342
18.	Versammlungsrecht	K. 31	C28	*306*
21.	Trödelhandel	O. 48	294	291
22.	Vereinsrecht	P. 27	818	309
22.	Amtsvorsteher	P. 28	203	9
1906 Jan.				
2.	Stadtverordnetenwahl	O. 48	28	36
4.	Wasserpolizei	O. 48	274	220
4.	Ansiedelungen	O. 48	398	240
4.	Vorausleistungen f.d.Wegebau	O. 49	259	268
5.	Volksschullehrer	O. 48	217	169
5.	VerwStrVerf.	O. 48	444	369 *370*
5.	Disziplinarwesen	O. 50	428	356
5.	Schulunterhaltung	P. 28	514	195
5.	Gemeindebeamte	P. 27	663	50
6.	KrankUnfVers.	A. 23	243	*349*

Januar — Mai 1906.

Datum	Gegenstand	abgedruckt Band	abgedruckt Seite	Seite
1906 Jan.				
8.	Wegepolizei	O. 48	245	258
8.	Schauspielunternehmer	O. 48	308	284
	VerwStrVerf.			375
11.	Wegebaulast	O. 47	267	274
11.	Wasserpolizei	— —	—	212
12.	Poliz.Verfggen	O. 48	415	312
16.	Bürgerrechtsgeld	O. 48	34	31
18.	VerwStrVerf	O. 48	251	373
18.	Gewerbepolizei	O. 48	296	292
18.	Ortsarmenverbände	P. 28	220	19
18.	Wasserpolizei	— —	—	*218*
19.	Schulbaupflicht	O. 48	197	192
19.	Kirchengemeinden	P. 28	68	147
22.	Wegebaupflicht	O. 48	230	277
22.	Wegepolizei	— —	—	255
25.	Druckschriftenhandel	O. 48	313	296
25.	Gewerbepolizei	P. 28	107	289
Febr.				
1.	VerwStrVerf.	O. 48	447	373
1.	KrankVerf.	O. 49	323	338
1.	Rechtskonsulenten	P. 28	709	294
5.	Poliz.Verfggen	— —	—	311
6.	Gemeindewahlen	O. 49	112	104
6.	Gesindepolizei	P. 27	802	310
6.	VerwStrVerf.	— —	—	373
8.	Brücken	O. 48	228	263
8.	Gewerbepolizei	O. 49	303	290
8.	KrankVerf.	— —	—	330
9.	Baupolizei	O. 48	369	251
16.	Schulunterhaltung	O. 49	180	197
16.	Schulbaupflicht	O. 49	190	194
16.	Gesindepolizei	— —	—	309
19.	KrankVerf.	O. 49	327	343
19.	Poliz.Verfggen	— —	—	321
22.	Polizeistunde	O. 50	361	283
23.	Kirchenabgaben	O. 49	173	138
23.	Pol.VerwKosten	P. 28	452	58
März				
5.	UnfVerf.	O. 50	412	346
6.	Magistrat	O. 48	35	45
6.	Gesamtarmenverbände	O. 48	48	22
6.	Gemeindevorsteher	O. 49	117	122
8.	VerwStrVerf.	O. 49	440	375
8.	Wasserpolizei	O. 50	346	221
9.	Schulbaulast	O. 49	196	206
9.	Disziplinarwesen	O. 49	415	356
19.	Gewerbepolizei	O. 50	376	294
19.	Gewerbepolizei	P. 28	855	292
20.	Bürgerrecht	O. 49	1	30
22.	KrankVerf.	O. 49	330	332

Datum	Gegenstand	abgedruckt Band	abgedruckt Seite	Seite
1906 März				
23.	Feuerlöschwesen	O. 48	319	364
23.	Baupolizei	O. 48	373	250
27.	Stadtverordnetenversammlung	— —	—	40
29.	Ansiedelungen	O. 48	402	241
29.	Wegepolizei	O. 49	230	262
30.	Gemeindewahlen	O. 48	141	94
30.	VerwStrVerf.	P. 27	803	368
April				
2.	Amtsvorsteher	P. 27	789	10
2.	Ansiedelungen	P. 27	839	244
2.	Wegepolizei	P. 27	855	255
2.	Wegepolizei	P. 28	374	261
3.	Polizeiverordnung	O. 48	21	27
3.	Sparkassenüberschüsse	O. 49	5	46
9.	Jagdpolizei	O. 49	291	228
19.	VerwStrVerf.	P. 27	912	*368*
20.	Bürgerrechtsgeld	P. 27	854	31
23.	Wasserpolizei	O. 50	340	220
24.	Gemeindenutzungen	O. 48	175	128
24.	Pol. Zwangsmittel	O. 48	363	324
24.	Poliz. Auskunftserteilung	O. 48	430	319
24.	SynagogGem.	O. 49	212	157
24.	Baupolizei	P. 28	8	248
26.	Ansiedelungen	O. 48	404	237 *239* *240*
26.	Wegeunterhaltung	O. 49	250	271
27.	Bürgerrechtsgeld	O. 49	17	31
30.	Gewerbepolizei	— —	—	286
Mai				
1.	Kommunalabgaben	O. 48	31	30
3.	VerwStrVerf.	O. 49	443	370
4.	Schulbaulast	O. 48	202	185
4.	Baupolizei	O. 48	366	249
4.	Kleinbahnen	O. 49	403	360
4.	Vereinsrecht	O. 49	419	306
4.	Baupolizei	P. 27	805	252
11.	Trennstück eines Gutsbezirks	O. 48	125	78
11.	Versammlungsrecht	O. 49	425	308
11.	VerwStrVerf.	O. 49	447	374
14.	Abdeckereien	O. 49	295	300
15.	Gemeindebeamte	P. 28	652	51
15.	Gesamtarmenverbände	P. 28	692	22[1]
21.	Wegepolizei	O. 48	257	259

1) Beschd.

Mai — November 1906.

Datum	Gegenstand	abgedruckt Band	abgedruckt Seite	Seite
1906 Mai				
21.	Wasserpolizei	— —	—	218
22.	Volksschullehrer	P. 29	771	165
25.	Gesindepolizei	O. 48	421	310
25.	Staatsangehörigkeit	O. 49	395	208
25.	Poliz.Verfggen	O. 49	397	322, 323
29.	Bürgerrecht	P. 27	873	29
29.	Gemeindebildung	P. 29	165	66
31.	KrankVers.	O. 48	337	340
31.	Kleinbahnen	O. 49	252	360
31.	Ansiedelungen	O. 49	382	238
Juni				
2.	KrankUnfVers.	O. 49	336	*349*
8.	Baupolizei	O. 49	365	246
8.	Stadtverordnetenversammlung	P. 28	315	42
8.	Bürgermeister	P. 29	126	44
11.	Ansiedelungen	O. 49	393	244, *368*
11.	Strompolizei	— —	—	213
12.	Schulunterhaltung	P. 29	625	194
12.	Baupolizei	P. 29	709	245
18.	Wegepolizei	O. 49	227	259
19.	Gemeindebeamte	P. 28	294	51
21.	Brücken	O. 49	281	214
21.	Abdeckereien	O. 49	295	300
22.	Gemeindewahlen	O. 49	120	115
22.	Gutsbezirke	P. 28	670	76
28.	Wegebaulast	O. 49	266	*261*, 268
28.	KrankUnfVers.	O. 49	336	348
29.	Gemeindewahlen	O. 49	122	106
29.	Versammlungsrecht	O. 49	433	305
Juli				
3.	Gemeindebeamte	O. 49	137	123
3.	Gemeindevermögen	O. 49	140	130
6.	Baupolizei	O. 49	361	249
7.	KrankUnfVers.	O. 49	343	348
7.	KrankUnfVers.	O. 49	350	349
7.	InvVers.	O. 49	358	352
9.	Poliz.Verfggen	O. 48	248	316
9.	Wegepolizei	O. 49	243	278, 367
9.	Versicherungsunternehmer	O. 49	313	302
Sept.				
20.	Wegeunterhaltung	O. 49	238	276
20.	Wegepolizei	— —	—	265
21.	Gemeindewählerliste	P. 28	672	38
1906 Sept.				
24.	Deichpolizei	O. 50	296	223, 276
24.	Gewerbepolizei	R.G.Z. 64	117	*289*
24.	Schankbetrieb	— —	—	282
24.	Versicherungsunternehmer	— —	—	302
27.	Wegepolizei	O. 49	223	260
27.	Ansiedelungen	O. 49	389	239
27.	Ansiedelungen	O. 49	392	239
28.	Konflikt	— —	—	365
Okt.				
4.	VerwStrVerf.	O. 50	315	373
4.	Wegepolizei	P. 28	806	259
5.	Landgemeinden, Auseinandersetzungen	O. 49	48	84
8.	Jagdpolizei	O. 50	356	231
11.	Gewerbepolizei	O. 49	299	281
12.	Gemeindewahlen	O. 49	127	118
12.	VerwStrVerf.	O. 49	455	372
18.	KrankVers.	O. 49	333	334
18.	Baupolizei	O. 49	379	253
19.	Gemeindehaushalt	P. 28	746	55
22.	KrankUnfVers.	O. 49	355	348
22.	Ansiedelungen	O. 49	387	239
23.	Komm. Zugehörigkeit v. Kirchengrundstücken	P. 28	492	82
30.	Baupolizei	O. 50	417	251
Nov.				
1.	VerwStrVerf.	O. 49	436	371
1.	Ansiedelungen	O. 50	226	242
5.	Polizeistunde	O. 50	366	284
8.	Gewerbepolizei	— —	—	295
9.	Armenpflegekosten	O. 49	12	60
15.	Wegebaulast	O. 50	310	276
15.	Versicherungsverein	O. 50	387	302, *303*
20.	Gemeindewahlen	O. 49	129	108
20.	Gemeindekanalisation	— —	—	132
22.	Gewerbl. Arbeiter	O. 49	307	286
22.	Wegeunterhaltung	P. 29	109	260
22.	Fischereipolizei	— —	—	224
27.	Gemeindebeamte	P. 28	473	52
29.	VerwStrVerf.	O. 50	319	375
29.	Wegepolizei	— —	—	265
30.	Versammlungsrecht	O. 49	432	*305*, 308
30.	Begräbnisplatz	O. 50	238	313
30.	Vereinsrecht	O. 50	267	307

Dezember 1906 — März 1907.

Datum	Gegenstand	abgedruckt		Seite
		Band	Seite	
1906 Dez.				
3.	Polizeistunde	O. 50	367	284
4.	Baupolizei	P. 29	479	246
7.	Gemeindewahlen	O. 49	132	116
11.	Bürgerrechtsgeld	P. 28	692	32
13.	Jagdpolizei	— —	—	228
14.	Baupolizei	O. 49	374	251
14.	Poliz.Verfggen	O. 50	272	323
14.	Baupolizei	— —	—	251
17.	Hebammen	— —	—	300
18.	Schulbauten	O. 50	152	202
20.	Wegepolizei	O. 50	263	255
1907 Jan.				
3.	Jagdpolizei	O. 50	348	229
3.	KrankVers.	O. 50	393	345
3.	KrankVers.	— —	—	343
7.	KrankVers.	O. 50	400	335
7.	KrankVers.	O. 50	404	345
8.	Ortspolizeikosten	O. 50	17	133
8.	Poliz.Verfggen	O. 50	248	316
8.	Pol.Zwangsmittel	— —	—	324
8.	Synagogenbeiträge	O. 49	218	159
10.	Poliz.Verfggen	O. 50	290	320 371
10.	KrankVers.	O. 50	395	335
15.	Poliz.Verfggen	O. 49	369	323
15.	Baupolizei	O. 49	371	251
15.	Stadtverordnetenversammlung	O. 50	4	41
17.	Ansiedelungen	— —	—	237
17.	Ansiedelungen	P. 28	694	236
18.	Gemeinderecht	P. 28	804	26
18.	Gemeindewahlen	P. 29	124	108
18.	Vereinsrecht	O. 50	278	306
21.	Innungen	O. 50	378	301
24.	KrankVers.	O. 50	399	335
29.	Schulbauten	O. 49	184	202
29.	Kreistagswahlrecht	O. 50	1	5
29.	Poliz.Verfggen	O. 50	255	317
29.	Städtische Wahlen	P. 28	693	36
31.	KrankVers.	— —	—	330
Febr.				
1.	Trunkenbold	O. 50	261	313
4.	Wegepolizei	O. 51	272	266
4.	Jagdpolizei	— —	—	229
4.	Ruhestörend. Lärm	— —	—	312
4.	Pol.Zwangsmittel	— —	—	324
5.	Stadthaushaltsetat	O. 50	8	47
7.	Telegraphenanlagen	P. 29	8	311
7.	Lustbarkeiten	O. 50	374	292
8.	Schulunterhaltung	O. 50	168	183

Datum	Gegenstand	abgedruckt		Seite
		Band	Seite	
1907 Febr.				
14.	VerwStrVerf.	P. 28	455	368
14.	Jagdpolizei	Zeitschr. f. Jagdrecht 2	152	231
15.	Gemeindewahlen	O. 50	33	99
15.	Gemeindewahlen	O. 50	37	113
15.	Gemeindewahlen	P. 28	838	110
15.	Kirchengemeinden	O. 51	172	150
15.	Konflikt	— —	—	365
18.	Apothekenrevisionen	O. 50	381	298
19.	Schulbaulast	— —	—	*186*
19.	Schulbaulast	P. 29	172	185
19.	Disziplinarwesen	O. 50	431	357
21.	Vorausleistungen f. d. Wegebau	O. 50	323	270
21.	UnfVers.	O. 50	415	346
22.	Disziplinarwesen	O. 50	434	357
22.	Gemeindewahlen	P. 28	854	91
26.	Stadtverordnete	O. 50	14	34
26.	SynagogGem.	O. 50	204	160
28.	Wasserpolizei	O. 50	336	223
28.	Wegepolizei	— —	—	257
28.	Poliz.Verfggen	— —	—	321
März				
1.	Gemeindewahlen	O. 50	22	94
1.	Baupolizei	O. 50	422	252
4.	KrankVers.	— —	—	330
5.	Stadtverordnete	O. 50	12	35
5.	Gemeindewahlen	O. 50	24	97
7.	Ansiedelungen	O. 50	219	241
7.	Ansiedelungen	O. 50	230	242
8.	Nachtwachwesen	O. 50	42	134
8.	Volksschullehrer	O. 50	164	178
8.	Landbürgermeisterei	P. 28	892	12
12.	Bürgergewinngeld	O. 50	69	32
12.	Schulunterhaltung	P. 29	245	198
12.	Baupolizei	— —	—	249
14.	Ansiedelungen	O. 50	222	241
14.	Wegepolizei	O. 50	*285*	257
14.	Vorausleistungen f. d. Wegebau	O. 50	327	271
14.	Wasserpolizei	O. 50	332	216
14.	Gewerbepolizei	O. 50	370	282
19.	Kirchenbeamte	O. 50	192	148
19.	Kirchensteuern	P. 29	412	152
21.	Jagdpolizei	O. 50	353	226
22.	Kirchenpatronat	O. 50	188	140
22.	Zwangsetatisierung gegen e. Gutsbezirk	P. 28	873	136
22.	Schulvorstand	P. 28	969	174
25.	Wegepolizei	O. 50	284	256 276

März — November 1907.

Datum	Gegenstand	abgedruckt		Seite
		Band	Seite	
1907 März				
25.	VerwStrVerf.	O. 50	442	369
25.	Jagdpolizei	P. 29	581	231
April				
5.	Disziplinarwesen	O. 51	413	358
8.	Wasserpolizei	O. 50	344	221
8.	KrankVerf.	O. 50	406	340
11.	Ansiedelungen	O. 50	*229*	242
11.	KrankVerf.	O. 50	409	329
11.	Wasserpolizei	O. 51	289	220
12.	Baupolizei	O. 51	303	247
18.	Poliz.Verfggen	O. 51	302	314
18.	VerwStrVerf.	— —	—	369
19.	Baupolizei	O. 51	387	246
30.	Volksschullehrer	O. 50	161	167
30.	Kirchensteuern	— —	—	152
Mai				
2.	Heilquellen	O. 51	304	315
2.	Wasserpolizei	P. 29	646	218
2.	VerwStrVerf.	— —	—	370
3.	Gemeindewahlen	O. 50	28	97
3.	Baupolizei	O. 50	425	252
3.	Gemeindewahlen	O. 51	25	119
3.	Vereinsrecht	O. 51	234	308
10.	Kirchengemeinden	O. 50	*200*	*153*
10.	Disziplinarwesen	O. 51	425	358
13.	Gemeindewahlen	O. 51	30	113
13.	KrankInvVerf.	O. 51	367	353
14.	Schulvorstand	O. 50	141	175
14.	Schulunterhaltung	O. 50	176	198
14.	Volksschullasten	O. 51	161[1]	179
17.	Disziplinarwesen	O. 51	428	359
27.	Brücken	O. 51	259	275
27.	Gewerbepolizei	O. 51	284	282
31.	Gemeindewahlen	O. 51	30	119
Juni				
3.	Schankkonzession	O. 47	333	283
3.	Ansiedelungen	— —	—	237
3.	Vorausleistungen f. d. Wegebau	— —	—	268
11.	Synagogenbeiträge	O. 50	208	163
13.	Gewerbepolizei	O. 51	310	288
13.	Brücken	— —	—	264
14.	Begräbnisplätze	O. 51	200	142
14.	Konflikt	O. 51	406	366
18.	Schulbaulast	O. 50	156	185
20.	Ansiedelungen	O. 51	212	240
20.	Ansiedelungen	O. 51	214	240
20.	Wegepolizei	— —	—	256
20.	VerwStrVerf.	— —	—	372
21.	Gemeindewahlen	O. 51	18	92
27.	Wegepolizei	— —	—	265
28.	Vereinsrecht	O. 51	238	309

[1]) Beschd.

Datum	Gegenstand	abgedruckt		Seite
		Band	Seite	
1907 Juni				
28.	Poliz.Verfggen	O. 51	377	320
				325
Juli				
1.	KrankVerf.	O. 51	331	336
2.	Poliz.Verfggn	O. 51	223	322
2.	Gemeindevorsteher, Vertretung	O. 51	431	359
5.	Gemeinde-vertretung	O. 51	36	126
8.	Polizeistunde	— —	—	284
8.	Wegeunterhaltung	O. 51	265	276
8.	Kleinbahnen	O. 51	403	361
9.	Schulunterhaltung	O. 50	146	192
Sept.				
19.	Ansiedelungen	O. 51	218	235
19.	UnfVerf.	O. 51	356	346
20.	ProvLandtag	O. 51	1	2
20.	Kirchenkassenetats	O. 51	187	143
23.	KrankVerf.	O. 51	334	342
23.	VerwStrVerf.	O. 51	452	374
23.	Baupolizei	— —	—	254
27.	Schulbaulast	O. 51	166	187
Okt.				
1.	Stadtverordneten-Versammlung	O. 51	6	43
3.	Wegepolizei	O. 51	246	257
3.	Gewerbepolizei	O. 51	313	282
7.	InvVerf.	O. 51	371	353
7.	Amtsvorsteher	— —	—	320
7.	Amtsvorsteher	P. 29	435	11
10.	VerwStrVerf.	O. 51	440	367
14.	InvKrankVerf.	O. 51	374	352
15.	Baupolizei	O. 51	391	246
17.	KrankVerf.	O. 51	338	338
18.	Poliz.Verfggen	O. 51	228	314
18.	Baupolizei	O. 51	386	250
24.	Wegebaulast	O. 51	252	260
25.	Gemeindewahlen	O. 51	41	100
25.	Kirchensteuern	O. 51	182	154
25.	Komm. Zugehörigkeit v. Grundstücken	P. 29	494	80
25.	Konflikt	— —	—	365
31.	Ansiedelungen	O. 51	219	244
Nov.				
4.	Jagdpolizei	O. 51	294	230
5.	Brunnen	P. 29	560	312
5.	PolVerwKosten	P. 29	726	61
5.	Schulunterhaltung	— —	—[1])	182
5.	Pol.Zwangsmittel	— —	—	325
7.	Wegepolizei	O. 51	270	266
7.	Vorausleistungen f. d. Wegebau	O. 51	274	269

[1]) Beschd.

November 1907 — April 1908.

Datum	Gegenstand	abgedruckt Band	abgedruckt Seite	Seite
1907 Nov.				
7.	KrankVers.	O. 51	344	328
12.	Bürgerrecht	O. 51	11	31
12.	Gemeinderat (Rheinprovinz)	O. 51	52	125
12.	Auseinandersetzungen	P. 29	603	86
15.	Schulunterhaltung	O. 51	170	201
18.	Jagdpolizei	O. 51	299	231
21.	Versicherungsverein	O. 51	322	303
22.	Disziplinarwesen	O. 51	434	359 360
22.	Disziplinarwesen	O. 51	438	359
22.	Landarmenverbände	P. 29	663	18
28.	Wegepolizei	— —	—	262
Dez.				
2.	Apothekergewerbe	O. 51	315	289
2.	KrankVers.	O. 51	347	336
5.	Vorausleistungen f. d. Wegebau	O. 51	282	270
6.	Kreistagswahlen	O. 51	3	6
6.	Synagog.Gem.	O. 51	204	161
6.	Poliz.Verfggen	O. 51	444	321
10.	Landbürgermeisterei	P. 29	536	13
12.	Wegepolizei	P. 29	563	277
17.	Versammlungsrecht	O. 51	242	305
1907 Dez.				
19.	Wegepolizei	O. 51	249	257
23.	Vorausleistungen f. d. Wegebau	O. 51	278	269
23.	VerwStrVerf.	O. 51	449	367
23.	Vorausleistungen f. d. Wegebau	P. 29	436	269
1908 Jan.				
3.	Städtische Wahlen	P. 29	730	32 39
6.	Versicherungsverein	O. 51	328	303
7.	Stadtverordneten-Versammlung	P. 29	770	40
9.	InvUnfVers.	O. 51	366	352
14.	Städtische Wahlen	O. 51	12	33
16.	KrankVers.	O. 51	350	334
16.	KrankVers.	O. 51	353	339
24.	Ortspolizeikosten	P. 29	810	137
Febr.				
11.	Ortsarmenverbände	P. 29	765	19
28.	Gemeindeanstalten	P. 29	911	53
April				
3.	Stadtverordnetenwahl	P. 29	787	39
9	Schankkonzessionssteuer	P. 29	708	4
14.	Kreisabgaben	P. 29	731	3

Sachverzeichnis.

Das Zeichen * deutet an, daß ein Gegenstand wegen seiner Allgemeinheit oder der Häufigkeit seines Vorkommens nur in den wesentlichsten Beziehungen unter dem betr. Stichwort oder in das Sachverzeichnis überhaupt aufgenommen werden konnte. Bei manchen Stichwörtern ist der gemeinsame Gebrauch in Ein- und Mehrzahl durch Klammern ( ) angedeutet. Der Kürze halber sind die Stichwörter bei ihrer Wiederholung durch das Zeichen — ersetzt. Die fett gedruckten Ziffern geben die Seiten an, auf denen der Gegenstand ausführlich erörtert ist.

A.

C.

D.

E.

F.

G.

H.

P.

R.

S.

T.

U.

Berichtigungen.

(Die **richtigen** Ziffern und Buchstaben sind durch Fettdruck hervorgehoben.)

S. 54, „Gesetzliche Grundlagen". Z. 2: — — (**GS.** 149) — —.

S. 219, letzte Z.: (OVG. 26. II. 98 **33** 307).

S. 252, Nr. 23, Abs. 1, Z. 3: — — OVG. 26. **IX.** 89 **18** 373 — —.

S. 304, Nr. 1, Abs. 1, Z. 6 u. 7: — — OVG. 9. VI. 99 **35** 424 und 18. II. 02 **41** 404 —.

Druck von A. W. Hayn's Erben, Potsdam.

FSC
www.fsc.org
MIX
Papier | Fördert gute Waldnutzung
FSC® C083411

Kolibri 360 GmbH
Ferdinand-Jühlke-Straße 7
99095 Erfurt, Deutschland
produktsicherheit@kolibri360.de

SITZUNGSBERICHTE DER DEUTSCHEN AKADEMIE
DER WISSENSCHAFTEN ZU BERLIN

*Klasse für Philosophie, Geschichte, Staats-,
Rechts- und Wirtschaftswissenschaften
Jahrgang 1963 · Nr. 2*

IMRE SZABÓ

DIE THEORETISCHEN FRAGEN DER AUSLEGUNG DER RECHTSNORMEN

AKADEMIE-VERLAG · BERLIN
1963

Vortrag gehalten von Hrn. SZABÓ in der Gesamtsitzung vom 24. 5. 1962
Zum Druck genehmigt am gleichen Tage, ausgegeben am 15. 1. 1963

Erschienen im Akademie-Verlag GmbH, Berlin W 8, Leipziger Straße 3-4

Lizenznummer: 202 · 100/24/63
Gesamtherstellung: IV/2/14 · VEB Werkdruck Gräfenhainichen · 1939
Bestellnummer: 2010/63/VI/2 · ES 4 B 1 · Preis: DM 1,65

1. Die marxistisch-leninistische Staats- und Rechtstheorie setzt immer wieder jene theoretischen Probleme auf die Tagesordnung, die von der sozialistischen Rechtsentwicklung und von der sozialistischen Rechtspraxis in den Vordergrund gestellt werden, und versucht auf diese Fragen – der Entwicklung entsprechend – eine immer tiefsinnigere Antwort zu geben. Aus der marxistischen Rechtsliteratur ist zu entnehmen, daß in den vergangenen Jahren mit zahlreichen anderen Fragen auch die Auslegung der Rechtsnormen auf solche Weise in den Vordergrund trat; das beweisen mehrere Monographien und Abhandlungen, die teils selbständig, teils mit der Anwendung der Rechtsnormen zusammen die Problematik der Auslegung behandeln.

Was kann nun die unmittelbare Erklärung dafür sein, daß sich die Auslegung der Rechtsnormen in unseren Tagen oder besser gesagt, in den letzten Jahren zu einer solch wichtigen Frage der marxistisch-leninistischen Rechtstheorie und der ganzen Rechtswissenschaft entwickelte? Das können wir mit zahlreichen Gründen rechtfertigen. Zu allererst, und nur die theoretische Arbeit der letzten Jahre vor Augen haltend, ist es zweifellos, daß sich die Theoretiker, und in erster Linie die Vertreter der sowjetischen sozialistischen Rechtswissenschaft, neben den sozusagen traditionellen Hauptfragen der marxistisch-leninistischen Staats- und Rechtstheorie, wie dem Rechtsbegriff, dem Rechtsverhältnis, der Gliederung des Rechtssystems, der sozialistischen Gesetzlichkeit usw. mit immer wachsendem Interesse weiteren Fragen zuwandten und sich bemühen, eine vollständige Bearbeitung der Staats- und Rechtstheorie zu geben. Dementsprechend wurde die Behandlung solcher Fragen, wie die sozialistische Rechtssetzung und Kodifikation, die sozialistische Rechtsanwendung, das Verhältnis von Rechtssetzung und Rechtsanwendung, die Auslegung der Bestimmungen des sozialistischen Rechts, die Analogie im Recht, das Problem der Rechtslücken usw. notwendig.

Diese Ausweitung der Thematik der monographischen Bearbeitungen ist keine sich aus irgendwelcher „inneren Entwicklung“ der Rechtswissenschaft ergebende Erscheinung; der Grund dafür muß in dem Bestreben, die Bedürfnisse der sozialistischen Rechtsentwicklung zu befriedigen, gesucht werden. Die sozialistische Rechtsentwicklung hat, wie bekannt, die Forderung der ständigen Festigung und Stärkung der sozialistischen Gesetzlichkeit in den Vordergrund gestellt, und dies machte es notwendig, daß sich die Theorie mit der praktischen Anwendung der Normen des sozialistischen Rechts, d. h. mit dem Inhalt jener Arbeit, die von den Organen der Rechtssprechung durchgeführt wird, immer eingehender befaßt. Dazu gehört u. a. die Frage der Auslegung der Rechtsnormen, die zugleich – unter dem Gesichtspunkt der Trennung der rechtssetzenden (gesetzgebenden) und der rechtsanwendenden Befugnisse – einer Garantie gleichkommt. Es ist bekannt, daß die Auslegung der Rechtsnormen im bürgerlichen Rechtssystem nichts anderes darstellt als eine der tatsächlichen Möglichkeiten, mit deren Hilfe die Rechtsanwendung in die Gesetzgebung (Rechtssetzung) übergehen oder zumindest die Änderung von Rechtsnormen herbeiführen kann. Ein solcher Übergang ist aber unter sozialistischen Verhältnissen infolge der zwischen den staatlichen Organen entwickelten Arbeitsteilung sowie des gesellschaftlich-politischen Unterschiedes zwischen den Aufgaben der rechtssetzenden und der rechtsanwendenden Organe unzulässig, und der Weg, der zu einer eventuellen Übergehung oder Deformierung des sich in den sozialistischen Rechtsnormen ausdrückenden Klassenwillens und Staatswillens durch Auslegung führen könnte, muß mit Hilfe der Theorie abgeriegelt werden. Schließlich hat sich in einem Teil der sozialistischen Länder die Kodifikation des neuen Rechts im großen und ganzen vollzogen, zumindest sind infolge der entscheidenden Änderung der wirtschaftlichen und politischen Verhältnisse überall neue die sozialistische Volkswirtschaft und die Macht der Werktätigen betreffende Rechtsnormen entstanden, deren richtige Auslegung eine unerläßliche Forderung der sozialistischen Rechtspraxis darstellt.

2. Der wesentliche Unterschied, der die Auslegungstheorie von den verschiedenen bürgerlichen Richtungen trennt, betrifft den Begriff der Auslegung der Rechtsnorm selbst. Es gab zwar in der Frühperiode des Kapitalismus Bestrebungen, den Begriff der Auslegung wissenschaftlich zu bestimmen, man kann aber mit gewisser Verallgemeinerung behaupten, daß keine der bürgerlichen Auslegungstheorien die Auslegung so auffaßte, daß sie auf die Erschließung des wirklichen Inhaltes der Rechtsnormen gerichtet war. Da die bürgerliche Auslegungstheorie eigentlich aus jener juristischen Tätigkeit herrührte, die den Text des römischen Rechts festzustellen und durch Rezeption den neuen kapitalistischen Verhältnissen anzupassen hatte, – ist es von vornherein offensichtlich, daß sie schon

ursprünglich viel mehr das Mittel der Rechtsbildung als eine auf die Feststellung des Inhaltes der Rechtsnorm gerichtete Tätigkeit war. Die bürgerliche Auslegungstheorie setzte sich bei der Feststellung des geltenden Rechts vor allem zum Ziele, das als unklar, fehler- und lückenhaft angesehene Recht zu ergänzen; sie entwickelte auch dementsprechend ihre eigenen Methoden, die in gewisser Weise eben der Rechtssetzung (Gesetzgebung) dienten, und die nach Savigny noch von den Methoden der Auslegung fehlerloser, normaler Rechtsnormen abweichend waren. Den im wesentlichen einheitlichen Standpunkt der ganzen bürgerlichen Theorie bildete die Auffassung, daß eine Auslegung nur bei Rechtsnormen am Platze sei, die Probleme aufwerfen, abgesehen davon, ob das Problem in der Rechtsnorm, in ihrer eventuellen Unverständlichkeit oder im Tatbestand in seiner offensichtlichen Abweichung von der Rechtsnorm hervortritt.

Zu den von Anfang an bestehenden Eigenarten der bürgerlichen Auffassung von der Auslegung kamen später noch solche Elemente des bürgerlichen Rechtslebens, die die Theorie und Praxis von der richtigen Auslegung noch weiter trennten. Das in den sogenannten kontinentalen Rechtssystemen entwickelte kodifizierte Recht, das mehr oder weniger in der vorimperialistischen Periode oder an der Schwelle des Imperialismus entstand, hat im späteren Verlauf nicht, oder wenigstens nicht in allem, den Forderungen des Imperialismus entsprochen. Mit der Verschärfung der Gegensätze in der kapitalistischen Ordnung wurde die Kluft zwischen den praktischen Ansprüchen der Rechtsanwendung und den Bestimmungen der Gesetzbücher immer tiefer. Nachdem von der kapitalistischen Klasse die neuen, den Forderungen des Imperialismus unmittelbar entsprechenden Gesetzbücher nicht, oder wenigstens nicht überall, zuwege gebracht wurden, fiel der Rechtsanwendung die Aufgabe zu, die alten Rechtsnormen den neuen Forderungen anzupassen. Die Hauptmethode dieser Aufgabe war die Auslegung, die so eigentlich ihren Auslegungscharakter völlig verlor und immer mehr ein Hineininterpretieren in den Inhalt der Rechtsnormen wurde. Aber so blieb es auch, als neue Gesetzbücher entstanden, ja sogar auch dort, wo erst jüngstens neue Gesetzbücher geschaffen wurden. Der Grund liegt nicht nur in der Entwicklung der Auslegungstheorie selbst, sondern darin, daß der Wille und das Interesse der kapitalistischen Klasse weder in den alten noch in den neuen Gesetzbüchern offen zum Ausdruck kamen. Auch bei den neuen Gesetzbüchern blieb es der Auslegung überlassen, den Interessen der Monopole – ungeachtet des Buchstabens der Gesetze, ihres Textes – bei der Rechtsanwendung Geltung zu verschaffen. Eine solche dem Wesen nach gleiche Lage hat sich, wenn auch äußerlich in vielem anders, aber auch in den Staaten des anglo-sächsischen Rechts bei der Interpretation des Statutary-Law entwickelt, dessen zentrale Aufgabe es ist, „to read into", d. h. in die Gesetze das hineinzulesen, was gar nicht darin steht. Die Lage ist noch leichter im Falle des Common Law, wo gar nicht die Auslegung im Vordergrund steht, sondern die Auswahl solcher Rechtsfälle und eine solche Interpretation ihrer Begründung, wodurch das geltende Recht angeblich elastisch gemacht werden kann, in Wirklichkeit aber die Gesetzlichkeit unsicher wird.

Alles in allem kann also gesagt werden, daß die Auslegung der Rechtsnormen nach der bürgerlichen Auffassung in der Wirklichkeit keine Interpretation darstellt, sondern eine ganz andere Tätigkeit ist, deren Kern in der Anpassung des geltenden Rechts an die sich verändernden Bedürfnisse der Praxis liegt. Diese Tätigkeit als „Interpretation" zu bezeichnen, ist infolgedessen falsch, denn sie deckt den tatsächlichen Inhalt des Begriffs nicht auf.

Die erste mit diesem geschichtlichen Erbe zusammenhängende Aufgabe der marxistischen Theorie besteht darin, diesem Begriff seinen wirklichen, wissenschaftlichen Inhalt zurückzugeben. Worin besteht nun dieser Inhalt? Nach der marxistisch-leninistischen Staats- und Rechtstheorie bildet die Auslegung der Rechtsnormen eine auf die Erkennung des geltenden Rechts gerichtete Tätigkeit, deren Zielsetzung darin besteht, im Wege der Interpretation das Wesen der Rechtsnorm, also jenes verpflichtende Verhalten zu erschließen, das vom Recht in den einzelnen Rechtsnormen vorgeschrieben wird. Das Wesen, d. h. der Inhalt der Rechtsnorm wird letzten Endes durch den von den Produktionsverhältnissen determinierten Willen der herrschenden Klasse bestimmt, und das kommt in der Rechtsnorm als Wille des Staates zum Ausdruck. Der Wille der herrschenden Klasse, der als Wille des Staates in der Rechtsnorm zum Ausdruck kommt, ist es, der im Laufe der Auslegung der Rechtsnorm festzustellen ist; das aber stellt uns schon ab ovo allen früheren Auslegungstheorien gegenüber. Offensichtlich ist es aber, daß die Auslegung als eine solche erkennende Tätigkeit aufzufassen, praktisch nur unter sozialistischen Verhältnissen möglich ist und nur in der Tätigkeit sozialistischer Staats- und Gesellschaftsorgane zur Geltung kommen kann. Deshalb kann die den Lehren des Marxismus-Leninismus entsprechende Auslegungstheorie praktisch nur als eine auf die Auslegung des sozialistischen Rechts bezügliche Theorie hervortreten. Folglich kann die Auslegung bloß unter sozialistischen Verhältnissen zu einer auf wahrhaft wissenschaftlicher Grundlage beruhenden Tätigkeit werden.

Die Grundlage der Auslegung ist demgemäß, daß die Rechtsnorm, um sie anzuwenden, uns bekannt sein muß; die Erkennung der rechtlichen Norm bedeutet nichts anderes als die Erschließung ihres Wesens im Zusammenhange mit der Rechtsanwendung, d. h. die allseitige Analyse jener Verhaltensregeln, die auf das Verhalten der Menschen verpflichtend anzuwenden sind. Das gesellschaftliche Wesen der sozialistischen Rechtsnorm können wir nur durch die Erkenntnis jenes Willens erschließen, der die Arbeiterklasse, die Werktätigen bzw. die von ihnen betrauten staatlichen Organe zur Aufstellung der Rechtsnorm veranlaßte, da die Rechtsnorm diesen Willen zum Ausdruck bringt. Sobald wir über diesen Willen hinausgehen, überschreiten wir auch den Rahmen dieser Auslegung. Dieser Klassenwille bzw. der diesen vermittelnde Staatswille ist nicht eng aufzufassen; so kann man bei der Feststellung dessen nicht bloß davon ausgehen, welche unmittelbaren Umstände zur Aufstellung der Rechtsnorm führten oder welchem unmittelbaren Ziel die Rechtsnorm dient. Der einer Erschließung harrende Inhalt der Rechtsnorm zeigt sich demzufolge weiter als die occasio legis oder ratio legis. Die Analyse führt zu einem gesellschaftlichen Verhältnis, auf dessen Regelung der erwähnte Wille gerichtet ist. In der rechtlichen Regelung muß man die Richtung jenes Einflusses erschließen, den der Gesetzgeber auf die gegebenen gesellschaftlichen Verhältnisse ausüben möchte; man kann und muß jene Rahmen und Grenzen festlegen, zwischen denen er diese Wirkung erreichen wollte.

Aus dem Begriff der Auslegung folgt, daß eine jede Rechtsnorm interpretiert werden muß; es bedarf also einer Auslegung nicht nur dann, wenn die Rechtsnorm strittig oder mißverständlich ist, und auch nicht nur dann, wenn die Anwendung der Rechtsnorm einen Tatbestand betreffend auftaucht, bei dem irgendein Element als neu erscheint. Zugleich ist auch klar, daß die Auslegung keine Operation an sich ist, die wir abstrakt durchführen, sondern als Erkenntnis eine aktive Tätigkeit ist, die einen Teil, ein Element der Rechtsanwendung bildet. Die Rechtsnorm wird in jedem Fall mit irgendeinem Tatbestand, mit einem vorgestellten oder wirklichen Verhältnis verglichen ausgelegt, um durch Auslegung feststellen zu können, ob sie sich auf eine der Tatbestände, auf einen konkreten Fall oder Typ bezieht oder nicht. Die sozialistische Auslegungstheorie steht auch in dieser Hinsicht der bürgerlichen Auffassung entgegen, aber sie betont nicht die Einheit von Rechtsanwendung und Auslegung derart, daß die Auslegung innerhalb dieser ihren Inhalt verliere und sich den fallweise zweckmäßigen Forderungen der Rechtsanwendung unterstelle; zugleich reißt sie diese andererseits nicht aus der gesellschaftlich-rechtlichen Praxis

– deren Teil sie wirklich ist – heraus, wenn sie die verhältnismäßige Selbständigkeit innerhalb des Rechtsanwendungsprozesses betont.

3. Bezieht sich die Auslegung auf die Erschließung des objektiven Inhalts der Rechtsnorm, auf die Feststellung dieses Inhalts, so ist das Ergebnis der Auslegung immer deklarativ, sie fügt der Rechtsnorm also nichts hinzu und nimmt davon auch nichts weg, sie formt diese nicht, ihr Inhalt wird weder erweitert noch eingeengt. Wenn wir nach dem allgemeinen Sprachgebrauch sagen, daß die Auslegung ausdehnend oder einschränkend sein kann, dann verstehen wir darunter wirklich nur, daß wir auf Grund des Ergebnisses des Auslegungsprozesses feststellen, ob sich die Rechtsnorm auf irgendeinen Tatbestand tatsächlich ausdehnt oder nicht, bzw. ob es sich nicht herausstellt, daß sich die Rechtsnorm auf eine Angelegenheit – entgegen unserer Vorstellung – überhaupt nicht bezieht. Darum können wir nicht von den in der Rechtsnorm steckenden und mit der Auslegung ans Tageslicht zu bringenden Möglichkeiten, sondern nur von den objektiven Ergebnissen der Auslegungstätigkeit sprechen. Dieses Ergebnis ist grundsätzlich immer eine durch den Auslegenden auf objektiver Grundlage gemachte Feststellung darüber, wie weit sich die Rechtsnorm erstreckt. Es hat nur den Anschein, daß wir eine Rechtsnorm auf irgend etwas ausdehnen bzw. ihren Inhalt einschränken; tatsächlich stellen wir fest, ob sie sich auf irgendwelche Beziehung bzw. einen Personenkreis erstreckt oder nicht. Wir können also solchen Feststellungen der bürgerlichen Auslegungstheorie nicht folgen, wonach die Auslegung entweder deklarativ oder berichtigend sei, denn – wie wir bereits sagten – sie ist immer feststellend einerseits, und wenn wir es so auffassen, dann immer berichtigend andererseits. Mit einer vertieften Analyse der Rechtsnorm, durch ihre Vergleichung mit den verschiedenen Arten des Tatbestandes, wird die Rechtsnorm von uns immer besser erkannt, und dementsprechend rektifizieren wir unsere Kenntnisse über sie: wir erschließen, ob ihr Inhalt breiter oder enger sei, als es von uns ursprünglich gedacht war.

All dies deutet darauf hin, daß das Ergebnis der Auslegung nicht eine einmalige die Frage ein für allemal abschließende Feststellung ist, sondern in zwei Richtungen ebenfalls Änderungen unterworfen ist. Erstens, wie bereits gesagt wurde, stellt die vertiefte, durch fortwährendes Vergleichen mit den im Laufe der Rechtsanwendung auftauchenden Problemen sich wiederholende, erweiternde und entwickelnde Auslegung immer neue positive oder negative inhaltliche Elemente der Rechtsnorm fest. Zweitens stellt die Entwicklung der gesellschaftlichen Verhältnisse die Rechtsnorm – sozusagen – immer von neuem vor Situationen, die zweifelsohne nach

Erlaß der Rechtsnorm entstanden sind und in deren Beziehung auch untersucht werden muß, ob sich die Rechtsnorm auf eine neue Situation bezieht oder nicht. Es handelt sich hier zwar um neue, später entstandene Situationen, bei der Auslegung kann sich aber herausstellen, daß der Wille des Gesetzgebers dazu genügend allgemein gewesen war, um das ganze geregelte gesellschaftliche Verhältnis mit den eventuell neu aufgetauchten Elementen umfassen zu können. Es ist unter Umständen festzustellen, daß der Gesetzgeber ein Vermögensverhältnis in seiner Gesamtheit zu regeln beabsichtigte, und obwohl er jenes neue Element, das sich später entwickelte, nicht ausdrücklich bezeichnen konnte, bezieht sich die Rechtsnorm doch auch auf das neue Element, oder aber im Gegenteil, es stellt sich heraus, daß das neue Element zu beträchtlich und von zu großer Bedeutung ist, als daß es der gesetzgebende Wille hätte umfassen können.

Demnach kann man zwei Richtungen in der Entwicklung der Ergebnisse der Auslegung antreffen: die erste, die sich aus der sukzessiven Vertiefung der Auslegungstätigkeit ergibt und die zur Feststellung eines sich stets bereichernden, immer vollständigeren Gesetzesinhalts führt, können wir die logische nennen, während wir die zweite, die mit gewissen Veränderungen gesellschaftlicher Verhältnisse im Zusammenhange steht und ebenfalls zu positiven oder negativen Ergebnissen führt, als geschichtliche Entwicklung der Rechtsnorm bzw. der Auslegung bezeichnen können.

Die von der bürgerlichen Theorie aufgeworfene Frage, ob man sich auf die Grundlage der statischen oder evolutionistischen Auffasung der Auslegung stellen muß, beantworten wir dem Anschein nach mit dem evolutionistischen Standpunkt. Das ist aber nur Anschein, denn wir identifizieren uns nicht mit der bürgerlichen evolutionistischen Theorie. Ihre Eigenart besteht darin, daß sie die Rechtsnorm vom Willen des Gesetzgebers losreißt, die Rechtsnorm sozusagen personifiziert: sie spricht von der selbständigen, vom Willen des Gesetzgebers unabhängigen Entwicklung der Rechtsnorm und stellt zu ihrer Ausdehnung oder Einengung die Zweckmäßigkeit als Bedingung. Diese teleologische Betrachtungsweise macht die Auslegung offensichtlich willkürlich und setzt sie auf subjektivistische Grundlage. Nach unserer Auffassung bildet die unbedingte Grundlage der Rechtsnorm und der Auslegung der Rechtsnorm der sich in der Rechtsnorm ausdrückende Klassenwille und Staatswille, der auf bestimmte Ziele, auf die Auslösung eines bestimmten Verhaltens gerichtet ist; das ist aber ein geschichtlicher Wille, und die Zielsetzung der Rechtsnorm wird von diesem Willen determiniert. Die Zielsetzung der Rechtsnorm ist auch ein geschichtliches und nicht ein von dem ursprünglichen Klassenwillen losgerissenes, nachträglich und den Bedürfnissen entsprechend festgelegtes Ziel einer für selbständig angesehenen Rechtsnorm. Obwohl sich das Ergebnis der Rechtsnormauslegung – wie gesagt – logisch und geschichtlich entwickelt, ist diese Entwicklung objektiv determiniert – d. h., sie entwickelt sich immer nur entsprechend dem durch die materiellen Lebensbedingungen determinierten Klassenwillen und dient durchgehend der Stärkung jener gesellschaftlichen Verhältnisse, zu deren Schutz sie ursprünglich gesetzt worden ist.

Nach der Meinung der bürgerlichen Rechtsphilosophen entspricht eine solche Theorie der Auslegung der strengen, rigiden, in der Periode des klassischen Kapitalismus sich entwickelnden Auffassung, nach der – laut Montesquieu – der Rechtanwendende nichts anderes als das Sprachrohr des Gesetzes sei, der dem Gesetze nichts hinzufügt und nichts davon wegnehmen darf. Diesen „Fetischismus" der Rechtsnorm – wie sie erklären – hat die bürgerliche Theorie und Praxis schon überholt. Die Lebenserfahrungen zeigen – behauptet auf Grund der heutigen imperialistischen Erfahrungen die bürgerliche Theorie –, daß die Rechtsanwendung nicht imstande ist, ihre Aufgaben anders zu lösen als mit der „Anpassung" der Gesetze ans Leben, und deshalb muß und soll auch an der Rechtsnorm etwas korrigiert werden. Es ist bekannt, daß schon am Ende des vergangenen Jahrhunderts in der deutschen Rechtsliteratur jener Standpunkt auftauchte, wonach das Gesetz allein nichts bedeutet, weil das Recht vom Gesetzgeber und Anwendenden gemeinsam geschaffen wird. Dieser Linie wurde in der kontinentalen Rechtsphilosophie letzten Endes von Gény zum Siege verholfen, und – wie man sagt – war er es, der der Fetischisierung des Gesetzes ein Ende bereitete; er hat – zwar noch mutlos – der rechtsanwendenden Rechtssetzung die Türe geöffnet, bei der der Begriff der Auslegung eigentlich nur ein Tarnbegriff ist. Dieser Gedanke wurde von dem auch in der deutschen Literatur bekannten ungarischen Rechtsgelehrten Felix Somló so ausgesprochen, daß die Buchstaben des Gesetzes – also eigentlich das Gesetz selbst – nur der Rohstoff sind, woraus der Rechtssatz zu schöpfen ist. Diesen in der Morgendämmerung der imperialistischen Etappe der kapitalistischen Entwicklung sich entfaltenden Ansichten hat die heutige imperialistische Rechtstheorie eigentlich nichts hinzuzufügen, sie gab ihnen höchstens einen anderen Ausdruck.

Einer solchen bürgerlichen Kritik der sozialistischen Auslegungstheorie müssen wir Bemerkungen in zwei Richtungen hinzufügen. Der von der marxistischen Literatur geäußerte Standpunkt ist nicht im geringsten mit der Auffassung identisch, die zur Zeit der Herausbildung der kapitalistischen Ordnung entstand und später in der bürgerlichen Rechtsliteratur auftauchte und die auf der falschen Ansicht beruhte, die Person des das Recht Anwendenden und Auslegenden wäre aus dem Prozeß der Rechtsanwendung und Rechtsauslegung auf irgendeine Weise auszuschalten; mit anderen Worten, die juristische Überzeugung, das gesellschaftliche und Rechtsbewußtsein des Rechtsanwenders und Rechtsauslegers spiele weder bei der Anwendung des Rechts noch bei dessen Auslegung eine Rolle. Das war eine Illusion (wenn überhaupt eine Illusion und nicht eher ein illusionserweckendes Schlagwort), deren Verkündung zwar der feudalen Richterwillkür gegenüber verständlich gewesen war, aber schon damals keinen realen Wert besaß. Der sozialistische Standpunkt ist mit dieser Auffassung weitaus nicht identisch. Die sozialistische Theorie rechnet sowohl bei der Auslegung der Rechtsnormen als auch bei der Anwendung des Rechts mit dem sozialistischen Rechtsbewußtsein desjenigen, der das Recht anwendet und auslegt. Ein Element, einen Teil dieser Theorie bildet aber auch die These, wonach die Auslegung der Rechtsnormen den Rahmen der Rechtsnormen nicht überschreiten darf und die gesellschaftliche Aufgabe der Rechtsanwendung nur in der Anwendung der von den verfassungsmäßig dazu berechtigten Organen erlassenen Rechtsnormen besteht. Wie wir gesehen haben, führt dieser Standpunkt bei der Auslegung nicht zu irgendeinem Rechtsnormfetischismus und verursacht auch keine Starrheit im Rechtssystem, denn die Auslegung hat ihre eigene Entwicklung, ohne in Gesetzgebung (Rechtssetzung) übergehen zu müssen.

Der Umstand, daß die marxistische Rechtstheorie den wissenschaftlichen Begriff der Rechtsauslegung entwickelt, ihren objektiven Inhalt bestimmt und die in der Auslegung steckenden Bewegungsmöglichkeiten und Grenzen erschließt, entspricht den wirklichen Verhältnissen des sozialistischen Rechts und den Forderungen, die von der sozialistischen Gesellschaft an das sozialistische Recht, die Gesetzgebung (Rechtssetzung), die Rechtsauslegung und Rechtsanwendung gestellt werden. In den sozialistischen Ländern entsteht auf der Grundlage der sozialistischen Produktionsverhältnisse jener politisch-rechtliche Teil des Überbaus, der die Macht der Werktätigen zum Ausdruck bringt und schützt. Die Organisierung dieser Macht wird in der sozialistischen Verfassung auch dadurch widergespiegelt, daß diese die Organe des sozialistischen Staates bestimmt und die Befugnisse der Organe voneinander abgrenzt. Der gesellschaftlich-politischen Arbeitsteilung entsprechend entstehen die zur Gesetzgebung (Rechtssetzung) und Rechtsanwendung berufenen Organe und erhalten ihre Befugnisse zur

Gesetzgebung bzw. Rechtsanwendung. Eine bekannte Eigenart des sozialistischen Staates ist, daß seine Verfassung den tatsächlichen Verhältnissen entspricht, diese zum Ausdruck bringt und ihre Bestimmungen auch in der Wirklichkeit zur Geltung kommen.

Obwohl die bürgerlichen Verfassungen – prinzipiell auf einer anderen Grundlage, auf Grund des fiktiven Prinzips der Gewaltenteilung – die Differenzierung der Befugnisse ebenfalls betonen, durchbricht ihre Staatspraxis die verfassungsmäßigen Bestimmungen unter anderem dadurch, daß die Tätigkeit der rechtsanwendenden Organe in die Rechtssetzung überschlägt. Das ergibt sich unter bürgerlichen Verhältnissen notwendigerweise so, und die Ursachen dafür liegen nicht in der Erkenntnis, daß die Rechtsanwendung immer ihre Grenzen überschreiten müßte. Es handelt sich hier nicht um eine neue wissenschaftliche Erkenntnis. Der wirkliche Grund dieser Überschreitung besteht darin, daß der kapitalistische Staat einerseits aus der Entwicklung keine Schlußfolgerungen für die Rechtssetzung zieht und mit der Übertragung gewisser Möglichkeiten auf die Rechtsanwendung die Voraussetzungen schafft, daß er seine Rechtsnormen den Umständen entsprechend von Fall zu Fall anwenden kann; andererseits gibt er damit das Prinzip der bürgerlichen Gesetzlichkeit auf – denn er ist gezwungen es aufzugeben –; während er die Gesetzlichkeit scheinbar aufrechterhält, schafft er in der Praxis die Bedingungen ihrer Umgehung und arbeitet für diese auch eine entsprechende Theorie aus. Die Gründe dafür können natürlich in ihren Einzelheiten da nicht untersucht werden, aber das ist klar, daß die Verschärfung der Widersprüche der kapitalistischen Ordnung die Deformierung des Verhältnisses zwischen Rechtssetzung und Rechtsanwendung sowie die des Auslegungsbegriffs verstärkt. Unter sozialistischen Verhältnissen ist das nicht nötig, – um so weniger als der sozialistische Staat imstande ist, seine rechtssetzenden Aufgaben tatsächlich im Wege der Gesetzgebung zu lösen und damit das Grundprinzip der Gesetzlichkeit auf der Ebene der Allgemeinheit der Verhaltensregeln zur Geltung zu bringen. Es lohnt sich in diesem Zusammenhang, an die Feststellungen Lenins zu erinnern, wonach eine so schnelle Gesetzgebung wie die der Sowjetunion in anderen Staaten nicht bekannt ist. Die schnelle Rechtssetzung, d. h. die Eigenart des sozialistischen Staats- und Rechtssystems, die notwendigen Änderungen der Rechtsnormen immer im Wege der Gesetzgebung zu lösen, sichert, daß Rechtsanwendung und Rechtsnormauslegung in entsprechenden Grenzen gehalten werden, bzw. daß die Möglichkeit besteht, sie auf wissenschaftlicher Grundlage durchzuführen.

4. Es folgt aus dem angeführten Begriff der Interpretation, daß wir unter ihrer Methode nicht verschiedene Kunstgriffe verstehen, die es ermöglichen, die Rechtsnorm abzuändern. So ist die sogenannte grammatische Methode nicht das Instrument der „strengeren" Auslegung, und die als logisch bezeichnete Methode liefert keinen Rechtstitel zur Weiterentwicklung des Rechts. Da aus dem bisher Dargelegten folgt, daß die Auslegung von Rechtsnormen ein Erkenntnisprozeß ist, kann ihre Methode grundsätzlich keine andere sein als die des dialektischen Materialismus. Die Auslegung vollzieht sich auf den Grundlagen und in Einheit mit dieser allgemeinen Methode. Dabei gibt es natürlich auch Elemente, die mit den Eigenarten der Rechtsnorm zusammenhängen. So ist es klar, daß man im Zuge der Auslegung den Text sowie die logische Struktur der Rechtsnorm analysieren muß. Aber darüber hinaus ist auch offensichtlich, daß wir viel weitergehen und die Rechtsnorm in ihrem Zusammenhang mit der ganzen Rechtsordnung sehen müssen; ferner müssen sowohl die Rechtsnorm als auch das Rechtssystem, dessen Bestandteil die Rechtsnorm bildet, in ihrer gesellschaftlichen Determiniertheit und letzten Endes als Teil des Überbaus, der sich über den Produktionsverhältnissen erhebt, analysiert werden, und zwar – wie wir sehen – in ihrer Geschichtlichkeit, d. h. in ihrer geschichtlichen Determiniertheit, Entwicklung und Gestaltung.

All diese Aufgaben entsprechen äußerlich den traditionellen Methoden der Auslegung; unseres Erachtens aber handelt es sich bei der Auslegung nicht um separate Methoden, die in irgendeiner Reihenfolge so aufeinander folgen, daß die letztere nur dann an die Reihe kommt, wenn die erstere nicht zum Erfolg führt, sondern um Elemente einer einheitlichen Methode, die zur vollständigeren Erkenntnis des Gesetzesinhalts führen. Diese Elemente muß man gemeinsam anwenden, denn um die Rechtsnorm zu verstehen und anwenden zu können, müssen die Normen allseitig analysiert werden. Wenn wir auch die traditionelle Bezeichnung der Elemente der Methode verwenden und über grammatische, logische, systematische und geschichtliche Elemente der Auslegungsmethode sprechen können, so ist es doch klar, daß diese nur Teile, nur Komponenten der einheitlichen Methode bilden.

Es kann auch das nicht bezweifelt werden, daß diese Elemente der Methode, die die gleiche Bezeichnung tragen wie früher, sich im wesentlichen umwandeln, sich dadurch verändern, daß sie Teile der einheitlichen dialektisch-materialistischen Auslegungsmethode werden. So ist die grammatische Auslegung, also jene Etappe der Auslegung, mit der wir die sprachlich-grammatische Struktur der Rechtsnorm untersuchen, nicht eine bloß äußerliche Analyse der inhaltslos aufgefaßten Rechtsnorm; die logische Auslegung bleibt nicht an den früher bei der Rechtsauslegung verbreiteten logischen Argumenten stecken, sondern bedeutet eine Analyse auf der Grundlage aller Gesetze der Logik. Die systematische Auslegung der Rechtsnorm hört aucht nicht an der Grenze des Rechtssystems auf, sondern geht darüber hinaus und stößt zu den gesellschaftlichen Faktoren, die das Rechtssystem determinieren, vor. Schließlich schränkt sich die geschichtliche Auslegung ebenfalls weder auf den einfachen Vergleich des alten Rechts mit dem neuen noch auf das Studium des sogenannten vorbereitenden Materials ein, sondern richtet sich über die Entstehung der Rechtsnorm hinaus in erster Linie auf die Untersuchung des geschichtlich-politischen Willens des Gesetzgebers. Obwohl die erwähnten methodologischen Elemente mit den Eigenarten der Rechtsnorm im Zusammenhang stehen, werden sie dennoch nicht zu spezifisch juristischen; dadurch kommt keine eigene juristische Methodik, keine eigene juristische Grammatik oder eine selbständige juristische Logik – wie dies von der bürgerlichen Theorie behauptet wird – zustande.

Die Frage, die bei dem Vergleich der Methode der Auslegung mit den Ergebnissen der Auslegung auftaucht, ist, in welcher Beziehung das im Laufe der Auslegung festgestellte Ergebnis den Inhalt der Rechtsnorm ausdehnt oder einschränkt? Die Frage ist aber so nicht exakt. Wir haben schon angedeutet, daß die Auslegung nicht eine einmalige Tätigkeit, sondern ein Prozeß ist, in dessen Verlauf der Inhalt der Rechtsnorm immer besser erkannt wird. Wenn wir von einer ausdehnenden oder einschränkenden Auslegung sprechen, bringen wir eigentlich nur zum Ausdruck, daß im Vergleich zu einer früheren Etappe der Erkenntnis, die Rechtsnorm von uns besser erkannt wurde, immer mehr Seiten, Beziehungen und Zusammenhänge von uns erschlossen wurden. Die Frage lautet also genau: wo müssen wir die Grenze zwischen einer weniger eingehenden oder einer eingehenderen Auslegung ziehen?

Die bürgerliche Interpretationstheorie, die den Kern der Frage nicht erreichen konnte, stellte sich im allgemeinen auf den Standpunkt, daß im Zuge der Auslegung die sprachliche Bedeutung der Rechtsnorm und irgendwelcher innerer Inhalt sich einander gegenüberstellen und es deshalb das Ziel des Auslegungsprozesses ist, die sprachliche Ausdrucksweise zu kontrollieren, also festzustellen, ob die sprachliche Ausdrucksweise richtig, der Inhalt der Rechtsnorm nicht ausgedehnter oder eingeschränkter sei, als das der Text aufweist, und ob es nicht am Platze wäre, demzufolge den Text zu ändern; dementsprechend wurden die „Buchstaben“ der

Rechtsnorm und ihr „Geist“ einander gegenübergestellt. Diese Doppelgleisigkeit war dazu bestimmt, unter Berufung auf den „Geist“ der Rechtsnorm deren wirklichen Inhalt zu umgehen. Die marxistische Theorie geht nicht von dem Gegensatz zwischen Sprache und Gedanken aus, sondern davon, daß die Sprache und der Gedanke im wesentlichen einander entsprechen; „die unmittelbare Wirklichkeit des Gedankens ist die Sprache“ – verkündeten Marx und Engels in der „Deutschen Ideologie“. Unsere Auslegungstheorie kann deshalb nicht auf der Gegenüberstellung des Textes und des Inhalts der Rechtsnorm beruhen. Natürlich kontrollieren wir während der Auslegung auch den Text der Rechtsnormen; dabei kann es sich herausstellen, daß er den Willen des Gesetzgebers nicht entsprechend wiedergibt. Im allgemeinen aber führt die Auslegung auch bei der Feststellung, daß der sprachliche Text unverändert bleibt und richtig ist, zu der Erkenntnis, daß der Inhalt der Rechtsnorm mannigfaltiger ist, als wir vorher gedacht haben. Darauf beruht eigentlich die Auslegung – auf der Erschließung der inhaltlichen Mannigfaltigkeit innerhalb eines unveränderten Textes.

Ist das so – und in eine längere Erörterung dieser Frage brauchen wir gar nicht einzutreten –, dann müssen wir die Grenze zwischen Inhaltsreichtum oder -armut der Rechtsnorm woanders suchen. Unseres Erachtens muß man zwischen vertieften und weniger vertieften Etappen des Auslegungsprozesses einen Unterschied machen, denn aus dem Vergleich des sich im Laufe dieser zwei Etappen zeigenden Ergebnisses zeigt sich jenes Plus, das wir durch die Auslegung letzten Endes erschließen wollen. Bei den Komponenten der Auslegungsmethode sahen wir, daß wir die Rechtsnorm zu Beginn noch gewissermaßen an und für sich betrachten, d. h. in erster Linie ihre sprachlichen und logischen Zusammenhänge analysieren. Dies können wir als erste Etappe des Erkenntnisprozesses betrachten. Im Vergleich damit tragen die Untersuchung der Rechtsnorm in ihrem Zusammenhang mit der Gesamtheit des Rechtssystems, die Erschließung ihrer Beziehungen zu anderen gesellschaftlichen Erscheinungen, ihrer schließlich durch die Produktionsverhältnisse gegebenen Determiniertheit, das Studium des ihr entsprechenden rechtssetzenden Willens und die Analyse der geschichtlich-politischen Seite im allgemeinen mehr zum Inhalt der Rechtsnorm bei.

Zu dem, was wir über die unzertrennliche Einheit der Elemente der Methode gesagt haben, müssen wir nun hinzufügen, daß in dieser Einheit zwei miteinander zusammenhängende Etappen zu unterscheiden sind, und zwar eine erste oder niedrigere Etappe und die zweite oder höhere Etappe des Auslegungsaktes. Auf solche Weise stellt sich heraus, daß wir von der formalen Logik zur dialektischen Logik, von der anfänglich noch verhältnismäßig grob interpretierten Rechtsnorm zum vollen oder vollständigeren Inhalt dieser Rechtsnorm gelangen. Wenn wir demnach von ausdehnender oder einschränkender Auslegung sprechen, wird der Inhalt der Rechtsnorm nicht im Verhältnis zu dem Text umfassender oder enger, sondern es stellt sich im Vergleich mit dem, was in der ersten Etappe des Auslegungsaktes festgestellt wurde, heraus, ob sich die Rechtsnorm auf einen größeren oder kleineren Kreis von Verhältnissen, auf einen größeren oder kleineren Personenkreis bezieht. Offensichtlich ist es, daß beim Studium einer Rechtsnorm eine gewisse sprachliche und formallogische Analyse hinsichtlich der Rechtsnorm sofort erfolgt; was darüber hinausgeht, wird von einer vertieften, die gesellschaftliche Determiniertheit der Rechtsnormen und ihren Platz im System erschließenden Analyse beigetragen.

Das ist natürlich nur das prinzipielle Gerüst, die Grundstruktur der Auslegung; wir müssen gleich hinzufügen, daß der Auslegungsprozeß in der Praxis nicht immer so vor sich geht. In der Praxis wird nicht auf diese Weise von der Rechtsnorm ausgegangen, als ob diese bisher unbekannt gewesen sei. Der Jurist hat die Rechtsnorm teils analysiert, gelernt, studiert, teils kennt er die Fachliteratur darüber, und er kennt auch den von der Praxis schon entwickelten Inhalt der Rechtsnorm. Gewisse Akte wurden also von einem anderen als demjenigen, der das Recht anwendet, durchgeführt, oder er hat es bereits selber auf Grund eines früheren Rechtsfalles getan. Für ihn ergibt sich also nur dann ein Auslegungsproblem, wenn die Einbeziehung eines konkreten Falles unter eine Rechtsnorm fraglich ist. Ihm erscheint es also, daß er dann zu interpretieren beginnt, wenn bei der Anwendung der Rechtsnorm Schwierigkeiten auftreten. Man muß ferner auch bemerken, daß die Gerichte höherer Instanz auch nur dann zu irgendeiner Auslegungsfrage Stellung nehmen, wenn in der Praxis über den Inhalt einer Rechtsnorm Zweifel auftauchen. Während aber die bürgerliche Theorie und Praxis bei diesem Anschein steckenbleibt und die Auslegung derartig reduziert, ist es für uns klar, daß diese Konfliktfälle nur die Auslegung fördernde, anspornende Umstände sind, die im Laufe des praktischen Auslegungsprozesses auftauchen, – der Prozeß selbst aber läuft ständig, solange die Rechtsnorm Geltung hat, und die kritischen Fälle verleihen dem Lauf des Auslegungsprozesses höchstens eine gewisse Abgerissenheit. Der sozialistische Jurist, der das Gesetz auslegt, muß hinter diesem Schein den geläufigen Charakter des Auslegungsprozesses erkennen.

5. Zum Schluß müssen wir uns noch mit einer Frage der Auslegung beschäftigen, die von der Eigenart der volksdemokratischen Rechtsentwick-

lung aufgeworfen wurde. Die Länder der Volksdemokratie haben, wie das allgemein bekannt ist, auch nach dem Sieg der Arbeiterklasse, der Werktätigen, kürzer oder länger einen Teil jener Rechtsnormen angewendet und wenden sie zum Teil heute noch an, die unter der bürgerlichen Ordnung entstanden sind, obwohl die Kodifikation des neuen Rechts in jeder Volksdemokratie mit großen Schritten vorwärtsschreitet. Die alten Rechtsnormen sind unter anderen gesellschaftlichen Verhältnissen entstanden, sie entsprangen aus dem Willen der kapitalistischen Klasse und erschienen als der Ausdruck des Willens des bürgerlichen Staates; ihnen haftet aus der Zeit der kapitalistischen Ordnung bedeutendes Material der Auslegung und Rechtspraxis an. Demnach ist es fraglich, ob die von uns erörterte Auslegungstheorie auf sie auch gültig ist, oder ist diese nur für die von sozialistischen Staaten gebrachten neuen Rechtsnormen gültig? Die Frage hat in den einzelnen volksdemokratischen Staaten unterschiedliche Bedeutung; in dem einen oder anderen ist das nur eine geschichtliche, in anderen teilweise aber noch eine aktuelle Frage. Unseres Erachtens gilt das hier über die Auslegung Erörterte unabhängig davon, ob es sich um Rechtsnormen handelt, die vom Staat der Bourgeoisie hervorgebracht und provisorisch auch noch unter sozialistischen Verhältnissen angewendet wurden, oder um neue, vom volksdemokratischen Staat hervorgebrachte Rechtsnormen. Es folgt offensichtlich aus den Lehren der marxistisch-leninistischen Staats- und Rechtstheorie, daß die alten Rechtsnormen in den volksdemokratischen Ländern nicht deswegen zur Anwendung gelangten, weil sie vom Staat der Bourgeoisie gegeben wurden, sondern darum, weil ihre weitere Anwendung von der volksdemokratischen Staatsmacht verordnet, also provisorisch sanktioniert wurde. Die ausdrückliche oder stillschweigende Genehmigung bedeutet in einem, daß die Rechtsnormen in den Dienst der neuen Produktions- und gesellschaftlichen Verhältnisse gestellt werden müssen, und mit ihrer Hilfe die Macht der Arbeiterklasse, der Werktätigen, geschützt und gekräftigt werden soll. Das können wir auf die Auslegung übertragend so ausdrücken, daß diese alten Rechtsnormen mit neuem Klassenwillen erfüllt wurden, die letzten Endes von den neuen Produktionsverhältnissen determiniert werden und die zur Verrichtung der von den neuen Verhältnissen objektiv determinierten Aufgaben bestimmt sind. Das geschichtlich-gesellschaftspolitische Element der Auslegungsmethode erhält in diesem Falle eine außerordentliche Bedeutung. Ferner sind die Rechtsnormen alten Ursprungs gewöhnlich ihren Texten nach auch nicht unverändert geblieben; einzelne Bestimmungen wurden außer Kraft gesetzt, andere abgeändert, und sie wurden auch mit neuen

Bestimmungen ergänzt. Dabei sind neben den alten Rechtsnormen ganze Reihen von neuen entstanden, und daraus folgend hat sich ihre früher eingenommene Stellung in der Gesamtheit des Rechtssystems verändert, was der Rechtsnorm auch vom systematischen Gesichtspunkt neuen Inhalt verleiht. Es ist schließlich unzweifelhaft, daß von den Rechtsnormen zahlreiche Elemente abfallen, die sich durch frühere grammatische oder formallogische Auslegungen ansetzten, – wie endlich auch das ganze Material der Rechtspraxis seine Bedeutung verliert, die die bourgeoise Rechtsnormanwendung auf sie lud.

Deshalb kann gesagt werden, daß die in den Volksdemokratien provisorisch angewandten Rechtsnormen früheren Ursprungs ihre Gültigkeit unter neuen geschichtlichen Umständen wieder erwerben, ein neuer Klassenwille verleiht ihnen Gültigkeit, sie werden zur Regelung neuer gesellschaftlicher Verhältnisse angewendet. Von dem belastenden Material der bürgerlichen Interpretation und Rechtsanwendung befreit, beginnen sie tatsächlich als neue Rechtsnormen ein neues Leben: dementsprechend beanspruchen sie auf Grund der erwähnten Umstände eine neue Auslegung, und es schließt sich ihnen tatsächlich auch ein neues Material der Auslegung an. Zweifelsohne bringt die neue Lage zahlreiche Schwierigkeiten mit sich, und die Auslegung solcher Rechtsnormen beansprucht eine vertiefte Analyse. Die allgemeine Begründung der alten Rechtsnorm, sogar der größte Teil der detaillierten Begründung wird unbrauchbar: die sich auf den neuen Klassenwillen bezüglichen Umstände und Anhaltspunkte kann der Jurist in den meisten Fällen nicht aus den unmittelbaren Erklärungen über die neuartige Anwendung der alten Rechtsnorm schöpfen, sondern er muß von den neuen, allgemeinen Rechtsprinzipien des volksdemokratischen Staates, von seinen wirtschaftlichen und politischen Zielsetzungen ausgehen. Gewöhnlich muß die Rechtspraxis jenes neue Verhältnis erschließen, das sich zwischen den alten und neuen Rechtsnormen entwickelt hat, und sie muß dazu den Platz der alten Rechtsnorm in der neuen volksdemokratischen Rechtsordnung festsetzen.

Trotz all dieser Schwierigkeiten und Aufgaben ist das, was wir über die Auslegungstheorie bisher erörtert haben, hier auch stichhaltig und weist den einzig gangbaren Weg, der zur Erschließung des neuen Kerns der alten Rechtsnorm führt. Eigentlich entsteht durch die Sanktionierung der alten Rechtsnorm seitens der volksdemokratischen Staatsmacht – wie wir gesehen haben – eine neue juristische Erscheinung, deren Dasein durch die neuen Verhältnisse begründet ist und die zur Verrichtung neuer Aufgaben berufen ist. Darum muß man, diesen neuen Bedingungen entsprechend, die Rechtsnorm in diesem Zusammenhang von neuem erkennen und ihren Inhalt im Zuge der Praxis der neuen Rechtsanwendung erschließen.

6. Die von uns erörterten Fragen zusammenfassend, haben wir bisher die Umrisse einer auf der marxistisch-leninistischen Theorie fußenden sozialistischen Auslegungstheorie aufgezeichnet, deren Hauptthese ist, daß die Auslegung auf die Erkenntnis der sozialistischen Rechtsnorm gerichtet ist und die Erschließung des objektiven Inhalts der Rechtsnorm anstreben muß. Die sozialistische Auslegungstheorie erschließt diesen objektiven Inhalt aus dem letzten Endes durch die sozialistischen Produktionsverhältnisse determinierten Willen der Arbeiterklasse, der Werktätigen bzw. durch den Willen des sozialistischen Staates. Die Methode der sozialistischen Gesetzesauslegung ist die materialistische Dialektik, mit deren Hilfe der Jurist durch die allseitige Untersuchung der Rechtsnorm im Zuge der Rechtsanwendung und im ständigen Vergleich mit der Praxis zur immer besseren Kenntnis des Inhalts der Rechtsnorm gelangt. Sowohl durch die immer tiefergehende Analyse als auch im Vergleich mit den sich stetig entwickelnden Verhältnissen, jedoch stets innerhalb des Willens des Gesetzgebers bleibend, ist die aufgezeigte Methode der Auslegung geeignet, den in Entwicklung befindlichen Inhalt der Rechtsnorm zu erfassen.

Man kann durchaus nicht behaupten, daß wir damit die ganze Problematik der Auslegung erschöpft haben. Dabei ist die Auslegung selbst – wie gesagt – gar keine selbständige Frage und Aufgabe, sondern ein Teil, eine Etappe des Prozesses der Rechtsanwendung. Darum können wir ein vollständiges Bild nur im Rahmen der Analyse der gesamten Rechtsordnung geben. Das um so eher, weil einige mit der Auslegung eng verbundene Probleme von grundsätzlicher Bedeutung nur im Zusammenhang mit der gesamten Rechtsanwendung erschlossen werden können: so das Wesen der Rechtslücke, was in gewissem Maße mit den negativen Ergebnissen der Auslegung zusammenhängt, ferner der ganze Fragenkomplex der Ausfüllung der Rechtslücken, der Rechtsanalogie. Auf eine weitere Analyse müssen wir jetzt verzichten und die Erörterungen über die Auslegung als einen Teil jener reichhaltigen Problematik auffassen, die von der sozialistischen Praxis aufgeworfen wird und an deren immer gründlicheren Ausarbeitung und immer besseren Lösung ihrer prinzipiellen und praktischen Fragen ein jeder Vertreter der sozialistischen Rechtswissenschaft arbeitet.

Literatur

Fr. C. Savigny: System des heutigen Römischen Rechts, Berlin, 1840
O. Bülow: Gesetz und Richteramt, Leipzig, 1885
Fr. Gény: Méthode d'interprétation et sources en droit privé positif, II. Aufl., Paris, 1919
M. Rumpf: Gesetz und Richter, Berlin, 1906
Félix Somló: Juristische Grundlehre, Leipzig, 1917
H. Kelsen: Reine Rechtslehre, Leipzig und Wien, 1934
W. Friedmann: Legal Theory, III. Aufl., London, 1953
Fr. Engels: Die Lage der arbeitenden Klasse in England
Marx-Engels: Die deutsche Ideologie
Lenin: Rede auf der IV. Tagung des Gesamtrussischen Zentralen Exekutivausschusses der IX. Wahlperiode. Werke, Bd. 33
A. I. Denisow: Staats- und Rechtstheorie (russich), Moskau, 1948
M. P. Karewa (red.) : Staats- und Rechtstheorie (russisch), Moskau, 1949
M. P. Karewa, G. I. Fedjkin: Staats- und Rechtstheorie (russisch), Moskau, 1955
N. G. Alexandrow: Die Anwendung der sowjetischen sozialistischen Rechtsnormen (russisch), Moskau, 1958
P. E. Nedbajlo: Die Anwendung der sowjetischen Rechtsnormen (russisch), Moskau, 1960
D. S. Kerimow, A. I. Koroljew, M. D. Schargorodskij: Allgemeine Staats- und Rechtstheorie (russisch), Leningrad, 1961
I. Szabó: Die Auslegung der Rechtsnormen (ungarisch, Budapest) 1960